Erika Schuchardt

Warum gerade ich ...?

Leben lernen in Krisen –
Leiden und Glaube

Fazit aus
Lebensgeschichten
eines Jahrhunderts

11., überarb. u. erw. Aufl.
– Jubiläumsausgabe –

Mit 13 Abbildungen
und 11 Graphiken

Mit Bibliographie der über
2000 Lebensgeschichten
von 1900
bis zur Gegenwart
– alphabetisch
– gegliedert
– annotiert

Ausgezeichnet
mit dem Literaturpreis

Vandenhoeck & Ruprecht
in Göttingen

Geleitworte des Ratsvorsitzenden der Ev. Kirche in Deutschland, EKD, der Generalsekretäre des Lutherischen Weltbundes, LWB/LBF, und des Ökumenischen Rates der Kirchen, ÖRK/WCC

Übersetzungen in mehrere Sprachen

Die Deutsche Bibliothek – CIP-Einheitsaufnahme

Schuchardt, Erika:
Warum gerade ich ...? : Leben lernen in Krisen –
Leiden und Glaube; Fazit aus Lebensgeschichten eines Jahrhunderts;
mit 13 Abbildungen und 11 Graphiken; mit Bibliographie der über
2000 Lebensgeschichten von 1900 bis zur Gegenwart alphabetisch,
gegliedert, annotiert; ausgezeichnet mit dem Literaturpreis;
übersetzt in mehrere Sprachen/ Erika Schuchardt.
Jubiläumsausg., 11., überarb. u. erw. Aufl.
Göttingen: Vandenhoeck und Ruprecht, 2002
ISBN 3-525-62370-4

Bis zur 6. Auflage erschienen im Burckhardthaus-Laetare Verlag, Offenbach; im Rahmen der Kennzeichen-Reihe des Lutherischen Weltbundes herausgegeben von Gerta Scharffenorth.

Titelfoto: Portrait <Pastell> 1979, Dorél Dobocan, Mainz
Das Abdruckrecht ist ein Geschenk des Künstlers an die Autorin.

© 2002, 1999, 1993 Vandenhoeck & Ruprecht, Göttingen
Printed in Germany
Satz: Text & Form, Pohle
Druck und Bindearbeiten: Hubert & Co., Göttingen

Inhalt

Übersicht: Gliederung der Bibliographie K¹-K¹⁷

seit 1900

Erika Schuchardt

 I   II   III   IV  V

Σ 2034

7

Spiralen – Symbole der Seelenreise

Zu den Abbildungen in diesem Buch

Mehr als tausend Lebensberichte leidender Menschen habe ich durchforscht, Übereinstimmungen und Gesetzmäßigkeiten gefunden und im MODELL KRISENVERARBEITUNG IN ACHT SPIRALPHASEN in Worte gefaßt.

Auf der Suche nach Veranschaulichung fügte sich mir alles zum Bild der Spirale mit ihren ineinander übergehenden, aufsteigenden wie absteigenden, sich ineinander windenden Ringen.

Viel später erst wurde mir bewußt, daß ich hiermit einem Archetypus – siehe C.G. JUNG – Ausdruck gegeben hatte. Denn uralt sind bildliche und bauliche Darstellungen von SCHNECKE, LABYRINTH und SPIRALE als SYMBOL FÜR LEBENSWEG und SEELENREISE der Menschen, und bis heute reicht ihre zeichenhafte Kraft.

Ein Beispiel dafür ist die atemberaubende Ästhetik der ›silbrig metallen-schimmernden‹ Doppel-Spirale, die Auf- und Abstieg in der gläsernen Kuppel über dem alten Berliner Reichstagsgebäude bildet – oft gedeutet als Sinnbild des wiedervereinigten Deutschlands, das, aus dem Schatten unserer Vergangenheit emporsteigend, sich dem Licht neuer Ideen öffnet.

Spirale – Symbol der Seelenreise
Doppel-Spirale in der gläsernen Kuppel über dem alten Reichstag,
Norman Forster, Berlin 1999

Spirale – Symbol der Seelenreise
Das Labyrinth aus der Kathedrale von Chartres, 11. Jahrhundert,
Fußbodenmosaik: Durchmesser 12,87 m · Weglänge ca. 250 m

Leben lernen in Krisen

Vorwort zur 11., überarbeiteten und
erweiterten Auflage
Jubiläumsausgabe

*Seit dem Erscheinen dieses Buches gibt es vielfältigen Kontakt und
Austausch mit meinen Lesern und Leserinnen. So kann ich heute mit
Freude und Dank feststellen, daß mein Buch als ein Stück Bibliotherapie angenommen, weitergereicht und nachgefragt wird. Darum danke
ich meinem Verleger* Dr. Arndt Ruprecht *für die Ermutigung, das
Buch für eine Jubiläumsausgabe – 20 Jahre nach dem ersten Erscheinen – erneut durchzuarbeiten, die Bibliographien zu erweitern und
damit den »Klassiker« der Öffentlichkeit aktualisiert zu übergeben.*

Daß jeder Frühling ein neuer Anfang ist, erleben wir alle,
sobald Dunkelheit, Eiseskälte und Winterstürme dem Neu-
erwachen der Natur weichen. Daß aber auch jede Lebenskrise
für den davon betroffenen Menschen ein neuer Anfang werden
kann, entdecken wir nur allmählich auf dem mühseligen, oft
verzweifelten Weg langen, scheinbar vergeblichen Suchens.

Für jeden von uns stellt sich wohl irgendwann einmal die Frage: »*Warum gerade ich ...?*« Selten oder nie wagen wir die Umkehrung: »*Warum gerade ich nicht ...?*«

Alles erscheint uns so selbstverständlich bis zu jenem blitzartig lebensverändernden Augenblick, da der Stein ins Rollen
kommt, die Krise uns selbst betrifft.

Die Geschichte von dem Stein, den Sisyphus immer wieder
den Berg hinaufrollen muß, beschäftigt uns seit mehr als 2000
Jahren, sie ist das Bild des menschlichen Mühens und ständigen Scheiterns. Wir können den Sisyphus-Mythos jedoch auch
positiv deuten, es ist doch auch ein Glück, daß der Stein, der
Felsbrocken nicht auf dem Berg liegenbleibt; denn das wäre
Stillstand, Stagnation, Ende. Vielmehr verweist der von Hoffnung geleitete Versuch, den Stein unablässig von neuem hin-
aufzuwälzen, auf unsere menschliche Bestimmung, nicht zu er-

11

Spirale – Symbol der Seelenreise
Grundlage der weltumspannenden Biosphäre ist die »Atmung«,
die das Licht der Sonne »zum Leben bringt«
Hier Spirale als eine kristalline Form bei der Darstellung dieses
Schlüsselprozesses der Oxydose, Max-Planck-Institut, 21. Jh.

starren, sondern auch im Leiden des Lebens lebendig zu bleiben. Der Auftrag des Sisyphus ist die Suchbewegung, das bedeutet: Der Weg selbst wird zum Ziel. Verweist darauf nicht auch die Botschaft: »*Ich bin der Weg, die Wahrheit und das Leben*«?

Viele Wege betroffener Menschen in Krisen, Krankheit, Behinderung und Sterben habe ich miterlebt. Einerseits im Wahrnehmen von über 6000 Lebensgeschichten, dargestellt in den Biographien aus aller Welt von 1900 bis zur Gegenwart, andererseits in der alltäglichen Begleitung von Menschen in Krisen.

So wurde der von Leid betroffene Mensch zum Thema auch meiner wissenschaftlichen Arbeit. Das Ergebnis meiner Forschung, vor allem der Analyse von Biographien betroffener Menschen, ist die Erschließung des *Lernprozesses Krisenverarbeitung* – verdeutlicht im Bild der aufsteigenden Spirale mit acht Spiralphasen –, der es uns ermöglicht, das Durchleben und das Begleiten in der Krise neu zu verstehen, nämlich als ein einzigartiges Voneinander-Lernen. Im Mit-Erleben, Mit-Leiden und Mit-Gestalten schwieriger Lebenswege erschließt sich uns wechselseitig Glück, anders gesagt das Geheimnis des »Gesetzes Christi«, von dem es heißt, »*einer trage des anderen Last*«.

Auch ein Christ weiß keinen Weg am Leid vorbei, wohl aber einen mit Christus *gemeinsam* beschrittenen Weg hindurch. Dessen dürfen wir gewiß sein: Dunkelheit ist ja nicht Abwesenheit Gottes, vielmehr verborgene Gegenwart, in der wir ihn – geduldig nachfolgend – suchen und von neuem finden.

Fazit aus Lebensgeschichten eines Jahrhunderts

Dieses Buch enthält eine umfangreiche gegliederte Bibliographie zur Thematik Menschen in Lebenskrisen. Sie umfaßt über 2000 Buchtitel aus einem Jahrhundert, die durch Kurzinhalte vorgestellt werden und nach Krisenereignissen (z. B. Krebs, Trennung, Verfolgung, Sterben und Tod) geordnet sind, so daß die Leser sich nach individuellem Interesse und persönlicher Fragestellung orientieren können (s. Übersicht S. 183).

Mit dieser 11. Auflage überblicken wir ein ganzes Jahrhundert mit einem ständig wachsenden Strom von Lebensberichten leidender und befreiter Menschen. Entwicklungen, Tendenzen, Veränderungen sind nun deutlich sichtbar: Zum einen ist die Zahl der Veröffentlichungen zu dieser Thematik im letzten Drittel des 20. Jahrhunderts sprunghaft angestiegen – von

13

knapp 100 in der Jahrhundertmitte auf über 6000 zur Jahrtausendwende. Zum anderen verlagerte sich der Schwerpunkt der krisenbedingten Schreibanlässe: von *Behinderungen* über *Langfristige Krankheiten* zu *Kritischen Lebensereignissen* wie z.B. Trennung, Verfolgung, Sterben und Tod.

Vor dem Hintergrund der Propagierung des *Lebenslangen Lernens*, der Institutionalisierung der Erwachsenenbildung mit ihrer Lebensweltorientierung wuchs in den 70er Jahren lawinenartig die Zahl der Menschen, die sich eine Lebenslast von der Seele schrieben. Die Idee der Chancengleichheit lenkte die Aufmerksamkeit auf Menschen mit *Behinderungen* und andere Benachteiligte. Dann meldeten sich in den 80ern von *Langfristiger Krankheit (Krebs, Aids, Psychische Störungen)* Betroffene zu Wort. In der Mitte der 80er Jahre begann die bis heute andauernde *Aufarbeitung des Holocaust* – bisher vorwiegend durch die Opfer. Während in der ›Talkshow- und Big-Brother-Kultur‹ der 90er und Jahrhundertwende-Jahre die enttabuisierten Themen ›Coming Out‹ und *Sexueller Mißbrauch* öffentlich gemacht wurden.

Schon jetzt kündigen sich in Bereichen von Biomedizin und Genomforschung ganz neue gravierende Krisenereignisse im Leben der Menschen an (s. Daten., Zahlen, Graphiken S. 50–54).

Es wird spannend sein, diese Entwicklungslinien weiter zu verfolgen. Und im Zeichen des Internet, das im 21. Jahrhundert jedem Nutzer über OPAC (Open Public Access) den sofortigen Zugriff auf jede mediale Neuerscheinung eröffnet, wird dies auch leicht sein – kaum noch vorstellbar, daß bis 1987 jeder Buchtitel per Hand aus Bücherverzeichnissen und Kellerarchiven mühselig gesucht werden mußte.

Auch in der Informations-, Kommunikations- und Spaßgesellschaft mit ihren ›kinderleichten‹ digitalen Techniken wächst die Zahl der Menschen mit Lebensstörungen weiter. Das Buch wird in seiner Doppelfunktion als Medium der Ent-Lastung für die Schreibenden und der beratenden Begleitung für die Lesenden seinen Part im Krisenmanagement behalten. Als Beitrag dazu habe ich in diesem Band den von mir erschlossenen *Lernprozeß Krisenverarbeitung in acht Spiralphasen* offengelegt. Und ich habe die Einzelstimmen von vielen tausend betroffenen Menschen gesammelt, um sie unüberhörbar zu machen.

Hannover/Berlin,
im Frühling 2001

Geleitwort des Ratsvorsitzenden der Evangelischen Kirche in Deutschland, EKD

Daß dieses Buch mehrere Auflagen erlebt und nun in der Überarbeitung neue Leiden beschreibt – sollen wir uns darüber freuen, oder haben wir dies zu beklagen? Das Leiden unter uns nimmt kein Ende. Das macht nicht nur betroffen, sondern erschreckt viele. Ich bin dankbar, daß gerade dieses Buch weiter seinen Weg macht. Es ist ein notwendiger Stachel gegen alles Wegsehen. Es ist vor allem eine Hilfe für diejenigen, die in ihrer nächsten Umgebung Menschen leiden sehen und dabei die eigene Ohnmacht fühlen.

Die Erfahrungsberichte, die die Autorin zu Wort kommen läßt, machen unüberhörbar deutlich, daß den Betroffenen nicht in erster Linie an Lösungen und Erklärungen gelegen ist. Sie können ihr Leiden dann eher annehmen, wenn sie es unverstellt und unzensiert in Sprache fassen und anderen mitteilen. Trauer, Aggression und Wut machen leidende Menschen oft einsam. Wir erfahren aber auch, wie ihnen Beziehungen wichtig werden – Beziehungen zu Menschen, die ihnen nahebleiben. Oft fällt es schwer, vor der Angst der leidenden Menschen nicht zu fliehen. Wer dieser Versuchung widersteht, begegnet dann auch der eigenen Angst, und das ist ein erster Schritt, um leidenden Menschen nahezukommen.

Und noch von einer weiteren wichtigen Erfahrung erzählen die geschilderten Biographien. Im Leiden können Gotteserfahrungen gemacht werden. Das ist notwendig in einer Zeit, da wir alle zu lernen haben, neu nach Gott zu fragen. Da wird Gott einmal als der Fremde, Abgründige, Schweigende erfahren. Aber dann wird auch immer wieder von dem Geheimnis erzählt, wie Leidende ahnen, daß Gott sie nicht losläßt. Sie können Gott klagen, ihn anklagen. Es ist eine der tiefen Entdeckungen im Glauben, daß wir uns mit Gottes Schweigen nicht abfinden müssen. »... das Schweigen an Gottes Türschwelle aushalten, bis er kommt« – das so formulierte Vertrauen hat mich beeindruckt.

15

Manche Menschen haben in ihrem Ruf nach Gott das Bild von Jesus Christus am Kreuz vor sich gesehen. Sie haben seine Ohnmacht, seine Schmerzen, seinen Schrei nach Gott ganz neu verstanden. »*Warum gerade ich?*« – das ist auch die Frage des leidenden Christus am Kreuz. Und weil das Kreuz nicht das letzte Wort hat, sondern in unserem Glauben Kreuz und Auferstehung zusammengehören, sind immer wieder leidende Menschen mit Hoffnung angesteckt worden.

Dieses Buch hilft uns, Beziehungen zueinander herzustellen und auszuhalten. Es hilft uns auch, immer wieder aufs Neue unsere Beziehung zu Gott zu wagen. Ich wünsche, daß das Buch viel gelesen wird. Wir können dabei entdecken, was Kirche ist: die Gemeinschaft derer, die einander sehen.

Karlsruhe, im Sept. 1992/im Aug. 2001

Landesbischof Dr. Klaus Engelhardt
ehem. Vors. des Rates der EKD

In einer Zeit fortschreitender Industrialisierung, in der religiöse Traditionen abbrechen, weil die Generationenkette brüchig geworden ist, gibt es leider auch vielfach Lücken in der Weitergabe von Lebenstechniken. Darum verfügen Menschen vielfach nicht mehr über das Wissen um heilsame Zusammenhänge: Die früher im familiären Zusammenhang vorgelebten religiös geprägten Rituale für den Umgang mit Krankheit, Unglück und Katastrophen müssen durch neue Wege ersetzt werden. Das erneut aufgelegte Buch von ERIKA SCHUCHHARDT erfüllt eine notwendige Aufgabe, indem es beispielhaft Lebensgeschichten systematisiert, vorstellt und erläutert. Durch eine zusätzliche umfassende Bibliographie werden dem ratsuchenden Leser Wege gebahnt zu den weiteren Lebenszeugnissen von Menschen, die in den Krisen ihres Lebens entdeckt haben, was ihnen zur Bewältigung hilft.

Der Autorin gebührt für die geleistete Arbeit hoher Respekt. Dem aktualisierten Werk selber ist eine weitere breite Kenntnisnahme durch Ratsuchende und Beratende zu wünschen.

Hannover, im November 2000

Präses Manfred Kock
Vors. des Rates der EKD

16

Das Signal –
Leserbrief 2001

»Es reicht nicht, einem Gebrechlichen aufzuhelfen, man muß ihn auch noch ein Stück beim Gehen stützen, bis er allein zurechtkommt.«
Chinesische Weisheit

Dieser Satz ist mir seit meiner Entlassung aus dem Krankenhaus oft durch den Kopf gegangen. Wieviele Besucher kamen zu mir solange ich Patientin auf der Station war! Aber für die meisten Besucher steht fest: Wer aus dem Krankenhaus entlassen wird ist geheilt und wird schon irgendwie allein zurechtkommen.

Am Anfang der Krankheit (oder anderer Krisensituationen) sind sie alle da – wahrscheinlich auch zu deiner Beerdigung. Aber wo ist die Begleitung in der Zeit dazwischen?

ERIKA SCHUCHARDT zeigt in ihrem Buch auf, wie wichtig die Begleitung für Menschen ist, die von schweren Krankheiten oder anderen Krisen betroffen sind.

Im Idealfall werden wir, die Betroffenen, von der Familie, dem Partner, einigen Freunden gestützt. Im Grunde kann jedoch jeder zu einer Stütze werden, wenn er bereit ist, sich auf den Betroffenen einzulassen, ihm zuzuhören, ihm vor allem beim Alltäglichen praktisch zur Seite zu stehen, und das Signal zu geben: *»Du bist nicht allein, Du bist immer noch ein vollwertiger Mensch für mich.«*

Meinem Begleitenden muß ich einfach abverlangen, – so wie es bei ERIKA SCHUCHARDT beschrieben ist – alle Phasen im Lernprozeß Krisenverarbeitung zusammen mit mir, dem Betroffenen, durchzustehen, dabei meine Ängste und Unfähigkeiten, meine Hilflosigkeit auszuhalten und nicht etwa den Versuch zu machen, mein Leid wegzutrösten: *»Alles hat seinen Sinn, sieh' Deine Krankheit als Chance.«*

17

Natürlich wachsen Menschen gerade an extremen Situationen, aber aus Sicht einer Betroffenen sage ich: »*Auf diese ‚Chance' hätte ich gerne verzichtet, für mich hat das Leben v o r h e r durchaus auch einen Sinn gehabt.*« Anstatt zu helfen, entfremden solche Sätze und führen die Betroffenen in eine Isolation: »*Ich wußte ja, daß niemand mich versteht ...*«

Beim Lesen des Buches wurde mir deutlich, daß auch gerade die Zweifel und die Ängste, das Eingeständnis der eigenen Hilflosigkeit, den Begleitenden für den Betroffenen glaubwürdig machen.

Ein schwerer Schicksalsschlag führt häufig dazu, daß wir unseren Glauben an Gott verlieren, es scheint, all unser Flehen um einen Ausweg aus unserer Lage ist vergeblich, und Gott? »*Wie kannst Du mir das antun. Was habe ich Dir getan, daß Du mich jetzt so im Stich läßt?*« Auch ich führte eine erbitterte Auseinandersetzung mit Gott, doch solange ich Gott anklagen kann, ist er in mir noch präsent. Viele Betroffene und deren Angehörige finden über diese Anklagen über das Anklagen-Dürfen zurück in die Geborgenheit Gottes.

Poetisch vollkommen ausgedrückt ist diese Situation für mich in dem Text »Spuren im Sand« (abgedruckt auf dem Bucheinband-Innendeckel).

Er zeigt mir, wir wurden nicht allein gelassen, wir fangen an, unseren Lebenswillen und die dadurch wieder erwachende Lebensfreude zu spüren. Wir sind begleitet auf unserem Weg zurück ins Leben, vielleicht in ein Leben mit der Krankheit.

Erlangen/New York,   T. S. (26)
im Frühling 2001   stud. cand. med.

Spirale – Symbol der Seelenreise
Erlösungs-Spirale – Schlußbild aus Faust II,
Inszenierung Peter Stein, EXPO Hannover 2000

19

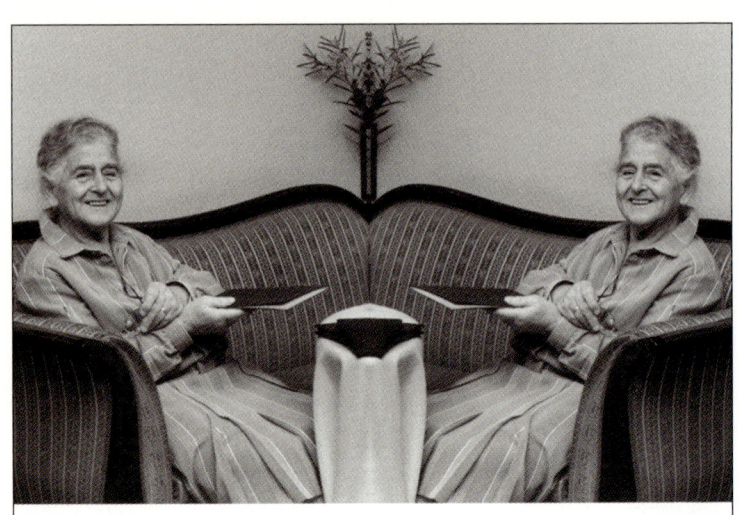

1.

Erfahrungen Betroffener und Angehöriger

Wie war das nur möglich?« – »Wie konnte Gott das zulassen?« – »Warum trifft es gerade uns?« – So fragten Zeitzeugen[1], die von Schicksalsschlägen betroffen waren.

HAROLD KUSHNER erfuhr am 3. Geburtstag seines Sohnes AARON, daß dieser angesichts einer unheilbaren Krankheit nur eine Lebensspanne von höchstens 12 Jahren vor sich hatte. Nach dem Tode seines Sohnes berichtete er darüber in seinem Buch »Wenn guten Menschen Böses widerfährt«:

> »So darf es auf der Welt nicht zugehen! Tragödien wie diese konnten vielleicht selbstsüchtigen, unredlichen Leuten zustoßen, die ich dann als Rabbiner zu trösten versuchte. ... Wie konnte das aber mir und meinem Sohn widerfahren?«

HAN SUYIN, uns durch viele Bücher bekannt – »Alle Herrlichkeit auf Erden« –, mußte miterleben, wie ihr erwachsener Stiefsohn PETER durch verschleppte Krankheit zu einem Pflegefall wurde, sie verlieh ihrem Schmerz Ausdruck in dem Buch »Nur durch die Kraft der Liebe«.

ANNA BASTIAN erfährt als Zehnjährige von ihrem unheilbaren Leberkrebs; in ihrer Geschichte »Niemalsland« im Buch »Tränen unterm Regenbogen« läßt sie uns ihren Grenzweg miterleben.

HANS JONAS, Friedenspreisträger des Deutschen Buchhandels, sieht sich nie endend mit dem Gedanken vom »stummen Gott« belastet, der das unsagbare Elend von Auschwitz, dem auch seine eigene Mutter zum Opfer gefallen war, mit angesehen hat. Er fragt danach in seinem Buch: »Der Gottesbegriff nach Auschwitz«.

So und ähnlich erfahren tausende Menschen wie du und ich – Betroffene und deren Angehörige – ihre Krisenereignisse. Blitzartig erfaßt sie der Schicksalsschlag, erleiden sie den Einbruch inmitten ihres normgeordneten Lebens: Der Riß der Schöpfung geht durch sie hindurch.

Wer häufiger Gelegenheit hat, mit derart Betroffenen, ihren Angehörigen und Partnern zu sprechen, eventuell auch mit ihnen zusammenzuleben, stellt fest, daß die Gesprächspartner immer wieder vorrangig nach Verstandenwerden, nach Gemeinschaft suchen; und nicht selten werden die unerfüllbaren Erwartungen an die Christen gerichtet, denn: *»Die Kirche ist doch schließlich für uns da!«*

Daß Kirche ihrerseits für das »Wohl der Betroffenen« da sein möchte, wird mehrfach von ihr dokumentiert:

– 1975 verabschiedet die V. Vollversammlung des Weltkirchenrates (ÖRK) in Nairobi/Kenia die Empfehlung »Einheit der Kirche – Einheit der Menschheit. Die Behinderten und die Ganzheit der Gottesfamilie«[2]; dem folgt 1978 das Memorandum europäischer Kirchen in Bad Saarow, ehemalige DDR.

– 1979 greift der ÖRK in Genf den weltweiten Anstoß zum UNO-Jahr der Behinderten 1981 auf und verbindet damit eine kritische Anfrage an das Selbstverständnis der Kirchen; das geschieht ganz konkret durch Einrichtung einer Referentenstelle und nicht zuletzt deren Besetzung mit einer Betroffenen; leider seit der VII. Vollversammlung in Canberra 1991 wieder aufgehoben.

– 1983 proklamiert die VI. Vollversammlung des ÖRK Vancouver/Kanada »Partizipation« und beschließt,»Menschen mit Behinderungen in die Entscheidungsgremien der Kirche auf allen Ebenen einzubeziehen«.[3]

– 1984 verstärkt die VII. Vollversammlung des Lutherischen Weltbundes (LWB) in Budapest die Partizipationsforderungen.

– 1993 besteht die Kluft zwischen geduldigen Dokumenten und gelebter Alltagswirklichkeit weiter. Anläßlich der Budapester Vollversammlung erstattete ich als Sprecherin der Arbeitsgruppe ›Beteiligung von Behinderten‹ Bericht, der vor 12000 Menschen zur Provokation geriet. Ich begann:

»War die Arbeitsgruppe ›Behinderte‹ selbst eine ›behinderte‹ Gruppe? … von 315 Delegierten meldeten sich nur drei Delegierte (1%) für diese Gruppe, die restlichen vier hatten Beraterstatus, überdies waren alle drei Delegierten unmittelbar oder mittelbar Betroffene …«[4]

Damit stoßen wir mitten ins Zentrum unserer Studie vor:

- Wie erleben Betroffene und ihre Bezugspersonen Kirche?
- Welche Erfahrungen machten sie mit menschlicher Begleitung und christlichem Glauben?

Als Laienchristen oder Alltagsmenschen erfahren sie Kirche vor allem im sozialen Nahraum: sie treffen Nachbarn als Gemeindeglieder bzw. Mitchristen, die Gemeindehelferin oder -schwester, Diakone oder Pfarrer.

Versucht man Berichte Betroffener und ihrer Angehörigen zu diesem Thema zusammenzustellen, so fallen drei Tendenzen in den Antworten auf:

- *Erste Erfahrung:*

  Wir erleben uns als Objekte der Diakonie, aber nur selten als Subjekte und mitbeteiligte Gemeindeglieder:

  »Die Kirche tut zwar etwas für uns, aber selten mit uns!«

- *Zweite Erfahrung:*

  Wir erleben Verkündigung als Mahnung zur vertröstenden Verklärung unserer Behinderung bzw. Krise, aber nur selten als Trost und Hilfe bei der kritischen Klärung oder gar als Ermutigung zur befreienden Auseinandersetzung im kritischen Dialog:

  »Die Kirche vertröstet uns auf ein Jenseits und fordert Verklärung des Diesseits, aber sie verhütet und verschweigt die Klage, den Schrei.«

- *Dritte Erfahrung:*

  Wir erleben Gemeinde und Pfarrer – seelsorgerische Begleiter – als amtlich bestellte Rollenträger, aber nur selten als persönlich betroffene Mitleidende und Partner:

  »Die Kirche hört uns, aber sie kann unseren eigentlichen Fragen nicht mehr zuhören; so müssen wir den Weg zur Verarbeitung unserer Krise allein finden.«

Von Krisen betroffene Menschen haben darüber nicht nur gesprochen, sondern auch geschrieben. Im folgenden sollen aus einer Analyse von über 2000 Biographien einige Beispiele zu diesem Thema aufgeführt werden.

Zur ersten Erfahrung:

Wir erleben uns als Objekte der Diakonie, aber nur selten als Subjekte und mitbeteiligte Gemeindeglieder.

Die körperlich behinderte Luise Habel[5] schreibt:

> »Es ist ein kalter, regnerischer Oktobertag. Das Telefon läutet. Es ist mein Sprengelpfarrer, den ich kaum kenne. Er sagt: ›Am nächsten Mittwoch kommen zwei Buben zu Ihnen, die fahren Sie durch die Stadt.‹ Punkt. Keine Frage, ob ich Lust dazu hätte, ob es mir zeitlich passe. Nichts.«

Ihre Ablehnungsversuche wie der Hinweis auf den bevorstehenden Krankenhausbesuch und das kalte Oktoberwetter werden mit einer eigenartigen Begründung in den Wind geschlagen:

> »Aber der Pfarrer ist von seiner Mission so erfüllt, daß er mir wortreich erklärt, seine Konfirmanden müßten mit dem Begriff der Diakonie vertraut gemacht werden, und da wäre es doch eine gute Sache, wenn man mich einmal durch die Stadt fahre.«

Ihre Bitte, dann doch lieber zwei Mädchen zu schicken, die wirklich im Haushalt helfen könnten, so daß der Einsatz auch für sie selbst sinnvoll wäre und nicht bloß Dienst am Objekt der Diakonie, ferner Vorschläge, wie man z. B. auch die Jungen herzkranken Leuten fürs Gartenabräumen nutzbringend schicken könnte, werden überhört wegen der vom Pfarrer gewünschten Präsentation eines vielfältigen diakonischen Einsatzes:

> »Wissen Sie, es geht uns vor allem darum, daß wir der Gemeinde zeigen können, wie vielseitig unser Einsatz war.«

An dieser Absicht leidet die Betroffene, sie fühlt, wie bedrohlich die Verfügungsgewalt einer Institution sein kann; ihr Kapitel überschreibt sie »Objekte der Nächstenliebe«. Bedrückend die Einsicht, daß wir unwissend oft durch unser Mittun zur Selbstdarstellung solcher Dienstleistungsapparate beitragen. Daß dies kein Einzelfall, sondern eine Art ›Dauerabonnement‹ auf ›Betreuung‹ sein kann, wird ausführlich berichtet:

> »Ein Jahr später ruft mich sein Nachfolger an, den ich noch nicht kenne. Er möchte mir zwei Buben zu einem Tonbandinterview schicken. Ich sage ihm, daß das sicher kein bequemes Gespräch werde, denn von einer christlichen Gemeinde würde ich als Rollstuhlfahrerin an meinem Heimatort wenig merken. Mir wäre lieber, wenn er mich

24

vor diesem Gespräch mit den Kindern erst einmal besuche. Aber er meint, ich solle nur munter an der Gemeinde kritisieren.«

Es war abzusehen, daß die beiden Konfirmanden mit einem kritischen Gespräch überfordert waren; zudem standen sie unter dem Leistungszwang, ein Tonband liefern zu müssen. Wir erfahren weiter, daß der Pfarrer selbst erst drei Jahre später Zeit zu einem Besuch fand; sie schreibt darüber:

>»Seine aalglatte Art, auf Probleme zu antworten, ärgert mich schließlich so sehr, daß ich zum Angriff übergehe. Ich sage, daß man in unserer Gemeinde so alleingelassen sei – so sehr, daß ich mich manchmal frage, ob es diese Gemeinde überhaupt gibt. Darauf antwortet der Pfarrer sehr lakonisch: ›Das ist kein Behindertenproblem. Es gibt bei uns sehr viele Einsame.‹ Mein Hinweis, daß dies fast ein Skandal sei, wenn man von kirchlicher Seite aus das wisse und nichts dagegen unternehme, löst nur ein Schulterzucken aus. Um so ausführlicher erzählt mir der Pfarrer dann, wie aktiv er bei dem historischen Festspiel unserer Stadt mitwirke. Als er geht, bleibt das Gefühl, daß ich ihn nirgends erreicht habe.
> Aus Gesprächen mit Behinderten weiß ich, daß dies keine Einzelerfahrungen sind. Häufig bleiben die Behinderten Objekt einer einmaligen Sonderaktion.«

Ergänzend zitiert sie Betroffene aus der Jugendarbeit; sie beschreibt das Versagen der Kirche so:

>»Versagt hat sie in der wirklichen Annahme der Behinderten als vollwertige Menschen. Wir sind Mitleidsobjekte.«

>»Man braucht den Behinderten nicht und gibt sich zu wenig Mühe, sich in seine Situation hineinzuversetzen.«

>»Ironisch gemeint: daß sie grundsätzlich Gemeindesäle in den Keller baut.«

>»Sie hat sich der Gesellschaft immer angepaßt, anstatt sie mitzuformen.«

Eine Umfrage von PETER HÄMER[6] kommt zu folgenden »Offenen Fragen an die Kirche«:

>»1. Wann wird der behinderte Mensch akzeptiert und nicht mehr als ›armer Behinderter‹ behandelt?
> 2. Man sagt: ›… unsere Behinderten‹, ›… unsere Heimbewohner‹. Mit welchem Recht verkindlicht man die Behinderten? Auf der anderen Seite: ›… unsere Brüder‹!

25

3. Wann wird die Kirche bzw. deren Mitarbeiter jene Distanzhaltung und Negativhaltung den Behinderten gegenüber aufgeben, die jede gleichberechtigte Partnerschaft sowie Mitarbeit der Behinderten unmöglich macht? (Anmerkung: Auch Mitleid ist eine Form von Distanzhaltung!) …

6. Christen nennen sich Brüder und Schwestern. Wenn aber ein Christ sagt: ›Ich diene dem behinderten Menschen um Jesu willen‹, so macht er diesen Menschen zum Objekt seiner guten Taten. Wie kann sich ein Behinderter in dem Fall als Bruder fühlen, da er doch nur der Nehmende ist? Helfen Brüder und Schwestern nicht einander? …

8. Wann wird sich die Erkenntnis durchsetzen, daß man nicht für den Behinderten arbeiten kann, sondern nur mit ihm?«

Zur zweiten Erfahrung:

Wir erleben Verkündigung als Mahnung zur vertröstenden Verklärung unserer Behinderung bzw. Krise, aber nur selten als Trost und Hilfe bei der kritischen Klärung, oder gar als Ermutigung zur befreienden Auseinandersetzung in einem kritischen Dialog:

> »Sprach ich … ketzerische Gedanken einmal aus, gab es bestimmt immer irgendeinen Frommen, der mir nachwies, daß Gott nicht ohnmächtig ist. Ich bekam das Fürchten vor den Anwälten Gottes, die alles so genau wußten …
> Ich beschloß, von Gott nichts mehr zu erwarten …
> Damals habe ich über Jahre hinweg keine Bibel mehr gelesen.«[7]

HEINZ ZAHRNT[8] berichtet über den Besuch eines Pfarrers bei einer schwer krebskranken Frau, der die Botschaft ihrer Auserwählung, ›leiden zu dürfen‹, ans Krankenbett gebracht wurde:

> »Ich erinnere mich an die Erzählung eines meiner theologischen Lehrer, eines wahrhaft frommen Mannes, von dem Besuch des Pfarrers bei seiner krebskranken Mutter. Als der Pfarrer gegangen war, fragte der Sohn seine Mutter, wie es denn gewesen sei und was der Pfarrer gesagt habe. ›Gnädige Frau‹, hat er gesagt, berichtete die Mutter, ›es gibt drei Stufen des Leidens: Leiden müssen – leiden können – leiden dürfen‹. Und die alte Dame fügte hinzu: ›Ich habe dabei immer nur gedacht, der sollte einmal meine Schmerzen haben.‹«

Die spastisch gelähmte CHRISTA SCHLETT[9] schildert den Besuch einer Gemeindeschwester, die ihre Mission darin sah, die Autorin von ihrer Lebensaufgabe, krank zu sein, zu überzeugen:

»… aber ich wehre mich gegen die allgemeine Ansicht, das Leid führe unbedingt zum Glauben. Gerade unter den Behinderten begegnete ich den erbittertsten Atheisten. Nichts kann so zum Widerspruch reizen wie die Freudenbotschaft, überbracht von ältlichen Schwestern, die uns zu Märtyrern des Leidens stempeln …
Ich faßte es kaum, als eine Schwester unserer alten Gemeinde mir bei ihrem Besuch einreden wollte, meine Lebensaufgabe sei es, krank zu sein: krank, damit die anderen Menschen erkennen könnten, wie gut es ihnen gehe. Nehmen wir an, daß sie etwas anderes meinte, als sie aussprach … Nur müssen Behinderte wachsam sein, wenn aus ihrer Behinderung ein Kult gemacht werden soll, wenn man ihre Schwäche über ihr Menschsein erhebt.«

Denise Legrix[10], ebenfalls körperbehindert, schreibt über ihren Widerstand:

»Hin und wieder unterhielten wir uns … über unser Schicksal, über ›das Gute, das Gott für uns gewollt habe‹. Meine Feder sträubte sich, etwas zu schreiben, was mir unwahr erschien. Ich mußte es immer wieder sagen: Es ging mir schwer in den Kopf!«

Andre Miquel[11] reflektiert als Vater über den Tod seines Sohnes Pièrre:

»… Ich habe nie akzeptiert, meinen Sohn hergeben zu müssen. Das Unüberwindliche ist das Leiden des anderen, des dahinsterbenden Kindes. Das ist das große Hindernis … Es gibt nur Gott, der seinen Sohn dahingeben kann, ein Mensch kann ihn nicht hergeben. Wie meine Frau habe ich mich geweigert. Der Tod hat ihn uns mit Gewalt genommen. Aber wir haben nicht eingewilligt. Ist es Eltern möglich, ihr Kind herzugeben? …
Wir sind ja nicht Gott. Abraham ist eine ungewöhnliche Gestalt, die uns oft unerträglich wurde. Wir haben uns viel mehr im Buch Hiob wiedergefunden. Sogar das Evangelium war uns in gewissen Stunden eine Last.«

Ingrid Weber-Gast[12] berichtet aus den Erfahrungen ihrer psychischen Behinderung, einer Depression:

»Meine eigene Erwartung an Verkündigung hat sich dadurch im Laufe der Zeit sehr herabgeschraubt! Ich fühle mich überreich beschenkt, wenn einmal ein Wort gesagt wird, das in das Dunkel der Krankheit hinabreicht, aber ich warte nicht mehr darauf; ich gehe eher von der Vermutung aus, daß es wieder einmal nicht so sein wird. Vielleicht ist das so etwas wie ein Chitinpanzer, der gegen die immer neuen Enttäuschungen – Enttäuschungen, die gerade in der Krankheit so schwer erträglich sind – wappnen soll.«

Und in Peter Hämers Erhebung[13] »Offene Fragen Körperbehinderter an die Kirche« wird nachdrücklich an eine verbreitete Vorstellung erinnert:

»12. Wie steht die Kirche zu der Tatsache, daß die Behinderung von vielen Menschen noch immer als Strafe Gottes (sei es für die Eltern, sei es für die Behinderten selbst) angesehen bzw. empfunden wird?«

»13. Die Kirche muß aufhören, ein besseres Leben nach dem Tode zu versprechen. Sie sollte lieber im Diesseits mithelfen, ein menschenwürdiges Leben zu schaffen.«

Seine Auseinandersetzung mit der christlichen Verweisung auf die Erlösung im Jenseits beschreibt Christy Brown[14]:

»Ich erinnere mich an Lourdes und an die Menschen, mit denen ich auf dem Weg zur Grotte zusammengewesen war, und ich versuchte von neuem, so zu sein wie sie – geduldig, fröhlich, schicksalsergeben gegenüber ihrem Leid, wohl wissend, welcher Lohn sie im Jenseits erwartete. Aber es nützte nichts. Ich war zu sehr Mensch. Es gab zuviel von dem lebendigen Menschen in mir und nicht genug von dem demütigen Diener, der sich willfährig dem Willen Gottes fügt. Ich wollte von unserem irdischen Dasein mehr sehen und kennenlernen, ehe ich über die jenseitige Welt nachdachte.«

Sehr instruktiv ist schließlich, was ein Interview[15] zutagebrachte, in dem eine Heimmitarbeiterin dank ihrer spontanen Antwort die Kluft zwischen amtlicher Anstaltsverkündigung und mitmenschlichem Umgang verdeutlichte:

»Eine unerwartete Antwort erhielten wir von der Lehrerin einer Förderklasse: Ein Interesse an der Religion sei, anders als der Leiter von ›Siloah‹ meint, bei ihren Schülern durchaus vorhanden. Die anstaltliche Verkündigung aber werde abgelehnt – offensichtlich deshalb, weil die Leitung den Konflikten mit Bewohnern zu sehr ausweicht. Ein ausgesprochen negativer Aspekt des Christlichen also.«[15]

Zur dritten Erfahrung:

Wir erleben Pfarrer und Gemeinde – seelsorgerische Begleiter – als amtlich bestellte Rollenträger, aber nur selten als persönlich betroffene Mitleidende und Partner.

Aus der Erfahrung ihrer Depression sucht INGRID WEBER-GAST[16] weniger den amtlich bestellten Helfer in der Rolle des Pfarrers, sondern vor allem auch den mitbetroffenen Begleiter, der in der Partnerschaft einen Schatten auch auf sein eigenes Leben werfen läßt und seinen markigen Sätzen absagen lernt zugunsten einer bescheideneren unsicheren Sprache des gemeinsamen Suchens:

>»Ich denke zwar, daß jeder Pfarrer immer wieder mit solchen Menschen (aus Randgruppen) zu tun hat, aber meist nur in seiner Rolle als Pfarrer, als amtlich bestellter Helfer, nicht aber als Freund, als einer der dieses schwierige Leben aus unmittelbarer Nähe miterlebt. Das hieße zu gestatten, daß aus jenen Abgründen ein Schatten auf das eigene Leben fallen darf, daß man sein eigenes Leben unlösbar verkettet sieht mit denen, die ›drunten sterben‹ müssen …
>Verkündigung müßte mit der Schwermut der Hörer rechnen. Sie dürfte also nie nur gläubige Zuversicht ausstrahlen, sondern stets auch die andere Seite ansprechen, die dunkle und mühselige.«

Als Vater von zwei geistig behinderten Kindern stellt ALBERT GÖRRES[17] die Frage: Was kann eine Gemeinde tun? Ein ganzes Kapitel widmet er dem Thema »Das behinderte Kind und die christliche Gemeinde«:

>»Was kann der einzelne und was kann eine Gemeinde tun? Nehmen wir ein kleines Beispiel: Wie verhält sich eine sonntägliche Gemeinde, wenn eine Familie ihr behindertes Kind mit in den Gottesdienst bringt? Wird den Eltern das sonst übliche Spießrutenlaufen durch neugierige und befremdete Blicke erspart? Wissen sie sich getragen von einem liebevollen Verständnis für ihr Kind? Wird seine gelegentliche Unruhe toleriert, oder ist für die Eltern dieser sonntägliche Gottesdienstbesuch mit ihrem Sorgenkind eine Demutsübung mehr, die sie in dem Gefühl bestärkt, mit ihrer Last von Gott und der Welt: das ist in diesem Fall vom Herrn Pfarrer und den Mitgläubigen, allein gelassen zu werden? Leider hört man selten von den Kanzeln ein verständnisvolles, ermutigendes Wort für die oft ganz zerknirschten jungen Mütter, die entweder auf den Kirchenbesuch verzichten, oder ihre wenig zur Sittsamkeit und zum Stillsein aufgelegten Sprößlinge mitnehmen müssen. Noch viel schwieriger aber ist die Situation für Eltern mit einem

behinderten Kind, das ohnehin auffällt und nur schwer die Spielregeln guten Benehmens erlernt. Manchmal hören die Eltern, daß man mit einem solchen Kind besser zu Hause bleibe.«

Vergleichbares erlebt beim Gottesdienstbesuch EDITH MEISINGER[18]; in ihren »Aufzeichnungen einer spastisch Gelähmten«:

> »Ich verstehe vollauf: Es ist nicht leicht für einen gesunden Menschen, den Anblick eines Gelähmten zu ertragen. Aber an dieser Stelle möchte ich gerade einmal die Christen ansprechen …
> Theoretisch wissen wir Christen das alles – auch, daß bei Christus ganz andere Maßstäbe gelten. Wie aber sieht die Praxis aus?
> Mit meiner Betreuerin nahm ich selbstverständlich auch an den Gottesdiensten teil. Wir setzten uns in die dritte Bankreihe von hinten. Da kam eine freundliche Frau und sprach meine Betreuerin im Flüsterton an: ›Ach, würden Sie bitte so nett sein und sich mit der Kleinen in die letzte Reihe setzen, damit sie niemanden von der Predigt ablenkt?‹ …
> »Der nächste Gottesdienst sollte ein Abendmahlsgottesdienst sein. Da wurde meine Betreuerin freundlich gebeten, dafür zu sorgen, daß ich nicht daran teilnahm.«

Es macht nachdenklich, daß es aufgrund der Biographienanalyse nur schwer möglich ist, diesen negativen Antworttendenzen hoffnungsvolle gegenüberzustellen. Vielleicht aber können diese Ergebnisse zu Anstößen werden. Aufgrund der Analyse von über 2000 Biographien läßt sich jedenfalls feststellen:

– Nur relativ wenige Biographien berichten offen über Kirche bzw. Seelsorge; es liegt die Vermutung nahe, daß Kirche im Leben der meisten Betroffenen kaum eine Rolle spielte.
– Die Biographen, die über ihre Erfahrungen mit Kirche bzw. Seelsorge berichten, bewerten diese übereinstimmend negativ.
– Im Widerspruch zu diesem Ergebnis der Analyse bewerten die genannten und andere Biographen ihre Glaubenserfahrungen als entscheidend und bedeutsam für ihren weiteren Weg (vgl. dazu Kap. 3: Begleitung und Glaube in Lebensgeschichten Betroffener und ihrer Bezugspersonen).

Auf den Punkt gebracht lautet das *Ergebnis*:

• Trotz negativer Erfahrungen Betroffener und ihrer Bezugspersonen mit Kirche und Seelsorge halten sie an den positiven Erfahrungen mit ihrem Glauben fest.

Spirale – Symbol der Seelenreise
Läuterungs-Berg und Höllen-Schlund – Fries zu Dantes
Göttlicher Komödie, Sandro Botticelli, Florenz 15. Jahrhundert

Lieber Leser, liebe Leserin!

Diese Seite gehört Ihnen,
Ihrer Phantasie, Ihrer Erinnerung

seit 1900   Erika Schuchardt

Σ 2034

2.

Krisenverarbeitung
als Lernprozeß
in 8 Spiralphasen

Die Auswertung der Biographien von Krisen betroffener Menschen macht aufmerksam auf das Defizit im menschlichen Zusammenleben, auf eine anscheinend verlorene Dimension der Mitmenschlichkeit. Betroffene werden zwar oft begleitet; aber den Begleitenden fehlt die Beziehungsfähigkeit. Die Auswertung gibt zum anderen Anhaltspunkte dafür, in welchen Phasen Beistand in der Krisenverarbeitung geboten werden kann. Dafür ist es zunächst aufschlußreich, den Motiven der Biographen nachzugehen. Was hat sie zum Schreiben veranlaßt?

Fast ausnahmslos deuten die Betroffenen auf ihre Isolation hin, erhält die Biographie die Rolle eines Ersatzgesprächspartners bzw. -begleiters, der da ist, der nah sein kann, dem man sich uneingeschränkt anvertrauen darf, auf dem schweren Weg der Krisenverarbeitung, d. h. in dem Prozeß, mit dem Leiden, der Krise leben zu lernen.

Ebenfalls mußten die Biographen fast ausnahmslos ihren Lernprozeß ohne Unterstützung auf sich gestellt erleben und durchstehen. So ist das erschütternde Ergebnis kein Zufall, daß zwei Drittel aller Biographen ihren Lernprozeß vorzeitig abbrachen bzw. lebenslang in der sozialen Isolation verharren mußten, während nur knapp ein Drittel das Ziel, die soziale Integration, erreichte. Diese Ergebnisse stehen im Einklang mit den im vorangegangenen Kapitel 1 beschriebenen Erfahrungen Betroffener mit seelsorgerischer Begleitung; allen gemeinsam war das Gefühl des Nichtangenommenseins.

Demgegenüber stelle ich die Frage: Was kann oder muß die Kirche tun? Bedenken wir die zahlreichen Fakten[19], denen zufolge die Kirche an sich viel tut, vielleicht gerade zu viel tut *für* Betroffene durch ihren Dienstleistungsapparat von spezialisierten Ämtern, dann ist genauer zu fragen: Wie können die Kirche und ihre Mitarbeiter das, was sie tun, angemessener – d. h. vorrangig *mit* Betroffenen – tun? Wie könnten die Glieder der Kirche der sozialen Isolation entgegenwirken und das zusätzlich erworbene *soziale* Leiden aufbrechen helfen mit dem Ziel einer Integration in die Gemeinden?

Die Frage, welche Wege im allgemeinen zur sozialen Integration bzw. zur sozialen Isolation führen, war u. a. Gegenstand einer Untersuchung, in der ich alle mir zugänglichen Biographien Betroffener und ihrer Bezugspersonen aus dem Zeitraum von 1900 bis zur Gegenwart analysierte (vgl. Abbildungen S. 50 – S. 54).

Das Ergebnis war die Entdeckung bestimmter Gesetzmäßigkeiten, welche mit typischen Verläufen von Lernprozessen korrespondieren, die wiederum als Ansatzpunkte zur Krisenverarbeitung genutzt werden können. Als Endstadium des gesamten ›Lernprozesses Krisenverarbeitung‹ bei positivem Verlauf erschien die soziale Integration. Die Arbeit weist anhand vieler praktischer Beispiele, Längsschnitt-Fallstudien sowie Lernsituationen aus der Weiterbildung mit Betroffenen und Noch-Nichtbetroffenen nach, wie schwer der Weg ist, aber wie erfolgversprechend ein solcher Lernprozeß der Krisenverarbeitung sein kann.[20]

Für unser Thema erscheint es hilfreich, sich den langen Weg eines unendlich schwierigen Lernens bei der Verarbeitung dieser existentiellen Krise vorzustellen, jedenfalls insoweit, wie er dem Betroffenen erweiterte Handlungsmöglichkeiten eröffnet, um seine Lage anzunehmen. Bei der Durchsicht der Biographien war es faszinierend festzustellen: Die Stadien dieses Lernprozesses müssen, so scheint es, unabhängig von dem Auslöser der Krise – dem Beginn körperlicher, seelischer, Sinnes- oder Geistes-Behinderung sowie chronischer Krankheit oder Lebensgestörtheit durch Todesgewißheit – von allen Betroffenen und ihren Bezugspersonen durchlebt und bewältigt werden, wenn soziale Integration erreicht werden soll. Es ist dabei wichtig, daß auch Menschen, die Identitätskrisen erleben, wie z. B. Arbeitslosigkeit, Partnerverlust, Verfolgt- und Gefangensein, und sich dabei als Noch-Nichtbetroffene einschätzen, einen Zugang zu dem heilenden Lernprozeß Krisenverarbeitung finden.

Zur Veranschaulichung des Lernprozesses Krisenverarbeitung mag es hilfreich sein, sich auf den Gedanken einzulassen, wir selbst würden mit der Diagnose konfrontiert: »*krebskrank!*«.

Früher oder später würden wir uns wie selbstverständlich die Frage stellen: »*Warum gerade ich?*«. Aber selten bzw. nie lassen wir die Umkehrfrage zu: »*Warum gerade ich nicht?*«. Wagen wir den Versuch, uns auf die erste Frage einzulassen, erfahren wir antizipatorisch die Phasen des Verarbeitungsprozesses, die ich in der genannten Untersuchung als ›*Spiralphasen*‹ kennzeichne, um der Dynamik dieses oft lebenslangen Ringens um die Identitätsfindung gerecht zu werden.[21] Dieser Weg soll im folgenden beschrieben werden.

Spiralphase 1: *Ungewißheit*

Am Anfang bei Eintritt einer Behinderung steht der Schock. Der Krisenauslöser, ein Unfall, eine Nachricht, ein Ereignis, schlägt wie ein Blitz ein, zerstört ein durch Normen geordnetes und an ihnen orientiertes Leben. Unvorbereitet wird man mit einer Lebenssituation konfrontiert, die von der Norm abweicht: die Krise ist ausgelöst, der Betroffene befindet sich in panischer Angst vor dem Unbekannten. Automatisch greift er auf erlernte Reaktionsmuster zurück, wehrt sich, baut Verteidigungsburgen, setzt rationale Rituale in Gang, tut alles und unterläßt nichts, um den Krisenauslöser zu verdrängen. Dieser kann nicht existent werden, weil er nicht existent sein darf. Der Betroffene kann ihn noch nicht ertragen und erkämpft sich Freiraum durch ständiges Hervorbringen von Abwehrmechanismen.

Allen Betroffenen gemein ist in diesem Schwebezustand des Umkreisens der Krise das Hauptmerkmal der ›impliziten Leugnung‹. Diesen Zustand der ›*Ungewißheit*‹ nennt KÜBLER-ROSS ›Nicht-wahrhaben-wollen und Isolierung‹. Das ›Nicht-wollen‹ wäre aber ein bewußter Vorgang, demgegenüber der Begriff *Ungewißheit* darauf hinweist, daß es sich um einen halbbewußten Zustand bzw. ein noch nicht Erkennenkönnen handelt mit der Tendenz, die Krise zu leugnen. Auf der Ausdrucksebene entspricht dieser Zustand der Frage »*Was ist eigentlich los … ?*«. Dem gesprächsanalytisch Geschulten wird deutlich, daß sich hinter dem ›eigentlich‹ bereits das uneingestanden Mitgedachte verbirgt, also die Anerkennung der Krise sich schon latent vorbereitet.

Für die Begleitung ist es hilfreich, die Spiralphase 1 als Eingangs- oder Erkennungsphase noch genauer zu beschreiben. Es lassen sich drei typische Zwischenphasen feststellen, die einan-

35

der sowohl ablösen wie neben- und miteinander bestehen können und von unterschiedlich langer Dauer sind.

Zwischenphase 1.1: Unwissenheit

»*Was soll das schon bedeuten … ?*«, es muß ja nicht immer gleich das Schlimmste angenommen werden, so wird bagatellisierend jeder aufkommende Zweifel für nichtig erklärt. Das Noch-nicht-Wissen verschafft sich Raum als *Unwissenheit* (1.1), sie ist der Übergang in die Phase *Ungewißheit* (1). Sehr bald aber muß diese Unwissenheit weichen; angesichts sich mehrender Signale und veränderter Reaktionsweisen der Umwelt bündeln sich die Indizien zu belastenden Fakten.

Zwischenphase 1.2: Unsicherheit

»*Hat das doch etwas zu bedeuten … ?*«, die Unwissenheit weicht der *Unsicherheit (1.2)*. Kennzeichnend dafür ist einerseits, daß die aufkommenden Zweifel nicht mehr negiert werden können, und andererseits, daß die psychisch labile Gefühlslage verhindert, den Tatbestand zu erkennen; es braucht viel Zeit, die Realität akzeptieren zu lernen. Unsicherheit bedeutet einen erhöhten Sensibilisierungsgrad, wie bei einem Seismographen wird scheinbar alles registriert; viel zu gezielt und darum überspitzt, wird die Frage nach Gewißheit, nach der Wahrheit gestellt, werden Vergleiche gezogen, Erklärungsversuche erwogen, nur zu dem einen Zweck: Die *Unsicherheit* (1.2) abzuleugnen, »Nein, das hat doch nichts zu bedeuten!«

Oft existieren in dieser Zwischenphase schon ein oder mehrere Wissende, der Arzt, der Nachbar, die Mitpatienten im Unterschied zu dem noch nicht wissenden Betroffenen. Das schafft ein verändertes Klima; der Wissende trägt Verantwortung, stellt mit seinem Verhalten die Weichen für das zukünftige Vertrauens- oder Mißtrauens-Verhältnis. Fest steht, daß immer das Wissen des einen in seine Beziehung zu dem nichtwissenden Betroffenen hineinspielt und den Prozeß des Erkennens stark beeinflußt. Kennzeichnend ist außerdem, daß keinesfalls, wie zu vermuten wäre, aus dieser wachsenden Unsicherheit die Fähigkeit erwächst, die Wahrheit anzunehmen, sondern umgekehrt, nur emotional erklärbar, verstärkt sich noch angesichts der Bedrohung die massive Verteidigung, sie ist Indiz für den Beginn der nächsten Zwischenphase (1.3).

Zwischenphase 1.3: Unannehmbarkeit

Die Frage: »*Das muß doch ein Irrtum sein ... ?*« bezeichnet die Unfähigkeit zur Annahme des Verlustes von Lebensmöglichkeiten. Das wird als Zwischenphase abkürzend *Unannehmbarkeit* (1.3) genannt. Es häufen sich jetzt die aktiven Versuche, die drohende Gewißheit abzuwehren. Weiteres Kennzeichen ist die selektive Wahrnehmung, man sieht nur das, was der beruhigenden *Unwissenheit* (1.1) Nahrung gibt; so übersehen wir alles, was Zweifel verstärkt. Unablässig wird versucht, sich und andere gewaltsam davon zu überzeugen, daß im Rückgriff auf die *Unwissenheit* (1.1) doch alles eigentlich in Ordnung ist.

Wieder schwingt deutlich das Mitwissen des Uneigentlichen mit und wirkt verstärkend auf die Vergewisserungs-Sucht, etwa: »Sie meinen doch auch, daß ... ?«, oder die bejahende Verneinung: »Ja, es ist so ... aber ... ?«. Diese Zwischenphase ist der letzte Versuch, auf Fluchtwegen der Wahrheitsgewißheit zu entfliehen. Am Ende dieser drei Zwischenphasen steht als Abschluß dieser ersten Spiralphase *Ungewißheit* der unausgesprochene Wunsch nach erlösender *Gewißheit*, die der unerträglichen Spannung ein Ende bereitet.

Bei fehlender Prozeßbegleitung wird die Wahrheits-Entdeckung unverhältnismäßig lange hinausgeschoben; sie findet als eine dosierte Wahrheits-Vermittlung im Sinne eines zur Sprache Bringens des schon latent Vorhandenen gar nicht erst statt. Es wird aber sichtbar, daß diese Erkennungs- oder Einleitungsphase den gesamten Verlauf der Krisenverarbeitung prägt. Durch angemessene Begleitung in ihrem Prozeß werden hier die Weichen gestellt, um einen Abbruch der Krisenverarbeitung mit Tendenz sozialer Isolierung zu verhindern. So wird ein Lernprozeß eröffnet, der Aussicht auf Miteinanderleben bietet.

Spiralphase 2: *Gewißheit*

In der *Ungewißheit* (1) sich schon ankündigend, folgt nun unabweisbar die *Gewißheit* des Verlustes von Lebensmöglichkeiten als Phase 2, gefühlsmäßig artikuliert als »*Ja, aber das kann doch nicht sein ... ?*«. Es klingt wie eine verneinende Bejahung und sieht nach Fortsetzung der Leugnung aus, beides trifft zu! Auch der Mensch, der seine Krise erkannt hat, muß sie hin und wieder leugnen, um das Leben überhaupt fortsetzen zu können. Die Betroffenen sind bereit, die ungeteilte Wahrheit anzunehmen, aber emotional und faktisch leben sie weiterhin von der Hoffnung wider alle Hoffnung, daß sich die Anzeichen als unrichtig, irrtümlich herausstellen werden.

Diese Ambivalenz zwischen verstandesmäßigem Ja und gefühlsmäßigem Nein ist das Bestimmungsmerkmal der Phase *Gewißheit* (2). Die Ambivalenz »*Ja, aber … ?*« schiebt sich wie ein Puffer je nach Bedarf zwischen den Betroffenen und sein Erschrecken über die Diagnose, er gewinnt einen Freiraum, in dem er sich wieder fangen und neu anfangen kann, um seinen Weg fortzusetzen. Trotzdem ist jedes Gespräch über die reale Situation angesichts der unabweisbaren Gewißheit eine klärende Hilfe, weil es eine Verbindung zwischen der rationalen Erkenntnis und der emotionalen Befindlichkeit aufbaut. Die entscheidende Voraussetzung dafür ist die Bereitschaft des Betroffenen selbst: *Er* muß das Signal geben, darüber klärend sprechen wollen; nur so ist die eigene Entdeckung der Wahrheit möglich. Durch die dosierte fremde Vermittlung kann Wahrheit angenommen werden, i. S. von ›zur Sprache bringen‹.

Die Frage nach der Wahrheit ist ja keine Frage nach einer objektiv richtigen Sachinformation oder nach Grundsätzen, ist auch kein in sich abgeschlossener einmaliger Akt der Übermittlung von Nachrichten, sondern viel komplexer ein Problem der Kommunikation zwischen Sender und Empfänger, also eine Frage des Mediums, die Frage nach dem Beziehungsgeflecht, der Verbundenheit zwischen Betroffenem und Nichtbetroffenem (Arzt, Fachkraft, Begleiter).

So steht die Wahrheitsaussage nicht isoliert im luftleeren Raum: »Sie sind krebskrank«, »Sie haben ein Kind mit Down-Syndrom«, »Sie müssen mit den Folgen einer Wirbelsäulenverletzung rechnen«. Sie begegnet im Kontext einer zwischenmenschlichen Beziehung der je spezifischen Situation. Offen ist jedoch die Frage: Wird die Wahrheit rational zur Kenntnis genommen durch Unterdrücken der Gefühle über Abwehrmechanismen; oder ist der Betroffene emotional schon in der Lage, sie auszuhalten? Wie stellen sich beide ›Betroffener und Begleiter‹ gemeinsam dem auferlegten Schicksal? Das ist nicht zuletzt eine Frage an die Belastbarkeit der Begleitenden, an ihre kommunikativ-therapeutische Kompetenz wie an ihre innere Stabilität in der Ich-Identität angesichts von Grenzsituationen. Wohl haben die Betroffenen ein Anrecht auf die volle Wahrheit, wenn sie in der Lage sind, die Wahrheit im selben Augenblick des Hörens auch auszuhalten und verarbeiten zu können.

Spiralphase 3: *Aggression*

Auf diese primär ›rational‹ und ›fremdgesteuerten‹ Phasen der *Ungewißheit* (1) und der noch ambivalenten *Gewißheit* (2) folgen die ›emotionalen‹ und ›ungesteuerten‹ Phasen der vitalen Gefühlsausbrüche.

Jetzt erst sickert die Kopferkenntnis zur Erfahrung des Herzens in das Bewußtsein ein »… es kommt mir erst jetzt zum Bewußtsein!«, und in den Grundfesten verletzt und erschüttert schreit der Getroffene: »*Warum gerade ich … ?*«. Die Qual ist grenzenlos. Dieses Bewußtwerden ist von so starken Gefühlsstürmen überwältigt, daß der Betroffene entweder an ihnen zu ersticken glaubt, oder aber – im günstigsten Fall – sie gegen seine Umwelt aus sich herausbrechen läßt. Dieser vulkanartige Protest läßt sich am treffendsten mit *Aggression* (3) bezeichnen. Tragisch daran ist, daß der eigentliche Gegenstand der Aggression, der Krisenauslöser selbst, nicht faßbar, an-greifbar ist. Demzufolge suchen sich die Aggressionen Ersatzobjekte; zur Zielscheibe kann alles werden, was sich ihnen anbietet.

So entlädt sich die Aggression für den Außenstehenden ohne jeden sichtbaren Anlaß in alle Richtungen und gegen alles und nichts. Wohin der Betroffene auch blickt, überall findet er Anlaß zum Anmelden von Ansprüchen. Ihm selbst unbewußt, sucht er nach Ventilen, an denen er den Überdruck der Gefühle ablassen kann, um so befreit wieder handlungsfähig zu werden. Hier aber beginnt ein neuer Teufelskreis.

So wie in der Phase *Ungewißheit* (1) oft das frühzeitige Erkennen der Wissenden aus falsch verstandenem Schonen des Betroffenen die Leugnung verstärkt, führt in der Phase *Aggression (3)* der falsch interpretierte Protest des Betroffenen, wenn er als Ausbruch persönlicher Abwehr erlebt und nicht als Ventil erkannt wird, dann zu noch stärkerer Abwehr und macht damit die Menschen der Umgebung zu Mit-Betroffenen. Der von seinem Leiden Überwältigte meint dadurch den Beweis zu erhalten, daß alles und alle gegen ihn verbündet sind, und fühlt sich nun auch in der realen Situation im Stich gelassen und isoliert.

An dieser Phase wird besonders deutlich, welchen Gefahren die Betroffenen ohne angemessene Begleitung ausgeliefert sind: entweder sie ersticken an der Aggression in passiver oder aktiver Selbstvernichtung, oder sie erliegen durch feindliche Äußerungen der Umwelt dem Sog in die Isolierung, oder aber sie fallen aufgrund ihrer internalisierten Kontrollen von negativen Gefühlen in apathische Resignation. Sehr deutlich wird hier die fundamentale Bedeutung der Aggression als Einleitungsphase der emotionalen Krisenverarbeitung im Verlaufe des gesamten Lernprozesses.

Spiralphase 4: *Verhandlung*

Die in der Aggression freigesetzten emotionalen Kräfte drängen zur Tat. Es werden fast wahllos alle nur erdenklichen Maßnahmen eingeleitet, um aus der Ohnmacht angesichts der ausweglosen Situation herauszukommen. Solche »Abschaffungsversuche« werden in unaufhaltsamer Folge produziert. Immer höhere Einsätze werden ins Spiel gebracht. Es wird gefeilscht und verhandelt. Abhängig von der jeweiligen wirtschaftlichen Lage und der Wertorientierung der Betroffenen lassen sich zwei Richtungen erkennen, die paradoxerweise, weil ungesteuert, oft auch parallel eingeschlagen werden: Die Nutzung des »Ärzte-Warenhauses« und das Suchen nach »Wunder-Wegen«. Die wahllose Konsultation verschiedener Ärzte, ausländischer Kapazitäten bis hin zum verstecktesten Heilpraktiker soll unter Einsatz höchster – oft die Familie in den Ruin treibender – Kosteninvestitionen die Hoffnung erkaufen, daß ein Aufschub der endgültigen Diagnose möglich ist. Zugleich werden alle »Wunder-Wege« beschritten, wie Wallfahrten nach Lourdes – sie sind von zwei Drittel aller Biographen unternommen worden –, das Lesen von Messen, Handauflegungen im Gottesdienst, die Ablegung von Gelübden, die Verschreibung des gesamten Besitzes an die Kirche oder an humanitäre Einrichtungen, das Gelöbnis des Klostereintritts oder einer totalen Umkehr des Lebens, wohlgemerkt unter der einen Bedingung: »*Wenn, dann muß aber … !*«. Diese ungesteuerte emotionale Spirale ist als ein letztes Sichaufbäumen zu verstehen. Sie wird mit *Verhandlung* (4) bezeichnet. Auch hier erkennen wir, wie gefahrvoll der Weg sein kann, wenn Betroffene ihn ganz allein gehen müssen; er kann in einem materiellen und geistigen »Ausverkauf« enden. Umgekehrt wird ersichtlich, wieviel Enttäuschungen vermindert werden können, wenn Menschen in dieser Phase ihre eigenen Reaktionen verstehen und damit umzugehen lernen.

Spiralphase 5: *Depression*

Es kann nicht ausbleiben, daß früher oder später alles Verhandeln im »Ärzte-Warenhaus« oder auf »Wunder-Wegen« zum Scheitern verurteilt ist; der an Krebs schwer Erkrankte kann seiner Todesgewißheit nicht ausweichen, der querschnittgelähmte Unfallpatient kann seine gefühllosen Beine nicht mehr verleugnen. Die Mutter des Kindes mit Down-Syndrom kann dessen Verhalten und Gesichtsausdruck nicht mehr übersehen.

Die nach außen gerichteten Emotionen sind verausgabt und haben einem nach innen gerichteten Vergraben der Hoffnung Platz gemacht, das zum Verstummen führt. Die Betroffenen erleben ihr Scheitern in den vorausgegangenen Phasen oft als Versagen, sie sinken in den Abgrund der Verzweiflung oder Resignation: »*Wozu, alles ist sinnlos … ?*«. Sie befinden sich in der Spiralphase Depression.

Aber Trauer und Tränen sind noch Sprache, sind Zeichen von Erleben, Verletztsein und passivem Widerstand in dem Gefühl des schrecklichen Verlustes. Es wird jetzt nicht nur rational, sondern auch emotional erfaßt, was nicht mehr da ist. Es wird bewußt verlassen. Aber es wird erkannt, was noch da ist und was damit gestaltet werden kann. Trauer und Verlust haben so viele Gesichter: das Nicht-mehr-gehen-Können, kein ersehntes gesundes Kind haben, die Angst vor den zukünftig drohenden Folgen des Verlustes, der nicht mehr erreichbare Arbeitsplatz und die soziale Herabstufung, das Schwinden des Wertes als Partner, Mann oder Frau, die entgleitenden Freunde, das zerstörte Lebensziel … Beiden Arten der Depression, aufgrund des Rezipierens von Verlusterfahrungen und des Antizipierens künftiger Lebensminderung, ist gemeinsam das Los-lassen irrealer Hoffnungen, ein endgültiges Abschiednehmen von den Utopien.

Im Aufgeben und der Angst vor dem drohenden Aufgegeben-Werden bahnt sich der endgültige Verzicht an auf alle Versuche, die unumkehrbaren Verluste zu leugnen. Er ist begleitet

41

von einer grenzenlosen Traurigkeit, der sog. *Trauerarbeit*: sie dient der Vorbereitung auf die Annahme des Schicksals, sie enthält die Wendung zur Um-kehr, zur nach innen gerichteten Einkehr und zur Begegnung mit sich selbst. Aus diesem Sich-selbst-Finden erwächst die Freiheit, sich von erlittener Erfahrung zu distanzieren und die notwendigen nächsten Handlungen selbst zu gestalten.

Spiralphase 6: *Annahme*

Charakteristisch für diese Windung der Spirale ist die bewußte Erfahrung der Grenze. Das Durchstehen, das Erleiden der Kampfphasen gegen alles, was im rationalen und emotionalen Bereich existiert, hat die Widerstandskraft erschöpft. Die Betroffenen fühlen sich leer, fast willenlos, aber wie befreit, auf der Grenze: Sie haben ihren Verstand alle Möglichkeiten in allen Richtungen zu Ende ausdenken lassen. Sie haben ihren Verlust über Gegenwärtiges und Zukünftiges reagierend und antizipierend ausgetrauert. Nun sind sie am Ende angekommen, verausgabt, doch wie er-löst, bereit, sich neuer Einsicht zu öffnen. Im Offensein, im Bei-sich-selbst-Sein, wie im Von-sich-selbst-los-Sein wächst ›es‹ aus ihnen.

Es fällt dem Betroffenen auf, daß er selber noch da ist, es rührt ihn an, daß er nicht allein ist, daß er sich seiner Sinne doch bedienen kann, er ist beschämt, daß er sein Denken und Fühlen, sein vollgültiges Menschsein vergaß. Über ihn bricht eine Fülle von Wahrnehmungen, Erlebnissen, Erfahrungen herein, die sich zur Erkenntnis verdichten: »*Ich erkenne jetzt erst … !*« Ich *bin*, ich *kann*, ich *will*, ich nehme *mich* an, ich lebe jetzt *mit* meiner individuellen Eigenart. Diese Phase wird darum als *Annahme* (6) bezeichnet. Ich nehme mich an mit meiner Eigenart, gelähmte Beine zu haben! Ich nehme mich an als Mutter eines behinderten Kindes! Ich lebe nicht mehr *gegen*, sondern *mit* der Krise. Ich bin Mensch wie jeder andere auch, jeder muß lernen, mit seiner Krise, seinen Grenzen zu leben, und jeder lebt! Ich will mein Leben erleben und erlernen!

Annahme, das bedeutet so wenig resigniertes Aufgeben, wie es schon als befriedeter Zustand verstanden werden darf. *Annahme* ist nicht zustimmende Bejahung. Kein Mensch kann bereitwillig harte Verluste bejahen, aber er kann bei der Verarbeitung seiner Krisen *lernen*, das Unausweichliche anzunehmen. Dann ist er durch Überschreiten der Grenze seines Bewußtseins fähig geworden zur Annahme.

Spiralphase 7: **Aktivität**

Der selbstgefaßte Entschluß, *mit* der individuellen Eigenart zu leben, setzt Kräfte frei, die bisher im Kampf *gegen* sie eingesetzt wurden. Dieses Kräftepotential drängt zur Tat. »*Ich tue das ...!*« ist der spontane Ausdruck für diese Wende. Selbst-gesteuert, unter vollem Einsatz der rationalen und emotionalen Fähigkeiten, eröffnen die ersten Schritte der Phase 7 *Aktivität*. Die Betroffenen erkennen, daß es ja nicht entscheidend ist, was man hat, sondern was man aus dem, was man hat, *gestaltet*!

Es vollzieht sich in den Betroffenen direkt und indirekt eine Umschichtung, Umstrukturierung der Werte und Normen aufgrund von verarbeiteten Erfahrungen, nicht außerhalb, sondern inmitten des gültigen, herrschenden Normen-Wert-Systems. Die Norm-Wert-Ebenen bleiben die gleichen, aber durch den veränderten Blickwinkel schichten sie sich neu.

Es kann nicht ausbleiben, daß das Handeln und Denken nun die Realität selbst verändert. Bedeutsam ist nur, daß der Betroffene primär sich selbst verändert und mittels dieses Lernprozesses zum Anstoß für ›Systemveränderung‹ als Folge, nicht als Ziel, werden kann. Änderung aber heißt hier, die Möglichkeit des Andersseins zu gewinnen durch alternative Handlungsperspektiven als Ergebnis eines Sich-neu-Definierens in gesetzten Grenzen, im Wagnis, darin eigenständig zu handeln.

Spiralphase 8: **Solidarität**

Werden vom Leiden Betroffene in den beschriebenen Phasen angemessen begleitet, erwächst in ihnen irgendwann der Wunsch, selbst in der Gesellschaft verantwortlich zu handeln. Der individuelle Bereich, die individuelle Eigenart werden in ihrer Beziehung zum weiteren Lebensrahmen erkannt. Die Behinderung rückt in den Hintergrund, das gesellschaftliche Handlungsfeld tritt in das Bewußtsein und fordert zu gemeinsamem Handeln heraus: *Solidarität* (8) ist die letzte Stufe des Lernprozesses Krisenverarbeitung:

»Wir handeln, wir ergreifen Initiative ... !« Das ist Ausdruck einer erfolgreichen Krisenverarbeitung, einer angemessenen sozialen Integration. Es kann kein Zweifel darüber bestehen, daß diese letzte Spiralphase nur von wenigen Betroffenen, aber auch nur selten von Noch-Nichtbetroffenen erreicht wird.

Vergleicht man die Krisenverarbeitung von Behinderten und von unheilbar Kranken mit dem Ringen von Menschen in unabwendbaren Existenzkrisen, erkennt man das gemeinsame Merkmal: Es gibt am Ende keine Lösung i. S. von Erlöst-werden von der Last. Die einzig mögliche Lösung besteht darin, nicht mehr im Widerstand *gegen* das scheinbar Unannehmbare, sondern *mit* ihm zu leben, und zwar durch Übernahme einer neuen Aufgabe, die es individuell sowie solidarisch zu gestalten gilt.

Im Vorgriff auf spätere Ausführungen kann gesagt werden, daß diese Art von Gestaltung als Sinn, ja als Glück erlebt werden kann. Die Befähigung zum Gestalten durch aktive Teilnahme am gemeinsamen Leben ist nun »Selbst-Verwirklichung« durch Anders-Sein inmitten der unangemessenen Leistungsnormen unserer Gesellschaft. Die Ermutigung, diesen mühevollen Weg durchzuhalten, ist begründet in der Prämisse: Keiner ist ohne Gaben und jeder ein Teil des Ganzen; das Ganze aber ist mehr als die Summe seiner Teile.

An diesen acht Phasen erkennen wir, daß von Krisen Betroffene, Leidende, sich in Form einer *Spirale* hindurchwinden müssen durch widersprüchliche Erfahrungen, eigene Reaktionen und Reaktionen der Umwelt, bis sie zu einer Klarheit über ihr neues Lebensverständnis gelangen.

Das *Bild der Spirale* veranschaulicht sowohl die Unabgeschlossenheit der inneren Vorgänge als auch die Überlagerung verschiedener Windungen im Verlaufe des Lebens und Handelns mit anderen. Das Bild verweist darauf, daß es lebenslang bei diesem schwierigen Lernen bleibt, auch dann noch, wenn es den Betroffenen gelang, ihr hart eingegrenztes Leben als lebenswert zu bejahen. – Spirale wird hier also nicht simpel technisch verstanden, vielmehr als Sinnbild für ein Sich-Durchringen durch nicht erkennbare Führungen des Gewindes, die nicht auf Vernichtung, Isolierung, Preisgabe des Lebenssinns ausgehen: Es ist eine Gestalt der »engen Pforte, die zum Leben führt« (s. Matth. 7,14), ein Weg durch unendliche Ungewißheiten, der uns aber doch ahnen läßt, was wir sein werden (s. 1. Joh. 3,2).

44

SPIRALE – SYMBOL DER SEELENREISE
Krisenverarbeitung als Lernweg
in acht Spiralphasen

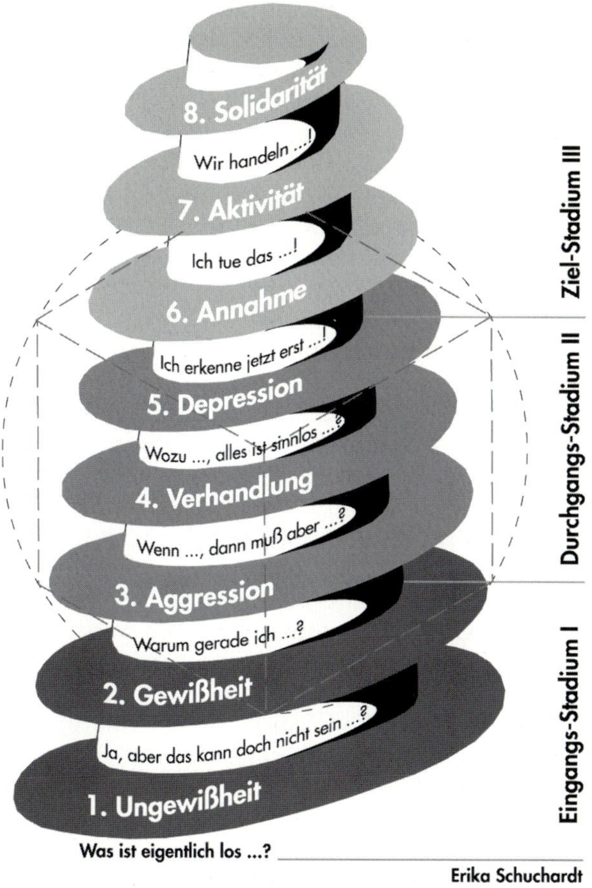

8. Solidarität

Wir handeln ...!

7. Aktivität

Ich tue das ...!

6. Annahme

Ich erkenne jetzt erst ...!

5. Depression

Wozu ..., alles ist sinnlos ...?

4. Verhandlung

Wenn ..., dann muß aber ...?

3. Aggression

Warum gerade ich ...?

2. Gewißheit

Ja, aber das kann doch nicht sein ...?

1. Ungewißheit

Was ist eigentlich los ...?

Erika Schuchardt

Ziel-Stadium III

Durchgangs-Stadium II

Eingangs-Stadium I

Eingangs-Stadium I	**Durchgangs-Stadium II**	**Ziel-Stadium III**
kognitiv-reaktiv, fremdgesteuerte Dimension	emotional, ungesteuerte Dimension	reflexiv-aktional, selbstgesteuerte Dimension

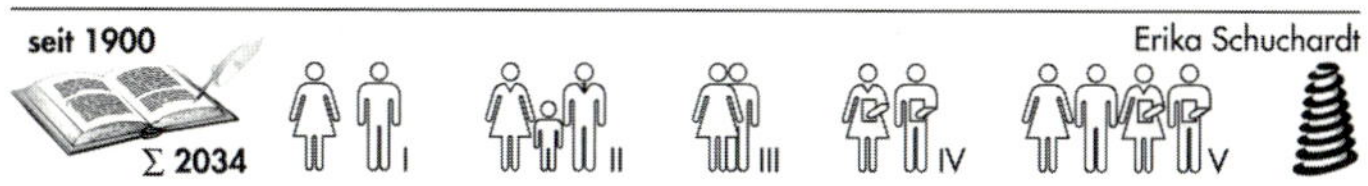

Erika Schuchardt

seit 1900  Σ 2034 ₗ ₗₗ ₗₗₗ ₗᵥ ᵥ

45

Wozu haben wir uns so genau auf die Erlebnisweise der Betroffenen eingelassen? Kann das Wissen um die acht Spiralphasen im Lernprozeß Krisenverarbeitung die Situation »behindert zu sein« bzw. »krebskrank zu sein« erleichtern?

Die Entdeckung der Merkmale im Lernprozeß Krisenverarbeitung erscheint als eine Aufforderung an alle, sich als Einzelne, als Gemeindeglieder, als Seelsorger oder als Pädagogen angemessener, d. h. sensibler auf die Begleitung von Menschen in Krisen einzulassen.

Menschen in Krisen sind – wie dargelegt – sowohl die Betroffenen als auch ihre Bezugspersonen (vgl. dazu Kapitel 4: Begleitende als Problem von Betroffenen). Dazu ein Beispiel: Wir besuchen einen Betroffenen – einen krebskranken Nachbarn, einen zurückgelassenen Ehepartner, die Mutter eines behinderten Kindes – und werden Zielscheibe ihrer *Aggressionen* (3): »Warum kommen Sie überhaupt?«, »Niemand besucht mich!«, »Alle haben mich abgeschrieben!«. Die Kenntnis einzelner Spiralphasen des Lernprozesses Krisenverarbeitung versetzt uns jetzt in die Lage zu unterscheiden: entweder sind die Aggressionen tatsächlich gegen uns als Personen gerichtet oder aber sie haben ungerichtet in uns ein Objekt gefunden, auf das sie sich – affektiv ungesteuert – in der dritten Spiralphase *Aggression* (3) entladen können. Wir können daher gemeinsam mit dem anderen nach den möglichen Deutungsmustern seiner bzw. unserer Aggressionen suchen. Die Analyse der Biographien erbrachte insgesamt neun unterschiedliche Reaktionen (Schuldgefühl, Suizid, Realitätsflucht u. a.). Aus Deutung und Umdeutung kann damit die Chance zur Veränderung entstehen; pädagogisch interpretiert: wir können »die Möglichkeit des Andersseins« anstreben durch Krisenintervention und -prävention; theologisch gewendet: wir können »das Geheimnis von Kreuz und Auferstehung« durch die Grunderfahrung von *Annahme* (6) erfahrbar werden lassen.

Entscheidend ist: Wir können die Krise oder das Kreuz nicht abschaffen: in unseren Beispielen werden Krebs, Partnerverlust und die Behinderung des Kindes lebenslang bleiben; aber wir können die Bedingungen, die Art und Weise, unter denen Menschen von Krisen oder vom Kreuz getroffen werden, verändern, und wir können uns selber ändern; darin liegt die Überschreitung der Grenzen.

Wir können durch unsere wechselseitige Begleitung das zusätzlich erworbene soziale Behindertsein infolge der gestörten oder fehlenden Beziehungen in der Isolation durchbrechen, indem wir anfangen, Interaktionen aufzubauen bzw. überhaupt erst einmal Beziehungen von uns aus neu zu wagen und unermüdlich zu suchen: Das aber wäre menschliche Begleitung zur Krisenverarbeitung als Angebot der frohen Botschaft durch die Kirche und ihre Mitarbeiter. Es muß hier darauf verzichtet werden, den Lernprozeß Krisenverarbeitung in allen seinen Phänomenen sowie die Umsetzung der Erkenntnisse in Weiterbildungsangeboten zu veranschaulichen[22]. Stattdessen sollen die bisherigen Erkenntnisse unter der Frage nach dem Zusammenhang von Leiden und Glaube weiterentwickelt werden.

Bei der Analyse der Biographien stellte ich fest, daß der Lernprozeß Krisenverarbeitung unabhängig von der Art der Krise von jedem Betroffenen durchlebt werden muß, wenn er soziale Integration erreichen will.

Dazu wurden *biographische Längsschnitt-Fallstudien* vorgelegt: Geistige Behinderung bei PEARL S. BUCK[23], Körperbehinderung bei CHRISTY BROWN[24], Sinnesbehinderung bei HELEN KELLER[25], seelische Behinderung bei CLARA PARK[26].

Es wurde ferner festgestellt, daß die 3. Spiralphase *»Aggression«* (3) als Katharsis eine Schlüsselfunktion hat. Es besteht ein enger Zusammenhang zwischen der Fähigkeit zur *Aggression* (3. Spiralphase) und der Befähigung zur *Annahme* (6. Spiralphase)[27]. Dazu konnte ich anhand biographischer Nachweise zeigen, wie das Ausbleiben, Fehlen, Abbrechen oder Verleugnen der Aggressionsphase den Abbruch des Lernprozesses Krisenverarbeitung bedeuten kann. Oft verurteilt er zum Verharren in lebenslanger Depression bei KÄTE KELLER – Sinnesbehinderung[28], Resignation bei CHRISTA SCHLETT – Körperbehinderung[29], Nichtannahme bei MAJORIE SHAVE – geistige Behinderung[30], wie umgekehrt durch eine therapeutische Intervention die Aggression ausgelöst und Krisenverarbeitung bis zur sozialen Integration erreicht werden konnte bei RICHARD D'AMBROSIO – seelische Behinderung.[31]

Wie aber erfahren Betroffene und deren Angehörige ihr Leiden, ihre Krise als Glaubende?

Anders ausgedrückt: Es wird nach der Rolle gefragt, die der christliche Glaube im Lernprozeß Krisenverarbeitung spielt. Überspitzt formuliert: Ist christlicher Glaube ein Faktor bei der Krisenverarbeitung?

47

So viel kann vorweg gesagt werden, christlicher Glaube ist mehr als ein Bedingungsfaktor, er ist das Vorzeichen zur Klammer unserer Lebensgleichung, er ist eine Grundgröße, ein konstitutives Element, das sowohl die Einstellungen und Deutungen verändert als auch die Krisenverarbeitung des Betroffenen.

Somit wäre die *Ausgangsthese:*

- *Aggression* (3. Spiralphase) als Katharsis hat eine Schlüsselfunktion im Lernprozeß Krisenverarbeitung,

zu erweitern um die *These:*

- Christlicher Glaube kann eine als Katharsis erkannte *Aggression* (3) auffangen in der Anklage und Klage vor Gott:

das heißt zum einen, christlicher Glaube kann den Betroffenen befähigen, sein Leiden, seine Krise als ihm von Gott aufgegebene bejahend und ungefragt, also ›gehorsam‹ hinzunehmen, das wäre die sog. ›naiv-apathische‹ Antwort des Glaubenden;

das heißt zum anderen, christlicher Glaube kann den Betroffenen befähigen, seine *Aggression* (3. Spiralphase) gegen sein Leiden, seine Krise freizusetzen, sie zunächst überhaupt zuzulassen, ihr sodann Raum zu geben, um sie schließlich im Dialog mit Gott gemeinsam ertragen zu lernen, als Fähigwerden zur bejahenden *Annahme* (6. Spiralphase) (vgl. Hbr. 5,8); das wäre die sog. ›kritisch-sympathische‹ Antwort des glaubenden Betroffenen (vgl. dazu Kap. 5: Theologisches zu Leiden und Leidensfähigkeit).

In der ersten Form des Lernprozesses nimmt der Glaubende mit seiner *naiv-apathischen Antwort*, so scheint es, fraglos und widerspruchslos ›gehorsam‹ sein Behindertsein, seine Krise als ›Strafe‹ oder als ›Prüfung‹ von Gott bedingungslos hin. Der Glaubende weiß sich – egal ob betroffen oder unbetroffen – von Gott uneingeschränkt bejaht, was ihn befähigt, das scheinbar Unerträgliche als gerade ihm von Gott auferlegte Last zu tragen und fortan mit seiner Krise zu leben; so kann er auch naivapathisch die *Annahme* (6) vollziehen.

Die *Biographen* teilen uns mit:

- Christlicher Glaube
  - befreit den Betroffenen aus seiner Einsamkeit, führt zu Dialog und Gemeinsamkeit

48

– gibt dem Betroffenen ein Gegenüber, eine Tag- und Nacht-
  adresse
– gibt einen Gesprächs- und Gebets-Partner, einen belastba-
  ren Zuhörer
– gibt einen Berater ohne Rezept-Aushändigung, einen mit-
  suchenden Begleiter
– gibt eine Botschaft, die ich selber hören, bedenken, aufneh-
  men muß, ein Angebot
– befreit mich von mir, zu mir, zum DU, im Gebet, im Gottesdienst, in der Gemeinde.

• Christlicher Glaube kann *Aggression* (3) kompensieren und
  Annahme (6) bewirken.

In den nachfolgenden Biographie-Analysen untersuche ich nun
genauer, wie der christliche Glaube und die menschliche Begleitung sich im Leben der Betroffenen auswirkt, und zwar bei
Krisen aller Art: Lebensstörungen, Krankheiten, Behinderungen.

2.1 | Graphiken: Daten zu den Biographen und Biographien

Die nachfolgenden Graphiken veranschaulichen:
• Lebenswelt der Biographen
• Erscheinungsjahr, Anzahl und Themen der Biographien
• Erzählperspektiven I – V und Krisenereignisse in Zahlen
• Themenwandel in Biographien zur Krisenverarbeitung
• Krisenverarbeitung als gesellschaftliche Interaktion

Lebenswelt der Biographen

Albanien	2	
Algerien	4	
Australien	5	
Belgien	1	
Bosnien	1	
Brasilien	1	
Chile	2	
China	2	
Dänemark	6	
Deutschland	1172	
England	107	
Finnland	1	
Frankreich	75	
Indien	1	
Irak	1	
Iran	4	
Irland	2	
Israel	20	
Italien	15	
Japan	2	
Jugoslawien (ehem.)	2	
Kanada	7	
Korea	3	
Kroatien	1	
Marokko	2	
Neuseeland	2	
Niederlande	40	
Norwegen	8	
Österreich	54	
Pakistan	1	
Polen	40	
Rumänien	5	
Rußland	3	
Saudi-Arabien	3	
Schottland	1	
Schweden	9	
Schweiz	111	
Spanien	3	
Sowjetunion (ehem.)	12	
Südafrika	5	
Syrien	1	
Tschechien	3	
Türkei	2	
Ukraine	1	
Ungarn	2	
Uruguay	1	
USA	292	

Aus den Nachfolge-Staaten
der ehemaligen Sowjetunion 12

Kasachstan
Kirgistan
Tadschikistan
Turkmenistan
Belarus
Usbekistan
Ukraine 1

Russland 3
Schweden 9
Finnland 1
Norwegen 1
Dänemark 6
Deutschland 1172 (davon aus der ehem. DDR 32)
Polen 40
Ungarn 5
Österreich 54
Rumänien 5
Iran 4
Pakistan 1
Indien 1
Irak 1
Japan 2
Korea 3
China 2
Türkei 2
Israel 20
Saudi-Arabien 3
Italien 15
Schweiz 111
Belgien 1
Irland 2
Großbritannien 110
Niederlande 40
Spanien 3
Frankreich 75
Marokko 1
Algerien 4
Australien 5
Neuseeland 2
Südafrika 5
Brasilien 1
Uruguay 1
Kanada 7
USA 292

I
II
III
IV
V

• 2034

seit 1900

Original deutsch	1334	
ins Deutsche übersetzt	700	
insgesamt	**2034**	

Erika Schuchardt

Erscheinungsjahr, Anzahl und Themen der Biographien/
Autobiographien zur Krisenverarbeitung
aus einem Jahrhundert

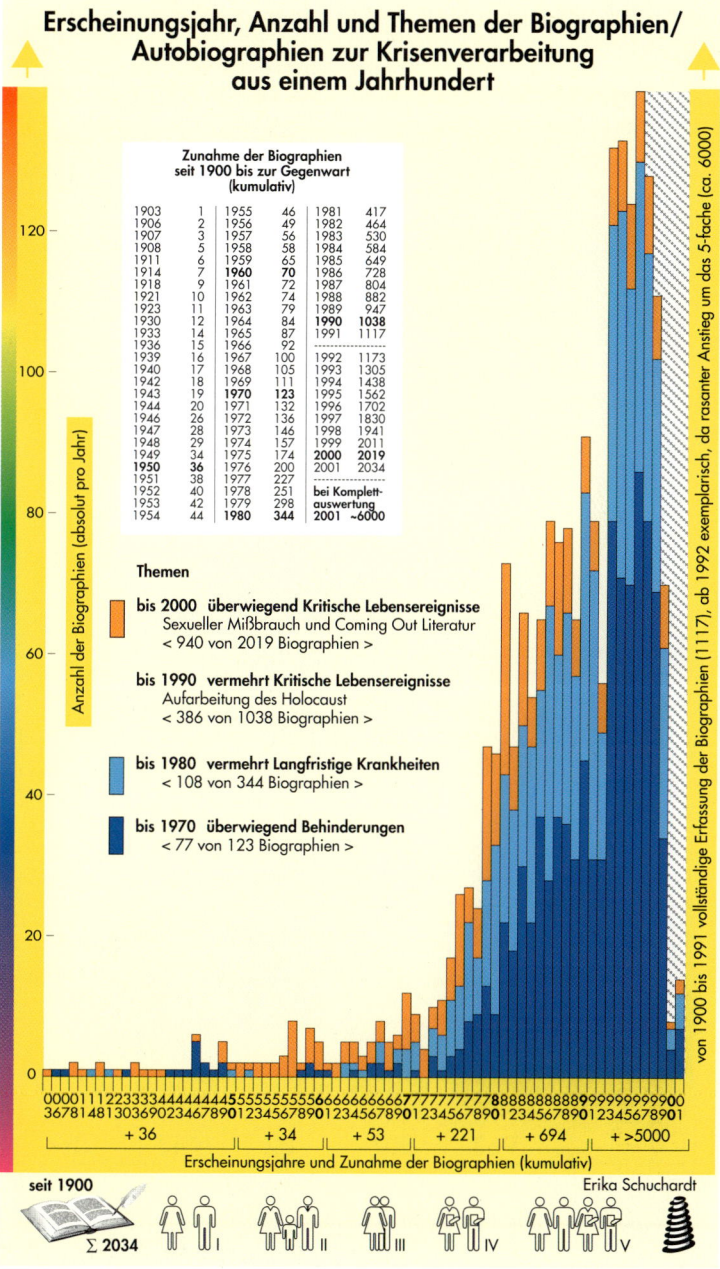

Erzählperspektiven I-V und Krisenereignisse in Zahlen

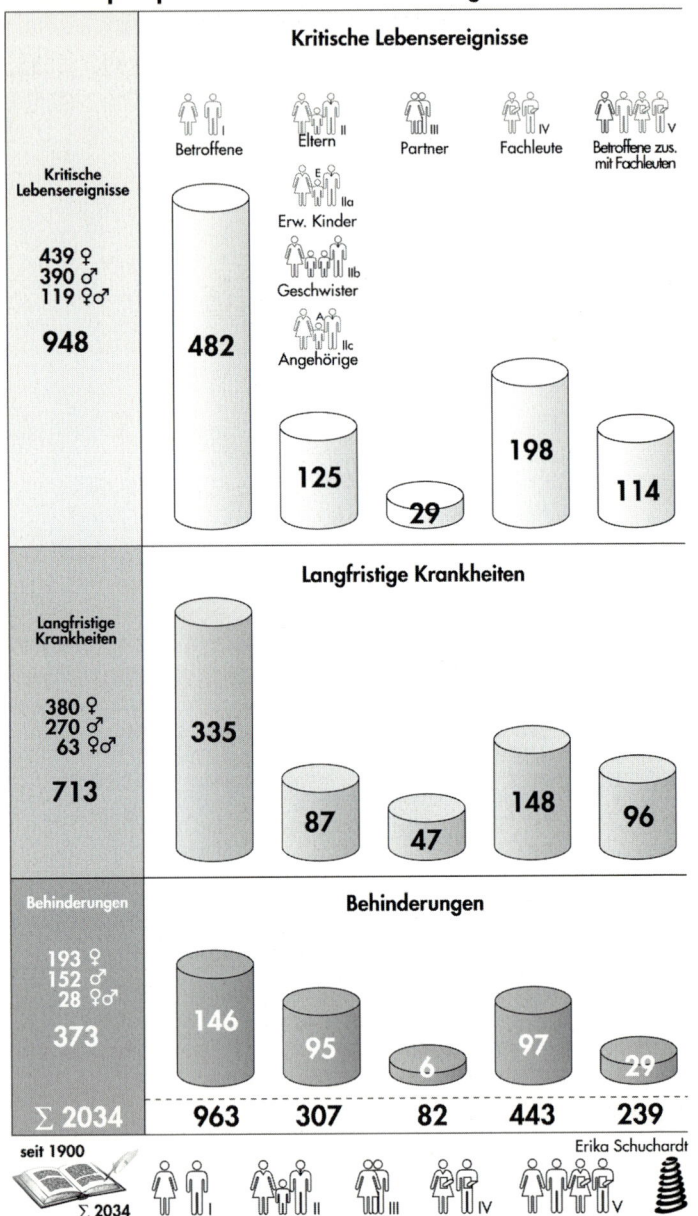

Kritische Lebensereignisse

Betroffene I

Eltern II

Erw. Kinder IIa

Geschwister IIb

Angehörige IIc

Partner III

Fachleute IV

Betroffene zus. mit Fachleuten V

Kritische Lebensereignisse

439 ♀
390 ♂
119 ♀♂

948

482 · 125 · 29 · 198 · 114

Langfristige Krankheiten

Langfristige Krankheiten

380 ♀
270 ♂
63 ♀♂

713

335 · 87 · 47 · 148 · 96

Behinderungen

Behinderungen

193 ♀
152 ♂
28 ♀♂

373

146 · 95 · 6 · 97 · 29

Σ 2034

963 · 307 · 82 · 443 · 239

seit 1900

Σ 2034 — I · II · III · IV · V

Erika Schuchardt

52

Themenwandel in den Biographien zur Krisenverarbeitung von 1900 bis zur Gegenwart

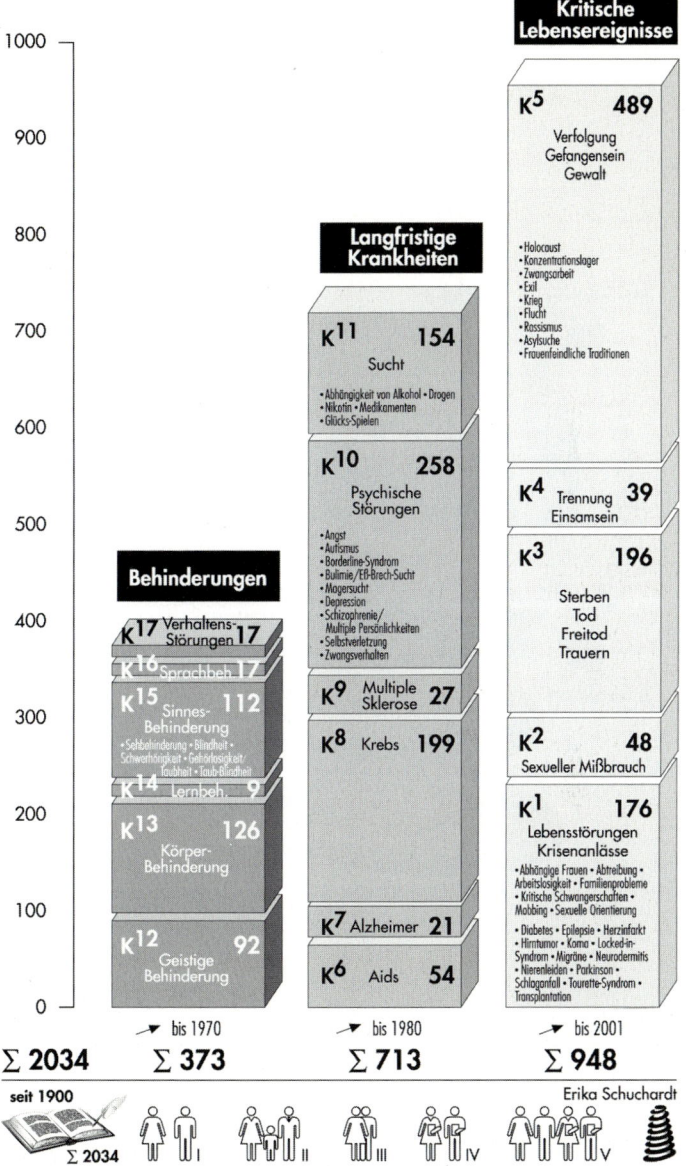

Kritische Lebensereignisse

K⁵ 489
Verfolgung
Gefangensein
Gewalt

• Holocaust
• Konzentrationslager
• Zwangsarbeit
• Exil
• Krieg
• Flucht
• Rassismus
• Asylsuche
• Frauenfeindliche Traditionen

Langfristige Krankheiten

K¹¹ 154
Sucht
• Abhängigkeit von Alkohol • Drogen
• Nikotin • Medikamenten
• Glücks-Spielen

K¹⁰ 258
Psychische Störungen
• Angst
• Autismus
• Borderline-Syndrom
• Bulimie/Eß-Brech-Sucht
• Magersucht
• Depression
• Schizophrenie/Multiple Persönlichkeiten
• Selbstverletzung
• Zwangsverhalten

K⁹ Multiple Sklerose 27

K⁸ Krebs 199

K⁷ Alzheimer 21

K⁶ Aids 54

K⁴ Trennung 39
Einsamsein

K³ 196
Sterben
Tod
Freitod
Trauern

K² 48
Sexueller Mißbrauch

K¹ 176
Lebensstörungen
Krisenanlässe
• Abhängige Frauen • Abtreibung •
Arbeitslosigkeit • Familienprobleme
• Kritische Schwangerschaften •
Mobbing • Sexuelle Orientierung
• Diabetes • Epilepsie • Herzinfarkt
• Hirntumor • Koma • Locked-in-
Syndrom • Migräne • Neurodermitis
• Nierenleiden • Parkinson •
Schlaganfall • Tourette-Syndrom •
Transplantation

Behinderungen

K¹⁷ Verhaltens-Störungen 17

K¹⁶ Sprachbeh. 17

K¹⁵ Sinnes-Behinderung 112
• Sehbehinderung • Blindheit •
Schwerhörigkeit • Gehörlosigkeit •
Taubheit • Taub-Blindheit

K¹⁴ Lernbeh. 9

K¹³ 126
Körper-Behinderung

K¹² 92
Geistige Behinderung

↗ bis 1970   ↗ bis 1980   ↗ bis 2001

Σ 2034   Σ 373   Σ 713   Σ 948

seit 1900   Erika Schuchardt

Σ 2034   I   II   III   IV   V

53

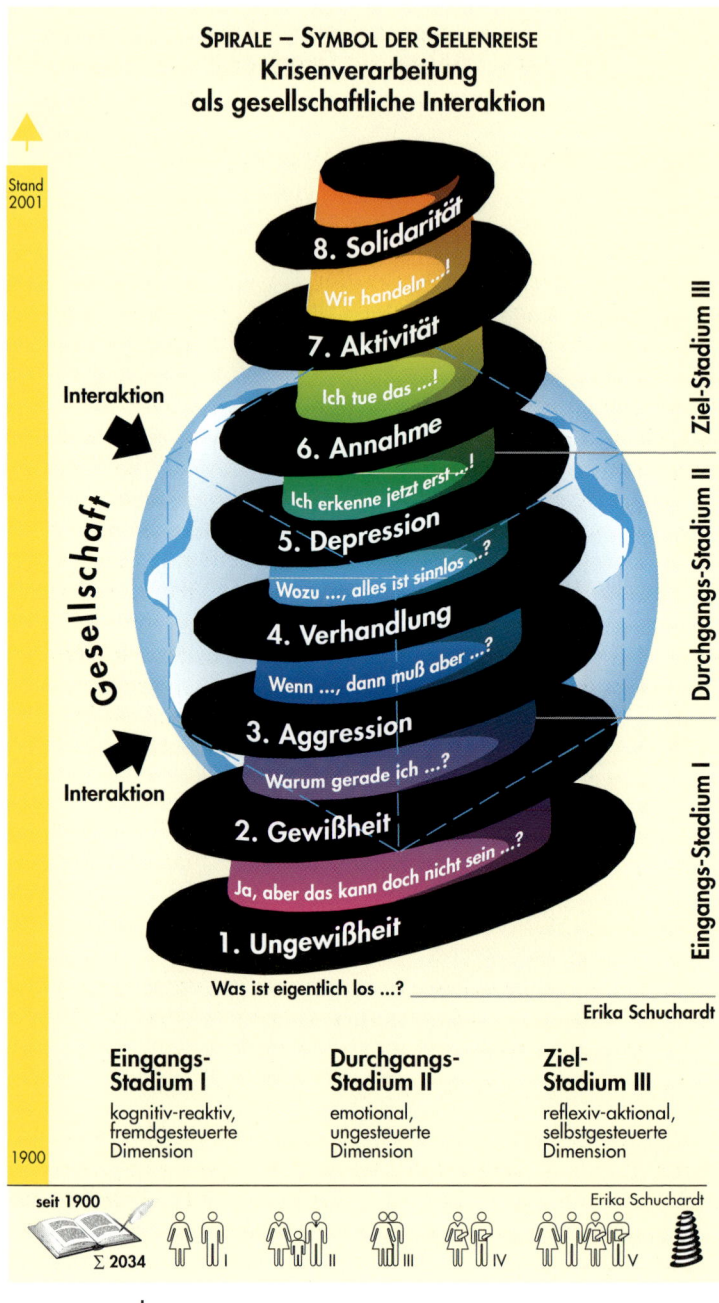

SPIRALE – SYMBOL DER SEELENREISE
**Krisenverarbeitung
als gesellschaftliche Interaktion**

Stand
2001

Interaktion

Gesellschaft

Interaktion

8. Solidarität
Wir handeln ...!

7. Aktivität
Ich tue das ...!

6. Annahme
Ich erkenne jetzt erst ...!

5. Depression
Wozu ..., alles ist sinnlos ...?

4. Verhandlung
Wenn ..., dann muß aber ...?

3. Aggression
Warum gerade ich ...?

2. Gewißheit
Ja, aber das kann doch nicht sein ...?

1. Ungewißheit

Was ist eigentlich los ...?

Erika Schuchardt

Ziel-Stadium III

Durchgangs-Stadium II

Eingangs-Stadium I

Eingangs-Stadium I	**Durchgangs-Stadium II**	**Ziel-Stadium III**
kognitiv-reaktiv, fremdgesteuerte Dimension	emotional, ungesteuerte Dimension	reflexiv-aktional, selbstgesteuerte Dimension

1900

seit 1900

Σ 2034   I   II   III   IV   V

Erika Schuchardt

Krisenverarbeitung bei Pearl S. Buck:
Geliebtes, unglückliches Kind
Biographische Längsschnitt-Studie

Die bisher dargestellten Phasen der Krisenverarbeitung werden nachfolgend am Beispiel der Autobiographie von PEARL S. BUCK, der Mutter eines geistig behinderten Kindes, veranschaulicht (vgl.: *The child who never grew*, New York 1950, unter dem sehr mißverständlich ins Deutsche übersetzten Titel: *Geliebtes, unglückliches Kind*, Wien/Heidelberg 1952). PEARL S. BUCK, die *Nobelpreisträgerin*, durchlebt ihre Krise wie jede andere *Mutter* in vergleichbarer Situation. Wie sie ihre Erfahrungen verarbeitet, ist beispielhaft für alle über 2000 Biographen. Sie berichtet, daß der Lernprozeß ohne jede Begleitung über 10 Jahre andauerte. PEARL S. BUCK steht hierin stellvertretend für die Mehrheit der Frauen, die über ihre Krisenverarbeitung berichten. Sie veranschaulicht als Intellektuelle, daß Krisenverarbeitung weniger ein Problem des Verstandes als vielmehr des Herzens ist; nämlich eine Frage nach der Bereitschaft und Fähigkeit zum Umdenken, zur Einstellungs- und Verhaltensänderung auf der Beziehungsebene.

> »Es ist nicht leicht zu lernen, wie man diese unausweichliche Sorge trägt. Heute, da ich die Aufgabe gelernt habe, kann ich darauf zurücksehen und die Stufen erkennen; aber sie zu erklimmen, war wirklich hart: jede einzelne schien unübersteigbar.« (S. 41/42)

> »Aber es ist interessant für mich selbst und kann für manchen anderen zumindest als Vorgang ein wenig wichtig sein, daß ich davon spreche, wie man lernt, mit einer Sorge zu leben, die nicht wegzuschaffen ist. Und darum will ich davon sprechen.« (S. 45/46)

> »Nochmals: ich spreche als eine, die es weiß.« (S. 96)

So beschreibt PEARL S. BUCK mit ihrer großen Erzählkunst und der unendlichen Liebe einer Mutter das Leben ihres einzigen Kindes, eines Kindes, das nie erwachsen wird. Sie verbindet damit ihr Bekenntnis, daß sie selbst Schweres lernen mußte: »… mit einer Sorge zu leben, die nicht wegzuschaffen ist«.

PEARL S. BUCK unterscheidet schon 1952 *zwei Phasen ihres zehn Jahre dauernden sog.* »*Lehrganges*«: *die erste Phase*, in der sie ihre eigene Zerstörung erlebt, als sie »das unvermeidliche Wissen, das mir aufgezwungen ward«, verstehen lernen muß, und *die zweite Phase*, in der sie die »Wende … aus sich selbst« erfährt, in der sie ihr Schicksal als »gegeben« annimmt und als ihr zur Gestaltung »aufgegeben« erkennt.

> »Die erste Phase dieses Prozesses war schrecklich zerstörerisch. Ich sagte es schon: an nichts war mir Freude geblieben. Alle menschlichen Beziehungen, alle Dinge waren bedeutungslos …«

Wie sehr sie in diesem Loslassen ihrer Trauerarbeit wieder zu sich selber fand, zeigt ihre Analyse über die eigene Wende zur *Annahme* (6):

> »Ich weiß nicht, wie und wodurch die Wende kam. Sie kam irgendwie aus mir selbst … (zweite Phase). In dieser Zeit war es, da ich lernte, zweierlei Menschen in der Welt zu unterscheiden: solche, die unentrinnbaren Kummer kennengelernt hatten, und solche, denen dies nicht widerfuhr …« (S. 47)

> »Es war überraschend und traurig, zu erfahren, wie viele solcher Menschen es gab … Das tröstete mich nicht …, aber es ließ mich erkennen, daß andere gelernt hatten, damit zu leben, und daß ich das also auch könnte. Ich nehme an, das war der Beginn der Wende.« (S. 48/49)

Für PEARL S. BUCK beginnen also ihre »Stufen eines Lehrgangs« mit dem DURCHGANGS-Stadium. Sehen wir uns aber die Biographie genauer an, so stellen wir fest, daß sie übereinstimmend mit der Mehrzahl der insgesamt über 2000 untersuchten Biographen länger als drei Jahre für ihren Erkennungsprozeß im EINGANGS-Stadium brauchte, um aus der *Ungewißheit* (1) zur *Gewißheit* (2) zu gelangen. Fassungslos schreibt sie:

> »Ich glaube, ich war die letzte, die erfaßte, daß etwas mit ihr nicht in Ordnung war … Sie war drei Jahre alt, als ich mich zu wundern begann.« (S. 20)

Sie beschreibt dann, wie stark ihre Entdeckung der Wahrheit durch unangemessenes Verhalten ihrer Umwelt und durch mangelnde Begleitung behindert wurde.

So stellt sie den Übergang von der Zwischenphase der *Unwissenheit* (1.1) zur *Unsicherheit* (1.2) als rastlose Bestätigungssuche bei Freunden dar.

»Ich befragte Freunde über ihre Kinder und erzählte ihnen von meiner neuen Furcht um das meine. Ihre Antwort war tröstlich, zu tröstlich.« (S. 21)

Treffend charakterisiert PEARL S. BUCK die typische Verhaltensweise der Irrelevanzregel, so »zu tun, als ob« alles in Ordnung wäre; sie erspürt das »zu viel« der unangemessenen Worte täuschenden Trostes.

»Sie sagten alle die leeren Worte der Beruhigung, die wohlmeinende Freunde verwenden, ich glaubte ihnen. Später, als ich die ganze tragische Wahrheit kannte, fragte ich sie, ob sie tatsächlich keine Kenntnis davon gehabt hätten, was meinem Kind widerfahren sei. Ich erfuhr, dies sei wohl der Fall gewesen; sie hätten es erraten oder vermutet, die älteren hatten es sogar gewußt, aber sie hatten sich gescheut, es mir zu sagen.« (S. 21)

Und nur infolge dieser von aller Umwelt praktizierten Gewohnheit, die Schwere zu bagatellisieren, blieb PEARL S. BUCK dazu verdammt, bis zum vierten Lebensjahr ihres Kindes in der Zwischenphase der *Unannehmbarkeit* (1.3) zu verharren:

»So war mein Kind fast vier Jahre alt, als ich selbst entdeckte, daß die Entwicklung seines Geistes stillstand … Ich blieb widerspenstig und ungläubig bis zuletzt …« (S. 22)

»Immerhin muß ich mehr Angst gehabt haben, als mir bewußt war. Ich erinnere mich, ich ging eines Tages in die Vorlesung einer gastierenden amerikanischen Ärztin über das Vorschulkind, und was ich da hörte, brachte mir die Erkenntnis, daß irgend etwas bei meinem Kind wirklich gar nicht in Ordnung war …« (S. 23)

Jetzt erst beginnt sie, Ärzte anzusprechen, Vorträge zu besuchen, schließlich ein Ärztekonsilium ins Haus zu holen, immer mit dem gleichen zweideutigen Ergebnis:

»Etwas stimmt nicht …, ich weiß nicht, was es ist. Sie müssen ein Ärztekonsilium befragen …« (S. 24)

Mit dieser *Gewißheit* (2), »daß ihr etwas fehlt«, beginnt PEARL S. BUCK die qualvolle Reise durch alle Kontinente, die Phase der *Verhandlung* (4) im *Ärzte-Welt-Warenhaus des Wissens*, um sich Hoffnung einzukaufen:

»Dann begann die lange Reise, die Eltern solcher Kinder so gut kennen. Ich habe seitdem mit vielen gesprochen, und immer ist es das gleiche. Von der Überzeugung getrieben, daß es doch irgend jemand geben müsse, der heilen kann, schleppen wir unsere Kinder über die ganze Erde und suchen den einen, der uns hilft.« (S. 26/27)

Sie schildert das Ende der Reise, als ihr die unentrinnbare Wahrheit in einem einzigen Augenblick kund wird:

»Das Ende der Reise kam in Rochester, Minnesota. Wir waren schließlich in die Mayoklinik geschickt worden … (S. 31)
Und dann kam der Augenblick, für den ich dankbar sein muß, solange ich lebe …
Ich (habe) dem Menschen zu danken, der eben, als ich vorbei ging, aus einem leeren Zimmer trat … Er kam beinahe verstohlen heraus und winkte mir, ihm in das leere Zimmer zu folgen …
Mit beinahe barscher Stimme, die Augen streng auf mich gerichtet, begann er in seinem gebrochenen Englisch zu sprechen. ›Sagte er, das Kind könne geheilt werden?‹
›Hören Sie, was ich Ihnen sage‹, befahl er.
›Ich sage Ihnen, gnädige Frau, das Kind wird niemals normal werden. Täuschen Sie sich nicht! Sie werden Ihr Leben zerstören und Ihre Familienangehörigen zu Bettlern machen, wenn Sie nicht die Hoffnung aufgeben und der Wahrheit ins Auge sehen. Es wird nie gesund werden – hören Sie mich? … Ich sage Ihnen die Wahrheit – zu Ihrem eigenen Wohl!‹« (S. 34/35)

Als Ausdruck ihrer grenzenlosen Verzweiflung auf diese »brutale Wahrheitsvermittlung« – das Kind war inzwischen 5 Jahre alt und die Chancen einer »dosierten Wahrheitsentdeckung« durch die Umwelt vertan – wird auch die *Aggression* (3) als *Todeswunsch* gegen das Kind verständlich:

»Tod wäre viel leichter zu ertragen, denn der Tod ist endgültig; was war, ist nicht mehr. Wie oft entrang sich meinem Herzen der Aufschrei, es wäre besser, wenn mein Kind stürbe. Euch, die ihr solches nicht kennt, mag dieses Entsetzen einflößen, aber nicht jenen, die gleiches erfuhren. Ich hätte den Tod für mein Kind willkommen geheißen, denn dann wäre es für immer gesichert …« (S. 42)

Sie ergänzt dann in aller Offenheit:

»Um der anderen willen, die den gleichen steinigen Weg gehen müssen, muß ich sagen, daß meine innere Auflehnung Jahre dauerte … Vernunft und Pflichtgefühl können nicht immer die Oberhand haben, wenn das Herz gebrochen ist.« (S. 45)

Die Zeit der *Depression* (5) wurde von PEARL S. BUCK als erste Phase ihres »Lehrgangs« reflektiert. Hinzuweisen ist noch darauf, daß sie selbst die *zwei Arten der Depression* – die *antizipieren-de* wie die *rezipierende* – als ihre Erfahrung beschreibt, die *antizi-pierende Depression* als Trauer über die ungesicherte Zukunft des Kindes, dessen Schicksal es sein wird, künftig von anderen auf-gegeben zu werden, und die *rezipierende Depression* als Trauer-arbeit über das bereits *aufgegebene* glanzvolle Leben, über den Rückzug in die Isolation:

> »… stand ich vor zwei Problemen, und es schien mir, daß beide un-erträglich seien.
> Das erste war die Frage ihrer Zukunft … (S. 38) und dazu kam das zweite, das Problem des eigenen Lebens im Elend. Aller Glanz des Lebens ist verschwunden, aller Stolz der Elternschaft dahin, man hat das Gefühl, daß das eigene Leben in dem des Kindes tatsächlich abge-schnitten ist. Der Strom der Generation ist zum Stillstand gekommen …« (S. 42)

Die für PEARL S. BUCK rational nicht erklärbare »Wende« zur *Annahme* (6) als Beginn des Ziel-Stadiums wurde schon als eine zweite Phase ihres Lernens vorgestellt. Wie intensiv und im-mer wieder neu aber auch sie die Phasen des Spiralmodells er-lebt, wird von ihr selbst beschrieben:

> »Der erste Schritt war: die Tatsachen als gegeben hinzunehmen … Aber praktisch mußte dieser Schritt viele Male gemacht werden. Im-mer und immer wieder glitt ich hinein in den Sumpf … Denn die Verzweiflung war zum Sumpf geworden … Der Anblick von des Nach-barn gesundem Töchterlein …«

Und analog zur *Annahme* (6) sagt auch PEARL S. BUCK:

> »Ich erkenne jetzt erst … !«
> »(Ich fing an,) mich wieder daran zu freuen, was mir dieses Leben noch bieten konnte …
> Bücher waren das erste …
> Dann kamen … Blumen …
> All das begann in einer Art von Verwunderung darüber, daß diese Dinge fortbestanden wie bisher, und dann mit der Erkenntnis, daß das, was vorgefallen war, in Wahrheit nichts geändert hatte, außer mich selbst.« (S. 50)

Die *Aktivität* (7) »Ich tue das … ?« vollzieht sich bei ihr einer-seits in Gestalt der Suche nach einem Heimplatz als Zukunfts-vorsorge für ihre Tochter, andererseits durch eine intensive Vortrags- und Aufklärungsarbeit für Eltern sowie durch die

Einrichtung und Finanzierung von Forschungsarbeiten, sie schreibt:

>»Daß ich nun wußte, was ich zu tun habe, und darüber nachdenken konnte, wie ich es tun sollte, heilte freilich meinen unentrinnbaren Kummer nicht, aber es half mir, ›mit ihm zu leben‹ …«

Schließlich erleben wir die *Solidarität* (8). »Wir handeln … !« nicht zuletzt auch im Schreiben und Publizieren ihrer Autobiographie, die sich vor vielen anderen durch ihre Wahrhaftigkeit auszeichnet. Dadurch baut die Autorin eine Beziehung zu ihren Lesern auf.

>»Es wird nicht leicht sein, in allem die Wahrheit zu sagen, aber anderes zu erzählen, wäre nutzlos.« (S. 14)

So solidarisiert sich PEARL S. BUCK mit jedem Betroffenen und macht sich mit ihm auf den Weg: *vom Todeswunsch über das Ja zum Handeln im gemeinsamen, nie endenden Lernen.* Sie schließt:

>»Man muß das Leid tragen, muß wissen, daß Leid, das man ganz auf sich nimmt, seine eigenen Gaben in sich schließt. Denn das Leid hat seine besondere Alchimie. Es kann in Weisheit gewandelt werden, die zwar nicht Freude bringt, aber inneres Glück.« (S. 8)

So erlebt PEARL S. BUCK ihre *Lernchance Krise!* Wir erkennen, daß wir wechselseitig aufeinander Angewiesene sind, wenn Leben, und das heißt mehr als Überleben, gelingen soll. Dazu kann das Interaktionsmodell Krisenverarbeitung als offener Lernprozeß beitragen.

Die *Ergebnisse aller Biographien-Analysen* – insgesamt über 2000 – lassen sich wie folgt zusammenfassen:

- 1. Biographen mit unterschiedlichen Arten von Krisen – Lebensstörungen, Krankheiten, Behinderungen – beschreiben *gleiche* Lernprozeß-Verläufe in der Krisenverarbeitung.

Das bedeutet: Der Lernprozeß Krisenverarbeitung verläuft *gleichartig* bei kritischen Lebensereignissen wie Trennung, Verfolgung, Sterben, ebenso bei Aids, Krebs, Psychischen Störungen und bei Behinderungen; er wird dementsprechend *diagnostizierbar* und in *Abhängigkeit* von der Person der Betroffenen je spezifisch *intervenierbar*.

- 2. Innerhalb des Lernprozesses Krisenverarbeitung hat die Aggression als Katharsis eine Schlüsselfunktion.

Das bedeutet: *Fehlt* die Spiralphase der *Aggression* im Prozeß des Lernens, so zeigen sich Tendenzen zur *Nicht-Annahme* und zur *sozialen Isolation*; wird umgekehrt die Spiralphase *Aggression* im Lernprozeß *durchlitten*, verstärken sich Tendenzen zur *Annahme* und zur *sozialen Integration*. Demzufolge muß durch Krisenintervention fehlende Aggression ausgelöst werden, um ein Lernen hin zu sozialer Integration zu ermöglichen.
(Vgl. zu 1. und 2. exemplarische Fallstudien meiner Forschungen, Schuchardt, Erika: Biographische Erfahrung und wissenschaftliche Theorie. Bd. 1., und: Dies., Weiterbildung als Krisenverarbeitung. Bd. 2., 5., durchgesehene erweiterte Auflage 1993)

- 3. Religiöser Glaube als Wertbestimmung kann Aggression ersetzen oder kompensieren.

Das bedeutet: Glaube kann als passive Einstellung zur »*a-pathischen Lösung*« gegenüber der Krise führen, oder christlicher Glaube kann als kritische Reaktion zur »*sym-pathischen Antwort*« gegenüber der Krise werden; beiden gemeinsam ist ein angemessener Lernweg der Krisenverarbeitung mit Tendenz zur sozialen Integration.

- 4. Prozeßbegleitung zeichnet sich als Bedingungsfaktor im Lernprozeß Krisenverarbeitung ab.

Das bedeutet: Bei *fehlender oder unangemessener Begleitung* in der Krise wird deren Verarbeitung aufgegeben, abgebrochen oder gar nicht erst begonnen; sie tendiert zwangsläufig zur *sozialen Isolation*. Umgekehrt kann durch *angemessene Prozeßbegleitung* der Lernprozeß Krisenverarbeitung präventiv und intervenierend angebahnt werden und zu *sozialer Integration* führen.

Spirale – Symbol der Seelenreise
Pilger Sudama – begleitet von Spiral-Erscheinungen der Natur –
auf dem Erleuchtungspfad zur goldenen Stadt Krishnas, Punjab, Indien 18. Jh.

3.

Begleitung und Glaube
in Lebensgeschichten

3.1

Luise Habel
Herrgott, schaff die Treppen ab!
Betroffen durch Kinderlähmung

Daten: LUISE HABEL[32], im Alter von 15 Monaten an Kinderlähmung (Polio) erkrankt, seither körperbehindert und auf den Rollstuhl angewiesen. Sie erlebt die Bedrohung des Nationalsozialismus sowohl als Mitglied der Evangelischen Jugend als auch durch die politisch bedingte Arbeitslosigkeit des Vaters, der seine Stellung als Schreiner verliert, was die Mutter zum zusätzlichen Gelderwerb durch Gemüseanbau im Hausgarten zwingt. Trotzdem kaufen die Eltern der Tochter alle notwendigen Stützapparate, bestehen auf dem Besuch eines Gymnasiums und auf der Berufsabschlußprüfung und nehmen überdies zwei Waisenkinder in die Familie auf. Diese psychosoziale Überbelastung der Mutter endet im Suizid.

Die Hintergründe ihrer familiären sozialen Situation drängen LUISE HABEL zu ihrer Lebensfrage:

> »Ich habe … voll Zorn und Bitterkeit gedacht: ›Was kann Gott tun, wenn seine Leute sich ihm verweigern?‹
> Es ist dies eine Frage geworden, die sich durch mein ganzes Leben zieht. Wenn man immer wieder von der Hilfe anderer Menschen abhängig ist, ganz existentiell abhängig, kann dies eine große Anfechtung werden. Ich habe viel nachgedacht über den ohnmächtigen Gott, der nicht helfen kann, auch wenn er möchte« (S. 64).

Gegen den ohnmächtigen Gott, der gegen sein ›schlechtes Bodenpersonal‹ scheinbar so gar nichts ausrichtet, wendet sie ihren Zorn, ihre Bitterkeit und Aggression (3): Er wird ihr zentrales Thema! Sooft sie derart bitter klagend fragt, setzen die Frommen sie auf die Anklagebank, die allwissenden Anwälte Gottes lehren sie das Fürchten.

> »Sprach ich diese ketzerischen Gedanken einmal aus, gab es bestimmt immer irgendeinen Frommen, der mir nachwies, daß Gott nicht ohnmächtig ist. Ich bekam das Fürchten vor den Anwälten Gottes, die alles so genau wußten« (S. 65).

Auf sich gestellt hat LUISE HABEL einen ganz anderen Gott kennengelernt, nicht den, den Christen, ›seine Leute‹, ihr geschildert hatten. Was sie sich selbst zurechtlegt, überzeugt sie auch zunehmend; es steht dem Neuen Testament näher als das ›Allmachtsgerede‹:

> »Er war für mich nicht der sieghafte Gott, dem alles untertan ist. Ich sah den leidenden Christus, der gescheitert war an dieser Welt, der ohnmächtig sich ans Kreuz hatte schlagen lassen und der seine Verlassenheit hinausschrie. Ihm fühlte ich mich verbunden« (S. 65).

Folgerichtig treibt die *Aggression* (3) LUISE HABEL zunächst zum radikalen Abbruch all ihrer Beziehungen zur Kirche und zu Gott: kein Gebet, kein Bibellesen, kein Gottesdienst:

> »Ich beschloß, von Gott nichts mehr zu erwarten, ihn um nichts mehr zu bitten. Ich befürchtete, daß ich an meinen Erwartungen kaputtgehen würde, kaputt an der Enttäuschung über Gott, vielleicht aber auch an der über seine Leute. Das konnte ich nicht riskieren. Und so entschied ich mich, nüchtern überlegend, dieses harte, über meine Kräfte gehende Leben anzunehmen, es unter die Füße zu bekommen oder daran zu scheitern. Dann aber würde es ein Scheitern an mir selber sein, an meinen Fähigkeiten und Möglichkeiten, und dies schien mir erträglicher, als dem unbekannten Gott ausgeliefert zu sein« (S. 65).

Aber mit der rationalen Absage korrespondiert das emotionale Suchen. LUISE HABELs bohrende Kritik als Zeichen der *Aggression* (3) drängt zur kritisch-sympathischen Antwort in der *Annahme* (6). Wie LUISE HABEL dieses Ringen erfährt, erzählt sie in ihrem Buch unter dem explosiven Titel: »Herrgott, schaff die Treppen ab!« Aus ihm sollen hier drei Erfahrungen herausgegriffen werden: Suizid der Mutter, Berufswunsch Gemeindehelferin, Briefwechsel mit einem Pfarrer:

Der Suizid der *Mutter* deutet an, daß sie unter den vielfachen Belastungen nicht vermochte, ihre Krise zu verarbeiten. Im Gegensatz zur *Tochter*, Luise Habel, die in der Lage war, ihren Zorn und ihre Bitterkeit in *Aggressionen* nach außen und gegen Gott zu richten, hören wir über die *Mutter*, daß sie ihr Leben lang ›nie darüber gesprochen‹, sondern alles stumm in sich hineingefressen hatte; sie kämpfte tagtäglich für das Überleben, sparte darüber hinaus alles für die behinderte Tochter und wurde zerschlagen von der Währungsreform, die ihre Ersparnisse in einer Nacht zunichte machte.

Jetzt war alles sinnlos, sie verfiel in lähmende *Depression* (5). Aber mehr noch als je zuvor, waren sie und die Familie dem befremdenden Zustand gänzlich ›alleingelassen ausgeliefert‹ (S. 21).

Wir haben einleitend unsere These erläutert, daß *Aggression* (3) als Katharsis Schlüsselfunktion im Lernprozeß Krisenverarbeitung hat. Die fehlende Spiralphase *Aggression* (3) der Mutter mußte also mit großer Wahrscheinlichkeit zur *Nichtannahme* der Krise und damit zur Stagnation des Lernprozesses in der Spiralphase *Depression* (5) führen.

Wie exakt das für die *Mutter* zutrifft und welch belastende Folgen das für ihre Umwelt hat, wird deutlich. Die lebenslang schweigsame *Mutter* kann nun auch im Fall des neu über sie hereinbrechenden Unheils (Währungsreform, Sinnverlust) nicht in eine aggressive Auseinandersetzung eintreten. Vielmehr muß sie die geballte *Aggression* (3) allein gegen sich selbst richten: Sie verübt ihren ersten Suizidversuch. Das Mißlingen läßt ihre Sorge um die *Tochter* »ins Unermeßliche« wachsen. Im Mittelpunkt steht nun der unaufhörlich an die Tochter herangetragene Gedanke, doch »zusammen mit ihr (zu) sterben«, und Luise Habel schildert, wie sie sich mit ihrem »ganzen Willen gegen die Faszination des Todes« wehrt. Schließlich führt die Mutter ihr Vorhaben aus – ohne sich später daran erinnern zu können: Sie versucht, auf die schlafende *Tochter* mit einem Beil einzuschlagen. Das erneute Scheitern des Suizidversuchs läßt die Liebe der Mutter endgültig in Haß umschlagen. Verspätet, zu spät, brechen erst jetzt im Zustand der Krankheit lebenslang angestaute *Aggressionen* (3) ungesteuert aus. Stundenlang wiederholt die Mutter:

> »›Alles hätte ich gehabt, wenn du nicht gewesen wärest.‹ Das ging Morgen für Morgen und Abend für Abend so.
> ›Alles hätte ich gehabt‹, … Ich konnte es nicht mehr mit anhören. Ich flehte, bat, schrie: ›Hör endlich auf!‹« (S. 57)

Die Tochter versteht und entschuldigt:

> »Ich wußte, sie hatte nichts von ihrem Leben gehabt, sie hatte mehr
> Verzicht geleistet als ein Mensch verkraften kann. Sie war immer ein-
> sam gewesen, vielleicht deshalb, weil sie ein behindertes Kind hatte«
> (S. 57).

Aber die viel zu spät entfesselte *Aggression* (3) hatte in diesem
Stadium psychischer Erkrankung, zudem ohne jegliche
menschliche Hilfe oder fachliche Begleitung, keine Aussicht
mehr, verarbeitet zu werden, um doch noch zur *Annahme* (6) zu
gelangen. Ein dritter Suizidversuch gelingt, die Mutter geht ins
Wasser. Erneut findet die Bitterkeit LUISE HABELS Ausdruck:

> »Wenn alle die Menschen, die jetzt der Mutter im Tod gedachten, sie
> einmal in ihrem Leben besucht oder sie zu sich eingeladen hätten ...
> Vielleicht wäre ihr das Leben dann erträglicher erschienen« (S. 60/61).

Das Versagen der Anwälte Gottes begegnet ihr aufs neue:

> »Der Pfarrer kam in den Tagen vor der Beerdigung nicht ins Haus. Er
> ließ uns aber sagen, daß es noch nicht klar sei, ob die Mutter ausgeseg-
> net würde oder nicht« (S. 61).

Aufgrund des Tatbestandes, daß aus Gründen der Erkrankung
kein ›Selbstmord im eigentlichen Sinne‹ vorlag, kommt es doch
noch zur Aussegnung; LUISE HABEL fragt sich, ob es ›Zufall‹
war, daß der Pfarrer für seine Beerdigungspredigt, ohne es zu
wissen, ihren Konfirmationsspruch wählte:

> »Fürchte Dich nicht, denn ich habe Dich erlöst, ich habe Dich bei
> Deinem Namen gerufen. Du bist mein« (S. 62).

Da entdeckt sie erstmals die Fortsetzung dieses Bibelwortes:

> »... denn so Du durch Wasser gehst, will ich bei Dir sein« (S. 62).

Gottes Wort trifft sie mit einemmal:

> »Ich war so verzweifelt darüber, daß die Mutter so einsam hatte ster-
> ben müssen. Daß keiner bei ihr war. Und nun war da einer, der sagte:
> ›Ich war dabei. Sie war nicht verlassen. Sie ist es auch jetzt nicht.
> Fürchte dich nicht.‹ Hier war ich plötzlich in eine Wirklichkeit hinein-
> genommen, die stärker war als der Tod« (S. 62).

Widersprüchlich dazu erlebt sie die Beerdigungspredigt:

> »Die Worte des Pfarrers am Grab erreichten mich nicht. Ich war wie
> erstarrt, ich konnte auch nicht weinen« (S. 62).

66

Luise Habel läßt uns erleben, wie wachsam ihr Glaube an Gott, wie gestört dagegen ihre Beziehungen zum Bodenpersonal Gottes, zur Kirche, war. Das kommt ihr in dem sich anschließenden *Besuch des Predigers* einer christlichen Gemeinschaft zum Bewußtsein. Er kam mit folgender Botschaft:

> »Ich habe das Gefühl, Sie sind etwas vom rechten Weg abgekommen. Ich habe Sie seit langem nicht mehr in der Kirche gesehen« (S. 63/64).

Eindrücklich versucht Luise Habel ihm zunächst im Gespräch, sodann im Brief ihre ungewöhnliche Notsituation zu schildern, und daß sie mit Beruf und Haushalt, den sie für den Vater führt, als körperbehinderte Rollstuhlfahrerin total überfordert sei; und sie wagt sogar einen Vorschlag:

> »Ich verwies auf seinen Bibelkreis, in den ungefähr fünfzig Frauen wöchentlich kamen, und ich war naiv genug zu sagen, wenn jede dieser Frauen ein einziges Mal statt zu der Bibelstunde zu mir käme, dann wäre ich die Sorge um die Putzhilfe für ein ganzes Jahr los. Aber statt dessen erhielt ich einen Brief des Predigers, in dem er mir schrieb, er würde die Hände für mich falten, daß Gott mir jemand schickt« (S. 64).

Wieder brechen sich ihre *Aggressionen* (3) gegen die Institution Kirche Bahn:

> »Gott hat mir niemand geschickt, und der Mann hat mich nie wieder besucht. Ich habe damals voll Zorn und Bitterkeit gedacht: ›Was kann Gott tun, wenn seine Leute sich ihm verweigern?‹ Es ist dies eine Frage geworden, die sich durch mein ganzes Leben zieht« (S. 64).

Luise Habel bringt eine Fülle solcher Beispiele. Besonders typisch sind die Reaktionen auf ihren Berufswunsch, Gemeindehelferin zu werden. Als Tochter christlicher Eltern und langjähriges Mitglied der Evangelischen Jugend bewirbt sie sich nach Kriegsende beim *Landesjugendpfarrer*, der, wie sie schreibt, angetan und zuversichtlich ihren Einwand »Behinderung« lächelnd beiseitelegt und sie mit der verbindlichen Zusage für das erste Seminar an der Bibelschule verabschiedet. Erklärend für ihren Berufswechsel vom Büro in die Gemeinde verweist sie auf den Zwiespalt zwischen beruflicher und sozialer Integration:

> »Selbst wenn die berufliche Integration gelingt, die gesellschaftliche läßt immer noch zu wünschen übrig« (S. 34).

67

»Nach und nach war ich bei den Mitarbeitern anerkannt ...
Die Kollegen lernten, mich nicht nach meiner Behinderung, sondern
nach meiner Leistung zu beurteilen. Ich gehörte dazu. Freilich nur
während der Arbeitsstunden. In meiner freien Zeit war ich allein. Weil
ich aber sehr vielseitige Interessen hatte, fiel mir das nicht sonderlich
auf« (S. 45).

Und sie stellt in einem eigenständigen Kapitel »*Zugehörigkeit
zur Evang. Jugend*« heraus, wie sie sich in der *Evang. Jugend* uneingeschränkt dazugehörig erlebte:

»Noch heute habe ich das Gefühl, daß ich ganz dazugehörte. Das war
so selbstverständlich, daß ich selbst im Winter bei Schnee und Glatteis
– nicht immer war es ungefährlich – überall mitgenommen wurde« (S.
36).

Sie ist wie vom Blitz getroffen, als sie von einer Mitreisenden,
einer *Referentin des Evangelischen Jugendwerkes*, im Zug erfährt,
daß sie zum Unterricht in die Bibelschule fahre, der seit einigen
Monaten begonnen habe. Eine Anfrage beim *Landesjugendpfarrer* verlängert nur die Kette ihrer Erfahrungen mit einer versa-
genden Kirche. Man schreibt ihr:

»… (die) Behinderung sei doch zu groß. Aber er meinte gleichzeitig,
wenn Gott wolle, daß ich diesen Beruf ergreife, dann könne er auch
eine Tür auftun« (S. 47).

Und wieder bricht sie in *Aggressionen* (3) aus, bleiben Glaube
und Kirche für sie im Widerstreit:

»Ich habe voll Zorn gedacht: ›Da werfen seine Leute alle Türen zu.
Und Gott kann dann schauen, wie er sie wieder aufkriegt.‹ Ich war zu
nüchtern und vielleicht auch nicht gläubig genug, um mit einer echten
Chance zu rechnen. Ich hatte meine Erfahrungen mit den Arbeitskol-
legen und wußte, daß auch kirchliche Leute kaum anders reagieren
würden. So verwunderten mich die weiteren Absagen auf meine Anfragen nicht. Warum sollte es in kirchlichen Kreisen anders zugehen
als in der übrigen Arbeitswelt?« (S. 47).

Die Erfahrungen ließen sich beliebig verlängern, immer wieder
münden sie ein in Luise Habels Lebensfrage: »Was kann Gott
tun, wenn seine Leute sich ihm verweigern?« Wieder und wieder ringt ihre Vernunft mit der Absage an diesen ohnmächtigen
Gott, und doch kann ihr Herz nicht von ihm lassen.
Der Briefwechsel mit einem Pfarrer veranschaulicht beispiel-

haft, wie ihr aggressives Ringen (3) im Widerstreit zwischen Glaube und Kirche auf dem Weg einer *kritisch-sympathischen Antwort* durch die seelsorgerliche Begleitung doch noch zur *Annahme* (6) findet. Der *Briefpfarrer* unterscheidet sich von allen vorgenannten dadurch, daß er ihren Fragen nicht mit den gewohnten vorgefertigten Antwortpaketen begegnet, sie nicht mit Sonderangeboten überschüttet, sondern sie in ihrer Not ernstnimmt.

>»Er hatte keine fertigen Antworten, er ließ meine Fragen stehen und versuchte nicht, mich in einen Glauben zu drängen, den ich nicht leben konnte« (S. 66).

Von ihm erfährt sie den Unterschied zwischen Wahrheit und Wahrhaftigkeit, zwischen *objektiver Predigt* der Lehre und subjektiver Botschaft, die durch die *Person des Predigers* hindurchgehen muß, um uns als Verkündigung zu erreichen.

>»Von ihm lernte ich, daß es Sprüche gibt, die man nicht gebrauchen darf. Sprüche, die objektiv stimmen, aber die – einmal ausgesprochen – doch wie geworfene Steine sind. Er schien ein Mensch ohne Grundsätze zu sein. Ein Pfarrer ohne Grundsätze? Den mußte ich kennenlernen« (S. 66).

Sie wendet diese Lernerfahrung später gegen die *falschen Tröster*, die ihr jene Menschen rühmen, »von denen man nie ein Wort der Klage höre«.

>»Einmal schrieb mir eine Frau: ›Wie lieb muß Sie Gott haben, daß er Ihnen so viel zumutet.‹ Damals schrieb ich erbittert zurück, ich würde ganz gerne mit ein bißchen weniger Liebe und ein bißchen mehr Gesundheit zufrieden sein.
>Heute weiß ich, daß es Sprüche gibt, die man nicht gebrauchen darf; Sprüche, die wohl theoretisch stimmen, aber in der Praxis eine zerstörende Wirkung haben. Wie soll ich leben mit einem Gott, der erwartet, daß ich mein Leistungssoll im Leiden erfülle? Der mich auch nur in einem bestimmten Rollenverhalten annimmt und der mich nur liebt, weil ich leide?« (S. 204).

Wie verständnisvoll dieser *Pfarrer* sie in einer ernsten Krisensituation begleitet, läßt sie uns miterleben:

>»Einmal verbrachte ich meinen Urlaub an dem Ort, an dem er wohnte. Ich mußte zu einer orthopädischen Untersuchung, und der Befund war katastrophal. Eigentlich hatte ich die Wahrheit längst gewußt. Aber

neu ausgesprochen, machte sie mir doch erheblich zu schaffen. Nach der Konsultation beim Arzt besuchte ich den Pfarrer. Äußerlich wirkte ich ruhig. Ich erzählte von dem Befund, als würde es sich um irgendeine Krankengeschichte handeln. Aber ich dachte: ›Wenn der Pfarrer mir jetzt damit kommt, daß ich mich mit dem Willen Gottes abfinden muß, springe ich ihm ins Gesicht‹« (S. 67).

Erstmalig erfährt LUISE HABEL, daß jemand ihre *Aggressionen* (3) erträgt, sie nicht abblockt, sondern vorbehaltlos zuläßt und mehr noch: sie selber auf sich nimmt und *mit* ihr leidet:

»Der Pfarrer saß da und sagte kein Wort. Als das Schweigen unerträglich wurde, verabschiedete ich mich.«

Das Schweigen hatte sie verunsichert, sie suchte nach Antwort, und diese kommt:

»Sie haben es ganz richtig empfunden. Ich war so hilflos, ich wußte einfach nicht, was ich Ihnen hätte sagen können. Man muß auch als Pfarrer zugeben können, daß man manchmal keine Antwort hat« (S. 68).

Analog zu INGRID und STEPHAN WEBER-GASTS Erfahrungen, die von der Beidseitigkeit der Verkündigung sprechen und dem Dunkel Raum geben, erfährt LUISE HABEL, wie sie aus der Dunkelheit abgeholt wird:
Einer der *Pfarrer* geht zu ihr in die Finsternis, er hält ihr stand, erträgt sie mit ihr; sie spürt erstmals: ich dulde nicht mehr allein, er geht neben mir, mitleidend, die Dunkelheit verliert zu zweit die belastende Einsamkeit, ich kann sie aushalten, annehmen, bejahen!

»Das war neu für mich, daß da ein Christ war, der keine Antwort hatte. Daß er um meinetwillen all die Bibelsprüche, die ihm zu Gebote standen, unausgesprochen ließ. Er hätte sich ein gutes Gewissen verschaffen können. Aber er tat es nicht. Um meinetwillen. Da nahm einer etwas auf sich, um mich nicht zu belasten. Dadurch wurde er glaubwürdig für mich« (S. 68).

Und da sie merkt, je mehr der Pfarrer von den Anfechtungen des wirklichen Lebens weiß, desto intensiver rechnet er mit Gott; umso besser schafft *sie* es, wieder nach Gott zu fragen:

»Dieser Pfarrer hat viel Geduld mit mir gehabt. Ihm verdanke ich, daß ich wieder angefangen habe, nach Gott zu fragen. Dieser Mann verbot mir nicht meine Zweifel, er ermahnte mich auch nicht zum Glauben.

Er schrieb einmal: ›Solange Sie sich noch so mit Gott herumschlagen, ist mir nicht angst um Sie‹« (S. 69).

Luise Habel zeigt, wie ihr *christlicher Glaube* ihre *Aggressionen* (3) zugelassen und ausgehalten hat: sie hatte einen Adressaten, Gott, ihm konnte sie sich widersetzen, ihn verlassen, sich ihm versagen, aber gerade darin nahm sie ihn und damit auch sich selber ernst, wurde sie vor dem Abbruch ihres schweren Lernens in der apathischen Resignation – vergleichbar der ihrer Mutter – bewahrt. *Christlicher Glaube* befähigte sie zur *Aggression* (3) als Voraussetzung zur *Annahme* (6). Zu keiner Zeit kann sie Gott wirklich lassen, wie Laurel Lee, Ingrid Weber-Gast, erlebt auch sie: Er läßt mich nicht! Bis sie durch die Begleitung des Pfarrers, der mit ihr die Dunkelheit teilt, ihre *kritisch-sympathische Antwort* als *Annahme* (6) bejaht:

> »Ich höre aber genau hin, wenn von Jesus die Rede ist. Von dem Jesus, der gelitten hat gleich wie wir. Der kein Übermensch war, sondern schreien konnte: ›Mein Gott, mein Gott, warum hast du mich verlassen.‹ Er befreit mich von meinem Rollenzwang, von dem Zwang, immer tapfer sein zu müssen. Bei ihm darf ich auch weinen, fragen, anklagen« (S. 205).

Sie reagiert weiter wie ein Seismograph, mit Abscheu begegnet sie jenen *sprücheklopfenden Pfarrern*, die vergessen, daß Sprüche ja nichts kosten, bei Betroffenen aber möglicherweise die Absage an Gott, den Verlust ihres Vertrauens und den Absturz in die Einsamkeit zur Folge haben.

> »Ich habe einen Horror vor den Leuten, nicht zuletzt vor den Pfarrern, die auf alles eine passende Antwort haben und die nicht merken, in welche Einsamkeit, ja Verzweiflung sie damit einen anderen stürzen können. Bibelsprüche, zur Unzeit gesprochen, helfen nur selten, mit einer Situation fertig zu werden. Im Gegenteil. Sie lassen mich mein Elend oft nur noch krasser empfinden. Deshalb habe ich auch wieder angefangen, mich gegen billige Sprüche, die den anderen nichts kosten, zu wehren« (S. 206).

So erkennt sie ihre Lebensaufgabe:

> »Ich bin in den letzten Jahren so etwas wie eine Müllhalde für allen möglichen Kummer geworden, eine Stelle, wo man ›abladen‹ kann und darf ... Ich bemühe mich, jeden so anzunehmen, wie er ist ... Im Grunde genommen versuche ich nichts anderes zu sein und zu tun, als das Gefühl zu vermitteln:

Da ist jemand, der zuhört, der mich ernst nimmt, der nicht über mir, sondern neben mir steht« (S. 205).

»Was wir brauchen, sind Menschen – Christen –, bei denen man weinen und lachen, beten oder anklagen darf, je nachdem, wie es einem zumute ist. Menschen, die nicht meine Rolle lieben, sondern mich. Dann würde das Leid erträglicher, Gott erfahrbarer und das Leben menschlicher. Zwar würde auch dann noch ein unbegriffener Rest bleiben, aber er würde Ehrlichkeit ermöglichen und deshalb auszuhalten sein« (S. 207).

Ingrid Weber-Gast
Weil du nicht geflohen bist vor meiner Angst

Betroffen durch Depression

Daten: Beide Ehepartner, Ingrid und Stephan Weber-Gast[33], berichten über die Krankengeschichte der Depression. Beide tun das als Theologen mit Ausbildung in Pastoralpsychologie wie als Klinikseelsorger an einer Fachklinik für Neurologie und Psychologie. Obgleich sie aus täglicher Seelsorge an Patienten und Kurgästen mit ähnlichen Krankheitsbildern vertraut sind, trifft sie die seelische Erkrankung des einen Partners unvorbereitet; schließlich sehen sie sich gezwungen, zeitweilig ihre einzige, noch nicht schulpflichtige Tochter fremder Obhut zu überlassen.

Ingrid Weber-Gasts Tagebuch aus der Zeit der *Depression* liest sich so lebendig, eindringlich, unmittelbar, daß der Leser es eher wie an ihn gerichtete Briefe denn als objektiven Bericht empfindet. Der Leser fragt sich zunehmend, wem der Titel des Buches: *»Weil du nicht geflohen bist vor meiner Angst«* eigentlich gilt.

Vordergründig gesehen blättert man lediglich in einer Krankengeschichte, die nur auf Anraten der Ärzte niedergeschrieben wurde, um zum Heilungsprozeß beizutragen; tatsächlich aber wird man konfrontiert mit der zentralen Frage beider Autoren: »Welche Rolle hat der (unser) christliche Glaube in der Depression?« (vgl. Kap. 3) und wie setzen wir »Die (unsere) Erfahrungen aus der Depression in den (unseren) Predigten um« (vgl. Kap. 6; Klammeranmerkungen von der Verfasserin).

Franz-Josef Trost stellte als Rezensent im Deutschen Allgemeinen Sonntagsblatt[34] heraus:

> »Erstaunlicherweise hat dieser Glaube in den ›allerschwersten Stunden‹ keine Rolle gespielt.«

Er folgert daraus:

> »Diese Bemerkung macht nachdenklich, sie gebietet Vorsicht beim religiösen Zuspruch für seelisch Kranke.«

Das alles überschreibt er mit dem Titel:

>Gelernt, allein zu sein.«

Wie paßt es dazu, daß ROLF ZERFASS dagegen auf dem Bucheinband bemerkt:

>Dieses Zeugnis vom Leiden eines jungen Ehepaares ist zugleich ein
bewegendes Zeugnis ihres Glaubens … «

Das *Ehepaar* selbst sieht sich dreifach bedroht: als seelisch Kranke bzw. als *Partnertherapeuten,* als glaubende *Christen* und als
verkündigende *Theologen;* so erleben sie den Einbruch der
Krankheit als den Riß in der Schöpfung, der jetzt mitten durch
ihre Gemeinschaft geht.

INGRID WEBER-GAST eröffnet ihr drittes Kapitel: »*Die Rolle des
Glaubens in der Depression*« nüchtern mit einer negativen Anfrage:

>Zuallererst: In den allerschwersten Stunden hat der Glaube überhaupt
keine Rolle mehr gespielt. Mein Verstand und mein Wille mochten ihn
wohl weiterhin bejahen, aber für mein Herz war er unerreichbar. Er
war kein Trost, keine Antwort auf verzweifelnd quälende Fragen, keine Hilfe, wenn ich nicht weiterwußte. Ja, im Gegenteil: Nicht der Glaube trug mich, sondern ich mußte auch noch den Glauben tragen« (S.
32/33).

Das Kapitel endet mit ihrer Anklage (3) gegen Gott:

>So sieht mein Gebet auch heute noch oft aus. Mit dem Beten ist es
überhaupt so wie mit dem Glauben allgemein: Es hat seinen Glanz
verloren. Ich versuche es zu tun, vor allem mit Treue und Geduld,
aber stets muß ich dabei eine gewisse innere Distanz überwinden.
Vielleicht kann ich es Gott einfach nicht so schnell verzeihen, daß Er
mich – entgegen all seinen Verheißungen – einmal im Stich gelassen
hat« (S. 38).

Deutlich spürbar wird ihr Kampf: »Ich versuche es … , aber … «,
für den Gesprächsanalytiker springt im »aber« unterschwellig
schon das aggressive »nein« heraus.

Sie gibt uns selbst die Erklärung:

>Ich kann … Gott … nicht … verzeihen, daß … Er mich … im Stich
gelassen hat.«

Folgen wir diesen Spuren der Aggression bis in das sechste Kapitel »Predigten aus der Erfahrung der Depression«. Sie hat ihr

Problem unter dem Thema »Gott, gib mir Mut zu ändern, was ich ändern kann« in einer Silvesterpredigt verarbeitet. Anhand der chassidischen Geschichten erzählt sie von Rabbi Sussja, der kurz vor seinem Tode geäußert hat:

> »In der kommenden Welt wird man mich nicht fragen: ›Warum bist du nicht Mose gewesen?‹ Man wird mich vielmehr fragen: ›Warum bist du nicht Sussja gewesen?‹« (S. 373).

Dazu verarbeitet sie ihre ureigenste Erfahrung aus der *Depression* zu ihrer Botschaft:

> »Ich glaube fest, daß Gott für jeden ein ganz persönliches Maß gesetzt hat, das erfüllt werden will: ein Maß für den Unbegabten, ein Maß für den Ängstlichen, ein Maß für den Traurigen, ein Maß für den Kranken. Man wird mich fragen, warum ich nichts gemacht habe aus den Umständen, unter denen mein Leben nun einmal verlaufen ist. Man wird mich nicht fragen: Warum bist du so oft traurig gewesen? Sondern: Was hast du gemacht aus deiner Traurigkeit? Hast du mit deiner Traurigkeit ein Gespür dafür bekommen, wie schwierig auch das Leben anderer sein kann, wie niederdrückend, und hat dich das ein wenig geduldiger, ein wenig feinfühliger, ein wenig zurückhaltender in deinem Urteil gemacht? Man wird mich nicht fragen: Warum bist du so oft krank gewesen? Sondern: Was hast du aus deiner Krankheit gemacht? Wie hast du den Freiraum genützt, den deine Krankheit dir eingeräumt hat? Du bist nicht zu jeder Zeit verpflichtet gewesen, zu arbeiten und für deinen Lebensunterhalt zu sorgen, du hast viel freie Zeit gehabt. Wozu hast du sie verwendet? Zu nutzlosem Gejammer nach dem Muster: Wäre doch ...! und Könnte nicht ...! oder dazu, in aller Bescheidenheit anderen immer wieder einmal eine Freude zu machen? Und sei es einfach durch die Zeit, die du hattest zum Zuhören? Ich möchte es noch einmal wiederholen: Ich glaube fest daran, daß jeder Mensch zur Vollendung kommen kann« (S. 74/75).

Nicht nur das Thema ergreift uns, es ist vielmehr die Predigerin selbst: sie hat begriffen, wovon sie redet, weil sie selbst davon ergriffen ist.[35] Von diesem Ergriffensein erzählt sie im fünften Kapitel »*Hilfreiche Texte*« einmal so:

> »Es mag unlogisch klingen, aber es war dennoch so: Obwohl Gott unerreichbar blieb, gab es einige Psalmverse, die ich immer wieder gesprochen habe, vielleicht auch gebetet, mich an ihnen festgehalten habe, um nicht ganz ohne Stütze zu sein. Vor allem: Herr, du warst unsere Zuflucht« (S. 57).

75

»Mit besonderer Inbrunst habe ich stets den Satz gelesen: ›Lehre mich, Herr, meine Tage zu bedenken, auf daß ich weise werde.‹ ›Weise werden‹, das schien mir der Schritt zur eigentlichen Heilung zu sein. Weise werden, das bedeutete, wieder Übersicht zu gewinnen, nicht aufgezehrt zu werden von dunkler Verworrenheit. An das andere Ufer gelangt zu sein, unerreichbar für die Qualen der Krankheit. Aber auch gelernt zu haben, mit der eigenen Vergangenheit zu leben, wie schmerzlich auch immer sie gewesen sein mag, den schönen, aber trügerischen Schein eingetauscht zu haben gegen die Wirklichkeit. Weise werden bedeutete für mich, in den eigenen Abgrund geblickt zu haben, ohne zu verzweifeln. Ich will nicht darüber nachdenken, wie weit ich das inzwischen erreicht habe, aber ich ahne dunkel, daß der Weg tatsächlich in diese Richtung gegangen ist. Deutlicher spüre ich, daß ich zu Recht für mich die Heilung in dieser Richtung gesucht habe, und daß ich um so leichter ausschreite, je deutlicher ich sie beibehalte« (S. 59).

Diese Nähe zu Klagepsalmen erklärt sie:

»Gerade sie schienen mir besonders deutlich widerzuspiegeln, was in mir vorging, und manchmal dachte ich, man müßte sie häufiger in den Gemeindegottesdienst einbringen« (S. 36).

Das Kapitel »*Predigten aus der Erfahrung der Depressionen*« schließt mit der Auslegung von Lk 9,18–25: »Täglich sein Kreuz auf sich nehmen«. Ihre Botschaft:

»Ich glaube …, daß man weder resigniert noch wütet, daß man vielmehr der Wirklichkeit ins Auge sieht und sagt: Ja, so ist es geworden, so muß ich es annehmen, was kann ich daraus machen? … Das Kreuz tragen, hieße dagegen: Die Wirklichkeit annehmen, sich nicht selber noch zusätzlich verrückt machen durch Illusionen, sondern alle Fantasie anstrengen …
Nicht ›alles oder nichts!‹ sagen, sondern sich auch um ›ein wenig‹ bemühen … Denn die eigentliche Nachfolge, die beginnt erst dann. Sie beginnt da, wo einer trotz seiner Traurigkeit für andere noch ein gutes Wort, ein ermutigendes Lächeln, eine helfende Hand übrig hat. Das alles lernt man nicht in wenigen Tagen; das ist eine Aufgabe, die man nicht gelöst haben wird bis zum Ende, und wenn das Leben noch so lange währt. Aber es ist eine Aufgabe, die man jeden Tag neu angehen muß, wie das tägliche Gebet. Ja, sie könnte fast an die Seite des täglichen Gebetes treten. Etwa so, wenn manch einer von uns spricht: Mein bestes Gebet, Herr, ist mein Kreuz, das ich erneut jeden Tag auf mich nehme. Amen« (S. 100/101).

Eine kurze Betrachtung »Seinen Schmerz zeigen können« läßt sie folgen. Ihre Botschaft:

> »Eine Möglichkeit … wäre wohl, daß wir in unserer Mitte Zeit und Raum schaffen für den, der sein Leid zeigen möchte, ja zeigen muß, um es zu bewältigen. Denn wir Menschen ertrinken in unseren ungeweinten, verborgenen Tränen« (S. 101).

Vergleichbar einem Regenbogen – der Brücke Gottes zu den Menschen – empfindet INGRID WEBER-GAST die Erfahrungen ihrer Krisenverarbeitung. Sie spannt ihre Brücke zu Gott von ersten Glaubenserfahrungen über ihre anklagende *Aggression* (3) gegen Gott: »Ich kann dir noch nicht verzeihen, Du hast mich im Stich gelassen« bis zu ihrem Bekenntnis: »Mein bestes tägliches Gebet, Herr, ist mein Kreuz, das ich erneut jeden Tag auf mich nehme«. Und gerade darum ermutigt sie dazu, »seinen Schmerz zeigen zu können«.

Einprägsamer kann sie die zentrale Rolle ihres Glaubens in der *Depression* (5) nicht darstellen, kann sie unsere These kaum belegen: *Christlicher Glaube* kann *Aggression* (3) kompensieren! I. WEBER-GAST braucht ihre Aggression nicht wahllos gegen Partner, Umwelt, Schicksal oder gar sich selbst zu richten, sie darf – die Kraft ihres christlichen Glaubens befreit sie dazu – ihre Aggressionen unmittelbar auf Gott abladen. Ihn zieht sie dafür zur Rechenschaft, daß er sie gegen alle seine Verheißungen einmal im Stich gelassen hat. Und sie, die in *Depression* und Angst Gefangene, tut das, ohne jede Angst, ganz erstaunlich mutig:

> »Eigenartigerweise habe ich keinerlei Sündenängste ausgestanden, wenigstens davor blieb ich verschont …
> Wenn ich mich fern von Gott fühlte, habe ich darunter gelitten, aber ich dachte nie, diese Gottesferne könnte Sünde sein, oder mein Hader oder meine Verzweiflung …
> Ich kam mir vor wie ein von Gott zu vollgepacktes Lasttier – mußte er dann nicht wenigstens die Folgen des Zusammenbruchs tragen?« (S. 37).

Furchtlos sein kann sie, weil sie ihren Glauben – willenlos – zu keiner Zeit loslassen konnte:

> »Nicht der Glaube trug mich, sondern ich mußte auch noch den Glauben tragen. Doch, eine Hilfe war er: In seltenen, aber dann wirklich trostreichen Stunden hat es mir viel bedeutet, daß andere für die Kranken, für mich beteten« (S. 33).

»Ich selber habe, vom Tiefpunkt der Depression abgesehen, immer wieder gepredigt. Es war mir möglich …
und aus dem Echo, das ich darauf bekam, konnte ich entnehmen, daß ich die Herzen der Menschen erreicht hatte« (S. 35).

In ihrer Predigt spricht sie von dieser Erfahrung, Gott nicht lassen zu können:

»Manchmal denke ich sogar, daß für jeden im Leben einmal der Augenblick kommt, wo alle Begeisterung und Sicherheit zerfällt, wo wir zu Menschen werden, die Gott nicht lassen können, weil sie einmal von ihm gehört haben, und ihn nun nicht mehr vergessen können. Sie müssen die Stelle und das Schweigen an Gottes Türschwelle aushalten, bis er kommt« (S. 84).

So durchlebt INGRID WEBER-GAST – und der Leser entnimmt es ihren Erkenntnissen aus der Predigtverkündigung –, wie christlicher Glaube aus der *Aggression* (3) als Katharsis die *Annahme* (6) wachsen lassen kann, hier als sog. *kritisch-sympathische* Antwort. Dazu nimmt auch der Mann und Partnertherapeut STEFAN WEBER-GAST Stellung, er scheut sich nicht, offen über die Anfechtung des Freitodes zu sprechen, und stellt sich wie seine Frau der herausfordernden Frage nach der Rolle seines christlichen Glaubens in der *Depression* (5):

»Ich war in einem gewissen Sinne der Depression meiner Frau ausgeliefert … Wir haben damals keine Gedanken verdrängt, auch nicht den Gedanken, was meine Frau noch am Freitod hindere …
Ich durchlebte Stunden, in denen ich selbst von dem Gefühl übermannt wurde: Schade, daß wir nicht beide gemeinsam auf diese Weise fliehen können, fliehen dürfen …
Das zuzugeben fordert mich heraus, daran zu denken, was mir mein Glaube in dieser Zeit bedeutet hatte. Eine unmittelbare Erleichterung brachte er mir nicht. Ich sah, wie der Mensch an meiner Seite, den ich über alles liebe, furchtbar gequält wurde. Meine Gebete wurden sehr emotionell – je länger je heftiger von einem Unterton der Anklage, des Vorwurfs, der Forderung, daß Gott sich rechtfertigen müsse, getragen. Ich weiß nicht, ob es Zufall war, daß es meiner Frau einige Male am nächsten Morgen auffallend besser ging, wenn ich am Abend vorher ganz besonders grimmig gebetet hatte« (S. 30).

Er sieht die nur ›mittelbare‹ Hilfe seines Glaubens darin, daß er mit Gott ›ringen‹ und ›hadern‹ durfte, der sich ›anklagen‹ ließ, ohne Rache anzudrohen.

78

»So hat der Glaube mir irgendwie doch geholfen, mein Glaube und das Vorbild vieler in der uralten jüdisch-christlichen Tradition; daß unser Gott ein Gott sei, mit dem wir ringen dürfen, der sich anklagen lasse, ohne Rache anzudrohen, der größer sei als unser Herz. Mit Gott hadern mag wohl Lebensgeister noch dort wachhalten, wo eine dumpfe Schicksalsergebenheit nichts mehr als stumme Resignation hervorgebracht hätte« (S. 31).

So bewahrheitet sich auch an STEFAN WEBER-GAST als mittelbar von der Krise Betroffenem unsere These: Christlicher Glaube kann zur *Aggression* (3) befreien, sie zulassen und aussprechen und sie zur *Annahme* (6) verarbeiten; auch er wählt dafür die *kritisch-sympathische Antwort*.

Beide Partner suchen keine Verklärung des Leidens, wohl aber fragen sie nach ihrem Glauben und erkennen für sich wie für andere Theologen endlich: Leiden erweitert die Lebensintensität; und weil der Riß der Schöpfung durch mich hindurchgeht, kann Verkündigung ›beidseitig‹ werden. Daher schlagen sie vor:

– Verkündigung müßte auch mit der Schwermut der Hörer rechnen und mehr Worte anbieten, die in das Dunkel der Krankheit hinabreichen (S. 34).
– Jeder Pfarrer sollte neben seiner Rolle als amtlich bestellter Helfer auch als Freund dieses schwierige Leben aus unmittelbarer Nähe miterleben (S. 34).
– Mehr Klagepsalmen sollten in den Gottesdienst gebracht werden, damit sie bekannt werden und im Ernstfall dann auch denen zur Verfügung stehen, die sie als Hilfe benötigen (S. 36).
– Mehr Zweifler aus der Randexistenz sollten wieder in das Zentrum der Gemeinde geholt werden, weil sie Lebendigkeit in die Gemeinde tragen (S. 83).
– Mehr Freimütigkeit sollte im Umgang mit Gott eingeübt werden … , so zu Gott sprechen und zu schreiben … , allen nur halbwahren Trost hinter uns zu lassen … keine Mördergrube aus dem Herzen zu machen und nicht von ›einem unerforschlichen Ratschluß‹ sprechen, wo nichts anderes als Schmerz und Leere ist (S. 85).

Es ist kein Widerspruch, wenn INGRID WEBER-GAST einräumt: Gott könne für den Schwermütigen ›kein Wegbegleiter mehr sein‹ … und ›menschliche Nähe‹ sei das einzige, was ihn noch

›erreicht‹, denn menschliche Nähe gewinnt für sie Zeichencharakter im Hinblick auf ihre Begegnung mit Nachfolgern Jesu. Deshalb verkündigt sie in ihren Predigten von dieser Nähe Gottes inmitten der Dunkelheit, weil die Brüder (Geschwister) ihr Gott gezeigt haben. Für INGRID WEBER-GAST wird menschliche Nähe zum Zeichen einer Begegnung mit Gott, denn diese Menschen verkörpern ihr die Nachfolge Jesu.

> »Wer immer sonst krank wird, kann versuchen, seinen Glauben als Wegbegleiter mit in die Krankheit zu nehmen, aber der Schwermütige wird dieses Wegbegleiters von Anfang an beraubt ...
> Weil auch Gott für sie kein Wegbegleiter mehr ist, dürfte man sie eigentlich keinen Augenblick mehr allein lassen, denn menschliche Nähe ist wohl das einzige, was sie noch erreicht. Und gerade sie ist so schwer zu gewähren« (S. 36/37).

> »Aber ich glaube fest, daß ein Mensch, der seinen Platz sucht neben einem, der nicht mehr weiter kann, und geduldig und unbeirrt mitzutragen versucht, auch wenn ihm noch so oft nach Flucht zumute ist – daß dieser Mensch wirklich etwas lebt von der Nachfolge Jesu ...

> Aber wem es auferlegt ist, im Dunkel zu leben, der wird auch dort den Herrn finden, wenn seine Brüder ihn ihm zeigen« (S. 80/81).

Die eingangs gestellte Frage, wem denn der Titel gilt: »*Weil Du nicht geflohen bist vor meiner Angst*« muß nun wieder aufgenommen werden. Wenden wir unsere These an: Christlicher Glaube kann *Aggression* (3) als Katharsis im Lernprozeß Krisenverarbeitung kompensieren und zur *Annahme* (6) führen, so gibt es nunmehr drei mögliche Deutungen:

Weil Du, Lebenspartner, nicht geflohen bist vor meiner Angst: Du gabst mir Nähe und Annahme!
Weil Du, Gemeinde, nicht geflohen bist vor meiner Schwermut: Du hast für mich gebetet und hast mir IHN gezeigt!
Weil Du, Gott, nicht geflohen bist vor meiner Klage: Du hast mich mit Dir ringen lassen, doch niemals hast Du mich losgelassen!

> »Wer Jesus nachfolgen will, der muß wissen, wie er die Last seines Lebens zu tragen hat, damit er nachfolgen kann. Denn die eigentliche Nachfolge beginnt erst dann ...
> Etwa so, wenn manch einer von uns spricht: Mein bestes tägliches Gebet, Herr, ist mein Kreuz, das ich erneut jeden Tag auf mich nehme. Amen« (S. 100/101).

Jacques Lusseyran
Das wiedergefundene Licht.
Das Leben beginnt heute
Betroffen durch Erblindung und politische Verfolgung

Daten: JACQUES LUSSEYRAN[36] erblindet. Seine Sinnes-Behinderung ist eine erworbene Behinderung. JACQUES, Sohn eines Physiker-Elternpaares, erleidet im Alter von sieben Jahren beim Experimentieren einen Unfall, dessen Folgen zum totalen Verlust der Sehfähigkeit führen.

Jacques Eltern, in Paris der sog. »petite bourgeoisie« zugerechnet, erkämpfen dem erblindeten Sohn einen Platz in der normalen Schule, schaffen ihm die Voraussetzungen seines späteren Lebens als Universitätsprofessor, Familienvater und Schriftsteller in Amerika und Paris, nachdem er Buchenwald überlebt hat.

Die Autobiographie JACQUES LUSSEYRANS ist ein Dokument des Glaubens. Wenn Glauben heißt: *Ja-sagen* zu diesem Leben, zu dieser begrenzten Endlichkeit, an ihr zu arbeiten und sie offenzuhalten für die versprochene Zukunft, dann verkörpert JACQUES LUSSEYRAN diese unendliche Bejahung des Lebens, dann lebt er im ZIEL-*Stadium* der *Annahme* (6) unseres Lernprozesses Krisenverarbeitung: »*Ich erkenne jetzt erst …*«

Schon die Titel seiner beiden Autobiographien bezeugen seine bedingungslose Bejahung des Lebens *mit* der Erblindung.

> *»Das wiedergefundene Licht«,* erste Autobiographie (A I)
> *»Das Leben beginnt heute«,* zweite Autobiographie (A II)

So heißt es denn im *»Epilog«* der ersten:

> »Hier bricht mein Bericht ab …
> Sein größter Wunsch war zu zeigen – und möchte es nur auch ein wenig sein –, was diese Jahre durch die Gnade Gottes an Leben, Licht und Freude enthielten. Die Freude kommt nicht von außen; sie ist in uns, was immer uns geschieht. Das Licht kommt nicht von außen; es ist in uns, selbst wenn wir keine Augen haben« (A I, S. 219).

Die zweite läßt ihn am Schluß bekennen:

> »Das innere Leben heißt: überzeugt zu sein, daß ›Sehen‹ in ›Betrachten‹ besteht, ›Wissen‹ in ›Verstehen‹ und ›Besitzen‹ in ›Sich hingeben‹. Das ganze Leben ist uns gegeben, bevor wir es leben. Aber es bedarf eines ganzen Lebens – vielleicht sogar mehr –, um uns dieses Geschenks bewußt zu werden. Das ganze Leben ist uns in jeder Sekunde gegeben.
> Das Leben beginnt heute ...« (A I, S. 132).

Die Analyse der Biographie LUSSEYRANS soll exemplarisch veranschaulichen, was *Wirklichkeit der Annahme* heißt. Dazu werden fünf *Ergebnisse* meiner Durchsicht vorgestellt, die unser Denkmodell einer Krisenverarbeitung durch Lernen bestätigen:

- 1. Die Sinnesbehinderung wird nicht zum Behindertsein, weil seine psychisch-soziale Lage extrem günstig ist. Blindheit überwindet er durch ihm gegebene Chancen in sozialer Eingliederung.

- 2. Die *Annahme* (6) der Behinderung geschieht nicht voraussetzungslos, sie baut immer schon auf der Erfahrung von *Annahme* auf:
  - für das *Kind* JACQUES die Fremdannahme durch die Eltern, in die seine Selbstannahme eingebettet ist,
  - für die *Eltern* LUSSEYRAN die Fremdannahme durch Gott, in die ihre Selbstannahme, Eltern eines blinden Kindes zu sein, eingeschlossen ist,
  - für den *erwachsenen* LUSSEYRAN die Fremdannahme im Angenommensein von Gott, das seine Selbstannahme zu keiner Zeit infrage stellte.

- 3. Der Christ LUSSEYRAN lebt *Annahme* (6) nicht als stumme Ergebenheit, ein Sich-Beugen unter das Schicksal als »naiv-apathische Lösung«, *Annahme* (6) gestaltet er im aktiven, eigenen Zugriff, z. B. im Auszug aus seiner Blindheit, man sagt von ihm:

  > »Der Mensch, der nicht erblindet ist!« = »Das wiedergefundene Licht«; nach seinem Exodus aus dem Sterben im Konzentrationslager Buchenwald: »Der Mensch, der nicht gestorben ist!« = »Das Leben beginnt heute«.

- 4. Die *Nichtannahme seiner Wirklichkeit* macht LUSSEYRAN blind; er erleidet sie in Situationen des »Außer-sich-seins«

wie Angst, Zorn, Bitterkeit, als Dunkelheit, Verhältnislosigkeit, Desorientierung, Depression; er erlebt sie als Verlust des Vertrauens in totaler Beziehungslosigkeit, als Rückfall in das DURCHGANGS-*Stadium* des Lernprozesses Krisenverarbeitung:

> »Was Augenverlust nicht bewirken konnte, bewirkte die Angst: sie machte mich blind«.

- 5. LUSSEYRANS christlicher Glaube kompensiert die *Aggression* (3) und führt zur *Wirklichkeit der Annahme* (6).

Diese Grundüberlegungen zur *Wirklichkeit der Annahme* sind nun genauer herauszuarbeiten: Die Situation im Elternhaus bezeichnet Jacques vor und nach Eintritt der Behinderung als eine ungewöhnlich gute Lage:

> »Wenn ich an meine Kindheit denke, spüre ich noch heute das Gefühl der Wärme über mir, hinter mir und um mich, dieses wunderbare Gefühl, noch nicht auf eigene Rechnung zu leben, sondern sich ganz, mit Leib und Seele, auf andere zu stützen, welche einem die Last abnehmen …
> Meine Eltern trugen mich auf Händen, und das ist wohl der Grund, warum ich in meiner ganzen Kindheit niemals den Boden berührte.
> Ich lief zwischen Gefahren und Schrecknissen hindurch, wie Licht durch einen Spiegel dringt. Das ist es, was ich als Glück meiner Kindheit bezeichne, diese magische Rüstung, die – ist sie einem erst einmal umgelegt – Schutz gewährt für das ganze Leben« (A I, S. 7).

Glaube und Gott sind ihm kein selbständiges Thema: sie machen sein ganzes Leben aus. Er rechnet mit Gott. Gott ist ihm selbstverständlich (was wörtlich heißt: Gott macht sich selber verständlich). Gott wird Inbegriff seiner bedingungslos bejahten und gelebten Wirklichkeit:

> »Meine Eltern – das war der Himmel. Ich sagte mir dies nicht so deutlich, und auch sie sagten es mir nicht; aber es war offenkundig. Ich wußte (und zwar recht früh, dessen bin ich sicher), daß sich in ihnen ein anderes Wesen meiner annahm, mich ansprach. Dieses Andere nannte ich nicht Gott – über Gott haben meine Eltern mit mir erst später gesprochen. Ich gab ihm überhaupt keinen Namen. Er war da, und das war mehr.
> Ja, hinter meinen Eltern stand jemand, und Papa und Mama waren nur beauftragt, mir dieses Geschenk aus erster Hand weiterzugeben. Es

war der Anfang meines Glaubens und erklärt meiner Ansicht nach, warum ich niemals einen metaphysischen Zweifel gekannt habe. Dieses Bekenntnis mag etwas überraschend sein, doch halte ich es für wichtig, da sich aus ihm so viele Dinge erklären lassen.«

Seinen Glauben beschreibt der Autor wunderbar in dem Bild des »Staffellaufs von Vertrauen zu Vertrauen«.

»Diesem Glauben entsprang auch meine Verwegenheit. Ich lief unaufhörlich; meine ganze Kindheit war ein einziges Laufen. Ich lief nicht etwa, um etwas zu erlangen (das ist eine Vorstellung der Erwachsenen, nicht die eines Kindes), ich lief, um all den sichtbaren – und noch nicht sichtbaren – Dingen entgegenzugehen. Wie in einem Staffellauf bewegte ich mich vorwärts von Vertrauen zu Vertrauen« (A I, S. 8).

Die erste Bedrohung durch Unglück geschieht LUSSEYRAN im Alter von sieben Jahren, als er bei einem Experimentierunfall erblindet (menschlich verursachtes Leiden). Dieses Unheil fassen weder seine Eltern noch er selbst als Zerstörung auf, seine Eltern bannen ganz die psychisch-soziale Bedrohung, indem sie ihn wie den Bruder »normal« bleiben lassen. Das Kind JACQUES akzeptiert seine physische Bedrohung, indem er sich selbst als Blinder annimmt. Als Erwachsener sieht der Christ dieses Stück Kindheit bezeichnenderweise unter der Überschrift »*Offenbarung des Lichts*«:

»Am nächsten Morgen operierte man mich mit Erfolg (!). Ich war endgültig blind geworden. Jeden Tag danke ich dem Himmel dafür, daß er mich schon als Kind im Alter von noch nicht ganz acht Jahren blind werden ließ. Das mag herausfordernd klingen, und so will ich mich näher erklären …
Ein kleiner Mann von acht Jahren hat noch keine Gewohnheiten, weder geistige noch körperliche. Sein Körper ist noch unbegrenzt biegsam; um eben jene – und keine andere – Bewegung zu machen als die, welche ihm die Situation nahelegt, er ist bereit, das Leben anzunehmen, so wie es ist, zu ihm Ja zu sagen. Und aus diesem ›Ja‹ können ganz große physische Wunder erwachsen …
Ich weiß von diesen einfachen Dingen und weiß, daß ich seit dem Tag, an dem ich blind wurde, niemals unglücklich gewesen bin« (A I, S. 13).

Eine Variation in der zweiten Lebensdarstellung gibt ihm »Liebe zur Blindheit«:

»Ich weiß zu gut, durch welch eine Kette von Gnadenerweisen es mir gegeben worden ist, die Blindheit in mir zu lieben« (A II, S. 114).

Daß LUSSEYRAN selbst die provokative Herausforderung einer totalen Bejahung des Leidens kritisch mitdenkt, offenbart an dieser Stelle desto heller die ihn verwandelnde Kraft seiner bedingungslos bejahten *Annahme* des Leidens. Für ihn hat sein menschlich verursachtes Leiden den Stachel der Schicksalhaftigkeit verloren, es stellt ihn nicht mehr vor die Frage: »Warum gerade ich?«, vielmehr eröffnet es ihm ein anderes inneres Sehen, »sein wiedergefundenes Licht«, das ihm eine neue Dimension der Wahrnehmung und des Lebens erschließt:

> »Mein Thema – sofern ich eines habe – ist das Leben. Das Leben des Herzens, des Verstandes, der menschlichen Reaktion auf das Innere der Welt und mein eigenes Interesse« (A II, S. 69).

Ganz anders schildert LUSSEYRAN extreme Situationen der Angst, der Unsicherheit, des Zorns und der Bitterkeit, in denen ihn sein Vertrauen verläßt, er sein Licht wieder verliert, seine Blindheit nicht akzeptiert, sondern erleidet:

> »Dennoch gab es Zeiten, in denen das Licht nachließ, ja fast verschwand. Das war immer dann der Fall, wenn ich Angst hatte.
> Wenn ich, anstatt mich von Vertrauen tragen zu lassen und mich durch die Dinge hindurch zu stürzen, zögerte, prüfte, wenn ich an die Wand dachte, an die halb geöffnete Türe, den Schlüssel im Schloß, wenn ich mir sagte, daß alle Dinge feindlich waren und mich stoßen oder kratzen wollten, dann stieß oder verletzte ich mich bestimmt …
> Was der Verlust meiner Augen nicht hatte bewirken können, bewirkte die Angst, sie machte mich blind« (A I, S. 17).

Nicht-Annahme der Behinderung, das Verharren im DURCH-GANGS-*Stadium* der *Aggression* (3), *Verhandlung* (4) oder *Depression* (5), wird ihm im Beisammensein mit einem blinden Jungen zu unerträglicher Qual:

> »… es gibt für ein blindes Kind eine Drohung, die fürchterlicher ist als Wunden und Beulen, alle Schrammen und die meisten Schläge: die Isolierung in sich selbst.
> Als ich fünfzehn Jahre alt war, verbrachte ich lange Nachmittage in Gesellschaft eines blinden Jungen meines Alters, der – das muß ich hinzufügen – unter ganz ähnlichen Umständen erblindet war wie ich. Selbst heute habe ich wenige Erinnerungen, die mir so peinlich sind wie jene. Dieser Junge erfüllte mich mit Schrecken: er war das lebende Bild all dessen, was aus mir geworden wäre, wäre ich nicht so glücklich gewesen – glücklicher als er. Er war wirklich blind. Seit seinem Unfall hatte er nichts mehr gesehen. Seine Fähigkeiten waren

normal, er hätte sehen können wie ich. Aber man hatte ihn daran gehindert. Um ihn zu schützen, hieß es, hatte man ihn von allem isoliert. All seine Anstrengungen auszudrücken, was er empfand, hatte man verspottet. In seinem Kummer und seinem Rachegefühl hatte er sich in eine brutale Einsamkeit geflüchtet. Selbst sein Körper lag entkräftet in der Tiefe des Sessels. Und ich sah mit Bestürzung, daß er mich nicht mochte« (A I, S. 25).

Am *Nachbarjungen* erscheint die äußerste Bedrohung durch das Leiden in seinen drei Dimensionen, der physischen, psychischen und sozialen Zerstörung; gemeinsam erleiden beide physische Blindheit, allein Lusseyran treffen nicht die elementaren psychischen und sozialen Bedrohungen seines Lebens; er überwindet sein physisches Leiden gläubig im »Staffellauf von Vertrauen zu Vertrauen«. Unmöglich blieb es auch für Jacques, sich dem Leiden vollständig zu verweigern; gerade aus seiner Grundposition zur *Annahme* (6) der Behinderung öffnet er sich aktiv dem Leben, d. h. auch er geht Verhältnisse ein, knüpft Beziehungen an, deren notwendige Folge es ist, daß er zwangsläufig Verwundungen riskiert. Auch Jacques erleidet Krisen an Schaltstellen seines Lebenslaufes – wie jeder Nichtbehinderte auch –, nur daß er im Unterschied zum *Nachbarjungen* aus Leiden lernen konnte, statt bitter zu werden. Mit großer Offenheit enthüllt er seine Leidenserfahrung. Es erscheint ihm, dem Blinden, nur Folge seiner Blindheit zu sein, daß er von den ›Wundern‹ der Partnerschaft ausgeschlossen sein könnte, er lernt erkennen, daß Menschsein immer auch Einsamsein bedeutet:

»War es möglich, daß mich diese Françoise interessierte? Ich war nicht glücklich wie früher. Kein Zweifel: ich hatte Sorgen.
Ich hatte ganz einfach Angst! Ja Angst – das war mein Leiden! Ich machte ihm (dem Freund) klar, daß Françoise nur ein Anlaß gewesen sei: durch sie hätte ich mich daran erinnert, daß ich blind sei. Ich könne niemals die Haare der Mädchen sehen, ebensowenig ihre Augen oder ihre Figur … Es machte mir Angst zu wissen, daß ich immer von diesen großen Wundern ausgeschlossen sein werde.
Keine Frage, die Gefahr mußte echt sein, wenn Mitleid die Behandlung war, die ich verdiente!
Ohne es zu wissen, war ich soeben auf eines der härtesten Hindernisse gestoßen, dem ein Blinder begegnen kann, und von jetzt an mußte ich zwei Jahre lang von Abgrund zu Abgrund gehen, bis mein gesunder Menschenverstand wiederkehrte« (A I, S. 82–84).

Als eine Antwort auf solche Fragen äußert sich JACQUES in seinem ersten Buch über die *Wirklichkeit seiner Annahme*:

> »Sie (eine innere Stimme) sagte, ich sei in eine Falle geraten, ich hätte die wahre Welt vergessen, jene Welt, die in uns liegt und die Quelle aller anderen ist. Ich müsse daran denken, daß diese Welt, anstatt zu vergehen, mit den Jahren immer größer werde, freilich nur unter einer Bedingung: daß ich unerschütterlich an sie glaube.
> Die einzige Art, eine vollständige Heilung von der Blindheit zu erreichen – ich meine hier eine soziale Heilung –, ist, … sie nie als Verschiedenheit zu behandeln .
> Die große Heilung besteht darin, von neuem – und ohne zu zögern – in das wirkliche Leben einzutauchen, in das schwierige Leben, das heißt hier, in das Leben der anderen« (A I, S. 28).

Noch eindeutiger lautet LUSSEYRANS Antwort in der zweiten Autobiographie, in der er als »einziges Gebrechen die Nichtannahme« der Krise benennt und seine Antwort – vergleichbar dem Paulus-Wort (2. Kor. 4,8ff.) vom Paradoxon christlichen Glaubens – durchzogen sein läßt vom: »Leiden in der Freiheit vom Leiden«:

> »Es gibt kein Gebrechen. Das habe ich durch mein Blindsein erfahren. Gott – oder sagen Sie, wenn Sie es vorziehen, die Natur oder das Leben – entzieht uns niemals etwas. Und wenn er uns etwas zu nehmen scheint, dann sind es immer nur Äußerlichkeiten und Gewohnheiten, derer er uns beraubt. Das müssen wir wissen. Das einzige Gebrechen, das ich kenne, ist nicht die Blindheit, nicht die Taubheit und nicht die Lähmung – so hart sie sein mögen –, sondern die Ablehnung der Blindheit, Taubheit oder Lähmung. Ich preise nicht den Verzicht, sondern den Realismus, den gesunden Menschenverstand, das heißt, die Liebe, die Liebe dem gegenüber, was ist. In meiner Blindheit sage ich, die ›Liebe gegenüber dem Licht‹, denn das Licht ist da.
> Es ist genau auf die gleiche Weise da, wie ›das Leben‹ in dem Augenblick in seiner Gesamtheit da ist, wenn unser Leben nichts mehr zu enthalten scheint« (A II, S. 113).

Man könnte mit dem Pauluswort ergänzen: »Als die Sterbenden, und siehe – wir leben!« (2. Kor. 6,9).

Eine letzte Situation extremen Leidens, die das Konzentrationslager Buchenwald bringt, bekräftigt erneut, daß er wirklich allein aus Glauben annimmt. Der neunzehnjährige Gymnasiast JACQUES – Leiter einer Widerstandsgruppe – wird verschleppt, verhört, gefoltert; er übersteht im Konzentrationslager Hunger, Kälte, aussichtslos scheinende Tiefpunkte der Krankheit und übernimmt dann wie zuvor in der Gruppe »Défense de France« Aufgaben für seine Mithäftlinge.

> »Man mußte dem Übel zu Leibe gehen ... Man mußte in dieser Atmosphäre des Wahnsinns, die im Lager herrschte, ein wenig Vernunft aufrechterhalten« (A I, S. 206).

JACQUES besorgt nicht nur für seinen Block Informationen über die militärische Lage. Er sammelt überdies auch Nachrichten, interpretiert und übersetzt sie. An erster Stelle steht ihm jedoch das einzig Notwendige, das Not-wendende:

> »Ich konnte ihnen (den Mithäftlingen) zu zeigen versuchen, wie man am Leben bleibt. Ich barg in mir eine solche Fülle an Licht und Freude, daß davon auf sie überfloß. Seither (nach seiner Krankheit) stahl man mir weder mein Brot noch meine Suppe, kein einziges Mal mehr. Man weckte mich oft bei Nacht und führte mich – manchmal recht weit – in einen anderen Block, damit ich einen andern tröste. Fast alle vergaßen, daß ich Student war: ich wurde ›der blinde Franzose‹. Für viele war ich sogar ›der Mann, der nicht gestorben war‹. Hunderte von Menschen vertrauten sich mir an. Diese Menschen wollten unbedingt mit mir sprechen. Sie sprachen mit mir französisch, russisch, deutsch, polnisch. Ich tat mein Bestes, um sie alle zu verstehen. So habe ich gelebt, so habe ich überlebt. Mehr vermag ich nicht zu sagen« (A I, S. 200).

Eindrucksvoll ist es, an DOSTOJEWSKIS »*Brüder Karamasoff*« erinnernd, wie LUSSEYRAN (erst in der zweiten Biographie) seinen Lernprozeß im Leidenslager Buchenwald aufarbeitet. Hier kommt sein *Freund*, der *Schmied* JÉRÉMIE, hinzu, der Einzige im Block 57, der frei von Angst lebte und das schlicht so begründete:

> »Für den, der sehen kann, ist alles ganz alltäglich. Jetzt haben uns die Nazis nur ein schreckliches Mikroskop in die Hand gegeben: das Lager!«

LUSSEYRANS innerer Dialog mit JÉRÉMIE erinnert an die Empörung von DOSTOJEWSKIS ALJOSCHA gegen das Leid der Welt; beiden dient bezeichnenderweise die Klage als notwendige Phase beim Lernen ihrer *Wirklichkeit der Annahme* (analog unserer These: Aggression – 3. Spiralphase – hat kathartische Funktion im Lernprozeß Krisenverarbeitung):

»Zunächst verstand ich ihn (Jérémie) nicht. Ich empfand sogar ein Gefühl, das an Empörung grenzte. Buchenwald sollte eine Ähnlichkeit mit dem alltäglichen Leben haben? Das war doch unmöglich. All diese scheußlichen, verschreckten Menschen, diese schreiende Todesdrohung, ... – all das sollte ganz alltäglich sein! Ich erinnere mich, daß ich es nicht wahrhaben wollte. Es sollte noch schlimmer oder schöner sein. Bis mich Jérémie endlich sehen lehrte ...

Es war für mich keine Offenbarung, keine überwältigende Entdeckung der Wahrheit. Ich glaube nicht einmal, daß man darüber Worte wechselte. Doch eines Tages spürte und erkannte ich, daß Jérémie, der Schmied, mir auf längere Zeit seine Augen geliehen hatte.

Jérémie lehrte mich mit seinen Augen, daß Buchenwald in jedem von uns war, daß es in jedem von uns gewärmt und aufgewärmt, unablässig gehätschelt und entsetzlich geliebt wurde. Und daß wir es folglich bekämpfen könnten, wenn wir es nur mit aller Kraft wollten ...

›Wie alltäglich‹, sagte Jérémie manchmal. Er hatte immer Leute gesehen, die Angst hatten, eine Angst, die unüberwindlich war, weil sie keinen Gegenstand hatte. Er hatte gesehen, wie sie sich heimlich vor allem eines wünschten: sich selbst weh zu tun. Das war immer – auch hier – das gleiche. Nur, daß hier die Bedingungen dafür endlich erfüllt waren. Der Krieg, der Nazismus, der politische und nationale Wahnsinn hatten ein Meisterwerk hervorgebracht, ein Leiden und eine Not, die vollkommen waren: das Konzentrationslager« (A II, S. 24,25).

Die Kraft der *Annahme* (6) verwandelt. Lusseyran beschreibt sie als Wiederentdeckung der Freude:

»Mitten im Block 57 fand er (Jérémie) Freude.
Welch ein Geschenk war das, was uns Jérémie machte! ...
Welche Freude das war? ... es war die Freude, am Leben zu sein, ... das Leben der anderen, zumindest einiger anderer, im Schatten der Nacht gegen das unsere schlagen zu spüren ... Es war die – ganz unerwartete – Verzeihung, wenige Schritte von der Hölle entfernt, es war die neue Möglichkeit und Fähigkeit zu allem, das große Glück. Es war die Freude zu entdecken, daß die Freude existiert, daß sie, genau wie das Leben, in uns ist, daß sie keine Bedingungen stellt und daß sie deshalb auch durch keine Bedingung – nicht einmal die schlimmste – zerstört werden kann« (A II, S. 25,26).

Dem späteren Universitätsprofessor verhalf Jérémie zu einer wichtigen Entdeckung, nämlich, daß es nicht sein heller Kopf war, der dies bewirkte – Jérémie kannte die Welt der Wissenschaft ja nicht. Lusseyran bekennt:

»Ich sagte, daß er (Jérémie) sah. Ich habe von ihm gesprochen, wie von einem lebendigen Gebet.

Die Spitzfindigen werden behaupten, Jérémies Glaube sei undifferenziert gewesen. Kommt es darauf an? Für ihn und – durch ihn – auch für uns wurde die Welt jeden Augenblick errettet. Die Gnade war grenzenlos. Und wenn sie von uns wich, dann deshalb, weil wir sie nicht gewollt hatten, weil wir – nicht sie – die Freude verloren hatten …

Er (Jérémie) war in sein Innerstes vorgestoßen und hatte dort das Übernatürliche oder – wenn jemand dieses Wort stört – das Wesentliche freigelegt, das von keinen Umständen abhängt, das zu jeder Zeit und an jedem Ort, im Schmerz wie in der Freude existieren kann. Er hatte die Quelle des Lebens gefunden. Und zugleich umgab ihn ein Mantel der Transparenz und der Reinheit. Ich habe das Wort ›übernatürlich‹ gebraucht, weil mir Jérémies Handeln geradezu ein religiöser Akt zu sein schien: die Entdeckung, daß Gott da ist, und daß eine Rückkehr zu ihm möglich ist.

Das war die ›Gute Nachricht‹, die Jérémie auf seine sehr schlichte Weise verkündete« (A II, S. 27,28).

Diese ›Gute Nachricht‹, das ist die ›frohe Botschaft‹, das Evangelium, hier im Zeugnis des Zeugen Jacques Lusseyran.

Ruth Müller-Garnn
... und halte dich an meiner Hand.

Silvia und Albert Görres
Leben mit einem behinderten Kind.

Betroffen durch Hirnschädigung
der Kinder

Daten: Durch Pockenimpfung wurde MARKUS MÜLLER-GARNN[37] im Alter von zehn Monaten »in der Sprache der Medizin ... (ein) Vollidiot« (S. 15 und S. 113); seine Eltern (evangelisch-katholische Mischehe) erlebten kurz darauf die Vollinvalidität des Vaters, sodann die Geburten dreier nichtbehinderter Töchter und zehn Jahre später – nach dem 2. Vatikanischen Konzil 1970 – ihre katholische Trauung; sie schufen gemeinsam alle Voraussetzungen für ein christliches Familienleben, so daß der nunmehr fünfzehnjährige MARKUS im Elternhaus seine Geborgenheit fand.

Durch die Geburt zweier geistig behinderter Kinder – der älteren Tochter REGINA und des mittleren Sohnes PATRICK – neben zwei gesunden Kindern geraten die praktizierenden Psychotherapeuten und Ärzte, SILVIA und ALBERT GÖRRES[38], neben ihrer professionellen Rolle in die existentielle Elternrolle; sie durchleben und durchdenken sie als Betroffene, als Experten und als Christen.

Beide Elternpaare, MÜLLER-GARNN und GÖRRES, suchen als Christen Antwort auf die Frage:»Unser Kind ist geistig behindert! – Wie kann Gott das zulassen?« Beide finden Antworten, noch nicht Lösungen, mit ihren Sinn-Deutungen lernen sie anders leben. Das Ehepaar MÜLLER-GARNN findet die Antwort in einer *naiv-apathischen Lösung,* SILVIA und ALBERT GÖRRES in einer *kritisch-sympathischen Haltung.* Beide Paare führen vor, was christlicher Glaube unabhängig von Theologie zu leisten vermag. Sie lernen ihr Leben mit einem behinderten Kind zu bejahen; gemäß unserer These belegen sie in ihren Biographien: ihr christlicher Glaube kann *Aggression* (3) als Katharsis zur *Annahme* (6) im Lernprozeß Krisenverarbeitung ausgleichen. Bei RUTH

MÜLLER-GARNN gewinnen wir Einblick in die *naiv-apathische Lösung*. Ihre starke religiöse Bindung ist das Fundament eines kindlich-annehmenden Vertrauens, das alle Schwierigkeiten – wie z. B. erworbene geistige Behinderung des Sohnes, Armut, soziale Isolierung – als speziell ihr zugewiesene, von Gott gewollte Lasten zustimmend hinnimmt:

> »Für meine von Anfang an positive Einstellung zu meinem schwerkranken Kind brachte ich eine sehr wesentliche Voraussetzung mit: Meine religiöse Bindung hat in meinem Leben bisher immer ausgereicht, um in allen Schicksalsschlägen schließlich und endlich einen gottgewollten Sinn zu sehen« (S. 117/118).

Diese Stärke ihres unbeirrbaren Gottvertrauens, von ihr selbst als ›kindlich bzw. naiv‹ bezeichnet, bedingt ihre uneingeschränkte Annahme des schwerstbehinderten Kindes MARKUS. Im vollen Bewußtsein ihrer Gotteskindschaft ist die uralte Frage nach dem ›Warum gerade ich?‹ als Ausdruck ohnmächtiger *Aggression* gegen irgendein Schicksal ganz fern gerückt, weil sie sich selbst und ihr Kreuz immer schon auf Gott abgeladen hat und sich von ihm mitgetragen weiß:

> »Ich nehme die Geschehnisse aus SEINER Hand als für mich bestimmt an. Aus diesem Grund hat sich mir die Frage ›Warum gerade mein Kind?‹ auch nie gestellt. Das ist bei mir – die ich als ›frommer Christ‹ sonst erhebliche Macken habe – eine besondere Form des Gottvertrauens. Dieses unbeirrbare Vertrauen nenne ich kindlich, Skeptiker werden es vielleicht … als naiv bezeichnen. Jedenfalls grenzt mein Vertrauen in seiner Unbedingtheit oft an Vermessenheit« (S. 118).

Das fundamentale Vertrauen gelebter Annahme kommt auch der Familie zugute, als Veränderung und Sinnfindung:

> »Eingebettet in unsere Familie hat Markus einen Sinn, ändert er uns und seine Umwelt …« (S. 49).

> »Vielleicht verändert auch die Liebe zu diesen Geschöpfen uns selbst so erfreulich, weil es eine Liebe ohne jede Berechnung ist und immer ohne die Erwartung der Gegenliebe beginnen muß. Vielleicht wird die Liebe in der Umgebung dieser Kinder einfach gegenständlich. Ich spreche hier von Liebe als der Bereitschaft zu helfen, den anderen zu achten, ihm seine Würde zu lassen bzw. zu erhalten und nicht von einem überfließenden Gefühl der Sympathie … Vielleicht trifft uns auch ihr uneingeschränktes Vertrauen, ihr So-ganz-auf-uns-angewiesen-Sein mitten ins Herz« (S. 123).

Die Veränderung des Partners vollzieht sich als Wachsen im Glauben; sie äußert sich im Stolz auch auf den Sohn MARKUS:

> »… auch Georg (konnte) von Anfang an zu Markus ja sagen …, obwohl er ›damals‹ nicht, wie ich, über so viel Gottvertrauen verfügte (S. 118).
> … bei Georg hat sich im Laufe der Zeit zur Liebe zu Markus auch wieder Stolz gesellt. Er ist heute – so scheint mir – in gewisser Hinsicht auf Markus genauso stolz wie auf seine drei hübschen und intelligenten Töchter« (S. 119).

Die veränderten Reaktionen der *Geschwister* spiegelt der Schulalltag, als SYBILLE und ANNETTE aufgeregt über die abfällige Äußerung einer Mitschülerin heimkehrten:

> »›Euer Markus ist ja gar kein richtiger Mensch, das ist ja ein halbes Tier,‹
> … Sybille war empört: ›Mutti, wie kann die so etwas sagen! Die kennt den Markus doch gar nicht … Die weiß doch gar nicht, wofür wir Markus haben.‹ Ich überlegte … Und mit einer Selbstverständlichkeit, die mich beglückte und fast beschämte, sagte Sybille (7 Jahre) zu mir: ›Na, zum Liebhaben natürlich!‹« (S. 112).

Die eigene Wandlung als *Mutter* eines schwerstbehinderten Kindes faßt sie ins Paradoxe christlicher Existenz: Tragen von Lasten und Freiheit von Last gleichermaßen:

> »Ich habe in den Jahren seit Beginn der Erkrankung von Markus sicherlich öfter und auch verzweifelter geweint, als das Mütter von gesunden Kindern normalerweise tun, und ich habe bestimmt auch öfter unbeherrscht und wie ein Stier gebrüllt, weil mir die Nerven durchgegangen sind.
> Die Wahrheit ist: Wir empfinden Markus als Bereicherung und als Belastung. Wir lieben den ›kranken‹ Jungen und gäben doch alles darum, wenn er gesund wäre.
> Wir wissen, wieviel unsere ganze Familie der Erfahrung im Zusammenleben mit Markus zu verdanken hat, und wären doch froh, wir hätten diese Erfahrung nie machen müssen. Das alles klingt paradox. Aber jede Krankheit ist ein Angebot zur Reifung, und an jeder Unglücksstätte zeigen sich beglückende Episoden der Mitmenschlichkeit« (S. 116/117).

Den Belastungen gibt sie Raum; ein eigenes Kapitel gilt dem Problem: »Und plötzlich ist man isoliert« (S. 101). Sie zeichnet nach, wie sie die gestörten Beziehungen zur *Umwelt* erleidet, aber sie demonstriert auch, daß in einer kindlich vertrauenden Gottesbeziehung bedingungslos alles zugestanden wie zugelassen und auch ›mit-geteilt‹ werden kann. Zum Beispiel ihr Ekel vor Markus, dessen Kontakte vorwiegend aus Beißen und Spucken bestehen, – für die Christin Müller-Garnn Symbol für Jesu Qual am Kreuz (S. 102) –, dann der Vorwurf der Umwelt, sie sei hartherzig, den armen Kerl einzusperren – für sich reklamieren die lieben Mitmenschen jedoch, sie hätten ein zu weiches Herz, um den Jungen mit seinen Anfällen aushalten zu können (S. 104) – und schließlich die Isolierung in der Gesellschaft, wenn sich beispielsweise die Firma durch ihre Kündigung erleichtert sieht, weil die Mitarbeiterin mit dem schweren Schicksal schon lange auf die Nerven gehe (S. 105).

Wir hören vom Ausbrechen in Weinkrämpfe, in deren Verlauf »der Himmel« die Schwester Sofia schickte, die die häuslichen Fesseln für kurze Momente durchbrach; schließlich folgt das Eingeständnis, bei jedem Elternabend oder Telefongespräch Gefahr zu laufen, auf der Suche nach Kontakt zu viel zu schwätzen, gegenüber der noch weit größeren Gefahr, sich in eine »Art Arroganz der Leidgeprüften zu flüchten, in der man sein schweres Schicksal wie einen Heiligenschein« trägt (S. 106).

Ruth Müller-Garnn teilt uns mit, daß Glaube nicht Zweifel und Hader ausschließt, aber er kann sich vertrauensvoll Gott zuwenden, dessen Da-sein jene *Annahme* (6) vermittelt, die Leid – auch unverschuldetes – ertragen lehrt. Ihre mörderischen Zweifel anläßlich eines schweren Anfalls von Markus bedrohen sie bis in die Tiefe:

> »Warum, warum mußte Markus so leiden? In seinem Leben hat er noch nie so viel Verstand besessen, um Böses zu tun. Ist denn Gott wirklich barmherzig, wenn er dieses Leid zuläßt?
>
> Es ist eben etwas anderes, ein so schwer geistig behindertes Kind bedingungslos anzunehmen mit all den Schwierigkeiten und Opfern, die dazugehören, oder es so fürchterlich leiden zu sehen. Das ging über meine Kraft, da fing ich an zu hadern« (S. 74).

Aber die gläubige Katholikin identifiziert sich mit Maria: »wie um alles in der Welt hat es Maria denn ausgehalten unter dem Kreuz, stehend und stumm? … Wie fürchterlich muß sie gelitten haben!« Auch ihr erschloß sich das Pauluswort von den Leiden dieser Zeit, die der Herrlichkeit nicht wert sind, die an uns offenbart werden sollen (Röm. 8,17–18).

»Und doch kam mir damals in meiner tiefsten Verzweiflung eine Ahnung von der ewigen Seligkeit, weil man vielleicht nur im Ausmaß des Leidens sich als Pendant das Ausmaß der verheißenen Freude und Seligkeit ausmalen kann« (S. 74).

Diese Glaubensgewißheit einer *naiv-apathischen Lösung* verkündigt denn auch ein Vers des 73. Psalms; er steht sowohl für MARKUS als Einsegnungsspruch (S. 99) und später auch für den Titel der Biographie:

> »Trotzdem bleibe ich stets an dir und halte dich an meiner Hand« (Ps. 73, 23).

Unterschiedlich erlebt das Ehepaar SILVIA und ALBERT GÖRRES ihre »radikal andere Erfahrung« als betroffene *Eltern* gegenüber ihrer *Beraterrolle* als Arzt und Psychotherapeut; SILVIA GÖRRES erleidet die behinderten Kinder als lebenslangen »Pfahl im Fleisch« und reflektiert distanziert in der dritten Person, weil Betroffenheit und Nähe noch zu groß sind:

> »Für jede Mutter und jeden Vater ist ein geschädigtes Kind, auch wenn es weit weg in einem Heim oder einer Anstalt lebt, der immerwährende ›Pfahl im Fleisch‹; ihre vitale Betroffenheit wird durch nichts und niemand, auch nicht durch den Tod des Kindes, je wieder aufgehoben. Dieses Kind ist ihr Schicksal, von dem sie sich in keiner Minute ihres Lebens dispensieren können« (S. 8).

SILVIA GÖRRES widmet ihr Buch den beiden Kindern REGINA und PATRICK »aus der langen eigenen Bemühung um Verständnis und Bewältigung eines scheinbar unverständlichen Geschicks«, um Eltern eine verständliche und brauchbare Handreichung zu geben. Das tut sie wiederum unter einem distanzierenden Titel »Leben mit einem behinderten Kind«, statt mit ›unseren beiden‹ behinderten Kindern. Sie nimmt als Fachkundige Stellung zur Situation, zur Rolle der Eltern sowie der des behinderten Kindes, der Geschwister, der Ehepartner, schließlich zum praktischen Umgang, zur Problematik Familie oder Heim und beleuchtet abschließend in »Streiflichtern aus dem Alltag« eigene Situationen. Es konnte nicht ausbleiben, daß sie dabei auf die Kernfrage nach der *Annahme* bzw. der mit Todeswünschen verbundenen *Nichtannahme* des behinderten Kindes stößt, die sie als Reaktion auf mangelnde Hilfeleistung der Umwelt und insbesondere der Kirche zurückführt.

»Die Belastung und die ständige Anforderung durch das behinderte Kind können dazu führen, daß Eltern, vor allem die am stärksten betroffene Mutter, keinen Ausweg mehr wissen und für sich und das Kind freiwillig den Tod suchen, weil sie glauben, diese lebenslange Last nicht mehr tragen zu können, und weil sie vielleicht auch zu wenig Hilfe erfahren haben. Die unbewußte Erwartung der Eltern ... ist es, Hilfe zu bekommen ... von der Kirche und von Gott« (S. 78/79).

Wie eine solche – hier meist vergeblich erbetene – Hilfe der Kirche praktisch aussehen könnte, faßt Silvia Görres im neunten Kapitel »Das behinderte Kind und die christliche Gemeinde« ins Auge (S. 129 ff.). Sie kommt zu einem Katalog denkbarer Hilfeleistungen, deren Kern sie gerade nicht in der Bereitstellung finanzieller Mittel, sondern im Abbau von Vorurteilen erblickt, in der Barmherzigkeit. Im sachgerechten Verhalten, das den üblichen Spießrutenlauf und die Demutsübung beim sonntäglichen Gottesdienstbesuch erspart, erkennt sie beispielsweise solche Hilfe. Sie verweist auf das »Wiederfinden der drückenden Sorgen im Fürbittegebet«, in dem sich die Gemeinde mit dem unverschuldeten Leiden der Eltern behinderter Kinder identifiziert und das persönliche Leid nicht als Zufall oder Unglück in die Unverbindlichkeit abschiebt: Das Fürbittegebet hat dann auch seinen stellvertretenden Sinn für die Gemeinschaft der Gläubigen, der Kirche, insbesondere für jene Eltern, die »ohn all' Verdienst und Würdigkeit« nur gesunde Kinder haben. Letztlich appelliert sie an die geschwisterliche *Solidarität* der Gemeinde, die allein dem bohrenden Schmerz den Stachel nehmen könnte und deren mögliche Ausdrucksformen – Besuchsdienst, Gesprächspartner, Hilfskraft, Sonntagsdienst – so vielfältig sein könnten wie die Zahl der Gemeindeglieder selbst.

Die Kernfrage, nämlich »Unser Partner – der behinderte Mensch?« (S. 185 ff.), stellt im Nachwort der betroffene *Vater*, ALBERT GÖRRES, als christlicher *Arzt* und *Psychotherapeut*. Er kann sich nicht mit einer naiv-apathischen Lösung abfinden, er ringt in einer *kritisch-sympathischen Antwort* um den Sinn solchen Leidens, das als geistige Behinderung gleich einer kaum vorstellbaren Katastrophe – schlimmer in vielen Fällen als der Tod eines Angehörigen – viele Eltern in quälende Todeswünsche und Todesphantasien gegen ihr behindertes Kind treibt; ALBERT GÖRRES als *Christ* und *Vater* zweier geistig behinderter Kinder gesteht:

»Wer ehrlich mit sich selbst ist, macht die Erfahrung, daß ein ursprüng-
liches und unausweichliches Element unserer aller Beziehung zum
behinderten Menschen das der Ablehnung, der Angst, ja des Hasses
ist. Ein naturhaftes Moment …
Die Christen sind keineswegs der Versuchung fern, zu fühlen und zu
denken: Geh fort, damit ich(!) nicht leide und geh endgültig fort, damit mein(!) Leben leichter werde« (S. 137).

Das Wagnis dieser öffentlichen Klage, bringt GÖRRES Hilfe. Ge-
waltig ist sein Mut, einerseits als praktizierender Psychotherapeut und Arzt offen zu bekennen, er empfinde gegen die eigenen behinderten Kinder »… ein Element … (von) Ablehnung,
… Angst … Haß«, und andererseits als verantwortlicher Christ
ehrlich die eigene Versuchung des Todeswunsches einzugeste-
hen. »Geh fort …, geh endgültig fort«. Das befreit zur *Aggression* (Spiralphase 3), deren mögliche Ausdrucksformen so vielfältig sein können und die nach den Ergebnissen unserer
Biographien-Analyse im Lernprozeß Krisenverarbeitung als
Katharsis eine entscheidende Voraussetzung zur *Annahme* (6)
wie zur *Solidarität* (8) ist. GÖRRES erinnert an Hiob, der gegen
sein unverschuldetes Leid protestierte, dessen Sinn Gott ihm
verbarg, und er stellt sich, *Für-Klage* erhebend und m i t-lei-
dend, in seiner *kritisch-sympathischen Antwort* n e b e n die betroffenen Eltern in seiner Praxis und neben die große Zahl der
Namenlosen, die er damit aus ihren zurückgehaltenen Aggressionen, ihrer unfreiwilligen Lebensabsperrung, aus dem Abbruch ihres Lernens in der Krisenverarbeitung befreit.
Für den *Christen* Albert Görres aber gibt den Ausschlag, daß
er sich in seiner *Klage/Aggression* (3) nicht ziellos ungerichtet
gegen seine Umwelt nach außen wenden muß und damit einen
Circulus vitiosus festlegt, sondern daß er sich in einem inneren
Dialog unmittelbar an Gott wendet. Wie unaufhaltsam tiefer
ihn dieser kritische Dialog in das Nachdenken über seinen
Glauben treibt, belegt seine dreihundertseitige Veröffentlichung »*Kennt die Psychologie den Menschen? Fragen zwischen Psychotherapie, Anthropologie und Christentum*«,[39] in der er behauptet, es sei desto weniger Wissen vorhanden, je zentraler und
wichtiger für die Existenz ein Gegenstand sei. Dabei bekennt
er:»Ich brauche diese Überlegungen, weil ich noch keinen Weg
gefunden habe …« (S. 9) und meint, es sei uns auferlegt, die
schrill klingenden kognitiven Dissonanzen des Widerspruchs
zu befragen, »ob sie nicht doch einen Weg offenlassen, nicht

nur die Last Gottes zu tragen und zu preisen, sondern Gott zu finden in allen Dingen, in den guten wie den bösen« (S. 13). Was er selbst an Sinngebung fand, vermittelt er in den Kapiteln »Glaubensbegründung«, »Sinn und Unsinn der Krankheit«, »Mut des Vertrauens« und »Die Gottesenttäuschung: zu Tilman Mosers Buch ›Gottesvergiftung‹«.

In beiden Veröffentlichungen leitet er seine Position einer Partnerschaft mit behinderten Menschen aus einer Glaubensdefinition ab, für ihn ist »Glaube die Anerkennung des Rechts einer Person« (1979, S. 90). Er setzt sich mit MARTIN LUTHER auseinander, der grob schwachsinnige Kinder als ›massa carnis‹ bezeichnete, am besten zu ertränken, weil sie nicht in der Lage seien, Gott zu erkennen und zu lieben und in Freiheit zu leben, weshalb fragwürdig bleibe, ob Gott denn wolle, daß diese Menschen überhaupt leben (1973, S. 138). Von daher seine nachdrückliche Forderung, in Partnerschaft mit geistig Behinderten zu leben, die nicht fromme Gefühle mitleidiger Zuwendung, sondern die Anstrengung des Denkens abverlangt. Während ALBERT GÖRRES es 1973 noch als *philosophische Einsicht* bezeichnete, jeder Mensch, wie schwer auch immer behindert, sei Person und damit Rechtssubjekt, an das niemand Hand anlegen dürfe, aber gleichzeitig eines, das seine Rechte nicht selbst vertreten und verteidigen könne (S. 138), entwickelt er 1979 weitergreifend das *theologische Axiom*, die Anerkennung des Rechtes einer Person schließe die Anerkennung des Rechts Gottes ein. Darin findet Görres die Antwort auf die im Grunde unlösbare Frage nach »Sinn und Unsinn der Krankheit«, nämlich daß auch Gott ein Recht auf »Vorschuß an Vertrauen« einzuräumen sei, das uns die »Anstrengung des Mutes« abverlange (S. 163); das fördere unweigerlich die bedingungslose *Annahme* des »verfügten Daseins« und schließe so mit SIGMUND FREUD (seinem Lehrer) den Verzicht auf das Bedürfnis des Menschen ein, »sich selbst einen Prothesengott auf Zeit zu ernennen« (S. 167). GÖRRES entwickelt diese Gedanken im Zusammenhang des Buches HIOB:

> »Der Mut des Vertrauens, um das uns Gott in dieser Sache bittet, scheint ihm so wichtig zu sein, daß er ihn uns intellektuell nicht eben sehr erleichtert. Die Offenbarung belehrt uns über vieles, aber sie gibt uns über die Frage nach dem Sinn des Bösen keine Antwort, die unser Wissenwollen befriedigt. Sie sagt uns nur, daß dies alles kein Unsinn sein kann, aber sie enthüllt uns den Sinn nicht …

In dem Prozeß, den Hiob gegen Jahwe führen darf, sagt Hiob dem Jahwe alle Gottesschande ins Gesicht. Jahwe ist nicht zu gut für eine Verteidigungsrede, aber sein Argument ist nicht die Aufklärung über das Übel, sondern die Aufklärung über sich selbst. Meine Weisheit und Kraft sind dem Geist und der Vernunft so deutlich erwiesen, daß ich von dir vernünftiger Weise einen Vorschuß an Vertrauen auch da erwarten kann, wo die Einzelheiten des Sinnes meiner Verfügungen noch verhüllt bleiben. Du sollst mir nicht nur im Lichte meiner Anwesenheit, sondern auch im Dunkel meiner Verborgenheit, die keine Abwesenheit ist, folgen« (1979, S. 164).

Hier findet GÖRRES die Antwort, die den klagenden Eltern in seiner psychotherapeutischen Praxis helfen soll:

»… auch wenn sie (die Eltern) es sich nicht eingestehen, kommt so häufig die Klage an den Psychiater oder den Psychologen: Herr Doktor, ich kann dieses Kind mit seinem ungeheuren Anspruch, mit seiner Aggressivität nicht mehr lieben; das Kind ist böse zu mir, es schlägt mich, es beschimpft mich, ich kann dieses böse Kind nicht mehr lieben! Es ist eine große Erleichterung für solche Menschen, wenn man sie fragt: Können sie versuchen, diesem Kind noch sein Recht zu geben, dieses Kind noch in seinen Rechten anzuerkennen? Es gibt viele Menschen, die erleichtert sagen: Ja, das kann ich, und das will ich aus ganzem Herzen. Sie sind getröstet und kommen besser zurecht, wenn man ihnen sagt: Wenn Sie das wirklich ernsthaft wollen, dann lieben sie ihr Kind, so gut sie können« (1973, S. 140).

Er beantwortet seine Fragen durch die Identifikation mit HIOB:

»Aber ich lasse mir gesagt sein, was Hiob genügte: Gott kann mein Leid verantworten. Ich weiß wahrlich genug von ihm, um diese Sorge sein Problem sein zu lassen, zu dessen Lösung ich weder in der Lage noch berufen bin. Mein Vertrauen wäre leichter, wäre es (mein Problem) gelöst, aber von Vertrauen bliebe nicht viel übrig. Denn nur in diesem einzigen Punkt ist mir Vertrauen als Last, überhaupt als Last zugemutet. Ich meine, Gott dürfe mir Vertrauen als Last zumuten …
Ich bin nicht Richter, ihn (Gott) zum Nichtsein zu verurteilen, um des Bösen willen … (Ich) habe vitalstes Interesse am Sieg; Sieg des Prozesses entscheidet über Sein oder Nichtsein …
Verlassen des Glaubensortes wäre Verlust der Identität. Glaube ist der einzige Zugang zur Wirklichkeit, zur verborgenen Innerlichkeit …«
(1979, S. 97–103).

Aus dieser *kritisch-sympathischen Glaubenshaltung* gewinnt AL-BERT GÖRRES eine gewandelte Sicht: geistige Behinderung heißt

99

nicht mehr »technische Panne des Lebens«, die der Arzt abzuschaffen hätte, sondern »notwendig heilsame Realität auf unserem Lebensweg«, die wir wohl lindern, aber nicht heilen können.

»Der gesunde, kräftige, mächtige, reiche Mensch bedarf des Armen, des Schwachen, des Kranken, des Hilfs- und Schutzbedürftigen, weil er in der Partnerschaft mit ihm und keinesfalls ohne diese Partnerschaft das eine lernt, was er unbedingt lernen muß, daß nämlich der Weg zu seinem Heil und zum Heil der Menschheit ein Weg nach unten ist« (1973, S. 144).

Das vertieft er 1979:

»Der kranke Mitmensch ist eine hervorragende unter den uns angebotenen Chancen, eine selbstlose und geradezu übermenschliche Reife der Liebe zu lernen. Unter anderem darum schaffen wir ihn aus dem Hause, aber wir versäumen so uns selbst …
wir fliehen um den Preis, uns selbst zu finden« (1979, S. 169).

GÖRRES faßt unsere Welt im Bild der Krebsstation SOLSCHENIZYNS, in der zutagekommt, wie am Leiden und Tod des unheilbar Kranken und des Behinderten alle innerweltliche Hoffnung und aller Lebenssinn zuschanden werden kann. Der behinderte Mensch schärft uns ein: die Welt trägt immer das Antlitz der Krebsstation.

»Nicht einzelne unter uns, die wir in ein Ghetto abschieben können, sind das beschädigte Leben, sondern wir alle sind geistig behinderte Kinder, darauf angewiesen, daß schützende Hände uns den Weg finden lassen« (1973, S. 15).

ALBERT GÖRRES resümiert: Wir sogenannten Gesunden sind dadurch, daß es Krankheit und Behinderung gibt, andere als wir es ohne diese Erscheinung wären. So kann GÖRRES der Versuchung widerstehen, zu schreien »Geh fort« und die Chance wahrnehmen, zu bitten: »Bleib bei mir!«

»Bleib bei mir, damit wir alle werden, die wir sein sollten« (1973, S. 148).

Laurel Lee
Wenn du durchs Feuer gehst, sollst du nicht brennen

Betroffen durch Krebs, Verlassenwerden und Todesgewißheit

Daten: LAUREL LEE[40], unheilbar krebskrank im Endstadium IV der Hodgkinschen Krankheit, Mutter von drei Kindern, die ihr drittes während der Strahlentherapie wider ärztlichen Rat austrägt, erlebt fast zeitgleich die Antizipation ihres eigenen Todes, die Geburt ihres dritten Kindes, die Scheidungsklage ihres Mannes, ihre sie isolierende Armut und ihre Geburt als Bestsellerautorin.

Die Biographieanalyse schließt mit der Behinderung durch Todesgewißheit in Gestalt von Krebs. Da heute jeder Vierte an der Todesursache Krebs stirbt, darf diese spezifische Lebensgestörtheit als zusätzliche Behinderungsart gesondert neben den vier großen Behinderungsarten der Körper-, Seelen-, Sinnes-und Geistes-Behinderung behandelt werden. Auch bei der chronischen Lebensgestörtheit gerät der Betroffene in eine Krisensituation, die durch nichts zu beseitigen ist und ihm unausweichlich abverlangt, neu mit ihr leben zu lernen. LAUREL LEE sucht dafür in ihrem Tagebuch eine Antwort, die wir als ›kritisch-sympathische Antwort‹ einordnen.

LAUREL LEES Leidensgeschichte könnte in der Bibel stehen. Sie würde einmal mehr lehren, daß Wundergeschichten weniger von konkreter Heilung erzählen – auch LAUREL LEE bleibt unheilbar krebskrank, und ihr Todeszeitpunkt wird absehbar – als vielmehr davon, die Blickrichtung ändern zu wollen. LAUREL LEE durchleidet Krankheit, Elend, Armut, Verlassenwerden, Einsamkeit, fühlt sich aber stets Gott nahe:

> »Zauberhafte Dinge habe ich im Tod entdeckt. Es war eine Fahrt in mein Innenleben; je stärker der äußere Mensch zerfiel, desto mehr wurde der innere Tag für Tag neu« (Bucheinband).

LAUREL LEE ist glücklich, daß sie lebt; aber sie will nicht um jeden Preis leben:

»Ich war an einem Ort, wo es nichts mehr ausmacht, ob man lebt oder tot ist. Ich habe Blicke in den Himmel erhascht, und was ich sah, war bezaubernd. Und wenn der Gedanke an meine Kinder nicht gewesen wäre, ich hätte von diesem Fenster zum Himmel nicht lassen wollen« (Bucheinband).

Das ist die Haltung ihres christlichen Glaubens; so hat sie ihn angewandt auf das, was sie ›Mißgeschick‹ nannte. Mitreißend daran ist LAUREL LEE's ›Heilsein‹, ihre ›unzerstörbare Gesundheit‹, die uns jede Zeile spüren läßt und von der ihr deutscher Lektor während ihrer Deutschlandreise schreibt:

»Laurel Lee … unheilbar krank – wie wir nach den Tagen mit ihr wußten – unzerstörbar gesund, unbelehrbar positiv – ihr Mut zum Leben ist mitreißend und verwischt die Maßstäbe von gesund und krank« (S. 4).

Hören wir sie selbst:

»Es gibt etwas, von dem ich möchte, daß es meine Ärzte erfahren. Erzähle ich es ihnen, sie könnten es später vergessen. So schreibe ich es auf, damit sie sich erinnern. Ich wollte ein Geschenk machen, ihnen und meiner Familie« (Bucheinband und S. 110).

Sie gebraucht dazu eindrückliche Bilder, um Unsagbares in Worte zu fassen. Als man ihr nach der Milzoperation mitteilt, sie sei bereits im dritten und vorletzten Stadium der Hodgkinschen Krankheit, brechen die *Aggressionen* aus ihr heraus:

»Der Krieg ist erklärt!« – (S. 108).

»Ich habe drei kleine Kinder, alle nicht einmal schulpflichtig« (S. 107).
»Es machte mich wahnsinnig, wenn ich an all die ermutigenden Worte dachte, die man mir gesagt – und die ich geglaubt hatte. ›Uns allen stand das gleiche Schicksal offen‹ – mich aber hat das harte Los getroffen. Es war Winter – und man hatte mir meinen einzigen Mantel gestohlen« (S. 107).

Es weint aus ihr, aber weil sie es haßt, fremde Leute in ihre Not hineinzubeziehen, denn ›sie sollen freibleiben‹, läßt sie ihren ›Verteidigungsmechanismus einrasten, legt die seelische Rüstung an, klappt das Visier herunter und fragt: Wie wird sich dieses Ereignis auf den Behandlungsplan auswirken?‹ Auf die für sie verwirrende Wiederholung regelmäßiger Röntgenbestrahlung, auch Leber-Milz-Tests, kann sie nur versichern: »Aber eine Milz habe ich doch gar nicht mehr!«, woraufhin sie nach einem kurzen »Ach ja, stimmt ja!« mit sich alleingelassen wird.

Das, was jetzt mit ihr geschieht, kleidet sie zutreffend ins Bild eines Fahrstuhls: sie sieht sich in der Rolle der Fahrstuhlführerin; sie allein hat es in der Hand, nach ihrem Willen den Aufwärts- oder Abwärtsknopf zu drücken.

> »Ich war allein. Was sollte ich nun mit meinen Gedanken und Empfindungen anfangen? Es war, als stünde ich in einem Aufzug und mein Wille konnte den Knopf für ›aufwärts‹ oder ›abwärts‹ drücken. Es kam mir ein Abschnitt aus einem Lied in Erinnerung, das einer von den Kleinen Propheten vor tausenden von Jahren gesungen hat: ›Da wird der Feigenbaum nicht grünen, und es wird kein Gewächs sein an den Weinstöcken. Der Ertrag des Ölbaums bleibt aus, und die Äcker bringen keine Nahrung; Schafe werden aus den Hürden gerissen, und in den Ställen werden keine Rinder sein. Aber ich will mich freuen des Herrn und fröhlich sein in Gott, meinem Heil‹ (Habakuk 3,17f.).«

> »Das ›Lied‹ konnte man aufdrehen und laut heraussingen. Aber ausstellen ließ es sich nicht mehr. Es kam von dem Sender, der ›Heiliger Geist‹ heißt. Die quälende Todesangst verwandelte sich in eine große Freude, die jenseits allen Verstehens war. Und Freude und Friede sind eins. Ich stand ganz hoch oben, und ich wollte meinen Blick schweifen lassen« (S. 109).

> »Ich hätte gern die Ärzte zurückgerufen und getröstet. Aber an ihrer Stelle kam CLARA, und sie ist eine Frau, die es versteht, ›zu weinen mit den Weinenden und fröhlich zu sein mit den Fröhlichen‹« (S. 110).

Der Glaube LAUREL LEES hatte wider alle Vernunft die Berge ihrer Todesängste versetzt, sie war wieder frei, frei für ihren Weg! Die *New York Times* kommentiert: »Was LAUREL LEE tat, war eine Antwort auf das, was mit ihr geschah: gegen den Tod setzte sie Geduld, Fröhlichkeit, eine persönliche Lebensphilosophie und den Glauben an Jesus. «

Ihren Einzug ins Krankenhaus erlebt sie als Ankunft auf einem anderen Planeten und erleidet so etwas wie einen Kulturschock. Beispielsweise durchlebt sie panische Ängste, als anstelle der geplanten Ultraschallmessung zur Feststellung des Schwangerschaftsalters infolge defekter Anlage sofort mit der Strahlentherapie begonnen werden soll, und sie läßt uns erleben, wie ihr, in einer Vision, die biblische Geschichte des NAEMAN in den Sinn kommt, mit der sie Zuversicht und Gelassenheit gewinnt:

103

»Ich war zu Tode erschrocken. Mir war, als sollte ich, eingepfercht in
einem Viehwagen, nach Auschwitz oder in ein anderes Vernichtungslager verschleppt werden.
Meine Angst wurde unermeßlich, als ich den Gang der Station vor mir
sah. Von technischen Geräten, ob klein oder groß, hatte ich noch nie
etwas verstanden. Hier aber wurden Patienten hinter bleibeschlage-
nen Türen behandelt, auf denen zu lesen war: ›Vorsicht Lebensgefahr!
Radioaktive Strahlung!‹
Rote Lampen flackerten auf, während technische Assistenten an Knöp-
fen drehten und die Krebsopfer via Bildschirm beobachteten« (S. 33).

»Man brachte mich in einen Untersuchungsraum. Ich betete aus hei-
ßem Herzen. Da kam mir, wie in einer Vision, eine biblische Geschichte in den Sinn:
›NAEMAN, der Syrer, war aussätzig. Er suchte einen Propheten Gottes
auf, der ihm auftrug, sich siebenmal im Jordan unterzutauchen, wenn
er rein werden wollte. Naeman wies diesen Rat von sich, gehorchte
ihm schließlich aber doch und wurde gesund.‹
Es ging in dieser Geschichte noch um vieles mehr. Mir war jedoch in
diesem Augenblick klar, daß ich einen bestimmten Weg zu gehen
hatte und daß ich, wenn ich mich der Bestrahlung unterwarf, geheilt
werden würde« (S. 34).

Während sie noch abwartend die Vorbereitungsprozedur über
sich ergehen läßt, die sie mit Folterszenen eines Science-Fiction-
Romans vergleicht, teilt man ihr doch den Aufschub der Strah-
lenbehandlung bis zur Ultraschalldiagnose mit. Jubelnd lehnt
sie »den Transport per Rollstuhl ab und (ich) zog ›meine Straße
fröhlich‹ « (S. 35). Danach das Urteil: ›Sofortige Strahlentherapie ist erforderlich‹:

»Mir war die Gefahr … für den Fötus nicht unbekannt … Ich kämpfte
mit den Tränen« (S. 49).

Der leitende Arzt bezweifelt erneut die Möglichkeit einer Therapie angesichts der bevorstehenden Entbindung und will die
Entscheidung allein in sie, die werdende Mutter, verlegen:

»Meine Nerven waren zum Zerreißen gespannt. Alle Männer waren
Lügner. Wenn ich nur die Kraft dazu gehabt hätte, wäre ich an diesem
Nachmittag fortgelaufen, nur, um mir irgend etwas zu suchen, worauf
man sich verlassen konnte. Einen Baum zum Beispiel« (S. 50).

Aber man läßt sie erneut kommen, die Bestrahlungen beginnen
unverzüglich. Wieder erlebt sie sich im Widerstand unmit-

telbar gehalten, erfährt sie Gottes Mitbetroffenheit, steht er ihr bei.

»Man schob mich unter die Mitte der Maschine. Ich erhielt Ohrenschützer, weil der Apparat großen Lärm machte. Sie legten mir kleine Reisbeutel in den Nacken und breiteten mir eine Bleischürze über den Leib. Ich konnte die Bewegungen des Kindes in mir spüren, und meine Gedanken kreisten unablässig um Gott.
An dem Tag, an dem die zweite Behandlung angesetzt war, strömte langsam wieder Frieden in mein Herz wie das zurückkehrende Meer nach der Ebbe. Ich verbrachte diese Stunden der allmählich steigenden Flut mit meinen Wasserfarben. Ein kleines Bild entstand, während ich an die Worte Jesajas denken mußte:
›Wenn du durchs Feuer gehst,
sollst du nicht brennen,
und die Flamme soll dich nicht versengen‹« (S. 51).

Der Kampf zwischen ›Widerstand und Ergebung‹ hält an, sie erfaßt ihn in erschütternden Bildern.

»Diese ›Löwen‹ blieben bei mir im Zimmer. Manchmal wuchsen sie ins Riesenhafte, so daß ich vor ihnen zitterte. Manchmal waren sie auch klein, aber gegenwärtig waren sie immer – und fletschten die Zähne« (S. 135).

»Abgesehen von der Angst vor den krebserzeugenden Mitteln wollte ich nicht gern, daß mein Kopf kahl wie eine Kniescheibe würde. Eine Krankheit und ihre Behandlung können eine ganze Kette von Demütigungen sein. Sie bleuen einem die Demut geradezu ein.
Mein Zimmer war eine Eislaufarena gewesen. Solange ich saß und schrieb, glitt ich durch die Stunden, hüpfte über die Hindernisse und war guter Dinge. Nun waren Löcher in der Eisfläche, um die ich herumkurven mußte. Die Füße konnten mir naß und kalt werden, und wie ich so auf meinem Bett lag, überkam mich hin und wieder ein Frösteln« (S. 136).

Die langandauernden Krankenhausaufenthalte lösen Heimweh und Todeswünsche aus:

»So wie jetzt war ich noch nie aus dem Gleichgewicht geraten. Ich will nicht mehr leben – jedenfalls nicht im Krankenhaus« (S. 59).

Doch es begegnet ihr auch im Krankenhaus die Nähe Gottes: Sie erfährt sie in der Begegnung mit ihren Ärzten. Für einen der Ärzte, Michael Mainer, war sie in erster Linie ein Mensch und nicht irgendein ›Fall‹.

105

»Dies drückt sich eher im emotionalen Bereich als in Worten aus. Selten, daß unsere Unterhaltung über das rein Medizinische hinausging. Sein Inneres gab Dr. MAINER nur in ganz kleinen Portionen preis« (S. 61).

»Und doch geschah folgendes: Er, der Gesunde, wurde angesteckt von der inneren unzerstörbaren Gesundheit LAUREL LEE's, er sagt: ›Es hat für mich mal eine Zeit gegeben, da war ich viel glücklicher als heute. Dahin möchte ich gern wieder zurück‹« (S. 63).

Seine Frage an LAUREL LEE:

»Wie ich Christ geworden wäre, wollte er wissen« (S. 62).

Die Geburt von MARY-ELISABETH wird ihr zur Verheißung biblischer Botschaft:

»Ich hatte das Gefühl, ich könnte vor Glück bis an das Ende der Welt rennen« (S. 68).

»Am Samstag und Sonntag gehörte Mary Elisabeth für eine kurze Zeitspanne mir – mir ganz allein. Ein Zauberkreis umgab uns, und alle künftigen Sorgen wichen dahinter zurück« (S. 69).

Und als der Säuglingsarzt ihr nach der Untersuchung von MARY-ELISABETH berichtete, fällt ihr das Buch DANIEL ein.

»… (er) gebrauchte dabei unbewußt ähnliche Worte, wie es im Buch Daniel von den vier Knaben heißt, die sich weigern, von den unreinen Speisen zu essen: ›… sie (ist) kräftiger als andere.‹«

Dann stellte auch er, der *Arzt* Dr. LEVI STU, fast unvermittelt die Frage an sie:

»Gehören Sie irgendeiner Kirche an oder wozu gehören sie?« (S. 74).

Ihre Suche nach einer *kritisch-sympathischen Antwort* oder mit BONHOEFFER ihr Weg zwischen ›Widerstand und Ergebung‹ hält an, nur unterbrochen durch das äußere Pendeln zwischen Hospital und Zuhause.

»Innerlich war ich so erschöpft, daß das Leben farblos und grau wurde, Vergangenheit und Zukunft verlor. Die Last jeden Tages drückte mich zu Boden« (S. 84).

Inmitten der Nicht-Krebskranken kommt sie sich wie eine Aussätzige vor, erleidet sie den Spießrutenlauf aller Betroffenen:

»Haben Sie die roten Striche auf ihrer Haut gesehen? Die sind für die

Bestrahlung. Es war, als zog eine Schar Aussätziger vorbei, und jedermann flüsterte: ›Unrein! Unrein!‹« (S. 86).

Das Schlimmste sind Begegnungen mit Müttern krebskranker Kinder, deren Leid sie mit dem ihren herausschreien möchte:

»Ich hatte das Gefühl, als müßte ich mich ständig vor aller Welt dafür entschuldigen, daß meine eigenen Kinder im Gegensatz dazu die Gesundheit in Person demonstrierten ... Ihre Kinder verließen sie – ich mußte meine Kinder verlassen. Bei uns in Amerika gibt es einen saloppen Abschiedsgruß. Er stammt aus einem Rock-Song und lautet: ›See you later, Alligator ...!‹ – ›Bis bald, Alligator‹. An ihn mußte ich hier denken.

›Wer leiht mir das Wort für die Abschiedsnot? Ich gehe fort – Ruft mich der Tod? Am besten ist, ich schrei es hinaus: Bis bald, Alligator! Auf Wiedersehen, Krokodil!‹«(S. 87).

Neben dieser ›antizipierenden Trauer‹ in der *Depression* (5) über die verlorene Zukunft dieser Kinder, wie ihrer eigenen, erlebt sie die ›rezipierende Trauer‹ über das, was sie durch die Krankheit bereits verloren hat, und erleidet dazu das konkrete Verlassenwerden durch ihren Mann:

»Nach Hause zurückgekehrt, mußte ich entdecken, daß er einen Teil meiner Sachen herausgenommen und in eine Kiste verpackt hatte. Ich fauchte ihn an: ›Was hast du dir denn dabei gedacht – willst wohl die Sachen deiner verstorbenen Frau loswerden?‹
›So ungefähr, ja‹, erwiderte er« (S. 117).

Das war am 13. März. Zwei Monate später, am 27. Mai, schreibt sie:

»Zu Hause – angeblich ist das der einzige Platz, wohin man jederzeit kommen kann, ohne befürchten zu müssen, daß man nicht aufgenommen wird ... Als ich heim kam, war die Adresse unverändert – aber mein Zuhause war es nicht mehr« (S. 141).

Sie begreift:

»Für ihn war ich tot.«
»Wir leben in zwei verschiedenen Welten« (S. 145).

Er prägt dazu ein sprechendes Bild:

»Hast du mal zwei Hunde beobachtet, die zusammengehören und von denen einer plötzlich von einem Auto überfahren wird? Der andere läuft immer um die Unfallstelle herum und heult, er weiß nicht, was er tun soll« (S. 130).

Unter dem Tagebucheintrag, ›Montag, 30. Mai‹, ist zusätzlich ›Amerikanischer Volkstrauertag‹ vermerkt, dann folgt der Schlußpunkt des Verlassenwerdens:

»Freunde haben mich aufgenommen. RICHARD hat die Scheidung eingereicht …
Mein Leben war in eine tiefe Wildnis geraten. Ich war Gretel, verirrt in den Wäldern und ohne einen Hänsel. Eine böse Hexe wollte mich fressen, wenn ich auf sie hören würde: Der eigentliche Kampf spielte sich dort ab, wo ich mich dem Grübeln überließ. ›Den Abend lang währt das Weinen, aber des Morgens ist Freude‹ (Psalm 30,6)« (S. 148).

Dieses ›Dennoch‹ wider alle Vernunft läßt sie eine Wohnung mieten, die Kinder heimholen, das Tagebuch beenden, es ihrem Arzt MICHAEL MAINER zu lesen geben – von wo es die Runde durch die Brieffächer der Ärzte macht – bis zum persönlichen Berater des amerikanischen Gesundheitsministers. Die Botschaft LAUREL LEES ist keine Verherrlichung oder Verklärung des Leides als Prüfung oder Heimsuchung Gottes im Sinne einer *naiv-apathischen Lösung*. Im Interview mit ihrem Lektor im Sonntagsblatt erklärt sie:

»Ja, ich habe mich gefragt, warum ich dieses Elend aushalten muß. Und ich habe an diesem Leiden nichts Positives finden können.«[42]

LAUREL LEES Botschaft ist ihr Zeugnis: Laurel Lee hat mit Gott, ihrem Schöpfer, innerlich gekämpft, gerungen, geschrien, geklagt, geweint, aber Gott, ihr Erlöser, hat seine Verheißung an ihr erfüllt: »Ich stehe bei Dir; wenn Du durchs Feuer gehst, sollst Du nicht brennen.« Und Laurel Lee lernt, ihren Krebs in *kritisch-sympathischer Antwort* zu akzeptieren:

»Es gibt etwas, von dem ich möchte, daß es meine Ärzte erfahren. Zauberhafte Dinge habe ich im Tod entdeckt. Es war eine Fahrt in mein Innenleben; je stärker der äußere Mensch zerfiel, desto mehr wurde der innere jeden Tag neu.«

LAUREL LEE, ein weiblicher HIOB, ist durch Höllen gegangen, aber sie tritt aus ihnen heraus, wird herausgezogen von jenem unbeschreiblichen, ansteckenden Glauben, der wider alle Vernunft und ärztliche Prognosen Berge versetzen kann: LAUREL LEE lebt und wird leben in ihrem Tagebuch als Zeugin.

4.

Begleitende als Problem Betroffener

Es war meine Absicht in dieser Studie, dem großen Kreis der möglichen Begleiter von Betroffenen einen Einblick in die Prozesse der Krisenverarbeitung zu geben und sie dadurch in den Stand zu setzen, ihre Aufgabe als Partner wirkungsvoller wahrzunehmen. Bisher wurden die Betroffenen selbst mit ihren Erfahrungen, ihren Bedürfnissen und Wünschen dargestellt. Es wurde ersichtlich, daß in den meisten Fällen die menschliche Begleitung ungenügend, ja eher belastend war. Das hat seinen Grund nicht nur darin, daß dem Begleiter in aller Regel die Mentalität der Betroffenen unbekannt war; vielmehr spricht alles dafür, daß Begleiter zunächst überhaupt nicht in der Lage sind, mit Betroffenen ernsthaft Kontakt aufzunehmen. Sie werden sich selbst zum Problem.

Zu Erkenntnissen, die wachrüttelten, führten mich dann *mehrere Aufenthalte in Bethel:* 1978 anläßlich der Tagung der *Synode der Evangelischen Kirche in Deutschland EKD*[43] und seit 1979 im Rahmen von *projektorientierten Seminaren mit Studierenden* der Fachbereiche Erziehungswissenschaften an Universitäten.

Die Synode tagte zur Veranschaulichung ihres Themas »Leben und Erziehen wozu?« in Bethel, und wurde dort mit einem beachtlichen Programm für Begegnungen mit Mitarbeitern und mit Behinderten während des Ablaufs der Synodalverhandlungen erwartet. Damit wurde der übliche Rahmen der Diskussion diakonischer Aufgaben überschritten. Die Synode hatte sich Bildungsarbeit, insbesondere mit Randgruppen, zur Aufgabe gesetzt. Die Studierenden der Universität Hannover hatten das Projektseminar gewählt, um praktische Zusammenarbeit mit Behinderten zu erleben. Aber angesichts der konkreten Angebote zu »Besuchen bei bzw. Begegnungen mit Bethelbewohnern«, sahen sich sowohl Synodale wie Studierende mit einer persönlichen Herausforderung konfrontiert, die sie so nicht erwartet hatten; sie waren in ihrer Identität in Frage gestellt: Die Synodalen reagierten darauf zunächst mit mehr oder weniger rationalisierten Abwehrmechanismen, z. B.:

»Die Zeit ist dafür einfach zu knapp.«

»Was verstehe ich schon davon, das sieht dann so neugierig aus.«

»Man sollte die Behinderten mit solcher Besichtigung besser verschonen.«

»Ich gestehe, ich weiß nicht so recht, wie ich mich da verhalten soll, kämen Sie mit?«

»Ich ginge wohl gern mit Ihnen dorthin, aber ich habe so etwas noch nie gesehen, was muß ich da denn tun?«

Die Studierenden äußerten dagegen offensive Kritik; sie mokierten sich zunächst über die Ghettosituation: »*Wie kann man eine ganze Stadt voll Behinderter gründen?*«, sodann über die Ausbeutung der Bethelbewohner: »*Wie kann man selbst sein Gehalt annehmen, wenn die Menschen, die dort Arbeit tun, für 10 Schnellhefter nur 3 Pfennig bekommen und nie mehr als 35,00 DM Taschengeld erreichen?*«. Schließlich reagierten sie anläßlich der Besucher-Begegnung im Dankort mit stillschweigendem Protest!

Bei beiden Begebenheiten gab es hilfreiche Angebote: unter den Synodalen wurde laufend in persönlichen Gesprächen für die Besuche geworben – erwarteten doch alle Bethelbewohner seit Wochen ›ihre‹ Synodalen. Die Interessenten wurden dann oft im Anschluß an die Mahlzeiten oder vor bzw. nach den Ausschußsitzungen persönlich bei ihrem ersten Besuch in einem der Bethelhäuser begleitet. Es war erstaunlich, gerade den Behinderten gelang es immer wieder, mit ihrer unverhüllten Freude spontan auf die Nichtbehinderten, die Synodalen, zuzugehen und durch ihre Unvoreingenommenheit die Gäste aus ihrer Betroffenheit zu lösen, manchmal sogar, sie mit ihrer Freude anzustecken, so daß sie plötzlich zusammen irgendetwas taten – bauen, malen, spielen, zuhören, nah sein. Der persönliche Kontakt hatte Ängste überbrückt und erste Beziehungen wachsen lassen.

Diesen Vorgang beschreibt auch JÖRG ZINK[44] sehr anschaulich:

»Es ist eine Tatsache: In uns Gesunden rührt sich die Angst. Wir könnten ja, so ahnen wir, auch wie ›sie‹ unsere Gesundheit verlieren, unseren aufrechten Gang, unsere Sicherheit und Leistungskraft, unsere Freiheit und am Ende unsere Selbstachtung.

Und da rührt sich eine Urangst, die sehr tief heraufkommt. Wir schließen die Augen, die Ohren und schließlich den Mund und gehen vorbei. Aussparen und verdrängen, das ist alles, was dann noch gelingt. Damit aber schiebt sich zwischen Gesunde und Behinderte ein ganzes Gebirge von Unmenschlichkeit ein.«

Bei den Studenten stand unverhältnismäßig mehr Zeit zur Verfügung. Charakteristisch für ihr projektorientiertes Studium war ja gerade die Interdependenz von realer Erfahrung und theoretischer Reflexion des Widerfahrenen. Demzufolge lebte das Projektseminar, analog dem Modell des Clinical Pastoral-Training (CPT), aus der Verzahnung von Praxis und Theorie. Der Studientag umfaßte drei Aufgaben, zunächst am Vormittag praktische Erfahrung in der Zusammenarbeit zwischen Studierenden und erwachsenen Behinderten in unterschiedlichsten Arbeitsfeldern der Bethelhäuser; darauf folgte über Mittag die theoretische Reflexion erlebter, eigener Interaktionsprozesse mit Bethelbewohnern anhand schriftlich fixierter Gesprächs-Gedächtnis-Protokolle, denen jeder seine spezifischen Fragen an das eigene Verhalten zuzuordnen versuchte; diese Gesprächsprotokolle wurden dann am Nachmittag Gegenstand der theoretischen Seminare, in denen die Gruppenmitglieder gemeinsam nach theoretischer Begründung ihres Handelns suchten, um daraus Erkenntnisse für mögliche Alternativen zu gewinnen. Die wichtigsten *Schlußfolgerungen* der Studierenden lauteten:

– nicht die Behinderten, die uns Beziehungsbrücken bauen, sind behindert, sondern wir, die ›Gesunden‹, sind beziehungsbehindert; wir scheuen uns vor trennenden Gräben, brechen die Brücken ab oder finden sie erst gar nicht;

– nicht die Behinderten sind Ausgebeutete an ihrem Arbeitsplatz in den Werkstätten, denn sie erleben dort den Sinn ihres Tuns und ihrer Zusammenarbeit; wir, die Nichtbehinderten sind Opfer unserer eigenen Vorstellung, daß Leistung und Profit uns Lebenssinn erschließen könnten; weil wir uns den Zwängen ökonomischer Ziele fügen, bleibt unser Handeln oft sinnentleert;

– nicht allein die Behinderten müssen integriert werden in die menschliche Gemeinschaft, sondern gleicherweise sind auch die Leistungsfähigen und Tüchtigen darauf angewiesen; wir, die scheinbar Nichtbehinderten, müssen befreit werden aus unseren falschen Zielsetzungen und einseitigen Normen; wir brauchen das kritische Korrektiv der Behinderten, um gemeinsam neue Lebensmöglichkeiten zu finden.

Auch wenn von den Synodalen keine Zeugnisse der Selbsteinschätzung vorliegen, darf aus Verhalten und Reaktionen abgeleitet werden, daß die meisten sich erkannten als innerlich unvollkommen vorbereitet und darum verunsichert. Es waren beide Male die gleichen *Erfahrungen:*

• Nicht die Behinderten sind unser Problem, sondern *wir*, die Nichtbehinderten, werden *ihnen* zum Problem!

Diese Frage hatte schon JÜRGEN MOLTMANN[45] theologisch reflektiert:

>»Die Abwehrreaktionen bringen die Behinderten bei uns in die Lage von Aussätzigen. Sie werden isoliert, sie werden übersehen oder durch Mitleid gequält. Nicht die Behinderten sind unser Problem. Wir sind ihr Problem.«

Synodale wie Studierende gewannen also – übereinstimmend mit den in der *Psychiatrie-Enquete* der Bundesregierung dargestellten Erfahrungen – die Erkenntnis, daß soziale Integration weniger eine Frage der Information als vorrangig eine solche der Interaktion ist, d. h. der Fähigkeit, aufeinander zugehen und handeln zu können. Daraus folgt: Wenn Menschen (Nichtbehinderte) sich durch Erfahrungen erst einmal als Problem der Behinderten erkennen, können sie ihre Einstellung und ihr Verhalten verändern. Die Beziehungsstörungen lassen sich schrittweise überwinden. Das aber geschieht nicht aufgrund von Informationen, sondern vorrangig durch gemeinsames Tun. Daraus folgt für jede Gemeindearbeit, für jede persönliche Begegnung mit Behinderten vor Ort:

• Interaktion hat Vorrang *vor* Information.
  Erfahrung muß der erstrebten Erkenntnis vorausgehen.

Die *Studierenden* schilderten dies aufgrund ihrer Erfahrungen wie folgt:

>»Dieses Projektseminar brachte mir viele neue Erfahrungen, (es hat) eine Schlüsselfunktion in bezug auf meine Einstellungen zu meinen

Mitmenschen, ob mit oder ohne ›Behinderung‹, sowie zu mir selbst und meinem Glauben. Inwiefern gerade die Fähigkeit zur Kommunikation das Miteinander, nämlich die Integration ›Behinderter‹ und Nichtbehinderter erst ermöglicht, habe ich in dieser Woche erfahren, wenn auch anders, als ich es erwartet hatte. Beginnen möchte ich mit einem Erlebnis in Bethel, das uns Studenten konkret Integration ›Behinderter‹ erfahren ließ:

Meine Freundin Julia und ich arbeiteten in den letzten Tagen dieser Woche in zwei nahegelegenen Häusern Groß Bethel und Nebo. Unser Spaziergang war darum ein besonderer, weil zwei weitere Menschen teilnahmen: Betheleinwohner, jeweils eine Patientin aus dem Haus, in dem wir arbeiteten. Meine Patientin heißt Maria und ist 36 Jahre alt … Im Café guckten die Leute neugierig, wandten sich aber bald wieder zurück, keiner stand auf und ging weg. Wir halfen Maria und Ursula beim Ausziehen der Mäntel und ließen sie Kuchen auswählen. Während wir auf das Bestellte warteten, machten wir es uns am Tisch bequem. Ursula und Maria saßen Julia und mir gegenüber. Wir waren unsicher, ob wir damit nichts verkehrt gemacht hatten, aber die beiden überraschten uns: sie strichen mit der Hand über den Arm der anderen, lobten die Kleidung mit Gesten und Worten, Maria fragte Ursula teilnahmsvoll: ›Warum sprichst du nicht? Bist du traurig? …

Macht aber nichts, daß du nicht sprechen kannst‹ …

Mir hat dieser Ausflug auch gezeigt, wieviel wir von den Behinderten lernen können, z. B. uns an scheinbar kleinen Dingen zu freuen und das zu achten, was uns so selbstverständlich erscheint: eine andere Sicht, die Welt zu sehen, eine Alternative zum leistungsorientierten Leben.«[46]

Die Problematik der eigenen Behinderung, der sozialen Beziehungsstörung oder Beziehungsunfähigkeit wird anschaulich von den *Studierenden* beschrieben, z.B.:

»In diesem Studiensemester ist mir immer deutlicher geworden, daß das eigentliche Problem in meiner Auseinandersetzung mit Behinderten bei mir selbst liegt … Ich habe die gleichen Kontaktschwierigkeiten wie zu Nichtbehinderten, nur daß ich sie vor Behinderten nicht verstecken oder retuschieren kann.«[47]

»Wie wir in der Gruppe festgestellt haben, gingen die Unsicherheiten meistens von uns aus; sie wurden von uns in die Personen (Behinderten) projiziert.«[48]

»Zusammenfassend möchte ich sagen, daß für mich die Erfahrung meiner eigenen (Kommunikations-)Behinderung wichtig war und darüber hinaus auch die Möglichkeiten zu sehen, wie ich damit umgehen kann, nämlich Schwierigkeiten, Barrieren, Hemmungen, Ängste selbst zum Thema zu machen … «[49]

Dazu ein Berichtsausschnitt aus dem Seminarverlauf:

»Der Vormittag gehörte der Praxisphase, und der Nachmittag war zur Reflexion vorgesehen. An den Gesprächs-Gedächtnisprotokollen … wurde immer deutlicher, daß es sich dabei um Schwierigkeiten handelte, die dieselben sind, wie wir sie mit ›Nichtbehinderten‹ haben. Wie gelingt es, ein Gruppenerlebnis, ein Gemeinschaftsgefühl zu schaffen, so daß sich jeder dazugehörig fühlt … ?

… in einer Gesprächssituation kam es dazu, daß ich mich von der isolierten Situation einer Patientin so betroffen fühlte, daß ich meine eigenen Gefühle zur Gruppe nicht mehr zurückhalten konnte und endlich darüber sprach … so konnte die Auseinandersetzung über mein eigentliches Problem beginnen … Mit diesem Gespräch war die Grundlage geschaffen für eines meiner schönsten Gruppenerlebnisse: durch Offenlegen eigener Gefühle auch selber Offenheit zu erfahren … Inhaltlich ist dann alles einfach zu bewältigen, wenn die Beziehungsebene geklärt ist. Auf diese Weise ist es mir möglich, mit den anderen zu leben und nicht neben ihnen, denn ohne meine Gefühle wirkt jeder Inhalt wie eine Mauer.«[50]

Diese Beziehungsfähigkeit des Behinderten, die von Synodalen ebenso wie von Studierenden entdeckt wurde, hat Pastor von BODELSCHWINGH[51] als schärfste Waffe im Kampf gegen den *Abgeordneten* HITLERS, Dr. BRANDT, eingesetzt, als dieser unter der damals propagierten ›Nullpunkt-Formel‹ mit Bethel zu verhandeln hatte. Was ist das Merkmal dafür, so wurde in diesem Gespräch gefragt, daß der Nullpunkt erreicht ist? Die Antwort von Dr. BRANDT soll gelautet haben:

»Es ist dieses, daß es nicht mehr möglich ist, eine menschliche Gemeinschaft mit dem Kranken herzustellen.«

Hierauf soll Pastor von BODELSCHWINGH erwidert haben:

»Herr Professor, Gemeinschaftsfähigkeit ist *zweiseitig* bedingt: Es kommt darauf an, ob *ich* auch gemeinschaftsfähig für den anderen bin. *Mir* ist noch niemand begegnet, der nicht gemeinschaftsfähig wäre.«

Der Berichterstatter dieses nur mündlich überlieferten Gesprächs, der Neffe Pastor FRITZ v. BODELSCHWINGH, erzählt

114

dazu »seinen eigenen Fall« und resümiert, es war »eine herbe Lektion für mein Leben …«.

> »Als Kandidat ›mit der blauen Schürze‹ wurde ich nach Neuebenezer versetzt und betrat zum ersten Mal in meinem Leben um 6.00 Uhr morgens die Station 7. Der Stationsbruder Hollan schlug die Decke vom ersten Bett an der Tür zurück und sagte: ›Sie können gleich damit anfangen, unsern Fritz zu baden!‹ Was ich erblickte, hätte mich beinahe zur Tür hinausgejagt: ein gänzlich verblödeter junger Mann von 20 Jahren, ein wundgelegenes Bündel von Haut und Knochen, dessen Knie dauernd im Krampf bis an die Achselhöhlen hinaufgezogen waren, wo sie mit Watte gegen weiteres Wundreiben umwickelt waren, ohne Fähigkeit, ein Wort zu sprechen, der gefüttert und von Kot gereinigt werden mußte – er lag in einem Torfbett, das eigens für diesen unsauberen Kranken erfunden wurde. Kurz, ich sah zum ersten Mal in meinem Leben diesen Nullpunkt menschlicher Existenz. Als ich dies entsetzliche Bündel nackt auf die Arme gelegt bekam, um es im Badezimmer zu baden, hätte ich es beinahe auf die Erde geworfen. Als nach einer Viertelstunde das Unwesen gewindelt und verbunden unter der Bettdecke lag, dachte ich: Hier bleibst du keinen Tag! Dann aber geschah es, daß dies schreckliche Bündel sich bewegte und einen Arm in die Höhe streckte. Erschrocken sah ich mich nach dem Bruder Hollan um: (er) hatte bis jetzt meinen Umgang mit dem Kränksten der Station nur still beobachtet … Aber jetzt mußte er doch nachhelfen: Noch heute höre ich den Ton seiner Stimme, in dem sich Mitleid mit mir und Staunen über soviel Unverstand eines akademisch gebildeten Theologen verbanden: ›Herr Kandidat, merken Sie es noch nicht, Fritz will Ihnen danken!‹ Aber ich hatte diesen Fritz gar nicht für einen Menschen gehalten. Wie muß der Kranke darunter gelitten haben, mir abspüren zu müssen, daß ich ihn überhaupt nicht als Mensch, sondern als ekligen Gegenstand betrachtete. Aber er ließ mich das nicht entgelten, sondern suchte, mir meine Not dieser ersten Begegnung mit einer Menschenruine zu nehmen, indem er mir dankte. Er, der Kranke und Blöde, war gemeinschaftsfähig. Ich, der Gesunde, war es nicht, sondern mußte es durch ihn werden. Wir sind schnell gute Freunde geworden.«[52]

Anschaulich wird die vorhandene Beziehungsfähigkeit der Behinderten auch von *Studierenden* beschrieben:

> »War meine Situation zunächst noch durch die Haltung bestimmt, ›ich muß denen etwas geben!‹, gleichzeitig verbunden mit der Angst, etwas falsch machen zu können oder irgendwelchen Erwartungen der Mitarbeiter nicht gerecht werden zu können, so war meine Situation durch die gleichzeitig laufende Aufarbeitung der Erfahrung in unserer

Studentengruppe schließlich durch die erfahrene – nicht nur theoretische – Erkenntnis geprägt, daß die Männer aus Haus Arafna mir auch etwas geben können ...«[53]

»Wir haben sogar die Erfahrung machen können, daß die sogenannten ›Behinderten‹ uns eine Brücke zu bauen versuchten, weil wir selbst behindert waren, mit den Behinderungen der anderen umzugehen, womit die Betroffenen einfach ganz selbstverständlich umgingen. Darin sind uns viele Patienten weit voraus, und wir können nur von ihnen lernen, ihr Anderssein ebenso selbstverständlich anzusehen und auch mit unseren sogenannten Schwächen umzugehen lernen, so daß sie auf diese Weise zu Starken werden.«[54]

In diesem Zusammenhang sei noch auf eine andere Gefährdung der ›Gesunden‹ hingewiesen, nämlich das viel zitierte Helfersyndrom[55], »die zur Persönlichkeitsstruktur gewordene Unfähigkeit, eigene Gefühle und Bedürfnisse zu äußern, verbunden mit einer scheinbar omnipotenten, unangreifbaren Fassade im Bereich der sozialen Dienstleistungen«. Auch in dem erwähnten Seminar in Bethel trat es auf. Eine selbst *körperbehinderte Studentin,* Spastikerin, untersuchte anhand ihrer Gesprächsanalyse ihre Beziehungsprobleme bzw. ihre Kontaktschwierigkeiten zu Bethelbewohnern und erkannte parallel dazu ihre Kontaktstörungen zu Nichtbehinderten:

»Ich brauche Behinderte, um mein eigenes Behindertsein zu vergessen, weil sie mir zeigen, daß sie mich brauchen. Genauso ist das mit Nichtbehinderten: Wir können prima zusammen in Gruppen arbeiten, da kann ich immer etwas aus meiner Praxis einbringen (vorherige Erziehertätigkeit, zweiter Bildungsweg); sie kommen wohl auch alle gern zu mir mit ihren Problemen, aber wie ist das, wenn ich nichts einbringe, meine Rolle nicht spiele? Damit ist da nichts, dann ist da totale Leere ...«[56]

Später nahm sie die Beobachtung dieser Leere in einem persönlichen Gespräch wieder auf und erzählte:

»Mir ist eingefallen, wenn ich allein bin, sehe ich mir oft stundenlang gerade die Fernsehsendungen an, wo ich so richtig weinen kann, da hab' ich keine Rolle, da bin ich nur noch ich: die behinderte A. B., mit ihren Wünschen nach Nähe und auch mal nach dem ganz Menschsein; nach dem Weinen geht es mir meistens besser; aber das kann ich nur für mich allein, die anderen wissen das gar nicht, daß ich das auch bin.«[57]

Zum Abschluß des Seminars ergänzte sie in der Gruppe:

»Ich erkenne jetzt erst, daß ich selbst als Behinderte genauso mit Behinderten ›umgehe‹ wie ich es gerade nicht möchte, daß andere so mit mir umgehen. Ich bin dann oft nicht ich selbst, A. B., mit ihren Bedürfnissen, sondern ich spiele eine Rolle, ›A. B. tut so als ob …‹, aber ich habe jetzt auch erfahren, wie ich das ändern kann: ich kann mich mit meinen Problemen neben sie stellen, statt nur scheinbar problemlos meine Hilfe sozusagen ›von oben‹ anzubieten.«[58]

Insoweit können wir SCHMIDBAUERS Aussage zustimmen:

»Mir scheint, daß schätzenswerte menschliche Eigenschaften nichts an Wert verlieren, wenn ihr Zustandekommen genauer untersucht würde.«[59]

In Frage stellen müssen wir dagegen seine Auseinandersetzung mit den Konflikten der helfenden Berufe in seiner Analyse christlicher Religion und Sozialethik.

So behauptet SCHMIDBAUER, daß »der geschichtliche Zusammenhang zwischen Christentum und Industriekultur unabweisbar (scheint)«, und er greift als die im Zusammenhang mit dem Helfersyndrom wesentlichen Elemente heraus:

»Das erste ist die Auffassung von der Erbsünde des Menschen … Der zweite Gesichtspunkt: Das Christentum stellt ganz eindeutig altruistische Werte über egoistische Werte. ›Liebe Deinen Nächsten wie Dich selbst!‹«

»So bleibt die Pflicht zur Nächstenliebe bestehen. Sie tritt in eine eigentümliche Verbindung mit der Lehre von der Erbsünde, von der ursprünglichen eigenen und fremden Schlechtigkeit. Die Nächstenliebe wird gewissermaßen auf dem Weg über Selbsthaß erreicht.«[60]

Daraus zieht SCHMIDBAUER im Verlauf seiner Darstellung eine zu kurzschlüssige Folgerung:

»Es ist sogar anzunehmen, daß die sozialen Dienste unserer Gesellschaft gar nicht mehr funktionieren könnten, wenn sich durch die Mechanismen des Helfer-Syndroms nicht immer wieder Menschen fänden, die bereit sind, sich selbstschädigend aufzureiben. Selbstlosigkeit und Aufopferung sind nach wie vor Werte, die von einer christlich orientierten Ethik vertreten werden.

Das ›wie dich selbst‹ hinter ›liebe deinen Nächsten‹ wird oft nicht deutlich genug gehört.«[61]

SCHMIDBAUER hat darin gewiß recht, daß die Theologie bei der

Interpretation der Nächstenliebe sehr lange einseitig nur das »liebe deinen Nächsten« ausgelegt hat. Er übersieht jedoch die goldene Regel der Bergpredigt im Matthäus-Evangelium (Mt. 7,12): »Alles nun, was ihr wollt, daß euch die Leute tun sollen, das tut ihr ihnen auch.« Sie hat in der Theologiegeschichte immer wieder große Bedeutung gewonnen, gerade in Übergangszeiten, wenn es darauf ankam, unter veränderten Lebensbedingungen erstarrte Traditionen zu überwinden und neue Verhaltensweisen einzuüben, wie z. B. in der Reformationszeit. Der Maßstab der goldenen Regel wird heute in der Kirche oft nicht klar genug verkündigt. Dieses Wort der Bergpredigt übersieht aber nicht den Zusammenhang unserer eigenen Bedürfnisse an Liebe und Hilfe mit unserem Verhalten gegenüber den Nächsten. SCHMIDBAUER blendet also die entscheidende Dimension der Freiheit eines Christenmenschen aus. Darunter verstehen wir die selbstbestimmte Wahl der Glaubenden, die sich entgegen SCHMIDBAUERS »hilflosem Helfer« mit dem Syndrom »Soziales Helfen als Abwehr von Ängsten, von innerer Leere, von eigenen Wünschen und Bedürfnissen«[62] gerade als »befreite Helfer« definieren, Menschen, denen ihr Helfen zur praktischen Antwort auf Gottes Handeln an ihnen wird. Eben, weil sie sich selbst als von Gott Bejahte und Angenommene erfahren haben, bewegt es sie, diese Erfahrungen mit anderen zu teilen. Nach unseren vorangegangenen Überlegungen – auch anhand der Biographien – ist das die ›kritisch-sympathische‹ Antwort des Christen. Darüber hinaus ist einzuwenden, daß in jedem Menschen immer beides liegt, die Möglichkeit der Freiheit und das Gefangensein in Zwängen und in eigenen Erfahrungen. Die Studierenden begegneten in Bethel sowohl der Freude ›befreiter Helfer‹ als auch der Not von ›hilflosen Helfern‹.

Wir sind – nach unseren Erfahrungen – entschieden der Meinung, daß sich in unseren Gemeinden eine große Anzahl zur Freiheit fähiger Helfer entdecken ließe. Aber wir wissen zu wenig von den Krisen, die Betroffene durchleben; wir wissen nicht, wie sehr wir durch unser alltägliches Verhalten ihre Belastungen noch vermehren, und es ist uns viel zu wenig bewußt, daß wir durch unser Begleiten in Krisen die Nöte mindern können. Rehabilitationsmaßnahmen, die heute angeboten werden, sind auf Behandlungszeiten beschränkt, soziale Dienste an Sprechzeiten gebunden.

In unserer Fragestellung geht es um das Zusammenleben in der Nachbarschaft, in der Arbeitswelt, in der Kirchengemeinde. Infolge der Überbewertung von Leistung und materiellem Besitz ist es gekennzeichnet durch mangelnde Mitmenschlichkeit, durch die unerkannte Beziehungsunfähigkeit. Sie besteht gegenüber Leidenden in erhöhtem Maße und trifft diese in ihrer Vereinsamung besonders hart. An den Spiralphasen der Krisenverarbeitung konnten wir sehen, daß nur solche Menschen Begleiter sein können, die bereit sind, sich auf Lernwege einzulassen. Der Mangel an solcher Bereitschaft ist das Kernproblem. Die Frage drängt sich auf: Wie ist die ›soziale Behinderung der Nichtbehinderten‹ zustande gekommen? Tobias Brocher[63] hat auf dem 17. Deutschen Evangelischen Kirchentag 1977 in Berlin dazu die These aufgestellt: »*Die Krankheit der Gesunden – Die Gesundheit der Kranken.*«

Er erläutert seine These durch eine gesellschaftliche Deutung:

> »Die scheinbar Gesunden haben eine Krankheit erzeugt, die verheerende Auswirkungen auf unsere Gesellschaft hat, indem sie ein falsches Gesundheits- und Leistungsideal errichtet haben, das nicht mehr erfüllbar erscheint. Die scheinbar Kranken, die diese Leistungshöhe verweigern, können jedoch den größeren Teil der an traditionelle Gegebenheiten gewöhnten Menge nicht überzeugen, daß Weniger mit höherer Qualität Mehr wäre.«

Brocher beschreibt die Krankheit der sogenannten Gesunden als Verzagtheit, Verbergen, Scham, Zweifel, Minderwertigkeitsgefühle oder auftrumpfenden Trotz und überkompensierenden Größenwahn. Demgegenüber fordert er Offenheit, Ehrlichkeit und Angstfreiheit, über sich selbst ohne Scheu zu sprechen, so daß andere nicht nur Anteil nehmen und sich identifizieren können, sondern aus dieser Bereitschaft, sich selbst zu geben und zu offenbaren, mehr lernen könnten; das aber vermag entscheidend der Kranke, der Behinderte als Aufforderung, als Herausforderung, als Korrektiv zu leisten, indem er das wechselseitige Angewiesensein erlebbar und erfahrbar werden läßt.

Fischer[64] und andere suchen nach menschlichen Deutungen; er spricht in entlarvender Umkehrung des bösen Begriffs der »Ballastexistenzen« von Nichtbehinderten als Menschen, die für ihre Umwelt durch ihre Gesundheit ebenfalls eine Belastung darstellen:

119

»… Menschen, die ihr eigenes Recht auf Gesundheit und Kraft unbedenklich voraussetzen, die erst dann zufrieden sind, wenn sie so gesund scheinen, daß sie weder Gott noch Menschen brauchen und die in der Regel andererseits so sehr bangen um Einbuße ihrer Kraft, ihres Vermögens und ihrer Zeit, daß sie sich vor der Pflege der Angefochtenen und Hilfsbedürftigen aus Furcht und Vorsicht dispensieren, wo sie nur können …

Vielmehr überwiegen Ballast-Existenzen, die sich von öffentlicher und privater Mitverantwortung, vom Opferwillen und vom Mittragen der Lasten und Leiden indolent dispensieren. Sie und nicht die Behinderten sind die eigentliche Last der Gesellschaft. Sie lähmen durch den Schein ihrer Kraft und Gesundheit.«

Mit dieser These werden wir ansatzweise zu der geschuldeten Deutung der Beziehungsunfähigkeit hingeführt; sie erfordert jedoch ein genaueres Bedenken des Zusammenhanges zwischen der Fähigkeit, menschliche Beziehungen zu pflegen und zu gestalten, und der Leidensfähigkeit, auf die wir im letzten Kapitel noch eingehen.

MOLTMANN[65] kennzeichnet die Bundesrepublik Deutschland als Apartheitsgesellschaft, die die Gesunden und Leistungsstarken gegenüber den Betroffenen und Schwachen privilegiert:

»Anstelle einer offenen, verwundbaren Gesellschaft entsteht eine geschlossene, unangreifbare Gesellschaft mit apathischen Strukturen. Das lebendige, offene, verletzbare Leben wird in Beton gegossen. Das ist der moderne Tod – Apathie genannt: Leben ohne Leiden – Leben ohne Leidenschaft …«

Der Furcht vor einem Atomtod oder gar einem ökologisch bedingten Tod setzt er den viel eher absehbaren Tod »an unserer eigenen Apathie« entgegen. HORST EBERHARD RICHTER[66] untersucht die psychologischen Ursachen dieses Problems, und er erkennt sie in der fundamentalen »Angst der sogenannten angepaßten Normgerechten, um Abweichende, Nicht-Normgerechte auszuschließen, sich ihnen gegenüber abzugrenzen«, und begründet das Angewiesensein der Gesellschaft auf die Betroffenen mit der Stabilisatorfunktion der Randgruppen-Kontrastwelt. Zur Erklärung verweist RICHTER auf folgenden psychischen Mechanismus:

»… daß man sich für Krankheiten und Mißbildungen interessiert, um sich dagegen als gesund und intakt abheben zu können. Man kann die Angst um die eigene bedrohte Integrität und vor der Unentrinnbarkeit des Sterbens unter Umständen leichter in Schach halten, wenn man sich – in Dosen – immer wieder damit beschäftigen kann, daß es Menschen auf der anderen Seite gibt, die durch Krankheit und Unheilbarkeit gezeichnet sind.«

Analog zu dem von BROCHER als Krankheit der Gesunden beschriebenen falschen Gesundheits- und Leistungsideal vollziehen wir nach RICHTER innerpsychisch eine Abspaltung des Bildes von uns, vor dem wir uns am meisten fürchten. Hierzu zählen Krankheiten, Behinderungen, tabuisierte sexuelle Wünsche u.a.m. Was Menschen in dieser Hinsicht ›außerhalb ihrer selbst‹ wahrnehmen, brauchen sie nicht innerhalb ihrer selbst zu registrieren‹. In seiner gesamtgesellschaftlichen Funktion beschrieben, tragen der Abspaltungsprozeß und die mit ihm verbundenen Projektionen Merkmale einer ›Reproduktion uralter Angstbewältigungsversuche mit Hilfe eines dualistischen Modells: Wenn du gebrechlich, krank und alt bist, dann darf ich stark, gesund und jung sein‹.

CARL FRIEDRICH VON WEIZSÄCKER[67] erklärt die Angstbewältigungsmechanismen und Stabilisierungsversuche Nichtbetroffener gegenüber Leidenden philosophisch als eine gesellschaftlich bedingte psychische Verdrängung. Der gängigen Anklage gegen die Gesellschaft, daß sie sich feindselig den Leidenden gegenüber verhalte, begegnet er mit der Frage nach einer »relativen Legitimität«, nach dem Recht der Gesellschaft zur Verdrängung der Leidenden. Seine Begründung lautet zunächst:

> »Man kann ja den Menschen nicht helfen, wenn man sie nicht liebt. Man kann die Gesellschaft nicht bessern, wenn man ihr nicht gerecht wird; sonst ändert man sie, ohne sie zu bessern und wiederholt genau die Fehler, die man bekämpfen wollte. Legitimität der Verdrängung, das heißt: die Menschen brauchen Verdrängung.«

Indem WEIZSÄCKER den elementaren Zweck der Verdrängung als den seelischen Vorgang der Abschirmung des Bewußtseins gegen unerwünschte Inhalte definiert und jenes Bewußtsein eines Ich und seiner Sprache als seelische Leistung bezeichnet, erkennt er zugleich die Notwendigkeit psychischer Mechanismen an, die entscheiden, welche seelischen Inhalte zum Aufbau der Identität einer Person gehören und welche nicht.

> »Insofern kann die Verdrängung desselben Inhalts zuerst legitim sein und etwas später, gerade weil wir reifen, zur gefährlichsten Form der Lüge werden, der Lüge gegen das eigene Gewissen.«[68]

121

Diese Lüge gegen das eigene Gewissen beschreibt Dorothee Sölle als das lebendige Totsein des Menschen, der nur produzierend überlebt und dessen Tod und Hölle die Beziehungslosigkeit selbst ist, als »den biblischen Tod ›am Brot allein‹«[69]:

> »Der Tod, der uns wirklich bedroht, der uns mitten im Leben umfängt, das ist der Tod der Beziehungslosigkeit … Das ist die Hölle, die uns verschlingt, mitten im Leben, mitten im Produktionsprozeß.«[70]

Zu der Isolierung der Behinderten hatte die »Konsultation des Weltrats der Kirchen« 1978 in einem Memorandum verkündet:

> »Wo die Behinderten fehlen, ist eine Gemeinde behindert. Die Einheit aller Menschen, unbeschadet ihrer Behinderungen, ist ein Zeichen dafür, wie die Welt vor Inhumanität bewahrt werden kann. Die Gegenwart der Behinderten hält das Bewußtsein dafür wach, daß jeder Mensch ein gebrechliches, gefährdetes, defizitäres, ein von Gott geschaffenes und gesegnetes Wesen ist … Wir betonen mit Nachdruck, daß die Zusammengehörigkeit von Behinderten und Nichtbehinderten … eine Herausforderung darstellt.«[71]

Als *Ergebnis* unserer Überlegungen stellen wir auf der einen Seite das offensichtliche Angewiesensein der Betroffenen auf die Noch-Nichtbetroffenen fest, das die Betroffenen nicht von sich schieben können. Auf der anderen Seite steht das unsichtbare Angewiesensein der Noch-Nichtbetroffenen auf die Leidenden, das von den Gesunden aber lebenslang verdrängt werden kann, indem sie dem Lernprozeß der Verarbeitung von Krisen ausweichen. Allerdings geschieht dies dann um den Preis, daß sie ihre Identität nicht finden und damit auch ihre Erlebnisfähigkeit schwächen oder verkümmern lassen.

Um diesem ›Tod‹ durch Beziehungslosigkeit entgegenzuwirken, müssen wir uns mit dem Ergebnis einer Analyse der Biographien der – von Krisen betroffenen – Menschen auseinandersetzen:

- Nicht die von Krisen betroffenen Menschen sind unser Problem, sondern *wir*, die ›Noch-Nichtbetroffenen‹, werden *ihnen* zum Problem.

- Die Gemeinde/die Gesellschaft braucht die von Leiden Betroffenen, wie diese Leidenden die Gemeinde/die Gesellschaft brauchen.

Diese doppelte These veranlaßt, die Aufgabe menschlicher Begleitung neu zu durchdenken. Alle Menschen, in deren Umwelt Betroffene nur am Rande in Erscheinung treten, sollten sich fragen, wen sie bisher übersahen, welche Erfahrungen sie bei Betroffenen durch ihr Verhalten hervorriefen. Indem sie das anhaltende Leiden der Betroffenen nicht beachteten und ihnen mitfühlende Begleitung versagten, haben sie zugleich Chancen preisgegeben, sich selbst aus den Zwängen falscher Wertvorstellungen zu befreien und verkümmerte eigene Fähigkeiten zu entdecken und einzuüben. In unseren Krisen brauchen wir Partner, die andere, von uns verdrängte Formen des Menschseins verwirklichen, die Grenzen annehmen und warten können, die durchhalten in Ausweglosigkeit und dadurch Gaben entwikkeln, die Mitmenschlichkeit ermöglichen.

Aber auch Menschen, die in ihrem Beruf mit Betroffenen arbeiten – Sozialarbeiter, Sozialpädagogen, Beschäftigungstherapeuten, Lehrer, Psychologen, Ärzte, Diakone und Seelsorger – finden in den Äußerungen von Betroffenen in ihren Biographien Anlaß zur Überprüfung ihres Verhaltens. Die Methode der »Hilfe zur Selbsthilfe«, nach der heute in den sozialen Berufen gearbeitet wird, vermittelt noch nicht die Erkenntnis, daß in der Begleitung Leidender – recht verstanden – die Rollen des Lehrenden und des Lernenden austauschbar sind. Auch die Fachkräfte können ›Hilfe zur Selbsthilfe‹ von den Menschen erfahren, denen sie sich zuwenden, wenn sie sich über eigene Schwächen nicht täuschen. Was uns weithin fehlt, ist die entscheidende Dimension menschlicher Begleitung: die Beziehungsfähigkeit.

Unabweisbar muß jetzt die Frage gestellt werden, die in allen Kapiteln dieses Buches schon gegenwärtig war: die Frage nach der Bedeutung des Leidens im menschlichen Leben als Anfrage an die Theologie.

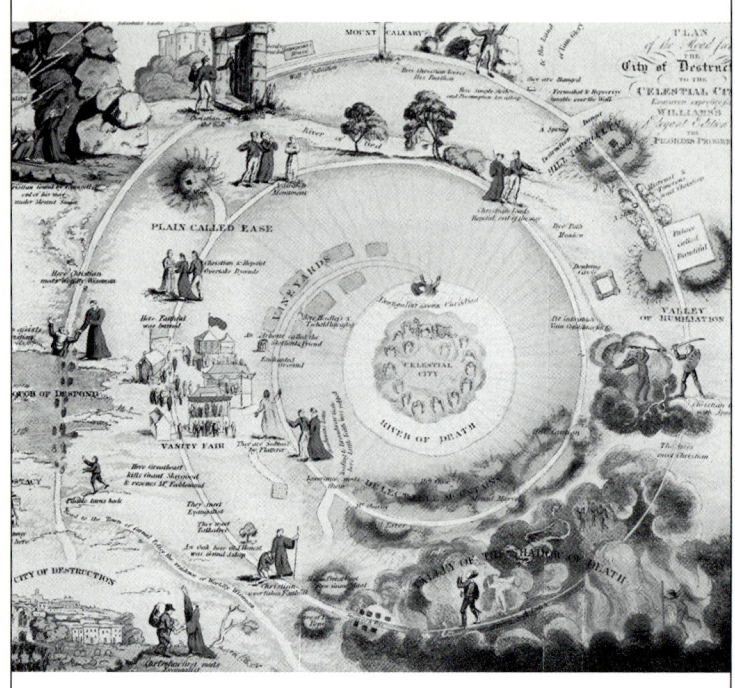

Spirale – Symbol der Seelenreise
Pilgerpfad zum himmlischen Jerusalem,
Illustration zu Pilgrim´s Progress, John Bunyans, England 19. Jh.

5.

Theologisches
zu Leiden und Leidensfähigkeit[72]

Die wirklich gelungene Krisenbegleitung setzt voraus, daß der Begleitende selbst eigene Krisen verarbeitet und ihre typischen Verlaufsphasen (Spiralphasen) als solche erkennt, sie bewußt durchlebt und darin Leidensfähigkeit neu entwickelt. Daß dies gerade bei einer *seelsorgerischen* Begleitung Betroffener von besonderer Wichtigkeit ist, liegt auf der Hand. Wenn dies von den Mitarbeitern der Kirche erkannt und praktiziert würde, wäre das ein großer Gewinn für die vom Leiden Betroffenen und für die Begleitenden selbst. Nur von daher verändert sich die Qualität gemeinsamen Lebens.

Manche der dargestellten Beispiele zeigen, daß gerade in der menschlichen Begleitung immer wieder auch theologische Fragen ins Spiel kommen. Es ist nicht Aufgabe dieser Ausarbeitung, theologische Fragen zu klären. Wenn dennoch einige theologische Überlegungen angestellt werden, dann nur zu dem Zweck, zu zeigen, daß sich hier mögliche Entwicklungen abzeichnen, die auch den Betroffenen mehr seelische Hilfe und Erleichterung bringen können. Doch versteht sich von selbst, daß hier nur Fragen aufgeworfen, nicht aber bereits Antworten vorgelegt werden können. Dem Hauptzweck der Untersuchung entsprechend, ist es nicht meine Absicht, in das Gespräch der theologischen Experten einzugreifen, ganz läßt es sich jedoch nicht vermeiden. Manche Sätze erhalten einfach erst Farbe, wenn man weiß, wem zuliebe oder zuleide sie ausgesprochen werden. Zudem erfahren wir auf diese Weise auch, wie vieldeutig sein kann, was gemeinhin ›Theologie‹ heißt.

So wird in einem letzten Kapitel – gewissermaßen als Exkurs – von der Verfasserin, einer Nichttheologin, der Versuch gemacht, gegenwärtige theologische Ansätze darzustellen. Dabei geht es darum, Betroffene gleicherweise wie Noch-Nichtbetroffene mit möglichen Sinn-Angeboten vertraut zu machen, weil die uralte Frage: »Leiden/Krisen – wozu?« gestellt ist. Im Hinblick auf die vorgenannten Zielgruppen wurde auf eine systematische Abhandlung verzichtet, vielmehr versucht, deren Interessenlage entsprechend, exemplarisch Theologen beider Konfessionen zu Wort kommen zu lassen, die sich zum Thema Leiden äußerten: aus *katholischer Sicht* wurden HANS KÜNG »Gott und das Leid«, 1967, und GIESBERT GRESHAKE »Der Preis der Liebe«, 1978, ausgewählt, aus *evangelischer Perspektive* DOROTHEE SÖLLE »Leiden«, 1973, KLAUS MÜLLER »Vom Sinn des Leidens«, 1974, letzterer ist Physiker, sieht aber in dem Dialog mit der Theologie eine Lebensaufgabe.

Die theologischen Aussagen befassen sich mit dem ›Leiden an sich‹, die Krisenverarbeitung stellt dagegen die existentielle Frage nach der Leidensfähigkeit; allein in ihr ist zugleich auch ein Anteil vom Leiden anderer mitenthalten. Es ist ratsam, diese hier vordringliche Anfrage an die folgenden theologischen Sinndeutungen nicht aus dem Auge zu verlieren.

5.1 | Hans Küng Gott und das Leid

Unter den großen Theologen dieses Jahrhunderts ist KÜNG einer der ersten, der das Leiden der Menschen zum Ausgangspunkt weitreichender systematischer Überlegungen macht. In einem großangelegten Bogen entwirft er[73] in fünf Schritten sein Sinn-Angebot zur Frage »Leiden, warum und wozu?«.

Im *ersten Schritt* vollzieht Küng das, was Leser gemeinhin von einem Theologen erwarten: die kritische Auseinandersetzung mit der überkommenen Lehre von der »*Rechtfertigung Gottes*« (S. 7). Er knüpft an bei Leibniz, der bekanntlich nicht nur den Begriff geprägt, sondern zugleich den klassisch gewordenen Entwurf einer Theodizee (1710) zu einer umfassenden Kosmodizee ausgestaltet hat. (Voltaires »Candide« hat schon damals »die beste aller Welten« verspottet.) Leibniz setzt sich mit dem metaphysischen, physischen und moralischen Übel auseinander. Er bestreitet, daß eine leidfreie Welt eine bessere wäre (S. 13). Küng findet die Erklärung dafür in einem »unbesiegbaren Vertrauen in den guten Gott«, von dem Leibniz getragen war und der ihn dazu führte, »nicht nur Gott als den absolut Vollkommenen und Guten, sondern zugleich die Welt als die beste aller möglichen Welten, die Gott hat schaffen können, zu rechtfertigen« (S. 12). Kants Werk »Über das Mißlingen aller philosophischen Versuche in der Theodizee« (1771) brachte schon einschneidende Kritik genug. Küng erklärt obendrein: selbst wenn Theodizee denkbar wäre – träfe ihre scharfe Logik denn auch existentiell, so daß sie den leidenden Menschen überzeugte? Kann sie »den im Leid verzweifelten Menschen Trost und Kraft zum Ertragen und Durchtragen geben? Oder vermag sie nur ein gescheites zerebrales Argumentieren zu bieten, das dem Leidenden etwa so viel gibt wie dem Hungernden und Dürstenden eine Vorlesung über Hygiene und Lebensmittelchemie?« (S. 17f.).

Im *zweiten Schritt* zeigt er an einem Beispiel aus DOSTOJEWSKIS Roman »Die Brüder Karamasoff«, wie ein unverschuldetes Leiden zur »Auflehnung« (Fünftes Buch, Kap. IV) und furchtbaren Anklage gegen Gott und die Kirche führen kann.

In einem *dritten Schritt* entfaltet KÜNG die Frage nach dem »*Glauben*« (S.19) angesichts unverschuldeten Leidens an jenem einzigartigen Dokument der Weltliteratur, dem Buch HIOB. Dazu KÜNGS *These*: »Im vertrauenden Glauben läßt sich das Leid nicht ›erklären‹, wohl aber – und darauf kommt es an – ›bestehen‹! (S. 25). Eindrücklich führt uns KÜNG die »Theodizee treibenden« Freunde HIOBS vor Augen, deren Gerechtigkeitslogik mit theoretischen Argumenten für den Sinn des Leidens auf Hiob wie neue Angriffe wirken und ihn desto tiefer in die »gefährliche Selbstverteidigung« und Empörung hineintreiben (S. 26). Gott würdigt Hiob einer Antwort. Jetzt kommt für KÜNG alles darauf an herauszuarbeiten, daß Gott eben nicht mit einer ›Theorie‹ antwortet, sondern daß er eingreift in seiner ›Offenbarung‹: »Da antwortet der Herr dem Hiob aus der Wetterwolke und sprach: … « (38,1–5).

Nach KÜNG offenbart sich Gott »nicht als der einklagbare, gleichberechtigte Partner, sondern als der Schöpfer, dessen unbegreifliche Herrlichkeit reine Weisheit und Güte ist« (S. 34). So unmittelbar vor seinen lebendigen Gott gestellt, verstummt die Rebellion HIOBS:

»… siehe, ich bin zu gering, was soll ich dir antworten? Ich lege die Hand auf meinen Mund …« (39,31–35). HIOB kann um dieses Gottes Willen die Welt mit allen ihren Rätseln und allen ihren Übeln und Leiden bejahen. Und er kann erkennen, daß er durch seine Selbstrechtfertigung Gott selbst habe ins Unrecht setzen wollen, damit er, der Mensch, recht behalte (S. 35).

KÜNG folgt mit dieser Interpretation einer Auslegung der Hiobsgestalt, die selbst in der alttestamentlichen Geschichte dieser Erzählung nicht unumstritten ist. Wenn man davon ausgeht, daß die Hiobdichtung (im Unterschied zu der eher volkstümlichen Grunderzählung) mit Kap. 39,31–35 bzw. dem entsprechenden Kap. 42,6 endete, kann das Verstummen Hiobs ausgelegt werden als Resignation des Menschen angesichts eines tyrannischen Gottes. Mit einem solchen Großmächtigen, der sich mit geschaffenen Ungeheuern brüstet, kann nicht gestritten werden. Der Mensch bricht die Kommunikation ab. Macht dieser Abbruch der Kommunikation Gott zu einem Leidenden? Denkt DOROTHEE SÖLLE vielleicht daran, wenn sie davon spricht:»Hiob ist stärker als Gott«? (S. 135ff.) – Der später angefügte Schluß, daß Hiob alles hundertfältig wiederbekommt, verstärkt in meinen Augen noch den tyrannischen Charakter dieses Gottes: Gott hat die Wette mit Satan gewonnen; Hiob bekommt den Gewinn bar ausbezahlt. Gelten vor Gott Menschenleid und Menschenleben so wenig, daß der Ersatz im Überfluß das Vergangene vergessen läßt?[74]

Im Rechtsein-, Rechthaben-, Rechtbehaltenwollen ist, so KÜNG, mehr als Irrtum: das ist Sünde. Hiob bleibt es nicht erspart, mit sich zu rechten; zwar quälen ihn nicht einzelne Sünden und Verfehlungen, die er ja gar nicht begangen hat, jedoch muß er sich über seine verkehrte Grundhaltung klar werden. »Was ist die ›Lösung‹ des Leidensproblems?« KÜNG antwortet kurz: »Das ungesicherte und doch befreiende Wagnis des Glaubens« (S. 42). Denn wir selbst erkennen uns im Menschen Hiob, weil hinter ihm als leidendem Gottesknecht, der sein eigenes Leid getragen hat, uns die »Gestalt jenes anderen leidenden Gottesknechtes« erscheint, »der das Leid der Welt getragen und Leid, Sünde, Tod definitiv überwunden hat« (S. 43). In Jesus Christus erfüllt sich, was im Alten Testament angekündigt ist.

In einem heute fast vergessenen Büchlein (Hiob der Existentialist, Heidelberg 1952) sprach vor rund drei Jahrzehnten HANS EHRENBERG von der »Hiob-Reife unserer Zeit« und vergegenwärtigte das Hiob-Buch in fünf treffenden Dialogen.[75] Wenn er dort z. B. Hiob fragen läßt: »Warum verläßt Gott, der wirkliche Gott« (soll heißen: nicht ›der Allmächtige‹

oder ›das Absolute‹) »seinen eigenen Sohn? Warum befiehlt er dem Vater der Verheißung, Abraham, den Sohn der Verheißung, den einzigen, zu opfern? Gott wird der Angeklagte, wenn der Sohn den letzten Atemzug tut: Es ist vollbracht! Den beweisbaren Gott klagt niemand an. Der wirkliche Gott aber ist bereit, die Schuld zu tragen; er hat sie getragen!« (S. 16), oder auch: »Hätte Gott nicht die Anklage gegen sich selbst geduldet, Hiob wäre Atheist und Nihilist geworden« (S. 36), so spürt man schmerzlich, wie wenig Neues neueren Hiob-Auslegungen zu Gebote stand, wie oft sie auch wohl auf Kosten unserer Unkenntnis geschrieben sind. Seit HANS EHRENBERG, der gewissenhaft ältere Exegeten namhaft macht, wenn auch nach 1945 nun eben kritisch, ist manches spätere Wort über HIOB Wiederholung. Gab es hier etwas zu verschweigen, weil Ehrenberg nackte Glaubensexistenz gegen daseins- und leidensverkleidende ›Gottesgelahrtheit‹ ausspielte? – HANS EHRENBERG, der schon 1925 mit dem philosophischen Idealismus der Universität gebrochen hatte und ins Pfarramt gegangen war, hat auch sonst in der offiziellen Theologie nur spärlichen Widerhall gefunden. Er hat als vor 1945 politisch Ausgestoßener gelebt und aus dieser Erfahrung ›theologische Existenz‹ in Westdeutschland neu begonnen.[76]

In einem *vierten Schritt* über die »*Rechtfertigung des Menschen*« (S. 44) lautet KÜNGs *These:* »Das ist die wahre Theodizee: die Rechtfertigung Gottes durch Gott selbst in der Rechtfertigung des gottfernen Menschen!« Das erinnert stark an KARL BARTH (KD IV,1 § 61, bes. an den großartigen Abschnitt S. 624/634). Gewiß beansprucht Küng hier keine Originalität, wenn er fortfährt, in der Rechtfertigung weiche die »falsche Theodizee des selbstwissenden und selbstmächtigen Menschen der Anthropodizee des gnädigen Gottes selbst, der den ohnmächtigen und sündigen Menschen aus reiner Gnade umsonst rechtfertigt, und damit auch sich selbst als den gerechten und gnädigen Gott« (S. 55). Deswegen gilt: »Gegen den ü b e r allem Leid in ungestörter Glückseligkeit oder apathischer Transzendenz thronenden Gott kann ich revoltieren. Gegen den Gott, der in Christi Leid sein eigenes Mitleid geoffenbart hat, nicht« (S. 55). In Parallele zur Hiob-Geschichte arbeitet KÜNG heraus, daß da, wo die Hiob-Erzählung ende, das Evangelium Christi anfange. Während sich Hiob nur die ›Unbegreiflichkeit‹ des gnädigen Gottes offenbare, auf die er sein gläubiges Vertrauen setzen sollte, zeige sich für uns in *Jesus Christus*, in seinem Kreuz, über jene ›Unbegreiflichkeit des gnädigen Gottes‹ hinaus die Gnade ›des unbegreiflichen *Gottes*‹. Und »diese in Christus offenbare Gnade, die Leid zum Leben wandelt, macht einen verstehenden Glauben möglich, auch wenn dieser verstehende Glaube immer Glaube bleibt!« (S. 52).

In einem *fünften* und letzten *Schritt* entwirft KÜNG den Gedanken »*Freiheit im Leiden*« (S. 58): »Gottes Liebe bewahrt nicht vor allem Leid, sie bewahrt aber in allem Leid.« Damit haben Leid und Trost ihren Stachel verloren, weil sich dem Glaubenden, der mit Christus in der Gemeinschaft des Leidens und des Sterbens lebt, eine neue Zukunft eröffnet: »Aber was mir Gewinn war, das habe ich um Christi willen für Schaden gehalten … Nicht, daß ich es schon ergriffen hätte oder schon zur Vollendung gekommen wäre. Ich jage ihm aber nach, ob ich es wohl ergreifen möge, weil ich auch von Jesus Christus ergriffen worden bin … « (Phil. 3,7–14). So steht der Christ wesentlich in diesem ›Doch-schon‹ und ›Noch-nicht‹, also in der Dialektik ›des Leidens und der Freiheit vom Leid‹, beides zugleich gehört zur christlichen Existenz (S. 59). Dagegen lehnt KÜNG entschieden eine Kreuzesnachfolge ab, die das Leid suche, denn Leid und Schmerz seien ein Angriff auf das Leben des Menschen. Leidensnachfolge JESU heißt also »nicht Nachahmung des Leidens Jesu, heißt nicht Nachvollzug des Kreuzes Christi; Christusleiden ist, wenn man so sagen will, nicht so sehr Ideal als Existential christlicher Existenz« (S. 60). Denn für den Glaubenden habe die letzte Zeit des neuen Lebens schon in der Gegenwart mit dem Gekreuzigten und dem Lebendigen begonnen, von daher könne der Glaubende schon jetzt im Dahinsterben der Gegenwart das paradoxe Wort sagen: »Ich lebe, aber nicht mehr ich, sondern Christus lebt in mir« (Gal. 2,20). Das veranlaßt KÜNG zum Gedanken der Wandlung des Leidens: »Gewiß, das Leid bleibt ein Übel. Aber es ist nicht mehr unbedingtes Übel, das wie im Buddhismus durch die Verneinung des Willens zum Leben aufzuheben wäre. Unbedingtes Übel ist allein die Trennung von Gott und seiner Liebe« (S. 68).

KÜNGS Satz, Christi Leiden sei nicht so sehr Ideal wie Existential christlichen Daseins (S. 60), ließe sich recht schön mit K. BARTH, KD IV,2, 676/ 194 erläutern (Die Würde des Kreuzes): schon hier werden ausdrücklich Kreuz Christi und Kreuz der Christen als *indirekte* Beziehung namhaft gemacht (s. bes. S. 678, 680); ebd. S. 679 auch die entsprechende Auslegung von Gal. 2,20.[77]

Vom Leiden des Behinderten zum ›Leiden Christi‹ überzugehen, macht Mühe. Das vermag wohl einzig der Glaube. Der Graben zwischen Reflexion und Erfahrung wird vom ›Zeugen‹ zugeschüttet, der selbst in seiner Solidarität – er sagt sogar: Gott ist uns beiden fern *und* nah – das Undenkbare ausdrückt, das Nichterfahrene auf sich nimmt. Der den Betroffenen Begleitende ist der liebende Zeuge! Wie anders – es sei denn vom Leidenden selbst – sollte die Brücke geschlagen werden zwischen dem vermaledeiten Einzelschicksal und der Hinrichtung Gottes durch uns alle?

Die semantische Schwierigkeit, daß nämlich die meisten Theologen den Ausdruck ›Leiden‹ sowohl für irgendwelche Behinderung gebrauchen als auch fürs ›Leiden Christi an Gott‹, mag zunächst logisch verärgern – am Ende drückt es aus, daß selbst ›im Glauben‹ real vorfindliches Übel (und darum auch *meine* eigene Krankheit) weder ›erklärt‹ noch ›sinnlos gemacht‹ werden können. Auf dieser Ebene bin ich nur fortwährend gezwungen, mit Gott zu rechten – auch deswegen braucht die Gesellschaft die Behinderten: sie nötigen zur Frage nach Gottes Gerechtigkeit. Und da müssen wir alle in gleicher Weise antworten: ER leidet unermeßlich unter uns, unter den Gesunden am meisten. Und genau hier ist gerade der Behinderte Zeuge! Mehr als es der unangefochtene ›Gesunde‹ je sein könnte.

Auf die *Schlußfrage*: hat das Leiden einen Sinn? antwortete Küng:»Unendlich viel Leid ist ›in sich selbst‹ sinn-los. In Christi Sterben und neuem Leben macht uns Gott ein Sinn-Angebot. Ein Angebot, das gegen allen Wider-Sinn vertrauend ergriffen sein will.« Gott ist auch im Dunkel. Leid ist kein Zeichen der Abwesenheit Gottes, es kann gerade umgekehrt, als Kreuz verstanden, Weg zu Gott sein. Küng resümiert:»Was von Leibniz behauptet und von Dostojewski dunkel erspürt, das wird dem Hiob bestätigt und von Christus her durch Paulus gelebt: Auch das Leid ist von ›Gott‹ umfangen, ist von ihm ›aufgehoben‹. Auch das Leid kann bei aller Gottverlassenheit Ort der Gottbegegnung ›werden‹! Der Christ weiß keinen Weg am Leid vorbei, aber er weiß einen Weg *hindurch*!« (S. 68/69).

Redet nicht auch Küng vom Leid im Namen Jesu viel zu ›schön‹ oder eben doch bloß rechtfertigend? Dürfen wir dem Glauben an einen ›verborgenen Gott‹ so rasch die Spitze abbrechen? Der Leidende erfährt doch in aller Bitterkeit, wie wenig Gott der Schöpfer gegen das Elend ausrichtet. Wie kann im Ernst Zuspruch lauten? H. Häring sagt in: A. J. Buch/H. Fries (Hrsg.), Die Frage nach Gott als Frage nach dem Menschen (1981, S. 83):»Gott ist nicht mit der Gewalt. Er ist mit der Liebe. Er hält dem Leidenden die Treue.« »Im Kampf gegen das Leid hat Gott keine Macht, wohl aber das letzte Wort.«

5.2 Dorothee Sölle
Leiden

Diese Überlegungen zum Leiden bauen auf der biblischen Botschaft von Gott als dem ›Liebhaber des Lebens‹ auf. DOROTHEE
SÖLLE[78] bezeugt, daß Jesus von Nazareth diese unendliche Bejahung gelebt hat, indem er die verachteten und ausgestoßenen
Menschen, die verneint wurden oder die man zwang, sich selbst
zu verneinen, bejahte und an sich zog. Daraus folgt für sie, daß
alles Leiden – körperliches und seelisches, individuelles und
kollektives – zwar immer eine Herausforderung bleibt, die uns
vor die Aufgabe seiner Abschaffung stellt; aber dieser notwendige, wenn auch oft einseitig betonte Aspekt darf uns nicht blind
machen für eine ebenso wichtige Aufgabe: aus dem Leiden zu
lernen (vgl. Th Wb NT 5, 905, MICHAELIS, W.).

Mit der theologischen Tradition nimmt SÖLLE an, daß sich dieser Gedan-
ke schon bei den alten Griechen findet. Sie verweist (S.153, Anm. 2) auf
AISCHYLOS, Agamemnon, Vers 176 ff.: Zeus gebietet bei Strafe des Leides
(Todes) den Weg des Denkens! Diese Übersetzung ist jedoch durch NEIT-
ZEL, H. (Gymnasium 87,1980, S. 283–293) widerlegt.
Indes braucht, ja sollte man gar nicht bestimmte Autoren bemühen: die
Spruchweisheit »Aus Schaden wird man klug« war und ist vielen Kulturen geläufig. Wer sie aufgreift, darf das tun, ohne eine spezielle Theologie mit ihr zu verknüpfen. Die Sentenz teilt mit den meisten Sprichwör-
tern das Merkmal, nur teilweise zuzutreffen. »Wer andern eine Grube
gräbt, fällt« mitnichten unweigerlich »selbst hinein.«

Leiden und Lernen wurden in der christlichen Tradition immer
wieder verbunden durch die Aufforderung, ›sein‹ (nicht irgendein) Kreuz auf sich zu nehmen; in der Erfahrung dieses Leidens
und seiner Verarbeitung zur Leidensfähigkeit erschließt sich
erst die Tiefendimension des Lebens. Es gilt, das Leben in seiner Gesamtheit als sinnvoll anzusehen und es mitzugestalten
als Glück. Die Unbeirrbarkeit dieses Glücksverlangens wird, so
Sölle, das Leiden ›einschließen‹ und ›umschmelzen‹.
    Vor dieser Grundannahme stellt SÖLLE zwei Fragen: »Aus
welcher Ursache entsteht Leiden, und wie sind seine Bedingungen aufhebbar?«. Diese moderne gesellschaftskritische nach

›außen‹ gerichtete Frage kann nur dort sinnvoll gestellt werden, wo die traditionelle, auf das Individuum bezogene, nach
›innen‹ gerichtete Frage nicht verdrängt wird: »Welchen Sinn
hat Leiden, und unter welchen Bedingungen kann es uns
menschlicher machen?« (S. 11)

DOROTHEE SÖLLE kritisiert zunächst scharf den »*christlichen
Masochismus*« einer Verklärung des aufhebbaren Leidens; d. h.
die Deutung des Leidens als Strafe und Prüfung, als Mittel zur
Läuterung und Erziehung, dazu dienend, unseren Stolz zu brechen und unsere Ohnmacht und Abhängigkeit zu beweisen und
dessen letzter Sinn es sei, uns zu Gott zurückzuführen, »der
nun erst groß wird, da er uns klein gemacht hat« (S. 29). Für D.
SÖLLE liegt die Schwierigkeit weniger in der existentiellen Sinn-
deutung, die die Menschen ihren Schmerzen geben als vielmehr
»in der nachträglichen theologischen Systematisierung, die
ohne Respekt ist vor dem Leiden, das noch keine Benennung
und Einordnung erfahren hat,« die sich als »Sucht der Theologen, zu deuten und zu reden, wo Schweigen angemessener
wäre«, als »schwer erträglich« erweist (S. 29/30). Als eine Art
Überkonsequenz des masochistischen Ansatzes skizziert sie das
Pendant eines sadistischen Gottes. Die Logik dieses Leidensverständnisses ist in der Tat nicht leicht widerlegbar: »1. Gott
ist der allmächtige Lenker der Welt, der alles Leid verhängt. 2.
Gott handelt nicht grundlos, sondern gerecht. 3. Alles Leiden
ist Strafe für die Sünde« (S. 34/35). Jeder Versuch, das Leiden
als unmittelbar oder mittelbar von Gott verursacht anzusehen,
bringt die Gefahr mit sich, sadistisch von Gott zu denken. Das
bleibende Recht des modernen Einwandes gegen diesen Gott
sei das Leiden der Unschuldigen, wobei SÖLLE hinzufügt, daß,
»gemessen am Ausmaß menschlicher Leiden, alle ›unschuldig‹
sind« (S. 35).

D. SÖLLES Kapitel »Zur Kritik des christlichen Masochismus« (S. 17–44)
beginnt mit einer ›Dokumentation des Leidens‹ und wird zu einer wir-
kungsvollen Abrechnung, erstens mit christlicher Predigt und Traktatliteratur (S. 218, Anm. 6 und 8; dazu jetzt auch DAIBER, K. F., »Leiden als
Thema der Predigt«, München 1978) und zweitens mit zeitgenössischer
Kreuzestheologie. In diesem Zusammenhang erscheint auch MOLTMANNS
»Der gekreuzigte Gott«, 1979, dem SÖLLE vorwirft, ebenfalls die These
vom sadistischen Gott zu vertreten (S. 36–38). Ihre Kritik an Moltmann
wird neuerdings von R. STRUNK, etwas zurechtgerückt. D. SÖLLE denke
von einem autoritären Vater-Bild aus, in vielen Punkten berühre sie sich

mit ihrem Kontrahenten, zumindest in der Grundintention, das Leiden in Gott hineinzunehmen statt ihm mit-leidende Herablassung zuzuschreiben. Zuweilen unterstelle sie MOLTMANN Dinge, die er nie behauptet habe. – STRUNK äußert seine Kritik im Rahmen einer Besprechung von M. WELKER (Hrsg.), Diskussion über JÜRGEN MOLTMANNS Buch »Der gekreuzigte Gott«. München 1979), in: Ev. Theol. 41,1981, S. 90ff.[79]
Ich möchte den Leser mit solchen Kontroversen nicht belasten, er sollte jedoch wissen, wie lebhaft, ja streitlustig unter evangelischen Theologen der Zusammenhang von Gott und Leiden debattiert wird.

Ferner erhebt SÖLLE den für die Gegenwart vermutlich besser treffenden Vorwurf einer *»nachchristlichen Apathie«* (S. 45). Die These:»Sich Schmerzlosigkeit zu wünschen bedeutet, sich den Tod zu wünschen«; denn Apathie, wörtlich Nicht-Leiden, sinngemäß ›Leidensunfähigkeit‹, werde bereits als ein gesellschaftlicher Zustand verstanden, in dem das Streben nach Vermeidung von Leiden die Menschen so beherrscht, daß die Vermeidung von Beziehung und Berührung überhaupt zum Ziel wird. Folgerichtig werden mit den Leidenserfahrungen auch die ›pathe‹ des Lebens zurückgedrängt, das Pathos des Lebens überhaupt; damit schwinden die Stärke und Intensität seiner Freuden (S. 50/51).

Wem nie durch Liebe Leid geschah, geschah auch Lieb' durch Liebe nie. Liebe und Leid, die beiden kann keiner voneinander scheiden – heißt es bei dem Minnesänger HARTMANN VON AUE. SÖLLE zitiert KÜNG: »Die Angst vor der Verletzung des Apathieprinzips war stärker als die Angst vor der Verstümmelung des evangelischen Christusbildes« (S.57/58).[80]

Gewiß ist das Apathieproblem sehr ernst zu nehmen, auch JÜNGEL und EBELING haben diese Frage aufgegriffen in Auseinandersetzung mit der Tod-Gottes-Theologie, die selbst in der Auseinandersetzung mit der Theodizeefrage entstanden ist.[81] – Entthront ist der Gott, der nicht leidet, das Gegenteil zur affektfreien Persönlichkeit: Apathie dort wie hier.

Daß Menschen unserer Gesellschaft Schmerz als Schicksal annehmen, widerspricht nach Sölle eklatant der Bedeutung des christlichen Leidensverständnisses, das ja gerade die Vorstellung von einem Fatum abweist, dem Menschen in Ohnmacht ausgeliefert sind. »Die Verwandlung des Schmerzes, in der Menschen aus der Passivität und der Flucht in die ›Annahme‹ kommen, könnte für die Leidenden eine solche im Schmerz gefundene ›Stärke‹ bedeuten« (S. 60). Ein solcher theologischer

Gedanke dringt allerdings nur dann zur Wahrheit vor, wenn er politische Gestalt annimmt. Als schlimmste Form der Leidensunfähigkeit erweise sich nicht der private Wunsch nach Nicht-Leiden, sondern die politische Apathie, die unter anderem am Beispiel Vietnams demonstrierte, »daß Auschwitz noch nicht zu Ende ist ...,« eben weil »Vietnam kein Thema« war (S. 61/62).

Im Anschluß an diese Kritik zeigt SÖLLE den Zusammenhang zwischen »*Leiden und Sprache*« (S. 79) auf: der Weg aus der Isolation des Leidens geht über die Kommunikation in der Klage zur Solidarität der Veränderung. »Das aktive ersetzt das bloß reaktive Verhalten, die Überwindung der Ohnmacht ... führt zur Veränderung auch der Strukturen« (S. 93). Dabei schließt sie auch ausweglöses Leiden ein, das ertragen wird, solange der Schmerz noch artikuliert werden kann, vorausgesetzt, daß Menschen im Miteinander einer Gruppe ihr Leben – und das heißt gerade auch ihr Leiden – teilen. Der Sinn der Liturgie erschließt sich neu: in ihren geprägten Formulierungen können Menschen ihre Ängste, Schmerzen und ihr Glück wiederfinden, um sich nicht der Apathie zu überlassen (S. 95). Beten erweist sich als jener ganzheitliche Akt, »in dem Menschen den stummen Gott einer apathisch erlittenen Wirklichkeit transzendieren und zum redenden Gott einer pathetisch in Schmerz und Glück erfahrenen Wirklichkeit hingehen. Mit diesem redenden Gott hat Jesus in Gethsemane gesprochen« (S. 100). Für Menschen der Gegenwart offenbart sich Jesu Würde in seiner Todesangst; eben, weil jede Bedrohung des eigenen Lebens die Gottesbeziehung berührt, das Urvertrauen gefährdet, weist Jesu Erfahrung in Gethsemane über die Zerstörung hinaus; es ist die Erfahrung der Einwilligung: ›Dein Wille geschehe‹. »Der Becher des Leidens wird zum Becher der Stärkung« (S. 109).

Nach eingehenden Überlegungen dazu, wie Leid tragbar gemacht werden könne, folgert SÖLLE über »*Die Wahrheit der Annahme*«: »Die Stärke dieser Position ist ihr Verhältnis zur Realität, auch zur miserablen. Jede Annahme des Leidens ist Annahme dessen, was ist. Die Verweigerung jeder Form des Leidens kann Derealisierung zur Folge haben, in der der Kontakt mit der Realität immer dünner, immer bruchstückhafter wird. Es ist unmöglich, sich dem Leiden vollständig zu verweigern, es sei denn, man verweigere sich dem Leben überhaupt, man ginge keine Verhältnisse mehr ein, man machte aus sich einen

Unverwundbaren« (S. 112). Tod sei »die totale Verhältnislosigkeit des Menschen«[82] (Jüngel, *Tod*, 1971). Es geht also gar nicht mehr um die alten Fragen der Theodizee, ob Gott die Leidenden bestrafen will, ob er sie vergessen hat, ob er sie dennoch oder gerade besonders liebt. Es geht nicht mehr um die Frage des Kindes: »Hast du mich lieb?«. Erwachsene fragen: »Wie können Menschen ihre Liebe zu Gott realisieren?« (S. 121). Damit kehrt D. Sölles *Grundannahme* wieder: »Der Gott, der Liebhaber des Lebens ist, will nicht das Leid der Menschen, auch nicht als ein pädagogisches Mittel, sondern ihr Glück« (S. 136). So sei christlich gesprochen die Bejahung des Leidens ein Teil des großen Ja und nicht, wie es manchmal scheinen könne, das Einzige und Entscheidende, hinter dem die Bejahung des Lebens ganz verschwinde.

An Hiob veranschaulicht Sölle noch einmal, daß »Annahme des Leides« sich keinesfalls deckt mit Sich-Beugen vor dem, was wir nicht ändern können, weil es stärker ist als wir. Annahme bedeutet gerade eine Überwindung, aus der wir besiegt und zugleich gestärkt hervorgehen. »*Auszug aus dem Leid*« ist das größte Thema der Bibel. Für Sölle gilt: »Hiob ist stärker als Gott« (S. 136), denn er vertraue auf den Gott, der aus den ägyptischen Leiden herausführe; der Gott aber, den Hiob erfahre, sei nur ein anderer Pharao. Hiob ist stärker als Gott, weil er seine Antwort nicht vom »Leidmacher«, sondern einzig vom Leidenden erwartet (S. 148).

Im »*Leiden und Lernen*« heißt es dann: »Es gibt eine Geschichte der Auferstehung, die stellvertretende Bedeutung hat. Die Auferstehung von Menschen ist kein Sonderprivileg für sie selber – auch dann nicht, wenn sie Jesus von Nazareth heißen. Sie enthält in sich die Hoffnung für alle, für das Ganze ...« Es gibt einen, der sagte: »Ich sterbe, aber ich werde leben!«, einen, der sagte: »Ich und der Vater sind eins«, damit ist auch für die stumm und hoffnungslos Leidenden Hoffnung gegeben. Sölle führt aus, daß kein Himmel so etwas wie Auschwitz wiedergutmachen könne. Aber der Gott, der kein höherer Pharao ist, hat sich gerechtfertigt im Mitleiden, im Mitsterben am Kreuz, und sie betont, daß Gott keine anderen Hände habe als die unseren (S. 183/184). Leiden kann man nicht vergleichen durch Fragen nach der Zahl der Opfer und Art der Tötung, sondern »das einzige, was in Beziehung gesetzt werden kann, ist das Verhältnis des Menschen zum ihm angetanen Leid, sein Lernen, seine Veränderung.« Das Recht einer christlichen Deutung für Auschwitz besteht allein darin, »daß sie das, was die Geschichte aus Auschwitz enthält, unterstützt und es klarer macht« (S. 179/180). Dazu aber braucht Gott den Menschen, uns, um an der Vollendung seiner Schöpfung zu arbeiten, darum auch leidet Gott mit den Menschen, so daß die Erlösung des Menschen nicht von außen oder von oben zu uns kommt; sie vollziehe sich als Innenprozeß in und mit uns.

Im letzten Kapitel »*Die Religion der Sklaven*« hören wir von jenen Menschen, die bewußt gelitten haben, »Leute, die wir kennen, die im Leiden gütiger und nicht bitterer geworden sind, solche, die freiwillig Leiden auf sich genommen haben um anderer willen« (S. 186). Am Lebenslauf der Jüdin SIMONE WEIL schildert SÖLL den solidarischen Weg des Mitleidens. SIMONE WEIL erlebt ihre ›Warumfrage‹, die Suche nach dem Sinn des Leidens als Grauen, das die ganze Seele überflutet: »Während dieser Abwesenheit (Gottes) gibt es nichts, das man lieben könnte« (S. 190).

Als *Denkform für den christlichen Glauben* bleibt das »Paradox« unentbehrlich, Aufnahme des aus Natur und Geschichte Ablesbaren und Widerspruch: »Ich sehe die Ungerechtigkeit, die Zerstörung, das sinnlose Leiden – ich glaube die Gerechtigkeit, die kommende Befreiung, die Liebe, die in der Nacht des Kreuzes geschieht« (S. 192/193). *Zwei Elemente* sind konstitutiv für diesen Prozeß, das Kreuz und die Auferstehung.

In seiner Auseinandersetzung mit dem Dogmatismus von Philosophen und Theologen, im *Traktat über kritische Vernunft*, Tübingen 1968, prangert HANS ALBERT (S. 114, Anm. 27) auch den Begriff »Paradox« als Immunisierungsversuch an. Sofern das Ineinander von Kreuz und Auferstehung in Rede steht (aber D. SÖLLE gebraucht den Ausdruck nicht immer so exakt), kommt der Theologe schwerlich ohne ihn aus, er riskiert aber die Undenkbarkeit des Begriffs, räumt daher die eigene Unwissenschaftlichkeit ein.

Der Christ, so SÖLLE, ist ein Mensch, der seinen Tod hinter sich hat, kraft des Kreuzes Christi und seiner Auferstehung. In dem »Ich kann nicht mehr!«, dem Tod aus Beziehungslosigkeit, bleibt nur die Wahl zwischen dem absurden ›Kreuz‹ der Sinnlosigkeit und dem Kreuz Christi, zwischen dem Tod, den wir ›apathisch‹ als natürlichen Lauf hinnehmen, und dem Tod, den wir als ›Passion‹ erleiden. Auferstehung ist die Fähigkeit der

137

Seele, inmitten der Nacht nicht aufzuhören, an Gott zu glauben, das heißt aber, das Leben in seiner Gesamtheit zu bejahen.

Das Paradox, daß Gott uns liebt, auch dann, wenn nichts davon sichtbar ist – ist nach SÖLLE die subjektive Ermöglichung der Zukunft. Ohne dieses Paradox wäre Zukunft nur für die Überlebenden von Interesse. »Der christliche Gott ist kein kleiner chinesischer Glücksgott« (S. 203). Jesus identifiziert sich mit den Leidenden. Um den Tod zu überwinden, ist er wie alle sterblich geworden. Sich auf den *Weg Jesu* einzulassen, bedeutet, auch am Paradox festzuhalten. Daß dieses Paradox als Kategorie auch im strengen Sinn dem Einzelnen gilt, zeigt Sölle am *Beispiel der Seelsorge* auf. Wohl kann »ein Mensch *für* einen anderen leiden, aber er *nicht* die *Annahme* des Schmerzes für den anderen leisten. Er kann ihm helfen, indem er *mit* ihm trauert, aber die *Aufgabe* ›mit dem eigenen Schmerz dem Schmerz Gottes zu dienen‹, kann er nicht mit ihm erledigen. Er kann das Leiden nicht für einen anderen produktiv machen. Das bleibt dem erwachsen gewordenen einzelnen überantwortet.« (S. 202/203).

5.3	A.M.K. Müller Vom Sinn des Leidens. Der Sturz des Dogmas vom Täter

MÜLLERS *Grundthese*[83] lautet: Leid ist eine Produktivkraft. Voraussetzung dazu wird seine Forderung: der falschen Prämisse unseres Weltbildes, nach der Veränderung immer nur durch Aktion machbar werde, hingegen Leiden eben nur passiv sei, müsse abgesagt werden. Denn infolge dieser falschen Prämisse meinen wir, alles einsetzen zu müssen, um Leiden durch Aktion abzuschaffen, um es umdeutend verschwinden zu lassen, um es durch die Verurteilung von Tätern dem Recht zuzuführen und es zu erleichtern, indem die Schuldigen leiden. Ziel aller Aktion wird die sogenannte Vertretbarkeit und Objektivierung des Leides zu dem erwünschten Zweck, sich Leiden verfügbar zu machen. Dagegen setzt MÜLLER seine *Alternative*: Leid ist aus der falschen Polarität von aktiv und passiv herauszulösen, es ist der Sturz des Dogmas vom Täter zu vollziehen und statt seiner der Prozeß vom Nichttäter auszuhalten, das meint: »Die Bedeutung des Leides erschließt sich aber erst dort, wo nicht Aktion und damit Verfügbarkeit, sondern Interaktion und damit immer zugleich Unverfügbarkeit die höhere Priorität gewinnt« (S. 311, vgl. SÖLLE, a. a. O., S. 11). Interaktion, als eine Mischung aus strukturellem und personalem Wechselspiel, kann für die lebendige Wahrnehmung produktiv werden, wenn die »Solidarität« gelebt wird, nicht nur als Lernziel einer Gruppe (vgl. H. E. RICHTER), sondern auch als Einüben lebendiger Beziehungen der kleinsten Einheit, nämlich eines Individuums, in Meditation auf Gott und auf sich selbst (S. 312). Den Sinn des Leidens an der Schwelle der Überlebenskrise erwägt MÜLLER in drei Stufen: Von der Biographie des Einzelnen zu den kollektiv wahrgenommenen Umbrüchen in der Wissenschaft und zur Menschheitskrise insgesamt.

Die *erste Stufe*, Leid in der individuellen Biographie, führt er am Beispiel von Rechtsprechung und Medizin aus. Die Art und Weise, wie Leid vom Richter verhandelt und vom Arzt behandelt wird, wurzelt in einem ganz bestimmten Denkmuster: Die »Betroffenen« (Beleidigte oder Kranke) durchleben den »unvertretbaren Innenprozeß«, die »Akteure« (Richter oder Arzt) den »vertretbaren Außenprozeß« (vgl. SÖLLE, S. 11 und S. 179ff.). MÜLLERS *These* ist die Aussage der Unvertretbarkeit menschlichen Leidens: Leid kann nur im Leidenden selbst fruchtbar werden; der Leidende kann gemäß dem Zeugnis Jesu in der Bergpredigt nur im Leiden selbst Heilung aus neuer Einsicht erhoffen. Daher auch die Sehnsucht Betroffener nach einer inneren Bewältigung, die ihrerseits untrennbar mit der Frage nach dem Sinn von Leid zusammenhängt (S. 313). Mit dieser Betonung des Innenprozesses stellt MÜLLER den gleichen Grundgedanken wie D. SÖLLE ins Zentrum seiner Überlegungen. Ein solcher nach innen bezogener Heilungsprozeß z. B. im Arzt-Patient-Verhältnis stellt immer eine Herausforderung dar. Er verlangt dem bisherigen Akteur einiges ab, fordert von dem behandelnden Arzt ein Stück weit die Entäußerung seiner »vertretbaren« Arztrolle und mutet ihm damit ein »unvertretbares« leidvolles Betroffensein zu. Nimmt der Arzt an, was das Krankheitsbild des Patienten ihm auferlegt, erlebt dieser jene Annahme, die ihm zur Voraussetzung seiner Selbstannahme und seines unvertretbaren Betroffenseins werden kann (S. 314/315).

Jesu Leiden war darum singulär, weil er den Leidensprozeß anders, nämlich konsequent als »Innenverhältnis« wahrgenommen hat (S. 316). Leid wird nach dem Zeugnis Jesu erst dort produktiv und zur verwandelnden Kraft, wo es nicht im Zurückschlagen neues Leid kreiert, sondern sich die Verwandlung im Betroffenen selbst vollzieht, weil sein Leiden unvertretbar bleibt. Leiden, und das gehört zu seinem Sinn, will uns die Einsicht erschließen: »Nur wer das Leid als Leid und nicht als begriffliche Umdeutung aushält und darin eine Erschütterung erfährt, betritt die Dimension von Wahrnehmung, in der die Sinnlosigkeit des Leides jäh in neu gewährte Zukunft umschlägt. Und die Unmittelbarkeit dieser Erfahrung läßt sich dann auch begrifflich nicht mehr ›hinterfragen‹« (S. 317). In diesem Sinne habe der sowjetische Physiker SACHAROW bekannt, nachdem er eine Menschenleben fordernde atomare Routine-Testexplosion nicht verhindern konnte: »Das Gefühl der Machtlosigkeit und des Grauens, das mich an diesem Tag erfaßt hat, hat sich für mein ganzes Leben in mein Gedächtnis geprägt, und es hat viel in mir geändert auf dem Weg zu meiner heutigen Weltauffassung« (S. 317).

In der *zweiten Stufe* seiner Erwägung zum Sinn des Leidens an der Schwelle der Überlebenskrise leitet MÜLLER zu den Umbrüchen kollektiver Wahrnehmung in der Wissenschaft über. Auch hier erscheint Leid in der Gestalt des krisenhaften Prozesses (S. 318). Unter Bezugnahme auf KUHN, der anhand von Fallstudien zeigte, daß man unterscheiden müsse zwischen längeren Perioden »normaler Wissenschaft« und kürzeren Umbrüchen »wissenschaftlicher Revolution«, zitiert er C. F. v. WEIZSÄCKER: »Einer wissenschaftlichen Revolution geht im allgemeinen eine Krise des herrschenden Paradigmas voraus. Aber das herrschende Paradigma wird nie durch bloße es anscheinend falsifizierende Erfahrung gestürzt ... Ein Paradigma wird durch ein neues Paradigma gestürzt« (S. 319). MÜLLER will nachweisen, daß die zentrale Erfahrung auch hier die Krise ist: »Das vermeintlich sichere ›Außen‹ wird in der Krise, die der Aufstellung eines neuen Paradigmas vorausgeht, gleichsam in das ›Innen‹ großer Verunsicherung hineingezogen und dort in ungeahnter Weise transformiert. Diese Durchmischung von innen und außen in der Krise der Wissenschaft werde vom beteiligten Forscher oft als eine Lebensphase stürmischer, aber wirklicher Ohnmacht erlebt; aber zugleich sei eine solche Phase die ›Bedingung aller in der Tiefe schöpferischen Prozesse‹« (S. 319).

Konsequent gehört nach MÜLLER zur Entdeckung des Sinns von Leiden, daß wir uns der Chancen bewußt werden, die in solchen Zeiten des Umbruchs bei aller Gefährdung liegen (S. 320). Was in normalen Epochen verdeckt bleibt, kann die Krise ans Licht bringen: den Sinn von Leid. Eine Krise kann offenlegen, »daß der Mensch der Unentrinnbarkeit der aus der Zukunft kommenden Zeit flieht (zu entfliehen sucht, Anm. d. Verf.) und die Tendenz verwirklicht, dadurch etwas zu sein, daß er seine Wahrnehmung auf Dauer stellt, also die wesentliche Zeitlichkeit des Seienden zu negieren trachtet«. Hier liegt für MÜLLER auch die Motivation zur Theoriebildung. »Theorie fängt die Zeit gleichsam ein, ›präpariert‹ sie und macht sie durch diesen Akt des Einfrierens auf Dauer gefügig« (S. 321). Demgegenüber entdeckt MÜLLER, daß im Betroffensein durch die Zeitfülle immer schon ein Nichts (eine Abwesenheit) des Begrifflichen – ja des Denkens überhaupt – enthalten ist. »Deshalb führt Leid in Abgründe, die Jenseitigkeit des Denkens konkret ermöglichen, damit auch ein neues Denken auf einem anderen, unerwarteten Plateau der Wahrnehmung« (S. 321). Vorangehen muß solcher Produktivität die Kreuzigung des bisherigen Denkens in einer Krise aller beteiligten Personen.

In der *dritten Stufe* schließlich wird Leid in der totalen Krise erwogen. Nach MÜLLER sehen wir uns erstmalig einer totalen Überlebenskrise der Menschheit gegenüber: »Die künftige Möglichkeit objektiver Wahrnehmung gesellschaftlicher wie naturhafter Verhältnisse, in welcher sich die Plateaus als Fortschritte darstellten, steht in Frage« (S. 322). Darin entdeckt er einen möglichen weiteren Sinn des Leidens. »Könnte es der Sinn von Leiden sein, uns in einem langen geschichtlichen Prozeß von der Tendenz zum Außenverhältnis der Objektivierung zu befreien?« (S. 323) Die Verheißung der Alternative gilt den »im Kern vom Willen zur Macht ›Freien‹.« Die Bergpredigt nennt das die ›Sanftmütigen‹, ihr Potential für eine mögliche Zukunft humaner Verhältnisse liegt in ihrem »Wahrnehmungsweg des Betroffenseins«. Der Sinn des Leidens fällt demnach zusammen mit der Kraft der offenen Zeit, aber nur um den Preis, »das letzte Plateau leidfreier Erkenntnis zu verlassen« (S. 324).

5.4 | Giesbert Greshake
Der Preis der Liebe.
Besinnung über das Leid

Wer liebt, muß leiden, so schimmert schon im Titel GRESHAKES[84] *Hauptthese* durch; Leid ist aber deshalb eben auch nur für den, der liebt, verständlich und nachvollziehbar. Die theologische Besinnung, so der Verfasser im Vorwort, mag noch so flüssig und streng vonstatten gehen: bewähren kann sie sich einzig in der Praxis von Glauben, Hoffnung und Liebe.

In vier Abschnitten behandelt GRESHAKE *zwei Fragen.* Die erste lautet theologisch-abstrakt »Leiden und Gottesfrage: Ein überholtes Problem?« (Kap. I), er beantwortet sie unter der Überschrift »Schöpfung und Leid« (II); die zweite Frage ist existentiell-konkret: »Ein gar zu hoher Preis?« (III), ihre Antwort liegt in der »Überwindung des Leidens« (IV).

Zur Fragestellung »Leiden und Gottesfrage« bestätigt GRES-HAKE: »Kein Zweifel, daß die menschliche Grundfrage: ›Leiden – warum?‹ stets die alte Theodizee-Frage wieder aufleben läßt«; sie hat aber, so GRESHAKE im Anschluß an KÜNG und ZAHRNT,[85] heute kaum noch Kurswert: die Neuentdeckung des Buches Hiob in den verflossenen Jahrzehnten hat alle Versuche, das Leid in der Welt zu erklären, schonungslos diskreditiert. Wie GRESHAKE meint, hat DOROTHEE SÖLLE die herkömmlichen Erörterungen der Theodizee am radikalsten verurteilt, und das wäre dann jene theologische Antwort auf die Greuel des Naziregimes, die GRESHAKE etwa bei dem Soziologen PETER L. BERGER vermißt (S. 13).

Ein nacktes Für und Wider zur ›Theodizee‹ als solcher scheint wenig empfehlenswert: faßt man die Frage: ›Was hat Gott mit Leid und Übel zu tun?‹ weit, paßt sie, denke ich, auf SÖLLES Position nicht minder als auf die ihrer Gegner. Soll sie indes bedeuten: ›Ist Gott Ursache des Leidens?‹, erhebt sich sicherlich eher theologischer Widerspruch, und das schon aufgrund des ›philosophischen‹ Ausgangspunktes bei Kausalitäten statt bei Gottes eigener persönlicher Rede (KARL BARTH). Für sich genommen, entscheidet ein Ja oder Nein zur ›Theodizee‹ also wenig, solange dunkel bleibt, welche Theologie seinen Kontext prägt.

Wenn keine Theodizee, was dann? Welche *Alternativen* bietet die Theologie heute? Herrschend geworden ist inzwischen die ausschließlich christologische Lösung, nämlich die Einbettung allen Leidens in das Leiden Gottes, in Leben und Tod Jesu, in dem Gott »das Leiden unter die Verheißung einer unausdenkbaren Herrlichkeit gestellt« hat. Aber: ist das nicht ebenfalls wieder oder immer noch eine fast zynische Vertröstung? (S. 24ff.). In einem eigenen Anlauf möchte GRESHAKE die verschiedenen, überkommenen Gedankenstränge neu zusammenbinden und gleichzeitig der heutigen Grundhaltung des Menschen anpassen: »Leiden darf nicht hingenommen, Leiden muß bekämpft werden« (S. 26).

Einen Satz wie »Jeder Versuch, das Leiden als unmittelbar oder mittelbar von Gott verursacht anzusehen, steht in der Gefahr, sich Gott als Sadist vorzustellen« (SÖLLE a.a.O., S.37) könnte GRESHAKE wohl nicht niederschreiben. Folgerichtig wehrt er sich gegen D. SÖLLES Angriffe auf den Theismus (S. 13), ja verwirft insgesamt eine »negative Einstellung zur Theodizee« (S. 14–19). Bei aller Übereinstimmung mit KÜNG (S. 16f.) setzt GRESHAKE dann doch »einige Fragezeichen« (S.20), vor allem hinter die Trennung der Reflexion von Erfahrung. Es dürfe, und das stimmt gewiß, ›Denken‹ von ›Erfahrung‹ nicht strikt getrennt, es müsse das ›Erlebnis‹ nicht schroff vom Verstand abgerissen werden: theologische Reflexion, doch wohl auch Bestandteil des Glaubens, kann Plausibilitäten aufdecken, kann als Theorie den Rahmen für praktische Lösungen schaffen (S. 22).

GRESHAKES Entwurf »Schöpfung und Leiden« zeigt allerdings selbst noch oder wieder Spuren eines Theodizeeversuchs mit traditionellen Elementen. SÖLLES Verdikt gegen die drei Axiome »Gottes Allmacht«, »Gottes Gerechtigkeit«, »Alles Leiden ist Strafe für die Sünde« (a.a.O., S. 35) dürfte auch ihn treffen. Im Kern unterscheidet er *zwei Arten des Leidens*: erstens das Leid, das wir Menschen uns selbst zufügen, ich mir selbst, ich den andern, die anderen mir; zweitens das Leid, das uns aus den vorgegebenen Strukturen der Wirklichkeit, theologisch gesprochen, von der Schöpfung her, entgegentritt (S. 24). Dahinter steht wohl die Vereinfachung der drei Arten von Übel, von denen LEIBNIZ einst gesprochen hat (metaphysisch, physisch, moralisch); es handelt sich offenbar um die relativ anspruchslose Aufteilung in einen subjektiven und objektiven Ort des Leidens.

Für das Leiden der *ersten* Art, das *menschlich verursachte Leiden*, ist der Mensch selbst verantwortlich, es entspringt der Sün-

143

de, der eigenen, der unserer Mitmenschen und der der ganzen Menschheit (S. 39). Es geht nicht an, von Gott als allmächtigem Schöpfer menschlicher Freiheit zugleich die Verhinderung des Leidens zu verlangen. Das hieße nämlich, den Begriff göttlicher Allmacht als unbegrenztes Vermögen auszulegen statt auf einen Willen zu beziehen, der, was er will, deutlich genug kundgetan hat. Greshakes Kritik bezieht sich hier auf die scholastische und spätere Dogmatik, die vom Begriff der Allmacht alles mögliche gefordert habe, etwa auch, daß Gott einen dreieckigen Kreis, ein hölzernes Eisen oder dergleichen schaffen könne (S. 28). In Wirklichkeit hat aber Gottes Allmacht, nicht zuletzt alter Theologie zufolge, an der Widerspruchsfreiheit ihre Grenzen. Weil das so ist, hat es keinen Sinn zu sagen, Gott könne doch kraft seiner Allmacht geschöpfliche Freiheit schaffen und zugleich Leid verhindern. Greshakes *These:* »Wenn Gott geschöpfliche Freiheit will, dann ist damit die Möglichkeit von Leid notwendig mitgegeben« (S. 29). Er fragt, könnte es nicht gerade so sein, daß ein Übermaß an Leid erst erfahrbar macht, bis in die eigenen Schmerzen in Leib und Seele hinein, was Schuld heißt, welches Gesicht sie hat und wie sehr wir uns und andere in Schuld hineinverstricken? (S. 38).

Vieles erinnert hier an Karl Barth. Seine lehrreiche Erörterung in KD II, 1, S. 590–605, könnte, was die Theologie der Allmacht Gottes anbetrifft, vielleicht weiterhelfen. Insbesondere die Frage der Widerspruchsfreiheit als Grenze göttlicher Allmacht (ebd. S. 600f.) in Auseinandersetzung mit Scholastik und altprotestantischen Dogmatikern. »Gott kann nicht unterschiedslos alles, sondern nur das, was ihm (und was darum echt) möglich ist. Und damit ist nun gerade keine Einschränkung seiner Allmacht ausgesagt, sondern eben damit ist sie als seine und also als wirkliche Allmacht bezeichnet. Gerade darin ist sie Allmacht, die wirkliche Macht über allem und in allem, daß er nicht ›alles‹ kann, daß die ›Möglichkeit des Unmöglichen‹, die Macht der Ohnmacht ihm fremd, von seinem Wesen und Wirken ausgeschlossen ist« (S. 599). »Wir haben in der Tat eisern festzuhalten: darin ist Gott der Allmächtige, daß er und er allein und endgültig (damit, daß er er selbst ist!) darüber verfügt und entscheidet, was ihm selbst – eben damit aber auch darüber, was überhaupt möglich und unmöglich ist. Was ihn bestätigt, das ist ihm selbst und das ist überhaupt, das ist also auch innerhalb der geschaffenen Welt möglich« (S. 601).

Während also die erste Art des Leidens in die Verantwortung des Menschen fällt, nämlich als Kehrseite des kreatürlichen Daseins, läßt sich die *zweite* Art, das ›*strukturelle Leiden*‹, nicht aus Freiheit und Sünde des Menschen ableiten, da er es in den Gegebenheiten der Welt schon vorfindet. Es steckt also schon in der Schöpfung selbst. Alte Theologie hat dieses ›physische Leid‹ auf das ›moralische‹, also auch auf die Sünde zurückgeführt, so daß alles ›objektive‹ Leid als Strafe für Schuld erschien (S. 39f.). Das bedeutete natürlich eine uns heute schwer erträgliche Objektivierung der Sünde; die Schwierigkeiten liegen für GRESHAKE nun aber gerade darin, das ›strukturelle‹ Leid theologisch zu bewältigen. Eine ›rein eschatologische Antwort‹ kann er nur als ›vordergründige philosophische Erwägung‹ gelten lassen; er sucht statt dessen nach dem ›inneren Sinn‹ einer Welt, die strukturelles Leiden erzeugt (S. 39f.). Und zwar greift GRESHAKE einen Gedanken TEILHARDS auf: Leid ist notwendiges ›Nebenprodukt‹ der Evolution; schon in außermenschlicher Entwicklung kostet Freiheit seit alters ihren Preis: Tests, Glücksfälle, aber auch Arbeit und Anstrengung treiben sie voran, das Leben selbst läuft weiter sozusagen in ›trial and error‹, und viele mißglückte Versuche stehen oft genug einem einzigen Erfolg gegenüber. Anfangsstufen der Materie zeigen Mangel an Aufbau oder gestörte physikalische Ordnung. Ein anderes ist Schmerz im empfindlichen Fleisch, noch höher folgt Bosheit oder Qual des Geistes, der sich erforscht und der wählt. »Auf allen Stufen der Evolution, immer und überall, in uns und um uns, bildet sich das Böse und bildet sich unversöhnlich immer aufs neue aus!« (S. 45).

So behauptet GRESHAKE: »Sagen wir es gleich konkret: Daß es so etwas wie Krebs gibt, ist eine notwendige Folge dessen, daß Evolution sich als Vorentwurf von Freiheit vollzieht, nicht determiniert, nicht notwendig, nicht fixiert, sondern im Spiel, im Durchprobieren von Möglichkeiten, im Zufälligen.« Die Schlüssigkeit seiner Argumentation belegt er so: »Will Gott mithin die Freiheit des Menschen als Bedingung dafür, daß zwischen ihm und dem Geschöpf Liebe sein kann, und ist der Mensch wesentlich in eine ihm entsprechende Welt eingebunden, so ist die negative Folie für die Freiheit mitgegeben: dann gibt es notwendig strukturelles Leid« (S. 46).

So ist von Gott auch die Freiheit des Menschen als Bedingung der Liebe gemeint, und da der Mensch in eine ihm entsprechende Welt eingebunden ist, so hat die Freiheit notwendig strukturelles Leid als negative Folie (S. 46). Leid kann also nicht gegen den guten Schöpfer ausgespielt werden, es ist vielmehr Preis der Freiheit, Preis der Liebe. Liebe ohne Leid kann es nicht geben, ist ein Widerspruch in sich, ein Gott, der kraft seiner Allmacht diese wollte, Leid also verhinderte, würde Liebe vereiteln.

Vielleicht klingen hier noch zu sehr Reste früherer Rechtfertigungen Gottes nach. Verständlich, daß GRESHAKE energisch verkündet: »Nein, Gott will das Leiden absolut nicht« (S. 51). Ist also der Preis gar zu hoch? GRESHAKE bringt wie seine theologischen Vorläufer das klassische Beispiel HIOB zur Sprache, desgleichen DOSTOJEWSKIS Aljoscha, und mit D. SÖLLE stellt er auch SIMONE WEIL in die Reihe der Empörer. Augenscheinlich vermutet GRESHAKE hinter den bisherigen neueren Lösungen die Annahme eines an der Welt zu wenig beteiligten Gottes oder auch einen Gottesbegriff, der den Schöpfer immer dann gefährdet sähe, wenn er sich auf Niederes einlasse (S. 52f.). Es gehört zur sündigen Welt, daß sie im Kampf gegen das in der Sünde wurzelnde Leiden wieder neues Leiden heraufführe; freiwillig übernommenes Leiden dagegen, Leiden, das solidarisch mit ertragen wird, kann Sünde und Sündenverflechtung innerlich verwandeln. Dieses Leid wird so zu Leid aus Liebe, Leiden im Dienste Gottes. Im freiwilligen Mit-Leiden (Hebr. 2,18) ist uns, so GRESHAKE, ein Weg aus dem Leiden gebahnt. »Die Auferstehung, Antwort des Vaters auf das Kreuz des Sohnes, ist der Beginn der Aufhebung allen Leidens.« So hat Gott um der Liebe willen den ›gar zu hohen Preis‹ für das Leiden bezahlt, so umfassend, daß alles Menschenleiden sich in der Liebe Gottes bergen darf und in seinem Mit-Leiden Kraft zum Kampf gegen das Leid, zum Durchhalten im Leid und zur Sinngebung findet (S. 57).

Schließlich zur »Überwindung des Leidens«: Der Satz »Leid wird endgültig aufgehoben« ist nicht nur eschatologisch zu verstehen, so daß er sich exklusiv auf das Ende (als Schlußpunkt) bezöge; er besagt auch: die Vollendung ist bereits jetzt am Werk und kommt stückweise in Erfüllungen zum Vorschein. Es sind kleine Schritte, die schon jetzt die Liebe als Mit-Leiden tun kann.

GRESHAKE nennt abschließend die folgenden *Schritte:*

– Leidensbeseitigung, »durch persönliches Engagement, durch gesellschaftliche Reformen, nicht zuletzt durch Mit-Leiden« (S. 61).

146

– Standhalten im unüberwindbaren Leiden gegen zerstörerische Aggressivität ebenso wie gegen Einsamkeit, die in Resignation führt. So kann Leiden produktiv verwandelt werden (vgl. Müller); dazu verweist er auf das Pauluswort 2. Kor. 4,8 und 2. Kor. 6,9.
– Unabwendbares Leid nimmt in der Lebensgeschichte einen positiven Rang ein, wo es in Liebe zu Gott und in Solidarität mit dem Leiden der anderen ausgehalten wird. »Menschen, die nie Schmerzen erlitten haben, haben nie gelebt … « (Kübler-Ross); was wird aus einer Gesellschaft, die bestimmte Formen von Leiden kostenlos vermeidet? (Sölle, S. 67f.)
– Gebetserhörung, sehr verborgen und nur dem sichtbar, dessen Augen gerade im gläubigen Gebet für die Präsenz und das Wirken Gottes geschärft sind – sie kann zum Wunder werden, das alle Erwartungen, alles Überschaubare durchbricht (S. 69f.).

Greshakes Schlußthese lautet also: »Gott läßt das Übel und die Leiden zu, weil die Möglichkeit dafür die notwendige Kehrseite geschöpflicher Freiheit und personaler Liebe ist. Aber in diese Welt des Leidens geht Gott selbst ein, um im Menschen und durch den Menschen das Leiden durch Liebe umzuwandeln, aufzuheben, jetzt im Fragment und einst in Vollendung« (S. 70f.).[86]

5.5 Erwägungen und Fragen an die Theologie

Manche Christen werden Schwierigkeiten haben, wenn sie beim Durchgang durch diese theologischen Entwürfe zum Leiden feststellen, daß hier mit überlieferten Leidenslehren (oder dem Umgang mit ihnen) gebrochen wurde. Ja, es scheint nach manchen theologischen Aussagen, als müßten sie vorerst auch auf viele vertraute Verlautbarungen der Theologen verzichten. Nachzulesen u. a. bei E. Gerstenberg und W. Schrage, *Leiden*

(1977); zum Kapitel »Der Wille Gottes« wird bemerkt: Mag der Gedanke im Neuen Testament auch nicht besonders hervortreten, so dreht sich doch alles um Gottes »überlegenen Willen«. Wenn ihm die Verantwortung zufällt, dann gerät er aber zum »Sadisten«, »Henker« o. ä. (SÖLLE). GERSTENBERG/SCHRAGE versuchen, um diese Konsequenz herumzukommen: Es bleibt »doch wohl auch das Wissen darum, daß Leid nach Gottes Willen eigentlich nicht sein sollte und nicht jedes Leid seinem Willen entspricht« (S. 204–207).[87]

Schließlich wird resümiert, das Neue Testament habe »aufs Ganze gesehen das Leiden (auch) nie als solches thematisiert« (S. 210). Sieht man heutige Darstellungen christlicher Dogmatik durch, findet man wenig unter dem Stichwort *Leiden*. Wir müssen wohl, jeder für sich, Gottes Ohnmacht angesichts des weithin von Menschen verursachten Leidens hinnehmen, wie er es im Kreuz Christi einräumt: Er leidet unsäglich unter seiner Menschheit! Aber trifft das wirklich? »Was schert es einen Gott, wenn er leidet?«, würden wohl viele ausrufen; er tut es doch stets als der prinzipiell Überlegene. *Sein* Leiden überzeugt sie nicht recht: Je größer seine Macht, desto leichter müßte ihm doch sein Leiden fallen! Wenn er aber nun ausschließlich unter dir und mir, unter den Menschen und ihrem Verhalten grenzenlos litte? Nichts als das? – Da käme Glauben als Erbarmen mit Gott in Betracht?

Leiden hätte jetzt andere Bedeutung: die Verzweiflung über den Verlust aller Beziehungen, die Einsamkeit als absolute Ausweglosigkeit. Gott aber offenbart in Christus, daß er den Menschen dort begegnet, wo diese mit sich selbst am Ende sind: Sogar die Verzweiflung erfährt also den Glauben! »Meine Kraft ist in den Schwachen mächtig«, so erfuhr Paulus im Zusammenhang seines Leidens Christi Nahesein (2. Kor. 12,9). Im Glauben erfahren die Verlassenen Gottes Nähe, seltsam genug, auch durch die Nähe von Menschen, die bei ihnen ausharren. Diese Bewahrung durch das Ineinandergreifen von Gottes Nähe und – wenn auch unvollkommener – menschlicher Begleitung bezeugen die Biographien als entscheidende Erfahrung in der Krise.

Fasziniert von diesen tiefen weit ausgreifenden Entwürfen zum Leiden des Menschen, die eigene Erfahrung von Leid oder Mit-Leiden spiegeln, bin ich als Laie, ohne das theologische Wissen der Autoren, doch betroffen von einem Mangel: Ich suche vergeblich nach Verweisen auf *diese unverfügbare Erfahrung des Ineinandergreifens von Bewahrung und Begleitung,* von der die Lebensgeschichten sprechen.

Es stellen sich mir einige *Fragen:*

– Kann man eine ›Theologie des Leidens‹ entwerfen, ohne diese beiden Dimensionen von *Beziehung* als entscheidende Erfahrung hineinzunehmen?
– Ist Gottes Gabe an die Menschen, die *Beziehungsfähigkeit,* in der Theologie ausreichend bedacht?
– Wird in der Theologie reflektiert, welche ambivalenten Kräfte des Menschen ständig am Werk sind, diese Fähigkeit zu verschütten?

Es sind nicht nur die Zeit-Tendenzen, die Überbewertung materieller Werte, der Arbeit und Leistung, von denen auch die Christen nicht frei sind; es ist auch die schöpferische Kraft des Denkens, aus der alle Wissenschaften hervorgehen, die diese Dimensionen menschlichen Lebens gefährden:

– Wäre es nicht Aufgabe der Theologie als Partnerin anderer Wissenschaften, die unverfügbare Dimension der Beziehungsfähigkeit, ohne Ängste vor einem Verlust an Wissenschaftlichkeit, wieder einzubringen in das Gespräch?

In der *Pädagogik* beginnt man, diesen Mangel an Lebensnähe aufgrund der Verwissenschaftlichung zu erkennen, aber man findet nur schwer Wege, damit umzugehen. Diese nicht nur in der Wissenschaft, sondern auch in unserem Miteinander-Leben weithin *verlorengegangene Beziehungsfähigkeit* scheint gerade unter den Bedingungen des Leidens und Mit-Leidens zu wachsen und zu erstarken. An Menschen, wie wir ihnen in den Biographien der von Krisen Betroffenen begegneten, erkennen wir eine Intensität des Lebens mit anderen, die ›Gesunde‹ und ›Lebenstüchtige‹ nur selten erreichen (häufig, weil sie sich noch nicht über ihre Mängel klar geworden sind).

Auf der *Suche nach Veränderungen* unserer bedrohten Welt ist das *Begleiten von Leidenden* aller Art, das Miteinander-Durchstehen von Krisen, ein *unübersehbarer Weg,* der neue Zukunft eröffnen kann, in dem Sinne, wie es in Matthäus 25, Vers 34–40, gesagt ist. Nicht die bedeutsamen Akte, vielmehr die einfachen Handreichungen aus dem Bewußtsein gleicher Bedürftigkeit des Leidenden und Begleitenden bringen diese Verwandlungen hervor.

Untersuchungen zu LUTHERS *Theologie* (GERTA SCHARFFEN-ORTH[88]) haben in unserer Zeit die reformatorische Einsicht in die Bedeutung der menschlichen Beziehungen und der Beziehungsfähigkeit wieder aufgedeckt.

Uns heute drängt sich die Frage auf: Haben die Einsamkeit, die Erfahrungen des Verlassenseins leidender Menschen eine Geschichte, die auch auf Verluste der Theologie zurückgeht – auf das Übersehen und Verschütten der fundamentalen Bedeutung der Beziehungsfähigkeit für unser Menschsein?

Daß das Lernen in unserem Leben nie aufhört, die ›Spirale‹ der Erfahrungen, der Kampf gegen Anfechtungen von außen und gegen die selbstzerstörerischen Mächte im Innern nie enden, auch dann nicht, wenn die Annahme des eigenen Schicksals gelang – das ist die Einsicht der betroffenen Menschen, der Verfasser und Verfasserinnen der Biographien. Wir sind geneigt, sie ständig zu verleugnen.

Ich frage mich als Laie, wie diese Einsicht theologisch in Entwürfen zum Leiden vermittelt werden kann.

Spirale – Symbol der Seelenreise
Jesus im Tempel – dargestellt auf dem Gipfel des Spiral-Wegs
zur Erkenntnis, Detail von Bertinone, Italien 15. Jh.

151

Zusammenfassung

Die Studie versuchte, aus einem veränderten Blickwinkel, nämlich aus der Sicht unmittelbar von ›Leiden Betroffener‹ Glaube und Seelsorge ins Zentrum zu rücken, und das in empirischer Bestandsaufnahme und theoretischem Nachdenken.

Dazu vermittelt sie in einem ersten Kapitel zunächst summarisch Tendenzen aus insgesamt über 2000 Biographien, die sich als *drei zentrale Grunderfahrungen* Betroffener darstellen lassen:

- *Erste Erfahrung*: Betroffene fühlen sich meist als Objekt in die Passivität gedrückt, kaum je als Subjekt, mit dem Gott in Beziehung steht und das in der pastoralen Seelsorge ernstgenommen wird.

- *Zweite Erfahrung*: Verkündigung erleben Betroffene als ›ver‹tröstende ›Ver‹-Klärung, selten als Trost und Hilfe bei der kritischen Klärung des Leidens.

- *Dritte Erfahrung*: Seelsorgerische Begleiter erscheinen eher als amtliche Rollenträger denn als persönlich betroffene Mitleidende und Partner.

Daraus entwickelt die Studie die *erste These*:

- Trotz negativer Erfahrungen Betroffener und ihrer Bezugspersonen mit Kirche und Seelsorge halten sie an den positiven Erfahrungen mit ihrem Glauben fest.

Das zweite Kapitel erarbeitet die fast verlorene Dimension des menschlichen *Begleitens* als not-wendendes *Angebot zur Krisenverarbeitung*. Dazu wird idealtypisch der ›Lernprozeß Krisenverarbeitung‹ vorgestellt, wie ich ihn als Denkmodell aus acht Spiralphasen entwickelte. Nachdrücklich wird dabei auf das bereits vorliegende Ergebnis der Analyse von über 1000 Biographien verwiesen, derzufolge nur ein Drittel der vom Leiden Betroffenen – weil sie Begleitung erfuhren – das ZIEL-Stadium der Annahme ihres Leidens (sechste Spiralphase) und schließlich ihre soziale Integration (achte Spiralphase *Solidarität*) erreichte; zwei Drittel dagegen brachen, allein auf sich gestellt, den Lernprozeß im Eingangs- oder Durchgangs-Stadium vorzeitig ab und blieben zu sozialer Isolation verurteilt.

Aus der Reflektion der Frage nach der Bedeutung des Glaubens und menschlichen Begleitens in der Krisenverarbeitung erwuchs die *zweite These*:

- *Christlicher Glaube* kann eine als *Katharsis* erkannte *Aggression* (dritte Spiralphase) im Lernprozeß Krisenverarbeitung *auffangen* in der *Anklage* und *Klage vor Gott*.

Das heißt zum einen: *Christlicher Glaube* befähigt die Betroffenen, ihre Krise, ihr Leiden als von Gott auferlegt – bejahend und unbefragt – ›gehorsam‹ hinzunehmen; das wäre die sogenannte ›naiv-apathische Antwort‹ des gläubigen Betroffenen. Das heißt zum anderen: *Christlicher Glaube* befähigt die Betroffenen, ihre *Aggressionen* (dritte Spiralphase) gegen ihr Leiden, ihre Krise freizugeben, ihnen zunächst überhaupt Raum zu gewähren, um sie schließlich im Dialog mit Gott gemeinsam ertragen zu lernen, als Fähigwerden zur bejahenden Annahme (sechste Spiralphase); das wäre die sogenannte ›kritisch-sympathische Antwort‹ des leidenden Christen.

Für *beide* Antworten gilt: Christlicher Glaube kann Aggression im Lernprozeß Krisenverarbeitung auffangen. Gläubige Betroffene sehen sich infolgedessen nicht ihrer Krise allein ausgeliefert, sondern sie haben ein Gegenüber, einen Adressaten, einen Zuhörer; sie finden sich in ihrer Gottesbeziehung gehalten – auch und gerade in ihrer aggressiven Klage (dritte Spiralphase) ebenso wie im Augenblick ihres Feilschens mit Gott (vierte Spiralphase), schließlich im Dunkel ihrer Depression (fünfte Spiralphase) – als solche, die Gott akzeptiert hat.

Das dritte Kapitel veranschaulicht die *Bedeutung von Glauben und menschlicher Begleitung* an ausgewählten Autobiographien. Es

153

berücksichtigt sowohl *unterschiedliche Arten des Leidens* – erworbene Kinderlähmung (Körperbehinderung), erworbene Depression (seelische Störung), erworbene Blindheit (Sinnesbehinderung) und politische Verfolgung, erworbene wie angeborene Hirnschädigung (geistige Behinderung) sowie Krebs (chronische Krankheit) und Verlassenwerden – als auch *unterschiedliche Glaubenshaltungen* – die naiv-apathische wie die kritisch-sympathische Antwort –, schließlich auch *angemessene* wie *verfehlte* und *fehlende* Begleitung amtlicher Rollenträger neben den persönlich betroffenen Mitleidenden.

Das *Ergebnis* bestätigt erneut die Resultate meiner Forschungsarbeiten, die erstmalig 1980 unter dem Titel: *»Biographische Erfahrung und wissenschaftliche Theorie«, »Soziale Integration«, Band 1* und *»Weiterbildung als Krisenverarbeitung«, »Soziale Integration«, Band 2* vorgestellt wurden (vgl. darin S. 235 und S. 431ff. – 5., durchges. u. maßgeblich erw. Auflage, Bad Heilbrunn 1993[5] mit Bibliographien).

- Unsere *erste Grundannahme*, daß *unabhängig vom Auslöser der Krise* jeder unmittelbar und mittelbar Betroffene die Spiralphasen des *Lernprozesses Krisenverarbeitung* durchleben muß, um seine soziale Integration zu erlangen, bezeugen alle Biographen einhellig. In dieser Studie stehen beispielhaft für sogenannte *mittelbar* Betroffene: PEARL S. BUCK, SILVIA und ALBERT GÖRRES sowie RUTH MÜLLER-GARNN als Mutter/Eltern geistig behinderter Kinder; *unmittelbar* Betroffene sind exemplarisch vertreten durch LAUREL LEE (krebskrank und verlassen), durch LUISE HABEL (körperlich behindert), durch INGRID WEBER-GAST (seelisch behindert), durch JACQUES LUSSEYRAN (sinnesbehindert und politisch verfolgt).

- Unsere *zweite Grundannahme*: *Christlicher Glaube ist eine Kraft, die Aggression* (dritte Spiralphase) *als Katharsis* ermöglicht und zur *Annahme* (sechste Spiralphase) der Krise befähigt, bestätigen ebenfalls fast ausnahmslos alle Autoren. Dabei treten zwei unterschiedliche Glaubens*haltungen* auf: die *naiv-apathische Antwort* des Glaubens lebt RUTH MÜLLER-GARNN als bedingungslos gehorsame Hinnahme des ihr von Gott auferlegten Leidens. Diese kann sogar etwa aufkeimende Zweifel – in gläubiger Identifikation als bejahte Passion – aufheben. Die *kritisch-sympathische Antwort*

154

durchkämpft – wie Hiob im Alten Testament – die Mehrzahl der Biographen; allerdings in unterschiedlich gestufter Intensität des Ringens; als typisch können hier gelten Luise Habel, Ingrid und Stephan Weber-Gast, Jacques Lusseyran, Silvia und Albert Görres und Laurel Lee.

- Unsere *dritte Grundannahme*, daß die *Aggression als Katharsis eine Schlüsselfunktion* im *Lernprozeß* Krisenverarbeitung hat, wird erneut bestätigt durch Luise Habels *Mutter*: Sie endet zwangsläufig bei der *Nichtannahme* ihrer Situation ›Leben mit einem behinderten Kind‹, weil die *Katharsis* in der Aggression *nicht* durchlaufen wird. Sie bricht den Lernprozeß Krisenverarbeitung im Durchgangs-Stadium ab und begeht schließlich *Selbstmord‹*, denn sie richtet ihre nicht ausgelebten Aggressionen nach innen, gegen sich selbst (vgl. unsere Ergebnisse: Zwei Drittel der über 2000 Biographen versuchen den Suizid, ausnahmslos alle äußern Todeswünsche).

- Unsere *vierte Grundannahme: fehlende oder unzureichende* menschliche wie seelsorgerische *Begleitung* führt zum *Abbruch des Lernprozesses* Krisenverarbeitung im Durchgangs-Stadium und also zur Nichtannahme in *sozialer Vereinsamung,* während umgekehrt *vorhandene und angemessene Begleitung* eine Annahme im Ziel-Stadium *sozialer Integration* bewirkt. Diese Erkenntnis zieht sich wie ein roter Faden durch alle Lebensbeschreibungen: Exemplarisch zeigt Luise Habel sowohl die verletzende als auch die aufbauende Seelsorgebegleitung – erleben Ingrid und Stephan Weber-Gast die Partnertherapie – beschreibt Jacques Lusseyran die Begleitung durch seine Eltern wie später durch den Schmied Jérémie im Konzentrationslager Buchenwald als seine aus Leidenserfahrungen erwachsene ›Wirklichkeit der Annahme‹, die ihn selbst zum hilfreichen Begleiter vieler Mitmenschen werden läßt – bekennt Laurel Lee im Verlassen-Sein die Kraft ihres christlichen Glaubens – erleiden Ruth Müller-Garnn gleicherweise wie Silvia und Albert Görres das Fehlen jeglicher seelsorgerischer wie menschlicher Begleitung.

Alle Biographen bestätigen die vorwiegend *stützenden Erfahrungen* Betroffener *mit ihrem Glauben,* obwohl Hilfe von Seelsorgern häufig ganz fehlte oder versagte. Dabei muß angemerkt werden, daß sich das Material biographischer Dokumente häufig gegen systematische Kategorisierung sperrt, daß sich darüber hinaus der Fragegegenstand selbst, nämlich Glaube und Seelsorge, der Festlegung und Verfügbarmachung weitgehend entzieht: Christliche Existenz bleibt Wagnis und Geheimnis!

Die Beobachtung der *Defizite* an seelsorgerischer Begleitung war der Anlaß, in einem vierten Kapitel nach der Person der seelsorgenden Begleiter zu fragen. Dabei wurde zunächst induktiv anhand von Erfahrungsberichten über Begegnungen Betroffener mit Noch-Nichtbetroffenen (Bethelbewohnern mit Kirchenvertretern, Synodalen, Studierenden) offengelegt. Das zentrale Problem der Noch-Nichtbetroffenen ist: ihr – aus Mangel an Beziehungsfähigkeit – gestörtes Verhältnis zu den Betroffenen.
  Das führte zur *dritten These*:

• Nicht die von Krisen betroffenen Menschen sind unser Problem, sondern *wir*, die ›Noch-Nichtbetroffenen‹, werden *ihnen* zum Problem.

Dazu wurden sodann *deduktiv* verschiedene Positionen innerhalb *wissenschaftlicher Disziplinen* herangezogen – u. a. SCHMIDBAUERS Helfersyndrom, BROCHERS These von der Krankheit der Gesunden, FISCHERS Umkehrung in Gestalt der Ballastexistenz Nichtbetroffener, HORST-EBERHARD RICHTERS Angstabwehrmechanismen, MOLTMANNS Apartheidsgesellschaft der Leistungsstarken und schließlich C. F. VON WEIZSÄCKERS Theorie der relativen Legitimität gesellschaftlicher Verdrängungsmechanismen – und nach den dadurch sichtbar werdenden je anderen Deutungen menschlichen Verhaltens gefragt: der gesellschaftliche, der menschlichen und der geschuldeten Deutung.
  Die Ergebnisse führten zur *vierten These*:

• Die Gemeinde/Gesellschaft braucht die von Leiden Betroffenen, wie diese Leidenden die Gemeinde/Gesellschaft brauchen.

Im letzten fünften Kapitel stellt die Studie als Exkurs *theologische Ansätze* beider Konfessionen vor, um *Sinn-Angebote* auf die Frage nach Ursprung und Sinn des Leidens zu ermitteln. Übereinstimmend beschreiben die Theologen das ›Auf dem Weg bleiben im Vertrauen auf Gott‹ als jenen lebenslangen Prozeß, in dem Glaube täglich neu ergriffen und gewagt sein muß; sie unterscheiden sich jedoch in ihren Deutungen, mit denen sie Wirklichkeiten christlicher Existenz aufzeigen. Wir vermißten in allen Darstellungen des ›Unterwegsseins‹ das *Ineinandergreifen der Bewahrung durch Gott* mit der *menschlichen Begleitung*, d. h. die Beachtung der Beziehungsfähigkeit als Gabe Gottes:

HANS KÜNG spricht von der Anthropodizee als wahrer Theodizee, in der die Rechtfertigung Gottes durch Gott selbst in der Rechtfertigung des gottfernen Menschen beschlossen ist. Aus ihr kann der Mensch, sofern er dieses Sinn-Angebot ergreift, aus seinem ›unbedingten Leiden‹ trennender Gottesferne in ein ›bedingtes Leiden‹ in sich beziehender Gottesnähe eintreten. Eine vom Leben doch stark abstrahierende Aussage.

DOROTHEE SÖLLE hält ein Plädoyer für die christlich tradierte Aufforderung, Leiden und Lernen in Zusammenhang zu setzen. Sie erkennt das als jenen Prozeß der Sprachwerdung des Leidens, der aus Stummheit über Sprache (Schrei, Klage) zum Handeln führt. Dies veranlaßt sie, den christlichen Masochismus wie die nachchristliche Apathie radikal abzuweisen und ihren Appell an Mit-Leidende als Mit-Gestaltende zu richten.

A.M.K. MÜLLER entdeckt das Leiden als Produktivkraft. Er befürwortet den Sturz des Dogmas vom Täter, den Sturz sogenannten ›vertretbaren‹ Leidens durch Außenprozesse anstelle notwendiger ›unvertretbarer‹ Innenprozesse, in denen allein Leiden als Krise angenommen wird und Betroffene verwandelt; das heißt, im Abgrund wird ihnen jene Jenseitigkeit des Denkens ermöglicht, die zu neuem Denken auf anderen Plateaus der Wahrnehmung führt. Darin aber erschließt sich für MÜLLER theoretisch eine Überlebenschance angesichts der Menschheitskrise.

GIESBERT GRESHAKE begründet Leiden als Preis der Freiheit und als Preis der Liebe, aus dem beide Arten, das ›menschlich verursachte Leiden‹ und das ›strukturelle Leiden‹, als Nebenprodukte der Evolution der Menschheit erklärbar werden; das aber heißt letztlich wieder: verursacht und verwurzelt in menschlicher Schuld.

Als *Ergebnis* läßt sich festhalten, daß die Frage nach dem ›*Warum und Woher*‹ des Leidens *unbeantwortet* bleiben muß, weil sich das Leiden der Kausalität und jedem Verfügbarmachen entzieht. Erkennbar wurde jedoch: Die Frage nach dem ›*Wozu und*

Wohin‹ des Leidens kann in der Begegnung zwischen den Betroffenen und Gott *Sinndeutungen* erschließen, meist im Zusammenhang gemeinsamer Erfahrungen mit Begleitenden, allerdings unter der Voraussetzung des Bereitseins zu lebenslangem Lernen.

Dabei wurde bewußt, daß die *Begleitenden* zum *Mitleiden* fähig werden, welches sie dazu befreit, in bestimmten Phasen der Krisenverarbeitung – vorwiegend in der *Aggression*, dem *Verhandeln* und der *Depression* – zeitweilig ganz oder zum Teil auf übliche seelsorgerische Hilfen wie biblische Trostworte und theologische Argumente zu verzichten. Sie würden in diesem Durchgangs-Stadium nicht nur wenig hilfreich, sondern sogar blockierend wirken. Andererseits aber wurde *das Einzigartige* deutlich: Ihre Anwesenheit, ihr Nahebleiben, das Nicht-Verbergen eigener Hilflosigkeit und Angefochtenheit im Verzicht auf Rollenverhalten geben den vom Leiden Betroffenen gerade das, was diese brauchen. In dieser scheinbaren Ohnmacht teilen sie in ihrer wortlosen *Solidarität* stellvertretend den Betroffenen mit: Gott erträgt den kämpfenden und hadernden Menschen und läßt ihn nicht los. Auf diese Weise vermitteln seelsorgerisch Begleitende – jeder, jede von uns kann das sein – den Betroffenen jene Erfahrung von Gemeinsamkeit, die sie aus ihrer ausweglosen Einsamkeit herausführt; *beide* erfahren die *Annahme Gottes*, der mit den Menschen das Dunkel teilt.

Seelsorgerisches Begleiten ist darum so schwer, weil es vom Begleitenden immer nur im Begleiten – im zweiten Part, nicht aber im Solo – eben nur *mit*-gestaltet, nicht aber selbsttätig vollzogen werden darf, das heißt:

- *zuhörend*, *neben*, nicht vor oder hinter den anderen gehend; *erspürend*, wann Mittel der Hilfe blockieren, wann sie ermutigen und wann sie verletzen; *vertrauend*, daß Gott auch dann zugreift und hilft, wenn niemand sonst einen Ausweg weiß; *hoffend und glaubend*, daß in der *Schwäche* für *beide* Beteiligte neue *Kraft* erfahrbar wird.

Einladung: Zu Lebensgeschichten betroffener Mitmenschen führt Sie das kommentierte Bücherverzeichnis/die Bibliographie ab S. 181

Spirale – Symbol der Seelenreise
Spiral-Aufgang zum Minarett der Moschee von Samarra,
Irak 9. Jahrhundert

Anmerkungen

1 KUSHNER, Harold: *Wenn guten Menschen Böses widerfährt. Wieso läßt Gott Ungerechtigkeit zu ? Hilfe in seelischer Not, in Unglück, bei Schicksalsschlägen, Krankheit und Tod.* Tomus Verlag, München 1983, 143 S. Amerikanischer Originaltitel: *When bad things happen to good people.* Schocken Books, New York 1981.

HAN, Suyin: *Nur durch die Kraft der Liebe. Ein autobiographischer Bericht.* Albrecht Knaus Verlag, München, Hamburg 1987, 220 S.

KLEMM, Michael; HEBELER, Gerlinde; HÄCKER, Werner (Hrsg.): *Tränen unterm Regenbogen. Phantastisches und Wirkliches. Aufgeschrieben von Mädchen und Jungen der Kinderklinik Tübingen.* Attempto-Verlag, Tübingen 1989, 1991[7], 236 S.

JONAS, Hans: *Der Gottesbegriff nach Auschwitz. Eine jüdische Stimme.* Suhrkamp Taschenbuch 1516, Frankfurt/Main 1984, 1987[2], 48 S.

BONHOEFFER, D.: Briefe und Aufzeichnungen aus der Haft. München 1963.

2 ÖKUMENISCHER RAT DER KIRCHEN, ÖRK (Hrsg.): *Bericht aus Nairobi 1975.* Frankfurt 1976, S. 23–38.

3 ÖKUMENISCHER RAT DER KIRCHEN, ÖRK (Hrsg.): »*Im Zeichen des Heiligen Geistes*« – Berichte aus Canberra. Frankfurt 1991, 367 S.

ÖRK (Hrsg.): »Gathered for life«. Berichte aus Vancouver. Frankfurt 1984.

ÖRK (Hrsg.): *Partners in life. The handicapped and The Church.* Faith and Order Paper No. 89, Genf 1979. Deutsche Übersetzung: Müller-Fahrenholz, Geiko (Hrsg.): *Wir brauchen einander.* Frankfurt 1979, S. IX.

4 LUTHERISCHER WELTBUND, LWB (Hrsg.): »*Ich habe das Schreien meines Volkes gehört*«. Offizieller Bericht der VIII. Vollversammlung Curitiba/Brasilien. Kreuz Verlag, Stuttgart 1990, 256 S.

LWB (Hrsg.): »*In Christus Hoffnung für die Welt*« – Report 1984. Genf, Stuttgart 1985, S. 214 ff.

5 HABEL, L.: *Herrgott, schaff die Treppen ab!* Stuttgart/Berlin 1978, S. 167–170.

6 HÄMER, P.: *Rehabilitation von unten.* Der Platz der Körperbehinderten im Aufgabenfeld der Kirche. Mainz 1978, S. 11.

7 HABEL, L.: a. a. O., S.65/66.

© Schuchardt, E.: Warum gerade ich ...?, V&R [11]2002

8 ZAHRNT, H.: *Warum ich glaube*. Meine Sache mit Gott. München 1977, S. 320.

9 SCHLETT, C.: ... *Krüppel sein dagegen sehr – Lebensbericht einer spastisch Gelähmten*. Wuppertal-Barmen 1970, S. 72/73.

10 LEGRIX, D.: *Und doch als Mensch geboren*. Freiburg 1963 – Berlin 1977. Französischer Originaltitel: Née comme ça. Paris o. J., S. 57.

11 MIQUEL, A.: *Warum mußt du gehen?* Freiburg 1971, S. 88.

12 WEBER-GAST, I.: *Weil du nicht geflohen bist vor meiner Angst*. Mainz 1978, S. 34.

13 HÄMER, P.: a. a. O., S. 12.

14 BROWN, C.: *Mein linker Fuß*. Berlin 1970,1978[8], S. 102. Englischer Originaltitel: *My left Foot*, o. J., m. E. 1954.
DERS.: *Ein Faß voll Leben*. Bern, München und Wien 1974, 1975[2]. Englischer Originaltitel: *Down all the days*. 1970.

15 HÄMER, P.: a. a. O., S. 52.

16 WEBER-GAST, I.: a. a. O., S. 34.

17 GÖRRES, S.: *Leben mit einem behinderten Kind*. Mit einem Nachwort von GÖRRES, A. Zürich/Köln 1974, S. 129/130.

18 MEISINGER , E.: *Über die Schwelle*. Aufzeichnungen einer spastisch Gelähmten. Berlin o. J., m. E. 1957, S. 74 ff.

19 DIAKONISCHES WERK DER EV. KIRCHE IN DEUTSCHLAND, EKD (Hrsg.): *Hilfe für Behinderte*. Zweites Schwerpunktprogramm der Diakonie. Jahrbuch '75. Stuttgart 1975. – DASS. (Hrsg.) von 13 Broschüren, u.a.:
– *psychisch krank*. Psychisch Kranke brauchen Verständnis, Förderung, Annahme und Begleitung. Stuttgart 1976.
– *sinnesbehindert*. Sinnesbehinderte brauchen des anderen Auge, Ohr und Hand als Brücke zum Leben. Stuttgart 1977.
– *körperbehindert*. Behinderte Menschen unterwegs aus dem Abseits zur aktiven Partnerschaft. Stuttgart 1977.
– *geistigbehindert*. ›Gemeinsam leben‹ mit geistigbehinderten Menschen muß durch Zuwendung, Ermutigung und Begleitung verwirklicht werden. Stuttgart 1978.
– *lebensgestört*. Evangelische Familien- und Lebensberatung hilft Menschen in Krisen und Beziehungsstörungen, ihr Leben neu zu entdecken. Stuttgart 1979.
DASS. (Hrsg.): *Initiativen für Behinderte und Nichtbehinderte:* »Nehmt einander an, wie Christus uns angenommen hat.« (Informationsmaterial Arbeitshilfen, Medien u. a.). Public-Relations-Aktion, Referat Öffentlichkeitsarbeit, Stuttgart 1981.

20 SCHUCHARDT, E.: *Biographische Erfahrung und wissenschaftliche Theorie*. Soziale Integration Bd. 1. Mit Bibliographie der Lebensgeschichten seit 1900 bis zur Gegenwart (alphabetisch-gegliedert-annotiert, 52 S.). Bad Heilbrunn 1980, 5., durchges. u. maßgebl. erw. Aufl. 1993[5], 225 S., 8 Graphiken.

21 Untersuchte E. Kübler-Ross (*Interviews mit Sterbenden*, 1979) die Frage:»Wie kann ich sterben lernen?«, so geht unser Suchen der Frage nach:»Wie kann ich leben lernen angesichts von Bedingungen, die anscheinend nicht mehr lebenswert sind?«

22 Schuchardt, E.: *Weiterbildung als Krisenverarbeitung*. Soziale Integration Bd. 2. Mit Bibliographie zur Krisenverarbeitung seit 1900 bis zur Gegenwart (gegliedert-annotiert, 35 S.). Bad Heilbrunn 1980, 5., durchges. u. maßgebl. erw. Aufl. 1993, 231 S. 12 Graphiken.

23 Ebda., S. 237.	24 Ebda., S. 267.	25 Ebda., S. 251.
26 Ebda., S. 286.	27 Ebda., S. 296.	28 Ebda., S. 302.
29 Ebda., S. 304.	30 Ebda., S. 297.	31 Ebda., S. 317.

32 Habel, L.: *Herrgott, schaff die Treppen ab!* Erfahrungen einer Behinderten. Stuttgart 1978.

33 Weber-Gast, I.: *Weil du nicht geflohen bist vor meiner Angst*. Ein Ehepaar durchlebt die Depression des einen Partners. Mainz 1978.

34 Deutsches Allgemeines Sonntagsblatt, DAS, Nr. 44, 22. Oktober 1978, S. 29.

35 Vgl. dazu die eigene Aussage der Autorin Ingrid Weber-Gast, a. a. O., S. 35.

36 Lusseyran, J.: *Das wiedergefundene Licht*. Stuttgart 1963, 1975[7]. Amerikanischer Originaltitel: *And there was Light*. O. J.
Ders.: Das Leben beginnt heute. Stuttgart 1976. Französischer Originaltitel: *Le monde commence aujourd'hui*. Paris 1959.

37 Müller-Garnn, R.: *... und halte dich an meiner Hand*. Würzburg 1977.
Dies.: *Das Morgenrot ist weit*. Geschichte der Hoffnung. Echter Verlag 1980.

38 Görres, S. : *Leben mit einem behinderten Kind*. Mit einem Nachwort von Görres, A. Zürich, Köln 1974.

39 Görres, A.: *Kennt die Psychologie den Menschen?* Fragen zwischen Psychotherapie, Anthropologie und Christentum. München 1979.

40 Lee, L.: *Wenn du durchs Feuer gehst, sollst du nicht brennen*. Gütersloh 1978. Amerikanischer Originaltitel: *Walking through the fire*. New York 1977.

41 Gornik, H. A.: *Begegnung am Rhein*: Die amerikanische Bestsellerautorin Laurel Lee in der Bundesrepublik. »Zauberhafte Dinge im Tod«. Eine Krankheit wird im Buch für Ärzte und Kinder angenommen. In: Deutsches Allgemeines Sonntagsblatt, DAS, Nr. 36,3. September 1978, S. 9.

42 Ebda., S. 9.

43 Kirchenkanzlei der Ev. Kirche in Deutschland, EKD (Hrsg.): *Leben und Erziehen wozu?* Eine Dokumentation über Entschließungen der Synode der EKD 1978, Gütersloh 1979.

44 ZINK, J.: *Vorbemerkungen*, S. 9. In: HABEL, L.: *Herrgott, schaff die Treppen ab!* Stuttgart, Berlin 1978.

45 MOLTMANN, J.: *Neuer Lebensstil*. Schritte zur Gemeinde. München 1977, S. 22.

46 Projekt, Studentin 1. In: SCHUCHARDT, E.: Projektorientiertes Studium in Bethel: *»Integration durch Interaktion«*, mss., Hannover 1979.

47 Ebda., Studentin 7.

48 Ebda., Studentin 11.

49 Ebda., Student 15.

50 Ebda., Studentin 3.

51 BODELSCHWINGH, F. von: Gespräch mit Dr. BRANDT, dem Abgeordneten HITLERS. In: *Bote von Bethel*, Sonderdruck 66, Bethel 1964, S. 9ff. Vgl. auch: Hephata Hessisches Diakoniezentrum (Hrsg.), GÖBEL, P., THORMANN, H. E.: *Verlegt – vernichtet – vergessen ...?* Leidenswege von Menschen aus Hephata im Dritten Reich. Eine Dokumentation. Plag-Druck, Schwalmstadt/Treysa 1985, 1986[2], 88 S.

52 BODELSCHWINGH, F. von (Neffe des vorgenannten Pastors), a.a.O.

53 Projekt, Student 4, a. a. O.

54 Ebda., Student 8.

55 SCHMIDBAUER, W.: *Die hilflosen Helfer*. Über die seelische Problematik der helfenden Berufe. Reinbek bei Hamburg 1977, S. 12.

56 Projekt, Studentin 13, a. a. O.

57 Ebda., Studentin 13.

58 Ebda., Studentin 13.

59 SCHMIDBAUER, W.: a. a. O., S. 10.

60 Ebda., S. 42,43,44.

61 Ebda., S. 90,91.

62 Ebda., S. 219.

63 BROCHER, T.: Vortrag auf dem 17. Deutschen Evangelischen Kirchentag vom 8.–12. Juni 1977. In: Kirchentag: Dokumentarband. Stuttgart 1978.

64 FISCHER, M.: *Das Geheimnis des Menschen*. Theologische Überlegungen zur Zielsetzung der Behindertenhilfe. In: Diakonie. Jahrbuch des Diakonischen Werkes 1975. Stuttgart 1975, S. 75.

65 MOLTMANN, J.: *Neuer Lebensstil*. Schritte zur Gemeinde. München 1977, S. 12,13.

66 RICHTER, H. E.: *Lernziel Solidarität*. Hamburg 1974, S. 222,223.

67 WEIZSÄCKER, C. F. von: *Der Behinderte in unserer Gesellschaft*. Vortrag, gehalten in der Bayerischen Landesschule für Blinde, anläßlich ihres 150jährigen Bestehens. Oktober 1976. In: *Der Garten des Menschlichen*. Beiträge zur geschichtlichen Anthropologie. München, Wien 1977[3], S. 107.

68 Ebda., S. 112.

69 Sölle, D.: *Die Hinreise*. Zur religiösen Erfahrung. Texte und Überlegungen. Stuttgart 1975, S. 9.

70 Ebda., S. 10ff.

71 Genfer Weltkirchenrat: Leben und Zeugnis der Behinderten in der christlichen Gemeinde. Memorandum einer Konsultation 1978. In: Dokumentation epd., evang. Pressedienst Nr. 36 a, 1978.

72 Dieses Kapitel entstand nach intensiven Gesprächen mit den Theologen Dr. Erika Reichle, Dr. Gertha Scharffenorth und Prof. Dr. Klaus Thraede.

73 Küng, H.: *Gott und das Leid*. Einsiedeln 1967, 1974 5. Aufl.

74 Vgl. dazu: Sellin, Ernst und Fohrer, Georg: *Einleitung in das Alte Testament*. Heidelberg 1965, 10. Aufl., § 50, S. 352–365. Und; Kaiser, Otto: *Einleitung in das Alte Testament*. Gütersloh 1978, 4. Aufl., § 34, S. 344–353.

75 Ebenfalls 1952 erschien in 3. Auflage C. G. Jungs »*Antwort auf Hiob*«, Zürich.

76 Ob Ernst Bloch, *Atheismus im Christentum*, Frankfurt 1968, S. 148–167 (über Hiob) aus besserer Kenntnis der eigenen Denktradition und Erfahrung unbedingt so viel geschäftige Reaktion in Tübingen und anderswo hätte hervorrufen müssen? H. Gollwitzers verständnisvolle Kritik (*Krummes Holz – aufrechter Gang*, München 1970, S. 224–250, bes. 247–250) ist m. E. von Ehrenberg in weiterem Rahmen verarbeitet, längst ehe Blochs Buch erschienen war.

77 Was Barth im Jahre 1955 schrieb, scheint sich recht erheblich von D. Bonhoeffers Kapitel »*Die Nachfolge und das Kreuz*« in: *Nachfolge* (München 1937) 39/46 zu unterscheiden. Ganz allgemein sprach ja früher, wer vom ›Leiden‹ redete, fast ausschließlich vom ›Leiden um Jesu willen‹ o. ä., und insofern, wie auch das NT, vom ›Kreuz‹ das der Christ als solcher auf sich nimmt.

78 Sölle, D.: *Leiden*. Stuttgart 1973.

79 In diesem Diskussionsband sind übrigens auch mehr ›dogmatische‹ Stimmen gesammelt, die Moltmann auf dem Weg zu spekulativer Theodizee vermuten (D. L. Migliore, ebd. S. 42) oder ihn zumindest mit Theodizee als einer Hauptfrage beschäftigt sehen (H. H. Miskotte, ebd. S. 76–89).

80 Wer über das sog. Apathie-Axiom genauere Auskunft wünscht, erhält sie u. a. in E. Jüngel: *Gott als Geheimnis der Welt*, 3. Aufl. Tübingen 1979, S. 508 und S. 511. »Daß der Gott, der Liebe ist, leiden können muß und in der Dahingabe seines Eigensten um des endlichen Menschen willen unendlich leidet, ist eine unaufgebbare Erkenntnis der durch Luthers *Christologie* und Hegels *Philosophie* geschulten neueren Theologie« (S. 511). – Jüngels gründliche Erörterung der *Tod-Gottes-Theologie* (S. 55–137) und hier namentlich sein § 4 über »*Sinn und Unsinn der Rede vom Tode Gottes*« (S. 55–58) setzt uns Laien instand, uns ein wenig gegen zuweilen modische Urteile auf

diesem Felde zu wappnen. Ich erwähne noch, daß JÜNGEL, S. 69f., die Theodizeefrage aufgreift und sie in die Frage »Wo ist Gott?« überführt.

81 G. EBELING: *Dogmatik des christlichen Glaubens* II, Tübingen 1979, S. 202–205, wendet sich gleichfalls gegen die »vor wenigen Jahren modisch gewordene und wohl schon wieder aus der Mode kommende Rede vom Tode Gottes« (S. 203). In Wirklichkeit hat schon die altkirchliche Christologie von ihm gesprochen, eine Fixierung auf den neuzeitlichen Atheismus ginge wenig sorgsam mit der Vergangenheit um. Infolgedessen heißt EBELINGS umfangreicher § 19 »*Der Tod Gottes*« (S. 128–255), er handelt dort aber einmal über »*Das Sterben des Menschen*« (S.132–149), zweitens (B) folgt als Hauptstück (!) »*Die Versöhnung von Gott und Mensch im Sterben Jesu*« (S. 149–255). – Wie leichtfertig hantiert, an JÜNGEL oder EBELING gemessen, H. ZAHRNT unter der Überschrift »*Der Tod Gottes – ein logischer Widerspruch*«, in: *Gott kann nicht sterben*, 3. Aufl. München 1970, S. 52–60, mit diesem (1961 in den USA aufgekommenen) Thema!

G. EBELINGS Seiten über das Theodizeeproblem (Dogmatik des christlichen Glaubens III, Tübingen 1979, S. 511–519) im Rahmen des Kapitels über »*Die Gerechtigkeit Gottes*« (S.509–528) seien empfohlen, wenn mehr Information gewünscht wird. »*Die Selbstrechtfertigung Gottes*« (K. BARTH!) »ist die Rechtfertigung des Menschen durch Gott. Das ist die entscheidende Antwort auf die Frage nach der Theodizee. Die Hiobfrage ist damit nicht verdrängt, sondern in das Christusgeschehen hineingenommen, so daß jeder Leidende glauben darf, sein Leiden und Sterben sei in dem Leiden und Sterben Christi mit aufgehoben.« Das bedeute keinerlei Rechtfertigung des Bösen, dieses bleibe vielmehr entschieden als unerklärliches Dunkel stehen (S. 518f.). Gewiß, die philosophische Theodizee hat dem leidenden Menschen wenig Hilfe zu bieten, »weil sie ihn nicht auf sein Sein vor Gott hin anzusprechen vermag«, während die theologische Rede von Gott die Solidarität mit dem leidenden Menschen und seiner Warum-Frage in den Mittelpunkt rückt (S. 518); das heißt aber auch: das Stichwort ›Theodizee‹ erinnert stets verdeckt an den wirklichen Gott, dessen Macht mit seiner Liebe identisch sein will, ›im Glauben‹, allem leidgenährten Zweifel an dieser Einheit zum Trotz.

Um diesen Punkt zu beenden: W. SPARN (Hrsg.): *Leiden – Erfahrung und Denken.* Materialien zum Theodizeeproblem, München 1980 (Theol. Bücherei, Bd. 67) gibt alles nötige Material, dazu in einem Anhang »Hinweise zur Revision des Theodizeeproblems« in der Gegenwart (S. 247–274), verbunden mit ausführlicher Bibliographie. Ich fand dort Sätze wie »auch wenn die Klage des angefochtenen Glaubens vor Gott zum Lob Gottes fortschreiten kann, so ist doch kein erfahrenes Leiden erklärt und aufgelöst. NIETZSCHE wie LUTHER haben, wenngleich aus ganz verschiedenen Gründen, recht behalten. Sinngebung ist als ›Theodizee‹ nicht mehr möglich« (S. 274). Mir fehlen Platz und Kompetenz, auch diese neuesten Spuren zu verfolgen; sie können aber wenigstens als Wink oder, im Kurzzitat, zuweilen wohl auch zur Korrektur mancher hier nur ausschnitthaft referierten Gedanken dienen. SPARN faßt in seinem Anhang übrigens in trefflicher Knappheit gegenwärtige theologische Lösungen zusammen (BARTH, EHLERT, GOGARTEN, TILLICH [S. 248–252]). Es folgen Philosophie, Psychologie, Soziologie, am Schluß dann noch einmal »Theologische Aufgaben« (S. 264–272), beschrieben auf dem Hintergrund der »posttheistischen Situation«.

82   JÜNGEL, E.: *Tod.* Stuttgart 1971.

83   MÜLLER, A. M. K.: *Der Sturz des Dogmas vom Täter.* In: *Lutherische Monatshefte,* 13. Jg. 1974, S. 468–474.

DERS.: *Vom Sinn des Leides.* In: *Die vielen Namen Gottes. Festschrift für Gerd Heinz-Mohr.* Stuttgart 1974.

DERS.: *Wende der Wahrnehmung. Erwägungen zur Grundlagenkrise in Physik, Medizin, Pädagogik und Theologie.* München 1978.

84   GRESHAKE, G.: *Der Preis der Liebe.* Besinnung über das Leid. Freiburg 1978.

85   ZAHRNT, H.: *Leiden – wie kann Gott das zulassen? Warum ich glaube. Meine Sache mit Gott.* München 1977.

86   Weitgehend mit GRESHAKE decken sich die »Prolegomena zu einer theologischen Bewältigung des Leides« (S.257–266), welche WOLFINGER, F. in: *Leiden als theologisches Problem: Versuch einer Problemskizze* (*Catholica* 32, 1978, S. 242–266) entwickelt.

87   GERSTENBERG, E. S., SCHRAGE, W.: *Leiden.* Kohlhammer Taschenbuchreihe Biblische Konfrontationen. Nr. 1004, Stuttgart 1977.

88   SCHARFFENORTH, G., THRAEDE, K., »*Freunde in Christus werden* …« Die Beziehung von Mann und Frau als Frage an Theologie und Kirche; Reihe Kennzeichen, Band 1, Berlin 1977, S. 18–95.

Mein Dank für ihre Unterstützung bei der Überarbeitung der Jubiläumsausgabe geht an:

MARTIN KUNZ, Der Deutschen Bibliothek Frankfurt am Main
IBO LESSING-BORNMÜLLER, Fotografie
NORBERT LINK, dpa (Foto Reichstag)
MAX-PLANCK-GESELLSCHAFT (Foto Oxydose)
NORBERT STOLZE, Scans, Bildbearbeitung ›Scanco‹
ADREAN TESKE, Graphik-Design
RENATE VÖLKNER VREE (EDV-Textsatz der Bibliographie)
RUTH WALZ (Foto Faust II)

166

Literatur

ADORNO, Theodor W.: *Negative Dialektik.* Frankfurt/M. 1966.
ALHEIT, P.: *Biographieforschung in der Erwachsenenbildung* (Teil I). In: SIEBERT, H.; WEINBERG, J.: *Literatur- und Forschungsreport Weiterbildung,* Münster 13,1984, S. 40 ff. und (Teil II) 14, 1984, S. 31 ff.
ALTNER, G.: *Die Überlebenskrise in der Gegenwart.* Darmstadt 1987, 234 S.
ARBEITSGRUPPE BIELEFELDER SOZIOLOGEN: *Kommunikative Sozialforschung.* München 1976.
ARONSON, E.; PINES, A. M.; KAFRY, D.: *Ausgebrannt.* Stuttgart 1983.

BAAKE, D.; SCHULZE, T. (Hrsg.): *Aus Geschichten lernen. Zur Einübung pädagogischen Verstehens.* München 1979.
BACH, U.: *Dem Traum entsagen, mehr als ein Mensch zu sein. Auf dem Wege zu einer diakonischen Kirche.* Neukirchener, Vluyn 1986, 176 S.
BARTH, K.: *Kirchliche Dogmatik.* Bd. 1 I – IV 4. Zürich 1932–1967, Register 1970.
BATTEGAY, Raymond: *Grenzsituationen.* Bern 1981.
BECK, Ulrich: *Eigenes Leben. Ausflüge in die unbekannte Gesellschaft, in der wir leben.* Beck, München 1995.
BEER, Ulrich: *Lebenskraft aus Lebenskrisen.* Echler, Würzburg 2001.
BERGER, P. L.: *Auf den Spuren der Engel. Die moderne Gesellschaft und die Wiederentdeckung der Transzendenz.* Frankfurt/M. 1961.
BERGER, P. L.: *Zur Dialektik von Religion und Gesellschaft.* Amerik. 1967, Frankfurt/M. 1973.
BERGER, P. L.; LUCKMANN, T.: *Die gesellschaftliche Konstruktion der Wirklichkeit.* Frankfurt/M. 1970 (engl. 1966).
BLOCH, E.: *Das Prinzip Hoffnung.* Suhrkamp, Frankfurt/M. 1959.
BLOCH, E.: *Atheismus im Christentum.* Frankfurt/M. 1968.
BODELSCHWINGH, F. von: *Gespräch mit Dr. Brandt, dem Abgeordneten Hitlers.* In: *Bote von Bethel,* Sonderdruck 66, Archiv Bethel 1964.
BÖHME, W. (Hrsg.): *Ist Gott grausam? Eine Stellungnahme zu Tilmann*

Mosers ›Gottesvergiftung‹. Tagungsbericht der Evangelischen Akademie Bad Herrenalb, o. J.

BOLLNOW, O. F.: *Existenzphilosophie und Pädagogik.* Stuttgart 1962.

BOLLNOW, O. F.: *Krise und neuer Anfang. Beiträge zur pädagogischen Anthropologie.* Heidelberg 1966.

BONHOEFFER, D.: *Widerstand und Ergebung. Briefe und Aufzeichnungen aus der Haft.* BETHGE, G. (Hrsg.): München 1963, 1970.

BRENNING, J. u. a.: *Leid und Krankheit im Spiegel religiöser Traktatliteratur.* Hamburg 1972.

BROCHER, T.: *Vortrag auf dem 17. Deutschen Evangelischen Kirchentag vom 8. – 12. Juni 1977.* In: *Kirchentag: Dokumentarband.* Stuttgart 1978.

BUBER, M.: *Das Erlernte.* In: *Erzählungen der Chassidim.* Zürich 1949.

CAPLAN, G.: *Principles of Preventive Psychiatry.* Tavistock Publication, London 1964.

CAPRA, F.: *Das Tao der Physik.* Bern 1984.

CLOERKES, G.: *Einstellung und Verhalten gegenüber Behinderten. Eine kritische Bestandsaufnahme internationaler Forschung.* Berlin 1985[3].

COHEN, S.; SHERROD, D. R.; CLARK, M. S.: *Social skills and the stress-protective role of social support.* In: *Journal of Personality and Social Psychology 50,* 1986, pp. 963–973.

CONCILIUM: *Frauen in der Männerkirche?* In: *Concilium 41,* 1980.

CUTRONA, C. E.: *Social support and stress in the transition of parenthood.* In: *Journal of Abnormal Psychology 93,* 1984, pp. 378–390.

DAIBER, K. F.: *Leiden als Thema der Predigt. Dokumentation und Auswertung einer Predigtreihe: Leiden des Menschen – Leiden Gottes.* München 1978.

DEUTSCHES ALLGEMEINES SONNTAGSBLATT, DAS, *Nr. 44,* 22. Oktober 1978.

DIAKONISCHES WERK DER EV. KIRCHE IN DEUTSCHLAND, EKD (Hrsg.): *Hilfe für Behinderte. Zweites Schwerpunktprogramm der Diakonie.* Jahrbuch '75. Stuttgart 1975.

DIAKONISCHES WERK DER EV. KIRCHE IN DEUTSCHLAND, EKD (Hrsg.) von 13 Broschüren, u. a.: *psychisch krank,* 1976 – *sinnesbehindert,* 1977 – *körperbehindert,* 1977 – *geistigbehindert,* 1978 – *lebensgestört,* 1979 – *Diakonische Initiativen für Behinderte und Nichtbehinderte, ›Nicht nur 1981‹,* Stuttgart 1982.

DIETERICH, I.: *Biographie, Lebenslauf und Erwachsenenbildung.* In: WEYMANN, A.: *Handbuch für die Soziologie der Weiterbildung.* Darmstadt 1980, S. 403–417.

DREITZEL, H. P.: *Die gesellschaftlichen Leiden und das Leiden an der Gesellschaft? Vorstudien zu einer Pathologie des Rollenverhaltens.* Stuttgart 1968.

168

DREWERMANN, E.: *Leben, das dem Tod entwächst.* Predigten zur Passions- und Osterzeit. Piper München, 1977².

DUQUOC, J., u. a.: *Das Kreuz Christi und das Leid der Menschen.* In: *Concilium 12*, 1976.

EBELING, G.: *Dogmatik des christlichen Glaubens*, Bd. I–III. Tübingen 1979.

EHLERT, W.: *Der christliche Glaube. Grundlinien der lutherischen Dogmatik.* Hamburg 1940.

EHRENBERG, H.: *Hiob der Existentialist.* Heidelberg 1952.

ERIKSON, E. H.: *Identität und Lebenszyklus. Drei Aufsätze.* Frankfurt/M. 1966.

ERIKSON, Erik H.: *Der vollständige Lebenszyklus.* Frankfurt/M. 1988.

FILIPP, S. H. (Hrsg.): *Kritische Lebensereignisse.* München 1981.

FILIPP, S.-H.: *Lebenereignisforschung – Versuch einer (Zwischen)Bilanz.* In: FILIPP, S.-H. (Hrsg.): *Kritische Lebensereignisse.* München, Weinheim 1990².

FISCHER, M.: *Das Geheimnis des Menschen. Theologische Überlegungen zur Zielsetzung der Behindertenhilfe.* In: *Diakonie Jahrbuch 1975.* Stuttgart 1975, S. 75 ff.

FRANKL, V. E.: *Der Mensch vor der Frage nach dem Sinn.* München 1979, 1980².

FRANKL, V. E.: *Ärztliche Seelsorge. Grundlagen der Logotherapie und Existenzanalyse.* Frankfurt/M. 1983.

FREIRE, P.: *Pädagogik der Unterdrückten.* Reinbek bei Hamburg 1973.

FROEHLICH, F.: *Die seelische Verarbeitung lebensbedrohlicher Krankheiten im Jugendalter. Grundprobleme und Möglichkeiten einer stützenden Therapie.* Basel, Stuttgart 1986.

FROMM, E.: *Haben oder Sein. Die seelischen Grundlagen einer neuen Gesellschaft.* Stuttgart 1976, neu bearbeitete Auflage 1979.

FROMM, E.: *Psychoanalyse und Ethik. Bausteine zu einer humanistischen Charakterologie.* Stuttgart 1982.

GADAMER, H. G.: *Wahrheit und Methode. Grundzüge einer philosophischen Hermeneutik.* Tübingen 1960, 1975.

GERSTENBERG, G. S.; SCHRAGE, W.: *Leiden. Reihe Biblische Konfrontationen.* Stuttgart 1977.

GLASER, B. G.; STRAUSS, A. L.: *The Discovery of Grounded Theory: Strategies for Qualitative Research.* Chicago, 1967, 1974; Übersetzung in: HOPF, C.; WEINGARTEN, E.: *Qualitative Sozialforschung*, 1979, S. 91–111.

GLASER, B. G.; STRAUSS, A. L.: *Interaktion mit Sterbenden.* Göttingen 1974. Englischer Originaltitel: *Awareness of Dying.* 1965.

169

GOFFMAN, E.: *Stigma. Über Techniken der Bewältigung beschädigter Identität.* Frankfurt 1963, 1977[3].

GOFFMAN, E.: *Interaktionsrituale über das Verhalten in direkter Kommunikation.* Frankfurt/M. 1971.

GOGARTEN, F.: *Der Mensch zwischen Gott und Welt.* Stuttgart 1956.

GOLAN, N.: *Krisenintervention. Strategien psychosozialer Hilfen.* Freiburg/Br. 1983.

GOLLWITZER, H.: *Krummes Holz – aufrechter Gang. Zur Frage nach dem Sinn des Lebens.* München 1970,1979.

GORE, S.: *Effect of social support in moderating health consequences of unemployment.* In: *Journal of Health and Social Behavior 19,* 1978, pp. 157–165.

GRESHAKE, G.: *Der Preis der Liebe. Besinnung über das Leid.* Freiburg 1978.

GRIESE, H. (Hrsg.): *Sozialisation im Erwachsenenalter.* Weinheim 1979.

GRIMM, R.; HERMAND, J.: *Vom Anderen und vom Selbst. Beiträge zu Fragen der Biographie und Autobiographie.* Freiburg/Br. 1982.

HABERMAS, J.; LUHMANN, N.: *Theorie der Gesellschaft oder Sozialtechnologie – Was leistet die Systemforschung?* Frankfurt/M. 1971.

HABERMAS, J.: *Vorbereitende Bemerkungen zu einer Theorie der kommunikativen Kompetenz.* In: HABERMAS, J.: *Theorie der Gesellschaft,* a.a.O., S. 101 ff.

HABERMAS, J.: *Die Einbeziehung des Anderen.* Suhrkamp, Frankfurt/M. 1996.

HAEFNER, K: *Die neue Bildungskrise.* Basel 1983.

HÄMER, P.: *Rehabilitation von unten. Der Platz der Körperbehinderten im Aufgabenfeld der Kirche.* Mainz 1978.

HELLINGER, B.: *Wo Schicksal wirkt und Demut heilt.* Carl Auer Systeme Verlag, Heidelberg 1998.

HENNINGSEN, J.: *Autobiographie und Erziehungswissenschaft.* Essen 1981.

HENTIG, H. von: *Aufgeräumte Erfahrungen. Texte zur eigenen Person.* München 1983, 324 S. und Ullstein Taschenbuch 34306, Berlin 1985.

HEPHATA Hessisches Diakoniezentrum (Hrsg.), GÖBEL P.; THORMANN, H. E.: *Verlegt – vernichtet – vergessen...? Leidenswege von Menschen aus Hephata im Dritten Reich. Eine Dokumentation.* Plag-Druck, Schwalmstadt/Treysa 1986[2], 88 S.

HILDENHAGEN, G.: *Geschlossene Räume. Photographien. Museum für Kunst und Gewerbe Hamburg. Ausstellung vom 4. Oktober – 9. November 1983.* Hamburg 1983, 16 S.

HOFER, Th., u. a.: *Wenn das Weizenkorn in die Erde fällt. Mit Kindern über Gott und Auferstehung reden.* Gütersloher Taschenbuch 647, Gütersloh 1985.

HURRELMANN, K.; ULICH, D. (Hrsg.): *Handbuch der Sozialisationsforschung*. Weinheim, Basel 1980.

JENS, W. (Hrsg.): *Warum ich Christ bin*. München 1979.

JÜNGEL, E.: *Tod*. Stuttgart 1971.

JÜNGEL, E.: *Gott als Geheimnis der Welt*. Tübingen 1979[3].

JUNG, C. G.: *Antwort auf Hiob*. Zürich 1952[3].

JUNG, C.G.: *Symbole der Wandlung*. GW 5. Olten 1973.

KAISER, 0.: *Einleitung in das Alte Testament*. Gütersloh 1978[4].

KAST, V.: *Der schöpferische Sprung. Vom therapeutischen Umgang mit Krisen*. Olten 1987.

KAST, V.: *Lebenskrisen werden Lebenschancen. Wendepunkte des Lebens aktiv gestalten*. Herder Spektrum, Freiburg 2000.

KATSCHNIG, H. (Ed.): *Life events and psychiatric disorder: Controversial issues*. University Press, Cambridge 1986.

KELLER-HÜSCHEMENGER, M.: *Die Kirche und das Leiden. Versuch einer systematischen Besinnung über ein Menschheitsproblem vom Worte Gottes und der Kirche her*. München 1954.

KIERKEGAARD, S.: *Die Krankheit zum Tode*. Übersetzt und herausgegeben von Liselotte Richter. Frankfurt/M. 1984.

KNOLL, J. H.: *Lebenslauf, Lebenszyklen und Erwachsenenbildung*. In: *Internationales Jahrbuch der Erwachsenenbildung*. Köln 1980, S. 159 ff.

KODALLE, K. M.: *Überwindung antagonistischer Realität?* In: *1/1980*, Frankfurter Hefte.

KOHLI, M.: *Biographie und soziale Wirklichkeit*. Stuttgart 1984.

KRÄMER, H. M.: *Eine Sprache des Leidens. Zur Lyrik von Paul Celan*. München 1979.

KÜBLER-ROSS, E.: *Interviews mit Sterbenden*. Stuttgart 1969. Gekürzte Taschenbuchausgabe, Gütersloh, 1990[15].

KÜBLER-ROSS, E.: *Kommerzialisierte Leiden für verborgene Leiden*. In: Concilium 12, 1976.

KÜNG, H.: *Gott und das Leid*. Einsiedeln, Zürich 1967, 1974[5].

LEITNER, H.: *Lebenslauf und Identität. Die kulturelle Konstruktion von Zeit in der Biographie*. Campus Forschg. 249. Frankfurt/M. 1982.

LEONTJEW, A. N.: *Probleme der Entwicklung des Psychischen*. Königstein 1980.

LOCH, W.: *Lebenslauf und Erziehung*. Essen 1979.

LOHSE, E.: *Märtyrer und Gottesknecht. Untersuchungen zur urchristlichen Verkündigung vom Sühnetode Jesu Christi*. Göttingen 1955.

LUHMANN, N.: *Sinn als Grundbegriff der Soziologie*. In: HABERMAS, J.; LUHMANN, N.: *Theorie der Gesellschaft oder Sozialtechnologie – Was leistet die Systemforschung?* Frankfurt/M. 1971.

LUHMANN, N.: *Funktion der Religion*. Frankfurt/M. 1977.

LUKAS, Elisabeth: *Die magische Frage »Wozu«.* Freiburg/Br. 1991.
LUTHER, M.: *Der Große Katechismus.* ALAND, K. (Hrsg.): *Luther deutsch,* Band 3. Stuttgart 1961.

MADER, E. T.: *Das erzwungene Sterben von Patienten der Heil- und Pflegeanstalt Kaufbeuren-Irsee zwischen 1940 und 1945, nach Dokumenten und Berichten von Augenzeugen.* Blöcktach 1982, 72, 14 S.
MARTI, K.: *Zärtlichkeit und Schmerz.* Neuwied, Darmstadt 1979.
MATTHEWS-SIMONTON, S.: *Heilung in der Familie.* Reinbek 1986.
MAURER, F. (Hrsg.): *Lebensgeschichte und Identität. Beiträge zur Anthropologie.* Frankfurt/M. 1981.
MEAD, G. H.: *Geist, Identität und Gesellschaft aus der Sicht des Sozialbehaviourismus.* Mit einer Einleitung herausgegeben von Charles W. MORRIS. 1934, Frankfurt/M. 1973.
MEERWEIN, F.: *Das ärztliche Gespräch.* Bern, Stuttgart, Toronto 1986.
MEICHENBAUM, D.: *Stress inoculation training.* Pergamon Press, New York 1985.
MEUELER, E.: *Wie aus Schwäche Stärke wird. Vom Umgang mit Lebenskrisen.* Reinbek bei Hamburg 1987.
MITSCHERLICH, M.: *Erinnerungsarbeit. Zur Psychoanalyse der Unfähigkeit zu trauern.* Frankfurt/M. 1987, 175 S.
MOLTMANN, J.: *Der gekreuzigte Gott. Das Kreuz Christi als Grund und Kritik christlicher Theologie.* München 1972, 1976[3].
MOLTMANN, J.: *Neuer Lebensstil. Schritte zur Gemeinde.* München 1977.
MOSER, T.: *Gottesvergiftung.* Frankfurt/M. 1976.
MORLOK, K.: *Wo bringt ihr uns hin? »Geheime Reichssache« Grafeneck.* Stuttgart 1985, 96 S.
MÜLLER, A. M. K.: *Die präparierte Zeit. Der Mensch in der Krise seiner eigenen Zielsetzungen.* Stuttgart 1972.
MÜLLER, A. M. K.: *Der Sturz des Dogmas vom Täter.* In: *Luther. Monatshefte,* 13. Jg. , 1974.
MÜLLER, A. M. K.: *Vom Sinn des Leidens angesichts der totalen Krise.* In: *Die vielen Namen Gottes. Festschrift für Gerd Heinz-Mohr.* Stuttgart 1974.
MÜLLER, A. M. K.: *Wende der Wahrnehmung. Erwägungen zur Grundlagenkrise in Physik, Medizin, Pädagogik und Theologie.* München 1978.

NIPKOW, K. E.: *Erwachsenwerden ohne Gott? Gotteserfahrung im Lebenslauf.* München 1987, 115 S.

ÖKUMENISCHER RAT DER KIRCHEN, ÖRK (Hrsg.): *Leben und Zeugnis der Behinderten in der christlichen Gemeinde. Memorandum einer Konsultation 1978.* In: *Dokumentation epd., evangelischer Pressedienst Nr. 36 a,* 1978.
ÖKUMENISCHER RAT DER KIRCHEN, ÖRK (Hrsg.): *Partners In Life. The*

Handicapped and The Church. Faith and Order Paper No. 89. Genf 1979. Deutsche Ausgabe: Müller-Fahrenholz, G. (Hrsg.): *Wir brauchen einander. Behinderte in kirchlicher Verantwortung.* Frankfurt/M. 1979. *Partners in Life. Dokumentation zum UNO-Jahr 1981.* Genf 1982. *Im Zeichen des Heiligen Geistes. Berichte der Vollversammlung aus Canberra.* Frankfurt/M. 1991.

Opp, K. D.: *Theorie sozialer Krisen.* Hamburg 1978.

Paul, S.: *Begegnungen. Zur Geschichte persönlicher Dokumente in Ethnologie, Soziologie, Psychologie.* 2 Bde. Hohenschäftlarn 1979.

Peccei, A. (Hrsg.): *Zukunftschance Lernen. Club of Rome. Bericht über die achtziger Jahre.* Gütersloh 1980.

Petermann, F.; Noeker, M.; Bode, U.: *Psychologie chronischer Krankheiten im Kindes- und Jugendalter.* München, Weinheim 1987.

Purce, J.: *Die Spirale – Symbol der Seelenreise.* München 1988, 1993², 2001 Englischer Originaltitel: *The Mystic Spiral. Journey of the Soul.* Hudson Ltd., London 1974.

Richter, H. E.: *Lernziel Solidarität.* Hamburg 1974.

Richter, H. E.: *Der Gotteskomplex. Die Geburt und die Krise des Glaubens an die Allmacht des Menschen.* 2. Teil: *Die Krankheit, nicht leiden zu können.* Reinbek bei Hamburg 1979.

Richter, H. E.: *Sich der Krise stellen. Reden, Aufsätze, Interviews.* Reinbek bei Hamburg 1981.

Riedel, Ingrid: *Träume als Wegweiser in neue Lebensphasen.* Kreuz, Stuttgart 1998.

Riedesser, P.; Wolff, G.: *Elterliches Schulderleben bei Erkrankungen ihrer Kinder.* In: *Monatsschrift für Kinderheilkunde, 133,* 1985, S. 315–325.

Ringleben, J.: *›Die Krankheit zum Tode von Sören Kierkegaard‹. Erklärung und Kommentar.* Vandenhoeck u. Ruprecht, Göttingen 1995.

Ringleben, J.: *Gott und das ewige Leben – zur theologischen Dimension der Eschatologie.* In: Stock, K. (Hrsg.): *Die Zukunft der Erlösung. Zur neueren Diskussion um die Eschatologie.* Gütersloh 1994. (Veröffentlichungen der Wissenschaftlichen Gesellschaft für Theologie 7), 49-87.

Ritter, W. H.; Feldmeier, R.; Schoberth, W.; Altner, G. (Hrsg.): *Der Allmächtige. Annäherungen an ein umstrittenes Gottesprädikat.* Vandenhoeck u. Ruprecht, Göttinen 1997.

Rosch Inglehart, M.: *Kritische Lebensereignisse – Eine sozialpsychologische Analyse.* Stuttgart 1988.

Rosenmayr, L.: *Biographie und Geschichtswissenschaft. Wiener Beiträge zur Geschichte der Neuzeit,* Bd. 5. Wien 1979.

Rosenzweig, R.: *Solidarität mit den Leidenden im Judentum.* Berlin, New York 1978.

SCHARFFENORTH, G.; THRAEDE, K.: »*Freunde in Christus werden*«. *Die Beziehung von Mann und Frau als Frage an Theologie und Kirche*. Reihe Kennzeichen, Band 1. Gelnhausen/Berlin 1977.

SCHIFFERS, N.: *Fragen der Physik an die Theologie. Die Säkularisierung der Wissenschaft und das Heilsverlangen nach Freiheit*. Düsseldorf 1968.

SCHMIDBAUER, W.: *Die hilflosen Helfer. Über die seelische Problematik der helfenden Berufe*. Reinbek bei Hamburg 1977.

SCHMITZ, E.: *Erwachsenenbildung als lebensweltbezogener Erkenntnisprozeß*. In: SCHMITZ, E.; TIETGENS, H.: *Erwachsenenbildung*. Stuttgart 1984, S. 95 ff.

SCHNEIDER, Regina: *Krisen als Chancen – zur Bewältigung scheinbar auswegloser Situationen*. Fischer, Frankfurt 2000[3].

SCHUCHARDT, E.: *Biographische Erfahrung und wissenschaftliche Theorie. Studien zur Integrations-Pädagogik (Soziale Integration Band 1)*. Mit Bibliographie der Biographien seit 1900 von Menschen in Krisen wie Krankheit, Behinderung, Sterben und Tod, Partnerverlust; alphabetisch-gegliedert-annotiert. 52 S. Reihe: Theorie und Praxis der Erwachsenenbildung. Klinkhardt Verlag, Bad Heilbrunn 1980, 5. durchges. u. maßgeblich erweiterte Auflage 1993, 225 S.

SCHUCHARDT, E.: *Weiterbildung als Krisenverarbeitung. Beiträge zur Integrations-Andragogik (Soziale Integration Band 2)*. Mit Bibliographie der Literatur zur Krisenverarbeitung seit 1900; gegliedert-annotiert 35 S. Reihe: Theorie und Praxis der Erwachsenenbildung. Klinkhardt Verlag, Bad Heilbrunn 1980, 5. durchges. u. maßgebl. erw. Auflage 1993, 231 S.

SCHUCHARDT, E.: *Warum gerade ich …? Leben lernen in Krisen. Leiden und Glaube. Fazit aus Lebensgeschichten eines Jahrhunderts.* – Mit Bibliographie der über 2000 Lebensgeschichten von 1900 bis zur Gegenwart; alphabetisch – gegliedert – annotiert. Gemeinsames Geleitwort der Generalsekretäre des Weltkirchenrates und des Lutherischen Weltbundes Genf, (1.-6. Aufl. Offenbach, Burckhardthaus-Laetare Verlag 1981 ff.; ab 7. Aufl. V&R 1993), 11. überarb. u. erw. Aufl., Jubiläumsausgabe. Vandenhoeck und Ruprecht, Göttingen 2002, 377 S. mit 13 Abbildungen und 11 Graphiken. Übertragung in Blindendruck und Übersetzung in mehrere Sprachen. Ausgezeichnet mit dem Literaturpreis.

SCHUCHARDT, E.: *Why is this happening to me? Guidance and Hope for those who suffer.* (Translated by LEUBE, K.). Augsburg Minneapolis 1989, pp. 208, First North American edition; ISBN 0-8066-2309-8.

SCHUCHARDT, E.: *Hvorfor netop mig …? Lidelse og tro.* (Pa dansk ved Andersen, Asgar) Dixit 1985, 159 S.

SCHUCHARDT, E.: *The crisis as an opportunity to learn.* In: Women and Disability. Hrsg. Joint UNITED NATIONS Information Commitees – JUNIC / NGO Series on Women and Development. Geneves 1981, ferner in: Zed Books Ltd, London/New Jersey 1991.

SCHUCHARDT, E.: *Internationale Dekade der Behinderten 1982 – 1993*. In: *Internationales Jahrbuch der Erwachsenenbildung.* International Year-Book of Adult Education. L'année internationale de l'éducation des adultes. KNOLL, J. H. (Hrsg.), Köln 1984, S. 100–132.

SCHUCHARDT, E.: *Krisenverarbeitung als Ermutigung zum Leben.* In: *Fernstudium für evangelische Religionslehrer an Sonderschulen,* Studieneinheit 7. Hrsg. Deutsches Institut für Fernstudien an der Universität Tübingen, Tübingen 1984.

SCHUCHARDT, E.: *Jede Krise ist ein neuer Anfang. Aus Lebensgeschichten lernen. Betroffene unserer Zeit berichten im Rahmen des Biographien-Aufrufs „Wir über uns".* Veröffentlichung des Comenius-Instituts. Patmos-Verlag, Düsseldorf 1984, 4. Auflage 1993, 204 S. Übersetzungen in mehrere Sprachen. Ausgezeichnet mit dem AWMM-Buchpreis.

SCHUCHARDT, E.: *Quando la crisi insegna a vivere. Esperienza positiva del dolore.* Roma, 1989. Citta Nuova Editrice.

SCHUCHARDT, E.: *Krise als Lernchance. Analyse von 331 Lebensgeschichten unserer Zeit.* Wissenschaftliche Begleitforschung zum Biographien-Aufruf »Wir über uns«. Veröffentlichung des Comenius-Instituts. Patmos-Verlag, Düsseldorf 1985, 202 S.

SCHUCHARDT, E.: *Erwachsenenbildung / Weiterbildung mit behinderten und nichtbehinderten Menschen.* In: *Handbuch der Erwachsenenbildung,* Bd. 7: Didaktik der Erwachsenenbildung. Hrsg. PÖGGELER, F.; RAAPKE, H. D.; SCHULENBERG, W. , Stuttgart 1985.

SCHUCHARDT, E.: *Unterrichtswerk der BZGA: Menschen mit Behinderungen – Menschen wie Du und ich.* In: *Jeder ist ein Teil des Ganzen. Der alte, der behinderte, der kranke Mensch.* Unterrichtseinheiten der Bundeszentrale für Gesundheitliche Aufklärung (BZGA) im Auftrage des Bundesministers für Familie, Frauen, Jugend und Gesundheit (BMFFG). RUPRECHT, H.; SCHUCHARDT, E.; SCHÜTTE, W. (Hrsg.), Klett-Verlag, Stuttgart 1988.

SCHUCHARDT, E.: *Schritte aufeinander zu. Soziale Integration durch Weiterbildung. Zur Situation in der Bundesrepublik Deutschland.* Forschungsauftrag des Bundesministeriums für Bildung und Wissenschaft (BMBW). Bad Heilbrunn 1987, 380 S.

SCHUCHARDT, E.: *Wechselseitiges Lernen – Wissenschaftliches Kolloquium Weiterbildung.* Dokumentation des BMBW-Kolloquiums und der Ausstellung. Forschungsauftrag des Bundesministeriums für Bildung und Wissenschaft, BMBW-Schriftenreihe: Studien, Band 58, Bonn 1988, 136 S.

SCHUCHARDT, E.: *Ende der UNO-Dekade – Wende zur Integrations-Pädagogik/Andragogik.* In: EBERWEIN, H. (Hrsg.): *Handbuch der Integrations-Pädagogik,* Berlin 1989, 2001[6].

SCHUCHARDT, E.: *Umgang mit Scheitern: „Warum gerade ich?" Chance, Leben zu lernen.* In: *CONCILIUM Internationale Zeitschrift für Theolo-*

gie. Veröffentlichung in 6 Sprachen: deutsch, engl., franz., ital., holländ., portug., 26. Jahrgang Heft 5, 1990.

SCHUCHARDT, E.: *Vom Gesundsein der Kranken.* In: *Was macht den Menschen krank?* 18 kritische Analysen. Internationaler Kongreß *»Gesundsein in eigener Verantwortung«.* Hrsg. von ILLICH, I. u. a., Birkhäuser Verlag, Basel, Boston, Berlin 1991.

SCHUCHARDT, E.: *Anfragen der Erziehungswissenschaft an die Hospizbewegung.* In: Dokumentation der Tagung »Hospiz«. DIAKONISCHES WERK DER EKD (Hrsg.), Stuttgart 1992.

SCHUCHARDT, E.: *Vom Modellversuch zum Bundesgesetz. Freiwilliges Ökologisches Jahr (FÖJ). Forschungsdokumentation der bundesweiten Modellentwicklung.* Forschungsauftrag des Bundesministeriums für Familie, Frauen, Jugend und Gesundheit. Hannover 1994, 177 S.

SCHUCHARDT, E.: *Von Krisen Betroffene. Auf dem Weg zur Integrations-Pädagogik / Andragogik.* In: TIPPELT, R. (Hrsg.): *Handbuch Erwachsenenbildung/Weiterbildung.* Leske Verlag, Leverkusen 1994, 2000[2].

SCHUCHARDT, E.; KOPELEW, L.: *Die Stimmen der Kinder von Tschernobyl – Geschichte einer stillen Revolution.* Herder, Freiburg 1996, 2000[4], 189S.– ukrainische Übersetzung 1996, russische Übersetzung 2001.

SCHUCHARDT, E.: *Krisenmanagement im Spiegel von Lebensgeschichten der Weltliteratur – Jubiläums-Ringvorlesung zum 250jährigen Jubiläum der Technischen Universität Braunschweig.* In: *Wissenschaft, Wirtschaft, Gesellschaft.* BOHNET, M.; LOMPE, K. (Hrsg.), Braunschweig 1996.

SCHUCHARDT, E.: *Das muß ich mir mal von der Seele schreiben...* Lebensgeschichten – erfahren, bedacht, erzählt, geschrieben – als Geburtshilfe zu ›neuem‹ Leben: Bibliotherapie in Krisen. In: Kranke Kinder brauchen Bücher – Bibliotherapie in Theorie und Praxis. Hrsg. Verlag des Deutschen Ärztinnenbundes e.V. München 1996.

SCHUCHARDT, E.: *Leben und Sterben lernen im Spiegel von über 1000 Biographien der Weltliteratur.* In: Sterben und Tod in Europa, BECKER, U.; JOHANNSEN, F. (Hrsg.), Neukirchener Verlag, Neukirchen 1998.

SCHUCHARDT, E.: *EXPO 2000 – Messe- und Ausstellungspädagogik.* In: Erlebnis Erwachsenenbildung – zur Aktualität handlungsorientierter Erwachsenenbildung. Grundlagen der Erwachsenenbildung, CUVRY DE, A. u.a. (Hrsg.), Luchterhand, Frankfurt 1999.

SCHUCHARDT, E.: *Der Mensch hat Vorrang – Stellungnahme zum ›Übereinkommen zum Schutz der Menschenrechte und der Menschenwürde im Hinblick auf die Anwendung von Biologie und Medizin‹ des Europarates – Mit Ergänzungs-Antrag; Fraktionsübergreifender Vorschlag für eine völkerrechtliche Interpretationserklärung zu Artikel 17 Absatz 2 vom 13.08.1999 sowie mit Synopse der Veränderungen in den drei Fassungen 1994, 1995, 1996 des Menschenrechts-Übereinkommens zur Bio-Medizin.* Berlin 2000.

SCHUCHARDT, E. / SCHMINCKE, CH.: *Neue Chancen – Längsschnittstudie mit Patienten der TCM-Klinik am Steigerwald.* Video, Gerolzhofen/ Berlin 2001.

SCHUCHARDT, E.: *100 Jahre HEPHATA – Begründer Dr. Hermann Schuchard:* Leuchtfeuer am Kap Kirche, Innere Mission, Erwachsenenbildung 1901–2001. HEPHATA, Treysa/Kassel 2001.

SCHUCHARDT, E.: *Über den Tod hinaus.* Briefe von Menschen, die ein Organ schenkten oder empfingen. i.V. 2002

SCHUCHARDT, E.: *Darüber habe ich eigentlich noch nie nachgedacht ... !* Kritische Lebensereignisse im Kinder- und Jugendbuch, i. V. 2002

SCHUCHARDT, E.: *Geschwister kann man sich nicht aussuchen. Wir gehören doch zusammen.* i.V. 2002.

SCHUCHARDT, E.: *Brückenbauen – Begegnungsschulen im südlichen Afrika.* Johannesburg/Berlin i.V. 2002.

SCHUCHARDT, E.: *Aufstehen zum Leben* – Tagebuch einer wechselseitigen Sterbe-Begleitung zum ›Leben‹. i.V. 2002.

SCHUCHARDT, E.: *15 Jahre nach Tschernobyl: Kinder von damals – junge Demokraten von heute.* Tschernobyl-Gipfel im Berliner Reichstag, Berlin i.V. 2002.

SCHULTZ, W.: *Die Deutung des Leids im Humanismus und im Christentum.* In: POST, G. H. (Hrsg.): *Theologie und Wirklichkeit.* Kiel 1969.

SCHULZE, H. (Hrsg.): *Der leidende Mensch.* Neukirchen-Vluyn 1974.

SCHWARZER, R.; LEPPIN, A.: *Sozialer Rückhalt und Gesundheit. Eine Metaanalyse.* Göttingen 1989.

SELLIN, E.; FOHRER, G.: *Einleitung in das Alte Testament.* Heidelberg 1965[10].

SELLSCHOPP, A.; HÄBERLE, H.: *Untersuchungen zur Familiendynamik nach dem Verlust eines krebskranken Kindes.* In: BRÄUTIGAM, W.; MEERWEIN, F. (Hrsg.): *Das therapeutische Gespräch mit Krebskranken.* Bern 1985.

SIEBERT, H.: *Erwachsenenbildung als Bildungshilfe.* Heilbrunn 1983.

SÖLLE, D.: *Leiden.* Stuttgart 1973, 1976[3], Herder, Freiburg 1993.

SÖLLE, D.: *Die Hinreise. Zur religiösen Erfahrung. Texte und Überlegungen.* Stuttgart 1975.

SÖLLE, D.: *Gott denken. Einführung in die Theologie.* München 1997.

SPARN, W. (Hrsg.): *Leiden – Erfahrung und Denken. Materialien zum Theodizeeproblem.* (Anhang: *Hinweise zur Revision des Theodizeeproblems, verbunden mit einer ausführlichen Bibliographie.*) Theologische Bücherei Band 67. München 1980.

SPORKEN, P.: *Begleitung in schwierigen Lebenssituationen. Ein Leitfaden für Helfer.* Freiburg 1984.

SZCZEPANSKI, J.: *Die biographische Methode.* In: KÖNIG, R. (Hrsg.): *Handbuch der empirischen Sozialforschung,* Bd. 1. Stuttgart 1974[3], S. 226 ff.

TAUSCH, A.-M.: *Gespräche gegen die Angst.* Zürich 1985.

TERHART, E.: *Institution – Interpretation – Argumentation*. Zum Problem der Geltungsbegründung von Interpretationen. Z. f. Päd., 27. Jg., 4, 1981.

THOMAS, K.: *Selbstanalyse. Die heilende Biographie, ihre Abfassung und ihre Auswirkung*. Stuttgart 1976.

TIETGENS, H.: *Die Erwachsenenbildung*. München 1981.

TILLICH, P.: *Systematische Theologie*, Bd. I–III. Stuttgart 1955–1966.

TISCHLER, G.: *Leiden an der Allmacht Gottes*. In: *Information 82*, 1981. Evang. Zentralstelle für Weltanschauungsfragen EZW (Hrsg.).

UEXKÜLL, T. v.: *Psychosomatische Medizin*. München, Wien 1986.

VAILLANT, G. E.: *Werdegänge. Erkenntnisse der Lebenslauf-Forschung*. Hamburg 1980. Amerikanischer Originaltitel: *Adaptation to Life*. Brown and Company, Boston/Toronto 1977.

WATZLAWICK, P.: *Anleitung zum Unglücklichsein*. München 1983.

WATZLAWICK, P. u.a.: *Menschliche Kommunikation*. München 1972.

WEIL, S.: *Das Unglück und die Gottesliebe*. München 1953.

WEIZSÄCKER, C. F. von: *Wege in der Gefahr. Eine Studie über Wirtschaft, Gesellschaft und Kriegsverhütung*. München 1978.

WEIZSÄCKER, C. F. von: *In Christus – Hoffnung für die Menschheit. Referat zur Friedensfrage. Vollversammlung des Lutherischen Weltbundes. Budapest 22. 7. – 5. 8. 1984*. In: *Dokumentation der VII. Vollversammlung des LWB in Budapest*. Genf 1985.

WELKER, M. (Hrsg.): *Diskussion über Jürgen Moltmanns Buch »Der gekreuzigte Gott«*. München 1979.

WIESE, B. von: *Die deutsche Tragödie von Lessing bis Hebbel*. Hamburg 1948, 1952[2].

WOLFINGER, F.: *Prolegomena zu einer theologischen Bewältigung des Leidens*. In: *Leiden als theologisches Problem: Versuch einer Problemskizze*. In: *Catholica 32*, 1978.

ZAHRNT, H.: *Der Tod Gottes – ein logischer Widerspruch*. In: DERS.: *Gott kann nicht sterben*. München 1970.

ZAHRNT, H.: *Wie kann Gott das zulassen? Hiob – der Mensch im Leid*. München 1996[6].

Spirale – Symbol der Seelenreise
Spiral-Windungen der Scala eliciodale öffnen den Zugang zu den
Vatikanischen Museen und Bibliotheken, Rom 1932

Spirale – Symbol der Seelenreise
Spiral-Schwelle zum innersten Heiligtum,
Megalith-Tempel, Al-Tarxien, Malta 2400–2300 v. Chr.

Gegliederte Bibliographie
der über 2000 Lebensgeschichten
zur Krisenverarbeitung
von 1900 bis zur Gegenwart
mit Annotationen/Kurzinhalten

Auf den folgenden Seiten stelle ich Ihnen über 2000 Bücher vor, in denen es um die Frage *Warum gerade ich ...?* geht, um *Leiden und Glauben* und um *Leben lernen in Krisen*.

Betroffene Menschen erzählen ihre Lebensgeschichte; Berichte und Schilderungen aus anderer Perspektive – von Partnern, Angehörigen, Fachleuten – kommen dazu.

Sie, liebe Leserin, lieber Leser, sind herzlich eingeladen: Lassen Sie diese Menschen mit ihren Schicksalen, Erfahrungen und Gedanken zu sich sprechen.

Geordnet ist die Bücherliste nach den **Ereignissen**, die Anlaß für das krisenhafte Erleben und auch für das Schreiben darüber waren (im folgenden kurz **K** = **Krisen-Ereignis** genannt), sowie nach der **Erzählperspektive** eines jeden Buches (von welcher Person oder Personengruppe es geschrieben wurde).

Beispiel K8^{III}: Das Krisen-Ereignis ist Krebs   **(K8)**,
der Bericht wurde vom Partner (III)
der Betroffenen geschrieben:

Entnehmen Sie bitte alle weiteren Angaben zur Gliederung der Bibliographie den beiden folgenden Seiten 182 und 183.

Symbole für die Erzählperspektiven der Biographen I-V

Erzähl-perspek-tive	Symbol	Frauen als Biographen	Männer als Biographen	Männer und Frauen ge-meinsam als Biographen
Betroffene	I	I	I	I
Eltern	II	II	II	II
Erwach-sene Kinder	IIa	IIa	IIa	IIa
Geschwis-ter	IIb	IIb	IIb	IIb
Ange-hörige	IIc	IIc	IIc	IIc
Partner	III	III	III	III
Fachleute	IV	IV	IV	IV
Betroffene zusammen mit Fachleuten	V	V	V	V

seit 1900

Σ 2034

Erika Schuchardt

182

Übersicht: Gliederung der Bibliographie K¹-K¹⁷

➤ bis 2001	**Kritische Lebensereignisse**		
176	**Lebensstörungen · Krisenanlässe**	S. 184	**K¹**
	• Abhängige Frauen • Abtreibung • Arbeitslosigkeit • Familienprobleme • Kritische Schwangerschaften • Mobbing • Sexuelle Orientierung • Diabetes • Epilepsie • Herzinfarkt • Hirntumor • Koma • Locked-in-Syndrom • Migräne • Neurodermitis • Nierenleiden • Parkinson • Schlaganfall • Tourette-Syndrom • Transplantation		
48	**Sexueller Mißbrauch · Mißhandlung**	S. 195	**K²**
	• Inzest • Vergewaltigung • Sexuelle Ausbeutung		
196	**Sterben · Tod · Freitod · Trauern**	S. 198	**K³**
39	**Trennung · Verlassenwerden · Einsamsein**	S. 209	**K⁴**
	• Adoptionsfolgen • Scheidung • Scheidungskinder • Verlassene Kinder • Verlassene Partner		
489	**Verfolgung · Gefangensein · Gewalt**	S. 213	**K⁵**
	• Holocaust • Konzentrationslager • Zwangsarbeit • Exil • Krieg • Flucht • Rassismus • Asylsuche • Frauenfeindliche Traditionen		
➤ bis 1980	**Langfristige Krankheiten**		
54	**Aids**	S. 238	**K⁶**
21	**Alzheimer Krankheit**	S. 242	**K⁷**
199	**Krebs**	S. 244	**K⁸**
27	**Multiple Sklerose**	S. 254	**K⁹**
258	**Psychische Störungen**	S. 257	**K¹⁰**
	• Angst • Autismus • Borderline-Syndrom • Bulimie/Eß-Brech-Sucht • Magersucht • Depression • Schizophrenie/Multiple Persönlichkeiten • Selbstverletzung • Zwangsverhalten		
154	**Sucht**	S. 271	**K¹¹**
	• Abhängigkeit von Alkohol • Drogen • Nikotin • Medikamenten • Glücks-Spielen		
➤ bis 1970	**Behinderungen**		
92	**Geistige Behinderung**	S. 280	**K¹²**
126	**Körper-Behinderung**	S. 285	**K¹³**
9	**Lern-Behinderung**	S. 292	**K¹⁴**
112	**Sinnes-Behinderung**	S. 293	**K¹⁵**
	• Sehbehinderung • Blindheit • Schwerhörigkeit • Gehörlosigkeit/Taubheit • Taub-Blindheit		
17	**Sprach-Behinderung**	S. 300	**K¹⁶**
17	**Verhaltens-Störung**	S. 302	**K¹⁷**

seit 1900   Erika Schuchardt

Σ 2034   I   II   III   IV   V

Kritische Lebensereignisse <948>

1

1. Lebensstörungen allgemein <176>

Abhängige Frauen · Abtreibung · Arbeitslosigkeit · Familienprobleme · Kritische Schwangerschaften · Mobbing · Sexuelle Orientierung · Diabetes · Epilepsie · Herzinfarkt · Hirntumor · Koma · Locked-in-Syndrom · Migräne · Neurodermitis · Nierenleiden · Parkinson · Schlaganfall · Tourette-Syndrom · Transplantation

Betroffene <53>

Betroffene: Frauen <25>

ALERAMO, Sibilla: *Una donna. Geschichte einer Frau. Autobiographischer Roman.* (Eine Frau erkämpft sich ihre geistig-seelische Unabhängigkeit von einem brutalen Mann und einem engen, abergläubischen Milieu um den Preis des Verzichts auf ihr Kind.) Vlg. Neue Kritik TB, Ffm. 1977, ital. OT: o.A. 1906

ANDERS, Renate: *Grenzübertritt. Eine Suche nach geschlechtlicher Identität.* Fischer TB 3287, Ffm 1984, 185 S.

ANDERSEN, Sigrid: *Herzalarm. Beruflicher Druck – persönliche Konflikte.* (Die Ängste und Schwierigkeiten einer Krankenschwester auf einer Intensivstation.) Kreuz Vlg., Stgt. 1987, 1988², 157 S.

BICHLER, Hannelore: *Der Blitz aus heiterem Himmel. Mein Leben mit Epilepsie.* Jopp Vlg., Wiesbaden 1991, 82 S.

COOKE, Sue: *Zerzaustes Käuzchen. Die Emanzipation einer Epilepsie-Kranken.* Fischer TB 3245, Ffm 1987, 1990², 206 S.; engl. OT: *Ragged Owlet.* Arrow Books Ltd., London 1979

DEITRICK, Frances I.: *Ich bin nicht verrückt.* (Weil F. sich plötzlich verändert und ein unberechenbares Verhalten zeigt, wird sie in eine psychiatrische Klinik eingewiesen. Aber F. spürt, daß sie organisch, nicht psychisch krank ist. Als die Ärzte schließlich einen seltenen Gehirntumor entdecken, beginnt ein neuer, schwerer Leidensweg.) Bastei-Lübbe TB 61372, Berg.-Gladb. 1996¹, 334 S; US OT: *I'm Not Crazy; The True Story of F. D.'s Flight from a Psychiatric Snake Pit to Freedom.* (o.J.)

FALLACI, Oriana: *Brief an ein nie geborenes Kind.* (Nach dem Abbruch einer ungewollten Schwangerschaft Anklage gegen Gott, der Leben entstehen läßt, aber dem Menschen in seiner Not nicht antwortet.) Fischer TB, Ffm. 1999

FELL, Alison: *Jeder Schritt, den du gehst.* (Jane Guthrie durchlebt im London der 70er Jahre eine Zeit starker politischer Spannungen. Ihre innere Zerrissenheit entlädt sich in einem Zusammenbruch.) Droemer Knaur TB 8033, Mchn. 1986, 496 S.; engl. OT: *Every Move You Make.* 1984

GRAYSHON, Jane: *Hinter dem Schmerz die Liebe. Der Bericht einer jungen Frau.* (Leidenszeit nach einer schweren Blinddarmoperation.) Brockhaus TB 439, Wuppertal, Zürich 1989, 1991², 143 S.; engl. OT: *A Pathway Through Pain.* Kingsway Publications Ltd., Eastbourne 1987

GRAYSHON, Jane: *Irgendwo die Freude. Erfahrungen mit Leid und Schmerz.* (Begegnungen mit leidenden Menschen, deren persönliche Erfahrungen zu allgemeingültigen, ermutigenden Erkenntnissen führen.) Brockhaus TB 458, Wuppertal, Zürich 1991, 140 S.; engl. OT: *A Harvest From Pain.* Kingsway Publications Ltd., Eastbourne 1989

HEGEWISCH, Helga: *»Du mußt dein Leben ändern.« Chancen des Neubeginns.* rororo TB 8836, Rb. 1991, 303 S.

HERZER, Sandra Mara: *Ich, Anderson Bigode.* (Die Autorin schreibt über ihr Leben in den Favelas Brasiliens: den Tod des Vaters, die Prostitution der Mutter, die eigene Homosexualität. Kurz bevor ihr Buch erscheint, geht sie mit 20 in den Tod.) Lamuv Vlg., Göttingen 1990, 208 S.; brasil.-portug. OT: *A queda para o alto.* Editoria Vozes Ltda., Petrópolis 1982

KÖNIG, Hera: *Der tödliche Hunger. Erfahrungen einer Diabetikerin.* Fischer TB 3286, Ffm 1983, 150 S.

KRAHE, Susanne: *Adoptiert: Das fremde Organ. Transplantation als Grenzerfahrung.* (Die ev. Theologin – seit fünf Jahren mit der Niere eines jungen Mannes lebend – kämpft darum, »ihn« als Teil ihres neuen Lebens akzeptieren zu können.) Gütersloher TB 1999, 109 S.

LAVANT, Christine: *Kunst wie meine ist nur verstümmeltes Leben.* (Nachgelassene und verstreut veröffentlichte Gedichte, Prosa, Briefe.) Otto Müller Vlg., Salzburg 1978, 280 S.

LINDNER, Michaela: *Ich bin, wer ich bin. Ein öffentliches Leben als Mann und als Frau.* (In ihrem Lebensbericht schildert M. L. offen ihre Kindheit und Jugend in der DDR, ihre lange Gratwanderung zwischen den Geschlechtern und die verschlungene Suche nach ihrer wahren Identität – ein Weg, der auch nach der Geschlechtumwandlung noch nicht zu Ende gegangen ist.) Eichborn Vlg., Ffm 2000, 346 S.

OBERTHÜR, Irene: *Mein fremdes Gesicht. Erzählbericht.* (Die Autorin überlebt einen Unfall, muß aber mühselig – unterstützt durch Psychotherapie – lernen, mit ihrem vernarbten Gesicht zu leben.) Buch-Vlg. Der Morgen, Bln. (damals Ost-) 1984, 1986[3], 160 S.

OTT, Grit: *Mein süßes Leben. Ängste und Hoffnungen einer Diabetikerin.* Vlg. Kirchheim, Mainz 1990, 210 S.

PALMER, Lilli: *Um eine Nasenlänge.* (Über die utopischen Erwartungen an eine Schönheitsoperation.) Droemer Knaur Vlg. Mchn. 1984, 400 S.

SCHLAG, Evelyn: *Die Kränkung.* (Eine Frau findet im Schmerz zu neuem Leben.) Fischer TB 2352, Ffm 1987, 196 S.

SCHWARTZ, Lynne Sharon: *Feldstörungen.* rororo TB 5758, Rb. 1986, 491 S.; US OT: *Disturbance in the Field.* Harper & Row Publishers, NY (o.J.)

STANFORD, Susan M.: *Werde ich morgen weinen? Das Trauma einer Abtreibung und seine Heilung.* (Die Autorin leidet unter der Abtreibung, hat Depressionen und Selbstmordabsichten.) Francke Vlg., Marburg 1989, 142 S.

STOLLER, Caroline: *Eine unvollkommene Schwangerschaft.* (Quälende Zeit der Entscheidung für oder gegen Abtreibung, nachdem festgestellt wurde, daß das erwartete Kind schwer behindert zur Welt kommen würde.) Theolog. Vlg., Zürich 1996, 95 S.

STRUCK, Karin: *Ich sehe mein Kind im Traum. Plädoyer gegen die Abtreibung.* Ullstein 35358, Ffm, Bln. 1994, 294 S.

WEBER, Marianne: *Lernprozeß. Leben mit einem neuen Gesicht.* (Eine Frau muß lernen, mit einem durch Verbrennungen entstellten Gesicht zu leben.) Fischer TB 3291, Ffm 1985, 93 S.

Betroffene: Männer <24>

ANONYM: *Eine männliche Braut. Aufzeichnungen eines Homosexuellen.* Blaurock Vlg., Bln. 1907, 1910[2]; Janssen Vlg., Bln. 1996[3]

BAUBY, Jean-Dominique: *Schmetterling und Taucherglocke.* (Der 43jährige erfolgreiche Redakteur bleibt nach einem Gehirnschlag völlig gelähmt, stumm und unerreichbar – bis eine Therapeutin entdeckt, daß er sich durch Bewegen des linken Augenlids ausdrücken kann und daß seine geistigen Fähigkeiten intakt sind. 15 Monate danach beendet er sein – mit dem linken Augenlid diktiertes – Buch, in dem zum ersten Mal ein Opfer des Locked-in-Syndroms berichtet. Kurz nach der Veröffentlichung 1997 ist Bauby gestorben.) Zsolnay Vlg., Mchn. 1997; dtv TB, Mchn. 1998, 2000[4], 133 S., franz. OT: *Le scaphandre et le papillon.* Paris 1997

BECK, Gad: *Und Gad ging zu David. Die Erinnerungen des Gad Beck 1923–1945.* (Die Geschichte eines Lebenskünstlers, dem es gelungen ist, das Leben zahlreicher weiterer

Juden zu retten. G. B. erzählt von seiner Homosexualität, von Gestapo-Terror und Solidarität.) Ed. Dia TB, Bln. 1995, 189 S.; dtv, Mchn. 1999, 220 S.

BERG, Thomas: *Aufs Spiel gesetzt.* (Der Autor schildert sein Leben und reflektiert als Eigentherapie auch die Folgen eines Herzinfarkts.) Athenäum Vlg., Königstein/Ts. 1984, 399 S.

BERNHARD, Thomas: *Die Kälte. Eine Isolation.* (Jugenderinnerungen des Autors aus der isolierten Welt eines Sanatoriums.) dtv, Mchn. 1984, 150 S.

BRISCH, Bastian: *Seitenwechsel. Die Geschichte eines schwulen Familienvaters.* (Das Buch dokumentiert schmerzhafte Erfahrungen auf dem Weg zu einem einigermaßen akzeptierten schwulen Leben: Verlust von Freunden, erzwungene Dienstversetzung, Bruch mit der Familie, 10 dramatische Lebensjahre.) Männerschwarmskript Vlg., Hbg. 2000, 121 S.

DEUTSCH, Erik: *Epikrise. Krankengeschichte eines Arztes.* (Homosexualität.) Weymann-bauer Vlg., Rostock 1997, 234 S.

FISCHER, Joschka: *Mein langer Lauf zu mir selbst.* (Einer, der es nach persönlichen Katastrophen geschafft hat , sein äußeres und inneres Leben radikal zu ändern.) Kiepenheuer & Witsch, Köln 1999, 200 S.

HAUSMANN, Wilfried: *Hoffnung allein genügt nicht. Rehabilitation nach einer Hirnverletzung.* Matthias-Grünewald-Vlg., Mainz 1988, 1991[3], 120 S.

HOLLINGSWORTH, Charles: *Ausgebrannt. Ein Pfarrer zwischen Scheitern und Neuanfang.* (Ansätze, ein »Burn-out« zu verhindern.) Brockhaus TB 450, Wuppertal, Zürich 1990, 174 S.; US OT: *No Foothold in the Swamp.* 1988

KARASEK, Horst: *Blutwäsche. Chronik eines eingeschränkten Lebens.* (Acht Jahre mit einem unheilbaren Nierenleiden.) Slg. Luchterhand 665, Neuwied 1986, 167 S.

KUPFERSCHMIDT, Alfred: *In des Töpfers Hand. Tagebuchblätter eines Patienten.* Blaukreuz, Bern 1968, 48 S.

McCRUM, Robert: *Mein Jahr draußen.* (Wiederentdeckung des Lebens nach einem Schlaganfall.) Berlin Vlg. 1998; btb / Goldmann TB, Mchn. 2000, 239 S.; engl. OT: *My Year Off.* (o. J.)

MEY, Daniel: *Stahlbein. Bericht vom Überleben eines Unfalls.* (Ein 1961 geborener Mathematikstudent erzählt.) Pendo Vlg., Zürich 1986, 200 S.

MINAHAN, John: *Die Maske.* (Ein 15jähriger, durch Erbkrankheit entstellt, berichtet.) Droemer Knaur TB 1377, Mchn. 1986, 224 S.

MOMSEN, Wilhelm: *Mein Leben – dank Insulin.* Vlg. Kirchheim, Mainz 1990, 78 S.

PANTKE, Karl Heinz: *Locked-in. Gefangen im eigenen Körper.* (Nach einem Schlaganfall.) Mabuse Vlg., Ffm 1999, 174 S.

SAID, Edward W.: *Am falschen Ort.* (E. S., geb. 1935 in Jerusalem, aufgewachsen in Kairo und im Libanon, erinnert sich schmerzlich der Welt seiner Kindheit, denn nach den politisch-militärischen Veränderungen kann er sich heute in keiner Kultur richtig zuhause fühlen.) Berlin Vlg., Bln. 2000, 467 S., OT: o.A.

SCHLEIMER, Walther: *Der Herzinfarkt hat Vorboten. Ein Arzt berichtet über seinen eigenen Herzinfarkt.* R. G. Fischer Vlg., Ffm 1991, 181 S.

SCHÜRHOFF, Hans-Erich: *Auf den Spuren einer Minderheit: Weg ohne Wahl? Lebensbericht eines homosexuellen Arztes.* (Schuld oder Schicksal? Film und Fernsehen, Presse und Theater – alle reden von Homosexualität, aber was ist das wirklich? Ein Betroffener, geb. 1926, versucht eine Antwort. Im Jahr 2001 hat er sein Leben beendet.) Reichhold Vlg., Hann. 1997, 137 S.

SOMMERFELDT, Herbert: *Geänderte Tage. Leben nach einem Schlaganfall.* Alekto Vlg., Klagenfurt 1987, 41 S.

VAUGHAN, Ivan: *Ivan.* (Die mit Optimismus erzählte Geschichte eines bemerkenswerten Mannes und seines Kampfes gegen die Parkinsonsche Krankheit.) Bastei Lübbe TB 61162, Berg.-Gladb. 1989, 330 S.

WERNER, Frank: *Herzland.* (Ein 40jähriger zieht sich wegen einer Herzneurose aus seinem Beruf zurück. Er wird ein »unbehauster« Mensch, der wieder Tritt faßt, als er das Land der Phantasie entdeckt.) List Vlg., Mchn. 1983, 160 S.

WOLA, Frank: *Sebastian, ich will es dir erklären.* (Ein Mann, der es nicht nötig hat, stiehlt ein Hemd. Erst durch Gespräche mit einer Psychologin werden ihm die seelischen Hintergründe bewußt.) Fischer TB 3298, Ffm 1985, 110 S.

Betroffene: gemeinsam <4>

BRÜHLMANN-JECKLIN, Erica: *Amalgan-Report. Chronische Intoxikation durch Quecksilber und Kupfer.* (Notizen der Autorin und Protokolle von weiteren Betroffenen berichten über die z.t. schwerwiegenden Folgen.) Zytglogge Vlg., Bern 1990, 176 S.

DAS LESBISCHWULE COMING-OUT-BUCH. *Lesben und Schwule erzählen ihre Geschichte. Lesben- und Schwulenschulprojekt.* (Das Buch soll Lesben und Schwulen Mut machen, ihr Coming-Out zu wagen, soll Interessierte über gleichgeschlechtliche Lebensweisen informieren, und es soll Eltern helfen, ihre Kinder im Augenblick des Coming-Out nicht zu verletzen.) Fluss e.V., Vlg. Rosa Winkel, Bln. 1999, 255 S.

DIJK, Lutz van (Hg.): *Coming Out. Lesben und Schwule aus aller Welt.* (Lesbisch und schwul – in verschiedenen Ländern und Religionen. Menschen, die sehr stark unter ihrer sexuellen Veranlagung leiden mußten, kommen hier zu Wort.) Vorwort amnesty international. Patmos Vlg., Düsseldorf 1997, 187 S.

PLANKERMANN, Franz (unter ärztlicher Beratung zusammengestellt und überarbeitet nach Zuschriften der Wochenzeitung »7 Tage«): *Kranke sprechen sich aus. So wurde ich geheilt. Ein neuzeitlicher Ratgeber für die Familie.* (Auch als Nachschlagewerk zu verwenden). 3 Bände, Vlg. Klampt 7 Tage TB 1, 2, 3, Speyer 1967, 159; 158; 159 S.

 Eltern <24>

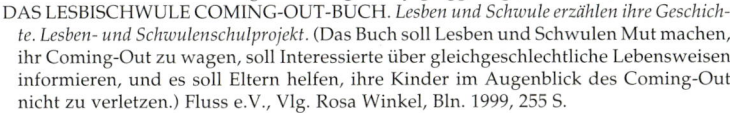
<0>

Eltern: Mütter <19>

ALLENDE, Isabel: *Paula. Autobiographischer Roman.* (Sie sitzt neben dem Bett und stellt sich vor, wie es sein wird, wenn ihre Tochter aus dem Koma erwacht. Wird Paula sich erinnern oder werden sie sich wie zwei fremde Frauen begegnen? So beginnt sie zu erzählen – von ihrer beider Leben, von ihrer Familie, ihrem Land – um die Seele ihrer Tochter zu erreichen, sie zurückzuholen. Erst nach langer Zeit wird sie verstehen, daß sie loslassen muß.) Suhrkamp, Ffm 1992; TB 2000, 487 S.; chil.-span. OT: o.A.

BARTELS, Anke M.: *Mein Kind ist so und nicht anders. Erfahrungen und Ansichten zur homosexuellen Lebensweise ihrer Tochter.* (Nach dem Coming-Out der Tochter bricht für die Mutter zunächst eine Welt zusammen. Doch dann beginnt sie, sich mit ihrer eigenen Geschichte und mit der ihrer Tochter auseinanderzusetzen.) Econ TB, Mchn. 1997, 207 S.

CAINE, Lynn: *Was habe ich bloß falsch gemacht? Mütter und ihre Schuldgefühle.* Goldmann TB 11458, Mchn. 1989, 270 S.; US OT: *What Did I Do Wrong?* (o. J.)

DOERMER, Laura: *Moritz, mein Sohn.* (Moritz leidet an Epilepsie [Lennox-Gastaut-Syndrom].) Goldmann TB 12353, Mchn. 1991, 219 S.

GAUCHAT, Dorothy: *Geliebte Sorgenkinder. Eine ungewöhnliche Familie.* (Pflegekinder.) Herder, Frb. 1977, 191 S.; US OT: *All God's Children.* (o.J.)

GORDON, Jacquie: *Schenkt mir ein Wunder.* (Christines mutiger Kampf gegen ihre unheilbare Krankheit Mukoviszidose.) Goldmann Vlg., Mchn. 1992, 448 S.; US OT: *Give Me One Wish.* NY 1988

HANEK, Gudrun: *Zum zweiten Mal geboren. Tagebuch einer Mutter.* (Die jahrelange Bewußtlosigkeit des 17jährigen Sohnes nach einem Unfall wird durch elterliche Pflege überwunden.) Mitteldt. Vlg., Halle, Lpz. 1991, 160 S.

JACKSON, Marjorie: *Ein Junge namens David.* (Ein Kind mit zwei Gesichtern.) Heyne TB 10/19, Mchn. 1986, 237 S.; engl. OT: *The Boy David.* (o.J.)

KUHNERT, Kirsten: *Jeden Tag ein kleines Wunder. Das Geschenk der Delphine.* (Kirstens Sohn ist nach einem Unfall schwerbehindert, ihre letzte Hoffnung ist die Delphin-

Therapie in Florida. Als Tim dort wieder Lebensfreude zeigt, gründet sie ›dolphin-aid‹.
– (zu Delphin-Therapie s. a. K15[IV] BERCOVITCH, Pascale) Heyne TB, Mchn 2000, 254
S., ill.

KUSZ, Natalie: *Toschka. Ein Mädchen meistert sein Schicksal in den eisigen Weiten Alaskas.*
(Toschka wird im Alter von 6 Jahren von einem Schlittenhund angefallen und grausam
verstümmelt.) Goldmann Vlg., Mchn. 1991, 1992[2], 312 S.; US OT: *Road Song.* NY 1990

LEEWASSERMANN, Marion: *Glück aus zweiter Hand.* (Totgeburt, Fehlgeburt, Kinderlo-
sigkeit – Lösung durch Adoption.) Bastei Lübbe TB 61156, Berg.-Gladb. 1989, 1991[5], 224
S.; US OT: *Searching For the Stork.* 1988

LUNDHOLM, Anja: *Zerreißprobe.* (Ein Elternpaar gerät durch die Verantwortung für sein
geistig und körperlich behindertes Kind in eine schwere Krise.) Hoffmann & Campe
Vlg., Hbg. 1974, 280 S.; Goldmann TB 3877, Mchn. 1978, 288 S.

MÜNSTERMANN, Ute: *Erfolgreiche Neurodermitis-Behandlung nach Professor Dr. E. A.
Stemmann. Erfahrungen einer Mutter.* Kairos Vlg., Peine 1988, 47 S.

ROGGENKAMP, Viola (Hg.): *Von mir soll sie das haben? Sieben Porträts von Müttern von
lesbischen Töchtern.* (Keine Mutter hat gefragt: Bist du lesbisch? Weil die nächste Frage
hätte lauten müssen: Warum bist du lesbisch geworden?) Krug & Schadenberg, Bln.
1996, 197 S.

RUPPERT, Ellen: *Klaus – das Leben nach dem Unfall.* (In dem Buch wird das Leben des
17jährigen Verunglückten »danach« im Kreis seiner Familie geschildert.) Droemer
Knaur TB 2432, Mchn. 1991, 201 S.

SCHINE, Cathleen: *Alice im Bett.* (Alice in 19 Jahre alt, als ihre Hüften infolge eines
rheumatischen Fiebers vollständig versteifen.) Knaur TB 8017, Mchn. 1986, 218 S.; US
OT: *Alice in Bed.* 1985

SCHUSTER, Ursula: *Michaels Fall. Mein Kind ist epilepsiekrank. Erfahrungs- und Ermuti-
gungsbericht.* Blackwell Ueberreuter Wissenschaft, Bln. 1990, 129 S.; Dgvt-Vlg., Tübingen 1999, ill., 129 S.

SEIDICK, Kathryn: *Mit den Anforderungen wächst der Mut. Der Kampf einer Mutter um ihr
schwerkrankes Kind.* (Der Sohn wird mit 8 Jahren zum Dialysepatienten.) Fischer TB
3283, Ffm 1986, 234 S.; US OT: *... or You Can Let Him Go.* 1985

WERNLY-BÜHLER, Daniela: *... auf Tränen Sonnenschein. Schreckliche Diagnosen. Severin:
Kindstod – Melanie: Herzfehler.* Adonia Vlg., Ebmatingen 1994, 136 S.

Eltern: Väter <5>

KALLENBACH, Kurt (Hg): *Väter behinderter Kinder. Geschichten aus dem Alltag.* rororo TB
9639, Rb. 1994[1], 221 S.

SCHMIDT, Klaus Jürgen: *Mein Kind ist behindert. Ein Beitrag zum Verständnis.* (Empfeh-
lungen zur Elternarbeit.) Schindele Vlg., Rheinstetten 1986, 216 S.

SCHNEIDER, Harald: *Aus Tod und Trauer zur Freude am Leben. Gedanken eines alleinerziehenden Vaters. Erzählung.* Scheffler Vlg., Herdecke 1996, 156 S.

SCHREINER, Robert: *Wach auf, kleine Anette.* (Die Geschichte eines an Epilepsie leidenden Kindes wird vom Großvater erzählt.) Kreuz Vlg., Zürich 1984, 224 S.

SIEGEL, Karl Eugen: *Wir durften nicht aufgeben. Ein Vater schildert die letzten Monate der
Schwangerschaft seiner hirntoten Frau und die Geburt seines Sohnes.* Gütersloh, Gütersloher
Vlgs.-Haus 1993[1], ill., 190 S.

 **Erwachsene Kinder <2>**

Töchter <2>

BRONNEN, Barbara: *Die Überzählige. – »Anfänge gibt's zuhauf, aber Ende gibt's nur eins. Ich
will ein gutes Ende, das habe ich verdient.«* (Die Mutter der Autorin erwartet, daß ihre
Tochter sie im Alter pflegt.) Droemer Knaur TB 1466, Mchn. 1986, 304 S.

188

NEIDHART, Kristel: *Niemand soll mich so sehen. Eine Tochter pflegt ihre »verkalkte« Mutter.* (»Protokoll einer Heilung.«) Rotbuch TB 271, Bln. 1983, 96 S.

 **Geschwister <1>**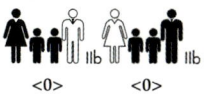

<0>   <0>

Geschwister: gemeinsam <1>
ACHILLES, Ilse: »*... und um mich kümmert sich keiner.*« *Die Situation der Geschwister behinderter Kinder.* (Zu früh werden den Geschwistern behinderter Kinder zu viele Pflichten auferlegt, Rücksichtnahme und Verantwortung abverlangt. Betroffene Kinder berichten.) Piper, Mchn.; Zürich 1995¹, 218 S.

 **Angehörige / Familie: gemeinsam <0>**

<0>

 Partner <2>

<0>   <0>

Partner: Frauen <2>
ARNDT, Bettina: *Am Ende der Liebe steht die Liebe. Geschichte einer nicht vollzogenen Trennung.* (Überwindung einer Ehekrise.) Bastei Lübbe TB 61199, 1991, 1991⁴, 191 S.
JOHANSEN, Margaret: *Damenwalzer.* (Der Ehemann wird vorzeitig zum Pflegefall.) Knaur TB 8018, Mchn. 1986, 160 S.; norweg. OT: *Damens Vals.* Tiden, Norsk Forlag, Oslo 1982

 Fachleute <66>

Fachleute: Frauen <24>
BASS, Ellen / KAUFMAN, Kate: *Wir lieben, wen wir wollen. Selbsthilfe für lesbische, schwule und bisexuelle Jugendliche.* (Authentische Berichte, informative und praktische Ratschlä-ge. Das Buch hilft homosexuellen Jugendlichen, sich selbst anzunehmen und die Anerkennung anderer einzufordern.) Orlanda Frauen-Vlg., Bln. 1999, 240 S.; US OT. o. A.
BELOTTI, Elena Gianni: *Was geschieht mit kleinen Mädchen?* (Über die zwangsweise Herausbildung der weiblichen Rolle in den ersten Lebensjahren durch die Gesell-schaft.) Vlg. Frauenoffensive, Mchn. 1975, 176 S.; ital. OT: *Dalla parte delle bambine.* Mailand 1973
BORG, Susan / LASKER, Judith: *Glücklose Schwangerschaft.* (Fehlgeburt, Totgeburt, Mißbildung.) Tomus Vlg., Mchn. 1983, 189 S.; US OT: *When Pregnancy Fails.* Beacon Press, Boston 1981
BRUEDERL, Leokadia (Hg): *Belastende Lebenssituationen. Untersuchungen zur Bewälti-gungs- und Entwicklungsforschung.* (Bewältigung, Stress: Aufsatzsammlung.) Juventa Vlg., Weinheim 1988, 184 S

189

1

BRUEDERL, Leokadia (Hg): *Theorien und Methoden der Bewältigungsforschung.* (Bewältigung: Aufsatzsammlung). Juventa Vlg., Weinheim 1988, Lit.Verz., 271 S.

BUCH, Andrea / HEINECKE, Birgit u.a.: *An den Rand gedrängt. Was Behinderte daran hindert, normal zu leben.* rororo TB 4642, Rb. 1980, 233 S.

DOWLING, Colette: *Der Cinderella Komplex. Die heimliche Angst der Frauen vor der Unabhängigkeit.* Fischer TB 3068, Ffm 1984[1], 1985[2], 262 S.; Lit.Verz. (8 S.); US OT: *The Cinderella Complex – Women's Hidden Fear of Independence.* 1981

EHRHARDT, Ute: *Gute Mädchen kommen in den Himmel – böse überall hin. Warum Bravsein uns nicht weiterbringt.* (U. Ehrhardt erklärt, mit welchen Mechanismen, Selbstbeschwörungen und impliziten Drohungen Frauen sich selbst daran hindern, ein erfülltes und selbstbestimmtes Leben zu führen). Wolfgang-Krüger-Vlg., o. O. 1995[12], 222 S.

ERNI, Margrit: *Leid als Chance.* (Viele Beispiele geben Anleitung zur Selbsthilfe und wirksamen Hilfe für andere; Konflikte mit Glauben und Kirche; teilweise Lösung durch christlichen Glauben). Walter Vlg., Olten 1991, ill., 173 S.

FILIP, Sigrun-Heide: *Kritische Lebensereignisse.* (Stressbewältigung, Wohnortwechsel, Verlust der Ortsidentität, Krankheiten, Angstbewältigung). Beltz, Psychologie-Vlgs.-Union, Weinheim 1981[1], 1990[2], X, 343 S.

FRISCH, Helga: *Tagebuch einer Pastorin.* (Pastorin in einem Aktionsbüro.) Fischer TB 3059, Ffm 1981, 180 S.

GERSBACHER, Ursula: *Keine Angst vor Krisen im Beruf. So meistern Sie Konflikte am Arbeitsplatz.* Heyne Bücher Frauen Ratgeber Nr. 08/9803: Durchsetzungstraining für Frauen, Mchn. 1994[1], 186 S.

HACKENBERG, Waltraud: *Die psychosoziale Situation von Geschwistern behinderter Kinder.* Schindele Vlg., Heidelb. 1983, 1987[2], 187 S. (Vgl. dazu K1[IIb]: ACHILLES, Ilse)

HASLER, Eveline: *Die Wachsflügelfrau. Geschichte der Emily Kempin-Spyri.* (Sie war ihrer Zeit voraus: die erste Juristin in Europa, die aus der vorgegebenen Frauenrolle – Pfarrersfrau mit 3 Kindern – ausbrach und 1901 in einer Baseler Irrenanstalt starb.) Nagel & Kimche, 1991, 333 S.

HIMMEL-LEHNHOFF, Margit: *Durch Krankheit zum Selbst.* (Wege zu einem neuen Leben. Kranke berichten von ihrem Schicksal.) Econ TB 20377, Düsseldorf 1988, 1991[2], 144 S.

KANNEN, Rosemarie von: *Warum wir töten, was wir lieben sollen.* (Abtreibung.) Andersen Vlg., Bochum 1994, 177 S.

KAST, Verena: *Der schöpferische Sprung. Vom therapeutischen Umgang mit Krisen.* (Analysen von Trauernden, Krankheiten, Angst, Schuldgefühlen: Dialog und Praxis.) dtv 1989[1], 1997[7] 183 S.

MOSENTHIN, Elfriede: *Am Ende bleibt die Menschlichkeit. Als Nachtschwester auf der Pflegestation.* Herder, Frb. 1991, 100 S.

ROSCH-INGLEHART, Marita: *Kritische Lebensereignisse. Ein sozialpsychologische Analyse.* Kohlhammer Vlg., Stgt. 1988[1], 136 S.

SCHRÖDER, Kerstin: *Self-regulation competence in coping with chronic disease.* (Chronische Krankheit, Bewältigung, Selbstregulation). Diss., Freie Universität Bln. 1997; Waxmann Vlg., Münster, NY, Mchn., Bln. 1997, 279, [110] S.

SCHUCHARDT, Erika: *Darüber habe ich eigentlich noch nie nachgedacht ...!* (Kritische Lebensereignisse im Kinder- und Jugendbuch.), i. V. 2001

SEEBERG, Ina: *Kinderstation. Gesichter und Gespräche.* Vlg. Langewiesche-Brandt, Ebenhausen 1983, 1984[2], 178 S.

SIMONTON-MATTHEWS, Stephanie: *Heilung in der Familie.* Rowohlt Vlg., Rb. 1986, 300 S.; kanad. OT: *The Healing Family: The Simonton Approach for Families Facing Illness.* Toronto, NY 1984

TROGLIA, Anita: *Es gab ein Haus, wo ich glücklich war. Lebensschicksale.* (Die Geschichte dreier Menschen, die Schuld auf sich geladen haben und deswegen in schwere seelische Not geraten sind.) Blaukreuz, Bern, Wuppertal 1990, 86 S.

Fachleute: Männer <35>

ACKERMANN, Michael: *Rocky. Der Mann mit der Maske.* (Rocky, der Irokese von der Reeperbahn, verbarg hinter der Maske seine tätowierte Haut.) Brockhaus TB 812, Wuppertal 1987, 1990⁹, 96 S.

BALSEN, Werner u.a.: *Ohne Arbeit geh'ste kaputt.* Reportagen aus dem Innenleben der Krise. Köln 1983

BETTELHEIM, Bruno: *Aufstand gegen die Masse. Die Chance des Individuums in der modernen Gesellschaft.* Kindler Vlg., Mchn. 1980, 331 S., Fischer TB 42217, 1980, 1989, 331 S.; US OT: *Informed Heart.* (o.J.)

BEUTEL, Manfred: *Bewältigungsprozesse bei chronischen Erbkrankheiten.* VCH Vlg.-Ges., Edition Medizin, Weinheim 1988, 333 S.

BLIEWEIS, Theodor: *Wer ein Warum zu leben hat, erträgt fast jedes Wie! Beispiele von Persönlichkeiten in Krankheit und Leid.* Veritas Vlg., Wien 1979, 184 S.

BLY, Robert: *Eisenhans. Ein Buch über Männer.* (Am Märchen vom Eisenhans zeigt R. B. Schritte auf, die zu Selbständigkeit, Selbstbewußtsein und Partnerschaftsfähigkeit im Leben des Mannes führen. – Anregung für Reflexion und Gespräch von Vätern mit heranwachsenden Söhnen.) Droemer Knaur TB, Mchn. 1993, 374 S.; US OT: o.A.

BREINERSDORFER, Fred: *Notwehr.* (Eine Krankenschwester, deren Tochter an Hirnhautentzündung erkrankt, kämpft um deren Leben durch Einsatz eines noch im klinischen Versuch befindlichen Medikaments.) rororo TB 2750, Rb. 1986, 160 S.

DETLEVSSEN, Thorwald / DAHLKE, Rüdiger: *Krankheit als Weg. Deutung und Be-Deutung der Krankheitsbilder.*(Die Autoren wollen zeigen, daß alle Symptome und Krankheiten einen tieferen Sinn für unser Leben haben, weil sie Botschaften aus dem seelischen Bereich vermitteln. So eröffnet das Verständnis der verschiedenen Krankheitsbilder den Weg zur Selbstfindung.) Goldmann TB, Mchn. 1998, 2000, 201 S., ill.

DIJK, Lutz van: *Homosexuelle zwischen Todesstrafe und Emanzipation.* (Ein 17jähriger und sein Freund werden zusammengeschlagen, weil sie homosexuell sind. Eine Frau muß aus ihrer Heimat Simbabwe fliehen, weil sie lesbisch ist. Ihre Geschichten stehen für viele, die keine andere Wahl haben: Sie müssen öffentlich für ihre Form der Liebe einstehen.) Elefanten Press Bertelsmann, Mchn. 2001, 128 S.

GERMAIN, Carel B. / GITTERMANN, Alex: *Praktische Sozialarbeit.* (Lebenskrisen und ihre Bewältigung). Enke Vlg., Stgt. 1999³, 738 S., Lit.Verz. (35 S.), US OT: *General Method of Social Work Practice – The Life Model of Social Work Practice.* (o.J.)

HAMBRECHT, Martin: *Das Leben neu beginnen. Wenn Therapie zur Lebensschule wird.* (Fallbeispiele aus der psychosomatischen Klinik Herrenalb.) Kösel Vlg., Mchn. 1983, 185 S.

HELLINGER, Bert: *Was in Familien krank macht und heilt. Ein Kurs für Betroffene.* 2000, 320 S., ill., ISBN 3–89670–123–1; Walter-Vlg. Düsseldorf Hörbuch., Audio-Cassette 2001, gesprochen vom Autor

HELLINGER, Bert: *Wo Schicksal wirkt und Demut heilt. Ein Kurs für Kranke.* (Der bekannte Familientherapeut arbeitet mit Menschen, die an schweren chronischen Krankheiten leiden – z. B. Morbus Crohn, Muskelschwund, Multiple Sklerose, Rheuma, Krebs – und zeigt, wie familiengeschichtliche Hintergründe von schweren Krankheiten oder Selbstmordgefährdung ans Licht gebracht und Lösungen für die Patienten gefunden werden können.) 1998, 309 S., ill.

HESSE, Jürgen / SCHRADER, Hans Christian: *Auf einmal nicht mehr weiter wissen.* (Telefonseelsorge – ein Spiegel unserer Probleme.) Fischer TB 4292, Ffm 1988, 223 S.

HINZE, Dieter: *Väter und Mütter behinderter Kinder. Der Prozeß der Auseinandersetzung im Vergleich.* Diss., Freie Universität Bln. 1989; Programm Ed. Schindele im Univ. Vlg. Winter, Heidelb. 1991, 233 S.; 1999³, 229 S.

KAPUSTIN, Peter / KUCKUCK, Ralf / SCHEID, Volker (Hg): *Bewegung und Sport bei schwer- und schwerstbehinderten Menschen.* Fach-Vlg. Meyer & Meyer 1999, 200 S.

KIM, Yo Suk: *Das Dorf der Vergessenen. Erlebnisse in Korea.* (Kim schildert das Leiden von Leprakranken.) Hänssler Vlg., Neuhausen 1991, 190 S.; korean. OT: o.A.

1

KOHLMANN, Carl-Walther: *Persönlichkeits- und Emotionsregulation. Defensive Bewältigung von Angst und Stress.* Vlg. Huber, Bern 1987[1], 244 S; Lit.Verz. (17 S.)

KRÄMER, Günter: *Dem Schlaganfall vorbeugen.* Trias TB, Stgt. 1997[2], 163 S.

KRÄMER, Günter: *Epilepsie: Antworten auf die häufigsten Fragen. Hilfreiche Informationen für Interessierte und Betroffene.* Trias TB, Stgt. 2000, 324 S.

KRAUSE, Matthias Paul: *Elterliche Bewältigung und Entwicklung des behinderten Kindes. Eine Längsschnittuntersuchung unter besonderer Berücksichtigung des Interaktionsverhaltens.* Diss., Universität Bremen 1996; Lang Vlg., Bd. 17, Ffm, Bln., Bern, NY, Paris, Wien 1997, 369 S.

LANDECK, Günter: *Krankheitsbewältigung und Paardynamik bei Patienten der offenen Herzchirurgie.* (Eine 6-Jahres-Katamnese.) Ferber Vlg., Gießen 1989, 133 S.

LAUSTER, Peter: *Lassen Sie der Seele Flügel wachsen. Wege aus der Lebensangst.* Econ Vlg., Düsseldorf 1978; rororo 7361, Rb. 1987 (146.–160. Tsd.), ill., 250 S.

ROTH, Joseph: *Hiob. Roman eines einfachen Mannes.* (Mendel Singer, dieser galizische Hiob der 20. Jahrhunderts, verliert nicht nur ein Kind nach dem anderen, sondern auch seine Frau, die aus Gram stirbt. Nun bleibt ihm nur noch sein behinderter Sohn Menuchim, den er zurückließ, als er in die USA emigrierte.) Allert de Lange Vlg., Amsterdam 1930; Kiepenheuer & Witsch, Köln 1974, 1982, 216 S.; ebenda 1994, 208 S.; Audio Book Cassette, Der Hoer Vlg. DHV 1999

SACKS, Oliver: *Die Insel der Farbblinden. / Die Insel der Palmfarne.* (Südseeinseln: Forschung an insular entstandenen neurologischen Erkrankungen: totale Farbenblindheit und das bislang unheilbare ›Lytico-Bodig‹.) Rowohlt Vlg., Rb. 1997[3], 1998, ill., 350 S.; US OT: *Island of the Color Blind.* (o.J.)

SACKS, Oliver: *Eine Anthropologin auf dem Mars. Sieben paradoxe Geschichten.* (Fallgeschichten: Blindheit, Farbblindheit, Amnesie, Autismus u.a.m.). rororo TB, Rb. 1995, 1997, ill., 448 S.; US OT: *Anthropologist on Mars.* (o.J.) (s. dazu K10[1]: GRANDIN, T.)

SACKS, Oliver: *Migräne.* rororo TB, Rb. 1998, ill., 508 S.; US OT: *Migraine.* (o.J.)

SIEGEL, Bernie S.: *Liebe, Medizin und Wunder. Heilerfolge aus der Praxis eines mutigen Arztes.* (Der Chirurg berichtet von Heilerfolgen und zeigt auf, welche Faktoren den Krankheitsverlauf positiv beeinflußt haben.) Econ TB 23063, Düsseldorf 1983, 190 S.

ULICK, Dieter: *Krise und Entwicklung zur Psychologie der seelischen Gesundheit.* (Psychische Krisen, Persönlichkeitsentwicklung). Psychologie-Vlgs.-Union, Mchn. 1987, VIII, 222 S.; Lit.Verz. (11 S.)

WENTURA, Dirk: *Verfügbarkeit entlastender Kognitionen. Zur Verarbeitung negativer Lebenssituationen.* Beltz, Psychologie-Vlgs.-Union 1995, VI, 203 S.

WIEDERMANN, Hans-Georg: *Homosexuell. Ein Buch für homosexuell Liebende, ihre Angehörigen und ihre Gegner.* (Das Buch stellt Homosexualität als etwas Normales dar. Es zeigt auf, wieviel Ängste dennoch damit behaftet sind, und wie Menschen damit umgehen können – Betroffene wie Gegner.) Kreuz Vlg., Stgt. 1998[1], TB 1999, 199 S.

WROSCH, Carsten: *Entwicklungsfristen im Partnerschaftsbereich. Bezugsrahmen für Prozesse der Aktivierung und Deaktivierung von Entwicklungszielen.* (Trennung und Bewältigung; kognitive Orientierung; Entwicklungspsychologie). Diss., Freie Universität Bln. 1997; Waxmann Vlg., Münster NY, Mchn., Bln. 1999, 224 S.

ZIMMERMANN, Lothar (Hg): *Belastungen und Streß bei der Arbeit. Körperliche und psychische Beanspruchung – Gesundheit – Erholpausen. Arbeitswissenschaft – Gesetze – Gewerkschaftliches Handeln.* Band 5 von: *Humane Arbeit – Leitfaden für Arbeitnehmer.* rororo aktuell 4945, Rb. 1982[1], ill., 249 S.

ZINK, Jörg: *Vielleicht ist es noch nicht zu spät.* (Ein Buch gegen die Resignation Betroffener.) Kreuz Vlg., Stgt. 1983, 190 S.

ZURBRÜGG, Gottfried: *In einem fernen Land. Tagebuch aus einer Sonderschule.* Edition Marhold, Bln., 89 S.

Fachleute: gemeinsam <7>

IV AMMANN, Wiebke / BACKOFEN, Ulrike / KLATTENHOFF, Klaus (Hg): *Sorgenkinder*

– *Kindersorgen. Behindert-werden, behindert-sein als Thema in Kinder- und Jugendbüchern.* Bibliotheks- und Informationssystem der Universität Oldenburg, 1987, 211 S.

DER HOMOSEXUELLE NÄCHSTE. *Symposionband.* (Diese Buch ist ein Zeitdokument, denn es zeigt den damaligen Stand von Kenntnis und Meinung unter Fachleuten [Mediziner, Psychologen / Psychiater, Sozialwissenschaftler, ev. Theologen / Ethiker, Juristen] und in der Gesellschaft zum Problem der Homosexualität, aber auch den Beginn von Einstellungsänderungen, die – allerdings erst 30 Jahre später – zur Streichung von § 175 StGB führte.) Furche Vlg., Hbg. 1963, 288 S.

HASSENMÜLLER, Heidi / WIEDEMANN, Hans-Georg: *Warum gerade mein Kind? Interviews mit Eltern homosexueller Kinder.* (H. H. ist eine bekannte Jugendschriftstellerin in Holland, H.-G. W. ist Theologe und Gründer der Selbsthilfegruppe für Eltern homosexueller Kinder.) Patmos Vlg., Düsseldorf 1998, 155 S.; niederländ. OT o.A.

ILLICH, Ivan / WATZLAWICK, Paul / KAST, Verena / CHARGAFF, Erwin: *Was macht den Menschen krank? 18 kritische Analysen.* Birkheimer Vlg., Basel, Boston, Bln. 1991, 224 S.

KRÄMER Günter / RITVA, A. / SÄLKE-KELLERMANN: *Lennox-Gastaut-Syndrom.* Vlg. Blackwell Wissenschaft, Bln. 1998

LEHMKUHL, Gerd (Hg): *Chronisch kranke Kinder und ihre Familien.* Quintessenz Vlg., Mchn. 1996, ill., Literaturangaben, 279 S.

TESCH-RÖMER, Clemens u.a. (Hg): *Psychologie der Bewältigung.* Beltz Psychologie-Verlags-Union, Weinheim 1997, Literaturangaben, 306 S.

 **Betroffene zusammen mit Fachleuten <28>**

Betroffene zusammen mit Fachleuten: Frauen <12>

BEUYS, Barbara: *Am Anfang war nur Verzweiflung. Wie Eltern behinderter Kinder neu leben lernen.* Rowohlt Vlg., Rb. 1984, 155 S.

CERMAK, Ida: *Ich klage nicht.* (Begegnung mit Krankheit in Selbstzeugnissen schöpferischer Menschen.) Diogenes Vlg., detebe TB 21093, Zürich 1983, 336 S.

EICKSTEDT, Schieche von (Hg): *Ist Aufopferung eine Lösung? Mütter behinderter Kinder berichten.* Frauenbuch Vertrieb, Bln. 1981, 128 S.

GIUDICE, Liliane: *Die Kraft der Schwachen. Über das Kranksein.* (Begegnungen mit leidenden Menschen, deren persönliche Erfahrungen zu allgemeingültigen, ermutigenden Erkenntnissen führen.) Kreuz Vlg., Bln. 1979, 186 S.

LERCHER, Lisa (Hg): *Weil der Papa die Mama haut. Kinder aus dem Frauenhaus zeichnen und erzählen.* (Das Buch erleichtert es, mit Kindern über Gewalt in der Familie zu sprechen und Auswege zu suchen. Es zeigt Kindern, daß sie mit ihren Erfahrungen von Gewalt nicht allein sind und keine Schuld daran tragen.) Donna Vita Vlg., Ruhnmark 1997, 148 S., ill.

MÜLLER-LUCKMANN, Elisabeth: *Die große Kränkung. Wenn Liebe ins Leere fällt.* rororo 8720, Rb. 1990 (36. Tsd.), 137 S.

NORWOOD, Robin: *Briefe von Frauen, die zu sehr lieben. Betroffene machen Hoffnung.* (Zeugnisse von Frauen, die sich aus Abhängigkeiten – Drogen, Alkohol, Sex – befreien konnten u.v.a.m.). Rowohlt, Rb. 1988¹, 412 S.; Lit.Verz. (4 S.); US OT: *Letters from Women Who Love Too Much. A Closer Look at Relationship, Addiction and Recovery.* NY 1988

PREKOP, Jirina / SCHUCHARDT, Erika: *Du wirst damit leben lernen!* (Gespräche über kritische Lebensereignisse.) Quell Vlg., Stgt. 1993; Vandenhoeck & Ruprecht, Göttingen 1993

QUACK-KLEMM, Monika (Hg): *Lebenskandidaten: »Wir lassen uns nicht begraben, ehe wir tot sind.« Grenzerfahrungen und Alltägliches von jungen Menschen mit Krankheit und Behinderung.* Attempto Vlg., Tübingen 1994², ill., XI, 219 S.; Lit.Verz. (6 S.)

RUNGE, Annelie (Hg): *Angst am Arbeitsplatz. Umgang mit einem alltäglichen Gefühl.* Kreuz Vlg., Zürich 1990, 157 S.

SCHUCHARDT, Erika: *Geschwister kann man sich nicht aussuchen. Wir gehören doch zusammen.* i.V. 2002

SCHUCHARDT, Erika: *Über den Tod hinaus. Briefe von Menschen, die ein Organ schenkten oder empfingen.* i. V. 2002

Betroffene zusammen mit Fachleuten: Männer <7>

BÖSCHEMEYER, Uwe: *Herausforderung zum Leben. Lebenskrisen und ihre Überwindung.* (z.B.: Selbstannahme, Sinnfindung, Aussöhnung mit den Eltern bzw. mit den Kindern; Trennung vom Partner.). Kabel Vlg., Hbg. 1991, 189 S.

HUBER, Norbert (Hg): *Lebensgeschichten behinderter Menschen,* Lambertus Vlg., Frb. 1995, ill., 94 S.

PHILIPP, Ruth / ZIMMERLING, Peter: *Ich sage dir: Steh auf! Die Geschichte einer Heilung.* (Erkrankung des motorischen Nervensystems / Myasthenie.) Brendow, Moers 1991, 86 S.

PRAY, Lawrence / EVAN, Richard: *Wie ich mit Diabetes leben lernte.* rororo TB 7886, Rb. 1985, 256 S.; amerikan. OT: o.A.

RUMPELTES, C.: *Arbeitslos. Betroffene erzählen.* Rowohlt, Rb. 1982

SCHWARZER, Ralf / JERUSALEM, Matthias (Hg): *Gesellschaftlicher Umbruch als kritisches Lebensereignis. Psychosoziale Krisenbewältigung von Übersiedlern und Ostdeutschen.* Juventa Vlg., Weinheim 1994, 288 S.

SCHULTZ, Hans Jürgen (Hg): *Schmerz. Zeitzeugen berichten über ihre Erfahrungen und Erkenntnisse.* Sendereihe des Süddeutschen Rundfunks. Kreuz Vlg., Stgt. 1990, 292 S.

Betroffene zusammen mit Fachleuten <9>

DPWV: DEUTSCHER PARITÄTISCHER WOHLFAHRTSVERBAND (Hg): *Unser Alltag – behinderte Menschen, ihre Eltern und Familienangehörige berichten.* Schriften des DPWV Nr. 39, Ffm 1981, 186 S.

FINGERHUT, Ralf / MANSKE, Christel: *Ich war behindert an der Hand der Lehrer und Ärzte. Protokoll einer Heilung.* rororo TB 7853, Rb. 1984, 121 S.

GABEL, Claudia und Wolfgang: *Hindernisse oder wir sind keine Sorgenkinder.* (Die Betroffenen selbst – Behinderte, Freunde, Angehörige, Betreuer – schreiben gegen das ›Sorgenkind-Denken‹.) Benziger Vlg., Zürich 1981, 157 S.

PAUSCH, Alfons und Jutta: *Kraft in den Schwachen. Lebens- und Glaubenserfahrungen behinderter und kranker Menschen.* Matthias-Grünewald-Vlg., Mainz 1990, 1991[2], 224 S.

PIPER, Hans-Christoph und Ida: *Schwestern reden mit Patienten.* Vandenhoeck & Ruprecht Vlg., Göttingen 1979, 1985[4], 114 S.

SCHUCHARDT, Erika (Hg): *Jede Krise ist ein neuer Anfang. Aus Lebensgeschichten lernen.* (Betroffene unserer Zeit berichten im Rahmen des Biographien-Aufrufs: »Wir über uns.«) Patmos Vlg., Düsseldorf 1985, 1993[4], 202 S.

SCHUCHARDT, Erika / SCHMINCKE, Christian: *Neue Chancen,* Berlin 2001, s. K8[V]

SCHUCHARDT, Erika: *Krise als Lernchance. Analyse von 331 Lebensgeschichten unserer Zeit.* (Wissenschaftliche Begleitforschung zum Biographien-Aufruf: »Wir über uns.«) Patmos Vlg., Düsseldorf 1985, 202 S.

STEINER, Erika / GEISSLER, Jürgen: *Neurodermitis. Der geglückte Behandlungsversuch einer Mutter.* Hippokrates Vlg., Mchn. 1987, 1989[3], 176 S.

STÖSSEL, Pius: *Myriam ... warum weinst du? Die Leiden der Frau nach der Abtreibung.* (Abtreibungstrauma / Post-Abortion-Syndrom. Betroffene Frauen und Ärzte berichten.) Stiftung Ja zum Leben – Mütter in Not, Uznach 1996, ill., 176 S.

194

2. Sexueller Mißbrauch · Mißhandlungen <48>

Inzest · Vergewaltigung · Sexuelle Ausbeutung

Betroffene <14>

<0>

Betroffene: Frauen <13>

BÖHM, Bettina: *Stumme Fluchten. Eine Inzestgeschichte.* dtv-TB 30368, Mchn. 1993[1], 251 S.

BRONSON, Catherine: *Leben nach dem Inzest. Frauen überwinden traumatische Erfahrungen.* Heyne TB 101, Mchn. 1993[1], 444 S.; US OT: *Growing Through The Pain.* (o.J.)

DIZENZO, Patricia: *Warum ich? Jennys Geschichte. Mit 16 vergewaltigt.* Bastei-Lübbe TB 61108, Berg.-Gladb. 1987, 1996[11], 171 S.; US OT: *Why Me? The Story of Jenny.* NY 1976

GERBER-HESS, Maja: *Und konnte nicht schreien. Mit 18 vergewaltigt.* Rex-Vlg., Luzern, Stgt. 1996[2], ca. 240 S.

HANSEN, Tracy: *Ich redete mir ein, daß es nicht gewesen war. Geschichte einer Heilung nach sexueller Gewalt in der Kindheit.* Herder, Frb. 1993, 140 S.; engl. OT: *Seven For a Secret.* (o.J.)

KAREDIG, Anne: *Zieh dich schon mal aus, ich hol' inzwischen den Stock. Versuch einer Aufarbeitung.* (Inzest.) Fischer TB 10382, Ffm 1990, 1991[3], 143 S.

LIEDERMANN, Manon: *Die Dunkelheit, die niemand kennt.* (Erblindung mit 13 – Vergewaltigung – Selbstverletzungen, dann endlich bekommt sie Hilfe.) Bastei-Lübbe TB 61415, Berg.-Gladb. 1998[1], 237 S.

MEYER, Kristina: *Das doppelte Geheimnis. Weg einer Heilung – Analyse und Therapie eines sexuellen Mißbrauchs.* Herder TB 4293, Frb. 1994[1], 223 S.

NEUMANN, Rebecca: *Der unterdrückte Schrei. Sexueller Mißbrauch. Mein langer Weg zur Heilung.* Brunnen Vlg., Basel, Gießen, 214 S.; engl. OT: o. A.

RACHUT, Ellen: *Durch dichte Dornen. Geschichte einer Therapie nach sexueller Gewalt.* Votum Vlg., Münster 1996, 247 S.

RAMSEY, Martha: *Damals war ich dreizehn. Eine Vergewaltigung.* Droemer Knaur TB 77129, Mchn. 1997[1], 377 S.; US OT: *Where I Stopped.* (o.J.)

SESSIONS, Shelley: *Dunkle Begierde. Eine wahre Geschichte von Inzest und Gerechtigkeit.* Bertelsmann-Club 1993, 312 S.; Bastei-Lübbe TB 13352, Berg.-Gladb. 1996[5], 317 S.; US OT: *Dark Obsession.* (o.J.)

WYSS-ZAUGG, Margaretha Therese: *Das Ungeheuer. Zwischen Ekel und Lust. Aus meinem Leben.* KoFa Vlg., Zürich 1998, ill., 207 S.

Betroffene: gemeinsam <1>

WESTMEIER, Arline / AESCH, Ellen von / GLÖCKL, Peter: *Ich habe es überlebt. Das dunkle Geheimnis: Sexueller Mißbrauch.* Blaukreuz, Wuppertal, Bern 1997, ill., 127 S.

Eltern <2>

<0>

Eltern: Mütter <1>

LAPPESSEN, Katharina: *Was ist mit Anna?* (Die Autorin arbeitet als Psychotherapeutin mit sexuell mißbrauchten Kindern und Frauen und bemerkt erst spät, daß ihre eigene Tochter betroffen ist.) Frauenoffensive, Mchn. 1991, 179 S.

Eltern: Väter <1>

MARCHAL, Paul: *Spurlos verschwunden.* (Zum gleichen Thema: Porno-Mafia und sexu-

elle Ausbeutung von Kindern s. u. K2[IV]: JAMIN, Peter) Bastei Lübbe TB 61431, Berg.-Gladb. 1999[1], 236 S.; niederländ. OT: *Op zoe naar An en Eefje* (o. J.)

2  Erwachsene Kinder <20>

IIa

<0>

Töchter <19>

B., Monika / Karin JÄCKEL (Hg.): *Ich bin nicht mehr eure Tochter. Die wahre Geschichte eines Mädchens, das jahrelang in der Familie sexuell mißbraucht wurde.* Scherz Vlg., Mchn. 1993[1]; Dt. Bücherbund, Stgt. 1994, 319 S.; Scherz Vlg. 1995[6], 320 S.; Bastei-Lübbe TB 61335, Berg.-Gladb. 1995[2], 1995[3], 381 S.

CHASE, Truddi: *Aufschrei.* (Seit frühester Jugend wird T. C. von ihrem Stiefvater sexuell mißbraucht, ihre Seele zerbricht. Das erschütternde Zeugnis einer Persönlichkeitsspaltung.) Bastei-Lübbe TB 61133, Berg.-Gladb. 1988, 1992[20], 562 S.; 1995[27], 559 S.; US OT: *When Rabbit Howls.* (o.J.)

DIEBALL, Cornelia: *Nenn mir einen Grund ... Das Schweigen brechen. Ein Bericht.* (Nach dem Tod der Mutter bleibt die 7jährige Cornelia mit dem alkoholabhängigen Vater allein, kann erst mit 18 seiner Gewalt entkommen und sich mit dem Geschehenen auseinandersetzen. Sie schrieb mit 23 dieses Buch, um anderen Betroffenen und deren Umwelt Hilfestellung zu geben.) Snayder Vlg., Paderborn 1995[1], 1997, 112 S.

FRASER, Sylvia: *Meines Vaters Haus. Die Geschichte eines Inzests.* (Der lange Weg zur psychischen Gesundung nach Mißbrauch in der Kindheit.) Claassen Vlg., Düsseldorf 1988, 287 S., Fischer TB 4751, Ffm 1990, 1994 (39. Tsd.); kanad. OT: *My Father's House; A Memoir of Incest and Healing.* Toronto 1987

FREY, Pia: *Die »Liebe« meines Vaters. Annäherung an einen sexuellen Mißbrauch.* Fischer TB 11121, Ffm 1993[1], 191 S.

FRIESS, Donna L.: *Jetzt kann ich nicht mehr schweigen.* (Sexueller Mißbrauch durch den Vater.) Bastei-Lübbe TB 61405, Berg.-Gladb. 1998; US OT: o.A.

FRÖHLING, Ulla: *Vater unser in der Hölle. Ein Tatsachenbericht.* (Als Kind mißbrauchte, multiple Persönlichkeit.) Kallmeyer Vlg., Seelze-Velber 1996, 384 S.; Lit.Verz. (3 S.)

GALEY, Iris: *Ich weinte nicht, als Vater starb.* (Kindesmißbrauch.) Zytglogge Vlg., Gümlingen, 1988, 199 S.; Piper TB 1476, Mchn. 1993[3]; neuseeländ. OT: *I Couldn't Cry, When Daddy Died.* 1986

GERBER, Charlotte: *LügenLeben. Die erschütternde Geschichte einer gutbürgerlichen Kindheit.* (Als Kind mißbraucht). dtv 30472, Mchn. 1995

GERBER, Charlotte: *Steine am Grunde des Teiches.* Innaron Vlg. 1998[1], 350 S.

MÜLLER, Hildegard: *Der Sauhund. Ein Familienbericht. Geschändet, gedemütigt, erpreßt.* Scalo Vlg., Zürich, Bln., NY 1996[1], ill., 126 S.

NELLY: *Ich war seine kleine Prinzessin.* (Vom Vater sexuell mißbraucht. Erst als 17jährige traut sie sich, ihren Vater anzuzeigen.) Bastei-Lübbe TB 61355, Berg.-Gladb. 1996[1], 184 S.; franz. OT: o.A.

NIEMANN, Uschi: *Papi hat dich doch so lieb. Ohnmacht und Wut eines mißbrauchten Kindes.* Rütten & Loening, Bln. 1994[1], 232 S.

PETERSEN, Betsy: *Meines Vaters Tochter. Analyse eines Mißbrauchs.* Rowohlt Vlg., Rb. 1991, 200 S.; US OT: *Dancing with Daddy.* (o.J.)

PIONTEK, Maria: *Mißbraucht. Meine verratene Kindheit.* Heyne Bücher 19, Heyne 2006, Mchn. 1994[5], 173 S.

SALLENAVE, Danièle: *Das Schweigen der Mütter. Mißbraucht und für immer zerstört.* Ullstein TB 30437, Bln. 1999[1], 156 S.; franz. OT: *Viol.* (o.J.)

SPRING, Jacqueline: *Zu der Angst kommt die Scham. Die Geschichte einer mißbrauchten Tochter.* Kösel Vlg., Mchn. 1988, 157 S.; engl. OT *Cry Hard at Swim.* (o.J.)

WEBER, Katrin: *Das Ende des Schweigens. Als Kind geschlagen, sexuell mißbraucht, zum

Schweigen gezwungen. (Doch sie fand Hoffnung und neues Leben.) Schwengeler Vlg., Berneck 1995, 99 S.

WOLF, Jule: *Tochterfrau nannte er mich. Geschichte eines Mißbrauchs.* Fischer TB 11868, Ffm 1994¹, 189 S.

Söhne <1>

BERENDZEN, Richard / PALMER, Laura: *Sie rief mich immer zu sich. Die Geschichte eines mißbrauchten Sohnes.* Droemer Knaur TB 75069, Mchn. 1994¹, 362 S.; Lit.Verz; US OT: *Come Here.* (o.J.)

 **Geschwister**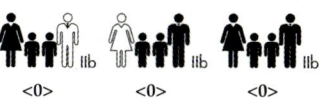

 **Angehörige / Familie: gemeinsam <0>**

 Partner <0>

 Fachleute <6>

Fachleute: Frauen <5>

ELIACHEFF, Caroline: *Das Kind, das eine Katze sein wollte. Psychoanalytische Arbeit mit* *Säuglingen und Kleinkindern.* (Fallgeschichten geben Einblick in die Therapie von extrem traumatisierten Säuglingen, die selber noch nicht aussprechen können, was mit ihnen geschehen ist. Die Therapeutin baut auf die Kraft ihrer Sprache und die Kraft der Kinder und hat ans Wunderbare grenzende Heilerfolge.) dtv Mchn. 1994, 194 S.; franz. OT: *À corps et à cris.* Paris 1993

GLÖER, Nele / SCHMIEDESKAMP-BÖHLER, Irmgard: *Verlorene Kindheit. Jungen als Opfer sexueller Gewalt.* Vlg. Antje Kunstmann, Mchn. 1990, 1990², 192 S.

HAYDEN, Torey L.: *Meine Zeit mit Sheila. Auf der Suche nach dem Geheimnis einer tragischen Kindheit.* (Sheila ist 6 Jahre alt, mißhandelt, mißbraucht, verstoßen, verstummt. Torey kann ihr helfen.) Goldmann Vlg., Mchn. 1995¹; Goldmann TB 12750, Mchn. 1997², 313 S., US OT: *The Tiger's Child.* (o.J.) (zu Sheila s. a. unter HAYDEN, Torey L. K17^IV)

KAZIS, Cornelia (Hg): *Dem Schweigen ein Ende. Sexuelle Ausbeutung von Kindern in der Familie.* Lenos Vlg., Basel 1994² ill., 250 S., Literaturangaben

SPENCER, Judith: *Jenny. Das Martyrium eines Kindes.* (Mißbrauch, psychische Störungen.) Fischer TB 12319, Ffm 1995¹, 357 S.; Lit.Verz. (4 S.); US OT: *Suffer the Child.* (o.J.)

Fachleute: Männer <1>

JAMIN, Peter H.: *Sexopfer Kind. Die Hintergründe des Falls Dutroux und die Machenschaften* *der internationalen Porno-Mafia.* (Der Journalist P. H. J. legt seine Recherchen vor. Mit

Ratgeberteil: wie Eltern ihr Kind schützen können.) Lübbe Vlg., Berg.-Gladb. 1997, 367 S. (s. auch K2[II] MARCHAL, Paul: *Spurlos verschwunden*)

2  **Betroffene zusammen mit Fachleuten <6>**

Betroffene zusammen mit Fachleuten: Frauen <3>
CERVERT, Ute: *Sexueller Mißbrauch an Mädchen aus der Sicht der Mütter. Eine Studie über Erlebnis, Bewältigung der Mütter betroffener Mädchen.* Vlg. Lang, Ffm 1996, 266 S.; Lit.Verz. (9 S.)
HASSENMÜLLER, Heidi: *Ein Tabu wird abgebaut. Erfahrungsberichte, Analysen, Interviews zum sexuellen Mißbrauch.* Edition Bitter, Recklinghausen 1993, 156 S.
SOMMER, Nora / BOMMERT, Claudia: *Eine anständige Familie. Geschichte eines Mißbrauchs.* (Auf der Suche nach der Ursache für ihre körperlichen und seelischen Leiden muß N. S. einen schmerzvollen Weg zurück in die Kindheit gehen. Sie beschreibt ihre Lebensgeschichte, die begleitende Psychotherapeutin ihre Heilung.) Fischer TB 12677, 1995[1], 191 S.

Betroffene zusammen mit Fachleuten: Männer <2>
MORRIS, Debbie / GREGG, Lewis: *Ich war ein Opfer des Dead Man Walking. Eine Frau durchlebt die Folgen ihrer Vergewaltigung.* Gerth Medien 1999[3], 240 S.; US OT: o.A.
SCHUMANN, Marlen / SCHUMANN, Horst / SANTE, Gottfried: *Leben statt Überleben. Reflexionen über sexuellen Mißbrauch.* Kleine Vlg., Bielefeld 1995, ill., 256 S.; Lit.Verz. (8 S.)

Betroffene zusammen mit Fachleuten <1>
BRUDER, Klaus-Jürgen / RICHTER-UNGER, Sigrid (Hg): *Monster oder liebe Eltern? Sexueller Mißbrauch in der Familie.* (Berichte über und von Opfer(n) und Täter(n), alle Familienmitglieder betreffend). Vandenhoeck & Ruprecht, Göttingen 1997[2], 222 S.; Lit.Verz. (14 S.)

3. Sterben · Tod · Freitod · Trauer <196>

 Betroffene <10>

Betroffene: Frauen <2>
KÜBLER-ROSS, Elisabeth: *Das Rad des Lebens. Autobiographie.* (Von ihr lernten die Menschen, sich der Frage nach Sterben und Tod zu stellen. Angesichts ihres eigenen Todes erinnert sie sich an die prägenden Ereignisse ihres Lebens.) Droemersche Vlgs.-Anst., Mchn. 1997; Knaur TB 2000, 363 S.
WAGNER, Gesine: *Im Feuer ist mein Leben verbrannt. – Der Starfighter-Absturz in Frankfurt, Pfingsten 1983. Dokumente, Briefe, Tagebuchaufzeichnungen.* (Gesine Wagner hat den Absturz 81 Tage überlebt.) GTB Siebenstern 572, Gütersloher Vlgs.-Haus 1985, 1987[3], 128 S.

Betroffene: Männer <6>

AMÉRY, Jean (d. i. MAYER, Hans): *Hand an sich legen. Diskurs über den Freitod.* (Plädoyer für den Freitod, den der jüdische Autor – geb. 1912 in Wien, 1938 nach Belgien emigriert, Überlebender von Auschwitz – 1978 in Salzburg begeht.) Klett Vlg., Stgt. 1976, 129 S.

BEHNKEN, Heinz (Hg.) *Sehnsucht nach Leben – Krankheit zum Tode.* (Politik und Mitmenschlichkeit.) Vlg. Ev. Akademie Loccum 1984, 245 S.

GINSBERG, Ernst: *Abschied. Erinnerungen, Theateraufsätze, Gedichte.* (Der große Schauspieler stand in Berlin auf der Bühne, als er das erste Krankheitszeichen an sich bemerkte. Das Urteil der Ärzte: unheilbar [Lateralsklerose]. Nur kurze Zeit ließ ihm die schnell fortschreitende Krankheit für sein Buch der Erinnerungen.) Arche Vlg., Zürich 1965, 1970⁵, 1991, 261 S.

JANKOWICH, Stefan: *Ich war klinisch tot. Der Tod – mein schönstes Erlebnis.* Drei Eichen Vlg., Ergolding 1984, 1989⁴, 200 S.

NOUWEN, Henry J. M.: *Der Spiegel des Jenseits. Gedanken um Tod und Leben.* Herder, Frb. 1990, 67 S.; US OT: *Beyond the Mirror.* (o.J.)

WIESENHÜTER, Eckart: *Blick nach drüben. Selbsterfahrungen im Sterben.* (Bericht eines Arztes vom eigenen Erleben nach zwei Lungeninfarkten.) Güterloher Vlg. 1977, 92 S.

Betroffene: gemeinsam <2>

NAGEL, Yoeke (Text); WIJNBERGH, Michiel (Fotos): *Anneke. Zwei Flügel eines Vogels. Der Tod in Annekes Leben.* Vlg. Freies Geistesleben, Stgt. 1999¹, Bildband, 204 S.; niederländ. OT: *Twee vleugels van dezelfde vogel.* (o.J.)

NICOLAOU, Markus (Hg): *Leben im Angesicht des Todes. Menschen mit Krebs, HIV-Infektion / Aids und Multipler Sklerose berichten.* rororo 9353, Rb. 1993¹, 189 S.

Eltern <39>

Eltern: Mütter <26>

ALBRECHT, Anneliese: *Fühlen, was Leben ist. Wie der Tod der Tochter das Leben einer Mutter veränderte.* Herder TB, Frb. 1995, 77 S.

BEATTIE, Melody: *Ja zum Leben. Aus tiefstem Schmerz zu neuer Lebenskraft. Erzählungen.* (Nach dem Tod ihres jungen Sohnes schrieb M. B. die »Lektionen von Liebe«.) Bertelsmann-Club 1995, 205 S.; Heyne Vlg., Mchn. 1996, 224 S.; US OT: *Lessons of Love; Rediscovering Our Passion for Life When It All Seems Too Hard to Take.* (o.J.)

BRÜCKNER, Daniela: *Mein Schrei nach Leben blieb ungehört.* Soldi Vlg., Hbg. 1994¹, 167 S.

CHANCE, Sue: *Mein Sohn hat sich das Leben genommen. Der Bericht einer Mutter.* Droemer Knaur TB 75054, Mchn. 1994¹, 185 S.; US OT: *Stronger Than Death.* (o.J.)

D'ARCY, Paula: *Meine liebe Sarah.* (Tagebuch einer jungen Frau, die bei einem schweren Unfall Mann und Tochter verliert.) Schulte & Gerth, Asslar 1981, 122 S.; US OT: *Song for Sarah;* Illinois 1979

DIAMOND, Anne: *Kein Laut mehr aus deiner Wiege.* (Die englische Fernsehmoderatorin A. D. beginnt nach dem Tod ihres 4 Monate alten Sohnes über das noch wenig erforschte Phänomen des Plötzlichen Kindstods zu recherchieren. Sie stößt auf eine neuseeländische Studie über vorbeugende Maßnahmen, die von der britischen Gesundheitsbehörde unbeachtet blieb. Anne nutzt ihre Popularität für eine landesweite, erfolgreiche Aufklärungskampagne.) Bastei-Lübbe TB 61385, Berg.-Gladb. 1997¹, zahlr. Abb., 238 S.; engl. OT: o.A.

FLIEGER, Brigitte: *Beim ersten Kind kam alles anders. Eine glückliche Schwangerschaft und ihr jähes Ende.* Herder TB 4328, Frb. 1994¹, 127 S.

GOLDMANN-POSCH, Ursula: *Wenn Mütter trauern. Erinnerungen an das verlorene Kind.* (Zeugnisse von Müttern über den Tod ihrer Kinder. Vorwort über die Situation

trauernder Mütter und Väter.) Kindler Vlg., Mchn. 1988[1], 384 S.; Droemer Knaur TB 1996[7], 396 S.

HAHN, Anna: *Christophers Tod.* (Durch einen ärztlichen Kunstfehler kommt Annas lang ersehnter Sohn Christopher behindert zur Welt und hat nur drei Monate zu leben.) Bastei-Lübbe TB 61270, Berg.-Gladb. 1993[1], 240 S.

HAHN-LEPPER, Monika: *Nicht zum Leben geboren. Trauerarbeit nach dem Verlust meiner Kinder.* Fischer TB 10257, Ffm 1990, 135 S.

IDE, Helga: *Durch Trauer ver-rückt? Aus der Krise in ein anderes Leben.* Sabo Vlg., Schwabenheim 1995, 140 S.

3 IDE, Helga: *Mein Kind ist tot – Trauerarbeit in einer Selbsthilfegruppe.* (Selbsttötung ist ein Tabu-Thema – auch für die Hinterbliebenen. H. Ide beschreibt ihren schmerzreichen Weg der ›Befreiung‹ in der Selbsthilfegruppe »Verwaiste Eltern«.) rororo TB, Rb. 1988, 127 S.

KÖRNER-ARMBRUSTER, Angela: *Totgeburt, weiblich. Ein Abschied ohne Begrüßung.* Attempto Vlg., Tübingen 1994, ill. 119 S.; Goldmann TB 12695, Mchn. 1996, ill., 127 S.

KREBBER, Ingetraut: *Wer kennt meine Trauer? Wenn der Tod den Eltern ihre Kinder nimmt.* Herder, Frb. 1994, 143 S.

LIND, Irm: *Wo bist du, Tom? Briefe an meinen aus dem Leben geschiedenen Sohn.* Frieling Vlg. Bln. 1996[1], 109 S.

MACKWITZ-BÖHM, Susanne: *Als letztes stirbt die Hoffnung. Lisas kurzes großes Leben.* (Lisa starb an Krebs.) Attempto Vlg., Tübingen 1996, ill., 74 S.

MATOUSCHEK, Leonore: *Trauer, die nicht enden will. Verkehrstod – schweigend weiterleben?* (L. M. beschreibt ihren eigenen Trauerweg als betroffene Mutter.) Gütersloher Vlgs.-Haus Mohn 1990, 200 S.; Gütersloher TB 973 1993; EB-Vlg., Hbg. 1997[2], ill., Titel: *Als Frank sterben mußte. Tagebuch einer Mutter*, 192 S.

PULVER, Lieselotte: *Bleib doch noch ein bißchen.* (Fortsetzung von »... wenn man trotzdem lacht.« Über den Selbstmord ihrer Tochter Melisande 1989 und den Tod ihres Mannes Helmut Schmid 1992) Langen-Müller, Mchn. 1996; Ullstein TB, 2000[2], 288 S.

SALZBRENNER, Renate: *Eigentlich wolltest du leben. Bericht einer Mutter über den Suizid ihres Sohnes.* Selbst-Vlg., Erlangen, Dreibergstr. 27, 1998, 122 S.

SANDER, Gertraud: *Neun Strahlen hat die Sonne.* (Sabine malt die Sonne mit neun Strahlen – in dem intuitiven Wissen, daß sie ihren 9. Geburtstag nicht mehr erleben wird. Eine seltene Herz-Lungen-Krankheit beendet ihr junges Leben. – Der Bericht einer Mutter.) Bastei-Lübbe TB 61407, Berg.-Gladb. 1998[1], 299 S.

SCHILLING, Karin von: *Der Tod meines Kindes. Leben lernen mit dem Schicksal.* Vlg. Urachhaus, Stgt. 1987, 90 S.; engl. OT: o.A.

SCHÖNTHAL, Else: *Rosen für Ruth. Mein Weg durch die Trauer.* (Das 17jährige Mädchen Ruth stirbt bei einem Verkehrsunfall. Ihr Freund hat den Unglückswagen gelenkt und bleibt unverletzt.) Blaukreuz, Bern, Wuppertal 1989, 136 S.

STELLER, Odile: *Eine unendliche Hoffnung. Nachdenken über den Tod meines Kindes.* Kindler Vlg., Mchn. 1987, 176 S.; Droemer Knaur TB 2383, Mchn. 1989, 175 S.; franz. OT: *Espoir infini.* (o.J.)

WELLER, Anne: *Mir blieb ein halbes Jahr Zeit. Wie Maren und ich uns mit den Worten »Krankheit, Sterben und Tod« auseinandersetzten. Bilder, die mir den Weg meiner sterbenden Tochter zeigten.* R. G. Fischer Vlg., Ffm 1989, 97 S.

WHITE-BOWDEN, Susan: *Allen Grund zu leben.* (Eine Mutter berichtet über den Selbstmord ihres Sohnes.) Bastei Lübbe TB 61120, Berg.-Gladb. 1988, 1991[5], 290 S.; US OT: *Everything to Live For.* 1985

WOODSEN, Meg: *Wenn ich mit dreißig sterbe.* (Meg durchleidet mit ihrer an Cystischer Fibrose leidenden Tochter Peggy alle Phasen bis zur Annahme des Todes.) Schulte & Gerth, Asslar 1979, 160 S.; US OT: *If I Die at Thirty.* 1975

Eltern: Väter <10>

BODELSCHWINGH, Friedrich von: *Vom Leben und Sterben vier seeliger Kinder.* (Erinnerungen und Briefe.) Bethel Vlg., Bielefeld / Bethel o. J. (ca. 1869), 1983[32], 24 S.

CARL, Heinz Ulrich: *Plötzlich und unerwartet ... Erinnerungen an Andreas, der viel zu früh von uns ging.* (Der Sohn starb bei einem Autounfall.) Hänssler Vlg., Neuhausen 1989, 116 S.

CLAYPOOL, John / WALTER, Karl Heinz: *Spuren der Liebe. Von der Kraft, das Leid zu tragen.* (Beide Autoren haben ein Kind durch Leukämie verloren. Der Theologe Claypool zeigt seinen Lernprozeß in vier Predigten auf.) Ev. Vlgs.-Anst., Bln. (damals Ost-) 1982, 80 S.; US OT: *Tracks of a Fellow Struggler.* (o.J.)

CRIDER, Tom: *Der Trauer Worte geben. Der Weg eines Vaters durch Trauer und Schmerz.* (T. C. schildert seine Gefühle: von der Weigerung, den Tod seines einzigen Kindes zu akzeptieren bis zum schrittweisen Annehmen des Verlustes.) Scherz Vlg., Mchn. 1999[1], 189 S.; engl. OT: *Give Sorrow Words.* (o.J.)

JANSSEN, Martin: *Laßt mich weinen. Ein Vater trauert um seine Tochter.* Vandenhoeck & Ruprecht, Göttingen, Zürich 1998, 119 S.

KETTLING, Siegfried: *Du gibst mich nicht dem Tode preis. Biblisch-Theologische Grundlegung und persönliche Erfahrung.* (Nach dem Unfalltod eines Sohnes geschrieben.) ABC Team Bd. 446, Wuppertal, Zürich 1989, 207 S.

KUSHNER, Harold: *Wenn guten Menschen Böses widerfährt. Wieso läßt Gott Ungerechtigkeit zu? Hilfe in seelischer Not, in Unglück, bei Schicksalsschlägen, Krankheit und Tod.* (Der Rabbiner H. K. muß mit dem Wissen leben, daß seinem Sohn durch eine unheilbare Krankheit [Progerie] nur eine kurze Lebensfrist (12 Jahre) gegeben ist. Nach dem Tod des Kindes beginnt er sein Verhältnis zu Gott und zum Leben neu zu überdenken.) Tomus Vlg., Mchn. 1983, 1990[3], 143 S.; US OT: *When Bad Things Happen to Good People.* NY 1981

LIVINGSTON, Gordon: *Nur der Frühling. Eine Familie bewältigt den Tod ihres Kindes.* (G. L. erzählt von seinem Kind, das früh – an Leukämie – sterben muß, und dessen Vermächtnis der Liebe und Hoffnung.) Hoffmann & Campe Vlg., Hbg. 1997[1]; Bastei-Lübbe TB 61430, Berg.-Gladb. 1999, 286 S.; US OT: *Only Spring: On Mourning the Death of My Son.* (o.J.)

URBAN, Rolf: *Die schweren Steine des Lebens und was dann?* (Der 9jährige Sohn kehrt von einer Feier nicht zurück: – er ist tödlich verunglückt.) Laub Vlg., Elztal-Dallau 1991, 165 S.

WOLTERSTORFF, Nicholas: *Klage um einen Sohn.* (Für Eric 31.1.1958 – 11.7.1983 und seine Mutter Claire, seine Schwester Amy, seine Brüder Robert, Klaus und Christoph.) Vandenhoeck & Ruprecht, Göttingen, Zürich 1988, 115 S.; US OT: *Lament for a Son.* Michigan (o. J)

Eltern: gemeinsam <3>

FUSS, Iris Antoinette / KREY, Henning: *Hoffnung zur Unzeit. Mit der Trauer leben.* Vlg. Irian und Mahek, Loccum 1994, 64 S.

HAHN, Otto und Marlies: *Du gingst uns voraus. Erfahrungen mit einem todkranken Kind.* (Joachim wird mit schwerem Herzfehler geboren. Die Hoffnung der Eltern, daß ihr Kind nach gelungener Operation ein normales Leben führen darf, erfüllt sich nicht.) Hänssler TB, Neuhausen / Stgt. 1988, 1991[2], 1996, 99 S.

RAIMBAULT, Ginette: *Trauernde Eltern. Isadora Duncan, Sigmund Freud, Gustav Mahler, Eric Clapton. Wie sie den Tod eines Kindes erlebten.* Argon Vlg., Bln. 1997. 269 S., Lit.Verz. (17 S.); franz. OT: *Lorsque l'enfant disparaît.* (o.J.)

Erwachsene Kinder <17>

<0>

3

Töchter <14>

AINLEY, Rosa (Hg): *Ich hab' ihr nie gesagt, daß ich sie liebe. Töchter erleben den Tod ihrer Mutter.* dtv Tb 35137, Mchn. 1997[1], 257 S.; engl. OT: *Death of a Mother.* (o.J.)

BEAUVOIR, Simone de: *Ein sanfter Tod.* (Auseinandersetzung mit der Person der Mutter an ihrem Sterbebett.) Rowohlt Vlg., Rb. 1987, 1991[24], 119 S., auch als Rowohlt Audio Kassette 66009, 1989; franz. OT: *Une mort très douce.* (o.J.)

DUPEREY, Anny: *Der schwarze Schleier des Vergessens. Eine Frau auf der Suche nach ihrer Vergangenheit.* Knaur TB 75053, Mchn. 1994[1], ill., 290 S.; franz. OT: *Le voile noir.* (o.J.)

HAMMER, Signe: *Wir hätten dich doch so gebraucht.* Goldmann TB 12416, Mchn. 1993[1], 187 S.; US OT: *By Her Own Hand.* (o.J.)

HÜLLEN-ZIMMERMANN, Rosemarie: *Du gehst nicht allein. Die letzten Monate mit meiner Mutter.* (R. H.-Z. schrieb dieses Buch, weil sie selbst in ihrer Hilflosigkeit angesichts der an Krebs sterbenden Mutter vergeblich nach hilfreicher Literatur gesucht hat.), Butzon & Bercker, Kevelaer und Einhard Vlg., Aachen 1997, 132 S.

KOBAYASHI, Issa: *Die letzten Tage meines Vaters.* Dieterich Vlg., Mainz 1985, 192 S.

KREMER, Hildegard: *»Aber ich lebe noch so gern.« Notizen über Altwerden, Altsein und Sterben.* (Tochter schreibt über die Mutter.) Patmos Vlg., Düsseldorf 1988, 130 S.

MEULENBELT, Anja: *Ich wollte nur dein Bestes. Über eine Mutter.* (Die Tochter pflegt ihre Mutter im Sterbebett.) rororo, Rb. 1986, 144 S.; niederl. OT: *Een kleine moeite.* (o.J.)

NOA Ben Arzti-Pelossof: *Trauer und Hoffnung. Die Enkelin Jitzhak Rabins über ihr Leben und ihre Generation.* (Ein Buch der Liebe und Verehrung für den Großvater, den Menschen und Staatsmann, der für sein Volk Frieden wollte und dessen Ermordung 1995 die Welt erschütterte. s. a. RABIN, Lea – K 3[III]) rororo TB, Reinbek 1997, 192 S., israel. OT: o. A.

PERRY-LYMAN, Dorothea: *Tausend Tage Lebensende. Ein Weg durch Krankheit und Pflege.* (Die Autorin hat ihre Großtante nach einem Schlaganfall drei Jahre bis zu ihrem Tod durch Krankenhäuser und Pflegeheime begleitet.) Droemer Knaur TB 4009, Mchn. 1989, 335 S.

PHILIPE, Anne: *Ich höre dich atmen.* (Eine Tochter kommt nach Hause – in die Stille der Wohnung ihrer sterbenden Mutter.) Rowohlt Vlg., Rb. 1986, 118 S.; franz. OT: *Je l'écoute respirer.* (o.J.)

RISCH, Hannelore: *Reifwerden für Gottes neue Welt. Vom Leben und Sterben meiner Mutter.* Brockhaus TB 454, Wuppertal, Zürich 1990, 1991[2], 141 S.

ROLLIN, Betty: *Der letzte Wunsch.* (Der Bericht einer Tochter, die ihrer Mutter hilft, einen würdigen Tod zu sterben.) Scherz Vlg., Mchn. 1986, 256 S.; Bastei Lübbe TB 61139, Berg.-Gladb. 1988, 1991[5], 271 S.; US OT: *Last Wish.* NY 1985

STEFAN, Verena: *Es ist reich gewesen. Bericht vom Sterben meiner Mutter.* Fischer TB 11678, Ffm 1993[1], 153 S.

Söhne <3>

HARTMANN, Hans Albrecht: *Pas de deux. Lebensweg und Totentanz mit meiner Mutter.* Attempto Vlg., Tübingen, 1993, 201 S.

HOCK, Kurt: *Die Heimkehr. Erfahrung eines Sterbens.* (Der Sohn erlebt das Sterben seines Vaters.) Herder, Frb. 1983, 111 S.

NOUWEN, Henri J. M.: *Sterben, um zu leben. Abschied von meiner Mutter.* (J. M. H. N. war Professor für Spiritualität und Pastoraltheologie.) Herder TB 8837, Frb. 1983[1], 1995[6], 126 S.; US OT: *In Memoriam; Letters of Consolation.* (o.J.)

 **Geschwister <1>**

<0>   <0>

Schwestern <1>
PRIME, Petia: *Flug ins Licht. Begleitung einer Sterbenden.* Ibera Vlg., Wien 1998, ill., 159 S.

3

 **Angehörige / Familie: gemeinsam <2>**

JURY, Mark / JURY, Dare: *Gramp. Ein Mann altert und stirbt. Die Begegnung einer Familie mit der Wirklichkeit des Todes.* Dietz Vlg., Bln., Bonn 1982, 1991[4], 160 S.; US OT: *Grump. A Man Ages and Dies.* The Viking Press 1978
PULVER, Corinne: *Melisandes Tod. Bericht und Betroffenheit.* (Schreiben, um mit dem Freitod ihrer Nichte besser fertig werden zu können. s. a. K3[II] – PULVER, Lieselotte) Edition Erpf, Bern 1993, 216 S.; Bastei-Lübbe TB 16127, Berg.-Gladb. 1994, ill., 236 S.

 Partner <22>

<0>

Partner: Frauen <17>
BEAUVOIR, Simone de: *Die Zeremonie des Abschieds und Gespräche mit Jean Paul Sartre August / September 1974.* (Sartre war ihr Lebensgefährte.) rororo TB 5747, Rb. 1983, 1986[2], 576 S.; franz. OT: *La cérémonie des adieux.* Paris 1981
FORCEVILLE-van ROSSUM, Joke: *Auf einmal war alles ganz anders.* Salzer Vlg., Heilbronn 1994, 285 S.; niederländ. OT: o.A.
GOSHEN-GOTTSTEIN, Esther: *Als der Tod uns trennte. Das Weiterleben als Witwe.* Vandenhoeck & Ruprecht, Göttingen 1997, 127 S.; engl. OT: o.A.
HEIKE, Elisabeth: *Trauern braucht seine Zeit.* Aussaat- und Schriftenmissions Vlg., Neukirchen-Vluyn 1987, 143 S.; engl. OT: *A Question of Grief.* London 1985
HOSANSKY, Anne: *Wege durch das Land der Trauer. Eine Frau findet nach dem Tod ihres Mannes neue Lebensmöglichkeiten.* (Ihr Mann starb an Krebs.) Herder, Frb. 1996, 219 S.; US OT: *Widow's Walk.* (o.J.)
KUPFERMANN, Jeanette: *Wenn die Tränen versiegt sind.* (Ihr Mann ist an Krebs gestorben. Die Freunde ziehen sich zurück. Sie erkennt, daß sie sich nur selbst aus der Isolation befreien kann.) Bastei Lübbe TB 61396, Berg.-Gladb. 1997[1], 234 S.; engl. OT: o.A.
LOHNER, Marlene (Hg): *Plötzlich allein. Frauen nach dem Tod des Partners.* (Entscheidend für die Überwindung der Isolation ist Geduld und wirkliche Hilfsbereitschaft der Umgebung.), Fischer Vlg., Ffm 1982; Fischer TB 3290, 1984, 1994; Fischer TB 13838, Ffm 1997, 142 S.
PALMER, Connie: *»J. M. In Memoriam.«* (Nach dem Tod des Partners durch Herzinfarkt: Ein Dokument der Liebe und Treue.) Diogenes Vlg., Zürich 1999, 399 S.
PERTIM, Enna (Hg): *Abschied heißt nicht Ende. Frauen erzählen über den Tod ihres Partners und ihr Leben nach dem Verlust.* Herder, Frb. 1994, 1995[2]; Herder TB, 1997, 158 S.
PHILIPE, Anne: *Nur einen Seufzer lang.* (Zeugnis der Liebe zu ihrem Mann, dem früh verstorbenen Schauspieler Gérard Philipe.) rororo TB 1221, Rb. 1969, 1998, 128 S.; franz. OT: o.A.
RABIN, Lea: *Ich gehe weiter auf seinem Weg. Erinnerungen an Jitzchak Rabin.* (Sie kam 1933 aus Königsberg nach Palästina, traf mit 16 den Untergrundkämpfer Rabin und beglei-

203

tete als seine Frau Rabins politische Wandlung vom Krieger zum Kämpfer für den Frieden bis zu seiner Ermordung 1995. – s. a. K3[IIa] – NOA Ben Arzti-Pelossof) Droemer Knaur TB, Mchn. 1998, 448 S.; israel. OT. A.

RÜTTIMANN, Karin: *Das geschenkte Jahr. Ein Abschied.* (Von einer Stunde zur anderen wird das Leben der Autorin durch den Unfall ihres Mannes [Skiunfall, an dem er später stirbt] verändert.) Zytglogge Vlg., Bern 1985, 1987[4], 172 S.; Fischer TB 3267, Ffm. 1990[2], 138 S.

SCHLEGEL-HOLZMANN, Uta: *Kein Abend mehr zu zweit. Familienstand: Witwe.* Quell Vlg., Stgt. 1994[4], 95 S.

3

SCHÜLER, Dagny: *Loslassen. Als mein Partner starb.* Matthias-Grünewald-Vlg., Mainz 1996, 111 S.

UZELAC, Ellen: *Am Ende eines langen Weges. Mein Mann starb an Krebs.* Droemer Knaur TB 75086, Mchn. 1996[1], 152 S.; US OT: *Lost and Found.* (o.J.)

WEIDENHÖFER-KLINGAN, Margit / HÖVER, Günter: *Der stumme Schrei. Leben mit einem Sterbenden.* (Erst Jahre nach dem Krebstod ihres Mannes kann M. W.-K. über die Zeit vorher und nachher schreiben.) Knecht Vlg., Ffm 1998, 111 S. (s. a. K8[III]: WEIDEN-HÖFER, M.)

YURTDAS, Barbara: *Einen Mondmonat lang.* (Durch den Tod ihres Mannes gerät die in der Türkei lebende deutsche Autorin in eine existentielle Krise.) Frauenoffensive Vlg., Mchn. 1985, 170 S.

Partner: Männer <5>

BULGAKOW, Michail Afanasjewitsch: *Aufzeichnungen eines Toten.* (Als Maksudow Selbstmord begangen hatte, erhielt B. einen Brief von ihm.) Luchterhand, Neuwied 1969, 270 S. 1986; russ. OT: *Zapiski Pokojnika.* 1966

LEWIS, Clive Staples: *Über die Trauer.* (Betrachtungen des Verfassers nach dem Tod seiner Frau.) Benziger Vlg., Zürich 1982, 72 S.; engl. OT: o.A.

LONGDEN, Deric: *Dianas Geschichte. Das Sterben meiner Frau.* Droemer Knaur TB 75056, Mchn. 1994[1], 280 S.; engl. OT: *Diana's Story.* (o.J.)

SANDERS, Oswald: *Einsamkeit. Wege aus der Isolation.* (Nach zweimaligem Verlust geliebter Partnerinnen wird der Autor krank.) Brockhaus TB 462, Wuppertal 1991, 155 S.; engl. OT: *Facing Loneliness.* Highland Books, Crowborough 1988

SCHWAB, Ernst: *Weiß den Weg auch nicht ... Erfahrungen im Angesicht des Todes.* (Ein Vater mit zwei Kindern, der nach 8jähriger Ehe seine Frau verliert, sucht nach Lösungen zur Bewältigung.) Hänssler Vlg., Neuhausen 1987, 1989[3], 97 S.

Fachleute <77>

Fachleute: Frauen <30>

ARENS, Miriam: *Übergabe im Hospiz. Ich begleite Sterbende und deren Angehörige. Ein Erfahrungsbericht.* Ferber Vlg., Köln 1998[1], 110 S.

AUFFENBERG, Claudia (Hg): *Begegnungen mit dem Sterben. Erfahrungen am Horizont des Lebens.* Bonifatius Vlg., Paderborn 1996, 112 S.

BARTHOLOMÄUS, Lore: *Ich möchte an der Hand eines Menschen sterben. Aus dem Alltag eines Hospizes.* (Erzählung einer dt. Studentin, die in einer Londoner Sterbeklinik arbeitet.) Matthias-Grünewald-Vlg., Mainz 1981, 1990[6], 90 S.

DIBELIUS, Olivia: *Verwitwung bei Frauen im höheren Alter.* Diss. Universität Heidelberg 1997, 3 Mikrofiches (ca. 245 Bl.)

DIETZE, Gabriele (Hg): *Todeszeichen. Freitod in Selbstzeugnissen.* Luchterhand, Neuwied 1981, 143 S.

DREWITZ, Ingeborg: *Junge Menschen messen ihre Erwartungen aus, und die Meßlatten stimmen nicht mehr – die Herausforderung: Tod.* Stuttgart 1986

FILK-NAGELSCHMITZ, Agnes: *Ein Lächeln in schwerer Stunde. Menschen an der Grenze von Leben und Tod.* Butzon & Bercker Vlg., Kevelaer 1977, 1984[4], 160 S.

FRANZ, Marie Louise: *Traum und Tod. Was uns die Träume Sterbender sagen.* Droemer Knaur TB 4021, Mchn. 1990, 221 S.

HAHN, Susanne (Hg.): *Und der Tod wird nicht mehr sein ... Medizin- und kulturhistorische, ethische, juristische und psychologische Aspekte der Wiederbelebung.* (Was bedeutet uns die gewonnene Lebensfrist nach einer Wiederbelebung? Wann ist ein Mensch tot? Was darf die Medizin?) Steinkopff, Darmstadt 1997, 163 S., ill.

HENDRIKS, Wiltrud: *Mit Sterbenden leben.* Luth. Vlgs.-Haus, Hann. 1987, 1988[2], 89 S.

HENNEZEL, Marie de: *Den Tod erleben.* Vorwort von François Mitterand. Bastei-Lübbe TB 61370, Berg.-Gladb. 1996[1], 206 S.; franz. OT: *La mort intime.* (o.J.)

KALLENBERG, Christine: *Suizidversuch als Kommunikation. Betreuung von Suizidpatienten im allgemeinen Krankenhaus. Eine Alternative zur Psychiatrie.* VAS Vlg., Ffm 1983, 332 S.

KAST, Verena: *Trauern.* (Eine Studentin verliert ihren Freund durch Herzinfarkt.) Kreuz Vlg., Stgt.1982, 174 S.

KOMP, Diane: *Liebe reicht ins Land des Schattens. Welche Hoffnung kranke Kinder schenken. Erfahrungen einer Kinderärztin.* (Die Autorin spricht von ihrer Rückkehr zum Glauben angesichts ihrer jungen Patienten, die dem Tod entgegensehen.) Herder, Frb. 1995, 123 S.; US OT: *Hope Springs from Mended Places.* (o.J.)

KÜBLER-ROSS, Elisabeth: *Befreiung aus der Angst. Berichte aus den Workshops »Leben, Tod und Übergang«.* Kreuz Vlg., Stgt. 1983, 180 S.; US OT: o.A.

KÜBLER-ROSS, Elisabeth: *Erfülltes Leben – würdiges Sterben.* Gütersloher Vlgs.-Haus Mohn 1993, 157 S.; US OT: *Living With Death and Dying.* (o.J.)

KÜBLER-ROSS, Elisabeth: *Verstehen, was Sterbende sagen wollen. Einführung in ihre symbolische Sprache.* Mohn Vlg., Gütersloh; Siebensterm TB Nr. 952, 1985[1], 168 S.; US OT: o.A.

LEIST, Marielene: *Kinder begegnen dem Tod.* Gütersloher Vlgs.-Haus Mohn o. J.; Herder, Frb. 1979, 1982[3], 192 S.

LEIST, Marielene: *Sterben im Krankenhaus. Aufzeichnungen über einen Tod.* Herder TB 1671, Frb. 1989, 160 S.

RITTER-CEKELER, Mariela: *Lebens- und Sterbekrisen. Untersuchungen zur Entwicklung der Bewältigungskonzepte in Psychologie und Sterbeforschung.* Juventa Vlg., Weinheim 1992, 259 S.

ROECKNER, Margret: *Briefe an Sigrid. Ein Wegbegleiter für trauernde Eltern.* Claudius Vlg., Mchn. 1999, 167 S.

ROTH, Sigrid: *... und die Blume ist abgefallen. Ein Protokoll.* Soldi-Vlg., Hbg. 1993[1], 88 S.

SCHUCHARDT, Erika: *Anfragen der Erziehungswissenschaft an die Hospizbewegung.* In: Dokumentation der Tagung »Hospiz«. Stgt. 1992

SCHÜTZ, Jutta: *Hilfst du mir, wenn ich sterbe? Für ein menschliches und würdiges Miteinander in der letzten Lebensphase.* Ullstein 35542, Ffm, Bln. 1995[1], 1996[2], 192 S.

SNELL, Joé: *Der Dienst der Engel. Erlebnisse einer Krankenschwester an Kranken- und Sterbebetten.* Turm Vlg., Bietigheim 1960, 1989[6], 84 S.; engl. OT: *Ministry of Angels.* (o.J.)

TAUSCH-FLAMMER, Daniela / BICKEL, Lis (Hg): *Die letzten Tage. Leben und Sterben im Hospiz.* Kreuz Vlg., Stgt. 1999, ill., 107 S.

TAUSCH-FLAMMER, Daniela / BICKEL, Lis (Hg): *Wenn ich sterbe, möchte ich, daß du bei mir bist. Bilder vom Sterben zu Hause.* Quell Vlg., Stgt. 1996[1], überwiegend bebildert, [102] S.

TAUSCH-FLAMMER, Daniela: *Sterbenden nahe sein. Was können wir noch tun?*, Herder Freiburg 1993, 1994[2], 1995[3]; Herder TB 4508, Frb. 1996, ill., 190 S.

WERMTER, Margit: *Dir nah sein, wenn du gehst. Sterbende begleiten.* Beltz und Quadriga Vlg., Weinheim, Bln. 1995, 236 S.

WHEELWRIGHT, Jane Hollister: *Gelebtes Sterben. Transformation und Erfüllung. Das bewegende Dokument einer Analyse angesichts des Todes.* Ansata Vlg. Zemp, Interlaken 1986, 282 S.; US OT: *The Death of a Woman.* (o.J.)

Fachleute: Männer <35>

BECKER, Peter (Hg): *Begleitung von Schwerkranken und Sterbenden.* (Praktische Erfahrungen und wissenschaftliche Reflexion.) Matthias-Grünewald-Vlg., Mainz 1984, 1988², 224 S.

BLARER, Stefan: *Menschliches Erleben und Verarbeiten von Tod und Trauer.* Rex Vlg., Luzern, Stgt. 1983, 46 S.

BOOGERT, Arie: *Beim Sterben von Kindern. Erfahrungen, Gedanken und Texte zum Rätsel des frühen Todes.* Vlg. Urachhaus, Stgt. 1986, 294 S.; niederl. OT: *Bij het sterven van kinderen.* (o.J.)

BRINKEL, Wolfgang: *Jenseits der Zeit ist Ewigkeit. Texte der Hoffnung.* (Die hier versammelten Texte sprechen von der Hoffnung, daß der Mensch auch im Tod in der Liebe Gottes geborgen bleibt.) Gütersloher Vlgs.-Haus Christian Kaiser 1998, 47 S.

BROCHER, Tobias: *Wenn Kinder trauern. Wie sprechen wir über den Tod?* (Diese Anleitung für Eltern ist durch zahlreiche Kinderzeichnungen und -aufsätze besonders anschaulich.) Kreuz Vlg., Stgt. 1980, 136 S.

BUCKINGHAM, Robert W.: *Mit Liebe begleiten. Die Pflege sterbender Kinder. – »Davids Geschenk«: Seine Pflege und sein Tod zu Hause.* (Der Arzt und Hospiz-Fachmann R.W. B. schreibt für Angehörige, Ärzte, Lehrer, Pfleger von sterbenden Kindern und Jugendlichen.) Kösel Vlg., Mchn. 1987, 200 S.; US OT: *A Special Kind of Love.* NY 1983

BURGHARDT, Joachim: *Der Tod gehört zum Leben. Erfahrungen und Hoffnungen mit Sterben und Trauer.* Steyler Vlg., Nettetal 1990, 64 S.

EERSEL, Patrice van: *Sterben. Der Weg in ein neues Leben.* Arun-Vlg., Mchn. 1987

ELIAS, Norbert: *Über die Einsamkeit der Sterbenden in unseren Tagen.* Suhrkamp, Ffm 1984, 99 S.

FÄSSLER-WEIBEL, Peter: *Nahe sein in schwerer Zeit. Zur Begleitung der Angehörigen von Sterbenden.* Reinhardt Vlg., Basel, Kassel 1991, 192 S.

FELDER, Vinzenz: *An der Seite des Kranken. Erlebnisse und Erfahrungen.* Kanasius Vlg., Freiburg / Schweiz 1990, 94 S.

FLORE, Charles / LANDSBERG, Alan: *Begegnungen mit dem Jenseits. Was kommt nach dem Tod? Persönliche Erfahrungen und wissenschaftliche Erkenntnisse.* Heyne Vlg., Mchn. 1983, 157 S.; engl. OT *Death Encounters.* (o.J.)

GLASER, Barney / STRAUSS, Anselm: *Interaktion mit Sterbenden. Beobachtungen für Ärzte, Schwestern, Seelsorger und Angehörige.* Vandenhoeck & Ruprecht, Göttingen 1974, 285 S.; US OT: *Awareness of Dying.* 1965

GRUEN, Arno: *Der frühe Abschied. Eine Deutung des plötzlichen Kindstodes.* Kösel Vlg., Mchn. 1988, 148 S.; US OT: o.A.

HEINER, Wolfgang: *In seinen Händen geborgen. Das letzte Erleben bekannter Christen.* Vlg. des Missionswerkes Frohe Botschaft, Großalmerode 1989, 158 S.

HORAT, Armin: *Sterbebegleitung. Erfahrungen und Gedanken eines Laien.* Kanisius Vlg., Freiburg (Schweiz) und Kanisiuswerk-Vlg., Konstanz 1996, 123 S.

HÜGEN, Guido: *Leben mit dem Tod. Der Umgang mit Sterben, Tod und Trauer in der Benediktiner Abtei Königsmünster.* Telos Vlg., Altenberge 1990, 210 S.

HUTHMACHER, Richard Alois: *Die Angehörigen Schwerst- und lebensbedrohlich Kranker sowie sterbender Erwachsener.* (Psychosoziale Belastungen, emotionale Reaktionen, Möglichkeiten der Betreuung.) Vlg. Königshausen & Neumann, Würzburg 1991, 105 S.

JACOBS, Jerry: *»Ich weiß keinen Ausweg mehr.« Hilfe für selbstmordgefährdete Jugendliche.* Econ Vlg., Düsseldorf 1985, 192 S.

JANDER, Lothar: *Gemeinsam gegen die Verzweiflung. Gespräche über das Leben mit Schwerstkranken und Sterbenden.* Herder, Frb. 1993, 190 S.

KAUTZKY, Rudolf (Hg): *Sterben im Krankenhaus.* Herder, Frb. 1976, 159 S.

KEIZER, Bert: *Das ist das Letzte! Erfahrungen eines Arztes mit Sterben und Tod.* Argon Vlg., Bln. 1995¹; Piper TB 2314, Mchn. 1997; 297 S.; niederländ. OT: *Het refrein is Hein.* (o.J.)

LUBKOLL, Hans Georg (Hg): *Zu trösten alle Traurigen.* (Der gläubige Menschen darf neben seine Verzweiflung auch Hoffnung und Zuversicht setzen.) Gütersloher Vlg. 1999, Fotos, 47 S.

MAIER-GERBER, Hartmut: *In der Hoffnung auf das Jenseits*. (Ein Arzt begleitet eine junge Patientin auf der letzten Wegstrecke.) Kösel Vlg., Mchn. 1985, 173 S.

MANTESE, Mario: *Vision des Todes. Bericht einer Seele aus dem Zwischenreich*. Andres Vlg., Biel 1981, 146 S.

MEYER-HÖRSTGEN, Hans: *Hirntod*. (Ein Arzt berichtet aus der Neurochirurgie.) Suhrkamp, Ffm 1985, 150 S.

MILLER, Ted: *Wenn die Not am größten ...* Schulte & Gerth, Asslar 1982, 1988[7]; US OT: o.A.

PISARSKI, Waldemar: *Anders trauern – anders leben*. Kaiser Vlg., Mchn. 1983, 108 S.

SCHEFFBUCH, Winrich: *Zum Leben hindurchgedrungen*. (Erfahrungen eines Pastors mit Kranken und Sterbenden.) Hänssler Vlg., Neuhausen 1991, 103 S.

3

SCHLAPPACK, Otto: *Leben im Sterbehaus. Erfahrungen eines Arztes im Hospiz*. Facultas-Univ.-Vlg., Wien 1997, ill., 102 S.

SCHWARTZENBERG, Léon / VIANSSON-PONTÉ, Pierre: *Den Tod verändern. Bericht eines Arztes*. (Ein Journalist und ein Arzt setzen sich mit der aktiven Sterbehilfe auseinander.) Fischer TB 3821, Ffm 1982, 224 S.; franz. OT: *Changer la mort*. Paris 1977

SPOERRI, Theophil: *Geschichten vom Übergang. Erfahrungen bei der Begleitung sterbender Menschen*. F. Reinhardt Vlg., Basel, Bln. und Vlg. Zum Ziel, Winterthur 1994, 141 S.

STUDENT, Johann-Christoph (Hg): *Das Recht auf den eigenen Tod*. (Medizinische, pflegerische und psychosoziale Hilfen für Schwerstkranke, Sterbende, Angehörige. Hospiz-Bewegung, Patiententestament, Schmerztherapie.) Patmos Vlg., Düsseldorf 1996, 155 S.

WORDEN, James William: *Beratung und Therapie in Trauerfällen. Ein Handbuch*. Huber Vlg., Bern 1987, 171 S.; OT: *Grief Counseling and Grief Therapy*. 1982

ZIHLMANN, Josef: *Wie sie hingingen*. Comenius Institut Münster, Hitzkirch 1982, 127 S.

Fachleute: gemeinsam <12>

BEUTEL, Helmuth / TAUSCH, Daniela (Hg): *Sterben – eine Zeit des Lebens. Ein Handbuch der Hospizbewegung*. Quell Vlg., Stgt. 1993[3], 225 S.

FREYTAG, Regula / WITTE, Michael (Hg): *Wohin in der Krise? Orte der Suizidprävention*. (Selbstmordverhütung, Krisenintervention). Vandenhoeck & Ruprecht, Göttingen 1997 (Kongreß: Tagung der Dt. Gesellschaft für Suizidprävention in Schwerin 1996), 233 S.

GÖTZE, Paul / RICHTER, Monika (Hg.): *Aber mein Inneres überläßt mir selbst. Verstehen von suizidalem Erleben und Verhalten*. Vandenhoeck & Ruprecht TB, Göttingen 2000, 172 S.

HERMANN, Uwe (Hg): *Kinder sterben anders. Eine Hilfe für Betroffene*. Gütersloher Vlgs.-Haus TB 994 1999[1], ill., 139 S.

HOFFMANN, Detlev (Hg): *Trauer und Klage: Körperliche Äußerungen von Verlustschmerzen zwischen Ritual und individueller Spontaneität*. Loccumer Protokolle, 1997[1], 66 S.

HOWE, Jürgen (Hg): *Tod, Sterben, Trauer. Ein Bericht*. Kongreß: Tagung zur Thanato-Psychologie vom 11.04.1982. Fachbuchhandlung für Psychologie, Ffm 1984, 450 S.

MITSCHERLICH, Alexander und Margarete: *Die Unfähigkeit zu trauern*. München 1967, 1977[3]

SAUNDERS, Cicely: *Hospiz und Begleitung im Schmerz. Wie wir sinnlose Apparatemedizin und einsames Sterben vermeiden können*. (Sterben kann ganz anders sein: menschlich, würdig, schmerzfrei. C. S. – Gründerin der Hospiz-Bewegung – und ihr Team legen das praktische Handbuch für alle vor, die Sterbenden hilfreich nahe sein wollen.) Herder, Frb. 1997, 155 S.

SAX, Marjan / VISSER, Knaar / BOER, Marjo: *Begraben und vergessen? Ein Begleitbuch zu Tod, Abschied und Bestattung*. Orlanda Frauen-Vlg. 1993[1], ill., 237 S.; Lit.Verz.(4 S.); niederländ. OT *Zand evover*? (o.J.)

SCHWEITZ, Marianne / BECKER, Heinz: *Das lange kurze Leben von Melanie*. (Melanie starb an Krebs.) Scalo Vlg., Zürich, Bln., NY 1993[1], 111 S.

TAUSCH, Anne-Marie und Reinhard: *Sanftes Sterben. Was der Tod für das Leben bedeutet*. Rowohlt Vlg., Rb. 1985, 320 S.

TAUSCH-FLAMMER, Daniela (Hg): *In meinem Herzen die Trauer. Texte für schwere Stunden. Ein Begleitbuch.* (Die literarische Begegnung mit der Erfahrung anderer kann weiterhelfen.) Herder, Frb. und Erder Vlg. 1998, 188 S.

Betroffene zusammen mit Fachleuten <28>

3

Betroffene zusammen mit Fachleuten: Frauen <9>

BASSLER, Margit / SCHINS, Marie Therese (Hg): *»Warum gerade mein Bruder?« Trauer um Geschwister.* rororo TB 9176, Rb. 1992, 256 S.

KOMP, Diane M.: *Fenster in den Himmel. Wie Kinder im Tod das Leben sehen.* (Die Kinderärztin erlebt auf der Krebsstation täglich das Leiden und Sterben der Kinder.) Aussaat Vlg., Neukirchen-Vluyn 1990, 80 S.; US OT: *Heart Untroubled.* 1990

KÜBLER-ROSS, Elisabeth: *Interviews mit Sterbenden.* Gütersloher Vlgs.-Haus Mohn, GTB 960, 1969, 1990[15], 159 S.; US OT: *On Death and Dying.* 1969

KÜBLER-ROSS, Elisabeth: *Kinder und Tod.* (Über die intuitiven Einsichten todkranker Kinder in das Geheimnis vom Sterben und Tod.) Darin: *Ein Brief an ein Kind mit Krebs.* (Kindgemäßer Text über den Sinn von Leben und Sterben. Dieses Heft ist als Faksimile über Ute Student, Steinriede 3, 30161 Hannover einzeln erhältlich) Kreuz Vlg., Stgt. 1984, 261 S.; US OT: *On Children and Death. / Doughy Letter.* 1983

KUNZ, Marion: *Kostbare Stunden. Ein Bericht über Sterben, Tod und Trauer.* Zytglogge Vlg., Gümlingen, Bern 1997, 125 S.

RAIMBAULT, Ginette: *Kinder sprechen vom Tod. Klinische Probleme der Trauer.* Suhrkamp, Ffm 1980, 168 S.; franz. OT: o.A.

SCHUCHARDT, Erika: *Aufstehen zum Leben. – Tagebuch einer wechselseitigen Sterbe-Begleitung zum ›Leben‹.* i. V. 2001

SCHUCHARDT, Erika: *Leben und Sterben lernen im Spiegel von über 1000 Biographien der Weltliteratur.* In: Becker, U. (Hg.) *Sterben und Tod in Europa.* Neukirchener Vlg. 1998

STABEROH, Angela: *Anja. Vom Recht eines Kindes, in Würde zu sterben.* (Anja leidet an der unheilbaren Moya-Moya-Krankheit; Gehirnblutungen, die ihr nach und nach Gehör, Sprache, Beweglichkeit rauben. Die Eltern beschließen, ihr Kind vom Klinikbetrieb zu befreien.) Patmos Vlg., Düsseldorf 1998[1], 215 S.

Betroffene zusammen mit Fachleuten: Männer <17>

BLIESENER, Thomas / HAUSENDORF, Heiko / SCHEYTT, Christoph: *Klinische Seelsor-gegespräche mit todkranken Patienten.* Springer Vlg., Bln.1988, 214 S.

GROOPMAN, Jerome: *Abschied vom Leben. Acht Schicksale, die Mut machen.* (Porträts von Menschen, die ins Gesicht des Todes geblickt haben.) Kindler Vlg., Mchn. 1999, 320 S.; US OT: *Measure of Our Days; New Beginnings at Life's End.* NY 1997

HAMPE, Johann Christoph: *Sterben ist doch ganz anders. Erfahrungen mit dem eigenen Tod.* (Reanimierte Menschen berichten.) Kreuz Vlg., Stgt. 1975; Mohn Vlg., Gütersloh 1983, 1990[10], 170 S.

KROEN, William C.: *Da sein, wenn Kinder trauern. Hilfen und Ratschläge für Eltern und Erziehende.* (Kinder trauern anders als Erwachsene und haben ein anderes Verständnis vom Tod. Was und wieviel sollte man einem Kind erzählen?) Herder, Frb. 1998[7], 156 S.

LÜCKEL, Kurt: *Begegnung mit Sterbenden: »Gestaltseelsorge« in der Begleitung sterbender Menschen.* Kaiser Vlg., Mchn. 1981, 236 S.; Matthias-Grünewald-Vlg., Mainz 1981, 236 S.; Kaiser TB 82, Mchn. 1990[3], 240 S.

MUSALL, Peter (Hg): *Tod – die andere Seite des Lebens. Erfahrungen, Hoffnungen, Ansichten.* Burckhardthaus Laetare Vlg., Offenbach 1985, 99 S.

PREST, Alen P.L.: *Die Sprache der Sterbenden.* (Gesprächsprotokolle.) Vandenhoeck & Ruprecht Vlg., Göttingen, Zürich 1979, 127 S.

PIPER, Hans Christoph: *Gespräche mit Sterbenden*. Vandenhoeck & Ruprecht Vlg., Göttingen 1977, 166 S.

RING, Kenneth: *Den Tod erfahren – das Leben gewinnen*. (Erkenntnisse und Erfahrungen von Menschen, die an der Schwelle des Todes gestanden und überlebt haben.) Scherz Vlg., Mchn. 1985, 317 S.; US OT: o.A.

SCHMITT, Christian (Hg): *Reise ans Ende der Angst*. (27 Autoren schildern in Geschichten und Gedichten ihre Erlebnisse mit der Todesangst.) Bertelsmann Vlg., Mchn. 1983, 220 S.

SCHULTZ, Hans Jürgen (Hg): *Letzte Tage. Sterbegeschichten aus zwei Jahrtausenden*. Kreuz Vlg., Stgt. 1983, 252 S.

SPORKEN, Paul (Hg): *Was Sterbende brauchen*. (Gedanken über das Sterben aus unterschiedlichen Blickrichtungen.) Herder, Frb. 1982, 125 S.

STOLP, Hans: *Bleib, mein goldener Vogel. Ein sterbendes Kind erzählt*. Aare Vlg., Solothurn 1989, 76 S.; niederländ. OT: *De goude Vogel*. 1987

STUDENT, Johann-Christoph (Hg): *Im Himmel welken keine Blumen. Kinder begegnen dem Tod*. (Die Welt der todkranken Kinder, ihre Erfahrungen und Träume, ihr Mut, ihre Angst und ihre Hoffnung, finden in diesem Buch eine Stimme.) Herder, Frb. 1992¹; Herder TB 4071, 1992, 223 S.

WEBER, Gerhard (Hg): *Jeder Tag ist ein Geschenk. Vom Sterbenkönnen. Persönliche Zeugnisse*. Vlg. Neue Stadt, Mchn. 1985, 1986², 70 S.

WEDLER, Hans-L.: *Gerettet? Begegnung mit Menschen nach Selbstmordversuchen*. Slg. Luchterhand 239, Neuwied 1979, 192 S.

WILLEMSEN, Roger: *Der Selbstmord in Berichten, Briefen, Manifesten und literarischen Texten*. Kiepenheuer & Witsch, Köln 1986, 505 S.

Betroffene zusammen mit Fachleuten <2>

HEILBORN-MAURER, Ursula / MAURER, Georg: *Nach einem Suizid. Gespräche mit Zurückbleibenden*. Fischer TB 3250, Ffm 1988, 1990², 201 S.

SCHINDLER, Regine (Hg): *Tränen, die nach innen fließen. Mit Kindern dem Tod begegnen. Erlebnisberichte betroffener Kinder und Eltern*. (Dazu Anmerkungen von Fachleuten.) Vlg. Kaufmann, Lahr 1993¹, 94 S.; Lit.Verz. (10 S.)

4. Trennung · Verlassenwerden ·Einsamsein <39>

Adoptionsfolgen · Scheidung · Scheidungskinder · Verlassene Kinder · Verlassene Partner

Betroffene <8>

Betroffene: Frauen <6>

BURKOWSKI, Ursula: *Weinen in der Dunkelheit*. (Die Autorin – als 2jährige von der Mutter wegen DDR-Flucht verlassen – reflektiert als Erwachsene ihre Heimerfahrungen.) Bastei Lübbe TB 61244, Berg.-Gladb. 1992, 255 S.

CHANDEMAGOR, Françoise: *Die erste Frau*. (Nach 25 Jahren Ehe und 4 Kindern geht er zu einer jüngeren. Wie geht man damit um, wenn einem so plötzlich die Gegenwart, die Zukunft und – am schlimmsten – die Vergangenheit genommen wird?) Malik Vlg., Mchn 2000; Piper TB, Mchn. 2001; franz. OT: *La première épouse*

COUGHLIN, Ruth: *Zeit zu trauern. Eine Liebesgeschichte*. Droemer Knaur Vlg., Mchn. 1995², 208 S.; US OT: *Grieving; A Love Story*. (o.J.)

KARRER, Christina: »*Sie haben unsere Männer verschleppt ...« Frauen und Krieg in Irakisch Kurdistan.* eFeF-Vlg., Bern 1998[1], 190 S.

MILLER, Inette: *Gesprengte Brücken.* (Es begann als Affäre, zerstörte ihre Ehe und veränderte schließlich ihr ganzes Leben.) Bastei Lübbe TB 61144, Berg.-Gladb. 1989, 1991[8], 304 S.; US OT: *Burning Bridges.* 1987

RUBINSTEIN, Renate: *Nichts zu verlieren und dennoch Angst. Notizen nach einer Trennung.* Edition Suhrkamp 2230, Ffm 1993[1], 120 S.; niederländ. OT: *Niets te verliezen en toch bang.* (o.J.)

Betroffene: Männer <1>
DOYLE, Paddy: *Dein Wille geschehe?* Fischer TB 10753, Ffm 1992, 221 S.; US OT: o.A.

Betroffene: gemeinsam <1>
GOTTLOB, Max Peter (Hg): *Denk' ich an Scheidung. Betroffene machen ihre Erfahrungen öffentlich.* Frieling Vlg., Bln. 1998[1], 175 S.

    Eltern <8>

<0>

Eltern: Mütter <7>
ALI, Miriam / WAIN, Jana: *Hinter dem Schleier aus Angst und Tränen. Eine Mutter kämpft um ihre Töchter, die in den Jemen verkauft wurden.* Heyne 2057, Mchn. 1996[1], 379 S.; engl. OT: *Without Mercy.* (o.J.)

BRAID, Helen: *Warum du gehen mußt. Briefe an meinen heranwachsenden Sohn.* (Überforderte Mutter weist 15jährigen Sohn aus dem Haus. Aus Schuldgefühlen, Versagen, Verlustängsten heraus schreibt sie ihm Briefe. Sie schildert ihr Leben – Trennung vom Vater, neue Ehe – und versucht, die widersprüchlichen Emotionen, die sie bewegen, auszudrücken.). Droemer Knaur TB 65078, Mchn. 1995[1], 142 S.; engl. OT: *Letters to My Semi-detached Son.* (o.J.)

JURGENSEN, Geneviève: *An einem Nachmittag im April.* Piper Vlg., Mchn., Zürich 1995, 159 S.; franz. OT: *La disparition.* (o.J.)

LAUNDERS, Michele: *Meine Schuld wird nie vergehen.* (Die Autorin gibt ihr Kind zur Adoption frei, weil sie das Beste will. Die Adoptiveltern mißhandeln das Kind jedoch zu Tode.) Bastei Lübbe TB 61204, Berg.-Gladb. 1991, 1991[2], 300 S.; US OT: *I Wish You Didn't Know My Name.* Warner Books Inc., NY 1990

LEUTHOLD, Beatrice: *Mutterraben. Briefe an Michael und Silvan.* (Sie willigt in die Scheidung ein, aber die Trennung von den 2 kleinen Söhnen kann sie nicht verkraften.) Zytglogge Vlg., Bern 1980, 1990[2], 111 S.

STAHLSCHMIDT, Elisabeth: *Auch ohne meine Kinder. Eine Ärztin zwischen zwei Kulturen erlebt die gewaltsame Trennung von ihren Kindern.* (Ägyptischer Arzt entführt seine vier Kinder in seine Heimat. Alle Versuche der Mutter, die Kinder wenigstens besuchen zu können, scheitern.). Schulte & Gerth, Asslar 1997, 217 S.; ERF Vlg., Wetzlar 1999, 3 Tonkassetten im Schuber (19x14x3 cm), Hörbuch

TERLAN, Gaby: *Zwölf Monate sind mehr als ein Jahr.* Oncken Vlg., Wuppertal 1978, 1979[2], 136 S.

Eltern: Väter <1>
DAVIS, Martin J. / BACH, S. (Hg.): *Scheidung von den Kindern. Betroffene Väter erzählen.* Triga Vlg., Gelnhausen 1998[1], 276 S., Lit.Verz. (3 S.)

 **Erwachsene Kinder <2>**

Töchter <1>
MEHR, Mariella: *Steinzeit*. (Sie berichtet von ihrem Erleben und Erleiden während der Jugendzeit in Erziehungsanstalten und Pflegefamilien.) Zytglogge Vlg., Bern 1981, 1988[6], 190 S.

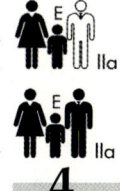

Erwachsene Kinder: gemeinsam <1>
GAIER, Otto R.: *»Manchmal mein' ich, ich hätt' auf der Welt nix verloren.« Scheidungskinder erzählen*. Hoffmann & Campe Vlg., Hbg. 1988, 222 S.

 **Geschwister <0>**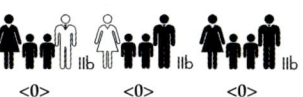

 **Angehörige / Familie: gemeinsam <0>**

 Partner <0>

 Fachleute <12>

Fachleute: Frauen <5>
KAST, Verena: *Sich einlassen und loslassen. Neue Lebensmöglichkeiten bei Trauer und Trennung*. Herder spektrum, Fb. 1994, 157 S.
OBERMÜLLER, Klara: *Ganz nah und ganz weit. Fragen an Dorothee, die Frau des Nikolaus von Flüe*. (Hörspiel über eine Frau aus dem 15. Jahrhundert, die mit zehn Kindern von ihrem Mann verlassen wurde – er hatte sich entschlossen, Einsiedler zu werden.) Rex Vlg., Luzern, Stgt. 1982, 65 S.
PEIFFER, Vera / LEMKE, Nada.: *Wenn die Partnerschaft zerbricht. Trennung positiv bewältigen, Ursachen erkennen*. (Selbsthilfestrategien: Übungen, Tips; Fallbeispiele) Midena Vlg., Romb. 1999, 128 S.
TANNEN, Deborah: *Du kannst mich einfach nicht verstehen. Warum Männer und Frauen aneinander vorbeireden*. (Die Anwendung von Erkenntnissen der Kommunikationswissenschaft bringt neue Ansätze für einen Friedensvertrag im Geschlechterkampf.) Goldmann TB, Mchn. 1998, 359 S.; US OT: o.A.
WYSS, Laure: *Ein schwebendes Verfahren*. (Mutmaßungen über die Hintergründe einer Familientragödie.) Fischer TB 3256, Ffm 1983, 159 S.

211

Fachleute: Männer <7>

BURCH, Jennings Michael: *Tiere sperren sie nur nachts ein.* (Die Geschichte eines Kindes, das trotz Einsamkeit und Verlassenheit das Überleben lernte.) Heyne TB 10/4, Mchn. 1986, 350 S.; US OT: *They Cage Animals at Night.* (o.J.)

HELLINGER, Bert: *Haltet mich, daß ich am Leben bleibe. Lösungen für Adoptierte.* 1998, 223 S., ill.

HELLINGER, Bert: *In der Seele an die Liebe rühren. Familien-Stellen mit Eltern und Pflegeeltern von behinderten Kindern.* 1998, 119 S., ill.

LENNHOF, Friedrich Georg: *Problem-Kinder.* (Aus der Arbeit einer Therapie-Heimschule.) Ernst Reinhardt Vlg., Mchn. 1967, 227 S.; engl. OT: o.A.

MEHRINGER, Andreas: *Verlassene Kinder.* (Erfahrungen eines Heimleiters mit seelisch verkümmerten – deprivierten – Kleinkindern.) Reinhardt Vlg., Mchn. 1985, 86 S.

PARKES, Murray Colin: *Vereinsamung. Die Lebenskrise nach Partnerverlust.* (Psychologisch-soziologische Untersuchung des Trauerverhaltens.) Rowohlt Vlg., Rb. 1974, 247 S.; engl. OT: *Bereavement. Studies of Grief in Adult Life.* (o.J.)

REDL, Fritz / WINEMANN, David: *Kinder, die hassen.* (Auflösung und Zusammenbruch der Selbstkontrolle.) Serie Piper 333, Mchn. 1986, 1986[2], 264 S.

4

Betroffene zusammen mit Fachleuten <9>

Betroffene zusammen mit Fachleuten: Frauen <3>

LUKASZ-ADEN, Gudrun: *Trennungen. Interviews und Protokolle, Erfahrungen und Perspektiven.* (Frauen und Männer über Ursachen und Motive für Trennung; Töchter und Söhne über ihre Gefühle bei Trennung; Fachleute beraten rechtlich und therapeutisch.) Heyne Report Nr. 10/28, Mchn. 1987[1], 235 S.

THORNE, Julia: *Wie ich meine Scheidung überlebte. Erfahrungen und neue Perspektiven.* (J. Th. läßt Menschen zu Wort kommen, die nach einer Trennung durch alle Stadien der Gefühle gegangen sind. Ihr Buch gibt konkrete Erfahrungen weiter und will Menschen in einer ähnlichen Situation helfen.) Herder TB, Freiburg 1998, 188 S.; US OT: *A Change of Heart.* 1996

TOYNBEE, Polly: *Adoptivkinder suchen ihre Mutter.* Fischer TB 3533, Ffm 1989, 218 S.; engl. OT: *Lost Children.* London 1985

Betroffene zusammen mit Fachleuten: Männer <5>

KÖRNER, Wolfgang (Hg): *Meine Frau hat mich verlassen. Männer erzählen von Trennung und dem Leben danach.* Eichborn Vlg., Ffm 1987, 152 S.

NIELSEN, Bess / KOSKAS, Marco: *Für Dich, Jamal.* (Die Dänin Bess verläßt ihren Mann in Algerien und kehrt mit ihrem Sohn in die Heimat zurück, von wo der Junge vom Vater entführt wird.) Bastei Lübbe TB 61235, Berg.-Gladb. 1992, 365 S.; dän. OT: o.A.

RISCH, Reinhard: *Ich möcht so gern ein Tier sein. Heimkinder-Protokolle.* Mitteldt. Vlg., Halle, Lpz. 1991, 145 S.

SCHULTZ, Hans Jürgen (Hg): *Einsamkeit. Zeitzeugen berichten über ihre Erfahrungen und Erkenntnisse.* Sendereihe des Süddeutschen Rundfunks. Kreuz Vlg., Stgt. 1980, 1986[5], 239 S.

SCHULTZ, Hans Jürgen (Hg): *Trennung. Zeitzeugen berichten über ihre Erfahrungen und Erkenntnisse.* Sendereihe des Süddeutschen Rundfunks, Kreuz Vlg., Stgt. 1984, 255 S.

Betroffene zusammen mit Fachleuten <1>

JAN, Edmund / MARLIES, Eva / DOKTOR, S.: *End-täuschung. Dokumente einer Trennung.* (Bericht der Familie und des Therapeuten.) extrabuch Vlg., Ffm 1983, 155 S.

5. Verfolgung · Gefangensein · Gewalt <489>

Holocaust · Konzentrationslager · Zwangsarbeit · Exil · Krieg · Flucht · Rassismus · Asylsuche · Frauenfeindliche Traditionen

Betroffene <397>

Betroffene: Frauen <158>

ADAM, Marianne / SALOMON, Ella: *Was wird der Morgen bringen? Zwei Jüdinnen überleben Auschwitz und finden zum Glauben an Jesus Christus.* (1943–45) Edition Anker, Stgt. 1995, ill., 160 S.; ungar. OT: o.A.

AFKHAMI, Mahnaz: *Leben im Exil. Frauen aus aller Welt.* Klett Cotta Vlg., Stgt. 1996, 305 S.; US OT: *Women in Exile.* (o.J.)

ALIZADEH, Parvaneh: *Schaut gut hin! Das ist echt: Erfahrungen einer politischen Gefangenen in Gefängnissen der Islamischen Republik Iran.* (1981), Vlg. Khavaran, Vincennes, Frankreich 1998[2], 104 S.; OT: o.A.

ALRABAA, Sami: *Saudi-Arabien. Die Tyrannei der tausend Prinzen. Vom Leben in der Rechtlosigkeit.* rororo TB 22236, Rb. 1998[1], 217 S.

APPLEMAN, Alicia: *Alicia. Überleben, um Zeugnis zu geben.* Scherz Vlg., Mchn. 1989, 320 S.; US OT: *Alicia.* (o.J.)

AYIM, May: *Grenzenlos und unverschämt.* (Rassismus und kulturelle Vielfalt – Auseinandersetzung mit der Realität einer schwarzen Deutschen.) Orlanda Frauen-Vlg., Bln. 1997[1], ill., 191 S.; Lit.Verz. (12 S.)

BAUMAN, Janina: *Als Mädchen im Warschauer Ghetto. Ein Überlebensbericht.* Bastei-Lübbe TB 61141, Berg.-Gladb. 1988, 1991[5], 320 S.; 1995[7], ill., 319 S.; engl. OT: *Winter in the Morning.* London 1986

BEALS, Melba Pattillo: *Niemand soll mich weinen sehen.* (1957: Melba ist eine der ersten Schwarzen in Nordamerika, die auf dem gesetzlich garantierten Recht bestehen, eine High School nach ihrer Wahl zu besuchen. Die Weißen wehren sich mit allen Mitteln des Terrors.) Bastei-Lübbe TB 61353, Berg.-Gladb. 1996[2], ill., 401 S.; US OT: *Warriors Don't Cry; A Searing Memoir of the Battle to Integrate Little Rock's Central High.* 1995

BECHLER, Margret: *Warten auf Antwort. Ein deutsches Schicksal.* (M. B. wurde von den Nazis ihres Mannes wegen verfemt, in der Nachkriegs-DDR verhaftet, zum Tode verurteilt, 1956 begnadigt.) Ullstein TB 20390, Ffm, Bln. 1993[18], ill., 414, [16] S.; Ullstein TB 35822, Bln. 1998, ill., 414 S.

BEGOV, Lucie: *Mit meinen Augen. Botschaft einer Auschwitz-Überlebenden.* Bleicher Vlg., Gerlingen, 1983, 318 S.

BEHREND-ROSENFELD, Else R.: *Ich stand nicht allein. Leben einer Jüdin in Deutschland 1933–44.* Beck Vlg., Mchn. 1988, 269 S.

BEJENARO, Esther: *»Man nannte mich Krümel.« Eine jüdische Jugend in den Zeiten der Verfolgung.* Curio Vlg., Hbg. 1989, 36 S.

BERNSTEIN, Elsa: *Das Leben als Drama. Erinnerungen an Theresienstadt.* (1942–45) Edition Ebersbach, Dortmund 1999; ill., 190 S.

BERNSTEIN, Sara Tuvel: *Die Näherin. Erinnerungen einer Überlebenden.* Europa Vlg., Mchn., Wien 1998, ill., 446 S.; US OT: *The Seamstress.* (o.J.)

BIRENBAUM, Halina: *Die Hoffnung stirbt zuletzt.* (1942–45) Fischer TB 12414, Ffm 1995, 201 S.; poln. OT: *Nadzieja umiera ostatni.* (o.J.)

BIRGER, Trudi: *Im Angesicht des Feuers. Wie ich der Hölle des Konzentrationslagers entkam.* (1933–45) Piper Vlg., Mchn., Zürich 1990; Bechtermünz Vlg., Augsburg 1999, 214 S.; engl. OT: *Daughter's Gift of Love; A Holocaust Memoir.* (o.J.)

BRAACH, Emilie: *Wenn meine Briefe dich erreichen könnten. Aufzeichnungen aus den Jahren 1939–1945.* Fischer TB 5658, Ffm 1987, 244 S.

BRAND, Sandra: *Und dennoch leben*. (Als »Arierin« überstand die Jüdin den Holocaust.) Bastei-Lübbe TB 61124, Berg.-Gladb. 1988, 1995⁶, 254 S.; engl. OT: *I Dared to Live*. (o.J.)

BROCKHOFF, Ellen: *Jeder Liebe wachsen Flügel. Dokumentarischer Roman mit einem authentischen Dokumentenanhang aus den Akten des Ministeriums für Staatssicherheit*. (1955–83) Ullstein TB 30303, Ffm, Bln. 1994¹, 239 S.

BRUCK, Edith: *Wer dich so liebt. Lebensbericht einer Jüdin*. (1944–45) Wagenbach TB 352, Bln. 1999, 106 S.; ital. OT: *Chi ti ama cosi*. (o.J.)

BUBER-NEUMANN, Margarete: *Als Gefangene bei Stalin und Hitler. Eine Welt im Dunkel*. (1938–45) Seewald Vlg., Stgt., 1985, 472 S.; Ullstein TB 35333, Ffm 1993, 480 S.

BÜRGER, Hilde: *Bezwingt des Herzens Bitterkeit*. Waldkircher Vlgs.-Ges. 1991, 88 S.

CHOHRA, Nassera: *Ich wollte nicht mehr schwarz sein*. dtv 12143, Mchn. 1996¹, 137 S.; ital. OT: *Volevo diventare bianca*. (o.J.)

CLAASEN, Elisabeth: *Ich, die Steri*. (Eine während der Nazi-Zeit zwangsweise sterilisierte Frau berichtet.) Psychiatrie Vlg., Bonn 1987, 64 S.

COMBESQUE, Marie Agnès: *Rassismus. Von der Beleidigung zum Mord*. Elefanten Press Kinder- und Jugendbücher, Bln. 1998, 118 S.; franz. OT: o.A.

DAVID, Janina: *Ein Stück Himmel. Erinnerungen an eine Kindheit*. (1939–43) Vlg. Hanser, Mchn., Wien 1987, 1994, 369 S.; engl. OT: *Square of Sky*. (o.J.)

DAVID, Janina: *Ein Stück Erde. Das Ende einer Kindheit*. (1943–46) Vlg. Hanser, Mchn.1994, 294 S. (Blindendruck); engl. OT: *A Touch of Earth*. (o.J.)

DECKE, Bettina: *»Du mußt raus hier!« Lotti Abraham-Levy. Eine Jugend in Bremen*. (1933–39) Donat Vlg., Bremen 1998, ill., 163 S.; Lit.Verz. (7 S.)

DENES, Magda: *Brennende Schlösser. Eine jüdische Kindheit*. (1942–45: Kinderjahre in Ungarn zur Zeit von Krieg und Holocaust.) Bertelsmann Vlg., Mchn. 1997¹, Goldmann TB 72425 btb, Mchn. 1999, ill., 443 S.; engl. OT: *Castles Burning*. 1997

DEUTSCHKRON, Inge: *Ich trug den gelben Stern*. (1933–1945) dtv 10402, Mchn. 1984, 1990⁶, dtv-sachbuch 30000, Mchn. 1994¹¹, 1995¹³, ill., 197 S.

DEUTSCHKRON, Inge: *Mein Leben nach dem Überleben*. (1945–60), Landeszentrale für Politische Bildung 1994, il. 197 S.

DIETZ, Edith: *Den Nazis entronnen. Die Flucht eines jüdischen Mädchens in die Schweiz*. dipa Vlg., Ffm 1990, 131 S.

DIRIE, Waris: *Wüstenblume*. (Auf dem Höhepunkt ihrer Karriere als Top-Model in den USA entschließt sich W. D. zu einer Aufklärungskampagne über die in ihrer Heimat Somalia – wie in vielen anderen Ländern – geltende Tradition der Frauenbeschneidung, d. h. Genitalverstümmelung und deren lebenslange qualvolle Folgen für Millionen betroffener Frauen.) Ullstein TB, Bln 1999, 268 S., US OT: o.A.

DJURA: *Und morgen dann die Hoffnung ... Scheherezades Schwestern im Kampf gegen die islamische Tradition*. Heyne TB 306, Mchn. 1994¹, 207 S.; franz. OT: *La saison des narcisses*. (o.J.)

DRECHSLER, Sigrid: *Im Schatten von Mühlberg*. (1945–48) Drechsler Vlg., Dresden und Schwarza Kunst-Vlg. Paris 1996, 64 S.

DURRANI, Tehmina: *Mein Herr und Gebieter. Ich war die Begum des Löwen vom Punjab*. (Schicksal unzähliger Frauen in islamischen Ländern, hier Pakistan: frühe Heirat, Erniedrigung durch den Ehemann, nach schweren Kämpfen Scheidung und unabhängiges Leben.) Hoffmann & Campe, Hamburg 1994, 427 S.; engl. OT: o.A.

EDVARDSON, Cordelia: *Gebranntes Kind sucht das Feuer*. (Autobiographischer Roman 1929–45: Um ihre Mutter – die Schriftstellerin Elisabeth Langgässer – zu schützen läßt sich die 14jährige zu einer folgenschweren Unterschrift erpressen. Erst der Weg durch die Hölle von Auschwitz führt in die Freiheit.) dtv 11115, Mchn. 1991³, dtv 8448, Mchn. 1998 129 S., schwed. OT: *Bränt barn söker sig till elden*. (o.J.)

EISENKRAFT, Clara: *Damals in Theresienstadt. Erlebnisse einer Judenchristin*. Aussaat Vlg., Wuppertal 1977, 103 S.

ELIAS, Ruth: *Die Hoffnung hielt mich am Leben. Mein Weg von Theresienstadt und Auschwitz nach Israel*. (1942–45) Piper Vlg., Mchn. 1995⁷, Piper TB 1286 1995³, ill., 342 S.

ERLUND, Eileen (geb. HIRSCH, Irmgard) / RÖMER, Gernot (Hg): *Irmgard. Eine jüdische Kindheit in Bayern und eine Vertreibung. Lebenserinnerungen.* (1922–1939), Vlg. Wißner, Bd. 2, Augsburg 1999, ill., 191 S.

FABIUS, Odette: *Sonnenaufgang über der Hölle. Von Paris in das KZ Ravensbrück. Erinnerungen.* Vlg. Neues Leben, Bln. 1997, 158 S.; franz. OT: *Un lever de soleil sur le Mecklembourg.* (o.J.)

FANTLOVÁ, Zdenka: *»In der Ruhe liegt die Kraft«, sagte mein Vater.* (1942–1945) Vlg. Weidle, Bonn 1999, ill., 186, S.; tschech. OT: *Klíd je síla, ÿérek' tatinek.* (o.J.)

FATIAH: *Eine Frau in Algerien. Chronik des täglichen Terrors.* Fischer TB 13882, Ffm 1999[1], 132 S.; franz. OT: *Algérie, chronique d'une femme dans la tourmente.* (o.J.)

FÉNELON, Fania: *Das Mädchenorchester in Auschwitz.* (1944–45) dtv 1706, Mchn. 1995[12], 310 S.; franz. OT: *Suris pour l'orchestre.* (o.J.)

FILIPOVIC, Zlata: *Ich bin ein Mädchen aus Sarajevo.* (Aufzeichnungen einer 11jährigen über den Krieg in ihrem Land, in ihrer Stadt, vor ihrer Haustür.) Lübbe TB, Berg. Gladb. 1994, 191 S.; bosn. OT: o.A.

FINKELSTEIN, Genia: *Genia. Ein 12jähriges Mädchen im Holocaust.* (1940–45) Vlg. Königshausen & Neumann, Würzburg 1998, ill., 122 S.

FISCHER, Gudrun: *»Unser Land spie uns aus.« Jüdische Frauen auf der Flucht vor dem Naziterror nach Brasilien.* (1933–45) Vlg. Olga Benario und Baum, Offenbach 1998[1], ill., Interviews und Dokumente, 219 S., Lit.Verz. (3 S.)

FISCHER, Marianne: *Blätter im Sturm. Ein ungarisches Schicksal.* (Judenverfolgung.) Brockhaus TB 828, Wuppertal, Zürich 1990, 141 S.

FISCHER, Ursula: *Von der Last des Schweigens.* (1945–48) Vlg. Dietz, Bln. 1997, ill., 159 S.

FLECK, Annelise: *Workuta überlebt. Als Frau in Stalins Straflager.* (1949–55) Vlg. Mittler, Bln. 1994, ill., 166 S.

FRANK, ANNE: *Das Tagebuch der Anne Frank. 1942–44.* Lambert Schneider Vlg., Heidelb. 1950, 273 S.; Bearbeitung Otto M. Frank und Miriam Pressler. Vlg. S. Fischer, Ffm 1994[3]; Fischer TB 11377, Ffm 1995 (355. Tsd.), ill., 315 S.; niederländ. OT: *Het Achterhuis*; Amsterdam 1947 (s. a. K5[IV] NIEDERLÄNDISCHES ... und BURG, J. G.; K5[V]: LINDWER, Willy; K5[V] GIES, Miep; K5[IV]: SCHNABEL, Ernst)

FRANKENBERGER, Tamara: *Wir waren wie Vieh. Lebensgeschichtliche Erinnerungen ehemaliger sowjetischer Zwangsarbeiterinnen.* Diss., Universität Essen 1996; Vlg. Westfälisches Dampfboot, Münster 1997, 277 S.

FREUND, Elisabeth: *Als Zwangsarbeiterin 1941 in Bln. Die Aufzeichnungen der Volkswirtin Elisabeth Freund.* Akademischer Vlg., Bln. 1996, ill., 165 S.; Lit.Verz. (8 S.)

FRIED, Hédi: *Nachschlag für eine Gestorbene. Ein Leben bis Auschwitz und ein Leben danach.* (1944) Vlg. Krämer, Hbg. 1995[1], 204 S.; engl. OT: *Fragments of a Life.* (o.J.)

G., Katharina: *Die Geschichte der Katharina. Aus dem Tagebuch einer Strafgefangenen.* Schulte & Gerth, Asslar 1984, 176 S.

GANOR, Niza: *Wer bist du, Anuschka? Die Überlebensgeschichte eines jüdischen Mädchens.* (1941–45). Beck Vlg., Mchn. 1996, 122 S.; Goldmann TB 72384 btb, Mchn. 1999, 126 S.; hebräi. OT: o.A.

GANOR, Solly: *Das andere Leben. Kindheit im Holocaust.* Fischer TB 13549, Ffm 1997[1], ill., 221 S.; engl. OT: *Light one Candle.* (o.J.)

GILBERT, Jane K.: *Ich mußte mich vom Haß befreien. Eine Jüdin emigriert nach Deutschland.* dtv 11438, Mchn. 1991, 222 S.

GLAS-LARSSON, Margeta / BOTZ, Gerhard (Hg): *Ich will reden. Tragik und Banalität des Überlebens in Theresienstadt und Auschwitz.* Molden Vlg., Wien 1981, 272 S.

GLASS, Martha: *»Jeder Tag in Theresin ist ein Geschenk.« Die Theresienstädter Tagebücher einer Hamburger Jüdin 1943–45.* Ergebnisse Vlg., Hbg. 1996[1], ill., 228 S.

GOLIGER-STEINHAUS, Lotti: *Mein lieber Frederico. Geschichte einer jüdischen Familie.* (1935–55) Edition Raetia, Bozen 1994, 72 S.

GOLZ-GOLDLUST, Marianne: *Der große Tag. Die Briefe und Kassiber der »Volksfeindin«.* (Geschrieben 1943 in einem Prager Gefängnis.) Walter Vlg., Stgt. 1988, 103 S.

GOODWIN, Jan: *»Der Himmel der Frau ist unter den Füßen ihres Mannes.« – Muslimische*

Frauen erzählen. Lübbe Vlg., Berg.-Gladb. 1995, 480 S.; Fischer TB 13845, Ffm 1999, 480 S.; US OT: *Price of Honor.* (o.J.)

GORODECKA, Chana: *Tagebuch einer polnischen Jüdin.* Aus dem Polnischen und Jiddischen übersetzt. Reclam Bd. 1558, Lpz. 1996[1], ill., 181 S.; OT: o.A.

GOTTSCHALK, Gerda: *Der letzte Weg.* Süd-Vlg. Konstanz 1991, 168 S.

GRAND, Odile: *Gelb – auf dem Herzen getragen.* (1940–45). Ullstein TB 30417, Bln. 1998, 144 S.; franz. OT: *Couleur citron, côté cœur.* (o.J.)

GUTHMANN, Lotte: *Stationen: Lotte Guthmann, Wiesbaden – Lotte Sarah Guthmann, XI/5– 11 Theresienstadt – Charlotte Opfermann, USA.* Hrsg. vom Förderkreis Deutsch-Jüdischer Geschichte. Vlg. Fourier, Wiesbaden 1993, ill. 143 S.

HACKER, Adeline: *Unauslöschbare Erinnerungen. Ein Leben in den Wirren des 20. Jahrhunderts.* (A. H., geb. 1918 in Ostpreußen, aufgewachsen am Schwarzen Meer, Lehrerin an dt. und ukrainischen Schulen, Russischlehrerin in der DDR, 1957 Flucht in den Westen.) Frieling Vlg., Bln. 1997[1], 333 S.

HARTWIG, Renate: *Scientology: Ich klage an.* (Seit sie gegen die übermächtige Organisation kämpft, wird sie durch Überwachung, Verleumdung, Morddrohungen terrorisiert.) Heyne TB, Mchn. 1994, 301 S.

HASSELL, Fey: *Niemals sich beugen. Erinnerungen einer Sondergefangenen der SS.* (Autobiographie 1932–45) Vlg. Piper, Mchn. 1993, ill., 239 S.; ital. OT: *La storia incredibile.* (o.J.)

HAUSER, Irene: *Tagebuch von Irene Hauser, geboren am 19.03.1901, von Wien ins Ghetto Lodz deportiert im Oktober 1941. »Nicht einmal zum Sterben habe ich Protektion ...«* (Einträge 15. 06. – 8. 09. 1942) Hg.: Arbeitsstelle zur Vorbereitung des Frankfurter Lern- und Dokumentationszentrums des Holocaust, Heft 2, Ffm 1993, ill.

HEGER, Wanda: *Jeden Freitag vor dem Tor.* (Autobiographie jener Frau, die – unterstützt vom Grafen Bernadotte – die skandinavischen Häftlinge aus deutschen KZs gerettet hat.) Schneekluth Vlg., Mchn. 1989, 268 S.

HILLESUM, Etty: *Das denkende Herz. Die Tagebücher von Etty Hillesum 1941–43.* rororo TB 5575, Rb. 1990; rororo TB 15575, Rb. 1998 (64. Tsd.), ill., 221 S.; niederl. OT: *Het verstoorde leven.* (o.J.)

HOBERG, Inge: *Der Dom so nah und doch so fern. Das Leben eines Mädchens im Versteck und auf der Flucht.* (1940–45) Emons Vlg., Köln 1998, ill., 135 S.

HOFMANN, Corinne: *Die weiße Massai.* (Nach ihrer Liebesheirat in Kenia versucht C. H. vier Jahre lang im Busch zu überleben, sich gegen Krankheiten und die Eifersucht ihres Mannes zu wehren. Dann gibt sie auf und flieht mit ihrer Tochter in die Schweiz.) A 1 Vlg., Mchn 1998[10], 315 S.

HÖNIG, Albertine: *Der weite Weg oder das Buch von Workuta.* (Autobiographie 1944) Hg. AG für Südostdt. Volks- und Heimatforschung, Bad Tölz. ADZ Vlg., Bukarest 1995, ill., 254 S.

HOZÁKOVÁ, Vera: *Und es war doch ... To pjérece bylo.* (1942–45) Hg. Mahn- und Gedenkstätte Ravensbrück. Edition Hentrich, Bln. 1995[1], ill., 55 S.

IMHOF-PIQUET, Anne-Marie: *Fluchtweg durch die Hintertür.* Vlg. Im Waldgut, Frauenfeld 1987, 156 S.; franz. OT: *Filière.* (o.J.)

JABLONSKI, Marietta: *Verhören bis zum Geständnis. Der Operativ-Vorgang »Optima«.* (1971–72) Hrsg. v. d. Landesbeauftr. f. d. Unterlagen des Stasi der ehemaligen DDR Magdeburg 1996, ill., 162 S.

JOFFE, Nadeschda A.: *Mein Leben, mein Schicksal, meine Epoche.* (Memoiren 1924–53) Arbeiterpresse Vlg., Essen 1997, ill., 285 S.; russ. OT: o.A.

KAJA, Devrim: *»Meine einzige Schuld ist, als Kurdin geboren zu sein.« Eine junge Frau auf der Flucht vor türkischer Folter und deutscher Justiz.* Mit einem Beitrag von Günter Wallraff. Campus-Vlg., Ffm, 1998, 304 S.

KASSINDJA, Fauziya / BASHIR, Layli Miller: *Niemand sieht dich, wenn du weinst.* (F. wird mit 17 zur Heirat gezwungen. Stunden vor der Beschneidung gelingt ihr die Flucht. In den USA muß sie lange kämpfen, bis ihr Asyl gewährt wird.) Vlg. Blessing, Mchn. 1997[1], 507 S.; Bertelsmann-Club 1999, 507 S.; US OT: *Do They Hear You When Cry.* 1997

KATZENMAIER, Theodolinde: *Vom KZ ins Kloster. Ein Stück Lebensgeschichte.* (1943–45) EOS Vlg., St. Ottilien 1996, 260 S.

KAUFMANN, Hanne: *Die Nacht am Oeresund. Ein jüdisches Schicksal.* (Als 1943 der Befehl zur Deportation kam, brachten die Dänen in einer beispiellosen Rettungsaktion 7000 Flüchtlinge bei Nacht über das Meer nach Schweden. Eine der so Geretteten war H. K.) Vlg. Bleicher, Gerlingen 1994¹, 2 Abb., 127 S.

KIRK, Margaret: *Zähle die Tage meiner Flucht.* Nachwort zur heutigen Lage der Zigeuner. Brockhaus TB 856, Wuppertal 1995, 189 S.; US OT: *That Greater Freedom.* (o.J.)

KIRSTEIN, Emma: *»Aus schwerer Zeit.« Tagebuch Ostpreußen 1945.* Kulturstiftung der dt. Vertriebenen, Bonn 1999⁴, ill., 105 S.

KLEIN, Gerda W.: *Nichts als das nackte Leben.* (1939–45) Vlg. Bleicher, Gerlingen 1999, ill., 372 S.; US OT: o.A.

KLÜGER, Ruth: *Weiterleben. Eine Jugend.* (1942–45). Büchergilde Gutenberg, Ffm 1994, 286 S.; dtv 25016 Großdruck, Mchn. 1995. 430 S.; dtv Edition 12261, Mchn. 1997, 283 S.

KOHAVI, Chava: *Koffer und Rucksäcke.* (1943–45) Vlg. Löcker, Wien 1993, ill. 68 S.

KOREANISCHE FRAUENGRUPPE IN DEUTSCHLAND (Hg.): *In die Prostitution gezwungen. Koreanische Frauen erinnern sich. Zeugenaussagen aus dem japanischen Asien-Pazifik-Krieg 1936–1945.* Secolo Vlg. Bd. 7, Osnabrück 1996¹, ill., 142 S.; korean. OT: o.A.

KRAG, Helen Liesl: *»Man hat nicht gebraucht keine Reisegesellschaft ...«* Böhlau Vlg., Wien, Köln 1988, 180 S.

KREBS-KRAFFT, Edeltraud: *Meine Mädchenjahre in russischer Gefangenschaft. Eine Heimkehrerin berichtet über Flucht und Gefangenschaft.* (1945–48) Vlg. Jahn & Ernst, Hbg. 1996¹, 104 S.

LANGER, Felicia: *Miecius später Bericht. Eine Jugend zwischen Ghetto und Theresienstadt.* (1941–45) Lamuv Vlg., Göttingen 1999¹, ill., 139 S.; hebräi. OT: o.A.

LAQUEUR, Renata: *Bergen-Belsen Tagebuch 1944–45.* Fackelträger Vlg., Hann. 1983, 143 S.; niederl. OT: *Dagboek uit Bergen-Belsen maart 1944 e april 1945.* (o.J.)

LASKER-WALLFISCH, Anita: *Ihr sollt die Wahrheit erben: Breslau – Auschwitz – Bergen-Belsen.* Weidle Vlg., Bonn 1997¹, ill., 221 S. (dt.-engl.); engl. OT: *Inherit the Truth.* (o.J.)

LEVI, Trude: *Eine Katze namens Adolf.* Ekopan Vlg., Witzenhausen 1997¹, ill., 190 S.; engl. OT: *A Cat Called Adolf.* (o.J.)

LEVY-HAAS, Hanna: *Vielleicht war alles erst der Anfang. Tagebuch aus dem KZ Bergen-Belsen 1944–1945.* Rotbuch Vlg., Bln. 1979, 110 S.

LOUNG UNG: *Der weite Weg der Hoffnung.* (Eine Überlebende der ›Säuberungsmaßnahmen‹ der Roten Khmer ... Gedenken an die zwei Millionen Menschen, die dem Regime zum Opfer gefallen sind – auch ihre Eltern, sie war 1975 5 Jahre alt.) Argon Vlg., Bln. 2001; US OT: o.A.

LUNDHOLM, Anja: *Das Höllentor. Bericht einer Überlebenden.* (1944–45) rororo TB 12873, Rb. 1994 (13. Tsd.), 312 S.

LUNDHOLM, Anja: *Im Netz. Bericht.* (1943) rororo TB 13501, Rb. 1994, 234 S.

MAJDANSKI, Kazimierz: *Ihr werdet meine Zeugen sein ... Meine Zeit im KZ.* (1939–45) Vlg. Maria Aktuell, Mittelbiberach 1995, ill., 212 S.; poln. OT: *Byøedziecie moimi,'swiadkami ...* (o.J.)

MESSAOUDI, Khalida / SCHEMLA, Elisabeth: *Worte sind meine einzige Waffe. Eine Algerierin im Fadenkreuz der Fundamentalisten.* Vlg. Kunstmann, Mchn. 1995¹, 238 S.; alger. OT: *Une algérienne debout.* (o.J.)

METTBACH, Anna / BEHRINGER, Josef: *»Wer wird die nächste sein?« Die Leidensgeschichte einer Sintezza, die Auschwitz überlebte. »Ich will doch nur Gerechtigkeit«: Wie den Sinti und Roma nach 1945 der Rechtsanspruch auf Entschädigung versagt wurde.* (1942–45 und 1945–90); Vlg. Brandes & Apsel, Ffm 1999¹, ill., 126 S.

MICHAEL, Christel: *Ein Alptraum oder der Weg in die Freiheit.* (1983–1985). R. G. Fischer Vlg. Edition Fischer, Ffm 1994², 91 S.

MUHSEN, Zana / CROFTS, Andrew (Bearb.): *Noch einmal meine Mutter sehen. Vom eigenen Vater in die Sklaverei verkauft.* Heyne sachbuch 2008, Mchn. 1994¹², 1995¹³, ill.; Heyne TB 9599, 1995², 238 S., ill.; US OT: *Sold.* (o.J.)

5

MUHSEN, Zana u. a.: *Hinter dem Schleier. –. Noch einmal meine Mutter sehen. – Der Schleier des Schweigens. Drei bewegende Lebensgeschichten.* Ein Heyne Buch 50, Heyne Jubiläumsbände Nr. 94, Mchn. 1994, 1996², 542 S.

MÜLLER-MADEJ, Stella: *Das Mädchen von der Schindler-Liste. Aufzeichnungen einer KZ-Überlebenden.* (1940–45) Vlg. Ölbaum, Augsburg 1994³, 278 S.; dtv 30664, Mchn. 1998, ill., 278 S. OT: *Oczami dziecka.* (o.J.)

NATHORFF, Herta: *Das Tagebuch der Herta Nathorff.* (Verfolgung einer jüdischen Ärztin.) Fischer TB 4392, Ffm 1989, 221 S.

NELKEN, Halina: *Freiheit will ich noch erleben. Krakauer Tagebuch.* Vlg. Bleicher, Gerlingen 1996¹, 336 S.; poln. OT: *Pamietnik z getta w Krakowic.* (o.J.)

NELSON, Anita: *Engel im KZ. Holocaust.* Schwengeler Vlg., Berneck 1985, 1989⁴, 175 S.

OTLEY, Helen: *Wien, Auschwitz, Maryland. Meine Lebensgeschichte bis Kriegsende 1945.* Vlg. Haag & Herchen, Ffm 1995, 102 S.

OUFKIR, Malika / FITOUSSI, Michele: *Die Gefangene. Ein Leben in Marokko.* (Die Tochter des Ministers Ou. verbringt die Kinderjahre als Spielgefährtin der Tochter des Königs im goldenen Käfig. Nach Putschversuch und Tod ihres Vaters wird sie mit Mutter und Geschwistern verhaftet und erleidet 20 Jahre Gefangenschaft, Hunger, Einsamkeit, bis die Flucht gelingt.) Schröder Vlg., Mchn. 1999, 379 S., ill.; 2 Audio-Kassetten, 2000; Ullstein TB, Bln. 2001, ca. 379 S., ill., franz. OT: o.A.

PAEPCKE, Lotte: *Ein kleiner Händler, der mein Vater war.* (1933–45) Vlg. Braun, Karlsruhe 1998 (Neuauflage anläßlich der Verleihung des Johann-Peter-Hebel-Preises), 109 S.

PAEPCKE, Lotte: *Unter einem fremden Stern.* (»Ich wurde vergessen.« Judenverfolgung). Vlg. Elster, Baden-Baden 1989, 139 S.

PEKRUL, Anette: *Alptraum Irak. Tagebuch meiner Geiselhaft.* (Ihre Tagebuchaufzeichnungen sind eine ständige Auseinandersetzung mit Angst und Hoffnung, Tod und Leben.) Bastei Lübbe TB 61224, Berg.-Gladb. 1991, 1991³, 270 S.

PLAGER-ZYSKIND, Sara: *Auf immer verlorene Jahre. Ein junges Mädchen überlebt den Holocaust in Polen.* (1939–45) Goldmann TB 12454, Mchn. 1993¹, 277 S.; hebräi. OT: o.A.

PORAT, Miriam Anna: *Nicht befreit. Erinnerungen aus der Zeit des Holocaust.* (1944–45) DKV Vlg., Düsseldorf 1993, 183 S.; hebräi. OT o.A.

PÓYTAWSKA, Wanda: *Und ich fürchte meine Träume.* (1941–45) Vlg. Kral, Abensberg 1993¹, ill., 200 S.; Vlg. Maria Aktuell, Abensberg 1994², ill., 198 S.; poln. OT: *I bojÿøe siÿøe snów.* (o.J.)

RANDT, Alice: *Die Schleuse. Drei Jahre im Ghetto Theresienstadt.* (1942–45) Vlg. H. Bethmann, Wegelange 3, Rosdorf 1997, ill., 136 S.

RATUSCHINSKAJA, Irina: *Grau ist die Farbe der Hoffnung. Bericht aus einem Frauenlager.* (1982–86) Goldmann TB 12363, Mchn. 1994, ill., 351 S.; russ. OT: *Seryj – cvet nadeÿézdy.* (o.J.)

RAUSCHENBACH, Hildegard: *Von Pillkallen nach Schadrinsk. Meine Zeit im »Lager 6437« und das Wiedersehen nach 43 Jahren.* (1945–48) Vlg. Rautenberg, Leer 1993, ill., 168 S.

RINSER, Luise: *Gefängnistagebuch.* (1944). Fischer TB 1327, Ffm. 1994 (177. Tsd.) 157 S.

ROOHIZADEGEN, Olya: *Olyas Geschichte.* (1978–84) Bastei-Lübbe TB 61322, Berg.-Gladb. 1995¹, 315 S.; engl. OT: *Olya's Story: A Survivor's Personal And Dramatic Account.* 1993

ROSENBERG, Blanca: *»Versuch zu überleben ...« Polen 1941–45.* Jüdischer Vlg., Ffm 1996¹, 262 S.; US OT: *To Tell at Last.* (o.J.)

RÜHL, Bettina: *Wir haben nur die Wahl zwischen Wahnsinn oder Widerstand. Frauen in Algerien.* Vlg. Horlemann, Bad Honnef 1997, 182 S.

SABADITSCH, Elisabeth: *Ich war Saddam Husseins Geisel. Ein Tagebuch.* Fama Vlg., Wien 1990, 79 S.

SALIER, Eva: *Ungebrochen durch die Hölle.* (1940–45) Stadtbibliothek Koblenz Nr. 39, 1995, ill., 120 S.; niederländ. OT: o.A.

SALUS, Grete: *Niemand nichts – ein Jude. Theresienstadt, Auschwitz, Oederan.* Vlg. Darmstädter Blätter, Darmstadt 1981, 99 S.

SASSON, Jean P. (aufgeschrieben): *Ich, Prinzessin aus dem Hause Al Saud. Ein Leben hinter*

5

tausend Schleiern. (Extreme Benachteiligung und Bevormundung der Frauen in Saudi-Arabien) Bertelsmann, Mchn. 1993[7], Goldmann TB 42421, Mchn. 1994, 287 S.; Vlg. Niemeyer (Bücher in großer Schrift), Hameln 1994, 369 S.; saudi-arab. OT: *Princess.* (o.J.)

SASSON, Jean P. (aufgeschrieben): *Ich, Prinzessin Sultana, und meine Töchter.* Bertelsmann Vlg., Mchn. 1994[3]; Dt. Bücherbund, Stgt. 1994, Goldmann TB, Mchn 1996, 286 S.; saudi-arab. OT: *Princess Sultana's Daughters.* (o.J.)

SASSOON, Agnes: *Überlebt. Als Kind in deutschen Konzentrationslagern.* (1944–45), Heyne TB, Heyne 2050, Mchn. 1995, ill., 166 S.; engl. OT: *Agnes, How My Spirit Survived.* (o.J.)

SCHÄCHTER, Klara: *Woss ich hob durchgelebt. Brief einer Jüdin aus der Bukowina, verfaßt in Transnistrien 1943.* (1941; Klara Schächter lebt heute in Montreal, Kanada.) Zweisprachig: jiddisch / deutsch: *Was ich durchgemacht habe.* Vlg. Hartung-Gorre, Konstanz 1996, ill., 133 S.; Lit.Verz. (4 S.)

SCHEUER, Lisa (d. i. SCHEUEROVÁ, Líza): *Vom Tode, der nicht stattfand. Theresienstadt, Auschwitz, Freiberg, Mauthausen. Eine Frau überlebt.* (1942–45) Vlg. Shaker, Aachen 1998, 154 S.; tschech. OT *O smrti, která se nedostavila.* Praha 1994

SCHRÖDER, Nina: *Hitlers unbeugsame Gegnerinnen. Der Frauenaufstand in der Rosenstraße.* (1933–43) Heyne TB 560, Mchn. 1998[1], ill., 310 S.; Lit.Verz. und Filmographie (5 S.)

SEGHERS, Anna: *Das siebte Kreuz.* (Die jüdische Autorin, geb. 1900, schrieb den Roman über Alltag und Widerstand im 3. Reich – in seinem Mittelpunkt die Flucht von sieben Häftlingen aus dem Lager. Das war kurz vor dem 2. WK. und ihrem Exil in Mexiko – und lange, bevor sie ›Staatsdichterin‹ der DDR wurde.) 1942 zuerst in Mexiko erschienen. 1946 in Ostdeutschland, 1947 in Westdeutschland; Luchterhand, Neuwied 1979, 288 S.

SHERMAN-ZANDER, Hilde: *Zwischen Tag und Dunkel. Mädchenjahre im Ghetto.* (1941–44) Ullstein Vlg., Ffm. 1989, 140 S.; Ullstein TB 29386, Ffm, 1993[4], 140 S.

SIAO, Eva: *China, mein Traum, mein Leben.* (1934 heiratet die junge Breslauerin den chinesischen Dichter Siao, einen Weggefährten Maos. In China ist sie als Fotografin der Revolution, des neuen Aufbaus hoch angesehen. Doch während der Kulturrevolution verbringt sie 7 Jahre im Kerker, wird rehabilitiert und lebt heute in Beijing/Peking.) Econ-List TB, Mchn 1999[5], 619 S., ill.

SOMMER-LEFKOVITS, Elisabeth: *Ihr seid auch hier in dieser Hölle? Erinnerungen an die unheilvollen Zeiten 1944–45.* Vlg. Chronos, Zürich 1993, ill., 111 S.; Pendo TB, Zürich 1999 Titel: *Ihr seid auch in dieser Hölle? Lebensbericht 1944–45.*, ill., 100 S.

SPIER-COHEN, Gisela: *Aus den Erinnerungen an Kindheit und Konzentrationslager.* Hrsg. v. der Gesellschaft für Christl.-Jüd. Zusammenarbeit zu Marburg 1994, 32 S.

SPRITZER, Jenny: *Ich war Nr. 10291. Als Sekretärin in Auschwitz.* (1942–45) Vlg. Darmstädter Blätter 1946, 1980[2], 157 S.; Vlg. Rothenhäusler, Stäfa 1994[4], ill., 157 S.

STOJKA, Ceija: *Wir leben im Verborgenen. Erinnerungen einer Roma-Zigeunerin.* (1933–45) Picus Vlg., Wien 1988; 1995[3], ill., 154 S.

SZAJN-LEWIN, Eugenia: *Aufzeichnungen aus dem Warschauer Ghetto. Juli 1942 bis April 1943.* Reclam Bd. 1497, Lpz. 1994[1], ill., 133 S.; poln. OT: *W getcie warszawskim.* (o.J.)

SZWAJGIER, Adina Blady: *Die Erinnerung verläßt mich nie. Das Kinderkrankenhaus im Warschauer Ghetto und der jüdische Widerstand.* Vlg. List, Mchn., Lpz. 1993, 216 S.; Lit.Verz. (2 S.); engl. OT: *I Remember Nothing More.* (o.J.)

TEC, Nechama: *Eine Art Leben. Eine jüdische Kindheit im besetzten Polen.* (1939–45) Europ. Vlgs.-Anstalt, Hbg. 1998, 219 S.; amerikan. Originalt. o. A

TENBOOM, Corrie: *Dennoch.* (1940–45) Brockhaus, Wuppertal 1997 (169. Tsd.), 159 S.; niederländ. OT: o.A.

VARGA, Susan: *Ich warte nicht, bis sie mich holen. Odyssee einer jüdischen Familie.* (1940–54) Verfasserin ist 1943 in Ungarn geboren, lebt jetzt in Australien.) Knesebeck Vlg., Mchn. 1996, 319 S.; austral. OT: *Heddy and Me.* (o.J.)

VEITH, Ines: *Klipp, klapp, Holz auf Stein ... Frauen in politischer Haft. Hoheneck 1950–1989.* a-Verbal-Vlgs.-Ges. Edition D Wendepunkte, Bln. 1996[1], ill., 190 S.

VELMAS- van HESSEN, Edith: *Ich wollte immer glücklich sein. Das Schicksal eines jüdischen*

Mädchens im zweiten Weltkrieg. Zsolnay Vlg., Wien 1999, ill., 310 S.; niederländ. OT: He*t verhaal von Edith.* (o.J.)

VERMEHREN, Isa: *Reise durch den letzten Akt. Ravensbrück, Buchenwald, Dachau. Eine Frau berichtet.* (1944–45) rororo TB 4533, Rb. 1979, 1994 (30. Tsd.), 188 S.; rororo TB 22362, Rb. 1998 (38. Tsd.), 286 S.

VOGT, Hannah: *Hoffnung ist ein ewiges Begräbnis. Briefe von Dr. Hannah Vogt aus dem Gerichtsgefängnis Osterode und dem KZ Moringen* 1933. Temmen, Bremen 1998, ill., 165 S.

WEIGLE, Elisabeth: *»Du bist nicht allein!« Die Lebensgeschichte einer Judenchristin.* Assmus Vlg., Fürth-Erlenbach 1987, 48 S.

WERTHEIM, Hella / ROCKEL, Manfred: *Immer alles geduldig ertragen. Als Mädchen in Theresienstadt, Auschwitz und Lenzing, seit 1945 in der Grafschaft Bentheim.* (1942–45) Vlg. für Regionalgeschichte Bd. 3, Bielefeld 1997[3], ill., 127 S.

WITUSKA, Krystyna: *Zeit, die mir noch bleibt. Briefe aus dem Gefängnis.* Ev. Vlgs.-Anst., Bln. (damals Ost-) 1989, 196 S.; poln. OT: *Na granicy zycia i smierci.* (o.J.)

YESNER, Renate: *Jeder Tag war Jom Kippur. Eine Kindheit im Ghetto und KZ.* (1940–1945) Fischer TB 12770, Ffm 1995[1], 159 S.; engl. OT: o.A.

ZENTRUM FÜR ANTISEMITISMUSFORSCHUNG DER TECHN. UNIV. BERLIN (Hg); STRAUSS, Lotte: *Über den grünen Hügel. Erinnerungen an Deutschland.* Metropol Vlg., Bln. 1997, 211 S.; US OT: o.A.

ZIMET-LEVY, Regina: *Jenseits der Brücke. Die Geschichte und Autobiographie eines jüdischen Mädchens während des zweiten Weltkrieges.* Internat. Kulturwerk, Hildesheim 1997[1], ill., 166 S.; hebräi. OT: o.A.

ZÜRNDORFER, Hannele: *Verlorene Welt. Jüdische Kindheit im Dritten Reich.* Centaurus Vlgs.-Ges., Pfaffenweiler 1988, 162 S.; engl. OT: *Ninth of November.* (o.J.)

ZYWULSKA, Krystyna: *Wo vorher Birken waren. Überlebensbericht einer jungen Frau aus Auschwitz-Birkenau.* Kindler Vlg., Mchn. 1979, 290 S.; Hess. Landesz. f. pol. Bildung, Wiesbaden 1981, 290 S.; poln. OT: o.A.

Betroffene: Männer <188>

AMÉRY, Jean (d. i. MAYER, Hans): *Jenseits von Schuld und Sühne. Bewältigungsversuche eines Überwältigten.* (Konzentrationslager 1943–45) 1966; Klett Cotta Vlg., Stgt. 1977, 156 S.; dtv 10923, Mchn. 1990[3], 121 S.

BAGANZ, André: *Lebenslänglich Bautzen II. Als Farbiger in der DDR.* (1982–91). Westkreuz Vlg., Bln., Bonn 1993, 167 S.

BAKELS, Floris B.: *Nacht Und Nebel.* (Bericht eines holländischen Christen aus deutschen Gefängnissen und KZs.) Fischer TB 3468, Ffm 1982, 387 S.; niederl. OT: o.A.

BALLHORN, Franz: *Die Kelter Gottes. Tagebuch eines jungen Christen 1940–1945.* (Konzentrationslager.) Vlg. Der Quell, Münster 1946, 178 S. Nachdruck: Regensberg Vlg., Münster 1980, 133 S.

BARTOSZEWSKI, Wladyslaw: *Das Warschauer Ghetto – wie es wirklich war.* Fischer TB 3459, Ffm 1986, 123 S.

BARZ, Rolf (Politischer Häftling Nr. 1222): *»Die weiße Schmach.« Ein Erlebnisbuch.* (1937–39) Vlg. Lang, Ffm 1995, 126 S.

BEIMLER, Hans: *Im Mörderlager Dachau. Vier Wochen in den Händen der braunen Banditen.* Militär-Vlg. der DDR, Bln. (damals Ost-) 1980, 76 S.

BEN GERSHÔM, Ezra (d. i. KÖNIG, Joel): *David. Aufzeichnungen eines Überlebenden.* (1922–43) Ev. Vlgs.-Anst., Bln. (damals: Ost) 1989; Fischer TB 11700, Ffm. 1994; Vandenhoeck & Ruprecht, Göttingen ca. 1991, Titel: KÖNIG, Joel: *Den Netzen entronnen.*, ill., 348 S.

BERGH, Siegfried van den: *Der Kronprinz von Mandelstein. Überleben in Westerbork, Theresienstadt und Auschwitz.* (1943–45) Fischer TB 13141, Ffm 1996[1], ill., 153 S.

BIALOSZEWSKI, Miron: *Nur das was war: Erinnerungen aus dem Warschauer Aufstand.* (1944) Vlg. Neue Kritik, Ffm 1994, 320 S.; poln. OT: o.A.

BIELAWSKI, Heinrich: *Der Hölle entronnen.* (Konzentrationslager.) Verlag World of Books, London, Worms 1989, 150 S.

BILLINGER, Karl: *Schutzhäftling Nr. 880. Aus einem deutschen Konzentrationslager.* Vlg. Rogner & Bernhard, Mchn. 1978, 194 S.

BONIFAS, Aimé: *Häftling 20801. Ein Zeugnis über die faschistischen Konzentrationslager.* Union Vlg., Bln. 1973, 1976[3], 219 S.; franz. OT: *Détenu vingt mille huit cent et un.* (o.J.)

BOOM, Corrie Ten: *Dennoch. Gefangene macht Er frei.* Brockhaus TB 3, Wuppertal 1979, 156 S.; niederl. OT: *Gevangene en toch.* (o.J.)

BRINGMANN, Fritz: *KZ Neuengamme. Berichte, Erinnerungen, Dokumente.* Röderberg Vlg., Ffm 1981, 164 S.

BRUYN, Günter de: *Zwischenbilanz. Eine Jugend in Berlin.* (Von der Weimarer Republik durch das 3. Reich bis zu den Nachkriegsjahren in der DDR). Fischer Vlg., Frankfurt 1992, 377 S.

BRUYN, Günter de: *Vierzig Jahre. Ein Lebensbericht.* (Der Schriftsteller schildert sein Leben in der DDR als Bürger eines diktatorischen Staates.) Fischer Vlg., Frankfurt 1996, 264 S.

BURNETT, Ignatius: *Mit achtzehn Jahren vogelfrei. Ignacy und Stanisÿaw aus Polen. 1943–45.* Fischer TB 13428, Ffm 1996[1], ill., 206 S.; poln. OT: o.A.

CASTEELE, Edgard van de: *Ellrich. Leben und Tod in einem Konzentrationslager.* Westkreuz Vlg., Bad Münstereifel 1997, ill., 135 S.; niederländ. OT: o.A.

CHOEDRAK, Tenzin: *Der Palast des Regenbogens. Der Leibarzt des Dalai Lama erinnert sich.* (Erinnerungsarbeit an die Besetzung Tibets durch die Chinesen 1959, an die 21 Jahre in einem unvorstellbar brutalen Militärgefängnis, die er nur kraft seiner Spiritualität überstehen konnte.) Insel, Ffm 1999, 327 S.; OT: o.A.

COLMAN, Alex: *Vierzig Jahre geschwiegen.* (Judenverfolgung in Polen.) Geyer Edition, Wien, Salzburg 1985, 97 S.

CSILLAG, Ernst: *Kok-Usek und retour. Chronik einer jüdischen Odyssee.* (1941–47) Selbst-Vlg., Westbahnstraße 54, Wien 1996, ill., 153 S.

DEGEN, Michael: *Nicht alle waren Mörder. Eine Kindheit in Berlin.* (11 Jahre alt war der Schauspieler M. D., als er mit seiner Mutter im Berliner Untergrund lebte, in der ständigen Angst, als Juden erkannt und abtransportiert zu werden. Es gab Freunde, die weiterhalfen, aber auch andere ›ganz normale Menschen‹, die nicht fragten, sondern versteckten.) List Vlg., Mchn. 1999, 331 S.; Hörbuch Dt. Grammophon 2000, TB 2001

DELIO, Dragan Hasana: *»Sei tapfer und vergiß nichts ...« Aufzeichnungen eines muslimischen* (kroatischen) *Gefangenen in serbischen Lagern.* Vlg. Fibre, Osnabrück, Münster, 1993[1], 1994[2], ill., 85 S.; kroat. OT: o.A.

DEPNER, Horst Peter: *Auch ohne Zukunft ging es weiter. Erinnerungen.* (1957–69) Südostdt. Kulturwerk, Mchn. 1998, 179 S.

DÖRNER, Heinz: *Und alles wegen der Jungs. Pfadfinderführer und KZ-Häftling.* Lebensgeschichten 2 Schwules Museum. Vlg. Rosa Winkel, Bln. 1994, 197 S.

DURLACHER, Gerhard L.: *Streifen am Himmel. Vom Anfang und Ende einer Reise.* (Im Stich gelassen fühlten sich die Häftlinge von Auschwitz 1944, als alliierte Bomber lediglich ein Industriegebiet in ihrer Nähe, und nicht die Gaskammern und das Krematorium bombardierten.) Europ. Vlgs.-Anst., Hbg. 1994, 100 S.; niederländ. OT: *Strepen aan de hemel.* (o.J.)

DURLACHER, Gerhard L.: *Wunderbare Menschen. Geschichten aus der Freiheit.* (1940–45) Europ. Vlgs.-Anst., Hbg. 1998, 91 S.; niederländ. OT: *Quarantaine.* (o.J.)

EDEL, Peter: *Wenn es ans Leben geht. Meine Geschichte im Konzentrationslager.* Vlg. der Nation, Bln. (damals Ost-) o.J. (ca. 1981), 1986[5], 420 S.

EICHENBAUM, Ray: *Romeks Odyssee. Jugend im Holocaust.* Vlg. für Gesellschaftskritik, Wien 1996, ill., 309 S.; US OT: o.A.

EISENBERGER, Andrej: *Wenn ich nicht schreie, ersticke ich. Eine wahre Geschichte von Liebe und Tod.* (1942–45. Nur die Bindung an seine Jugendliebe läßt den dt. Emigranten in Rußland die furchtbaren Entbehrungen der Verbannung überstehen.) Nachwort Markus Wolf. Vlg. Das Neue Berlin 1997[1], ill., 255 S., ill.; rororo TB 22403, Rb. 1999, ill.; russ. OT o.A.

221

FERBER, Walter: *55 Monate Dachau. Ein Tatsachenbericht.* (1938–42) Vlg. Donat, Bremen 1993, ill., 95 S.; Bibliographie und Lit.Verz. (8 S.)

FICHTER, Horst: *Verflucht sei die Menschenwürde. Erlebnisbericht aus den Zuchthäusern der ehemaligen DDR.* Vlg. R. G. Fischer, Ffm 1996, 212 S.

FINKELGRUEN, Peter: *Erlkönigs Reich. Die Geschichte einer Täuschung.* (Geboren 1942 in Shanghai, wohin die Eltern aus Nazideutschland geflohen waren, wächst P. F. bei seiner Großmutter Anna – die Auschwitz überlebte – in Prag und Israel auf, bevor er 1959 widerwillig mit ihr nach Deutschland »zurückkehrt«. Vor ihrem Tod offenbart sie ihm einen lang verschwiegenen Teil der Familiengeschichte.) Rowohlt Vlg., Rb. 1997; rororo TB, Rb. 1999, Fotos, 205 S. – Verfilmt unter dem Titel:»Unterwegs als sicherer Ort.«

FINKELGRUEN, Peter: *Haus Deutschland oder die Geschichte eines ungesühnten Mordes.* (1942 und 1945–88) Rowohlt Vlg., Bln. 1992, Rb. 1994, ill., 175 S.

FRANKL, Viktor E.: *… trotzdem Ja zum Leben sagen. Ein Psychologe erlebt das Konzentrationslager.* (1938–45), Vlg. Kösel, Mchn. 1977, 1994[6]; dtv 10023, Mchn. 1995[7], S.; Lit.Verz. (1 S.); dtv 30050, Mchn. 1995[13], 199 S.

5 FRESENIUS, Ulrich von: *Begegnungen des Wernigeröder Bürgermeisters am Kriegsende in kommunistischen Gefängnissen und Konzentrationslagern.* (1945–50) Hg. Vereinigung der Opfer des Stalinismus. Vlg. Oppermann Hannover 1996[2], 121 S. und 5 nn S. Beilagen

FRICKE, Karl Wilhelm: *Akten-Einsicht. Rekonstruktion einer politischen Verfolgung.* (1955–1990) Vorwort Joachim Gauck. Vlg. Links, Bln. 1996[3], 263 S.

FRIEDLER, Yaâcov: *Die leisen Abschiede. Geschichte einer Flucht.* (1935–47) Padligur Vlg., Hagen 1993, 250 S.; 1994[2], 275 S.; hebräi. OT: o.A.

FRISTER, Roman: *Die Mütze oder Der Preis des Lebens. Ein Lebensbericht.* (Überleben im KZ: Die Häftlingsmütze des polnischen Juden R. F. war verschwunden – wer sie zum Morgenappell nicht trug, wurde erschossen. Was tun, um das Leben zu retten?) Siedler Vlg., Bln. 1997[1], 1998[5], Bertelsmann-Club 1997.; Siedler TB btb 1998; Goldmann TB 75536, Mchn. 1998, 475 S.; poln. OT: *Deyôqn yâȧyòsmî yâòimî y°im yòsalleqet.* (o.J.)

FRITZSCH, Günter: *Gesicht zur Wand. Willkür und Erpressung hinter Mielkes Mauern.* (1971–1972), Benno Vlg., Lpz. 1993[1], 1994[2], 159 S.

GARVE, Roland: *Unter Mördern. Ein Arzt erlebt den Schwerverbrecherknast.* (Autobiographie 1981–1983). Vlg. Links, Bln. 1999[1], 256 S.

GEFEN, Aba: *Ein Funke Hoffnung. Ein Holocaust Tagebuch.* Bleicher Vlg., Gerlingen 1987, 277 S.; US OT: *Hope in the Darkness.* (o.J.)

GEVE, Thomas: *Geraubte Kindheit.* (1943–45) Süd-Vlg., Konstanz 1993, ill., 253 S.

GLAZAR, Richard: *Die Falle mit dem grünen Zaun. Überleben in Treblinka.* (1942–43) Fischer TB 10764, Ffm 1993[6], 1994 (10. Tsd.), 188 S.

GRABE, Kurt M.: *Vier Stationen in Rot. Gefangen in den berüchtigsten Haftanstalten der DDR.* (1948–56) Vlg. Frieling, Bln. 1995[1], ill., 124 S.

GRAF, Karin: *Zitronen aus Kanada. Das Leben mit dem Auschwitz des Stanisÿaw Hantz.* (Zur Geschichte 1940–45. Biographische Erzählungen.) Vlg. des Staatlichen Museums Auschwitz-Birkenau, O'swiÿøecim / Polen 1998, ill., 251 S.

GRAY, Martin: *Der Schrei nach Leben. Die Geschichte eines Mannes, der die Unmenschlichkeit besiegte, weil er die Menschlichkeit glaubte.* (Überleben eines polnischen Jugendlichen im 2. WK.) Goldmann Vlg., Mchn. 1992, 380 S.; franz. OT: *Au nom de tous les miens.* Paris 1971

GROB, Herbert: *Gelitten, gehofft, überlebt. Mit achtzehn ins Speziallager (1945–50).* Hrsg. v. Landesbeauftr. v. Thüringen f. d. Stasi Unterlagen der Ehemaligen DDR, Erfurt 1999, ill. 48 S.

GRUBER, Wendelin: *In den Fängen des roten Drachen. Zehn Jahre unter der Herrschaft Titos.* (Autobiographie 1945–55) Vlg. Gauss, Ditzingen 1994[1], ill., 256 S.

GRUSCHKA, Gerhard: *Zgoda – ein Ort des Schreckens. Als 14jähriger in einem polnischen Konzentrationslager.* (1945) Vlg. Ars Una, Neuried 1995, ill., 114 S.

GUREWITSCH, Arkadij: *Singende Pferde. Eine Jugend im Konzentrationslager.* (1941–45) Frgebnisse Vlg., Hbg. 1997, 142 S.; russ. OT: o. A.

HAASE, Baldur: *Orwells DDR. Briefe, die ins Zuchthaus führten. Autobiographische Dokumentarerzählung 1959–91.* Vlg. Eichner, Offenburg 1997[1], ill., 318 S.; Lit.Verz. (5 S.)

HADDAD, Rida: *Syrien. Der Preis der Freiheit. Bericht von Rida Haddad – Gefangener.* Vlg. Das Arabische Buch, Bln. 1998[1], 30 S.; arab. OT: o.A.

HEIMLER, Eugène: *Bei Nacht und Nebel.* (1944–45) Edition Hentrich, Bln. 1993[1], ill., 158 S.; engl. OT: *Night of the Mist.* (o.J.)

HEINEMANN, Jean: *Auschwitz. Mein Bericht.* Vlg. Das Neue Berlin, Bln. 1995[1], 189 S.; franz. OT: o.A.

HERZBERG, Abel J.: *Amor fati. Sieben Aufsätze über Bergen-Belsen. Schicksalstreue.* Erev-Rav Vlg., Wittingen 1997, 99 S.; niederländ. OT: o.A.

HEYM, Stefan: *Der Winter unseres Mißvergnügens. Aus den Aufzeichnungen des OV Diversant.* (»OV Diversant«= Deckname für Stefan Heym in den Akten des Stasi zur Zeit der Biermann-Ausbürgerung 1976. Deutlich werden Bespitzelung und Einschüchterung durch den Stasi, aber auch der Widerstand der DDR-Intellektuellen.) Goldmann TB 72057 btb, Mchn. 1996; Goldmann TB 72366 btb, Mchn. 1998, 221 S.

HILDEBRANDT, Georg: *Wieso lebst du noch? Ein Deutscher im Gulag.* (1911–1974) Ullstein TB 23186, Ffm 1993, 320 S.

HILL, Paul: *Gestohlene Jahre.* (Als ›IRA-Terrorist‹ 15 Jahre unschuldig inhaftiert.) Bastei Lübbe TB 61206, Berg.-Gladb. 1991, 384 S.; engl. OT: *Stolen Years.* London 1990

IHMELS, Folkert (Hg): *Im Räderwerk zweier Diktaturen. Werner Ihmels 1926–1949.* (Zur Erinnerung an das Schicksal des Theologiestudenten W. I., der – durch die NKWD von der Straße weg verhaftet – für Familie und Freunde verschollen blieb. Erst nach der Wende wurde bekannt, daß er 1949 in Bautzen starb.) Ev. Vlgs.-Anst., Lpz. 1999[4], Faksimiles, 65 S.

ISRAEL, Moshe: *Wähle, sagt mir die Erinnerung. Juden und Deutsche in einer Kleinstadt der dreißiger Jahre.* (1933–38) Altius Vlg., Erkelenz 1996, 139 S.

JACOB-LENHAUSEN, Werner / OTTO, Norbert: *Ich trage die Nr. 104953. Ein letztes Zeugnis.* (1933–45) Hg. Kreisarchiv: Die Geschichte der Juden im Kreis Olpe, Bd. 1, 1997, zahlr. Ill., 208 S.

JANKA, Walter: *Schwierigkeiten mit der Wahrheit. Autobiographischer Essay.* (Janka, geb. 1914, Widerstandskämpfer gegen Hitler und Franco, seit 1952 Leiter des Ostberliner Aufbau Verlages, 1956 plötzlich verhaftet und in einem Schauprozeß – bei dem er schwieg – wegen ›Verschwörung gegen die Regierung der DDR‹ zu 5 Jahren Zuchthaus verurteilt, nach Protesten westlicher Schriftsteller 1960 entlassen – ein Arbeitsloser ohne Rehabilitierung. Im Mai 1989 verleiht ihm die DDR ohne Kommentar ›Den Vaterländischen Verdienstorden in Gold.‹) Rowohlt, Rb. Oktober 1989, 123 S.

JEŸÇZ, Ignacy: *Licht und Dunkel, preiset den Herrn! Erinnerungen eines polnischen Bischofs an die Zeit im KZ Dachau.* (1937–46) Geleitwort Papst Johannes Pauls II. Vlg. Echter, Würzburg 1994, 87 S.; poln. OT: *Bjogosÿawcie Pana 'swiatÿ i ciemno'sci.* (o.J.)

JOCHHEIM, Gernot: *Protest in der Rosenstraße.* (Judenverfolgung.) Hoch Vlg., Stgt., Wien 1990, 191 S.

JONAS, Hans: *Der Gottesbegriff nach Auschwitz. Eine jüdische Stimme.* Suhrkamp TB 1516, Ffm 1984, 1987[2], 48 S.

KALTER, Joachim: *Eine jüdische Odyssee. A Jewish Odyssey. Von Leipzig nach Polen abgeschoben und deutsche Lager überlebt. Ein Bericht 1938–1946.* Vlg. Hartung-Gorre, Konstanz 1997[1], ill., 142 S. (Text dt.-engl.)

KAPS, Erhard: *Gefangen, inhaftiert, befreit. Erlebnisse eines Leipzigers.* (1937–94) Tauchaer Vlg. 1999[1], ill., 192 S.

KATHKE, Alfred: *Bestrafte Jugend. Angstvolle Jahre in sowjetischen »Schweige- und Vernichtungslagern«.* (1947–49) Frieling Vlg., Bln. 1996[1], 239 S.

KATZENELSON, Jizchak: *Das Lied vom letzten Juden.* Nachdichtung Hermann Adler. Edition Hentrich 1992, 168 S.; OT: o.A., ca. 1942 (jidd.-hebräisch-dt.)

KATZENELSON, Jizchak: *Großer Gesang vom ausgerotteten jüdischen Volk.* Übertragen von Wolf Biermann. (Das große Poem des polnischen Dichters – geb. 1886 in Karelitz bei Minsk, 1944 in Auschwitz ermordet – handelt vom Tod der Juden im Holocaust und

5

vom großen Sterben der jüdischen Kämpfer beim Aufstand im Warschauer Ghetto.) Kiepenheuer & Witsch, Köln 1994, ill., Faksimile, 236 S.; dtv, Mchn. 1998, 169 S.; jidd. OT: *Dos lied vunem ojsgehargetn jidischn volk.* 1944

KATZENELSON, Jizchak: *Oh mein Volk! Mein Volk ... Aufzeichnungen aus dem Internierungslager Vittel.* (1940–43). Omnis Vlg., Bln. 1999[1], ill., 300 S.; engl. OT: *Vittel Diary.* 1943

KESSLER, Ryszard: *Die Hölle am Schieferberg. Erinnerungen an Laura.* Vlg. Schwarm, Saalfeld 1998, ill., 131 S.

KIELAR, Wieslaw: *Anus mundi. Fünf Jahre Auschwitz.* (1940–45) Fischer TB 3469, Ffm 1982, 1984[2], 1994 (23. Tsd.), 415 S.; poln. OT: *Anus mundi.* (o.J.)

KLEMKE, Helmut: *Geiseln der Rache. Zehn Jahre in mitteldeutschen Todeslagern. Erlebnis und Bericht.* VGB Vlg.-Ges., Berg am Starnberger See 1995[1], ill., 568 S.

KLEMPERER, Victor: *Ich will Zeugnis ablegen bis zum letzten. Tagebücher 1933–45.* (Der jüdische Romanist V. K. entging – mit Hilfe seiner nichtjüdischen Frau – dem Holocaust, lebte aber in ständiger Angst, mit Hunger und Vereinsamung.) Aufbau Vlg., Bln. 1995, Aufbau TB 1999, 928 S., ill., 6 CDs, Audio Vlg., Potsdam, 1996, 3 CDs 1999; auch als Auswahl für junge Leser mit Anregungen für den Unterricht 2000, 240 S.

KLOTZ, Ernst E.: *So nah der Heimat. Gefangen in Buchenwald 1945 – 1948.* (s. dazu KRETZSCHMAR, Joachim: K5[1]), Dietz Vlg. 1992, 168 S.

KONRAD, Rudolf: *Die Schule von Sokologorowka.* (Ein Musiker erlebt und überlebt Krieg, KZ, Gefangenschaft.) Haag & Herchen Vlg., Ffm 1992, 224 S.

KOPELEW, Lew Sinowjewitsch: *Aufbewahren für alle Zeit!* Nachwort Heinrich Böll. Steidl TB 62, Göttingen 1996[1], 672 S.; russ. OT: *Chanit' vej́ecno.* (o.J.)

KOPELEW, Lew Sinowjewitsch: *Tröste meine Trauer. Autobiographie 1947–1954.* (Der russische Schriftsteller; Germanist und Übersetzer – besonders von Heinrich Böll – war 1945–55 in Haft. Er wurde im Januar 1981 während eines Deutschlandaufenthalts ausgebürgert.) Steidl TB Nr. 68, Göttingen 1996, 341 S., russ. OT: *Utoli moi pecali.* (o.J.)

KORCZAK, Janusz: *Tagebuch aus dem Warschauer Ghetto 1942.* Vandenhoeck & Ruprecht, Göttingen 1992, 119 S.; poln. OT: o.A.

KRALOVITZ, Rolf: *TenZeroNinety in Buchenwald. A Jewish Prisoner Tells His Story.* (1943–45) Vom Deutschen ins Englische übersetzt von Eva R. Cohn. Walter-Meckauer-Kreis, Köln 1998, ill., 78 S.; OT: *ZehnNullNeunzig in Buchenwald. Ein jüdischer Häftling erzählt.* Walter-Meckauer-Kreis 1996, ill., 80 S.

KUPFER-KOBERWITZ, Edgar: *Dachauer Tagebücher. Die Aufzeichnungen des Häftlings 24814.* Kindler Vlg., Mchn. 1997, ill., 560 S.

LAKS, Szymon: *Musik in Auschwitz.* Droste Vlg., Düsseldorf 1998, 160 S.; poln. OT: *Gry oswiecimskie.* (o.J.)

LANGE, Herbert: *Engel von Bautzen. Bericht über eine Haft.* (Autobiographie 1945–50) Frieling Vlg. 1994[1], ill., 128 S.

LANGHOFF, Wolfgang: *Die Moorsoldaten.* (Diesen Bericht über seine KZ-Haft 1933/34 schrieb der Schauspieler und spätere Intendant 1935 in seinem Schweizer Exil. Mit Lizenz der amerikan. Besatzung wurde er im Frühjahr 1946 zu einer der ersten Nachkriegsveröffentlichungen in Deutschland.) Desch, Mchn. 1946; Verlag Neuer Weg, Stgt. 1995[7], ill., 323 S.

LASMAN, Noah: *Die Straße. Erinnerungen eines Zwangsarbeiters an eine »ganz normale Firma.«* Vlg. Waxmann, Münster, NY, Mchn., Bln. 1999, 175 S.; poln. OT: *hak- Kevïj́es.* (o.J.)

LASZLO, Carl: *Der Weg nach Auschwitz und Ferien am Waldsee. Erinnerungen eines Überlebenden.* (Autobiographie 1923–45) Vacat Vlg., Potsdam 1998, 223 S.

LEIN, Hermann: *Als »Initzergardist« in Dachau und Mauthausen.* Herder, Frb. 1988, 107 S.

LENZ, Hans Friedrich: *»Sagen Sie, Herr Pfarrer, wie kommen Sie zur SS?«* Brunnen Vlg., Gießen, 1982, 1983[2], 165 S.

LEPÈRE, Gène: *Gefangen in Izmir.* Goldmann TB 12539, Mchn. 1994, 355 S.; US OT: *Never Pass this Way Again.* (o.J.)

LESSING, Alfred: *Mein Leben im Versteck. Wie ein deutscher Sinti den Holocaust überlebte.* (1933–45) Vorwort Günter Wallraff. Vlg. Zebulon, Düsseldorf 1993, ill., 152 S.

LEVENSTEIN, Meir: *Du sollst sterben und nicht leben.* Vlg. Lit, Münster 1993, XVI, 133 S.

LEVI, Primo: *Die Untergegangenen und die Geretteten.* (Fast 30 Jahre nach dem ersten Auschwitz-Bericht zeugt dieses Buch vom Ringen Levis mit dem Schuldgefühl, überlebt zu haben, während die anderen untergingen. Es ist sein Vermächtnis. Ein Jahr nach Erscheinen des Buches nahm er sich das Leben.) Hanser Vlg., Mchn 1990; dtv. TB 11730, Mchn. 1995, 214 S.; ital. OT: *I sommersi e i salvati.* 1986

LEVI, Primo: *Ist das ein Mensch? Ein autobiographischer Bericht.* (Durch Verrat wurde der junge italienische Widerstandskämpfer gefaßt und ins KZ deportiert. Er überlebte fast durch Zufall und schrieb diesen Auschwitz-Bericht, der weltberühmt wurde. s. a. K5[IV] ANISSIMOW, Myriam) Hanser Vlg. Mchn. 1961[1], 1991; Fischer TB 2226, Ffm 1979, 182 S.; dtv 11561, Mchn. 1991, 1993, 1994, 207 S.; ital. OT: *Se questo è un uomo?* 1958

LIBLAU, Charles: *Die Kapos von Auschwitz.* Staatl. Museum Auschwitz-Birkenau 1998, 146 S.; poln. OT: O'swiÿøecim. (o.J.)

LIEBRECHT, Heinrich F.: *»Nicht mitzuhassen, mitzulieben bin ich da.« Mein Weg durch die Hölle des Dritten Reiches.* Herder TB 1722, Frb. 1990, 191 S.

LINDER, Bert: *Verdammt ohne Urteil. Holocaust-Erinnerungen eines Überlebenden.* (Autobiographie 1938–51) Vlg. Styria, Graz 1997, ill. 328 S.

LIPSKI, Wladimir / TACHALY, Bogdan (Hg): *Mädchen, wo seid ihr? Vierzehn ehemalige Zwangsarbeiter erinnern sich.* Vlg. Carl, Zeuthen 1995, ill., 162 S.; poln. OT: *Ljubi menja pri vsjakoj dole.* (o.J.)

LOEST, Erich: *Durch die Erde ein Riß. Ein Lebenslauf.* (Autobiographie 1936–64; E. L. wurde 1926 bei Chemnitz geboren, war Redakteur in Leipzig, dann freier Schriftsteller, 7 Jahre politischer Häftling in Bautzen, 1981 Ausreise in den Westen.) Vlg. Linden, Künzelsau, Lpz. 1990; dtv Edition 12220, Mchn. 1990[7], 413 S.

LOEWY, Hanno / BODEK, Andrzej (Hg): *»Les vrais riches« – Notizen aus dem Ghetto Lodz Mai bis August 1944.* (Dt. Fassung der Notizen in jiddischer, polnischer, englischer, hebräischer Sprache.) Vlg. Reclam Bd. 1582, Lpz. 1997[1], 164 S.; OT *»Les vrais riches«*

LUSSEYRAN, Jacques: *Das Leben beginnt heute. Erinnerungen und Begegnungen eines Blinden.* (KZ Buchenwald 1944/45 – s. auch K15[1] LUSSEYRAN) Klett Vlg., Stgt. 1976, dtv 11311, Mchn. 1990, dtv / Klett-Cotta 30083, 1994[3]. 127 S.; franz. OT: Le *monde commence aujourd'hui.* Paris 1959

MACK, Valentin: *Ein verdammtes Leben. 15 Jahre politische Haft in der ehemaligen Sowjetunion.* (Autobiographie 1915–1977) Vlg. Jahn & Ernst, Hbg. 1994, ill., 175 S.

MANDELA, Nelson: *Der lange Weg zur Freiheit. Autobiographie.*(Er war Führer im Kampf gegen die Apartheid und rief nach fast 30 Jahre im Gefängnis nicht zur Rache, sondern zur Aufarbeitung der Vergangenheit auf, bekam den Friedensnobelpreis und wurde Präsident von Südafrika.) Fischer TB, Ffm 1997, 861 S.

MANDL, Herbert Tomas: *Musik aus der Finsternis. Ein Lebensbericht aus Auschwitz und Dachau 1944–45.* Zeitgeschichtliche Forschungsstelle Ingolstadt 1983, 70 S.

MANNHEIMER, Max: *Spätes Tagebuch. Theresienstadt – Auschwitz – Warschau – Dachau.* (Er hat alles erlitten: Demütigung, Vertreibung, Internierung im Ghetto, Tod fast der ganzen Familie. Er überlebte und sprach nicht über das, was war. Erst, als er sich dem Tode nahe glaubte, schrieb er das Erlebte für die Nachgeborenen auf.) Pendo Vlg., Zürich 2000, 127 S.

MASSAQUOI, Hans J.: *Neger, Neger, Schornsteinfeger. Meine Kindheit in Deutschland.* (Massaquoi heißen, schwarz, d. h. ›Nicht-Arier‹, sein und in Nazideutschland leben – ging denn das überhaupt? Das Buch schildert den außergewöhnlichen Lebenslauf des 1926 in Hamburg als Sohn einer weißen Mutter und eines schwarzen Vaters geb. H. J. M.) Scherz Vlg., Mchn. 1999, 413 S.

MAZIMPAKA, Thomas: *Ein Tutsi in Deutschland. Das Schicksal eines Flüchtlings.* (Vom Bürgerkriegsflüchtling aus Ruanda zum Asylbewerber in Deutschland – Erfahrungen mit Bürokratie und Fremdenfeindlichkeit.) Ev. Vlgs.-Anst., Lpz. 1997[1], 288 S.

NIESCHLAG, Konrad: *»... und morgen gibt es wieder Brot.« Fünf Jahre in russischen Lagern.* Oncken TB 3445, Wuppertal, Kassel 1992, 410 S.

225

NORSETH, Helge: *Gefangen – und doch frei.* (1942–45) Hänssler TB, Neuhausen / Stgt. 1995, 208 S.; norweg. OT: *Fange og fri.* (o.J.)

ORBACH, Larry / ORBACH-SMITH, Vivien: *Soaring Underground.* (Jüdischer Jugendlicher im Berliner Untergrund 1938–1945) Kowalke & Co Vlg., Bln. 1998, ill., 334 S., US OT: *Soaring Underground.* (o.J.)

PAWLAK, Zacheusz: »*Ich habe überlebt ...*« *Ein Häftling berichtet über Majdanek.* Hoffmann & Campe Vlg., Hbg. 1979, 271 S.; poln. OT: *Przezylem ...* (o.J.)

PEREL, Sally: *Ich war Hitlerjunge Salomon.* (Autobiographie 1939–45: Er überlebte in der Uniform seiner Feinde.) Heyne 2022, 1993[4], 1994, ill., Heyne TB 9271, Mchn. 1995, ill., 207 S.; auch als Lübbe Audio, 1997; SOLO Vlg. Hörbuch 1999; als AVU Video, 1999; poln. OT: *Qôreÿ îm l î ÿéSelomo Perel.* (o.J.)

PFEIFFER, Werner: *Mit 15 in die Hölle. Ein Tatsachenbericht.* (1945) Vlg. Bouvier, Bonn 1994, 262 S.

PIEPER, Bernd: »*Roter Terror*« *in Cottbus. 17 Monate in Gefängnissen der DDR.* (1975–76) Hg. Vereinigung der Opfer des Stalinismus e.V., Bonn. Tykve Vlg., Bln. 1997[1], ill., 216, X S.

PINKUS, Oscar: *Aschenwolken.* (Autobiographie 1939–45) Vlg. Hopf, Waddewarden 1996[1], ill., 228 S., US OT: *The House of Ashes.* (o.J.)

PIPER, Helfried: *Ich überlebte Workuta.* (1950–55) Vlg. Soldi, Hbg. 1993[1], ill., 244 S.

POLLATSCHEK, Ernst: *Die Kunst des Überlebens. Erinnerungen eines Wiener Juden 1938–1945.* Vlg. Donat, Bremen 1995, ill., 106 S.

PORAT, Eitan: *Stimme der toten Kinder. Von den Karpaten durch Auschwitz, Nordhausen und Bergen-Belsen nach Israel.* Vlg. Hartung-Gorre, Konstanz 1996[1], ill., 88 S.

PRITZKOW, Walter: *NKWD: Sonderlager Nr. 7 – Sachsenhausen. Tatsachenbericht eines Überlebenden aus GPU Kellern und Sowjet-KZ vom 25. Juni 1945 bis 6. August 1948.* Vlg. Mettcker, Jever 1994[1], 152 S.

PUTZAR, Arnulf H.-K.: *Im Schatten einer Zeit.* Stock & Stein Vlg., Schwerin 1998[1], ill., 304 S.

RAWICZ, Slawomir: *Der lange Weg. Meine Flucht aus dem Gulag. 1939–41.* (7 Gefangene flüchten aus dem sowj. Arbeitslager. Auf ihrem 5000 km langen Weg in die Freiheit durchqueren sie die äußere Mongolei, die Wüste Gobi, Tibet und erreichen schließlich das rettende Indien.) Ullstein TB 33244, Bln. 1999[1], 320 S.; engl. OT: *The Long Walk.* (o.J.)

REEMTSMA, Jan Phillip: *Im Keller.* (Der Hamburger Sozialwissenschaftler wurde 1996 entführt, im Keller gefangen gehalten und gegen 30 Millionen DM Lösegeld freigelassen.) Hamburger Edition, Hbg. 1997[1], 221 S.; rororo Tb 22221, Rb. 1998, 221 S.

REICHMANN, Hans: *Deutscher Bürger und verfolgter Jude. Novemberprogrom und KZ Sachsenhausen 1937–39.* Vlg. Oldenbourg, Mchn. 1998, 293 S., Lit.Verz. (4 S.)

REICH-RANICKI, Marcel: *Mein Leben.* (Der ebenso geachtete wie gefürchtete Literaturkritiker mit Fernsehprominenz, Meister des scharfsinnigen Urteils und der geschliffenen Rede, blickt auf sein Leben, das gezeichnet bleibt von der Deportation in das Warschauer Ghetto, das erfüllt ist von der Leidenschaft zur Literatur und den Begegnungen mit bedeutenden Zeitgenossen, das ruht in der über 60 Jahre währenden liebevollen Beziehung zu seiner Frau Teofila.) dtv TB, Mchn. 1999, 565 S., Dt. Vlgs-Anst., Stgt. 1999

REINICKE, Helmut: *Verdammtes Mexiko! Notizen aus dem Gefängnis.* (1995). Vlg. Unrast, Münster 1997[1], ill., 138 S.

REIPRICH, Siegfried: *Der verhinderte Dialog. Meine politische Exmatrikulation. Eine Dokumentation.* (1976), Robert-Havemann-Gesellschaft, Bln. 1996[1], ill., 160 S.

RENOUARD, Jean-Pierre: *Die Hölle gestreift.* Bergen-Belsen-Schriften, Hann. 1998, ill.; Univ. Vlg., Lpz. 1999, ill., 177 S., franz. OT: *Un uniforme rayé d'enfer.* (o.J.)

RICCABONA, Max: *Auf dem Nebengeleise. Erinnerungen und Ausflüchte.* (1942–45) Vlg. Haymon, Innsbruck 1995, 111 S.

RICHTER, Horst-Eberhard: *Wanderer zwischen den Fronten. Gedanken und Erinnerungen.* (Der Psychoanalytiker setzt sich mit seiner eigenen Vergangenheit als Soldat auseinan-

5

der, mit Krieg einst und jetzt, mit dem schrittweisen Bewußtwerden der Bestialität des Krieges.) Kiepenheuer & Witsch, Köln 2000, 349 S.

ROSENBERG, Heinz: *Jahre des Schreckens … und ich blieb übrig, daß ich Dir's ansage.* Steidl Vlg., Göttingen 1985, 1986[2], 158 S.

ROSENFELD, Oskar: *Wozu noch Welt. Aufzeichnungen aus dem Ghetto Lodz.* Vlg. Neue Kritik, Ffm. 1994, ill., 323 S.

ROSENTHAL, Hans: *Meine zwei Leben in Deutschland.* Bastei Lübbe TB 10170, Berg.-Gladb. 1987, 213 S.

RUBINOWICZ, Dawid: *Das Tagebuch des Dawid Rubinowicz.* (Ein jüdisches Kind im besetzten Polen 1940–1942) Mit Fotos von Walther Petri aus seinem DEFA Dokumentationsfilm»Dawids Tagebuch«. Beltz & Gelberg Vlg., Weinheim 1987, 1993[4], ill., 119 S.; poln. OT: o.A.

RUCKI, Jerzy: *Die Schweiz im Licht – die Schweiz im Schatten. Erinnerungen, Rück- und Ausblick eines polnischen Militärinternierten in der Schweiz während des Zweiten Weltkrieges.* Vlg. Brunner, Kriens 1997[1], ill., 146 S.

SANDS, Bobby: *Ein Tag in meinem Leben.* (IRA 1981) Vlg. Unrast, Münster 1998[1], ca. 140 S.; engl. OT: *One Day in My Life.* (o.J.)

SCHEURENBERG, Klaus: *Ich will leben.* (Judenverfolgung). Oberbaum Vlg., Bln. 1982, 267 S.

SCHIRASI, Ali: *Die Nacht zerbricht. Flucht aus dem Iran. Vom Ewin-Gefängnis zum Flughafen Frankfurt.* Stephanus Edition, Uhldingen 1997[1], 189 S., alb. OT: *Tblû-i gul-i surÿöh.* (o.J.)

SCHIRASI, Ali: *Lebt wohl, Freunde. Erinnerungen aus dem Ewin-Gefängnis, Iran.* (1984–1988) Stephanus Edition, Uhldingen 1995, 142 S.; OT: o.A.

SCHROETER, Kurt: *Tage, die so quälend sind. Aufzeichnungen eines jüdischen Bürgers aus Gröbenzell im besetzten Amsterdam, September 1942 – Januar 1943.* Vlg. Kovar, Mchn. 1993[1], ill., 118 S.

SCHÜLER, Horst: *Workuta. Erinnerung ohne Angst.* (1951–55) Vlg. Herbig, Mchn. 1993, ill., 248 S.

SCHUPACK, Joseph: *Tote Jahre. Eine jüdische Leidensgeschichte.* Katzmann Vlg., Tübingen 1984, 224 S

SCHWERSENZ, Jizchak: *Die versteckte Gruppe. Ein jüdischer Lehrer erinnert sich an Deutschland.* (1933–44) Wichern Vlg., Bln. 1989, 1994[3], ill., 202 S.

SEIPEL, Kurt: *Meine Jugend blieb im Eis Sibiriens. Mit 19 in den Gulag verschleppt.* (1946–55) Österr. Literaturforum, Krems 1997, ill., 430 S.

SENGER, Valentin: *Kaiserhofstrasse 12.* (Judenverfolgung), Luchterhand Vlg., Darmstadt 1982, 1988[6], 247 S.; dtv 11751, Mchn. 1995, 272 S.

SIERAKOWIAKA, Dawida: *Das Ghettotagebuch des Dawid Sierakowiaka. Aufzeichnungen eines 17jährigen.* (1941–42) Reclam Bd. 1459, Lpz. 1993[1], 199 S., poln. OT: *Dziennik Dawida Sierakowiaka.* (o.J.)

SIMON, Nathan: *»… auf allen Vieren werdet ihr hinauskriechen.« Ein Zeugenbericht aus dem KZ Wapniarka.* Institut Kirche und Judentum, Bln. 1994, ill., 131 S.; rumän. OT: o.A.

SOBOLEWICZ, Tadeusz: *Aus der Hölle zurück. Von der Willkür des Überlebens im Konzentrationslager.* (1941–45). Vlg. des Staatlichen Museums Auschwitz-Birkenau 1993, ill.; Fischer TB 14179, Ffm 1999, ill., 254 S.; poln. OT: *Wytrzymáytem wiÿøec jestem.* (o.J.)

SOLSCHENIZYN, Alexander: *Der Archipel Gulag.* (Autobiographie 1945–53) rororo TB 12214, Rb. 1994 (44. Tsd.; autor. gekürzte Ausg. des 1973–75 in Paris erschienenen 3 bänd. Gesamtwerks.), 577 S.; russ. OT: *Archipelag Gulag.* 1975

STANOSKI, Walter: *Winterzeit. Erinnerungen eines deutschen Sinto, der Auschwitz überlebt hat.* Ergebnisse Vlg., Hbg. 1999, ill., 124 S.

STEINBERG, Paul: *Chronik aus einer dunklen Welt. Ein Bericht.* (1943–45) Hanser Vlg., Mchn 1998, 164 S.; franz. OT: *Chronique d'ailleurs.* (o.J.)

STERN, Marc / ALCOFF, Isabel: *Rückkehr nach Flossenbürg. Erinnerungen eines Überlebenden des Holocaust.* (1933–45) Vlg. Lichtung, Viechtach 1995[1], ill., 95 S.; US OT: o.A.

STORCK, Matthias: *Karierte Wolken. Lebensbeschreibung eines Freigekauften.* (1976–80) Brendow TB 398, Moers 1994[2], 159 S.

5

STORCK, Matthias: *Wege durch Niemands Land. Rücksichten eines Freigekauften.* (Sie sind vom Westen aus dem DDR-Knast freigekauft: Storck und seine Verlobte, aber als sie das Aufnahmelager ins ›bessere‹ Deutschland hinter sich haben, fühlen sie sich vorerst als heimatlose Fremde.) Brendow Edition, Moers 1996, 189 S.

STROUMSA, Jacques: *Geiger in Auschwitz. Ein jüdisches Überlebensschicksal aus Saloniki 1941–1967.* Vlg. Hartung-Gorre, Konstanz 1993[1], ill., 108 S.; OT: o.A.

STRÜBIG, Heinrich / BERNSTEIN, Michael: *In der Hölle des Libanon. 1128 Tage als Geiseln lebendig begraben.* (1989–1992). Biograph Vlg., Konstanz 1994[1], 320 S.

SZAJDER, Lipman: *Wladek war ein falscher Name.* (Bericht eines damals 13jährigen Juden.) Szajder Vlg., Mchn. 1991, 349 S.

SZPILMAN, Wladyslaw: *Das wunderbare Überleben. Warschauer Erinnerungen.* (Vor dem Krieg war er ein berühmter Pianist, er überlebte Todestransporte und Ghetto, versteckte sich in den Trümmern von Warschau. Ein Offizier der Wehrmacht erwischte ihn und – erschoß ihn nicht, sondern versorgte ihn mit Essen und warmer Kleidung.) Econ & List TB Mchn.1999, 232 S.; poln. OT: *Smierc miasta* o. J.

SZÜCS, Ladislaus: *Zählappell. Als Arzt im Konzentrationslager.* (1944–45) Fischer TB 12965, Ffm, 1995[1], ill., 207 S.

TAUSK, Walter: *Breslauer Tagebuch 1933–40.* Siedler Vlg., Bln. 1988, 268 S.; Reclam Bd. 1523, Lpz. 1995, 268 S.

TO, Lars: *Vi ventet – wir warteten. Nachrichtenbunker »Fuchsbau«.* Hrsg. vom Fürstenwalder Kulturverein Vlg. Bock & Kübler, Fürstenwalde 1996, ill., 160 S.; norweg. OT: *Vi ventet*

UMANSKIJ, Semjon: *Jüdisches Glück. Bericht aus der Ukraine 1933–1944.* Fischer TB 13773, Ffm 1998[1], ill., 182 S.; ukrain. OT: o.A.

UNZEITIG, Engelmar: *Liebe verdoppelt die Kräfte. Briefe aus dem KZ Dachau.* (1941–45) Missions-Vlg. Mariannhill, Reimlingen 1993, 184 S.

VÖLKNER, Dieter: *Überlebt. Mein Weg durch Stalins Kerker und Schweigelager.* (1946–48) Vlg. Kremer, Leverkusen 1997, ill., 240 S.

VRBA, Rudolf: *Als Kanada in Auschwitz lag. Meine Flucht aus dem Vernichtungslager.* (1942–1944). Piper TB 2694, Mchn., 1999, 326 S.; kanad. OT: o.A.

WAGNER, Hans: *Melder am Tor. Altenburg – Buchenwald – Karaganda.* (1945–1949) Heimat-Vlg. Sell, Altenburg 1996[1], ill., 125 S.

WALLACE, Bert: *Der Sturm zieht auf. Die Lebenserinnerungen eines deutschen Juden bis zu seiner Flucht 1939.* Ahriman TB 79, Frb. 1998, ill., 129 S.

WEBER, Bernhard: *Erlebnisse in und um Stalins geheimen Atombereich. Dokumentation einer ungewöhnlichen Kriegsgefangenschaft Mai 1945 – November 1953.* Vlg. Mainz, Aachen 1999[2], ill., ca. 656 S.

WEILER, Willi: *Kemna: Meine Erlebnisse im Konzentrationslager Wuppertal.* Born Vlg., Wuppertal 1998, ill., 120 S.

WEINBERG, Werner: *Wunden, die nicht heilen dürfen. Die Botschaft eines Überlebenden.* Herder, Frb. 1988, 192 S.

WEISSBERG-CYBULSKI, Alexander: *Im Verhör. Ein Überlebender der stalinistischen Säuberungen berichtet.* (1937–40) Vorwort Arthur Koestler. Europa Vlg., Wien 1993, 357 S.

WEITHOENER, Dieter: *In unserer Zeit. Biographische Aufzeichnungen eines Deutschen in der Gewalt des NKWD und im Gulag. 1945 – 1953 – Aetate nostra.* Vlg. Weidhell, Bad Ems, 1995, ill., 105 S.

WIECHERT, Ernst: *Der Totenwald. Eine Mauer um uns baue. Tagebuchnotizen und Briefe.* (Der Dichter E. W. geb. 1887, war 1938 im KZ Buchenwald, danach lebte er unter Gestapo-Aufsicht.) Langen-Müller Vlg., Wien 1979, 213 S.; Erstveröffentlichung 1946

WIESEL, Elie / SEMPRUN, Jorge: *Schweigen ist unmöglich.* (Buchausgabe der am 1. März 1995 von ARTE ausgestrahlten Sendung: »Entretien entre Elie Wiesel et Jorge Semprun«.) Suhrkamp TB 2012, Ffm 1997[1], 54 S.

WIESEL, Elie: *Die Nacht. Autobiographischer Roman 1944–45.* Vorreden von Martin Walser und François Mauriac. Herder TB 4488, Frb. 1996, 153 S.; franz. OT: o.A.

WOHL, Tibor: *Arbeit macht tot. Eine Jugend in Auschwitz*. (1942–45) Holbein-Schule A.G., Frankfurt. Vlg. Wehle, Witterschlick / Bonn 1999¹, 246 S.

WOLFF, Martin: *Stationen eines Lebensweges. 12 Jahre Nacht*. Gesellschaft für Christl.-Jüdische Zusammenarbeit, Siegen 1983, 84 S.

WOLKOWICZ, Shlomo: *Das Grab bei Zloczow. Geschichte meines Überlebens. Galizien 1939–1945*. Vlg. Wichern, Bln. 1996, ill., 159 S.

WU, Harry / WAKEMAN, Carolyn: *Nur der Wind ist frei. Meine Jahre in Chinas Gulag*.(1960–79) Ullstein Vlg., Ffm 1994, 1995²; Ullstein TB 33210 1996, ill., 367 S.; engl. OT: *Bitter Winds: A Memoir of My Years in China's Gulag*. (o.J.)

WUNDERLICH, Rudolf: *Konzentrationslager Sachsenhausen bei Oranienburg 1939–1944. Die Aufzeichnungen des KZ-Häftlings Rudolf Wunderlich*. Vlg. Lang, Ffm, Bln., Bern, NY, Paris, Wien 1997, ill., 132 S.

YÉSARIO, Muhidin: *Keraterm. Erinnerungen aus einem serbischen Lager*. Vlg. Drava, Klagenfurt 1994, 221 S.; bosn. OT: o.A.

YESILÖZ, Yusuf: *Vor Metris steht ein hoher Ahorn. Hafteindrücke eines politischen Gefangenen aus der Türkei*. (1996) Vlg. Unrast, Münster 1998¹, 170 S.

YÉSOŸÉSIC, Stipo: *Zur Hölle und zurück. In den Lagern der Furcht und des Grauens – Keraterm, Omarska, Manjáyéca*. Vlg. ŷéSulek, Köln, Zagreb 1996¹, ill., 111 S.; kroat. OT: *Do pakla i natrag*. (o.J.)

YONES, Eliyahu: *Die Straße nach Lemberg. Zwangsarbeit und Widerstand in Ostgalizien 1941–1944*. Ludwigsburg. Fischer TB 14258, Ffm 1999¹, ill., 238 S.; hebräi. OT: o.A.

ZARGANI, Aldo: *Für Violine solo. Meine Kindheit im Diesseits 1938–45*. S. Fischer Vlg., Ffm 1998, 318 S.; ital. OT: *Per violino solo*. (o.J.)

ZELMAN, Leon: *Ein Leben nach dem Überleben*. (1933–40) Vlg. Kremayr & Scheriau, Wien 1995, 222 S.

ZIMMERMAN, Herman: *Ein Engel an meiner Seite. Eine Geschichte vom Überleben im Holocaust*. (1938–55) Geleitwort Johannes RAU. Programm Heidelberger Vlgs.-Anst. 1997; Universitäts Vlg. C. Winter, Heidelb. 1997, ill., 185 S.; US OT: o.A.

Betroffene: gemeinsam <51>

BARTOSZEWSKI, Wladyslaw: (Hg): *Schwarze Jahre. Zeugen des Holocaust erinnern sich.* Reclam Bd. 1602, Lpz. 1997¹, 328 S.; poln. OT o.A.

BAUTZEN KOMITEE (Hg): *Das gelbe Elend. Bautzen-Häftlinge berichten. 1945–1956.* Mit Dokumentenanhang. Buch-Vlg.-Union, Mchn., Bln. 1997², ill., 317 S.

BUND DER STALINISTISCH VERFOLGTEN IN DEUTSCHLAND e.V.: *Ein Gespenst ging um. Erlebnisberichte aus dem »Sozialistischen Lager« 1945–81.* Hrsg. vom Landesbeauftragten für die Unterlagen des Staatssicherheitsdienstes der ehemaligen DDR in Sachsen-Anhalt. Magdeburg 1996, 2. Heft, ill. 65 S.

CHAIMOWITSCH-HIRSCH, Mali: *Kindheit und Jugend im Schatten der Schoáh. Von Radautz durch Transnistrien nach Israel und zurück.* (1928–44) Hartung-Gorre Vlg., Konstanz 1999¹, ill., 61 S.; Lit.Verz.(4 S.); hebräi. OT: o.A.

DIETRICH, Martina (Hg.): *Zwangsarbeit in Genshagen. Dokumentierte Erinnerungen Betroffener.* (1940–45) Brandenburgische Landeszentrale für Politische Bildung (Bd. 4), Potsdam 1996, ill., 135 S.

DOKUMENTATIONSSTELLE GEFANGENENLITERATUR DER UNIVERSITÄT MÜNSTER (Hg): *Gestohlener Himmel. Widerstehen im Knast.* (Ingeborg-Drewitz-Literaturpreis für Gefangene). Geleitwort Luise RINSER und Friedrich MAGIRAS. Thom Vlg., Lpz. 1995, ill., 230 S.

DREYFUS, Laurence / CASANOVA, Béatrice: *Tagebuch einer Geiselnahme.* Bastei-Lübbe TB 61417, Berg.-Gladb. 1998¹, 157 S.; franz. OT: *Chronique d'une prise d'otages.* (o.J.)

FREUDENBERG-HÜBNER, Dorothee / WIEHN, Erhard Roy (Hg): *Abgeschoben. Jüdische Schicksale aus Freiburg 1940–42. Briefe der Geschwister Liefmann aus Gurs und Morlaas an Adolf Freudenberg in Genf.* Vlg. Hartung-Gorre, Konstanz 1993 (Schriften zu Schoáh und Judaica), ill., 214 S.

GOLDKORN, Josef: *Im Kampf ums Überleben. Jüdische Schicksale in Polen 1939–45.* Hartung-Gorre Vlg., Konstanz 1996[1], ill., 180 S.; Lit.Verz. (4 S.); hebräi. OT: o.A.

GREIF, Gideon: *Wir weinten tränenlos . Augenzeugenberichte der jüdischen »Sonderkommandos« in Auschwitz.* Vlg. Böhlau, Köln, Weimar, Wien 1995, ill., LI, 307 S.; hebräi. OT.: o.A.

GRUPINSKA, Anka: *Im Kreis. Gespräche mit jüdischen Kämpfern.* Vlg. Neue Kritik, Ffm 1993, ill., 255 S.; poln. OT: *Po kole.* (o.J.)

HECHT, Ingeborg: *Als unsichtbare Mauern wuchsen. Eine deutsche Familie unter den Nürnberger Rassegesetzen.* (1933–45) Vlg. Dölling & Galitz, Hbg. 1993, 156 S.

HEIN, Cornelia Maria / KROKOWSKI, Heike: *»Es war unmenschenmöglich.« Sinti aus Niedersachsen erzählen – Verfolgung und Vernichtung im Nationalsozialismus und Diskriminierung bis heute.* Hann. 1995, ill., 88 S.

JORAND, Pierre: *Husum – hier wird Leben ausgerottet. Das Martyrium der Gefangenen des KZ-Außenlagers Schwesing.* (1944) Nordfriisk Institut, Bräist / Bredstedt. Aus: Nordfries. Jahrbuch Nr. 142, Heft 32/33, 1996/97, 53 S., franz. OT: o. A

KAHLE, Hans Jürgen (Hg): *Gestohlene Jugendjahre. Berichte ehemaliger sowjetischer Zwangsarbeiter über ihre Zeit in Wesermünde / Bremerhaven 1941–45.* Wilhelm-Heidsiek-Vlg., Cuxhaven 1995[1], ill., 80 S.; russ. OT: o.A.

KINDER DES HOLOCAUST SPRECHEN. *Lebensberichte.* Reclam Bd. 1511, Lpz. 1995[1], ill., 347 S.; poln. OT. und Hg. o.A.

KLEIN, Stefan: *Die Reisen nach Jerusalem. Eine Familiengeschichte.* (Von Flucht- und Lebenswegen (1933–45) erzählt diese abenteuerliche jüdisch-deutsch-israelische Geschichte.) Kunstmann Vlg., Mchn. 1998[1], 205 S.

KLIEGER, Bernard: *Der Weg, den wir gingen. Reportage einer höllischen Reise.* CodacJuifs, Bruxelles-Ixelles 1960, 215 S.; belg. OT: *Chemin que nous avons fait.* (o.J.)

KORBER, Mirjam: *Deportiert. Jüdische Überlebensschicksale aus Rumänien 1941–44. Ein Tagebuch.* (Mit einem Beitrag von Sylvia HOISIE-KORBER und einem Bericht über das Massaker in Jassy 1941) Vlg. Hartung-Gorre, Konstanz 1993[1], ill., 303 S.; rumän. OT: o.A.

KRETZSCHMAR, Joachim: *Fünf kamen durch. Die spektakuläre Flucht aus »Buchenwald«. Ein Tatsachenbericht.* (1946; Buchenwald wurde in der Nachkriegszeit von den Sowjets und der DDR als Internierungslager weiter benutzt; s. dazu KLOTZ – K5[I]; LENZER – K5[IV], RITSCHER – K5[IV]) Vlg. Gedenkstätte Buchenwald, Weimar / Buchenwald 1998, ill., 63 S.

KULISIEWICZ, Aleksander: *Adresse Sachsenhausen. Literarische Momentaufnahmen aus dem KZ.* Vlg. Bleicher, Gerlingen 1997, ill., 183 S.; Lit.Verz. (4 S.); poln. OT: o.A.

LACOMBE, Fabien und die EHEMALIGEN VON KAUFBEUREN: *Kommando Kaufbeuren. Außenlager von Dachau 1944–45. Ein Memorial.* Heimatverein Kaufbeuren, Kaufbeurer Geschichtsblätter, Sonderheft 7, 1995, 107 S.; zugleich: Vlg. an der Säge, Blöcktach 1995, 107 S.; franz. OT: *Kaufbeuren, kommando de Dachau.* (o.J.)

LANGE, Bernd Lutz (Hg): *Davidstern und Weihnachtsbaum. Erinnerungen von Überlebenden.* (1933–45) Vlg. Forum, Lpz. 1993[2], ill., 270 S.

LECHNER, Silvester(Hg): *Schönes, schreckliches Ulm. 130 Berichte ehemaliger polnischer Zwangsarbeiterinnen und Zwangsarbeiter, die in den Jahren 1940 bis 1945 in die Region Ulm / Neu-Ulm verschleppt worden sind.* DZOK Vlg., Ulm 1997[2], ill., 415 S.; Lit.Verz. (6 S.)

LEYENS, Erich / ANDOR, Lotte: *Die fremden Jahre. Erinnerungen an Deutschland.* (1933–35) Fischer TB 10779, Ffm 1994[2], ill., 119 S.

LIEBERMANN, Doris (Hg): *Dissidenten, Präsidenten und Gemüsehändler. Tschechische und ostdeutsche Dissidenten 1968–1989.* Klartext Vlg., Essen 1998[1] (Bd. 11), 295 S.

McCHARTHY, John / MORRELL, Jill: *Ein Schrei hinter Mauern. Er war fünf Jahre Geisel im Libanon, sie kämpfte für seine Freilassung.* (1986–1992) Econ Vlg., Düsseldorf, Wien, NY, Moskau 1994, ill., 501 S.; US OT: *Some Other Rainbow.* (o.J.)

MOHR, Anne u.a. (Hg): *Ravensbrück. Versöhnung durch Erinnerung.* Vlg. Plöger, Annweiler, Essen 1994, ill., 95 S.; Lit.Verz. (3 S.)

MÜNZEL, Frank / PEHAR, Lidija (Hg): *Auf 12 Uhr wird euch der Krieg erklärt. Berichte bosnischer Flüchtlinge in Hamburg.* Fibre Vlg., Osnabrück 1998, 187 S.; bosn. OT: o.A.

NEUHAUSER, Waltraud und Georg: *Fluchtspuren. Überlebensgeschichten aus einer österreichischen Stadt*. Steinmaßl (Edition Sandkorn), Grünbach 1998, ill., Literaturangaben, 329 S.

ORTMEYER, Benjamin (Hg): *Berichte gegen Vergessen und Verdrängen von 100 überlebenden jüdischen Schülerinnen und Schülern über die NS-Zeit in Frankfurt am Main*. (1933–1945). Vlg. Wehle, Witterschlick / Bonn 1994, ill., 179 S.

PABST, Martin: *Der Tod ist ein täglicher Gast. Holländische Geiseln und Widerstandskämpfer 1944/45 in den Arbeitserziehungslagern Zöschen, Schafstädt und Ammendorf/Osendorf. Dokumente aus Merseburger Archiven*. Mandel TB Nr. 1, Halle 1998¹, ill., 154 S.

PABST, Martin: *Wie könnte ich diese Erinnerung ausradieren? Das Gemeinschaftslager des Buna-Werkes Korbethaer Weg in Schkopau. Dokumente und Augenzeugenberichte*. (1941–45) Mandel TB 3, Halle (Saale) 1999¹, ill., 116 S.; Lit.Verz. (4 S.)

PAGEL, Jürgen: *Erinnerungen Auschwitzer Häftlinge*. Staatliches Museum, O'swiyøecim-Brzezinka 1995, ill., 190 S.; poln. OT: o.A.

PALTY, Sonja: *Jenseits des Dnjestr. Jüdische Deportationsschicksale aus Bukarest in Transnistrien 1942–1943*. Vlg. Hartung-Gorre, Konstanz 1995¹, ill., Karten; Lit.Verz. (6 S.); rumän. OT: o.A.

PLIENINGER, Konrad (Hrsg. i.A. Jüdisches Museum in Göppingen): *»Ach, es ist alles ohne Ufer ...« Briefe aus dem Warschauer Ghetto*. (1941–42) 1996, ill., 39 S.

PROJEKTGRUPPE FÜR DIE VERGESSENEN OPFER DES NS-REGIMES / KZ-GEDENKSTÄTTE NEUENGAMME (Hg): *»Und vielleicht überlebte ich nur deshalb, weil ich sehr jung war.« Verschleppt ins KZ Neuengamme. Lebensschicksale polnischer Jugendlicher*. Mit Berichten von Zbigniew Bentkowski u.a., Edition Temmen, Bremen 1999, ill., 125 S.; Lit.Verz. (6 S.)

RUST, Gustav (Hg): *»Ich war auch dabei.« Ein Leben gegen kommunistische Gewaltherrschaft*. (1949–75) Selbst-Vlg., Liebenowzeile 6, Bln. 1996, ill., 252 S.

SCHAEPER-WIMMER, Sylva (gesammelt und dokumentiert): *Das Unbegreifliche berichten. Zeitzeugenberichte ehemaliger Häftlinge des Konzentrationslagers Dachau*. Hrsg. vom Museumspädagogischen Zentrum: MPZ, Mchn. 1997, 168 S.; Lit.Verz. (4 S.)

SCHECK, Manfred (Hg.): *Das KZ vor der Haustür. Augenzeugen berichten über das Lager »Wiesengrund« bei Vaihingen an der Enz*. Stadtverwaltung Heft 4, Vaihingen an der Enz, 1995, ill., 150 S.

SCHNEIDER, Gertrude (Hg): *The Unfinished Road. Jewish Survivors of Latvia Look Back*. (1943–45) Vlg. Praeger, NY, Westport, London; Vlg. Hartung-Gorre, Konstanz 1999, ill., X, 207 S.

SCHOENBERNER, Gerhard (Hg): *Zeugen sagen aus. Berichte und Dokumente über die Judenverfolgung im »Dritten Reich«*. Aufbau TB 8039, Bln. 1998¹, ill., 445 S.

SCHUR, Grigorij: *Die Juden von Wilna. Die Aufzeichnungen des Grigorij Schur 1941–1944*. Bearbeitet und hg. v. Wladimir Porudominsky. dtv 30723, Mchn. 1999¹, ill., 218 S.; russ. OT: *De joden van Wilna*. (o.J.)

SCOTT, Jack / NOWOTNY-ISKANDAR, Julia: *Nie wieder in Deutschland leben. Von Gelsenkirchen, Gera und Fürth durch Belgien, Frankreich, Spanien mit der britischen Armee wieder nach Deutschland*. (1938–45) Vlg. Hartung-Gorre, Konstanz 1998¹, ill., 191 S.; Lit.Verz. (3 S.)

SHINAR, Leah: *Wie ein Becher Tränen. Jüdische Familiengeschichten aus Krakau. Leben und Leiden in Polen 1939–1945*. Hartung-Gorre Vlg., Konstanz 1999¹, ill., 124 S.; hebräi. OT: o.A.

SPIEGEL, Marga: *Retter in der Nacht. Wie eine jüdische Familie im Münsterland überlebte*. (1938–45) Pahl-Rugenstein, Köln 1986, 1987², 96 S.; Vlg. Lit, Münster, 1999⁴, 216 S.

STRÁNSKÝ, Pavel: *Als Boten der Opfer. Von Prag durch Theresienstadt, Auschwitz, Schwarzheide und zurück. Tschechisch-jüdische Schicksale 1939–1997*. Hartung-Gorre Vlg., Konstanz 1997¹, ill., 90 S.

WAGNER, Wolf H.: *Wo die Schmetterlinge starben. Kinder in Auschwitz*. Vlg. Dietz, Bln. 1995, ill., 247 S.

WIR GINGEN STUMM UND TRÄNENLOS. *Jüdische Lebens- und Leidensbilder.* Edition Isele Nr. 45, Jahrgang 15, Eggingen 1995, ill., 225 S.

ZENTRUM FÜR ANTISEMITISMUSFORSCHUNG DER TECHNISCHEN UNIVERSITÄT BERLIN (Hg); SPITZER, Federica / WEISZ, Ruth: *Theresienstadt. Aufzeichnungen. Mit einem Beitrag von Wolfgang BENZ.* Metropol Vlg., Bln. 1997, 172 S.

ZIN, Basja: *Wie ein grauenhafter Traum. Vier Jahre zwischen Leben und Tod. Jüdische Schicksale aus Lettland 1941–45.* Vlg. Hartung-Gorre, Konstanz 1998[1], ill., 48 S.; russ. OT: o.A.

Eltern <1>

<0>   <0>

Eltern: Mütter <1>

5 MAHMOODY, Betty: *Nicht ohne meine Tochter.* (Die Amerikanerin, von ihrem Ehemann in Teheran festgehalten, sucht eine Möglichkeit, mit ihrem Kind zu fliehen.) Bastei Lübbe TB 61130, Berg.-Gladb. 1988, 1991[40], 543 S.; US OT: *Not Without My Daughter.* 1987

Erwachsene Kinder <3>

<0>

Töchter <1>

RABINOVICI, Schoschana: *Dank meiner Mutter. Ein Bericht vom Überleben der Wenigen in Ghetto, Konzentrationslagern und auf dem Todesmarsch.* (1941–1945) Alibaba Vlg. (Schulausgabe), Ffm 1994, 254 S.; Fischer TB 80143 1994, ill., 287 S.; hebräi. OT o.A.

Söhne <2>

AFFINATI, Eraldo: *Ein Weg der Erinnerung – von Venedig nach Auschwitz.* (1995: Ein Nachgeborener geht gegen das Vergessen an.) S. Fischer Vlg., Ffm 1999, 170 S.; Lit.Verz. (7 S.); ital. OT: *Campo del sangue.* (o.J.)

ZWEIG, Zacharias: *»Mein Vater, was machst du hier ...?« Zwischen Buchenwald und Auschwitz.* dipa Vlg., Ffm 1987, 122 S.

Geschwister <2>

<0>

Schwestern <1>

KORNREICH GELISSEN, Rena: *Renas Versprechen. Zwei Schwestern überleben Auschwitz.* (›Was ist das für eine Nummer?‹ ›Ist das Ihre Telefonnummer?‹ – Was sollte ich sagen. Später hat ein Chirurg die KZ-Nummer aus meinem Arm herausgeschnitten – nicht aber aus meinem Kopf...) Knesebeck Vlg., Mchn. 1996; 327 S.; Heyne TB 611, Mchn. 1998, ill., 327 S.; US OT: *Rena's Promise; A Story of Sisters in Auschwitz.* 1994

Geschwister: gemeinsam <1>

RATHSFELD, Werner / RATHSFELD, Ursula: *Die Graupenstraße. Erlebtes und Erlittenes.* Vlg. Kohlmann, Bad Lauterberg im Harz 1993, ill., 258 S.

Angehörige / Familie: gemeinsam <1>

CITROEN, Sophie und Joop: *Duett pathétique. Erinnerungen einer jüdischen Familie an die Kriegsjahre in Holland.* (1941–44) Fischer TB 10767, Ffm 1993[1], 333 S.; niederländ. OT: *Duet pathétique.* (o.J.)

Partner <5>

Partner: Frauen <2>
HEILERS, Margarete: *Lebensration. Tagebuch einer Ehe 1933–1945.* Dülmen Vlg., Ffm 1985, 119 S.
HUPPERT, Hilde: *Hand in Hand mit Tommy. 1939–45.* Röhrig, St. Ingbert 1988, 1989[2], 135 S.

5

Partner: Männer <2>
KRAKAUER, Max: *Lichter im Dunkel. Flucht und Rettung eines jüdischen Ehepaares im Dritten Reich.* (1941–45) Reprint der Originalausgabe 1947. Quell Vlg., Stgt. 1994[11], 141 S.
WITZENBACHER, Kurt: *Kaddisch für Ruth. Erinnerung an meine jüdische Freundin.* (1936–38), Quell Vlg., Stgt. 1996[1], 151 S.; Quell TB, Stgt. 1998, 151 S.

Partner: gemeinsam <1>
SCHWERDT, Otto / SCHWERDT-SCHNELLER, Mascha: *Als Gott und die Welt schliefen.* (Auschwitz 1943–45) Vlg. Lichtung, Viechtach 1998[1], ill., 109 S.

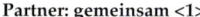

Fachleute <37>

Fachleute: Frauen <14>
ANISSIMOV, Myriam: *Primo Levi. Die Tragödie eines Optimisten.* (Er überlebte Auschwitz, schrieb gegen das Vergessen und um sich zu befreien. So wurde er der große italienische Dichter. Als er erkannte, daß sich die Wunde Auschwitz nie schließt, ging er in den Tod. – s. K5[I] LEVI), Philo-Vlg., Bodenheim 1999, 638 S., ital. OT: o.A.
ARNDT, Ina: *Frauenverfolgung und -widerstand.* Dachauer Hefte 1987, 256 S.
AXT, Renate: *Und wenn du weinst, hört man es nicht. Frauenschicksale hinter Gittern.* Bastei-Lübbe TB 61097, Berg.-Gladb. 1986, 208 S.; 1996[7], 206 S.
BERNDT, Charlotte: *Rosa Luxemburg im Gefängnis – Briefe und Dokumente aus den Jahren 1915–1918.* Fischer, Ffm 1987
DEUTSCHKRON, Inge: *... denn ihrer war die Hölle. Kinder in Ghettos und Lagern.* Vlg. Wissenschaft und Politik, Köln 1985, 1987[2], 157 S.
DÖNHOFF, Marion Gräfin: *»Um der Ehre willen.« Erinnerungen an die Freunde vom 20. Juli.* (Das heimatliche Gut in Ostpreußen war Treffpunkt der Verschwörer für ein besseres Deutschland, die am 20. Juli ein Attentat auf Hitler ausführten und sein Mißlingen mit dem Tode bezahlten.) Goldmann TB, München 1996, 183 S.
EINSELE, Helga: *Mein Leben mit Frauen in der Haft.* (1945–1995). Quell Vlg., Stgt. 1995[2], 352.
HONOUNE, Louisa / MOUFOX, Ghania: *Terroristen fallen nicht vom Himmel. Zur aktuellen Situation in Algerien (1991–1996).* Rotpunkt Vlg., Zürich 1997[1], 317 S.; alger. OT: *Une autre voix pour l'Algérie.* (o.J.)

233

KLIER, Freya: *Die Kaninchen von Ravensbrück. Medizinische Versuche an Frauen in der NS-Zeit.* Droemer Knaur TB 77162, Mchn. 1994[1], ill., 320 S.; Lit.Verz. (8 S.)

KLIER, Freya: *Verschleppt ans Ende der Welt. Schicksale deutscher Frauen in sowjetischen Arbeitslagern.* (1945–54) Ullstein Vlg. 1996, ill., 351 S.; Ullstein TB 33236, Bln. 1998; Lit.Verz. (105 S.)

KREMER, Eva-Maria: *Brennende Bräute. Mitgiftmorde in Indien.* Rex Vlg., Luzern, Stgt. 1994, 155 S.

LENZER, Gudrun: *Frauen im Speziallager Buchenwald 1945–1950. Internierung und lebensgeschichtliche Einordnung.* (s. dazu KRETZSCHMAR – K5[I]), Agenda Vlg. 1996, 238 S.

MAHMOODY, Betty: *Aus Liebe zu meiner Tochter.* (Nach der Flucht entwickelt sie ein Engagement für Familien mit ähnlichem Schicksal; s. K5[II] MAHMOODY: *Nicht ohne meine Tochter.*) Bastei-Lübbe TB, Bergisch Gladbach 1993, 397 S., US OT: o.A.

MICHAELIS, Anne: *Fluchtstücke.* (1942 findet der Grieche Athos in den polnischen Wäldern den 7jährigen Jakob Beer, der als einziger seiner jüdischen Familie überlebt hat. Athos nimmt ihn mit nach Griechenland, doch Jakob wird mit seiner grausigen Vergangenheit nicht fertig.) rororo TB, Reinbek 1999, 317 S.

5

Fachleute: Männer <21>

IV BURG, J. G.: *Das Tagebuch der Anne Frank.* (s. dazu unter K5[I] FRANK, Anne.) Ederer Vlg., Mchn. 1977, 1980[3], 20 S.

GOLDSTEIN, Jacob: *Individuelles und kollektives Verhalten in Nazi-Konzentrationslagern.* Campus Vlg., Ffm 1991, 198 S.

GRYNBERG, Henryk: *Kinder Zions. Dokumentarische Erzählung.* Reclam Vlg. Bd. 1524, Lpz. 1995[1], ill., 215 S.; poln. OT: o.A.

HELLINGER, Bert: *Das Überleben überleben.* (Therapeutische Arbeit mit jüdischen Überlebenden.) AUER-Systeme Vlg. 1998, ill., 309 S.

HELLINGER, Bert: *Der Abschied.* (Therapie mit Nachkommen von Tätern und Opfern zur Zeit des Nationalsozialismus, um die schlimmen Folgen von Schicksal und Schuld zu mildern oder zu beenden.) 1998, 335 S., ill., ISBN 3–89670–102–9

HERZKA, Heinz Stefan: *Die Kinder der Verfolgten. Die Nachkommen der Naziopfer und Flüchtlingskinder heute.* Vandenhoeck & Ruprecht, Göttingen 1989, 154 S.

KAUFMANN, Max / ADELSEN, Pref. von Howard L.: *Churbn Lettland. Die Vernichtung der Juden Lettlands.* (1941–1945). Hartung-Gorre, Konstanz 1999[1], ill., 559 S.; Lit.Verz. (3 S.)

KIESSLING, Ulrich: *Psychologische und soziale Bewältigung politischer Repression in der DDR durch Angehörige der zweiten Nachkriegsgeneration. Eine sozialwissenschaftliche und psychoanalytische Bestandsaufnahme.* (Unterdrückung, Bewältigung, Bevölkerung der Jahrgänge 1955 – 1965). Diss., Universität Kassel 1997, 288 S.

KLAPPERT, Bertold / NORDEN, Günther von: *Tut um Gottes Willen etwas Tapferes! Karl Immer im Kirchenkampf.* (Dokumentation über einen Pfarrer, der in Gestapo-Haft verstarb.) Neukirchener Vlg., Neukirchen-Vluyn 1989, 242 S.

KLEE, Ernst: *Auschwitz, die NS-Medizin und ihre Opfer.* (Klee legt wieder einmal den Finger auf eine Wunde, er weist nach, daß Nazi-/KZ-Ärzte, die Menschenversuche gemacht haben, nach dem Krieg in beiden Teilen Deutschlands unbehelligt ihren Beruf weiter ausüben konnten, während die Opfer, die überlebt hatten, allein gelassen wurden.) Fischer Vlg., Frankfurt 1997, 526 S.

KLEE, Ernst: *Euthanasie im NS-Staat. Die Vernichtung lebensunwerten Lebens.* (E. K. beschreibt anhand von Originalunterlagen und Augenzeugenberichten Täter und Opfer, Organisation, Methoden und Orte dieser Verbrechen.) Fischer TB, Ffm. 1985, 502 S.

LANGBEIN, Hermann: *... nicht wie die Schafe zur Schlachtbank: Widerstand in den nationalsozialistischen Konzentrationslagern 1938–45.* Fischer TB 3486, Ffm 1980, 1985[2], 495 S.

LANZMANN, Claude: *Shoa.* Vorwort Simone de Beauvoir. Claassen Vlg., Düsseldorf 1986, 279 S.; (i. V.: TB-Ausgabe, ISBN Nr. 3922209874); franz. OT: *Shoa;* Fayard 1985

MEYER, Alwin: *Die Kinder von Auschwitz.* Vlg. Lamuv, Göttingen 1995, ill., 240 S.; Lit.Verz. (3 S.)

NIEDERL. STAATL. INST. FÜR KRIEGSDOKUMENTATION (Hg): *Die Tagebücher der Anne Frank.* (s. dazu K5[l]) Mit einer Zusammenfassung des Berichts des Justizministeriums. S. Fischer Vlg., Ffm 1993, ill., 791, [32] S.; niederländ. OT: *De dagboeken van Anne Frank.* (o.J.)

POELCHAU, Harald: *Die letzten Stunden. Erinnerungen eines Gefängnispfarrers.* (In Tegel, Plötzensee, Brandenburg-Görden begleitete er viele Opfer des Faschismus vor der Hinrichtung.) Vlg. Volk und Welt, Bln. 1949, 1987[3], 134 S.

SCHNABEL, Ernst: *Anne Frank – Spur eines Kindes.* Fischer TB 5089, Ffm 1991, 157 S. (Vgl. dazu K5[l])

SCHNEIDER, Horst: *Das Gelbe Elend in Bautzen. Fakten zur Geschichte der Haftanstalt. Eine Untersuchung vor Ort.* Edition Ost 1999[4], 200 S.

TAEGE, Herbert (Hg): *Die Gefesselten. Deutsche Frauen in sowjetischen Konzentrationslagern in Deutschland.* Askania Vlg., Lindhorst 1987, 172 S.

WENTORF, Rudolf: *Der Fall des Pfarrers Paul Schneider.* (Eine Dokumentation über den ›Prediger von Buchenwald‹, der im Konzentrationslager als Märtyrer der Ev. Kirche starb.) Neukirchener Vlg., Neukirchen-Vluyn 1989, 263 S.

ZAHN, Hans Eberhard: *Haftbedingungen und Geständnisproduktion in den Untersuchungshaftanstalten des MFS.* Hrsg. vom Berliner Landesbeauftragten für die Unterlagen des Staatssicherheitsdienstes der ehemaligen DDR (Bd. 5), Bln. 1997, 88 S.

5

Fachleute: gemeinsam <2>

PILGRAM, Martin (Hg): *Wir wollen, daß ihr bleiben könnt. Kirchenasyl in Gilching. Ein Beispiel.* (1994). Komzi Vlg., Idstein 1995, ill., 196 S.

RITSCHER, Bodo / LÜTTGENAU, Rikola-Gunnar / HAMMERMANN, Gabriele (Hg. im Auftrag der Gedenkstätte Buchenwald): *Das sowjetische Speziallager Nr. 2 1945–1950. Katalog zur ständigen historischen Ausstellung.* Vlg. Wallstein, Göttingen 1999[6], reich bebildert, 320 S.

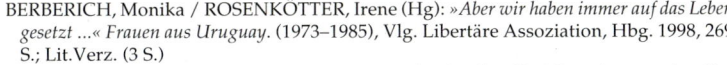

Betroffene zusammen mit Fachleuten <43>

Betroffene zusammen mit Fachleuten: Frauen <16>

BEHNEN, Ulrike (Hg): *In einem fremden Land. Flüchtlinge und Deutsche erzählen.* Vlg. Unrast, Münster 1995 (2. überarb. Aufl.), ill., 238 S.

BERBERICH, Monika / ROSENKÖTTER, Irene (Hg): *»Aber wir haben immer auf das Leben gesetzt ...« Frauen aus Uruguay.* (1973–1985), Vlg. Libertäre Assoziation, Hbg. 1998, 269 S.; Lit.Verz. (3 S.)

BERTHOLD, Erika / ZGLINICKI, Claudia von (Hg): *Ich will nicht mehr vor mir selber fliehen. Frauen zwischen Schuld und Vergeltung. Authentische Berichte.* (1977–1990). Aufbau Vlg., Bln., Weimar 1994[1], 174 S.

CHOI, Mira / Regina MÜHLHÄUSER (Hg.: ASA-Programm der Carl-Duisberg-Gesellschaft e.V.): *»Wir wissen, daß es die Wahrheit ist ...« Gewalt gegen Frauen im Krieg – Zwangsprostitution koreanischer Frauen 1936–1945.* FCDL Vlg., Bln. 1996[1], ill., 157 S.; Lit.Verz. (6 S.)

EPSTEIN, Helen: *Die Kinder des Holocaust. Gespräche mit Söhnen und Töchtern von Überlebenden.* dtv 11276, Mchn. 1990, 341 S.; US OT: *Children of Holocaust.* (o.J.)

FREYBERG, Jutta von / KRAUSE-SCHMITT, Ursula: *Lesebuch zur Ausstellung »Frauen im Konzentrationslager: Moringen, Lichtenburg, Ravensbrück 1933–45.«* VAS Vlg., Ffm 1997, ill., 181 S.; Literaturangaben

FÜRSTENBERG, Doris (Hg): *Jeden Moment war dieser Tod ... Interviews mit jüdischen Frauen, die Auschwitz überlebten.* Schwann Vlg., Düsseldorf 1986, 178 S.

GIES, Miep: *Meine Zeit mit Anne Frank*. (Der Bericht jener Frau, die Anne Frank und ihre Familie in ihrem Versteck versorgte. Vgl. dazu K5[1] FRANK, Anne) Heyne Vlg., Mchn. 1990, 1991[2], 254 S.; US OT: *Anne Frank Remembered*. (o.J.)

HORSKY, Monika (Hg): *Man muß darüber reden. Schüler fragen KZ-Häftlinge*. Elephant Vlg., Wien 1988, 216 S.

JUREIT, Ulrike / ORTH, Karin: *Überlebensgeschichten. Gespräche mit Überlebenden des KZ Neuengamme*. hrsg. v. der KZ Gedenkstätte Neuengamme. Mit einem Beitrag von Detlef GARBE. Vlg. Dölling & Galitz, Hbg. 1994[1], 223 S.; Lit.Verz. (12 S.)

MARKS, Jane: *Die versteckten Kinder*. (1939–45: Die Geschichte von 23 Überlebenden des Holocaust. s. a. STEIN, André – K5[V]) Vlg. Pattloch, Augsburg 1994, 264 S.; US OT: *Hidden Children; The Secret Survivors of the Holocaust*; Fawcett & Random House, 1990

PEITZ, Marietta: *Trittsteine. Alltag mit einer muslimischen Flüchtlingsfamilie aus Bosnien*. Radius Vlg., Stgt. 1994, 93 S.

PISARSKY, Angelika: *»... um nicht schweigend zu sterben.« Gespräche mit Überlebenden aus Konzentrationslagern*. Profil Vlg., Mchn. 1989, 334 S.

SCHUCHARDT, Erika: *15 Jahre nach Tschernobyl – Kinder von damals – junge Demokraten heute*. Tschernobyl-Gipfel im Berliner Reichstag, Bln. i. V. 2002

SCHWALBOVÁ, Margita / PRÉGARDIER, Elisabeth / MOHR, Anne: *Elf Frauen. Leben in Wahrheit. Eine Ärztin berichtet aus Auschwitz-Birkenau 1942–45*. Vlg. Plöger, Annweiler, Essen 1994, Abb., 116 S.

UECKERT-HILBERT, Charlotte (Hg): *Fremd in der eigenen Stadt. Erinnerungen jüdischer Emigranten aus Hamburg*. Junius Vlg., Hbg. 1989, 201 S.

Betroffene zusammen mit Fachleuten: Männer <11>

ADLER, Hans G. u.a. (Hg): *Auschwitz. Zeugnisse und Berichte*. Europ. Vlgs.-Anst., Köln, Ffm 1979, 316 S. 1994

BEYER, Wilhelm Raimund (Hg): *Rückkehr unerwünscht. Joeph DREXELS »Reise nach Mauthausen« und der Widerstandskreis Ernst NIEKISCH*. Dt. Vlgs.-Anst., Stgt. 1978, 331 S.

CATALÀ, Neus (Hg): *»In Ravensbrück ging meine Jugend zu Ende.« Vierzehn spanische Frauen berichten über ihre Deportation in deutsche Konzentrationslager*. Edition Tranvia, Bln. 1994[1], ill., 178 S.; Lit.Verz. (3 S.), span. OT: o.A.

GEHRIG, Birgit: *»Bist 'ne Jüdische? Haste den Stern?«* (Erzählt im Gespräch mit Bruno SCHONIG.) Nishen Vlg., Bln. 1985, 31 S.

KLONOVSKY, Michael / FLOCKEN, Jan von (Hg): *Stalins Lager in Deutschland 1945–1950. Dokumentation, Zeugenberichte*. Ullstein Vlg., Bln., Ffm 1993[3], 1994[4], ill., 248 S.; dtv-Dokumente 2966, Mchn. 1993, ill., 242, [16] S.

KOEPPEN, Wolfgang: *Jakob Littners Aufzeichnungen aus einem Erdloch. Roman*. (Die Lebensgeschichte eines rassisch Verfolgten mit polnischen Paß führt von München durch Ghettos, Vernichtungslager, Erschießungsgraben zu einem unterirdischen Versteck, wo er überlebte.) Jüdischer Vlg., Ffm 1993 (4. unveränderter Nachdruck der Erstausgabe des Vlgs. Kluger, Mchn. 1948), 149. S.; Edition Suhrkamp, Ffm 1994, 149 S.

KÖSSLER, Gottfried (Hg): *»... daß wir nicht erwünscht waren.« Novemberprogrom 1938 in Frankfurt am Main. Berichte und Dokumente*. dipa Vlg., Ffm 1993, ill., 176 S.

LEVENTAL, Zdenko: *Auf glühendem Boden. Ein jüdisches Überlebensschicksal in Jugoslawien 1941–1947*. Vlg. Hartung-Gorre, Konstanz 1994[1], ill., 288 S.

LINDWER, Willy (Hg): *Anne Frank – die letzten sieben Monate. Augenzeuginnen berichten*. (Vgl. dazu K5[1] FRANK, Anne) Fischer Vlg., Ffm 1989, 1991[3], 245 S.; niederländischer OT *Laatste zewen maanden*. (o.J.)

MEYNERT, Joachim (Hg): *Ein Spiegel des eigenen Ich. Selbstzeugnisse antisemitisch Verfolgter*. Pendragon Vlg., Brackwede bei Bielefeld 1988, 206 S.

STEIN, André: *Versteckt und vergessen. Kinder des Holocaust*. (Überlebende des Holocaust, die als Kinder versteckt waren, können sich oft nur mit therapeutischer Hilfe von ihrem jahrzehntelangen, quälenden Schweigen befreien.) Europa-Vlg., Wien, Mchn. 1995, 351

S.; Heyne TB 635, Mchn. 1999, 351 S.; US OT: *Hidden Children*. (o.J.) – s. a. MARKS, Jane, K5ᵛ

Betroffene zusammen mit Fachleuten <16>
BRUMLIK, Micha / KUNIK, Petra: (Hg): *Reichsprogromnacht. Vergangenheitsbewältigung aus jüdischer Sicht.* Vlg. Brandes & Apsel, Ffm 1988, 123 S.
DOKUMENTATIONSARCHIV DES ÖSTERR. WIDERSTANDES (Hg): *Jüdische Schicksale. Berichte von Verfolgten.* (1938–45) Vlg. ÖBV, Wien 1993², ill., XIII, 730 S.
HACKETT, David A. (Hg): *Der Buchenwald-Report. Bericht über das Konzentrationslager Buchenwald bei Weimar.* Vlg. Beck, Mchn. 1996, 456 S.; engl. OT: *The Buchenwald Report.* (o.J.)
HEUSS, Herbert: *Die Verfolgung der Sinti in Mainz und Rheinhessen 1933–45.* hrsg. v. Verband dt. Sinti und Roma, Landau 1996¹, ill., 103 S.; Lit.Verz. (6 S.)
KAHLE, Marie / KAHLE, Paul: *Was hätten Sie getan? Die Flucht der Familie Kahle aus Nazi-Deutschland.* (1938/39) / *Die Universität Bonn vor und während der Nazi-Zeit (1923–1939).* Vlg. Bouvier, Bonn 1998, ill., 201 S.; US OT: *What Would You Have Done?* / *Bonn University in Pre Nazi and Nazi Times.* (o.J.)
KUHN, Hermann (Hg): *Stutthof. Ein Konzentrationslager vor den Toren Danzigs.* Erinnerungen Ryszard DUDZIKs u.a. Historischer Abriß Janina GRABOWSKA. Edition Temmen, Bremen 1995, ill., 199 S.; poln. OT: o.A.
LIMBERG, Margarete / RÜBSAAT, Hubert (Hg): *Sie durften nicht mehr Deutsche sein.* (Jüdischer Alltag in Selbstzeugnissen 1933–38) Campus Vlg., Ffm, NY 1990, 372 S.
LOOKWOOD, Glenda / MOWBRAY, Christopher: *Mein Kind – ein menschliches Schutzschild.* (Geiselnahme durch Saddam Hussein während des Golfkrieges.) Bastei Lübbe TB 61227, Berg.-Gladb. 1991, 1991², 351 S.; US OT: *Diary of a Human Shield.* Bloomsbury 1991
MAUL, Bärbel / ULRICH, Axel: *Gedenkstätte »Unter den Eichen«.* Hrsg. vom Magistrat der Landeshauptstadt Wiesbaden, Stadtarchiv 1993², 64 S.
PORTEFAIX, Raymond / MIGDAL, André / TOUBER, Klaas: *Hortensien in Farge. Überleben im Bunker »Valentin«.* Fotografische Recherche Lutz POLTROCK. Aus dem Französischen und dem Niederländischen. Vlg. Donat, Bremen, 1995, ill., 143 S.; OT: o.A.
PRITZKER-EHRLICH, Marthi (Hg): *Jüdisches Emigrantenlos 1938/39 und die Schweiz. Eine Fallstudie.* Vlg. Lang, Bern, Bln. 1998, ill., 324 S.; Lit.Verz. (5 S.)
RÄBIGER, Rocco: *»Allenfalls kommt man für ein halbes Jahr in ein Umschulungslager ...« Nachkriegsunrecht an Wittenberger Jugendlichen.* Hg. v. der AG Lager Sachsenhausen 1945–50 e.V. mit dem Hist. Seminar der Uni Leipzig, Sachsenhausen / Lpz. 1998, ill., 117 S.; Lit.Verz. (4 S.)
RUFF, Margarete: *»Um ihre Jugend betrogen. Ukrainische ZwangsarbeiterInnen in Vorarlberg 1942–45.* Vorarlberger Autoren-Gesellschaft, Bregenz 1996, ill., 196 S.; Lit.Verz. (6 S.)
SCHMELZKOPF, Christiane: *Ein Fremder trägt immer seine Heimat mit sich. Erfahrungen mit einer kosovo-albanischen Flüchtlingsfamilie.* Komzi Vlg., Idstein 1996, 259 S.
SCHUCHARDT, Erika / KOPELEW, L: *Die Stimmen der Kinder von Tschernobyl – Geschichte einer stillen Revolution.* Herder, Fb. 1996, 2000⁴, 189 S.
YÈSUNKJIO, Melita H. / VOLF, Patrik-Paul: *Echte Österreicher. Gespräche mit Menschen, die als Flüchtlinge ins Land gekommen sind.* Hg. v. UNHCR: Picus-Vlg., Wien 1995, ill., 190 S.

5

Langfristige Krankheiten <713>

6. Aids <54>

Betroffene <23>

Betroffene: Frauen <6>

AURAS, Sonja: *Ich bin Ärztin und HIV-positiv. Eine Frau kämpft gegen Ausgrenzung und mächtige Interessen.* Herder TB 4280, Frb. 1994[1], 158 S.

BROCKMANN, Elisabeth: *Weinen kannst du, wenn ich tot bin. Erzählung.* Bollmann, Bensheim, Düsseldorf 1993[1], 117 S.; Ullstein TB 24195, Bln. 1997, 117 S.

GLASER, Elisabeth / PALMER, Laura: *Kein Engel an meiner Seite.* (Das Aids-Virus ist durch Bluttransfusion auf E. G. und ihre Kinder übertragen worden.). Bastei-Lübbe TB 61216, Berg.-Gladb. 1991[1], 1992[4], 1995[9], ill., 431 S.; US OT: *In the Absence of Angels.* NY 1991

M., Juliette: *Warum ich? Beichte einer jungen Frau von heute.* (Als sie erfährt, daß sie HIV-positiv ist, legt die sexuell sehr freizügige Journalistin ein schonungsloses Bekenntnis ab.) Ullstein Vlg., Ffm, Bln. 1988, 149 S.; franz. OT: *Pourquoi moi?* Paris 1987

6

P., Marita; aufgezeichnet von MÜLLER, Gerald: *Aids hat mir das Leben gerettet. Meine Jahre zwischen Edelstrich und Drogensumpf.* Vlg. Links, Bln. 1994[2], ill., 143 S.

VOGEL, Christina: *Die geschenkte Zeit. Erfahrungen mit Aids.* RECOM Vlg., Basel, Kassel 1991, 105 S.

Betroffene: Männer <15>

ARETZ, Bernd: *Annäherungen. Meine ersten 10 Jahre im Zeichen von Aids.* Mit einem Comic von Harald SEIWERT. Vlg. Rosa Winkel, Bln. 1995, ill., 156 S.

BRODKEY, Harold: *Die Geschichte meines Todes.* (Autobiographie 1993–1995). Rowohlt Vlg., Rb. 1996[1], 188 S.; rororo TB 22283, Rb. 1998, 188 S.; US OT: *This Wild Darkness.* (o.J.)

COMMERÇON, Markus: *AIDS. Mein Weg ins Leben.* (Nach dem Tod von Wolfgang, seiner großen Liebe, weiß Markus, daß die meiste Lebenskraft Aidskranken dadurch genommen wird, daß die Gesellschaft ihnen ein Versteckspiel aufzwingt.) Edition Bitter, Recklinghausen 1994, 200 S.; Bastei-Lübbe TB 61363 1996, ill., 200 S.

FAUST, Wolfgang Max: *Dies alles gibt es also: Alltag, Kunst, Aids. Eine autobiographischer Bericht.* (Tagebuch 1992) Edition Cantz, Stgt. 1993[1], ill., 407 S.

GUIBERT, Hervé: *Dem Freund, der mir das Leben nicht gerettet hat.* (Autobiographischer Roman 1983–1988) Rowohlt Vlg., Rb. 1991; rororo TB 13248, 1993, 253 S.; franz. OT: *A l'ami qui ne m'a pas sauvé la vie.* (o.J.)

GUIBERT, Hervé: *Mitleidsprotokoll. Roman.* (Autobiographisch aus den Jahren 1988–1990) Rowohlt Vlg. 1991, 240 S.; rororo TB 13458, Rb. 1994, 238 S.; franz. OT: *Le protocole compassionnedel.* (o.J.)

HUDSON, Rock: *Mein Leben.* Goldmann TB 8666, Mchn. 1986, 326 S., US OT: *Rock Hudson. His Story.* (o.J.)

JOHNSON, Anthony Godby: *Ich wünschte mir Flügel. Das Leben eines aidskranken Jungen.* Vorwort Paul MONETTE (Vgl. K6[1] MONETTE, Paul). Droemer Knaur TB 75058, Mchn. 1994[1], 283 S.; US OT: *A Rock and a Hard Place; One Boy's Triumphant Story.* 1992

JOHNSON, Mahlon / OLSHAN, Joseph: *Arbeit an einem Wunder.* (1992 infiziert sich der AIDS-Forscher Johnson bei einer Autopsie. Aber er gibt sich nicht auf, sondern macht Selbstversuche mit einem noch unerforschten Medikament.) Berlin Vlg. 1997, 304 S.; Bastei-Lübbe TB 61412, Berg.-Gladb. 1998, 350 S.; US OT: *Working on a Miracle.* (o.J.)

McLEAN, Tom: *Die schwindende Zeit. Leben mit Aids.* Zytglogge Vlg., Gümlingen, Bonn, Wien 1990, 142 S.; neuseeländ. OT. *If I Should Die.* Random Century, New Zealand Lt. 1989

© Schuchardt, E.: Warum gerade ich ...?, V&R [11]2002

MEYSTRE, Marc Philippe: *Andere Inseln deiner Sehnsucht. Aids. Reisebuch.* Rotpunkt Vlg., Zürich 1990, 178 S.

SEYFAHRT, Napoleon: *Schwein oder Nicht-Schwein«. Fragen und Antworten zum Leben.* Palette Vlg., Bamberg 1994, 123 S.

SEYFAHRT, Napoleon: *Schweine müssen nackt sein. Ein Leben mit dem Tod.* Edition Dià, St. Gallen, Bln., São Paulo 1991, 244 S; dtv 12022, Mchn. 1995, 1996, 281 S.

ZANDER, Helmut: *Der Regenbogen. Tagebuch eines Aidskranken.* Droemer Knaur TB 3907, Mchn. 1988, 250 S.

ZIELINSKI, Helmut Reinhold: *Ist dir überhaupt klar, daß ich Aids habe? Briefe eines HIV-Positiven.* Matthias-Grünewald-Vlg., Mainz 1989, 1990², 85 S.

Betroffene: gemeinsam <2>

GAUDIN, Agnès, Patrice und Stéphane / CUNY, Marie-Thérèse: *Der Preis des Lebens.* Goldmann TB 12540, Mchn. 1994¹, 153 S.; franz. OT: *Le prix du sang.* (o.J.)

KOSTER, Margje (Hg): *Warum ich? Aidskranke über sich selbst.* Vlg. Urachhaus, Stgt. 1993, 139 S.; niederländ. OT: *Waarom ik?* (o.J.)

 Eltern <4>

<0>

6

Eltern: Mütter <3>

BURNS, Janice A.: *Sarahs Lied. Die wahre Geschichte einer Liebe, die den Tod überwindet.* Heyne TB, Mchn. 1995; Bertelsmann-Club 1996, 238 S.; US OT: *Sarah's Song.* 1995

KIETZ, Esther: *Du weißt, wohin du gehst, mein Kind. 14 kostbare Jahre mit Lone.* (Bei der schwierigen Geburt sind Mutter und Kind mit dem HIV-Virus infiziert worden.) Brockhaus Wuppertal 1997, 191 S.

OYLER, Chris: *Mami, muß ich sterben? Bericht einer Mutter.* (Ein amerikanische Familie erleidet Aidskrankheit, Sterben und Tod ihres kleinen Sohnes und findet den Weg durch Leid und Trauer zum mutigen Weiterleben.) Ariston-Vlg., Genf, Mchn. 1989, 1994³, Piper TB 1248, Mchn., Zürich 1994⁴, 213 S.; US OT: *Go Toward the Light.* (o.J.)

Eltern: Väter <1>

NUSSBAUMER, Jakob: *Ueli. Tagebuch eines Abschieds.* Blaukreuz, Bern 1997, 126 S.

 **Erwachsene Kinder <1>**

<0> <0>

Töchter <1>

BERGMAN, Susan: *Mein fremder Vater. Erst nach seinem Aids-Tod erfuhren wir von seinem anderen Leben ...* Rowohlt Vlg., Rb. 1995¹, rororo TB 13871, 1996, 218 S., Titel: *Mein fremder Vater. Die Entdeckung eines Doppellebens;* US OT: *Anonymity.* (o.J.)

 **Geschwister <1>**

<0> <0>

Brüder <1>

ARTERBURN, Jerry und Steve: *Jerry – ein Christ hat Aids.* (Ein Betroffener und sein Bruder stellen sich der Auseinandersetzung.) Schulte & Gerth, Aßlar 1989, 155 S.; US OT: *How Will I Tell My Mother.* (o.J.)

 **Angehörige / Familie: gemeinsam <1>**

 SPURRIER, Libby: *Wenn du fällst, fange ich dich auf. Aids und Familie.* Econ TB 26184, Düsseldorf 1995[1], 327 S.; engl. OT: *Aids in the Family.* (o.J.)

 Partner <3>

<0>

 Partner: Frauen <1>

BURNHAM, Betsy: *Die letzten Jahre mit dem Schwerkranken.* Vlg. der Liebenzeller Mission, Lahr 1983, 77 S. Telos TB 7673, 1994, 104 S.; Titel: *Sterben in den besten Jahren. Erwartungen des Kranken, der weiß, daß sein Leiden unheilbar ist.* US OT: *When Your Friend is Dying.* Chosen Books, Lincoln / USA. o. J.

Partner: Männer <2>

GABRIEL, Josef: *Verblühender Mohn. Aids – die letzten Monate einer Beziehung.* Fischer TB 3249, Ffm 1987, 1991[5], 169 S.

MONETTE, Paul: *Geliehene Zeit.* (Zwei Jahre leistet Paul seinem an Aids erkrankten Freund im Kampf gegen die heimtückische Krankheit Beistand.) Bastei-Lübbe TB 61183, Berg.-Gladb. 1990, 1995[11], 493 S.; US OT: *Borrowed Time.* Javonovich Publishers, Orlando 1988

6

 Fachleute <13>

 Fachleute: Frauen <3>

KÜBLER-ROSS, Elisabeth: *Aids. Herausforderung zur Menschlichkeit.* Kreuz Vlg., Stgt. 1988, 261 S.; US OT: *Aids; The Ultimative Challenge.* MacMillan Publishing Comp., NY 1987

OLTERS, Anne Gesche: *Der Regenbogen.* Droemer Knaur Vlg., Mchn. 1988, 250 S.

RABBEN, Vigdis: *Odd Kÿêares Kampf gegen Aids.* Blaukreuz, Wuppertal, Bern 1994, ill., 176 S.; schwed. OT: *Ei hand ÿêa holde i.* (o.J.)

 Fachleute: Männer <9>

HEMMERLEIN, Georg Maria: *Krankheitsverarbeitung bei HIV-Infizierten. Ergebnisse einer empirischen Langzeitstudie.* Diss., Universität Fribourg 1997; Kovaÿéc Vlg., Bd. 7, Hbg. 1997, 226 S.

HOFMANN-VALENTIN, Friedrich: *Aids. Gefahren, Schutz, Vorsorge. Ein Ratgeber für Betroffene, Gefährdete und alle, die mehr über diese heimtückische Seuche wissen wollen.* Bastei-Lübbe TB 66106, Berg.-Gladb. 1986, 145 S.

JARCHOW, Rainer: *Leben durch Aids. Anstöße und Erfahrungen des Aids-Pastors.* (Der ev. Theologe und Psychotherapeut, geb. 1941, war 1984 Mitbegründer der Aids-Hilfe Köln und begründete 1987 die Deutsche Aids-Stiftung »Positiv leben«. Seit 1994 ist Jarchow als Seelsorger für Menschen mit Aids in Hamburg tätig.) Quell Vlg., Stgt. 1996[1], 281 S.

JÜRGS, Michael (Hg): *Aids bei Kindern. Über die jüngsten Opfer der Seuche und wie ihnen geholfen werden kann.* Gruner & Jahr Vlg., Hbg. 1989, 207 S.

MAYER, Ken / PIZER, Hank: *Aids. Die rätselhafte Krankheit. Die neuesten medizinischen Erkenntnisse: Was ist AIDS? Wer ist gefährdet? Symptome und vorbeugende Maßnahmen.*

Heyne Bücher 08/4952, Mchn. 1984[1], 139 S.; US OT: *The Aids Fact Book;* Bantam Books, NY 1983

OWEN, Bob: *Roys Heilung von Aids.* (Ärzte berichten über alternative Heilungsmethoden.) Waldthausen Vlg., Ritterhude 1989, 1990[2], 206 S.; US OT: *Rogers Recovery from AIDS.* (o.J.)

RÜHMANN, Frank: *Aids. Eine Krankheit und ihre Folgen.* Eine Arbeit aus dem Hamburger Institut für Sozialforschung. Edition Qumran aus dem Campus Vlg., Ffm, NY 1985[1], 204 S.

SCHMIDT, Peter: *Ein kurzes Leben lang. Kinder und Aids.* Patmos Vlg., Düsseldorf 1996[1], 187 S.

SCHORBERGER, Gregor: *Aidsstation. Wege humaner Begleitung.* Kösel Vlg., Mchn. 1987, 157 S.

Fachleute: gemeinsam <1>
REMISCHOVSKY, Judith / WOKALEK, Heinrich / FRANZ, Erhard / REMISCHOVSKY, Eduard: *AIDS. Die unheimliche Krankheit.* Vlg. Rombach & Co, Frb. April 1984[1], 104 S.

 **Betroffene zusammen mit Fachleuten <8>**

6

Betroffene zusammen mit Fachleuten: Frauen <5>
HARRIS, Rosemarie: *HIV – das fatale Dogma. Ich betreute den aidskranken Mike F.* Freie Print-Edition, Grünenmatt 1994[1], 125 S.

HAUSER, Maria: *Alles Blut ist rot. Lebensbilder HIV-positiver Menschen.* Mit einem Beitrag von Johannes Langer. Vlg. Steinmaßl, Grünbach 1999, ill., 183 S.

RIEDER, Ines / RUPPELT, Patricia (Hg): *Frauen sprechen über Aids.* Fischer TB 10033, Ffm 1991, 345 S.; US OT: *Aids: The Women.* (o.J.)

ROTHER, Rea: *Verlorene Kinder. Kleinstadtjustiz im Zeitalter von Aids.* (Nina C., alleinerziehende Mutter, kämpft mit ihrer HIV-Diagnose und hat zudem Schwierigkeiten mit ihren pubertierenden Töchtern. Alle in der kleinen Stadt – Exmann, Jugendamt, Vormundschaftsbehörde, Lehrer – glauben, die Kinder schützen zu müssen ...) Limmat Vlg., Zürich 1999, 215 S.

SAMSON, Barbara / CUNY, Marie-Thérèse: *Wenn die erste Liebe tötet.* (Das erste Mal mit ihrer großen Liebe wird der 17jährigen B. S. zum Verhängnis, denn ihr Geliebter hat ihr seine – durch verseuchte Heroinspritzen – Aids-Infektion verschwiegen.) Bastei-Lübbe TB 61357, Berg.-Gladb. 1996[1], 206 S.; franz. OT: *On n'est pas sérieux quand on a dix-sept ans.* (o.J.)

Betroffene zusammen mit Fachleuten: Männer <1>
NUNGESSER, Lon G.: *Der Wille zu leben. Aids-Betroffene berichten über ihre Kämpfe und Erfolge.* Gmünder Vlg., Bln. 1986, 238 S.; US OT: *Epidemic of Courage.* 1986

Betroffene zusammen mit Fachleuten <2>
CHRISTLICHER AIDS-HILFSDIENST e.V. (Hg): *Laßt mich nicht fallen. Alltag mit Aids-Kranken.* Brockhaus, Wuppertal 1994, ill., 93 S.

GRAUS, Stephan (Hg): *Tabu? Aids und Liebe. Visionen – Bilder – Texte* (Der Band wurde anläßlich einer Ausstellung in der Schweiz 1992–1994 zusammengestellt.) Christoph-Merian-Vlg., Basel 1994, ill., 128 S.

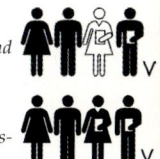

241

7. Alzheimer <21>

 Betroffene <2>

<0>

 Betroffene: Frauen <1>
McGOWIN, Diana Friel: *Wie in einem Labyrinth. Leben mit der Alzheimer-Krankheit.* Droemer Knaur TB 75064, Mchn. 1994[1], 189 S.; US OT: *Living in the Labyrinth; A Personal Journey Through the Maze of Alzheimer's.* (o.J.)

 Betroffene: Männer <1>
ROSE, Larry: *Ich habe Alzheimer. Ein Bericht.* Herder, Frb. 1997, 143 S., US OT: *Show Me the Way to Go Home.* (o.J.)

 Eltern <0>

<0> <0> <0>

7  **Erwachsene Kinder<6>**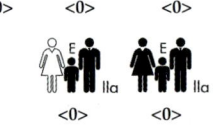

<0> <0>

 **Töchter <6>**
DEMSKI, Renate: *Die kleine Dame. Wenn die Mutter wieder ein Kind wird.* Butzon & Bercker Vlg., Kevelaer 1997 (Bercker Senioren, 2. Aufl.), ill., 115 S.
DETTE, Ursula: *Ein langer Abschied. Der Verlauf einer Alzheimer-Krankheit.* Fischer TB 10873, Ffm 1991[1], 1992[2], 174 S.
MILLER, Luree: *Langsam entgleiten. Vom allmählichen geistigen Verfall meiner Mutter.* Droemer Knaur TB 75068, Mchn. 1994[1], 142 S., US OT: *Slipping Away.* (o.J.)
PAULAS TAGEBUCH: *Vater hat Alzheimer.* (Erlebnisbericht und Sachinformationen.). Labyrinth Vlg., Braunschweig 1997, ill., 64 S.
SCHOENE, Astrid: *Meine Mutter hat Alzheimer.* R. G. Fischer Vlg., Ffm 1999, 130 S.
TAYLOR, Rhena: *Als Vater mich am meisten brauchte. Die Geschichte eines langen Abschieds.* Brockhaus, Wuppertal 1998, 111 S.

 **Geschwister <0>**

<0> <0> <0>

 **Angehörige / Familie: gemeinsam <2>**

 BLANK, Louis: *Alzheimer, Herausforderung und Sieg?* (Einzelne Kapitel sind von den Familienangehörigen des Verfassers geschrieben). Bettendorf Vlg., Mchn., Essen, Ebene Reichenau 1997, 251 S.; engl. OT: *Alzheimer's Challenged and Conquered.* (o.J.)
GÖTTE, Rose / LACKMANN, Edith: *Alzheimer – was tun? Eine Familie lernt, mit der Krankheit zu leben.* Beltz Vlg., Weinheim, Basel 1991, 1991[2], 1996[3], zahlreiche Ill., 140 S.

Partner <7>

Partner: Frauen <1>
SCHULZE-GERLACH, Tine: *Mein Lebensende mit dir.* Kurtz Vlg., Lpz. 1994, 1995[2], 78 S.

Partner: Männer <6>
BAYLEY, John: *Elegie für Iris.* (Voll Liebe und Trauer beschwört der Schriftsteller und Englischprofessor das Andenken der Philosophiedozentin und preisgekrönten Romanautorin Iris Murdoch, mit der er 45 Jahre verheiratet war, ehe sie 1999 nach 5 Jahren in geistigem Dunkel starb.) Verlag C.H. Beck, Mchn. 2000, 259 S.; US OT: o.A.

FUHRMANN, Alfred: *Das Alzheimer-Schicksal meiner Frau. Lebend begraben im Bett? Ein persönlicher Erfahrungsbericht.* TRIAS Thieme Hippokrates Enke Vlg., Stgt. 1990, 128 S.
FUNKE, Alex: *Mit einer Alzheimer-Kranken leben. Ein Erfahrungsbericht.* Luther Vlg., Bielefeld 1998, ill., 90 S.
LÜDICKE, Hans: *Alzheimer – der lange Abschied.* Haug Vlg., Heidelb. 1999, ill., 185 S.
LÜDICKE, Hans: *Morbus Alzheimer, der schleichende Tod. Das erfüllte Leben und das lange Sterben meiner Frau. Ein Bericht.* Altera-Vlgs.-Ges., Bremen 1996[1], ill., 155 S.
McQUILKIN, Robertson J: *Wenn die Liebe hält, was sie verspricht. Die Geschichte einer großen Liebe und einer Krankheit, die alles zu zerstören droht.* Schulte & Gerth, Asslar 1999, 80 S.; US OT: *Promise Kept; A Story of an Unforgettable Love.* 1998

7

Fachleute <1>

Fachleute: Männer <1>
KRÄMER, Günter: *Alzheimer Krankheit: Antworten auf die häufigsten Fragen. Hilfreiche Informationen für Interessierte und Betroffene.* Trias TB, Stgt. 2000, 248 S.

Betroffene zusammen mit Fachleuten <3>

Betroffene zusammen mit Fachleuten: Frauen <2>
FELDMANN, Lili: *Leben mit der Alzheimer-Krankheit. Eine Therapeutin und Betroffene berichten.* Piper TB 1489, Mchn., Zürich 1989[1], 1991[2], 1992[3], 174 S.

KLESSMANN, Edda: *Wenn die Eltern Kinder werden und doch die Eltern bleiben. Die Doppelbotschaft der Altersdemenz.* (Mit Beitrag zur stationären Behandlung von Alzheimer-Kranken.) Huber Vlg., Bern 1990, 1992[2], 1999[4], 189 S., ill., 204 S.

Betroffene zusammen mit Fachleuten <1>
MERKI, Kurt-Emil / KRÄMER, Günter / RÜFFER, Anne (Hg): *Rückwärts. Und alles vergessen. Anna und Otto Nauer: Mit Alzheimer leben.* (Otto Nauer ließ den Journalisten K.-E. M. 7 Jahre am Schicksal seiner Frau teilhaben – bis zu ihrem Tod. Der Neurologe G. K. stellt den Stand der Alzheimer-Forschung vor, schildert, welche Merkmale auf eine Erkrankung hindeuten.) Haffmans Vlg., Zürich 1998[1], 2001, 202 S. (s. auch K7[IV] KRÄMER, Günter)

8. Krebs <199>

 Betroffene <96>

<0>

 Betroffene: Frauen <69>

ADJEI, Karin: *Diagnose: Unheilbarer Krebs. Wie ich meine Krankheit besiegte.* Droemer Knaur TB 75049, Mchn. 1994[1], 204 S.

BAPPERT, Lieselotte: *Der Knoten. Vertrauen und Verantwortung im Arzt-Patienten-Verhältnis am Beispiel Brustkrebs.* Rowohlt Vlg., Rb. 1979, 189 S.

BAUM, Marie-Jennifer: *Es begann mit Brustkrebs ... Facetten eines Schicksals.* Vlg. Haag & Herchen, Ffm 1997, 144 S.

BECKER, Erika: *Ich will, dies Wort ist mächtig ... Mein Kampf gegen den Krebs.* R. G. Fischer Vlg., Ffm 1999, 93 S.

BELLVRÉ, Katharina: *Durch den Tunnel der Angst.* (Aus dem Tagebuch einer Krebskranken.) Vlg. für Medizin E. Fischer GmbH, Heidelb. 1985, 88 S.; franz. OT: o.A.

BENEDICT, Ingrid: *Ich habe keine Angst um mich.* Bastei-Lübbe TB 61282, Berg.-Gladb. 1993, 1995[3], 264 S.

BENEDICT, Ingrid: *Laßt mir meine bunten Farben.* (Die Autorin verweigert die Krebsoperation und stellt sich der Krankheit auf ihre Weise.) Bastei-Lübbe TB 61160, 1989, 1995[8], 298 S.; Bastei-Lübbe TB 61410 1998, Doppelband 556 S.: *Laßt mir meine bunten Farben.* / *Ich habe keine Angst um mich*

BLEIMANN, Annemarie: *Leben ist die Alternative.* (Mit Krebs leben und gegen die Krankheit kämpfen.) Tomus Vlg., Mchn. 1985, 112 S.

BOER, Denise de: *Ich lebe und ich liebe. Die Geschichte meiner Heilung.* Bruckmann 1996, 279 S.; Herder TB 4629, Frb. 1998, 284 S.

BOK, Sissela: *Lügen. Vom täglichen Zwang zur Unaufrichtigkeit.* Rowohlt Vlg., Rb. 1980, 317 S.

BORST, Sigrid: *Weniger als ein Jahr ... Unser Kampf gegen den Krebs.* Fischer TB 3248, Ffm 1987, 204 S.

BRITTON, Janet: *Leben als wär's der letzte Tag.* (Mit 33 Jahren wird die Autorin krebskrank. Sie beschreibt, wie sich ihr Leben verändert.) Aussaat- und Schriftenmissions-Vlg. 1986, 1988[2], 200 S.; US OT: *To Live Each Moment.* 1984

BRODHAGE, Barbara: *Caroline, laß dir an meiner Gnade genügen.* Brendow, Moers 1981[3], 268 S.

CAMERON, Jean: *Heute will ich leben.* (Als Sozialarbeiterin hat sich J. C. jahrelang um Krebskranke und Sterbende bemüht. Nun hat sie selbst Krebs und beschreibt die Suche nach neuen Wegen.) Kreuz Vlg., Stgt. 1983, 160 S.

CUNÉO, Anne: *Eine Messerspitze Blau. Chronik einer Ablation.* (Eine Frau, brustkrebsoperiert, kämpft um ihr Leben und gegen die Angst, indem sie Anklage gegen die Krebsverursacher erhebt: Umwelt, Herrschaft des Geldes. Versagen der Ärzte.) Limmat Vlg., Zürich 1982, 176 S.; Ullstein TB 30455, Bln. 1999, 156 S.; schweiz. OT: *Une cuillerée de bleu.* (o.J.)

DEHN, Mechthild: *Leben. Krebs. Entscheidung – Anruf – Suche.* Radius Vlg., Stgt. 1995, 93 S.

F., Antje: *Diagnose Krebs. Ein Plädoyer für die Hoffnung. Erfahrungsbericht einer Betroffenen.* Vlg. 71, Plön 1994[1], 91 S.

FELDMAN, Gayle: *Der Schatten meiner Mutter. Brustkrebs – ein genetisch bedingtes Schicksal.* Droemer Knaur Vlg., Mchn. 1994, 336 S.; Droemer Knaur TB 77279, Mchn. 1997, 336 S.; US OT: *You Don't Have to Be Your Mother.* (o.J.)

FELDMAN, Gayle: *Ich werde nicht an Brustkrebs sterben. Ein Überlebensbericht.* Droemer Knaur TB 77279, Mchn. 1997, 336 S ; US OT: o.A.

8

FLOHR, Christine-Maria: *Durch die Hölle und zurück. Über die Bewältigung von Zungengrundkrebs.* Vlg. Jahn & Ernst, Hbg. 1998[1], 96 S.

FRANK, Hannelore: *Leben im Angesicht des Todes.* Kreuz Vlg., Stgt. 1977, 91 S.

FRENCH, Marilyn: *Meine Zeit in der Hölle. Eine Erinnerung.* (Nach der Krebsdiagnose beginnt der Überlebenskampf der Schriftstellerin M. F.: mit der Krankheit, mit Ärzten und Behörden.) Knaus Vlg., Mchn. 1999[1], 316 S.; US OT: *A Season in Hell; A Memoir.* 1998

FRIEBEL, Gisela: *Ich habe Krebs. Na und?* Ariane Vlg., Königstein 1996[10], 204 S.

FRIEBEL-RÖHRIG, Gisela: *Ich habe Krebs und lebe immer noch. Aufgeklärte Menschen leben länger.* Keppler Vlg., Mühlacker 1988, 185 S.

FULDA, Edeltraut: *... und ich werde genesen sein.* (Autobiographie einer Frau, die in Lourdes von der unheilbaren Krankheit Krebs geheilt wurde.) Zsolnay Vlg., Wien 1983, 372 S.

GILLESPIE, Joanne: *Joanne, eine 9jährige besiegt den Krebs.* (Aufzeichnungen der 9jährigen, die trotz zweier Operation wegen eines Gehirntumors die Hoffnung nie verlor.) Bastei Lübbe TB 61179, Berg.-Gladb. 1990, 1991[5], 79 S.; engl. OT: *Brave Heart.* (o.J.)

GOLDMANN-POSCH, Ursula: *Der Knoten über meinem Herzen.* (»Ich weiß nicht, ob ich geheilt bin, aber ich bin von vielem geheilt.«) Blessing Vlg., Mchn. 2000, 414 S.

GREALY, Lucy: *Mein Gesicht ist meine Seele. Eine Frau bewältigt die Folgen ihrer frühen Krebskrankheit.* Knaur TB 75044, 1995[1], 234 S.; US OT: *Autobiography of a Face.* (o.J.)

GUSSMANN, Renate: *Todessehnsucht und Lebensgier. Aufzeichnungen einer krebskranken Ärztin.* Fischer TB 3272, Ffm 1989, 112 S.

HEYST, Ilse van: *Das Schlimmste war die Angst. Geschichte einer Krebserkrankung.* (Die Kinderbuchautorin beschreibt ihre Krise Krebs.) Fischer TB 3902, Ffm 1982, 158 S.

HIELSCHER, Liane: *Ein Star wollte ich werden, ich wurde ein Mensch. Leben mit Krebs.* (Als Theater- und Fernsehschauspielerin hat sie sich in die Herzen ihrer Zuschauer gespielt. Durch die Diagnose Krebs ändert sich alles. Doch es gelingt ihr, eine neue, intensive Lebensform zu finden.) Nymphenburger Vlgs.-Anst., Mchn 2000, 192 S., ill.

HOLST, Ellen: *Auf irgendeine Weise bin ich sehr glücklich. Tagebuch einer Krebspatientin.* Cosmos Vlg., Muri bei Bern 1994, 187 S.; dän. OT: *At dø med vaerdighed.* (o.J.)

KLEIN, Norma: *Sunshine oder das letzte Glück.* (Nach dem Tonbandtagebuch der 20jährigen krebskranken Journalistin für ihre 2jährige Tochter.) Eugen Salzer Vlg., Heilbronn 1978, 240 S.; rororo TB 4673, Rb. 1981, 183 S.; US OT: *Sunshine.* NY 1974

LAAR, Cornelia van: *Krise und Krebs als Chance fürs Leben. So finde ich mein Juwel.* Vlg. Frieling, Bln. 1999[1], 160 S.

LEE, Laurel: *Wenn du durchs Feuer gehst, sollst du nicht brennen.* (Die junge Laurel wird vom Krebs – Hodgkinscher Krankheit – überfallen, gebiert ein viertes Kind, erleidet Krankheit, Scheidung, Todesgewißheit und schenkt ihren Kindern ihr Tagebuch.) Gerd Mohn Vlg., Gütersloh 1978, 157 S.; US OT: *Walking Through the Fire.* NY 1977

LEITER, Karin E.: *Die Bibel atmet. Eine lebensnotwendige Begegnung.* Tyrolia Vlg., Innsbruck, Wien 1992[3], 128 S.

LENKER, Christiane: *Krebs greift nicht das Herz an. Mein zweites Leben.* Fischer TB 11623 , Ffm 1993[1], 148 S.

LENKER, Christiane: *Krebs kann auch eine Chance sein. Zwischenbilanz oder Antwort an Fritz Zorn.* (s. K8[1] ZORN, Fritz). Fischer TB 3288, Ffm 1984, 1990[5], 1993, 84 S.

LERNER, Gerda: *Ein eigener Tod.* Campus Vlg., Ffm, NY 1993, 261 S.; engl. OT: *A Death of One's Own.* (o.J.)

LORDE, Audre: *Auf Leben und Tod. Krebstagebuch.* sub rosa Frauenbuch-Vlg., Bln. 1984, ca. 120 S.; Orlanda Frauen Vlg., Bln. 1994, 204 S., ill.; US OT: *Cancer Journals.* (o.J.)

MAC PHEE, Rosalind: *Wilde Wasser. Mein Leben mit Brustkrebs.* dtv 36017, Mchn. 1997[1], 253 S.; US OT: *Picasso's Woman.* (o.J.)

MAL COMES, Heidrun: *Der dunkle Gang. Leben mit Krebs.* Vlg. Neues Leben, Bln. 1993, 199 S.

MECHTEL, Angelika: *Jeden Tag will ich leben. Ein Krebstagebuch.* S. Fischer Vlg., Ffm 1990, 160 S.; Fischer TB 10874 1993, 159 S.

8

MICHAELIS, Daniela: *Ich habe nur dies eine Leben. Tagebuch einer Heilung.* Lübbe Vlg., Berg.-Gladb. 1997, 352 S.

MOHR, Mavi: *Ein Elefant gab mir die Hand. Ein junges Mädchen kämpft gegen Leukämie.* Kreuz Vlg., Stgt. 1997, 118 S.

MULTERER-HEINIGER, Madeleine: *Geburt im Dunkeln. Erfahrungen mit Krebs. Zeichnungen und Texte.* Theolog. Vlg., Zürich 1993, ill., [74] S.

NETHERY, Susan: *Ein Jahr, das zählt. Brustkrebs, meine Welt und ich.* Telos TB 2061, Francke Buchhandlung, Marburg 1980, 128 S.

NIELSEN, Jerri: *Ich werde leben.* (Selbsttherapie einer Ärztin bei Mamma Karzinom.) M. V. Schröder Vlg., Mchn. 2001; US OT: o.A.

PENEDER, Floortje: *Wie ein kalter Griff an mein Herz. Tagebuch einer Leukämiekranken.* Droemer Knaur TB 75087, Mchn. 1996[1], Noten, 171 S.; niederländ. OT: *Het dagboek.* (o.J.)

PICARDIE, Ruth: *Es wird mir fehlen, das Leben.* (Als die Journalistin R. P., glücklich verheiratet und Mutter, mit der Diagnose unheilbarer Brustkrebs konfrontiert wird, nutzt sie die Möglichkeiten ihres Berufs, um das pietätvolle Schweigen zu durchbrechen, das Menschen in ihrer Situation umgibt: Aus Aufzeichnungen und Briefen entstand noch zu ihren Lebzeiten der Plan für ein Buch, das ihr Mann Matt Seaton und ihre Schwester Justine Picardie vollendeten.) Wunderlich Vlg., [Rb.] 1999, 395 S.; engl. OT: *Before I Say Goodbye.* (o.J.)

POPPE-TEUFEL, Irmgard: *Tollkirschenzeit. Malignes Melanom als Erfahrung der Lebensgrenze.* Fischer TB 10419, Ffm 1991, 140 S.

PRÉVOST, Françoise: *Mein Leben beginnt noch einmal. Ein Sieg über den Krebs.* Herder, Frb. 1976, 143 S.; franz. OT: *Ma vie en plus.* Paris 1975

PROLLIUS, Helga: *Die Angst liegt hinter mir. Frauen und Krebs.* Herder, Frb. 1979, 1980[2], 141 S.

REIMANN, Brigitte: *Die geliebte, die verfluchte Hoffnung.* (Tagebücher und Briefe 1947–72 der an Krebs erkrankten Schriftstellerin. Sie starb mit 40 Jahren.) Vlg. Neues Leben, Bln. (damals Ost-) 1983, 1986[4], 324 S.; Slg. Luchterhand 646, Neuwied 1986, 359 S.

ROITHNER, Hannelore E.: *Ein Schmetterling lernt fliegen.* Denkmayr Vlg., Linz 1994, ill., 131 S.

ROLLIN, Betty: *Dieses eine Leben. Diagnose Brustkrebs. Eine Frau besiegt ihre Krankheit.* Bastei Lübbe TB 61105, Berg.-Gladb. 1987, 1992[6], 189 S.; US OT: *First You Cry.* 1976

ROMAN, Jo: *Freiwillig aus dem Leben. Ein Dokument.* (Plädoyer für das Recht eines jeden Menschen, sein Leben zu einem von ihm gewünschten Zeitpunkt friedlich und würdevoll zu beenden. Sie hatte Krebs und starb auf die von ihr geplante Weise im Einvernehmen mit ihrer Familie.) Kindler Vlg., Mchn. 1981, 239 S.; Fischer TB 3836, Ffm 1983, 1986[3]; US OT: *Exit House.* NY 1980

SANDERS, Eva-Maria: *Leben! Ich hatte Krebs und wurde gesund.* Nymphenburger Vlg., Mchn. 1998, 222 S.; Heyne TB 640, Mchn. 1999, 222 S.

SANDKORN, Anemone: *Das Signal oder die Entfernung eines Knotens.* Fischer TB 3298, Ffm 1986, 1990[2], 267 S.

SARTON, May: *Eine Abrechnung.* (Als sie erfährt, daß sie nicht mehr lange zu leben hat, beschließt Laura Spelman, ihren Tod bewußt und auf ihre Weise zu [er]leben.) Frauenoffensive Mchn. 1985, 255 S.; US OT: o.A.

SCHAUP, Susanne: *Noch nie hab ich so gern gelebt. Wandlung durch eine Krebserkrankung.* Kösel Vlg., Mchn. 1999, 214 S.

SINJEN, Sabine: *Wenn der Vorhang fällt.* (Die Schauspielerin S. S. war auf dem Höhepunkt ihrer Karriere, als ein bösartiger Tumor entdeckt wurde, der den Verlust des rechten Auges bedeutete. Damit war der Vorhang für sie gefallen. Sie schrieb dieses Buch als ihr Vermächtnis.) Lübbe TB, Berg.-Gladb. 1997, 319 S., reich ill.

SONTAG, Susan: *Krankheit als Metapher.* (Um der eigenen Krebserkrankung Widerstand entgegenzusetzen und sich zu befreien, unternahm die Autorin diese Untersuchung über die Bedeutung von Krankheit.) Fischer TB 3823, Ffm 1981, 103 S.; US OT: *Illness as Metaphor.* Farrar, Strauss and Giroux, NY 1977

STENGER, Anne: *Protokoll eines langen Abschieds.* Vlg. Lit, Münster, Hbg. 1994, 47 S.

STURZ, Brigitte: *Warum ausgerechnet ich? Diagnose Krebs.* Vlg. Kaufmann, Lahr 1998, 70 S.

TUFT, Heidi: *Nur wer kämpft, hat eine Chance. Alternativen der Krebsbehandlung.* Fischer TB 3528, Ffm 1989, 200 S.; norweg. OT: *Min kreft – mitt ansvar.* Oslo 1986

WADLER, Joyce: *Einschnitt. Mein Leben mit Brustkrebs.* Droemer Knaur TB 75057, Mchn. 1994[1], 173 S.; US OT: *My Breast.* (o.J.)

ZEUN, Renate: *Betroffen. Bilder einer Krebserkrankung. Fotoband.* (Die Fotografin stellt ihre eigene Krankheitsgeschichte – Brustkrebs – anhand von Fotodokumenten und einem kurzen Text dar.) Vlg. Volk und Gesundheit, Bln. (damals Ost-) 1986, 90 S.

ZIERLING, Elfriede: *Das Maß des Lebens.* (Tagebuch einer jungen Frau, die mit 21 Jahren an Lymphdrüsenkrebs stirbt.) Vlg. Neues Leben, Bln. (damals Ost-) 1984, 152 S.

Betroffene: Männer <27>

ANDERSON, Greg: *Der Krebs-Überwinder. Eine unglaubliche Reise zur Heilung.* Herder TB 4689, Frb. 1998[1], 187 S., US OT: *The Cancer Conqueror.* (o.J.)

BARASCH, Marc I.: *Ich suchte meine Seele und wurde gesund. Heilung durch eine Reise nach innen.* Scherz Vlg., Mchn. 1996[1], 352 S.; Droemer Knaur TB 76181 1998, 352 S., Lit.Verz. (5 S.) ; engl. OT: *The Healing Path.* (o.J.)

BECKER, Klaus Dieter: *Ich habe meinen Krebs besiegt.* Luitpold Lang Vlg., Unterhaching 1982, 208 S.

BECKER, Kurt: *Mein Freund der Krebs. Erfahrungen mit einer Krankheit.* Herder, Frb. 1994, 92 S.

DAHLHOFF, Herbert: *So krank wie die Erde. Krebsleiden und Naturerfahrung.* (Der Autor hat Hodenkrebs.) Fischer TB 10654, Ffm 1991, 121 S.

DIGGELMANN, Walter Matthias: *Schatten. Tagebuch einer Krankheit.* (Nach zwei schweren Krebsoperationen allmähliches Begreifen des Todes als Teil des Lebens.) Benziger Vlg., Zürich, Köln 1979, 121 S.; Fischer TB 5147, Ffm 1981, 96 S.

DIGGELMANN, Walter Matthias: *Tage von süßlicher Wärme.* Benziger Vlg., Zürich, Köln 1982, 251 S.

FRANK, Arthur: *Mit dem Willen des Körpers. Krankheit als existentielle Erfahrung.* (Hodenkrebs.) Hoffmann & Campe Vlg., Hbg. 1991, 170 S.; US OT: *At the Will of the Body.* (o.J.)

FORMAZ, Casimir: *Gnade zur Reise.* (Notizen eines jungen, dem Tode bewußt entgegensehenden Augustinermönches.) Johannes Vlg., Einsiedeln 1982, 90 S.; franz. OT o.A.

GOTS, Anton: *Das »Ja« zum Kreuz.* (Angesichts der unheilbaren Krankheit ringt der Autor um den Sinn des scheinbar aussichtslosen Daseins und den Glauben an die Existenz Gottes.) Veritas Vlg., Wien, Linz, Passau 1981, 1984[8], 176 S.

HODEIGE, Fritz: *Krebskrank. Notizen.* Vlg. Rombach, Frb. 1993, 45 S.

KALTHOFF, Norbert: *Morbus Hodkin. Eine Krankengeschichte – und wie ich damit fertig wurde. Oder: Krebs heißt nicht sterben!* (Lymphogranulomatose.) R. G. Fischer Vlg., Ffm 1991, 56 S.

KORDA, Michael: *Von Mann zu Mann. Ich hatte Prostatakrebs.* Limes Vlg., Mchn. 1997, 317 S., Bastei-Lübbe TB 61424, Berg.-Gladb. 1998, 367 S.; amerikan. OT: *Man to Man.* (o.J.)

KRAMP, Willy: *Deine unbesiegbare Kraft.* Brunnen Vlg., Gießen, Kassel 1985, 64 S.

LENTZ, Leonhard: *Der Indianer. Bericht über das Leben mit einer tödlichen Krankheit.* Nachwort Peter STRIEBECK. Kellner Vlg., Hbg. 1990, rororo 9151, Rb. 1993, 156 S.

LOHMANN, Michael / RÜFFER, Anne (Hg): *Das Jahr, in dem ich nur spazieren ging. Diagnose Krebs. Ein Überlebensbericht.* Haffmanns Vlg. 1998[1], 299 S.

NOLL, Peter: *Diktate über Sterben und Tod. Mit der Totenrede von Max Frisch.* (Prof. P. N. weiß, daß er unheilbaren Blasenkrebs hat und sieht dem Sterben bewußt entgegen. Tagebuch 1981–82) Pendo Vlg., Zürich 1984, Piper TB 539, Mchn., Zürich 1987, 1993[5], 358 S.

PRICE, Reynolds: *Ein zweites Leben. Die Überwindung einer Krankheit.* Insel Vlg., Ffm, Lpz. 1995, 295 S.; Edition Suhrkamp 2795, Ffm 1998, 295 S.; engl. OT: *A Whole New Life.* (o.J.)

RITZAU, Manfred: *Den Abgrund vor Augen.* Edition Q, Bln. 1991, 190 S.

8

SCHLIEP, Beat: *Von Arzt zu Arzt. Die Odyssee eines Kranken.* Fischer TB 10749, Ffm 1991, 1991[2], 120 S.

SCHRIBER, Hans Jörg: *Im Schatten der Eule. Protokoll eines krebskranken Arztes.* Rothenhäusler Vlg., Stäfa 1999[1], 184 S.

SCHULTE, Anton: *»O Gott, warum?« Tagebuchnotizen.* Bibel-Shop , Kierspe 1996, 70 S.

STAVE, Wolfgang: *SOS ... Krebs! Persönliche Erinnerungen und Erfahrungen im Leben mit dem Lungenkrebs.* Ziethen Vlg., Oschersleben 1994, ill., 104 S.

TINDALL, Tony / WOOD, Vivienne (Bearb.): *Diagnose: Krebs! Autobiographie.* Christliche Vlgs.-Ges., Dillenburg 1996, ill., 121 S.; engl. OT: *Tony.* (o.J.)

WEBER, Walter: *Jenseits der Nacht. Erfahrungen im Krankenhaus.* Kreuz Vlg., Stgt., Bln. 1981, 157 S.

WILLIG, Wolfgang: *Mein Weg ..: Erfahrungen und Erkenntnisse – gewonnen aus einer Krebserkrankung.* Triga Vlg., Gelnhausen 1999, 121 S.

ZORN, Fritz: *Mars: »ich bin jung und reich und gebildet – und ich bin unglücklich, neurotisch und allein.* (Der Studienrat berichtet über sein soziales Leiden in Kindheit und Jugend und setzt seine Krebserkrankung dazu in Beziehung.) Kindler Vlg., Mchn. 1977; Fischer TB 2202, Ffm 1979, Fischer TB 12129, 1995, 224 S. (s. dazu K8[1]: LENKER, Christiane)

    # Eltern <21>

Eltern: Mütter <14>

ADAIR, Katherine: *Mama, ich will nicht sterben. Mein Kind hat Leukämie.* Heyne Bücher 19; Heyne 2024, Mchn. 1993, 294 S.; engl. OT: *Adam.* (o.J.)

ALBRECHT, Anneliese: *Denn alles Leben ist wie Gras. Wie eine Mutter Leiden und Sterben ihrer Tochter erlebte.* (Leukämie.) Vlg. Herder, Frb. 1991, 141 S.

BRUNS, Ingeborg: *Das wiedergeschenkte Leben. Tagebuch über die Leukämieerkrankung eines Kindes.* (Ein Kind erkrankt an Leukämie und schlagartig ändert sich der Familienalltag.) Fischer TB 3247, Ffm 1987, 224 S.

D'ARCY, Susan: *Kleine Gemma. Das kurze Leben meiner leukämiekranken Tochter.* Droemer Knaur TB 77254 1996[1], 255 S.; engl. OT: *Still Fighting for Gemma.* (o.J.)

FREDERIKSSON, Dorrit: *Lennart starb jung. Ein Tagebuch.* (Eine Mutter begleitet das Sterben ihres krebskranken Sohnes.) Vandenhoeck & Ruprecht, Göttingen 1977, 1987[3], 127 S.; schwed. OT: *Lennart dog ung.* Stockholm 1973

HARTZ-GEITEL, Ellen von: *Mama, wir beide schaffen das schon. Erfahrungen mit dem Lebenswillen eines todkranken Kindes.* Walter Vlg., Solothurn, Düsseldorf 1995, ill., 232 S.

KRETZ, Ingrid: *Du bist so mutig, Salome. Eine Mutter erzählt, wie ihr Kind den Krebs überwand.* Brockhaus, Wuppertal 1999, ill., 191 S.

LAMLA, Gertraud: *Muß ich auch wandern in finsterer Schlucht.* (Die Mutter begleitet das Sterben ihres an Leukämie erkrankten Kindes.) Herder, Frb. 1985, 1986[2], 144 S.

LUDWIG-KLEIN, Elisabeth: *Krebs-Kinder-Tagebuch. Wagnis einer Hoffnung.* Radius Vlg., Stgt. 1980, 150 S.

LUND, Doris: *Eric. Der wunderbare Funke Leben.* (Gedanken einer Mutter, die ihren krebskranken Sohn angesichts des Todes durch genaue Beobachtung, Freundschaft und Liebe im Sterben begleitet.) Scherz Vlg., Mchn. 1976, 392 S.; Droemer Knaur TB 531, Mchn., Zürich 1978, 192 S.; US OT: *Eric;* 1974

SCHAICH, Ottilie: *Du warst wie ein Sonnentag. Wie eine Mutter die tödliche Krankheit ihres Sohnes erlebte.* Kanasius Vlg., Freiburg/Schweiz 1990, 120 S; später unter dem Namen: Ottilie SCHAICH-BEER. Universitas Vlg., Mchn. 1994, 188 S.

SHERGOLD, Marion / COCKERILL, Pamela: *Briefe der Hoffnung. Craig Shergold kämpft gegen seinen Gehirntumor.* Droemer Knaur TB 75071, Mchn. 1995[1], 365 S.; engl. OT: *Craig Shergold: A Mother's Story.* (o.J.)

WÖLFING, Marie-Luise: *Komm, gib mir deine Hand. Briefe an mein sterbendes Kind.* Patmos Vlg., Düsseldorf 1985, 127 S.; Droemer Knaur TB 3857, Mchn. 1988, 127 S.; Herder TB 1794, Frb. 1993, 128 S.

ZACHERT, Christel und Isabell: *Wir treffen uns wieder in meinem Paradies.* (Isabell ist gerade 15, als sie von der Diagnose Krebs getroffen wird, die ihr Leben radikal verändert: Familie und Freunde kämpfen mit Energie und Liebe um ihr Leben. Sie selbst behält trotz des Leidens ihren Glauben und die Kraft, das Leben positiv zu sehen.); Lübbe Vlg. 1993[7], 191 S.; Dt. Bücherbund, Stgt. 1994, Bastei-Lübbe TB 61351, Berg.-Gladb. 1996[4], ill., 236 S.

Eltern: Väter <4>

KADENBACH, Hans: *Requiem für Sabrina.* (Leben und Tod seiner Tochter, die mit 18 Jahren an Krebs stirbt.) Mitteldt. Vlg., Halle, Lpz. 1986, 1991[3], 114 S.

KEDING, Karsten: *Gehe hin – dein Sohn lebt! Krankheit und Sterben eines Kindes.* (Wegweisungen des Vaters für andere Betroffene.) Francke Vlg., Marburg 1988, 111 S.

KLEE-FALK, Ingo: *Jasmin K. (3 Jahre) Diagnose Krebs.* (Der Vater schildert den erfolgreichen Kampf gegen dieses Schicksal.) Moewig TB 3204, Rastatt 1986, 336 S.

MEISSNER, Andreas: *Neues Leben für Daniel. Der Vater eines kranken Jungen berichtet.* Hänssler TB, Stgt. 1996, 133 S.

Eltern: gemeinsam <3>

SCHIFF, Harriet S.: *Verwaiste Eltern.* (10 Jahre lang wissen die Eltern, daß ihr Sohn sterben muß. Als es geschehen ist, versuchen sie ihre Trauer und Verlassenheit zu verarbeiten.) Kreuz Vlg., Stgt. 1978, 190 S.; US OT: *The Bereaved Parents.* NY 1977

TAUTZ, Christoph (Hg): *»Die Gegenwart eures Todes könnte die Zukunft des Lebens retten.« Eltern berichten über die Krebserkrankung ihrer Kinder.* Vlg. Urachhaus, Stgt. 1990, 208 S.

ZORCA, Viktor und Rosemarie: *Chronik eines Abschieds.* (Die Eltern begleiten ihre 25jährige krebskranke Tochter. Sie verwandeln die qualvollen Angstzustände in ein zuversichtliches Annehmen des Todes.) Ullstein Vlg., Bln., Ffm 1980, 288 S., US OT: *Away to Die.* 1980

8

 ## Erwachsene Kinder <3>

<0>

Töchter <1>

THALMANN, Ilse: *Sechs Monate Abschied.* Vlg. Lit AT Edition, Münster 1997, 214 S.

Söhne <2>

FELS, Ludwig: *Der Himmel war eine große Gegenwart. Ein Abschied.* (... von der krebskranken Mutter.) Piper Vlg., Mchn. 1991, 97 S.

HART, Maarten't: *Gott fährt Fahrrad. Autobiographischer Roman.* (Der Vater glaubt sich nach seiner Operation geheilt, fühlt sich großartig, hat wieder Kraft. Nur Maarten erfährt, daß der Vater kaum noch ein Jahr zu leben hat. Muß er, darf er die Wahrheit sagen?) Arche Vlg., Zürich 2000, 315 S.; niederländ. OT: *De aansprekers.* 1979

 ## Geschwister <1>

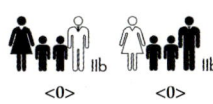

<0>   <0>

Geschwister: gemeinsam <1>

HANSEN, Cornelia / LANGER, Jürgen: *Nur ein Nilpferd hat 'ne dicke Haut. Kinder und Jugendliche erleben die Krebserkrankung ihrer Geschwister.* Butzon & Bercker, Kevelaer und Einhard Vlg., Aachen 1997 (Neue Rechtschreibung), ill., 95 S., Lit.Verz. (5 S.)

Angehörige / Familie: gemeinsam <1>

SCHERESKY, Jeanne: *Diagnose Krebs.* (Ein Familie durchlebt das Krebsleiden des Ehemannes, des Sohnes und des Vaters.) Telos TB 5003, Hänssler Vlg., Neuhausen 1980, 61 S.; US OT: *Diagnosis: Cancer.* 1977

Partner <23>

Partner: Frauen <6>

JOESTEN, Renate: *Stark wie der Tod ist die Liebe. Bericht von einem Abschied.* (Die Autorin begleitet ihren krebskranken Mann bis zum Tode.) Kreuz Vlg., Stgt. 1985, 217 S.; Bastei Lübbe TB 61147, Berg.-Gladb. 1989, 1991⁵, 255 S.

KLONZ, Ines: *Das letzte Jahr mit Elisabeth.* (Am Krankenbett von Elisabeth machen der Ehemann und die Freundin Ines einen Lernprozeß durch.) Wartburg Vlg., Jena 1991, 69 S.

PLUHAR, Erika: *Marisa. Rückblenden auf eine Freundschaft.* (Über 30 Jahre dauert die Freundschaft zwischen den beiden ungleichen Frauen, dem Filmstar Marisa Mell und der Burgtheaterschauspielerin E. P. – bis zu Marisas Krebserkrankung, ihrem Sterben und Tod.) dtv TB, Mchn 1998, 219 S.

STEPHAN, Lydia: *Du hättest so gern noch ein bißchen gelebt.* (Eine Frau begleitet ihren an Lungenkrebs erkrankten Mann bis zum Tode.) Fischer TB 3297, Ffm 1986, 1990², 109 S.

WEIDENHÖFER, Margit: *Du führst mich hinaus ins Weite.* (Eine Frau begleitet ihren tumorkranken Mann.) Knecht Vlg., Ffm 1984, 111 S.

WORGITZKY, Charlotte: *Heute sterben immer nur die anderen.* (Begleitung einer krebskranken Freundin bis zum Tod.) Buch-Vlg. Der Morgen, Bln. (damals Ost-) 1986, 1988², 105 S.

8

Partner: Männer <12>

BRUNNENGRÄBER, Richard: *Christiane. An Leukämie erkrankt und geheilt.* Meyster Vlg., Mchn. 1984, 213 S.

FORD, Michael: *Die Tage, die uns blieben. Leben mit der Diagnose Krebs.* (Es war der Wunsch seiner mit 46 Jahren an Krebs gestorbenen Frau, daß er diesen Bericht vorlegt. Es wird gezeigt, welche Kräfte erforderlich sind, einen geliebten Menschen wirklich zu begleiten – und daß sich auch der Begleiter Rechenschaft über seine Grenzen und Kräfte ablegen muß.) Bahn Vlg., Neukirchen-Vluyn 1996, 89 S.; dän. OT: o.A.

KLEIN, Christoph: *Am Ende das Licht. Die Geschichte eines Sterbens.* (Der Ehemann dokumentiert die Erfahrungen mit seiner innerhalb weniger Monate an Brustkrebs sterbenden Frau.) Oncken TB 3430, Wuppertal, Kassel 1991, 192 S.

RAGSDALE, Grady / McQUEEN, Steve: *Das letzte Kapitel. »Ich bin mein ganzes Leben lang davongelaufen, jetzt gehe ich auf etwas zu.«* Coprint Vlg., Wiesbaden 1984, 141 S.; US OT: o.A.

RODMAN, Robert F.: *Den Tod vor Augen. Ein Psychotherapeut begleitet das Sterben seiner krebskranken Frau.* Patmos Vlg., Düsseldorf 1979, 247 S.; US OT: *Not Dying.* NY 1977

SEILER, Joachim: *Lügenzeit. Wenn der Partner an Krebs stirbt. Ein Bericht.* (Wie redet man miteinander, wenn man ahnt, daß das Sterben näherkommt? Die Routine der Ärzte, das Mitgefühl von Außenstehenden, der eigene Alltag wirken verlogen. Aber vielleicht sind manche Lügen wahrer als die bloße Wahrheit, weil sie einem Gefühl für Würde entspringen und Ausdruck der Liebe sind.) Beck TB 1190, Mchn. 1996¹, 254. S.

SINNINGER, Michel: *... aber die Liebe bleibt. Zeugnis einer Ehe.* (Der Autor durchleidet den Krebstod seiner Frau mit ihr.) Herder, Frb. 1975, franz. OT: o.A.

STUCKMANN, Hartwig: *Überleben und leben mit Krebs. Unser Leben nach der Amputation.* Vlg. für Medizin E. Fischer, Heidelb. 1990, 94 S.

WÄLDE, Rainer: *Bis zur Tür des Himmels. Die letzten 300 Tage mit Bettina.*(R. Wäldes Frau Bettina litt an Krebs.) Schulte & Gerth, Asslar 1999, 198 S.

WERKMANN, Sydney L.: *Sandy. Ein Leben.* (Der Autor, Arzt, erzählt die Geschichte seiner Frau, die ihm einen Sohn schenkt und nach einem Jahr Ehe an Leukämie erkrankt.) Henssel Vlg., Bln. 1972, 248 S.; US OT: *Only a Little Time.* (o.J.)

WEYRICH, Walter: *Wir wußten, daß du früher gehst. Drei Jahre Zeit zum Sterben und zum Leben.* (Aufzeichnungen eines Pfarrers über die Zeit mit seiner unheilbar kranken Frau.) Union Vlg., Bad Blankenburg 1984, 85 S.; Brockhaus TB 408, Wuppertal und Gotthelf Vlg., Zürich 1987, 92 S.

WILBER, Ken: *Mut und Gnade. In einer Krankheit zum Tode bewährt sich eine große Liebe. Das Leben und Sterben der Treya Wilber.* (Eine Enzyklopädie der Krankheit Krebs – ohne Pathos, mit viel Tiefe, Humor.) Dt. Bücherbund, Stgt. 1993, 446 S.; Goldmann TB, Mchn. 1996, 446 S.; Lit.Verz. (4 S.); US OT: *Grace and Grit.* (o.J.)

Partner: gemeinsam <5>

LAIR, Jess und Jacqueline: *Sag mal, Gott, was nun?* (Ein Ehepaar durchlebt Krisen, Herzinfarkt, Krebs, Todesgewißheit.) Vlg. Neue Stadt, Mchn. 1976, 300 S.; Benno Vlg., Lpz. 1984, 238 S.; US OT: *Hey God, What Should I Do Now?* 1973

MARTINI, Werner / SCHROIF, Angelika: *Der Tod wird keine Grenze für uns sein. Wir begleiten Martin beim Sterben.* (Die Ehefrau und ein Priester begleiten den gemeinsamen krebskranken Freund.) Matthias-Grünewald-Vlg., Mainz 1980, 1981[2], 144 S.

THIELSCHER-NOLL, Helma / NOLL, Hans Gerhard: *Ich brauchte dich. Mein Leben mit Krebs.* Brendow, Moers, 1994, ill., 158 S.

TIBBE, Trudi und Johann: *Leben an der Grenze des Todes.* Neukirchener Vlg., Brecklum 1971, 1971, 1981[6], 39 S.

8

WANDER, Maxi: *Leben wär' eine prima Alternative. Tagebuchaufzeichnungen und Briefe.* (Teil 1) WANDER, Fred: *Die Geschichte einer Krebskrankheit.* (Teil 2) Luchterhand, Neuwied 1980, 1989[25], 224 S. (Lizenz des Buch-Vlgs. Der Morgen, Bln. [damals Ost-]) 1979, 1990[10], Aufbau Vlg., Bln., Weimar 1990[3], 253 S.

 **Fachleute <35>**

Fachleute: Frauen <19>

ATWOOD, Margaret: *Verletzungen. Roman.* (Eine Brustoperation verändert das Leben von Rennie Wilford.) Knaur TB 8015, Mchn. 1986, 304 S.; Fischer TB 1990, 346 S.; Econ und List TB, 1998, 298 S.; BTB 1999, 344 S.; kanad. OT: o.A.

BOMBECK, Erma: *Guten Morgen, lieber Tag! Kinder, die den Krebs besiegen.* (Die Autorin lernt von krebskranken Kindern, daß Humor in größter Bedrängnis der beste Helfer sein kann.) Lübbe Vlg., Berg.-Gladb. 1989, 240 S.; Bastei-Lübbe TB 11830, 1995, ill., 247 S.; US OT: *I Want to Grow Hair, I Want to Grow up, I Want to Go to Boise.* (o.J.)

BRUNS, Ingeborg (Hg): *»Ich hab' dich doch so lieb ...« Wenn ein Kind an Krebs erkrankt.* Attempto Vlg., Tübingen 1993[2], ill., 226 S.

EBERT-HAMPEL, Birgit: *Bewältigung von Brustoperation nach Mamma-Karzinom im Spiegel veränderter Körpererfahrung.* Lang Vlg., Ffm, Bern, NY, Paris 1990, 239 S.

FABRÉ, Jacqueline: *Die Kinder, die nicht sterben wollten. Bericht aus einer Leukämie Kinderklinik.* Econ Vlg., Düsseldorf 1982, 224 S.; Fischer TB 3289, Ffm 1984, 1990[5], 172 S.; franz. OT: *Le scarabée, ces enfants qui ne voulaient pas mourir.* Paris 1980

GERSTENDÖRFER, Doris: *Die Frauen vom Berg oder hohe Zeit für Empfindungen.* Ziehten Vlg., Oschersleben 1995, ill., 223 S.

HAHN, Mechthild: *Lebenskrise Krebs.* Schlütersche Vlgs.-Anst. Hann. 1981, 151 S.

251

HERRMANN, Nina: *Ich habe nicht umsonst geweint. Aufzeichnungen einer Krankenhausseelsorgerin.* Kreuz Vlg., Zürich 1979, 1983³, 285 S.; US OT: *Go Out in Joy!* Atlanta 1977

JOHNE-MANTHEY, Birgit: *Bewältigungsstrategien bei Brustkrebs. Ergebnisse einer Längsschnittstudie.* Asanger Vlg., Heidelb. 1990, 197 S.

KOLLMANN, Barbara / KRUSE, Margitta: *Krebskranke Jugendliche und ihre Familien. Problematik und Möglichkeiten einer psychosozialen Begleitung.* Vlg. Die Blaue Eule, Essen 1990, 219 S.

KOMP, Diane M.: *Sag mir dein Geheimnis. Von krebskranken Kindern Hoffnung lernen. Erfahrungen einer Ärztin.* Brunnen TB 1043, Gießen 1994, 111 S.; US OT: *A Child Shall Lead Them.* (o.J.)

KRUCKEBERG, Carol: *Sei glücklich über jeden Tag. Die achtjährige Sara kämpft gegen die tödliche Leukämie.* Vlg. Lingen, Berg.-Gladb. 1993, 312 S.; US OT: *What Was Good About Today.* (o.J.)

PHILIPS, Carolyn E.: *Michelle.* (Ein Mädchen erkrankt an Knochenkrebs. Ihr Bein wird amputiert. Im Buch wird ihr weiteres Leben geschildert.) Brockhaus, Haan 1984, 128 S.; US OT: *Michelle.* Light Publication, Ventura, USA, 1980

PIECHOTA, Ulrike: *Trauert nicht wie die, die keine Hoffnung haben.* (Eine Frau begleitet einen hoffnungslos krebskranken Mann bis zu seinem Tod.) Radius Vlg., Stgt. 1983, 160 S.

RENOUF, Jane: *Jimmy. Keine Zeit zum Sterben.* Goldmann TB 12567, Mchn. 1995¹, 381 S.; engl. OT: *Jimmy.* (o.J.)

SCHUMACHER, Andrea: *Sinnfindung bei Brustkrebspatientinnen.* Lang Vlg., Ffm, Bern, NY, Paris 1990, 154 S.

SHARKEY, Frances: *Geschenk zum Abschied. Eine Ärztin erzählt von ihren Erfahrungen mit krebskranken Kindern.* Zsolnay Vlg., Wien; Hbg. 1983; Droemer Knaur TB 75043, Mchn. 1994, 234 S.; US OT: *A Parting Gift.* (o.J.)

8 TAUSCH, Anne-Marie: *Gespräche gegen die Angst.* Rowohlt Vlg., Rb. 1981, 284 S.

ZICKGRAF, Cordula: *Ich lerne leben, weil du sterben mußt. Ein Krankenhaustagebuch.* (Eine Krankenschwester in stationärer Behandlung erlebt den Krebstod einer 17jährigen Mitpatientin.) Kreuz Vlg., Bln. 1979, 1988⁹, 187 S.

 Fachleute: Männer <11>

BRÄUTIGAM, Walter / MEERWEIN, Fritz (Hg.): *Das therapeutische Gespräch mit Krebskranken. Fortschritte der Psychoonkologie.* Bern, Toronto 1985.

FALLER, Hermann: *Krankheitsverarbeitung bei Krebskranken.* Vlg. für Angewandte Psychologie Bd. 5, Göttingen, Bern, Toronto, Seattle 1998, 154 S., Lit.Verz. (27 S.)

GOLDSTEIN, Sol: *Wie ein Schiff im Sturm.* (Im Alter von 2 Jahren erkrankt Michael an Knochenkrebs. Dies ist der Bericht des Kinderpsychologen, der Michael bis zu seinem Tod betreut hat.) Bastei Lübbe TB 61126, Berg.-Gladb. 1988, 1991⁵, 187 S.; kanad. OT: *Michael's Ship.* Prentice Hall, Canada 1986

HELLINGER, Bert: *Schicksalsbindungen bei Krebs. Ein Buch für Betroffene, ihre Angehörigen und Therapeuten.* 2001² ill., ISBN 3–89670-008–1

KASTEEL, Ludwig: *Der »verfrühte« Tod. Das krebskranke Kind – Betreuung und Begleitung.* Marhold Vlg., Bln. 1986, 135 S.

KOCH, Uwe / WEIS, Joachim / AYMANNS, Peter: *Krankheitsbewältigung bei Krebs und Möglichkeiten der Unterstützung. Der Förderschwerpunkt »Rehabilitation von Krebskranken«.* Schattauer Vlg., Stgt., NY 1998, 100 Tabellen, Literaturangaben

KRAINHÖFNER, Wulfram K.: *Krebs – zwischen Bangen und Hoffen. Identitätsprobleme und Bewältigungsstrategien von Tumorpatienten.* Profil Vlg., Mchn. 1989, 141 S.

PETERMANN, Franz: *Psychische Reaktionen von Geschwistern krebskranker Kinder. Eine Literaturübersicht.* In: Sozialpädiatrie, 8, 6, 1986, S. 426 – 430

SCHMIDT, Werner (Hg): *Jenseits der Normalität. Leben mit Krebs.* Kaiser Vlg., Mchn. 1986, 123 S.

STÖCKER, Hans-Jürgen: *In Gottes Hand geboren.* (Pastor H. J. St. berichtet von seinen

Erfahrungen mit Krebskranken.) Rundfunkmission der EmK, Stgt. 1988, Audio Kassette

TANNEBERGER, Stephan: *Es wird einen wunderschönen Frühling geben. Erlebnisse eines Krebsarztes auf drei Kontinenten.* Vlg. am Park, Bln. 1998, 224 S.

Fachleute: gemeinsam <5>

CANACAKIS, Jorgos / SCHNEIDER, Kristine: *Die Angst hat nicht das letzte Wort. Neue Wege zum heilsamen Umgang mit Krebs. Angebote für Betroffene und Helfer.* Kreuz Vlg., Stgt. 1989, 285 S.; 1997[3], 317 S.

GÜNTHER, H. / EHNINGER, G. (Hg): *Krankheitsbewältigung und Lebensqualität. Herausforderung für Patienten, medizinische Helfer und Gesellschaft.* Roderer Vlg., Regensburg 1998, Literaturangaben, 154 S.

HELLINGER, Bert / KADEN, Michaela: *Die größere Kraft. Bewegungen der Seele bei Krebs.* 2001, ISBN 3–89670–181–9

SIMONTON, O. Carl / MATTHEWS-SIMONTON, Stephanie / CREIGHTON, James: *Wieder gesund werden. Eine Anleitung zur Aktivierung der Selbstheilungskräfte für Krebspatienten und ihre Angehörigen.* Rowohlt, Rb. 1982; rororo TB 1992, 2001, 352 S.; engl. OT: o.A.

STUART, Alexander / TOTTERDELL, Ann: *Ich mal mir ein Tor zum Himmel. Das kurze Leben des kleinen Joe Buffalo Stuart.* Goldmann TB 12479, 1993[1], 345 S.; engl. OT: o.A.

Betroffene zusammen mit Fachleuten <19>

8

Betroffene zusammen mit Fachleuten: Frauen <8>

BODE, Gerlind (Hg): *Ich bin glücklich – ich lebe! Junge Menschen besiegen den Krebs.* Butzon & Bercker Vlg., Kevelaer und Einhard Vlg., Aachen 1998, ill., 103 S.

FRANCK, Barbara: *Trotzdem leben. Reportagen über die Angst.* (Über die seelische Verarbeitung von Angst vor dem Tod und vor dem Leben bei Menschen mit Krebs.) Hoffmann & Campe Vlg., Hbg. 1983, 159 S.

FUCHS, Rosemarie: *Stationen der Hoffnung.* (Eine Seelsorgerin begleitet sechs Kinder und deren Eltern durch die Stadien der Krankheit Krebs.) Kreuz Vlg., Stgt. 1984, 160 S.

HAAS, Gisela: *Ich bin ja so allein. Kranke – krebskranke – Kinder zeichnen und sprechen über ihre Ängste.* (47 Zeichnungen stellen folgende Situationen und Hilfen zu ihrer Bewältigung dar: Angst vor Trennung von der Familie, vor dem Krankenhaus, der Schule, Probleme der Eltern und Geschwister, Auseinandersetzung mit dem Tod.) Otto Maier Vlg., Ravensburg 1981, 158 S.

KELLY, Petra K. (Hg): *Viel Liebe gegen Schmerzen. Krebs bei Kindern.* (Kinder, Eltern, Krankenschwestern und Ärzte schildern ihre Ängste und Hoffnungen im Kampf gegen den Krebs.) rororo TB 5912, Rb. 1986, 1988[2], 282 S.

MOSTER, Mary B.: *Warum, Gott, warum?* (Die Krankenschwester Nell Collin leidet an Krebs und Todesgewißheit. Über ihren Aufbruch in die Mission für Krebskranke und ihre Probleme berichtet die Journalistin M. B. M.) Bundes-Vlg. Witten 1981, 174 S.; US OT: *Living With Cancer.* Moodybible, Institute of Chicago 1979

SCHNURRE, Marina / KREIBISCH-FISCHER, Renate: *Ich will fliegen, leben, tanzen. Zwei Frauen arbeiten mit Krebskranken.* Herder, Frb., Basel 1987, 1989[3], 166 S.

SCHUCHARDT, Erika: *Das muß ich mir mal von der Seele schreiben ...* Lebensgeschichten – erfahren, bedacht, erzählt, geschrieben – als Geburtshilfe zu ›neuem‹ Leben. Bibliotherapie in Krisen. In: *Kranke Kinder brauchen Bücher. Bibliotherapie in Theorie und Praxis.* Mchn. 1996

Betroffene zusammen mit Fachleuten: Männer <5>

BEARISON, David J.: *Keiner spricht mit mir darüber. Krebskranke Kinder erzählen von ihren Erfahrungen.* Droemer Knaur TB 75024, Mchn. 1993[1], 253 S.; US OT: *They Never Want to Tell You.* (o.J.)

COUSINS, Norman: *Der Arzt in uns selbst. Anatomie einer Krankheit aus der Sicht des Betroffenen.* Rowohlt Vlg., Rb. 1981, 189 S.; US OT: *Anatomy of an Illness as Perceived by the Patient.* NY 1979

DRESCHER, Peter: *Montag fange ich wieder an.* (Der Autor läßt einen Jungen, der eine Gehirntumoroperation hinter sich hat, über sein Schicksal und dessen Bewältigung sprechen.) Ev. Vlgs.-Anst., Bln. (damals Ost-) 1977, 1980[2], 211 S.

OWEN, Bob: *Das Krebstagebuch der Ärztin Anne Rush.* (Sie schildert ihren leidvollen Weg mit Krebs und die hoffnungsvollen Auswege.) Waldthausen Vlg., Ritterhude 1990, 420 S.; US OT: *The Journal of Anne Rush.* (o.J.)

WÄLDE, Rainer (Hg): *Mit Krebs leben. Betroffene über ihren Alltag nach der Diagnose.* Schulte & Gerth Vlg, Asslar 1998[3], ill., 134 S.

Betroffene zusammen mit Fachleuten <6>

BISCHOF, Karen / SENN, Hans-Jörg / RÜFFER, Anne (Hg): *Krebs-Gang. Zwei Schritt vor, einer zurück. Brustkrebs: der lange Weg ins Leben.* (Die Journalistin K. B. schildert 16 Jahre ihres Lebens. Mit medizinischem Kommentar. Haffmanns-Vlg Zürich 1999[1], ill., 301 S.

KIRSCHNER, Monika: *Leben mit Krebs. Neue Erfahrungen im Umgang mit der Krankheit. Patienten und Ärzte berichten.* vgs Vlg., Köln 1998, 176 S.

KLEMM, Michael / HEBELER, Gerlinde / HÄCKER, Werner (Hg): *Tränen im Regenbogen. Phantastisches und Wirkliches. Aufgeschrieben von Mädchen und Jungen der Kinderklinik Tübingen.* (Beeindruckend , wie präzise die Kinder ihre Situation selbst beschreiben können und wieviel Mut und Lebensfreude aus den Berichten spricht – ohne daß Schreckliches und Bedrohliches ausgespart wird.) Attempto Vlg., Tübingen 1989, 1991[7], 236 S.

NEUMAYER, Petra / HALBIG, Konrad: *Ich lebe noch.* (Von der Schulmedizin abgeschrieben. »Unheilbar Kranke« berichten von ihren Siegen über den Krebs: »JOMOL«. Wie es wirkt und warum es keiner kennt. Koha Edition Wendezeit, Burgrain 1994[1], 128 S.

PARKER, Merren / MAUGER, David: *Das krebskranke Kind. Hilfe für Eltern und Erzieher.* (Erfahrungen, Gefühle und Probleme betroffener Eltern, die ihre und der Kinder Lernwege aus der Krise Krebs offenlegen.) Otto Maier Vlg., Ravensburg 1982, 144 S.; engl. OT: *Children With Cancer; A Handbook for Families and Helpers.* Casell, London 1979

SCHUCHARDT, Erika / SCHMINCKE, Christian: *Neue Chancen. Längsschnittstudie mit Patienten der TCM-Klinik am Steigerwald.* Video Gerolzhofen / Bln. 2001

8

9. Multiple Sklerose <27>

 Betroffene <18>

<0>

Betroffene: Frauen <11>

AHRENS, Hildegard: *Ist es Schicksal?* (Der lebenslange Kampf gegen den fortschreitenden körperlichen Verfallsprozeß.) Selbst-Vlg. Rompf Druck, 42914 Bad Rothenfelde (o. J.), ca. 1978, 68 S.

BAUER-SEITZ, Vera: *Solange ich atme, hoffe ich. Vom Umgang mit der Krankheit Multiple Sklerose.* Triga Vlg., Gelnhausen 1997 (Bd. 3), 199 S.

DEISS, Elfriede: *Diamant wächst im Dunkel.* (E. D. erkrankt mit 20 an Multipler Sklerose, muß die Berufsausbildung abbrechen, bleibt 3 Jahre bettlägerig und lernt durch ihren

Glauben, mit der unheilbaren Krankheit zu leben.) Christl. Vlgs.-Haus, Stgt. 1980, 1984[5], 64 S.

GRAHAM, Judy: *Multiple Sklerose und doch nicht verzweifelt.* Hermann Bauer Vlg., Frb. 1983, 187 S.; US OT: o.A.

HAUCH, Gerda: *Der Aufschrei. Warum?* Grenz Echo Vlg., Eupen 1984, 246 S.

KITTER, Erika: *»... und dann nahm ich mir heraus zu leben«. 25 Jahre Multiple Sklerose. Ein Über-Lebens-Bericht.* Radius Vlg., Stgt. 1994, 151 S.

LIPKE, Cordula: *Lauf, so lange du kannst. Bericht über eine Krankheit.* (Die 21jährige schildert den Verlauf ihrer Multiplen Sklerose.) Habbel Vlg., Regensburg 1980, 140 S.

LÜHN, Gisela: *Diagnose MS. Eine MS-Patientin über ihre Erfahrungen mit den »Halbgöttern in Weiß«.* Frieling Vlg., Bln. 1995[1], 63 S.

RUBINSTEIN, Renate: *Sterben kann man immer noch. Notizen einer Krankheit.* Edition Suhrkamp 433, Ffm 1987, 1989[2], 113 S.; niederl. OT: *Nee heb je.* (o.J.)

SCHLÜTER, Anja: *Wenn du durchs Feuer gehst ...* (Eine junge Frau, die durch Leiden Dankbarkeit gelernt hat und mit Gott versöhnt lebt.) Christl. Vlgs.-Haus, Stgt., 1991, 64 S.

SCHULZ-LÜBKE, Ingrid: *Geschichten von unten. Der Einbruch des Unvorhersehbaren ins Leben. Eine Frau erzählt.* Calwer Vlg., Stgt. 1998, 207 S.

Betroffene: Männer <7>

ABART, Joachim: *Mein Weg aus der multiplen Sklerose. Erfahrungen mit Therapien, die helfen können.* Herder TB 4432, Frb. 1995[1], 217 S.; Lit.Verz. (3 S.)

BURNFIELD, Alexander: *Multiple Sklerose. Ein Erfahrungsbericht.* Fischer Vlg., Stgt., NY 1988, 171 S.; US OT: *Multiple Sclerosis.* (o.J.)

FRANKE, Niels: *Geheilt im Selbstversuch – Hoffnung für Millionen.* Vlg. Bettendorf, Essen, Ebene Reichenau 1996, 249 S.

FRANKE, Niels: *Geschenktes Leben. Multiple Sklerose und Selbstbehandlung eines Arztes.* Eins und Eins Vlg., Mchn. 1991, 136 S.

IRELAND, David: *An mein Kind.* (13 Briefe nach Tonbandaufzeichnungen eines sterbenden Vaters an sein noch ungeborenes Kind.) Quell Vlg., Stgt. 1976, 180 S.; US OT: *Letters To An Unborn Child.* Harper & Row, NY 1974

REICHLIN-MELDEGG, Georg: *Therapie Lebensfreude. Ein Multiple-Sklerose-Kranker erzählt sein Leben.* Böhlau Vlg., Wien, Köln, Graz 1986, 251 S.

SCHWEPPENHÄUSER, Ekkehard: *Multiple Sklerose – ein Weg zur Heilung. Eigene Erfahrungen mit einer schubförmigen MS.* Vlg. Die Kommenden, Frb. 1980, 1982[2], 78 S.; Hermetika-Vlg. Kinsau 1987, 92 S.

9

 Eltern <1>

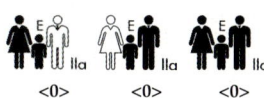

<0>   <0>

Eltern: Mütter <1>

GOTTLOB, Hildegard: *Warum Du, mein Sohn? Die Geschichte einer unheilbaren Krankheit.* Vlg. Haag & Herchen, Ffm 1995, 227 S.

 **Erwachsene Kinder**

<0>   <0>   <0>

 **Geschwister <0>**

 **Angehörige / Familie: gemeinsam <0>**

 Partner <1>

 Partner: Frauen <1>

FREUDENBERG, Kurt / FREUDENBERG, Ernhelga: *Die MS und andere Stoffwechselkrankheiten sind heilbar. Heilungsgeschichte eines Wissenschaftlers.* (Die Witwe schreibt über die vom erkrankten Ehemann noch zu seinen Lebzeiten gesammelten Erfahrungen und über seine Auseinandersetzung mit der Schulmedizin.) Reha Vlg., Bonn 1989, 160 S.

 Fachleute <5>

9

Fachleute: Frauen <2>

KNAUF, Silke: *Chronische Krankheit. Darstellung der Situation Betroffener am Beispiel Multiple Sklerose.* R. G. Fischer Vlg., Ffm 1990, 181 S.

KÖNIGSDORF, Helga: *Respektloser Umgang.* (Fiktive Begegnung – zwei Frauen in Krisen: Atomphysikerin durch Faschismus, Wissenschaftlerin durch Multiple Sklerose.) Aufbau Vlg., Bln. (damals Ost-) 1986, 200 S.

 Fachleute: Männer <3>

KEMM, René: *Coping mit kritischen Ereignissen im Leben Körperbehinderter. Dargestellt am Beispiel Multiple Sklerose.* Edition Schindele, Heidelb. 1987, 208, S.

KRÄMER, Günter / BESSER, Roland: *Multiple Sklerose: Antworten auf die häufigsten Fragen. Hilfreiche Informationen für Interessierte und Betroffene.* (Die Autoren sprechen über: Beruf, Partnerschaft, Sexualität, Ernährung, Urlaub u.v.a.m.) Trias TB, Stgt. 2000[4], 159 S.

LIEBSCHER, Fred: *Multiple Sklerose. Eine Krankheit, mit der man leben kann.* K. F. Haug Vlg., Heidelb. 1982, 3 Abb., 115 S.

 **Betroffene zusammen mit Fachleuten<2>**

 **Betroffene zusammen mit Fachleuten: Männer <1>**

MENNINGER, Dieter: *Belügt uns nicht!* (Reportagen: Multiple Sklerose, Krebs, Querschnittslähmung.) Kreuz Vlg., Bln., Stgt. 1978, 166 S.

Betroffene zusammen mit Fachleuten <1>
BISCHOF, Karen / BEER, Serafin / KESSELRING, Jürg / RÜFFER, Anne (Hg): *Auch kleine Schritte führen weiter. Multiple Sklerose – die unfaßbare Krankheit.* (Aufsatzsammlung.) Haffmanns Vlg., Zürich 1999[1], 222 S.
SCHUCHARDT, Erika / SCHMINCKE, Christian: *Neue Chancen.* s. K8[V]

10. Psychische Störungen <258>

Angst · Autismus · Borderline-Syndrom · Bulimie/Eß-Brech-Sucht · Magersucht · Depression · Schizophrenie · Multiple Persönlichkeiten · Selbstverletzung · Zwangsverhalten

Betroffene <108>

<0>

Betroffene: Frauen <83>
ALBONICO, Catrin: *Wer verwandelt das erbrochene Brot? Ein Krankheits- und Heilungsbericht zur Bulimarexie (Eß-Brechsucht). Auf der Suche nach Schönheit, Wahrheit, Liebe.* Novalis Vlg., Schaffhausen 1994, 107 S.
ANDERS, Berit: *Ich heiße Berit und habe eine Borderline-Störung. Protokoll einer Selbstfindung.* (Nur durch einen fast übermenschlichen Kampf gegen Sucht, Hoffnungslosigkeit und Depression führt der Weg aus dem inneren Chaos. Betroffene werden sich wiederfinden, Menschen, die mit Erkrankten leben, werden ihr Verhalten besser verstehen.) Walter Vlg., Zürich, Düsseldorf 1999, 117 S.
ANONYMA: *Verführung auf der Couch.* (Die Geschichte einer unbewußten Verführung.) Kore Vlg., Frb. 1988, 190 S.; franz. OT: *Psy-Viol.* (o.J.)
AUGEROLLES, Joëlle: *Mein Analytiker und ich. Tagebuch einer verhängnisvollen Beziehung.* Fischer TB 10401, Ffm 1991, 191 S.; franz. OT: *Mon analyste et moi.* (o.J.)
BANGEL, Sabine: *Für ein bißchen Leben. Agoraphobie – Ausschnitte aus einem Leben mit der Angst.* Principal Vlg., Münster/Westfalen 1998, 290 S.
BEEKEN, Claire / GREENSTREET, Rosanna: *Mein Körper, mein Feind.* (Erst als ihre Freundin daran stirbt, begreift sie, daß sie sich mit dem Hungern selbst bestrafen wollte.) Bastei-Lübbe TB 61422, Berg.-Gladb. 1998[1], 239 S.; engl. OT: *My Body, My Enemy.* (o.J.)
BIELSTEIN, Dagmar: *Von verrückten Frauen. Notizen aus der Psychiatrie.* (Erlebnisbericht einer Betroffenen.) Fischer TB 10261, Ffm 1991, 120 S.
BIJNSDORP, Liz: *Die 147 Personen, die ich bin. Drama und Heilung einer multiplen Persönlichkeit.* (Liz B. leidet an MPS. Schonungslos beschreibt sie ihre traumatischen Jugenderfahrungen als Opfer des sexuellen Mißbrauchs durch den Vater, ihr Leben mit Ehepartner und 9 Kindern, ihre vielen »Identitäten«, die sie in kaum beschreibbare Grenzsituationen und durch die Welt der Prostitution geführt haben.) Urachhaus Vlg., Stgt. 1996, 308 S.; niederländ. OT: *De 147 personen die ik ben.* (o.J.)
BLAKELY, Mary Kay: *Weckt mich, wenn es vorbei ist.* (Scheinbar ohne Anlaß fällt die Autorin in ein Koma – die Folge einer seelischen Krise. Als sie wieder erwacht, ist sie eine andere.) Bastei Lübbe TB 61201, Berg.-Gladb. 1991, 1991[4], 368 S.; US OT: *Wake Me When It's Over.* Times Books, NY 1989
BLANTON, Smiley: *Tagebuch meiner Analyse bei Sigmund Freud.* Ullstein TB 3205, Bln. 1976, 128 S.; US OT: *Diary Of My Analysis with Sigmund Freud.* Hawthorn Books Inc., NY (o.J.)

10

BOYSEN, Gilda: *Haut über Kopf. Erfahrungen mit einer Psychoanalyse.* (Am Beispiel eines sehr bekannten Psychotherapeuten werden fragwürdige Behandlungsmethoden aufgezeigt.) Maro Vlg., Augsburg 1988, 285 S.

BOYSEN, Gilda: *Im Sog der Psychoszene. Erfahrungen und Kommentare.* (Berliner Psychoszene.) Quell Vlg., Stgt. 1988, 156 S.

BRENDER, Irmela: *In Wirklichkeit ist alles ziemlich gut.* Knaur TB 8006, Mchn. 1986, 176 S.

BRÖTZMANN, Christine: *Aufschrei. Erfahrungen und Berichte aus dunklen Stunden.* (Depression.) Vlg. der Liebenzeller Mission, Bad Liebenzell 1990, 114 S.

BURKERT, Kathrin: *Dem Schicksal in den Rachen greifen.* Vlg. Lit, AT Edition, Hbg., Münster 1994, 88 S.

CARDINAL, Marie: *Schattenmund.* (Autobiographischer Roman über eine Psychoanalyse.) Rogner & Bernhard Vlg., Mchn. 1977, 314 S.; rororo TB 4333, Rb. 1979, 314 S.; franz. OT: *Les mots pour le dire.* Paris 1975

CHRISTIAN, Shanon / JOHNSON, Margaret: *Auf hauchdünnem Eis. Geschichte einer Magersucht.* Oncken TB, Wuppertal, Kassel 1999[1], 157 S., engl. OT: *The Very Private Matter of Anorexia Nervosa.* (o.J.)

CONTI, Adalgisa: *Im Irrenhaus. Sehr geehrter Herr Doktor, dies ist mein Leben.* Vlg. Neue Kritik, Ffm 1979, 134 S.; ital. OT: *Manicomio.* 1978 (geschr. 1914)

CUTOMO, Carola: *Medialität, Besessenheit, Wahnsinn.* (Spiritistische Praktiken ziehen die Autorin in den Sog von Dämonen.) Flensburger Hefte Vlg., Flensburg 1989, 188 S.

DECLERCQ, Fabiola: *Nicht für alles Brot der Welt ... Nicht essen können, weil die Seele Hunger leidet. Der Schicksalsbericht einer Betroffenen.* Goldmann TB 12445, Mchn. 1993[1], 123 S.; ital. OT: *Tutto il pane del mondo.* (o.J.)

DRIGALSKI, Dörte von: *Blumen auf Granit. Eine Irr- und Lehrfahrt durch die deutsche Psychoanalyse.* (Nach einer Lehranalyse »probiert« die Autorin verschiedene psychotherapeutische Verfahren aus.) Ullstein TB 34759, Ffm, Bln. 1991, 300 S.

ERLENBERGER, Maria: *Der Hunger nach Wahnsinn. Ein Bericht.* rororo TB 84, Rb. 1983, 1986[9], 239 S.

FAUSTEN, Martina: *Lebenslauf einer Depression.* Allgemeine Literatur im Vlg. Die Blaue Eule, Essen 1996, 63 S.

FERGUSON, Sarah: *Die Stimme und das Schweigen. Brief an einen toten Psychoanalytiker.* (Die 40jährige Autorin setzt sich vor ihrem Suizid mit dem Tod ihres langjährigen Therapeuten auseinander.) Walter Vlg., Oldenburg und Freiburg 1979, 236 S.; Fischer TB 3284, Ffm 1983, 184 S.; engl. OT: *A Guard Within.* Chatto and Windus, London 1973

GERLAND, Gunilla: *Ein richtiger Mensch sein. Autismus, das Leben von der anderen Seite.* Vlg. Freies Geistesleben, Stgt. 1998[1], 291 S.; schwed. OT: *En riktig människa.* (o.J.)

GOLDMANN-POSCH, Ursula: *Tagebuch einer Depression.* (»Ich wünschte mir, es würde nie mehr dunkel, und ich müßte nie dahin zurück, wo ich der Angst begegnet bin.«) Kindler Vlg., Mchn. 1985[1], 160 S.; Droemer Knaur TB 77401, Mchn. 1998[11] 207 S., Lit.Verz. (7 S.)

GRAF, Andrea: *Die Suppenkasperin. Geschichte einer Magersucht.* Fischer TB 3294, Ffm 1985, 1991[7], 112 S.

GRANDIN, Temple / SCARIANO, Margaret M: *Durch die gläserne Tür. Lebensbericht einer Autistin.* dtv 30393, Mchn. 1994[1], 201 S., Lit.Verz. (3 S.); US OT: *Emergence Labeled Autistic.* (o.J.)

GRANDIN, Temple: *Ich bin die Anthropologin auf dem Mars. Mein Leben als Autistin.* Droemer Knaur TB 77288, Mchn. 1997[1], ill., 287 S., Lit.Verz. (21 S.); US OT: *Thinking in Pictures.* (o.J.) (s. K1[IV] SACKS, Oliver)

GREEN, Hannah: *Ich hab dir nie einen Rosengarten versprochen. Bericht einer Heilung.* (Autobiographischer Roman der Joanne Greenberg über die Heilung ihrer Schizophrenie durch die Therapeutin Fried, der ersten Frau von Erich Fromm.) Radius Vlg. , Stgt. 1973, rororo TB 4155, Rb. 1978, rororo TB 14155, 1998 (890. – 897. Tsd.), 280 S.; US OT: *I Never Promised You a Rose Garden.* NY 1964

HAHNFELD, Ingrid: *Höllenfahrt. Tagebuch einer Depression.* Fischer-TB 13339, Ffm 1998[1], 95 S.

HERZOG, Renate: *Wer bin ich eigentlich? Auf der Suche nach meiner Identität. Erfahrungen mit der Psychotherapie.* Werbe- und Vlg.-Ges., Gelsenkirchen 1986, 1988[4], 206 S.

HESSE, Andrea M.: *Schatten auf der Seele. Wege aus Angst und Depression – meine Erfahrungen mit Therapien.* Herder TB 4510, Frb. 1997[1], Lit.Verz. (3 S.)

HOLTZMANN, Anne: *Bunt ist meine Lieblingsfarbe. Manisch-depressive Erkrankung als Grenzerfahrung.* Fischer TB 12098, Ffm 1994[1], 154 S.

HORNBACHER, Marya: *Alice im Hungerland. Leben mit Bulimie und Magersucht. Eine Autobiographie.* Campus Vlg., Ffm; NY 1999, 340 S., Lit.Verz. (4 S.); engl. OT: *Wasted.* (o.J.)

KAYSEN, Susanna: *Seelensprung. Bericht aus einer parallelen Welt.* (S. K. verbrachte zwei Jahre in einer psychiatrischen Klinik. Ihre Erinnerungen sind voller Grauen und gleichzeitig messerscharfer Wahrnehmungen: Beobachtung – Selbstbeobachtung zwischen Wahnsinn und klarem Verstand.) Hoffmann & Campe Vlg., Hbg. 1994[1], 219 S.; Goldmann TB 72006 – Titel: *Seelensprung. Ein Leben in zwei Welten.* 1995, 1996, 221 S.; US OT: *Girl, Interrupted.* (o.J.)

KLEIN, Anne: *... und plötzlich überfiel mich Todesangst. Erfahrungsbericht über eine endogene Depression und ihre Heilung.* Thieme Hippokrates Enke Vlg., Stgt. 1991, 114 S.

KLOTH, Birgit: *Zum Kotzen. Das Aufbegehren einer eßsüchtigen Frau gegen ihre selbstzerstörerische Krankheit.* Attempto Vlg., Tüb. 1992, 211 S., Heyne TB 2028, Mchn. 1994, 228 S.

KNORR, Monika: *Bauchschmerzen. Von der Auflehnung meines Körpers.* (Depressionen; Darmverschluß.) Fischer TB 10377, Ffm 1991, 206 S.

LANGSDORFF, Maja: *Die heimliche Sucht, unheimlich zu essen.* (Bulimia nervosa / Brech-Freßsucht.) Fischer Vlg., Ffm 1985, 253 S.

LAWRENCE, Marylin: *Ich stimme nicht.* (Identitätskrise und Magersucht.) rororo TB 7965, Rb. 1986, 160 S.; US OT: *The Anorexic Experience.* (o.J.)

LINDER, Michaele: *Sucht und Sehnsüchte. Ein Erfahrungsbericht zur Bulimie.* (In dieser Ausgabe nennt die Verf. ihren wirklichen Namen.) Herder TB 4235, Frb. 1993, 128 S.

LINDNER, Heidi: *Viele Tode stirbt der Mensch. Autobiographie mit Träumen und Erlebnissen einer psychisch kranken Frau.* Vlg. Jakob van Hoddis im Förderkreis Wohnen, Arbeit, Freizeit, Gütersloh 1994, 110 S.

LISCHI-CORADESCHI, Santuzza: *Ich war Komplizin meiner Angst. Tagebuch einer Depression.* Herder, Frb. 1994, 270 S.; ital. OT: *Per tutte le Beppe.* (o.J.)

LITTY, Sandra: *Heißhunger. Mein Weg aus der Magersucht.* Brendow TB 222, Moers 1997, 126 S.

LITTY, Sandra: *Jeder Biß eine Niederlage. Tagebuch einer Magersucht.* Brendow TB 208, Moers 1995, 128 S.

LOCKER, Liane: *Im Zeichen des Wahnsinns.* Grosser Vlg., Linz 1996, 191 S.

LÜKE, Karin: *Seele in Beton. Bericht einer psychiatrischen Behandlung.* Goldmann TB 11431, Mchn. 1987, 111 S.

LUMMAS, Gabi: *Verschlossene Seele. Erfahrungen mit Selbstverletzungen.* R.G.-Fischer Vlg., Ffm 1999[2], ill. 153 S.

MACLEOD, Sheila: *Hungern ist meine einzige Waffe. Der verzweifelte Kampf eines jungen Mädchens um seine Identität.* (Magersucht.) Kösel Vlg., Mchn. 1983, 248 S.; Droemer Knaur TB 8064, Mchn. 1986, 256 S.; schott. OT: *The Art of Starvation.* (o.J.)

MANNING, Martha: *Am eigenen Leibe. Von der Psychotherapeutin zur Patientin.* (Erfolgreiche Psychologin, glückliche Ehefrau und Mutter, bis sie von Depressionen heimgesucht wird. Bei der Diagnosenstellung für einen neuen Patienten entdeckt sie, daß alle Symptome auch auf sie selbst zutreffen. Sie muß erkennen, daß sie professionellen Beistand braucht.) Droemer Knaur TB 77244, Mchn. 1996[1], 237 S.; US OT: *Undercurrents; A Therapist's Reckoning with Her Own Depression.* (o.J.)

MARGOLIS, Karen: *Die Knochen zeigen. Über die Sucht zu hungern.* (Eine Frau protestiert gegen ihre Zwänge.) Rotbuch TB 103, Bln. 1985, 144 S.; engl. OT: o.A.

MATERN-SCHERNER, Eva: *Kein Buch zum Verschlingen. Mager-Sucht-Maskeraden.* Vlg. R.G. Fischer, Ffm 1994, 508 S.; Lit.Verz. (7 S.)

10

McQUEEN, Christin: *Bratwurscht. Erlebnisbericht einer Eß- und Brechsüchtigen, die den Wahnsinn dieser Krankheit durchbrach*. Lier Vlg., Weiler im Allgäu 1996[1], 346 S.

MILLET, Kate: *Der Klapsmühlentrip*. Kiepenheuer & Witsch, Köln 1993, ill., 395 S.; US OT: *The Loony Bin Trip*. (o.J.)

MOSER, Annemarie E.: *Vergitterte Zuflucht*. (Depressionen und Aufenthalt in einer psychiatrischen Klinik.) Styria Vlg., Graz 1983, 64 S.

MÖSLE, Helga: *Und keiner hört mein Schreien. Eine Frau durchleidet die dramatischen Folgen einer ärztlichen Fehlbehandlung*. Schulte & Gerth, Asslar 1997[2], 219 S.

MUHR, Caroline: *Depressionen. Tagebuch einer Krankheit*. Kiepenheuer & Witsch, Köln 1970, 172 S., Fischer TB 2035, Ffm 1978, 172 S.

NOY, Gisela: *Zerstörungen*. (Psychische Krise, Therapie und schließlich Mut zu neuem Leben.) rororo TB, Rb. 1986, 140 S.

OPITZ, Elisabeth: *Horch in das Dunkel*. (Depressionen.) Fischer TB 5193, Ffm 1981, 128 S.

ORGASS, Annette: *Der Sonnenmond. Wahnsinniger Alltag und normale Psychiatrie*. Fischer TB 12549, Ffm, 1995[1], 171 S.

ÖSTERREICH, Tina: *Elf Tage oder Protokoll einer Zwangseinweisung. Bericht*. Vlg. Schardt, Oldenburg 1999[1], 121 S.

PHILLIPS, Jane: *Ich blicke in den Spiegel und sehe eine andere. Leben als multiple Persönlichkeit*. Droemer Knaur TB 77249, Mchn. 1997[1], 320 S.; US OT: *The Magic Daughter*. (o.J.)

REFIELD-JAMISON, Kay: *Meine ruhelose Seele. Die Geschichte einer Depression*. Bertelsmann Vlg., Mchn. 1997[1], 239 S.; US OT: *An Unquiet Mind*. (o.J.)

ROCHE, Louise: *Essen als Strafe*. (Bulimie.) Droemer Knaur TB 8060, Mchn. 1987, 252 S.; engl. OT: *Glutton for Punishment*. (o.J.)

ROHDE, Katja: *Ich Igelkind. Botschaften aus einer autistischen Welt*. (Bis zu ihrem 23. Jahr galt sie – wie viele Autisten – als geistig behindert. Indem sie von ihrer Igelexistenz voller Finsternis berichtet, eröffnet sie uns einen neuen Blick auf unsere Selbstverständlichkeiten.) Nymphenburger Vlgs.-Anst. 1999, 172 S.

SCHÄFER, Susanne: *Sterne, Äpfel und rundes Glas. Mein Leben mit Autismus*. Vlg. Freies Geistesleben, Stgt. 1997, ill., 256 S.; schwed. OT: *Stjärnor, linser och äpplen*. (o.J.)

SCHMALZ, Ulla: *Rette mich wer kann*. Psychiatrie Vlg., Bonn 1994, 175 S.; 1995, 179 S. (Verfasserin war Krankenschwester von Beruf.)

SECHEHAYE, Marguerite: *Tagebuch einer Schizophrenen. Selbstbeobachtungen einer Schizophrenen während der psychotherapeutischen Behandlung*. Suhrkamp TB 613, Ffm 1980, 1990[11], 1994[12], 152 S.; franz. OT: *Journal d'une schizophrène. Autoobservation d'une schizophrène pendant le traitement psychothérapique*. Paris 1950

SEGONZAC, Jacqueline de: *Trauer und Wahn. Tagebuch einer Manisch-Depressiven*. Athenäum Vlg., Ffm 1988, 277 S.; franz. OT: *Délire et le deuil*. (o.J.)

SHAW, Fiona: *Zeit der Dunkelheit. Der Weg aus einer Depression*. Kunstmann Vlg., Mchn. 1998[1], 206 S., Lit.Verz. (3 S.); engl. OT: *Out of Me*. (o.J.)

SHEEHAN, Susan: *Ich bin nicht da, wo ihr mich sucht. Die Geschichte einer Schizophrenie*. Kreuz Vlg., Zürich 1987, 349 S.; Heyne TB 54, Mchn. 1991, 397 S.; US OT: *Is There no Place on Earth for Me?* (o.J.)

STEIN, Vera: *Abwesenheitswelten. Meine Wege durch die Psychiatrie*. Attempto Vlg., Tübingen 1993, 1995[2], ill. 194 S.; Fischer TB 12848, Ffm 1996, ill., 193 S.

THOMPSON, Tracy: *Die Bestie. Überwindung einer Depression*. rororo TB 22396, Rb. 1998, 312 S.; US OT: *The Beast; A Reckoning with Depression*. (o.J.)

TOMSCHE, Vera: *Meine hungernde Seele*. (12 Jahre lang ist V. T. nur von dem Gedanken an Essen besessen und von den Überlegungen, wie sie es unbemerkt wieder von sich geben kann. Erst als ihr Körper schwer geschädigt ist, willigt sie in eine Therapie ein.). Bastei-Lübbe TB 61400, Berg.-Gladb. 1997[1], 171 S.

TOPP, Elke: *Traumkinds Tagebuch. Die Geschichte einer Selbst-Heilung*. (Sie wurde als unheilbar psychotisch abgestempelt.) Frieling Vlg., Bln. 1997[1], ill., 223 S.

VALÈRE, Valérie: *Das Haus der verrückten Kinder. Ein Bericht*. (Mit 13 erkrankt sie an Magersucht. Mit 15 beschreibt sie ihren Heilungsprozeß.) Wunderlich Vlg., Tüb. 1980,

10

245 S.; Fischer TB 3828, Ffm, 1989[2], 172 S.; franz. OT: *Le pavillon des enfants fous*. Paris 1978

WAGNER-BAUMANN, Claudia: *Mein Leben war zum Kotzen. Der Heilungsweg einer Eß-, Brechsüchtigen.* Brunnen-Vlg. ABC Team, Basel, Gießen 1997, ill., 226 S.

WALK, Angelika: *Ich sah in den Spiegel und erkannte mich nicht.* (Depression, langer Weg zur Erkenntnis, daß dies eine Krankheit ist. Einweisung in eine psychosomatische Klinik: langer, harter Weg zur Heilung). Bastei-Lübbe TB 61418, Berg.-Gladb. 1998[1], 220 S.

WILLIAMS, Donna: *Ich könnte verschwinden, wenn du mich berührst. Erinnerungen an eine autistische Kindheit.* Hoffmann & Campe, Hbg. 1993[2], ill., 302 S.; Droemer Knaur TB 75020, Mchn. 1994, 1996, ill., 302, S.; US OT: *Nobody Nowhere; The Extraordinary Autobiography of an Autistic.* (o.J.)

WILLIAMS, Donna: *Wenn du mich liebst, bleibst du mir fern. Eine Autistin überwindet ihre Angst vor anderen Menschen.* Hoffmann & Campe, Hbg. 1994[1].; Knaur TB; Mchn. 1996, 350 S.; US OT: *Somebody Somewhere; Breaking Free from the World of Autism.* (o.J.)

WURTZEL, Elisabeth: *Verdammte schöne Welt. Mein Leben mit der Psychopille.* Byblos Vlg., Bln. 1994; Bertelsmann-Club 1995, 335 S.; dtv 30527, Mchn. 1996, 351 S.; US OT: *Prozac Nation.* (o.J.)

ZERCHIN, Sophie: *Auf der Spur des Morgensterns. Psychose als Selbstfindung. Ein Erlebnisbericht.* List Vlg., Mchn., Lpz. 1990, 253 S.; Bastei-Lübbe TB 61264, Berg.-Gladb. 1993, 270 S.

Betroffene: Männer <25>

AUGUSTIN, Ernst: *Raumlicht. Der Fall Evelyne B.* (Roman uber Schizophrenie.) Suhrkamp, Bln. 1976, 271 S.; Edition Suhrkamp 660, Ffm 1981

B., Bill: *Ich bin Bill und eßsüchtig. Ein Weg zur dauerhaften Genesung mit den zwölf Schritten von Overeaters Anonymous.* Schritt für Schritt Vlg., Burg Hohenstein 1990, 222 S.; Zwölf und Zwölf Vlg., Oberursel 1998[3], 256 S.; US OT: *Compulsive Overeater.* (o.J.)

BURKE, Ross David: *Meine Reise in die Schizophrenie.* Kiepenheuer & Witsch, Köln 1997[1], 382 S.; dtv 36147, Mchn. 1999: Titel: *Wenn die Musik verstummt. Ein autobiographischer Roman.* Engl. OT: *When the Music's Over.* (o.J.)

DÖLL, Hermann K. A.: *Philosoph im Haar. Tagebuch über mein Vierteljahr in einer Irrenanstalt.* Syndikat Autoren- und Vlg.-Ges., Ffm 1981, 1983[2], 204 S.

EBNER, Ferdinand: *Schriften in 3 Bänden.* Bd. 2: Tagebücher, Lebenserinnerungen, 1193 S.; (Der Philosoph, geb. 1906, leidet an Depressionen, Ängsten, Suizidversuchen.) Kösel Vlg., Mchn. 1963

FRANSEN, Sirfa: *Ganz normal – und doch ver-rückt. Freiwillig in die Jugendpsychiatrie. Erlebnisbericht.* Tangens System Vlg., Hbg. 1993, ill., 236 S.

GEORGE, Siegfried: *Meine Angst ist so schlau wie der Teufel. Erfahrungsbericht.* Kovayéc Vlg., Hbg. 1999, 204 S.

HILFIKER, Guido: *Hört mich denn keiner? Der Aufschrei eines psychisch Kranken.* Biograph Vlg., Lantsch / Lenz 1996[1], 185 S.

HIRSCHI, Ernst: *Denn wir Menschen gewöhnen uns ja an alles.* (Die Journalistin Elisabeth Kästli schreibt in ihrer Einführung über E. H., der in einem Pflegeheim für psychisch Kranke lebt.) Rotpunkt Vlg., Zürich 1982, 115 S.

KARDINER, Abram: *Meine Analyse bei Freud.* Kindler Vlg., Mchn. 1979, 147 S.; US OT: *My Analysis With Freud.* Reminiscences W. Worton & Comp., NY 1977 (Teil einer umfassenden Biographie: *Living Biography.* Schwerdloff, Bluma Columbia University 1976)

KUIPER, Piet C.: *Seelenfinsternis. Die Depression eines Psychiaters.* Fischer Vlg., Ffm 1991, 1993, ill., 255 S.; Fischer TB 12764, Ffm 1995; ill., 255 S.; niederländ. OT: *Ver heen.* (o.J.)

LEISEN, Trabert: *Selbsterfahrung.* AG SPAK Publikationen, Mchn. 1985, 78 S.

M., Peter: *Zwangsneurose. Erlebnisbericht eines psychisch Kranken.* Frieling Vlg., Bln. 1993[1], 126 S.

MANNSDORFF, Peter: *Das verrückte Wohnen.* Psychiatrie Vlg., Bonn 1992, 180 S.

10

MAYS, John Bentley: *In den Fängen der schwarzen Hunde. Mein Leben mit der Depression.* Piper Vlg., Mchn., Zürich 1999, ill., 287 S., US OT: *In the Jaws of the Black Dog.* (o.J.)

MESRINE, Jacques: *Der Todestrieb.* (Autobiographie.) Nautilus Nemo Press, Hbg. 1980, 349 S.

MOSER, Tilman: *Lehrjahre auf der Couch. Bruchstücke meiner Psychoanalyse.* Suhrkamp TB 352, Ffm 1976, 1989[8], 244 S.

SELLIN, Birger / KLONOVSKY, Michael (Hg): *Ich Deserteur einer artigen Autistenrasse. Neue Botschaften an das Volk der Oberwelt.* Kiepenheuer & Witsch, Köln, 1995[1], ill., 253 S.; 1997, ill., 215 S.

SELLIN, Birger / KLONOVSKY, Michael (Hg): *Ich will kein Inmich mehr sein. Botschaften aus einem autistischen Kerker.* Büchergilde Gutenberg, Ffm, 1994, ill., 214 S.; Kiepenheuer & Witsch TB 382, Köln 1995, 237 S.

STYRON, William: *Sturz in die Nacht. Die Geschichte einer Depression.* Kiepenheuer & Witsch, Köln 1991, 1992[2], 78 S.; Büchergilde Gutenberg, Ffm, Wien 1992, 87 S.; US OT: *Darkness Visible.* 1990

SUN, Felix: *Beherrscht von Zwang und Panik. Hintergründe und Bewältigung einer Erkrankung.* Walter Vlg., Solothurn, Düsseldorf 1995, 127 S.

SUTHERLAND, Stuart: *Die seelische Krise. Vom Zusammenbruch zur Heilung.* (Heilung durch Psychoanalyse.) Fischer TB 6720, Ffm 1983, 317 S.; engl. OT: o.A.; Weidenfeld & Nicolson, London 1976

WEGMÜLLER, Fried: *Tiefen und Höhen. Erlebnisse in einer psychosomatischen Klinik und danach.* Karin Fischer Vlg., Aachen 1991, 221 S.

ZÖLLER, Dietmar: *Ich gebe nicht auf. Aufzeichnungen und Briefe eines autistischen jungen Mannes, der versucht, sich die Welt zu öffnen.* dtv 30452, Mchn. 1995, ill., 222 S.

ZÖLLER, Dietmar: *Wenn ich mit euch reden könnte ... Ein autistischer Junge beschreibt sein Leben.* Scherz Vlg., Mchn. 1989, 222 S.; dtv 11455, Mchn. 1991, 223 S.

Eltern <27>

10

Eltern: Mütter <20>

ANDERS, Gisa: *Eine Fantasie guckt aus dem Fenster. Wie ein autistischer Junge geheilt wurde.* Frieling Vlg., Bln. 1998[1], ill., 283 S.

ANSTEDT, Sera: *Alle meine Freunde sind verrückt. Aus dem Leben eines schizophrenen Jungen. Bericht einer Mutter.* Piper Vlg., Mchn., Zürich 1989, 1989[2], 156 S.; niederl. OT: *Al mijn vrienden zijn gek.* (o.J.)

CALLAHAN, Mary: *Tony. Diagnose Autismus.* (Die Mutter erobert sich den Zugang zu ihrem 2jährigen Sohn – heute ist Tony ein gesunder, fröhlicher Junge.) Bastei-Lübbe TB 61158, Berg.-Gladb. 1989, 1995[16], ill., 239 S.; US OT: *Fighting for Tony.* (o.J.)

DEVESON, Anne: *Jonathan. Mit 16 Jahren erkrankt er an Schizophrenie. Seine Mutter kämpft um sein Leben.* Econ TB 26063, Düsseldorf 1993[1], ill., 429 S.; austral. OT: *Tell Me I'm Here.* (o.J.)

DUNBAR, Maureen: *Catherine. Ein tragisches Leben.* (Eine Mutter beschreibt die Leiden ihrer Tochter, die an Magersucht stirbt.) Francke Vlg., Marburg 1991, 124 S.

HERTZ, Lone: *Ich sage nichts, weil ich mich vor der Welt fürchte. Eine Mutter baut ihrem autistischen Sohn Brücken ins Leben.* Herder, Frb. 1995, 256 S.; dän. OT: *Sisyfosbreve.* (o.J.)

HUNDLEY, Joan M.: *Der kleine Außenseiter. Die Geschichte eines autistischen Kindes.* Otto Maier Vlg., Ravensburg 1971, 176 S., austral. OT: *The Little Outsider.* (o.J.)

KLEIN, Grace A.: *Lisa. Eine Mutter erzählt vom Leben mit ihrer schizophrenen Tochter.* Gedichte von Lisa KLEIN. Droemer Knaur TB 75019, Mchn. 1993[1], 415 S.; US OT: *Silence In My Heart.* (o.J.)

KOPPETSCH, Margarete: *Der Frosch in der Milchschüssel. Eine Mutter kämpft für ihr autistisches Kind.* Herder TB 4300, Frb. 1994[1], 192 S.

LEFÈVRE, Françoise: *Schwarze Wolke Niemandsland. Die Geschichte der außergewöhnlichen Heilung des autistischen Kindes Julien-Hugo.* Beltz-und Quadriga-Vlg., Weinheim, Bln. 1997[1], ill. 167 S.; franz. OT: *Surtout ne me dessine pas un mouton.* (o.J.)

LEFÈVRE, Françoise: *Stummer, kleiner Prinz. Die Geschichte meines autistischen Kindes.* Heyne Vlg., Mchn. 1993, 175 S.; franz. OT: *Le petit prince cannibale.* (o.J.)

MATTMANN, Franziska: *Das verlorene Ich. Tagebuch einer Mutter.* (Über die Probleme mit Michael, ihrem Sohn, der an Schizophrenie leidet.) Zytglogge Vlg., Gümlingen, Bonn 1980, 1988[3], 94 S.

MAURICE, Catherine: *Ich würde euch so gern verstehen. Eine Mutter kämpft um ihre autistischen Kinder.* Vlg. List, Mchn., Lpz. 1993, 394 S.; US OT: *Let Me Hear Your Voice.* (o.J.)

MUTHESIUS, Sibylle: *Flucht in die Wolken.* (Bericht der Mutter über die psychische Erkrankung ihrer Tochter anhand von Briefen, Tagebuchaufzeichnungen, Malerei der 17jährigen Kranken.) Buch-Vlg. Der Morgen, Bln. (damals Ost-) 1981, 1984[4], 526 S.

PARK, Clara C.: *Eine Seele lernt leben. Der erfolgreiche Kampf einer Mutter um ihr autistisches Kind.* (Die Mutter und Lehrerin schildert ihre jahrelange Mühe, ihrem Kind den Zugang zum bewußten Leben zu öffnen.). Scherz Vlg., Mchn. 1973, 255 S.; dtv-sachbuch 39347, Mchn. 1993. 291 S.; US OT: *The Siege.* 1967

PINNEY, Rachel: *Bobby.* (Ihr autistisches Kind.) Droemer Knaur TB 2342, Mchn. 1985, 255 S.; engl. OT: *Bobby;* 1967

SULTHAUS, Theresia: *Die Angst vor der Angst. Die Geschichte eines jungen Mannes, der vergebens ankämpft gegen eine der häufigsten Krankheiten unserer Zeit, die Depression.* Vlg. Ria-Buch, Wiesbaden 1996[1], 266 S.

TAYLOR-MCDONELL, Jane: *Im Grenzland der Gefühle. Leben mit einem autistischen Sohn.* Droemer Knaur TB 75073, Mchn. 1995[1], 560 S.; US OT. *News From the Border.* (o.J.)

THIEME, Gerda: *Leben mit unserem autistischen Kind. Möglichkeiten und Grenzen einer Hilfe im Elternhaus. Ein Bericht über die ersten 12 Lebensjahre.* Gerda Crummenerl Vlg., Lüdenscheid 1970, 139 S.

THIEME, Gerda: *Dirk lernt Verstehen. Ein Bericht über weitere vier Lebensjahre.* Gerda Crummenerl Vlg., Lüdenscheid 1974, 28 S.

Eltern: Väter <6>

10

CONRAD, Klaus: *Dauerndes Glück. Chris.* (Autobiographischer Roman über sein autistisches Kind.) Kiepenheuer & Witsch, Köln 1980, 346 S.; Fischer TB 5246, Ffm 1982

FRANKLAND, Mark: *Glaswände. Leben mit einem Autisten.* Droemer Knaur TB 75047, Mchn. 1996[1], 299 S.; engl. OT: *Freddie the Weaver.* (o.J.)

GAGELMANN, Hartmut: *Kai lacht wieder. Ein autistisches Kind durchbricht seine Zwänge.* Geleitwort Wim TOELKE. Walter Vlg., Olten, Frb. 1983, 1984[5], 156 S.; Droemer Knaur TB 2338, Mchn. 1986, 1994[14], 1995[15], 155 S.

GREENFIELD, Josh: *Noah.* (Bericht über sein autistisches Kind.) Droemer Knaur TB 2365, Mchn. 1988, 249 S.; US OT: *Child Called Noah.* (o.J.)

GREENFIELD, Josh: *Noah – Schritte ins Leben.* (Fortsetzung von »Noah«.) Droemer Knaur TB 2366, Mchn. 1988, 362 S.; US OT: *Place for Noah.* (o.J.)

KAUFMAN, Barry Neil: *Ein neuer Tag. Wie wir unserem autistischen Sohn aus seiner Einsamkeit befreiten.* Dt. Vlgs.-Anst., Stgt. 1981, 208 S.; dtv 10233, Mchn. 1984 unter dem Titel: *Ein neuer Tag. Wie wir unser Sorgenkind heilten.* Bastei-Lübbe TB 61255, Berg.-Gladb. 1993, ill., 255 S., Lit.Verz. (8 S.); US OT: *Son-Rise;* NY 1976

Eltern: gemeinsam <1>

SCHWEIZERISCHER VEREIN DER ELTERN AUTISTISCHER KINDER UND WEITERER AM AUTISMUS INTERESSIERTER (Hg): *Wer hilft uns heraus aus dem Schneckenhaus? Erlebnisberichte von Eltern mit autistischen Kindern.* Sveak Vlg., Kreuzlingen 1994, 95 S.

 **Erwachsene Kinder <1>**

 **Söhne <1>**
LAGERCRANTZ, Olof: *Mein erster Kreis Die Geschichte meiner Jugend*. (Belastet durch seine Lungenkrankheit und die depressive Mutter.) Insel Vlg., Ffm 1984, 230 S.; schwed. OT o.A.

 **Geschwister <1>**

 **Schwestern <1>**
MOORMAN, Margaret: *Zwiespalt. Meine schizophrene Schwester und ich*. Droemer Knaur TB 75045, Mchn. 1994[1], 318 S.; US OT: *My Sister's Keeper*. (o.J.)

 **Angehörige / Familie: gemeinsam <2>**

 BARRON, Judy und Sean: *Hört mich denn niemand? Eine Mutter und ihr Sohn erzählen, wie sie gemeinsam den Autismus besiegten*. Goldmann TB, Mchn. 1992, Bertelsmann-Club 1993, 252 S.; US OT: o.A.
HATTEBIER, Edda: *Reifeprüfung. Eine Familie lebt mit psychischer Erkrankung*. Psychiatrie Vlg., Bonn 1999[1], 192 S.

10

 Partner <7>

 Partner: Frauen <2>
DÖRNTROP, Vera: *Ich ahne etwas. Leben an der Seite eines psychisch Erkrankten*. (Eine Ehefrau erzählt.) Francke Vlg., Marburg 1988, 52 S.
HOLTZ, Hannelore: *Schatten auf der Seele. Mein Mann ist depressiv*. Droemer Knaur TB 75076, Mchn. 1994[1], 151 S.

 Partner: Männer <1>
REED, David: *... als flöge sie nach Haus. Bericht über Anna*. (Ein Ehepartner begleitet seine schizophrene Frau, schildert Behandlungsmethoden und beschreibt seine Verlassenheit nach dem Freitod von Anna.) Claassen Vlg., Düsseldorf 1978, 256 S.; rororo TB 4899, Rb. 1982, 224 S.; engl. OT: *Anna*. London 1976

 Partner: gemeinsam <4>
BERNARD, Ursula / BERNARD, Paul: *Aus Ängsten und Zwängen ins Leben zurück*. Ariane Vlg., Königstein 1994[1], 347 S.
GOTKIN, Janet und Paul: *Zu viel Zorn, zu viele Tränen. Ein persönlicher Sieg über die Psychiatrie*. Radius Vlg., Stgt. 1977, 288 S.; US OT: o.A.
HULME, William und Lucy: *Depression. Wenn die Seele Tränen weint*. (William leidet selbst an dieser Krankheit, seine Frau kämpft mit ihm zusammen dagegen an. Aus dieser

Erfahrung heraus versuchen sie Menschen zu helfen, diese Krankheit zu verstehen, sie behandeln zu lassen und schließlich zu überwinden.) Projektion J, Buch- und Musik-Vlg., Asslar 1997, ill., 137 S., US OT: *Wrestling with Depression; Reclaiming Life*. (o.J.)

WEBER-GAST, Ingrid: *Weil du nicht geflohen bist vor meiner Angst. Ein Ehepaar durchlebt die Depressionen des einen Partners*. Matthias-Grünewald-Vlg., Mainz 1978, 1984[6], 109 S.; Grünewald Sprechkassette Mainz 1989, 2x20 Minuten

  Fachleute <73>

Fachleute: Frauen <36>

ARNOLD, Susanne: *Eros über dem Abgrund. Schizophrenie als menschliches Schicksal?*
Rothenhäusler Vlg., Stäfa 1995, 87 S.

ATWOOD, Margaret: *Die eßbare Frau. Roman.* (Kurz vor der Hochzeit mit Peter begegnet Marian dem exzentrische Duncan. M. kann plötzlich nicht mehr essen. Ihr Unterbewußtsein beginnt, sich gegen den weiblichen Rollenzwang zu wehren.) Claassen Vlg., Düsseldorf 1987, 1990[5], 1992, 366 S.; kanad. OT: *The Edible Woman*. London 1969

AXLINE, Virginia M.: *Dibs. Die wunderbare Entfaltung eines menschlichen Wesens.* (Ein seelisch gestörtes Kind gesundet in psychotherapeutischer Behandlung.) Scherz Vlg., Mchn. 1971, 220 S.; Droemer Knaur TB 813, Mchn. 1982, 218 S.; US OT: *Dibs in Search of Self*. (o.J.)

CLAUDE-PIERRE, Peggy· *Der Weg zurück ins Leben. Magersucht und Bulimie verstehen und heilen*. Krüger Vlg., Ffm 1998, 327 S.; US OT: *The Secret Language of Eating Disorders*. (o.J.)

CLEMENT, Barbara: *Ein Kind wird gesund ... Der Weg einer psychologischen Behandlung.* Bonz Vlg., Fellbach 1982, 136 S.

DEFERSDORF, Roswitha: *Drück mich mal ganz fest. Geschichte und Therapie eines wahrnehmungsgestörten Kindes.* Herder, Frb. 1994[6], 205 S.; Herder TB 4041, Frb. 1994[7], 205 S.; 1995[8], 1996[9], 208 S.

DOLTO, Françoise: *Der Fall Dominique.* (Bericht über eine Kinderanalyse.) Suhrkamp TB 140, Ffm 1984, 301 S.; franz. OT: o.A.

EGGER, Bettina: *Der gemalte Schrei. Geschichte einer Maltherapie.* Zytglogge Vlg., Gümlingen 1991, 175 S.

FRÉDERIC, Hélène / MALINSKI, Martine: *Martin. Eine Kindertherapie.* Klett Cotta Vlg., Stgt. 1984, 116 S.; franz. OT: o.A.

GIPSER, Dietlinde / KUNZE, Sabine: *Katzen im Regen. Das Drama mit dem Psychodrama.* (Erfahrungen in der Psychodrama-Ausbildung.) Edition Zebra, Hbg. 1989, 262 S.

GÖCKEL, Renate: *Endlich frei vom Eßzwang. Zwölf Beispiele, wie man die Eßsucht überwinden kann*. Kreuz Vlg., Zürich 1991, 200 S.

GÖCKEL, Renate: *Eßsucht oder die Scheu vor dem Leben. Eine exemplarische Therapie.*, rororo 8444, Rb. 1994 (38.–40. Tsd.), 214 S.; 1996, 212 S.

HÖCHLI, Dominique: *60 Jahre schizophren. Die Lebensgestalt R. G. als Spiegel einer Krankheit, der Psychiater, der Psychiatrie.* Juris Druck & Vlg., Zürich 1982, 49 S.

HUBER, Michaela: *Multiple Persönlichkeiten. Überlebende extremer Gewalt.* (Ein Buch für Betroffene wie für Therapeuten.) Fischer TB, Ffm 1995, 416 S.

ISAKSON, Ulla: *Die Seligen.* (Der Psychiater Dettow setzt sich mit dem Freitod eines Ehepaares auseinander und entdeckt, daß er seine verstorbene Frau nie verstanden hat.) rororo TB 5882, Rb. 1986, 247 S.; schwed. OT: *De tva saliga*. Stockholm, Alba Vlg. (o.J.)

KRÜGER, Astrid: *Panik. Chance für einen Neubeginn?* Triga Vlg., Gelnhausen 1998[1], 159 S.

LAUBENSTEIN, Dagmar: *Interaktionen zwischen Copingprozessen und Selbstkonzepten bei ersterkrankten Schizophrenen in einem Zeitraum von drei Jahren.* Diss., Universität Mannheim 1996; Hartung-Gorre Vlg., Konstanz 1996, 261, [56] S.

10

LITTLE, Margaret I.: *Die Analyse psychotischer Ängste. Zwei unorthodoxe Fallgeschichten.* Klett-Cotta Vlg., Stgt. 1994, 157 S.; engl. OT: *Psychotic Anxieties and Containment.* (o.J.)

MEVES, Christa: *Ich will mich ändern. Geschichte einer Genesung.* Herder TB 885, Frb. 1984, 125 S.

MORGENROTH, Hannelore: *Leben mit neuen Farben. Ein Weg aus der Eßsucht und Depression.* (Therapeutische Begleitung der 21jährigen depressiven Beate durch die Pfarrersfrau und Pflegemutter.) Pustet Vlg., Salzburg 1989, 127 S.

PLAGWITZ, Angelika Maria: *Sucht und Sehnsüchte. Ein Erfahrungsbericht zur Bulimie.* Deutscher Ärzte Vlg., Köln 1988, 1990[2], 97 S.

PREKOP, Jirina: *Der kleine Tyrann. Welchen Halt brauchen Kinder?* (Rat der bekannten Kinderpsychologin an Eltern, die eigentlich in der Kindererziehung alles richtig wollten.) Kösel Vlg., Mchn. 1988, 150 S. 1995, ill., 187 S.; dtv, Mchn. 1998, ill., 187 S.

REMPP, Nina: *Schichtbarrieren. Von den Verständigungsschwierigkeiten in einer Psychoanalyse.* Maro Vlg., Augsburg 1987, 160 S.

SANDERS, Hilde: *Mütter in der Krise. Konflikt als Chance. Der Erfahrungsbericht einer Psychotherapeutin.* Maro Vlg., Augsburg 1987, 160 S.

SANFACON, Cheryl / MOCCERO, Joyce: *Meine Frau ist nicht verrückt. Was ich als Partner tun kann.* Blaukreuz Wuppertal 1998, 112 S.; US OT: *Linked to Someone in Pain.* (o.J.)

SCHERNUS, Renate: *Wer hat Angst vorm bösen Wolf? Der Störenfried, die Nachbarschaft und die Anstalt.* Psychiatrie Vlg., Bonn 1987, 127 S.

SCHIFF, Jacqui Lee / DAY, Beth: *Alle meine Kinder. Heilung der Schizophrenie durch Wiederholen der Kindheit.* Kaiser TB 81, Mchn. 1970, 1990[2], 193 S.; US OT: *All My Children.* (o.J.)

SCHUCHARDT, Erika: *Vom Gesundsein der Kranken.* In Illich, Ivan u.a. (Hg.): *Was macht den Menschen krank?* 18 kritische Analysen. Internat. Kongreß »*Gesundsein in eigener Verantwortung.*« Birkhäuser Vlg., Basel, Bln. 1991

SLATER, Lauren: *Als auf Oscars Bauch ein Raumschiff landete. Normale Geschichten aus einer verrückten Welt.* (L. S. berichtet nicht von Fällen, sondern von Menschen, von verletzlichen Individuen, denen sie bei ihrer Arbeit in einer psychiatrischen Klinik begegnet.) Rowohlt Vlg., Rb. 1996[1], 186 S., US OT: *Welcome to My Country; Journeys Into the World of a Therapist and Her Patients;* 1996

STEHLI, Annabel: *Dancing in the Rain. Ein autistisches Kind besiegt seine geheimnisvolle Krankheit.* Heyne 2003, Mchn. 1991, 271 S.; US OT: *Sound of a Miracle.* (o.J.)

THURM-MUSSGAY, Irmgard: *Krankheitsverarbeitung Schizophrener. Die Anwendung des Coping-Konzepts auf die Schizophrenie.* Hartung-Gorre Vlg., Konstanz 1990, 170 S.

UDE, Anneliese: *Betty. Protokoll einer Kinderpsychotherapie.* (Wie groß Bettys Einsamkeits- und Verfolgungsängste waren, zeigen nicht nur die Behandlungsprotokolle, sondern besonders die Zeichnungen der 6jährigen, aus denen sich der Heilungsprozeß ablesen läßt. – Und die für Eltern wichtige Erkenntnis, daß sich in der seelischen Problematik des Kindes die eigenen Konflikte widerspiegeln.) Dt. Vlgs.-Anst., Stgt. 1975, 175 S; dtv 1367, Mchn. 1978; 1989[10] (jetzt unter dem Namen: UDE-PESTEL, Anneliese),1995[15], ill., 171 S.

UDE-PESTEL, Anneliese: *Ahmet. Geschichte einer Kindertherapie.* (Ahmet, der Sohn schwer arbeitender Eltern, muß durch die Therapie aus einem Meer von Angst und Verlassenheit geholt werden. Piper Vlg., Mchn. 1981, 1983[2], 258 S.; dtv 10070, Mchn. 1983, 1991[6], 213 S.; dtv 30088, 1994[7], Piper TB 2740, Mchn. 1999, 213 S.

WHITAKER, Napier: *Die Bergers.* (Beispiel einer erfolgreichen Kindertherapie.) rororo TB 7652, Rb. 1984, 314 S.; US OT: *The Family Crucible.* 1978

WIEGHAUS, Bernarda: »*Ich habe mich nicht gemalt, weil ich nicht zur Familie gehöre.« Eine Kindertherapie.* Kösel Vlg., Mchn. 1985, 119 S.

WILMS, Sigrid / JARMER, Ute: *Schwarzer Vogel Depression. Die Entwicklung einer Depression und ihre Heilung.* (Die Autorinnen sind Schwestern, beide Fachärztinnen für Psychiatrie. Eine war an einer schweren Depression erkrankt, die andere hat sie begleitet. Autobiographischer Bericht von der Kindheit bis zur Depressionserkrankung im Erwachsenenalter. Ein medizinischer Kommentar erläutert in verständlicher

Sprache Erscheinungsformen, Entstehung und Behandlung.) Vandenhoeck & Ruprecht, Göttingen 1999, 102 S.

Fachleute: Männer <33>

BECK, Dieter: *Krankheit als Selbstheilung.* (Körperliche Erkrankungen können ein Versuch zur seelischen Heilung sein.) Nachwort Elisabeth Kübler-Ross. Insel Vlg., Ffm 1981, 173 S.; Suhrkamp TB 1126, Ffm 1985, 173 S.

BOLLAND, John / SANDLER, Joseph: *Die Hamstead-Methode.* (Fallstudie: Die Psychoanalyse eines 2jährigen Kindes.) Vorwort Anna Freud. Fischer TB 42269, Ffm 1986, 204 S.

D'AMBROSIO, Richard: *Der stumme Mund. Die Erlösung eines mißhandelten Mädchens aus Sprachlosigkeit und seelischer Erstarrung.* (Sprachverweigerung durch Schock nach elterlicher Mißhandlung der 1½jährigen. Diagnose Schwachsinn und Schizophrenie. Laura ist 14, als die heilende Psychotherapie beginnt.) Scherz Vlg., Mchn. 1971, 1973[3], 228 S.; Droemer Knaur TB 794, Mchn. 1995[16], 158 S.; US OT: *No Language But a Cry.* (o.J.)

EKSTEIN, Rudolf: *Grenzfallkinder. Klinische Studien über die psychoanalytische Behandlung schwerstgestörter Kinder.* E. Reinhardt Vlg., Mchn. 1973, 285 S.

GOETZ, Rainald: *Irre.* (Der Arzt beschreibt die Arbeit in einer psychiatrischen Klinik.) Suhrkamp TB 1224, Ffm 1986, 330 S.

HAUTZINGER, Martin: *Bewältigung von Belastungen. Selbstgesteuerte Überwindung von Depressivität und Prävention psychischer Beeinträchtigungen.* Roderer Vlg., Regensburg 1990, 159 S.

HEITKAMP, Uwe: *Wahnsinn. Meine Reise durch die Psychiatrie der Republik.* Slg. Luchterhand 839, Ffm 1989, 282 S.

JANISCH, Heinz (I Ig): *Leben mit der Angst. Vom Umgang mit Ängsten und Depressionen.* Ueberreuter Vlg., Wien 1995, 187 S.; Lit.Verz. (3 S.)

KELLNER, Jakob: *Zwiesprache mit Ziwjah. Das Werden einer neuen Identität. Tagebuch einer Behandlung.* Lambertus Vlg., Frb. 1972, 192 S.; hebräi. OT: o.A.; The Hebrew University of Jerusalem 1969

KIPPHARDT, Heinar: *März. Roman.* (Über einen an Schizophrenie leidenden Dichter / Theatermann / Schriftsteller / Facharzt für Psychiatrie H. K. Gleichzeitig ein authentischer Beitrag zur Psychiatrie-Diskussion und ein Künstlerroman über die»Normalität« in der Gesellschaft.) Athenäum Vlg. 1975, AutorenEdition Bertelsmann, Mchn. 1976, 253 S.; rororo TB 4559, Rb. 1978, 192 S. (Das Buch wurde 1975 für das Fernsehen verfilmt. Das Drehbuch erschien 1977 bei Wagenbach, Bln.)

LAKE, Tony: *Depressionen bewältigen.* Müller Vlg., Rüschlikon-Zürich, 1990, 158 S.; engl. OT *Defeating Depression.* (o.J.)

LANE, Robert: *Robby. Ein Zeugnis für die schier unglaubliche Kraft des Menschen, Leid durch Verständnis und Liebe zu überwinden.* (Ein autistisches Kind.) Scherz Vlg., Mchn. 1984, 1986[3], 239 S.; dtv 10771, Mchn. 1989; US OT: *A Solitary Dance.* 1983

LINDENBERG, Wladimir: *Schicksalsgefährte sein ... Aufzeichnungen eines Seelenarztes.* Ernst Reinhardt Vlg., Mchn., Basel 1967, 1970[3], 281 S.; russ. OT: o.A.

MAAS, Hermann: *Der Seewolf.* (Darstellung einer psychoanalytischen Methode anhand von Fallbeispielen.) Walter Vlg., Olten 1984, 129 S.

MACKNEW, Donald / CYTRYN, Leon / YAHRAES, Herbert: *Warum kann Michael nicht weinen?* rororo TB 7934, Rb. 1985, 160 S.; US OT: o.A.

MOSER, Tilman: *Das erste Jahr. Eine psychoanalytische Behandlung.* Suhrkamp TB 1573, Ffm 1988, 196 S.

MOSER, Tilman: *Romane als Krankheitsschichten.* Edition Suhrkamp 1304, Ffm 1984, 200 S.

NOHL, Paul Gerhard: *Mit seelischer Krankheit leben. Hilfen für Betroffene und Mitbetroffene.* Vandenhoeck & Ruprecht, Göttingen 1981, 1991[3], 209 S.

NOHL, Paul Gerhard: *Nachdenken über mich. Chancen im Kranksein.* Vandenhoeck & Ruprecht, Göttingen 1984, 145 S.

REY, Karl Guido: *Neuer Mensch auf schwachen Füßen. Erfahrungen eines Psychotherapeuten mit Gott.* Kösel Vlg., Mchn. 1981, 1984[2], 141 S.

RICHTER, Horst-Eberhard: *Umgang mit der Angst.* (Der Sozialpsychologe und Psycho-analytiker beschreibt, wie Angst entsteht und wie sie – krankhaft oder konstruktiv – verarbeitet werden kann.) Econ TB, Mchn. 2000, 317 S.

RÖDER, Christian Heinrich: *Neurotische Krankheitsverarbeitung. Ein Beitrag zur interaktio-nellen und interpersonellen Psychosomatik.* Diss., Universität Ffm 1996; VAS Vlg., Ffm 1996, 209 S.

SACKS, Oliver: *Der Mann, der seine Frau mit einem Hut verwechselte.* (Oliver Sacks ist Prof. für Klinische Neurologie in NY. Hier schreibt er über das Tourette-Syndrom) Rowohlt, Rb. 1987; rororo TB, Rb. 1998, 319 S.; US OT: *Man Who Mistook His Wife for a Hat; And Other Clinical Tales.* (o.J.); vgl. dazu K10[V]: HARTUNG, Sven

SCHMIDBAUER, Wolfgang: *Ich wußte nie, was mit Vater ist. Das Drama des Krieges.* (Der bekannte Psychoanalytiker beschreibt an Fallbeispielen die seelischen Folgelasten des Krieges, an denen die Vätergeneration wie auch deren Kinder leiden.) Rowohlt, Rb. 1998[1], 340 S.

SCHOENEWOLF, Gerald: *Jennifers sieben Gesichter. Ein Psychiater berichtet über die Persön-lichkeitsspaltung seiner Patientin.* Droemer Knaur TB 75028, Mchn. 1994[1], 300 S.; US OT: *Jennifer and Her Selves.* (o.J.)

SCHULZ, Bernd Joachim: *Das hoffnungslose Leben der Anna M. Bericht über eine Schizophre-nie.* Fischer TB 3255, Ffm 1988, 1990[2], 94 S.

SIEGEL, Ronald K.: *Der Schatten in meinem Kopf. Geschichten aus der Welt des Wahnsinns.* (Wissenschaftlich fundiert sind die Fallstudien des Psychiaters über die durch Drogen-konsum, psychische oder physische Gewalt begründeten ›Schattenwelten‹: Wahnvor-stellungen seiner Patienten.). Eichborn Vlg., Ffm 1996, 370 S.; Lit.Verz. (6 S.); rororo TB, Rb. 1999, 381 S., US OT: *Whispers; The Voices of Paranoia.* 1996

TECKER, Georg: *Morbus Crohn, Colitis ulcerosa. Darmerkrankungen aus ganzheitlicher Sicht.* Mabuse Vlg., Ffm 1985, 1991[6], 160 S.

TOBIAS, Karl-Heinz: *Damit ich wieder normal leben kann.* (Bilder einer Wohngemeinschaft psychisch Behinderter.) Psychiatrie Vlg., Recklinghausen 1984, 160 S.

TOBIAS, Karl-Heinz: *Muntermonika.* (Fotoband über das Leben des psychisch behinder-ten Rudolf K.) Psychiatrie Vlg., Rehburg-Loccum 1984, 60 S.

10   TOBINO, Mario: *Die Frauen von Magliano.* (Arzt im psychiatrischen Krankenhaus.) Unions Vlg., Zürich 1986, 185 S.

WIETERSHEIM, Jörn von: *Die Bedeutung belastender Lebensereignisse für die Rezidivauslö-sung bei Colitis ulcerosa und Morbus Crohn.* Lang Vlg., Ffm 1991, 154 S.

WINNICOT, Donald W.: *Piggle. Eine Kinderanalyse.* (Das Wechselspiel zwischen dem Kind, den Eltern und dem Analytiker.) Klett Cotta Vlg., Stgt. 1980, 189 S.; engl. OT: *The Piggle. An Account of the Psychoanalytic Treatment of a Little Girl.* NY 1977

Fachleute: gemeinsam <4>

IV   AEBI, Elisabeth (Hg): *Soteria im Gespräch. Über eine alternative Schizophrenenbehandlung.* Psychiatrie Vlg., Bonn 1993[1], 188 S.

KNOPP, Marie-Luise / NAPP, Klaus (Hg): *Wenn die Seele überläuft. Kinder und Jugendliche erleben die Psychiatrie.* Psychiatrie Vlg., Bonn, 1995, 1996[3], 216 S.

KNOPP, Marie-Luise / NAPP; Klaus (Hg): *Reif für die Klappe? Über die Kinder- und Jugendpsychiatrie.* Nachwort Johannes Rau. Fischer TB 13405, Ffm 1997[1], 229 S.

MEYER, Willi / WYDLER, Gertrud: *Anja. Abenteuer einer Kindertherapie.* Walter Vlg., Olten 1982, 155 S.

 **Betroffene zusammen mit Fachleuten <39>**

Betroffene zusammen mit Fachleuten: Frauen <18>

BATES, Carolyn M. / BRODSKY, Anette M.: *Eine verhängnisvolle Affäre oder Sex in the therapy hour.* (Die Problematik sexueller Kontakte zwischen TherapeutInnen und PatientInnen.) Vlg. Junfermann, Paderborn 1990, 265 S.; US OT: *Sex in The Therapy Hour.* (o.J.)

BECKERLE, Monika: *Depression. Leben mit dem Gesicht zur Wand. Erfahrungen von Frauen.* Fischer TB 4726, Ffm 1989, 1990[3], 250 S.

BRUCH, Hilde: *Das verhungerte Selbst. Gespräche mit Magersüchtigen.* Fischer TB 10167, Ffm 1990, 224 S.

CASEY, Joan Frances / WILSON, Lynn: *Ich bin viele. Eine ungewöhnliche Heilungsgeschichte.*(Multiple Persönlichkeit.) Rowohlt, Rb., Januar 1992[1], rororo 9566, Rb. 1995, 439 S.; US OT: *The Flock.* J. F. Casey 1991

GERLINGHOFF, Monika (Hg): *Magersucht und Bulimie. Innenansichten. Heilungswege aus der Sicht Betroffener und einer Therapeutin.* Piper Vlg., Mchn. 1985; Piper TB 1145, Mchn., Zürich 1990; 1996 (überarb. u. erw. TB Aufl., Titel: *Magersüchtig. Eine Therapeutin und Betroffene berichten.*) 219 S.; Pfeiffer Vlg., Mchn. 1996, 212 S.

HARTUNG, Sven / HOLZAPFEL, Ann: *... sonst bin ich ganz normal. Leben mit dem Tourette-Syndrom.* (Diese noch wenig erforschte Krankheit äußert sich in vielfältigen motorischen und akustischen Tics. Leicht vorzustellen, wie solche oft unangenehm auffallenden, manchmal lächerlich wirkenden Kranken bei ihrer Umgebung ›ankommen‹). (s. a. K1[IV] SACKS, Oliver) Rasch & Röhring Vlg., Hbg. 1995, ill., 151 S.

HÜLSEMANN, Irmgard: *Berührungen, Sexualität und Lebensgeschichte im Patriarchat.* (Die Psychologin hat Therapiegespräche mit Frauen und Männern aufgezeichnet und analysiert.) Slg. Luchterhand 875, Ffm 1984, 1990[4], 201 S.

KESSLER, Nicola (Hg.): *Manie-Feste. Frauen zwischen Rausch und Depression. Drei Erfahrungsberichte.* Psychiatrie Vlg., Bonn 1995, 179 S.

KNOPP, Marie-Luise / HEUBACH, Barbara (Hg): *Irrwege, eigene Wege. Junge Menschen erzählen von ihrem Leben nach der Psychiatrie.* Psychiatrie Vlg., Bonn 1999[1], 198 S.

LINDENBERG, Nita: *Sich selber fremd. – Ein Leben der Begegnungen mit kranken Menschen.* (Berichte von psychisch kranken Menschen.) Urachhaus Vlg., Stgt. 1981, 135 S.

NAKHLA, Fayek / JACKSON, Grace: *Ich bin in tausend Scherben. Innenansichten einer Psychotherapie.* dtv 35134 (Dialog & Praxis), Mchn. 1997[1], 172 S., Lit.Verz. (6 S.); US OT: *Picking up the Pieces.* (o.J.)

NIESS, Nicosia / DIRLICH-WILHELM, Hanne: *Leben mit autistischen Kindern. Erfahrungen und Hilfen.* Herder TB 4387, Frb. 1995[1], 153 S.

PRINZEN, Helma: *»... aber sonst geht's mir gut.«* (Leiden unter einer Zwangsneurose.) Droemer Knaur TB 8009, Mchn. 1986, 208 S.

RÜFFER, Anne: *Leben mit Schizophrenie. 52 Gespräche mit Bettina über ihren Weg aus der Krankheit.* (Einblicke in die Ursachenforschung zur Schizophrenie und die Behandlungsmethoden.) Scherz Vlg., Mchn. 1999[1], 190 S.; Lit.Verz. (3 S.)

SCHILLER, Lori / BENNET; Amanda: *Wahnsinn im Kopf. Mein Weg durch die Hölle der Schizophrenie.* (Lori, 17, intelligent, aus behütetem Elternhaus, hört Stimmen, die sie allmählich ganz beherrschen. Diagnose: Schizophrenie. Sie verbringt mehrere Jahre in einer geschlossenen Abteilung, bis eine Ärztin ihr helfen kann.) Lübbe Vlg., Berg.-Gladb. 1995, 400 S.; Bastei-Lübbe TB 61377 1996; US OT: *The Quiet Room. A Journey Out of the Torment of Madness.* (o.J.)

SCHOLINSKI, Daphne / ADAMS, Jane Meredith: *Mein Leben gehört mir!* (Mit 15 wird Daphne in eine psychiatrische Klinik eingewiesen, weil sie sich nicht ›mädchenhaft‹ genug verhält. Doch sie hat das Gefühl, daß die Therapeuten nicht wirklich interessiert, wie es in ihr aussieht.) Bastei-Lübbe TB 61427, Berg.-Gladb. 1999[1], 303 S.; US OT: o.A.

10

SCHWARZ, Jutta Ute: *Gegenseitigkeit.* (10 Tagebuchgeschichten. Erfahrungen einer Seelsorgerin an einem Psychiatrischen Landeskrankenhaus.) Neukirchener Vlg., Neukirchen-Vluyn 1982, 117 S.

WOGGON, Brigitte: *Ich kann nicht wollen! Berichte depressiver Patienten.* Huber Vlg., Bern, Göttingen, Toronto, Seattle 1998[1], 195 S.

Betroffene zusammen mit Fachleuten: Männer <12>

BARNES, Mary: *Meine Reise durch den Wahnsinn. Der berühmte Fall aus Kingsley Hall.* (Aufgezeichnet von M. B., kommentiert von ihrem Psychiater Joseph Berke.) Kindler Vlg., Mchn. 1979, 339 S.; Fischer TB 42203, Ffm 1982, 1989[3], 382 S.; engl. OT: *Mary Barnes, Two Accounts of a Journey Through Madness.* MacGibbon & Kee, London 1971

BURAK, Carl / REMINGTON, Michele: *Tod in der Wiege. Warum hat Michele Remington ihr Baby umgebracht?* Heyne TB 9792, Mchn. 1996[1], 202 S.; US OT: *The Cradle Will Fall.* (o.J.)

GIESE, Eckhard / KLEIBER, Dieter (Hg): *Im Labyrinth der Therapie. Erfahrungsberichte. Thema: Psychotherapie.* Beltz Vlg., Weinheim, Basel 1990, 273 S.

KEYES, Daniel: *Die Leben des Billy Milligan. Die komplizierte, schockierende und wahre Lebensgeschichte eines Mannes, in dessen Gehirn 24 Persönlichkeiten nebeneinander leben – eine davon ist ein Verbrecher.* Heyne TB 8553, Mchn. 1995[2], 1999[10], 589 S.; US OT: *Minds of Billy Milligan.* (o.J.)

LAIR, Jacqueline C. / LECHLER, Walther H.: *Von mir aus nennt es Wahnsinn. Protokoll einer Heilung.* Kreuz Vlg., Stgt., Bln. 1983, 1995[10], 321 S.; US OT: *I Exist, I Need, I'm Entitled;* NY 1980

LINDENBERG, Wladimir: *Gespräche am Krankenbett.* (15 Gespräche des »Seelenarztes« mit Betroffenen.) Ernst Reinhardt Vlg., Mchn., Basel 1983, 134 S.; russ. OT: o.A.

MOSER, Tilman (Hg): *Gespräche mit Eingeschlossenen.* Edition Suhrkamp 375, Ffm 1974, 309 S.

PETERS, Christina / SCHWARZ, Ted: *Sagt mir, wer ich bin.* (Die Geschichte einer jungen Frau, deren Ich in fünf Persönlichkeiten gespalten ist.). Heyne Bücher 19; Heyne 2053, Mchn. 1995[1], 222 S.; US OT: *Tell Me Who I am Before I Die.* (o.J.)

S., Ulrike / CROMBACH, Gerhard / REINECKER, Hans: *Der Weg aus der Zwangserkrankung. Bericht einer Betroffenen für ihre Leidensgefährten.* (Ulrike S. schildert die Entstehung ihrer Zwänge und die einzelnen Schritte der Veränderung während der Verhaltenstherapie. Von Therapeuten kommentiert; dazu grundsätzliche Erläuterungen zur Verhaltenstherapie bei Zwangsstörungen.) Vandenhoeck & Ruprecht, Göttingen, Zürich 1996, 122 S.

STARK, F.-Michael (Hg): *Ich bin doch nicht verrückt ... Erste Konfrontationen mit psychischer Krise und Erkrankung.* (Aufsatzsammlung). Psychiatrie-Vlg., Bonn 1997[1], ill., 239 S.

WENDELER, Jürgen: *Autistische Jugendliche und Erwachsene.* (Gespräche mit Eltern.) Beltz Vlg., Weinheim, Basel 1984, 181 S.

WULFF, Erich: *Wahnsinnslogik. Von der Verstehbarkeit schizophrener Erfahrung. Fallstudie.* Psychiatrie Vlg., Bonn 1995, 210 S.; Lit.Verz. (5 S.)

Betroffene zusammen mit Fachleuten <9>

BAKER, Don / NESTER, Emery: *Zurück ins Leben. Die Geschichte einer Depression.* Brunnen Vlg., Basel, Gießen 1986, 1988[2], 172 S.; US OT: *Depression.* (o.J.)

BOCK, Thomas / DERANDERS, J. E. / ESTERER, Ingeborg: *Stimmenreich. Mitteilungen über den Wahnsinn. Versuche der Verständigung von Psychose-Erfahrenen, Angehörigen und Psychiatrie-MitarbeiterInnen im Hamburger Psychose-Seminar.* Psychiatrie Vlg., Bonn 1994[4]; dtv 35092, Mchn. 1995, 257 S., Lit.Verz. (4 S.) – (Deranders ist das Pseudonym f. e. Gruppe.)

ECKSTAEDT, Anita / KLÜWER, Rolf (Hg): *Zeit allein heilt keine Wunden. Psychoanalytische Erstgespräche mit Kindern und Eltern.* Suhrkamp TB, Ffm 1980, 1982[2], 217 S.

GARTELMANN, Anke / KNUF, Andreas (Hg): *Bevor die Stimmen wiederkommen. Vorsorge und Selbsthilfe bei psychotischen Krisen.* Psychiatrie-Vlg., Bonn 1997, 221 S.; Lit.Verz. (3 S.)

10

ISER, Dorothea / KRUSCHEL, Heinz (Hg. für den Pelikan e.V.): *Fluchtwege. Jerichower Tagebuch.* Impuls Vlg., Magdeburg 1997, ill., Noten, 160, [18] S.

JOSURAN, Ruedi / HOEHNE, Verena / HELL, Daniel / RÜFFER, Anne (Hg): *Mittendrin und nicht dabei. Mit Depressionen leben lernen.* Haffmanns Vlg., Zürich 1999[3], 262 S.

STELLJES, Eva-Maria / LHOTSKY, Georg (Interviews) / SEDLAK, Franz (Text) / BRAZDA, Kurt (Bilder): *Aufbruch aus der Dunkelheit. Hilfe in der Depression. Eine Dokumentation.* Ibera- und Molden-Vlg., Wien 1997, ill., 125 S.

TAUSCH, Anne-Marie und Reinhard: *Wege zu uns.* (Das Psychotherapeuten-Ehepaar läßt hier viele Menschen mit ihren Erfahrungen zu Wort kommen.) Rowohlt Vlg., Rb. 1983, 320 S.

YALOM, Irvin D. / ELKIN, Ginny: *Jeden Tag ein Stück weiter. Die Chronik einer Therapie.* Fischer TB 3251, Ffm 1987, 335 S.; US OT: *Every Day Gets a Little Closer.* (o.J.)

11. Sucht <154>

Abhängigkeit von: Alkohol · Drogen · Nikotin · Medikamenten · Glücksspielen

Betroffene <88>

Betroffene: Frauen <32>

ANDERS, Sonja: *Zwischen Himmel und Hölle. Aufzeichnungen einer Suchtkranken.* Buch-Vlg. Der Morgen, Bln. 1990, 314 S.

BAILY, Faith Coxe: *Auch sie wurden frei.* Telos TB 15, Blaukreuz, Wuppertal, Bern 1980, 112 S.; US OT: *These, Too, Where Unshackled.* Zondervan, Grand Rapids o. J.

BAYER, Ingeborg: *Trip ins Ungewisse.* (Erlebnisse und Erfahrungen einer 17jährigen mit Drogen.) dtv, Mchn. 1975, 1982[4], 107 S.

BRYANT, Lee: *Vom Glas beherrscht ... und endlich frei. Die Lebensgeschichte einer Alkoholikerin.* (Als Adoptivkind hat die Autorin Haß und Ablehnung kennengelernt und beginnt schließlich zu trinken.) Blaukreuz, Bern, Wuppertal 1979, 240 S.; kanad. OT: *The Magic Bottle.* Welch Co. Ltd. Toronto, Ontario (o.J.)

11

GORDON, Barbara: *Ich tanze so schnell ich kann.* (Die preisgekrönte Fernsehproduzentin verliert innerhalb weniger Wochen den Mann, die Karriere, sich selbst. Sie beschreibt ihren Weg von der Valium-Abhängigkeit zur Suchtbefreiung.) rororo TB 5083, Rb. 1983, 311 S.; Kindler Vlg., Mchn. 1985; US OT: *I Am Dancing, as Fast as I Can.* NY 1979

HALVORSEN, Ida: *Harter Asphalt.* (Autobiographie: Karriere als Fixerin und Wege aus der Sucht.) Frauenoffensive Vlg., Mchn. 1987, 288 S.; norweg. OT: *Hard asfalt.* (o.J.)

HARPWOOD, Diane: *Tee und Tranquilizer.* (Das Protokoll eines alltäglichen Hausfrauendramas.) Knaur TB 8032, Mchn. 1986, 176 S.; engl. OT: *Tea and Tranquilizers.* 1981

F., Christiane: *Wir Kinder vom Bahnhof Zoo.*(Das Leben eines drogensüchtigen Mädchens. [Vgl. K11[1] ARNDT, Ralf.] Ein STERN-Buch. Gruner & Jahr, Hbg. 1978, 333 S. 1994[38], ill., 324 S.; Dt. Bücherbund, Stgt. 1994, ill., Gruner & Jahr TB ca. 1999

HOLM, Maria J.: *Auf der Suche nach Liebe und Geborgenheit.* Vlg. F. Reinhardt, Basel 1999, 126 S.

HURTER, Constance: *Und ein bißchen glücklich sein.* (Von der langsamen Gewöhnung bis zur Sucht.) Oncken Vlg., Wuppertal, Kassel 1981, 104 S.

JÄNICKE, Christa: *Mein Leben mußte warten. Der Weg einer trockenen Alkoholikerin.* dtv 30474, Mchn. 1995[1], 230 S.

JOACHIM, Doris J.: *Entzug. Oder die Angst vor der Angst.* Feministischer Buch-Vlg.,

Naumburg, Elbenberg, Frauenliteraturvertrieb, Schloßstraße 94, 60486 Ffm 1982, 140 S.

JOHANNES, Ingrid: *Das siebente Brennesselhemd. Aus dem Tagebuch einer Alkoholkranken.* (Tagebuchschreiben als Hilfe gegen den Rückfall nach einer Entziehungskur.) Vlg. Neues Leben, Bln. 1989, 190 S.

KAVAN, Anna: *Wer bist du?* (Autobiographischer Roman der drogenabhängigen Dichterin.) rororo TB 5792, Rb. 1986, 125 S.; engl. OT: *Who Are You?* Reys Davies and R. B. Mariott 1975

KERREMANS, Helen: *Abschied von der Angst. Meine Befreiung vom Alkohol.* Bastei Lübbe Vlg., Berg.-Gladb. 1987, 222 S.

KNAPP, Caroline: *Geschichte einer gefährlichen Liebe.* Argon Vlg., Bln. 1996, 277 S.; rororo 60228, Titel: *Alkohol – meine gefährliche Liebe.* Rb. 1995; 1998, 315 S.; engl. OT: *Drinking.* (o.J.)

KRIS: *Weil ich leben will.* Brockhaus, Haan 1981, 1983[2], 132 S.; Blaukreuz, Wuppertal, Bern 1994[3], 142 S.

LEMBKE, Luise: *Seelennot. Die autobiographische Bewältigung einer Tablettensucht.* Eichner Vlg., Offenburg 1995[1], 160 S.

LYDON, Susan Gordon: *Der lange Weg zurück. Stationen einer Sucht. Bericht einer Überlebenden.* (15 Jahre: Haschisch, Kokain, LSD, Heroin, Methadon, Crack). Europa Vlg., Wien, Mchn. 1995, dtv 36026, Mchn. 1997, 422 S., US OT: *Take the Long Way Home.* (o.J.)

RAUCHFUSS, Hildegard Maria: *Schlußstrich.* (Autobiographischer Roman über Alkoholabhängigkeit.) Mitteldt. Vlg., Halle, Lpz. 1986, 1989[6], 334 S.

ROLLMANN, Heidi: *Erowina. Zwei Jahre mit Heroin.* (Weg zum Entzug.) Zytglogge Vlg., Bern, Bonn, Wien 1981, 1989[2], 144 S.

S., Julia; / LERCHENMÜLLER, Franz: *Hoffnung am Ende der Straße.* (Julia ist heroinabhängig und doch liebevolle Mutter. Die Karriere abwärts ist bekannt: Heirat mit einem Dealer, der straffällig wird; Entzug des Sorgerechts für ihre 3 Kinder, verzweifelter Drogenkonsum, Obdachlosigkeit. Julia will sich wieder hochkämpfen: Entzug und festen Wohnungssitz schaffen, um die Kinder zurückzubekommen. Mit Hilfe eines Journalisten und einer neuen Liebe schafft Julia das Unmögliche) Bastei-Lübbe TB 61395, Berg.-Gladb. 1997[1], 222 S.

S., Nina: *Und der Jones ist immer pünktlich. Eine Fixer-Karriere – ein authentischer Bericht.* Goldmann TB 6521, Mchn. 1983, 220 S.

SCHILLING, Bea: *Wiegenlied mit Spätfolgen. Aus dem Leben einer Co-Alkoholikerin.* Zytglogge Vlg., Gümlingen, Bonn 1987, 1987[2], 122 S.; Fischer TB 3268, Ffm 1990, 94 S.

SCHINDLER, Petra: *Mitten ins Gesicht. Ein Buch für Frauen, die nach Auswegen aus Abhängigkeiten suchen.* Haag & Herchen Vlg., Ffm 1999[5], 189 S.

STIER, Karin: *Ich wollte immer größer sein. Geständnisse einer Ausgeflippten.* Schulte & Gerth, Asslar 1984, 144 S.

TIRABASSI, Becky: *Ich will mehr vom Leben.* (Eine junge Frau auf der Suche nach Leben [mit Hilfe von Drogen], nach sich selbst und endlich nach Gott.) Blaukreuz, Wuppertal, Bern 1990, 152 S.

V., Andrea: *Mein verpfuschtes Leben. 17 Jahre in der Zürcher Drogenszene.* Rothenhäusler Vlg., Stäfa 1996[1], 159 S.

VÖLKNER-SCHMITZ, Christiane: *Wie ich zu mir selbst fand. Vom Recht, auch mal an sich zu denken und der Schwierigkeit, es durchzusetzen.* (Arzneimittelabhängigkeit.) PAL Vlg., Mannheim 1987, 1991[3], 119 S.

WEBER, Monika: *Die dunkle Seite meines Lebens. Überwindung einer Selbstzerstörung.* Fischer TB 3285, Ffm 1983, 189 S.

WERNER, Gunda: *Teufels Zeug. Stationen einer Trinkerin.* Piper TB 1767, Mchn., Zürich 1993[1], 139 S.

WIDMANN, Gudrun: *Fragen werden bleiben. Ein Kampf mit der und gegen die Abhängigkeit.* Vlg. Haag & Herchen, Ffm 1999, 129 S.

11

272

Betroffene: Männer <51>

ARNDT, Ralf: *Spiegelbilder – Eine Antwort auf die Kinder vom Bahnhof Zoo.* (Lebenslauf eines Junkies, geb. 1954, mit 18 in der Drogenszene, Verhaftungen, Selbstmordversuche, Entziehungskuren; ab 1980 als Drogenhelfer bei Teen Challenge Berlin. – s. dazu K11[I]: F., Christiane.) Vlg. Schulte & Gerth, Asslar 1982, 1983[5], 220 S.

BETHKE, Axel: *Aufgetaucht: 'ne Säuferkarriere und mehr.* mdv, Mitteldt. Vlg., Halle 1998, 92 S.

BOLTE, Günther: *Wiedergefundenes Leben. 20 Jahre in den Klauen von Alkohol und Tabletten.* Vlg. Haag & Herchen, Ffm 1990, 240 S.; US OT: o.A.

BURROUGHS, William – s. unter LEE, William (K11[I] Betroffene Männer)

CAPOTE, Truman: *Ich bin schwul. Ich bin süchtig. Ich bin ein Genie.* Diogenes Vlg., Zürich 1986, 268 S.; US OT: *Conversation With Capote.* (o.J.)

DIEHL, Peter: *Voll Stoff leben.* Neuthor Vlg., Michelstadt 1994, ill., 103 S.

DOLATA, Uwe: *Abhängigkeit – Therapie – und dann?* Dolata Vlg., Rimpar 1995, 115 S.

DOLATA, Uwe: *Stationen einer Wiedergeburt. Sucht als Chance.* Ergon Vlg., Würzburg 1993, 1994[3], 152 S.

DOLATA, Uwe: *Vom Schreiberling zum Verleger.* Dolata Vlg., Rimpar 1997[2], 83 S.

DUVAL, Aimé: *Warum war die Nacht so lang?* (Wie ich vom Alkohol loskam.) Herder, Frb. 1984, 160 S.; franz. OT: *L'enfants qui jouent avec la lune.* (o.J.)

GABEL, Wolfgang: *Fix und fertig.* (Ein drogensüchtiger Jugendlicher wird Opfer der allgemeinen Unfähigkeit, über die Probleme zu reden.) Beltz & Gelberg Vlg., Weinheim 1978, 131 S.

GAUGER, Hans Martin: *In den Rauch geschrieben. Mitteilungen eines, der suchte, das Rauchen zu verlernen.* S. Fischer Vlg., Ffm 1988, 159 S.

GEHRING, Robert: *Suchtrezept. Der Kampf eines drogenabhängigen Arztes.* Blaukreuz, Wuppertal, Bern 1987, 1990[2], 246 S.; US OT: *RX for Addiction.* Michigan 1985

GEORG, Hans: *Ich suchte das Glück.* (Alkohol als Verhängnis.) Blaukreuz, Wuppertal 1982, 20 S.

GROTH, Siegfried: *Der blaue Fuchs. Ein Kriminalist wird frei.* (Ein trockener Alkoholiker berichtet.) Blaukreuz, Wuppertal, Bern 1995, 143 S.

HAHN, Reinhardt: *Das letzte erste Glas.* (Zustände und Zwänge seiner Krankheit.) Mitteldt. Vlg., Halle, Lpz. 1986, 1990[5], 246 S.

HEIMOWSKI, Uwe: *Im Land der drei Sonnen. Mein Weg aus der Spielsucht.* Oncken Vlg., Wuppertal, Kassel 1989, 1990[2], 94 S.

HERHAUS, Ernst: *Kapitulation. Ausgang einer Krankheit.* Diogenes TB 21451, Zürich 1986, 355 S.

KALS, Konrad: »*... zurück in die Freiheit*« *oder eine Gratwanderung der Gefühle.* (In Tagebuchform skizziert der Autor als »Patient Georg« seine Alkoholentziehungskur.) Alternativ-Vlg. Kaschmi, Berschis 1988, 204 S.

KALS, Konrad: »*Ein Weg zurück ...*« *aber: 0,0 Promille ist nicht die Lösung.* Alternativ-Vlg. Kaschmi, Berschis 1987, 125 S.

KÖNEN, Josef: *Sucht als Chance. Ein Alkoholkranker macht Mut.* Bund Vlg., Köln 1990, 168 S.

LAKE, Alexander: *Kein hoffnungsloser Alkoholiker.* (Anwalt gerät durch Alkohol in Schwierigkeiten.) Blaukreuz, Bern, Wuppertal 1980, 32 S.

LEE, William (d. i. BURROUGHS, William): *Junkie. Bekenntnisse eines unbekehrten Rauschgiftsüchtigen.* Ullstein Vlg., Bln. 1972, 1992[13], 157 S.; US OT: *Junky.* (ca. 1952)

LOOSEN, Werner: *Neuanfang.* (Tagebuch eines Journalisten während seines 6monatigen Aufenthaltes in einer Fachklinik für Alkoholkranke.) Blaukreuz, Wuppertal 1982, 80 S.

M., Adam: »*Mein Name ist Adam ...*«*. Ein Bericht über Jahre der Abhängigkeit.* Mosaik Vlg., Mchn. 1980, 270 S.; Bastei-Lübbe TB 61220, Berg.-Gladb. 1992, 252 S.

MÜLLER, Franz Balduin: *Der Betonspringer. Autobiographie eines Alkoholikers.* Frieling Vlg., Bln. 1999[1], 351 S.

MURPHY, Bob: *Ich glaube an Wunder, denn ich bin selbst eins.* (Ein trockener Alkoholiker

11

erzählt.) Blaukreuz, Wuppertal 1982, 126 S.; engl. OT: *Christianity Rubs Holes in My Religion.* Kingwood 1976

NEUBER, Frank: *Roter Burgunder – geliebt und gehaßt! Ein Mann kämpft gegen die Alkoholsucht.* Frieling Vlg., Bln. 1996[1], 112 S.

NUSSBECK, Norbert: *Der Ausstieg des Norbert N.* (Ein Drogenabhängiger berichtet.) Schulte & Gerth, Asslar 1983, 176 S.

QUINCEY, Thomas de: *Bekenntnisse eines englischen Opiumessers.* Kiepenheuer, Lpz., Weimar 1981; Medusa Verlagshaus, Wien, Bln. 1982, 343 S.; dtv 2153, Mchn. 1986; engl. OT: *Confessions of an English Opium-Eater;* 1821, erweiterte Auflage 1856 in deutscher Sprache

RAYMOND, Jean: *L. Bericht eines Drogensüchtigen.* (Der todgeweihte Ich-Erzähler zeichnet Stationen seines Verfalls auf.) Vlg. Volk und Welt, Bln. (damals Ost-) 1984, 1986[3], 95 S.; franz. OT: *L.* Paris 1982

ROBERTSON, Nan: *AA – Die Anonymen Alkoholiker. Der erfolgreiche Weg aus der Sucht. Ein Insiderbericht.* Droemer Knaur TB 4809, Mchn. 1991, 333 S.; Vlg. Mega-Trends, Oberursel 1995, 333 S.; US OT: *Getting Better.* (o.J.)

S., Herbert / Mitarbeiterin LAZAROWICZ, Dodo: *Abgenadelt. Mein Leben zwischen Drogen, Deal und Knast.* Heyne-Bücher 19, Heyne-Sachbuch 2040 1994[1], 202 S.

SAINT-DIZIER, Jean: *Ich bin geheilt.* (Durch Leiden findet der Autor zu einem neuen Verhältnis zu Gott und Menschen.) Blaukreuz, Wup. 1970, 1981[3], 176 S.; franz. OT: o.A.

SCHINDLER, Alfred: *Meine Süchte ...: ein Aufklärungsbuch zum besseren Verstehen von Abhängigen und solchen, die im Begriff sind, es zu werden – also Gefährdeten! Die Autobiographie des Alkohol- und Medikamentenabhängigen bzw. Mehrfachabhängigen (Polytoxikomanen).* R. G.-Fischer Vlg., Ffm 1997, 315 S.

SCHMID, Jürg: *Disco, Knast und Heroin. Die Odyssee eines Discokönigs.* Schwengeler TB Nr. 48, Berneck 1995, 146 S.

SCHNYDER, Marco: *Drogenfeuer. Der Chef der Drogenfahnder gerät in den Sog der Sucht – und kämpft um sein Leben.* Herder TB 4305, Frb. 1994, 277 S.

SCHREIER, Walter: *Sieben Jahre Heroin. Ein ehemaliger Fixer blickt zurück.* Blaukreuz, Bern, Wuppertal 1988, 24 S.

SCHULTE, Uli: *Der letzte Schuß. Ende meiner Drogenkarriere.* Brendow, Moers 1991, 79 S.

SEABROOK, W. B.: *Laß den Vogelfänger kommen! Abenteuer eines Trinkers.* Matthes & Seitz Vlg., Mchn. 1997, 240 S., engl. OT: *Asylum.* (o.J.)

SEEGER, Detlev: *Ich staune, daß ich lebe. Die Sucht hat nicht das letzte Wort.* Blaukreuz, Wuppertal, Bern 1995, 143 S.

SEIBT, Rainer: *Ich möchte in eurer Liebe baden! Eine Knast- und Heroin-Biographie.* Päd-extra Buch-Vlg., Bensheim 1981, 176 S.

SOUTER, John C.: *Ich war ein Dealer.* Telos Paperback 1193, Blaukreuz, Wuppertal 1981, 213 S.; US OT: *The Pleasure Seller.* Inspiration House Publishers 1977

SÜDSTERN, Peter von: *Mein Name ist Peter, ich bin Alkoholiker. Lebensbericht eines trockenen Süchtigen.* Snayder Vlg., Paderborn 1997[1], 149 S.

TOSSEHOF, Fred B.: *Brandwunden. Bericht eines anonymen Alkoholikers.* Vlg. Mega-Trends, Oberursel 1995, 104 S.

WALLBURG, Hans-Dieter: *Du, Herr, bist größer ...* (Gebete eines alkoholabhängigen Journalisten, heute Mitarbeiter in einer SHG) Blaukreuz, Wuppertal, Bern 1983, 60 S.

WALLBURG, Hans-Dieter: *Endlos schien die Nacht.* Blaukreuz, Wuppertal, Bern 1983, 32 S.

WALLBURG, Hans-Dieter: *Mein Weg aus der Nacht. Die Geschichte eines Alkoholabhängigen.* Blaukreuz, Wuppertal, Bern 1986, 104 S.

WALLBURG, Hans-Dieter: *Nachtfrost. Tagebuch eines Alkoholrückfalls.* Fischer TB 11689, Ffm 1993[1], 303 S.

WECKER, Konstantin: *Und die Seele nach außen kehren. Ketzerbriefe eines Süchtigen. Uns ist kein Einzelnes bestimmt. Neun Elegien.* rororo TB 5100, Rb. 1983, 128 S.

WIESNER, Wolfgang: *Leben ohne Drogen. Süchtige helfen sich selbst.* Heyne TB 10/20, Mchn. 1987, 281 S.

11

WINDHÖFEL, Klaus: *Die Angst hat mich nicht mehr im Griff. Ein Alkoholiker gewinnt neuen Lebensmut.* Blaukreuz, Bern, Wuppertal 1991, 24 S.

Betroffene: gemeinsam <5>
CHISHOLM, Margo / BRUCE, Ray: *Ich habe mich wirklich gehaßt!* Schneekluth Vlg., Mchn. 1998, 412 S.; US OT: o.A.
FRÖHLING, Ulla (Hg): *Droge Glücksspiel. Betroffene erzählen von ihrer heimlichen Sucht.* Fischer TB 11828, Ffm 1993, 236 S.
SCHMIDT, Torsten: *Ich habe es ohne Therapie geschafft! Aussteiger aus der Drogenszene berichten.* Vlg. Rasch und Röhring, Hbg. 1996, 205 S.; Lit.Verz. (3 S.)
SYNANON INTERNATIONAL e.V. / DAHL, Günter (Hg.): *Uns dürfte es gar nicht geben. Dreizehn Wege aus der Sucht. Betroffene berichten.* Bln. 1994[1], ill., 197 S.
WEIKERT, Wolfgang (Hg): *Ich bekenne: Prominente berichten, wie sie sich aus der Alkoholabhängigkeit befreiten.* Rasch & Röhring Vlg., Hbg. 1995, 266 S.

 Eltern <10>

Eltern: Mütter <6>
BUCHMANN, Evelyne: *Mein Sohn – ein Fixer. Erlebnisbericht einer frustrierten Drogenmutter.* Herder TB 4201, Frb. 1993, 255 S.
DOMBROWE, Margot: *Ab morgen nie wieder. Der verzweifelte Kampf einer Mutter um ihr drogensüchtiges Kind.* Herder, Frb. 1991, 139 S.
KÖMPEL, Ilse: *Goodbye, Robin. Ein Weg aus der Droge.* (Auswanderung nach Australien. Rückkehr mit Sohn Robin und australischem Ehemann. Trennung und die Folgen: Dreifachbelastung durch Berufstätigkeit, Betreuung des Kindes und Haushalt, Geldprobleme. Zweite Ehe. Zwischen Robin und Stiefvater Spannungen. Der inzwischen drogenabhängige Sohn fährt zu seinem Vater nach Australien. Und entzieht.). Universitas Vlg., Mchn. 1997[1], 195 S.
LEROYER, Micheline: *Ich bin die Mutter eines Fixers.* Hallwag Vlg., Bern, Stgt. 1980, 127 S.; schweizerisch franz. OT: *Moi, Mère de Drogue.* Lausanne 1979
MINWEGEN, Hiltrud: *Mario. Von der Sucht zur Hoffnung. Eine Mutter sucht in Rom ihren drogensüchtigen Sohn.* Fischer TB 3282, Ffm 1983, 137 S.
WERTHER, Sabine: *Alles für Michael. Eine Gratwanderung zwischen Festhalten und Loslassen.* Blaukreuz, Wuppertal, Bern 1995, 126 S.

11

Eltern: Väter <3>
BOTHOREL, Jean: *Auch du, mein Sohn ... Chronik einer Entziehung.* Ullstein Vlg., Ffm, Bln. 1988, 107 S.
DONAGHY, Bronwyn: *Anna nahm Ecstasy. Das kurze Leben der Anna Wood oder warum es keinen sicheren Umgang mit Drogen gibt.* Vlg. Urachhaus, Stgt. 1998, ill., 253 S.; US OT: *Anna's Story.* (o.J.)
GUILLON, Jacques: *Mein Sohn ist süchtig. Tagebuch eines betroffenen Vaters.* Patmos Vlg., Düsseldorf 1979, 148 S.; franz. OT: *Cet enfant qui se drogue c'est le mien.* (o.J.)

Eltern: gemeinsam <1>
MADELSKY, Uschi / WERNER, Klaus: *Flucht in die Sucht. In Selbsthilfegruppen finden Eltern ein neues Verhältnis zu ihren Kinder.* (Die Autoren sind betroffene Eltern und Regisseure des gleichnamigen Films.) rororo TB 7689, Rb. 1983, 120 S.

 **Erwachsene Kinder <1>**

 **Töchter <1>**
SOMERS, Suzanne: *Zum Schweigen verdammt.* (Eine Tochter erzählt von ihrem alkohol-kranken Vater.) Bastei-Lübbe TB 61343, Berg.-Gladb. 1995[1] und [2], 526 S.; US OT: *Keeping Secrets.* (o.J.)

 **Geschwister <1>**

Schwestern <1>
INGOLD, Susanne: *Geliebter Junkie. Leben und Sterben meines Bruders.* Mit Bildern und Texten von Thomas RINDLISBACHER. Vlg. Zytglogge, Gümlingen 1995, ill., 195 S.

 **Angehörige / Familie: gemeinsam <2>**

AL-ANON-FAMILIENGRUPPEN (Hg): *Sexualität und Nähe in der Beziehung zu einem Alkoholiker.* Al-Anon-Familiengruppen, Essen 1994, 51 S.
SCHWANTES, Lynette Olivia (Hg): *Verzweifelte Hoffnung. Süchtige und Angehörige erzäh-len.* Barbados Vlg., Pohlheim 1997[1], 127 S.

 **Partner <6>**

11

 Partner: Frauen <6>
AMMASSARI, Verena: *Komm, wir fangen noch mal von vorne an. Eine Ehe in der Zerreißprobe.* (Der erfolgreiche Alkoholentzug einer Ehefrau und Mutter.) Blaukreuz, Wuppertal 1987, 78 S.
GYR, Paula: *Und das Kind vergab ihm. Aus dem Leben einer einfachen Frau.* (Die Geschichte eines trunksüchtigen Ehepaares.) Blaukreuz, Bern, Wuppertal 1990, 30 S.
HEEG, Christine: *Mein Mann, der Alkoholiker. Eine wahre Geschichte.* Becker Vlg., Marburg 1996 (Buchreihe: Lebenserfahrungen), 156 S.; Lit.Verz. (7 S.)
JOHANSEN, Margaret: *Du kannst doch nicht einfach gehen.* (Ehe mit einem Alkoholiker. Rückblick in einer Nacht.) Droemer Knaur TB 8001, Mchn. 1983, 118 S.; norweg. OT: *Du kan da ikke ga.* (o.J.)
NEUMANN, Christina: *Ertrunkene Liebe. Geschichte einer Co-Abhängigkeit.* Psychiatrie Vlg., Bonn 1998[1], 200 S.
PARKER, Christina B.: *Ich weiche nicht mehr aus. Leben mit einem alkoholabhängigen Partner.* Blaukreuz, Wuppertal, Bern 1994, 142 S.; US OT: *When Someone You Love Drinks Too Much.* (o.J.)

IV IV

Fachleute <21>

<0>

IV

Fachleute: Frauen <3>

LUKASZ-ADEN, Gudrun: *Tiefer kannst du nicht fallen.* (Frauen und Sucht.) Heyne TB 10/12, Mchn. 1986, 220 S.

MERFERT-DIETE, Christa / SOLTAU, Roswitha (Hg): *Frauen und Sucht.* (Die alltägliche Verstrickung in Abhängigkeiten.) rororo TB 7837, Rb. 1986, 256 S.

REICHMANN, Linda: *Wege aus der Drogensucht. Berichte über Menschen, die den Ausstieg geschafft haben.* Mosaik Vlg., Mchn. 1994, 255 S. (Brigitte Buch; Brigitte Lebenshilfe); Goldmann TB 13915, Mchn. 1996 (aktual. TB-Ausg.), 256 S.

Fachleute: Männer <18>

IV

BILLISCH, R. Franz: *Süchtig. Aufstieg und Fall des Fotomodells Doris W.* (Lebensgeschichte des internationalen Top Models Doris WEISS.) Moewig TB 3201–8, Rastatt 1986, 222 S.

BRUDER LEONHARD: *Die Macht der Droge und die Gnade Gottes.* Kanasius Vlg., Freiburg (Schweiz) und Kanasiuswerk, Konstanz 1993, 95 S.

FEUERLEIN, Wilhelm / KÜFNER, Heinrich / SOYKA, Michael: *Alkoholismus, Mißbrauch und Abhängigkeit. Entstehung, Folgen, Therapie.* Thieme Georg Vlg. 1998[1], ill., XVII, 462 S.

FRANK, P. Helmut: *Kinder ohne Perspektive.* (Sie sind noch halbe Kinder – abhängig von Drogen, die sie sich durch Prostitution verdienen.) Moewig TB 3200-X, Rastatt 1986, 173 S.

HOFMANN, Albert: *LSD – mein Sorgenkind.* Klett Cotta Vlg., Stgt. 1979; Ullstein TB 39042, Ffm., Bln., Wien 1986, 232 S.

MOORE, Walter: *Weil sie nicht mehr weiter wußten.* (Aus der Arbeit mit Alkohol- und Drogenabhängigen.) Blaukreuz, Wuppertal, Bern 1984, 152 S.; engl. OT: *Set Me Free.* London, Glasgow 1980

MÜHLBAUER, Helmut: *Kollege Alkohol.* (Betreuung gefährdeter Mitarbeiter.) Kösel Vlg., Mchn. 1986, 160 S.

NOACK, Hans Georg: *Trip.* (Roman mit Sachinformationen zum Thema »Rauschgift und Jugend«) Otto Maier Vlg., Ravensburg 1975, 174 S.

PAKERT, Klaus-Peter: *Die Goldwaage. Ursachen und Therapien bei Suchtkranken. Das Mittelpunktsdenken und der Gerechtigkeitssinn. Wie finde ich meine richtigen Werte – wie finde ich meinen richtigen Weg.* Vogt Vlg., Erftstadt 1995[1], ill., 328 S.

SCHMITT-KILIAN, Jörg (Hg): *Ratgeber Drogen. Vorbeugung – Konfliktlösung – Therapie.* Patmos Vlg., Düsseldorf 1999, ill., 197 S., Lit.Verz. (4 S.)

SCHMITT-KILIAN, Jörg: *Sucht ist in der feinsten Hütte. Begegnungen mit Drogenkonsumenten, Angehörigen, Freunden und Drogenfahndern zeigen, daß Sucht keine gesellschaftlichen Grenzen kennt.* Bastei-Lübbe TB 60418, Berg.-Gladb. 1995[1], 300 S.

SCHOBERBERGER, Rudolf / KUNZE, Michael: *Nikotinabhängigkeit. Diagnostik und Therapie.* Springer Vlg., Hbg. 1999[7], zahlr. Ill., VII, 202 S.

SEILER, Joachim: *Blaupause. Ein Entzugsspektakel. Roman.* (J. S. berichtet vom langen Weg durch Entzugskliniken und Alkoholikergruppen. Er schildert die Innenwelt des Alkoholikers, seine Allmachtsphantasien, Lebenslügen und Bagatellisierungen genauso satirisch wie das behäbige Pathos der psychologisch geschulten Entzugshelfer und den gravitätischen Ernst in der der »Nachsorgegruppe«.) Beck TB, Mchn. 1991[1], 254 S.

SHIPP, Tom: *Kummer mit dem Alkohol. Begegnungen und Erfahrungen mit Alkoholkranken.* (Ein Gemeindepfarrer berichtet.) Blaukreuz, Wuppertal, Bern 1980, 131 S.

STRACK, Hans-Ulrich: *Rosa Nacht und schwarzes Licht. Leben mit Alkohol.* Buch-Vlg. Der Morgen, Bln. (damals Ost-) 1989, 348 S.

WACKERNAGEL, Christof: *Bilder einer Ausstellung.* rororo TB, Rb. 1986, 200 S.

WERNER, Marlo: *Herr Abhängig und Frau Co.? Wenn Frauen zu »Co-Abhängigen« erklärt werden. Ein Erfahrungsbericht.* Helmer Vlg., Ffm 1994, 100 S.

WOCHELE, Rainer: *Der Absprung.* (Dokumentarischer Roman über einen Drogensüch-

11

tigen und über seinen Ausbruch aus dem Teufelskreis Abhängigkeit, Entzug und Rückfall.) Bitter Vlg., Recklinghausen 1979, 204 S.; rororo TB 4819, Rb. 1981, 144 S.

 ## Betroffene zusammen mit Fachleuten <25>

 **Betroffene zusammen mit Fachleuten: Frauen <10>**

DOLL, Antje: *Endlich reden. Frauen von alkoholabhängigen Männern berichten.* Vlg. Am Galgenberg, Hbg. 1990, 160 S.

EBERT, Ingrid (Hg): *Dienstags in der Mauergasse. Suchtkranke machen Hoffnung.* Blaukreuz, Wuppertal, Bern 1998, 80 S.

HÜLSMANN, Mary (Hg): *Risse in der Seele. Drogenprotokolle.* Patmos Vlg., Düsseldorf 1994[1], ill., 153 S.; 1996[2], ill., 151 S.

MARTEL, Inge: *Morgen-Grauen.* (Frauen schildern ihre Erfahrungen und Probleme mit Alkohol.) Frauenbuchvertrieb, sisi Vlg., Bln. 1982, 208 S.

NULLMEYER, Heide: »*Ich heiße Erika und bin Alkoholikerin.*« *Betroffene und Angehörige erzählen. Beispiele für die Überwindung einer Krankheit.* Fischer TB 3808, Ffm 1983, 1988[5], 171 S.

RIENECKER, Ernst / WERTHER, Sabine: *... dann fange ich ein neues Leben an. Geschichte einer Befreiung.* (Die Befreiung des E. R. vom Alkohol.) Blaukreuz, Bern, Wuppertal 1989, 1990[2], 94 S.

VOGT, Irmgard: *Alkoholikerinnen. Eine qualitative Interviewstudie.* Lambertus Vlg., Frb. 1994[2], 214 S.; Lit.Verz. (11 S.)

WARD, Mildred M.: *Liza.* (Eine schwarze Frau, in den Slums von New Orleans ungeliebt aufgewachsen, flieht nach kurzer Ehe in den Alkohol – bis sie zu einem erfüllten Leben findet.) Blaukreuz, Wuppertal, Bern 1978, 136 S.; US OT: o.A.

WERTHER, Sabine: *Wunder werden Wirklichkeit. Erlebnisse des Herbert B., alkoholkrank.* Blaukreuz, Wuppertal, Bern 1999, 117 S.

WILDE HILDE / SPREYERMANN, Christine (Hg): *Action. Stoff und Innenleben. Frauen und Heroin.* Lambertus Vlg., Frb. 1997, 170 S.

11

Betroffene zusammen mit Fachleuten: Männer <11>

ATKINSON, Sandy A. / MARKEL, Jan: *Sklavin meiner Wünsche.* (Eine junge Frau kämpft verzweifelt gegen die Sucht.) Blaukreuz, Wuppertal 1982, 144 S.; US OT: *Somebody Loves Me!* Wheaton / Illinois o. J.

FEID, Anatol (Hg): *Morgen bin ich vielleicht tot ... Erfahrungsberichte aus der Drogenszene.* Weltkreis Vlg., Köln 1988, 222 S.

FEID, Anatol / F., Ingo: *Wenn du zurückschaust, wirst du sterben. Protokoll einer Phase im Kampf gegen das Heroin.* (Ein Priester durchlebt mit einem Drogensüchtigen alle Situationen der Erniedrigung und Beschaffungskriminalität.) Matthias-Grünewald-Vlg., Mainz 1981, 153 S.

KRUCZEK, Dietmar: *Drogenstrich. Die Karriere des Axel K. Bericht.* Vlg. Neues Leben, Bln. 1993, 214 S.; Fläming Vlg., Kropstädt 1999[3], 216 S.

KÜSTER, Hermann: *Nachrufe.* (Wer trägt die Verantwortung dafür, daß Raoul Walther zum Alkoholiker wurde und dadurch bei einem Verkehrsunfall umkam? Die Aussagen der Angehörigen und Bekannten, des Arztes und des Pfarrers bringen zutage, wie allein und unverstanden ein Alkoholabhängiger sein kann.) Blaukreuz, Bern, Wuppertal 1977, 152 S.

LASK, Karl: *Der Kuß der Seele. Frauen von Alkoholabhängigen machen Mut.* Blaukreuz, Bern, Wuppertal 1988, 1989[2], 126 S.

REINERS, Paul: *Auf Rollschuhen unter den Teppich. Die Führungsaufsichtssache Peter Grosch; BwH-026-FA–9,79.* Eggcup Vlg., Düsseldorf 1994[2], 259 S.

SAUNDERS, Nicholas / WALDER, Patrick (Hg): *Ecstasy. Mit Beiträgen zur Situation in der*

Schweiz und in Deutschland. Aufsatzsammlung. Bilger Vlg., Zürich 1994[1], ill., 417 S.; Lit.Verz. (57 S.)

STALDER, Lukas: *Hat sich das alles gelohnt? Mit Alkoholabhängigen unterwegs.* Blaukreuz, Wuppertal, Bern 1994, 96 S.

WÄLDE, Rainer (Hg): *Alkoholfrei.*(R. W. hat mit 16 »trockenen« Alkoholikern und ihren Familien gesprochen und ihre Erfahrungen aufgezeichnet. Sie erzählen von Rückschlägen ebenso wie von Gottes Hilfe, von Erfolgserlebnissen, ihrer Hoffnung und ihrem Leben mit neuen Perspektiven.) Blaukreuz, Wuppertal und Schulte & Gerth, Asslar 1996[1], ill., 137 S.

WEHMEIER, Klaus D. (Hg): *Trocken und clean: Süchtige berichten.* Fischer TB 11845, Ffm 1993[1], 156 S.

Betroffene zusammen mit Fachleuten <4>

BK-ERZÄHLUNG: *Befreit von der Sucht.* (Frauen und Männer berichten über ihre Erfahrungen mit dem Alkohol.) Blaukreuz, Wuppertal, Bern 1981, 32 S.

FLENSBURGER HEFTE (Hg): *Kulturvergiftung Alkohol.* (Erfahrungsberichte von Betroffenen, Interviews mit Fachleuten.) Anthroposophie im Gespräch, Heft 17, Flensburg 1991, 159 S.

FLÜCKIGER-SCHÜEPP, Monika / EICHHORN, Jörg (Fotos): *Die Wildnis in mir. Mit Drogenabhängigen in den Wäldern Kanadas.* Sandmann Vlg., Alling 1998[1], ill., 245 S.

ROTTA, Linde (Stiftung Integrationshilfe für Ehemals Drogenabhängige e.V.): *Leben lohnt sich doch. Sucht, Schulden, Hilfen.* Lambertus Vlg., Frb. 1995, 178 S.

11

Behinderungen <372>

12. Geistige Behinderung <92>

 Betroffene <0>

<0>   <0>   <0>

 Eltern <68>

 Eltern: Mütter <44>

ACHILLES, Ilse: *Was macht Ihr Sohn denn da? Geistige Behinderung und Sexualität.* (I. A., Mutter eines behinderten Sohnes, war völlig unvorbereitet, als seine Pubertät sie mit prekären Fragen konfrontierte. Auf diesem Hintergrund schrieb sie diesen Ratgeber für Eltern, Lehrer und Betreuer, aber auch für Ärzte, Psychologen und Juristen.) Piper TB, Mchn., Zürich 1990, 149 S.

AICHER-SCHOLL, Inge: *Eva. Weil du bei mir bist, bin ich nicht allein.* Direkt-Vlg., Riedhausen 1996, 1997[2], ill., 113 S.

BOSTON, Sarah: *Mein Sohn Will. Bericht über ein mongoloides Kind.* Éditions Trèves, Trier 1982, 88 S.; engl. OT: *Will, My Son.* Pluto Press Ltd., London 1981

BUCK, Pearl S.: *Geliebtes, unglückliches Kind.* (Die Mutter, Schriftstellerin und Nobelpreisträgerin [1938] über ihr hirngeschädigtes Kind.) Zsolnay Vlg., Wien, Hbg. 1952, 96 S.; Heyne TB 01/6239, Mchn. 1983; US OT: *The Child Who Never Grew.* (o.J.)

BUCK, Pearl S.: *Mein Leben – meine Welten.* (Autobiographie.) Bastei Lübbe TB 61009, Berg.-Gladb. 1976, 350 S.; US OT: *My Several Worlds.* (o.J.)

BUCK, Pearl S.: *Zuflucht im Herzen.* (Die Mutter eines geistig behinderten Kindes berichtet über die Bewältigung ihrer Einsamkeit.) Droemer Knaur TB 1010, Mchn. 1983, 153 S.; US OT: *A Bridge for Passing.* (o.J.)

CRAIG, Mary: *Bitterer Segen.* (Die englische Journalistin muß die Wahrheit begreifen lernen: Zwei ihrer Kinder sind schwer geistig behindert.) St. Benno Vlg., Lpz., 111 S.; engl. OT: *Blessings.* Hodder & Stoughton, London 1979

DESSAU, Anne: *Engel mit einem Flügel.* (Die Geschichte ihres Sohnes Udo, der geistig und körperlich behindert ist.) Reiher Vlg., Bln. 1991, 156 S.

DREYER, Petra: *Ungeliebtes Wunschkind. Eine Mutter lernt, ihr behindertes Kind anzunehmen.* Fischer TB 3252 1988, 1991[2], 116 S.; Fischer TB 11534, Ffm, 1993[3], 116 S.

EGLI, Barbara: *Cordelia mit Handicap. Tagebuchaufzeichnungen im Leben meiner behinderten Tochter.* Pendo Vlg., Zürich 1995, 126 S.

FRAAS, Christine: *Leben mit Hermine.* UNZ-Vlgs.-GmbH, Erfurt 1996[1], ill., 194 S.

FREDÉT, Francine: *Trotzdem gebe ich mein Kind nicht auf. Leben mit einem geistig behinderten Kind.* Matthias-Grünewald-Vlg., Mains 1980, 160 S.; franz. OT: *Mais, Madame vous êtes la mère ...* Paris 1979

FRIEDEL, Karola: *Oft genügt ein kleines Lächeln. Schöne und traurige Zeiten mit einem Sorgenkind.* Herder, Frb. 1991, 169 S.

FRITZE-EGGIMANN, Ruth: *Du bist mir anvertraut.* Selbst-Vlg., Ev. Frauenarbeit in der Pfalz (o.J., ca. 1968)

FRITZE-EGGIMANN, Ruth: *Ich habe viele Freunde.* Selbst-Vlg., Ev. Frauenarbeit in der Pfalz 1972, 32 S.

GEPPERT, Roswitha: *Die Last, die du nicht trägst.* (Eine Mutter schreibt über ihren geistig behinderten Sohn, der durch eine zu spät erkannte Stoffwechselstörung – Phenylketonurie – schwerstgeschädigt ist.) Mitteldt. Vlg., Halle 1978, 1986[7], 315 S.

12

GOLLNER, Anna: *Christine.* (Die Geschichte ihrer mongoloiden Tochter.) Jungbrunnen Vlg., Wien 1982, 87 S.

HAN SU-YIN: *Nur durch die Kraft der Liebe. Ein Bericht.* (Die chinesische Schriftstellerin und Ärztin schreibt über eine zu spät erkannte Hirnhautentzündung bei ihrem erwachsenen Stiefsohn.) Albrecht Knaus Vlg., Mchn. 1987, 220 S.; OT: o.A. (ca. 1955)

HÄUSLER, Ingrid: *Kein Kind zum Vorzeigen? Bericht über eine Behinderung.* rororo TB 4524, Rb. 1979, 1990[9], 134 S.

KAUFMAN, Sandra Z.: *Für immer mein Kind.* Bastei Lübbe TB 61433, Berg.-Gladb. 1999[1], 300 S.; US OT: o.A.

KOSELT, Trude: *Matthias – unser mongoloides Kind.* Urachhaus, Stgt. 1987, 164 S.

LEBÉUS, Angelika Martina: *Liebe auf den zweiten Blick. Eine Mutter und ihr behindertes Kind.* Walter Vlg., Frb. 1989, 1991[3], 263 S.; Bastei-Lübbe TB 61294, Berg.-Gladb. 1993, 263 S.

LEHMANN, Dorothee: *Dagmar. Der gemeinsame Weg einer Mutter und ihres mongoloiden Kindes zu Reife und Lebensfreude.* Scherz Vlg., Mchn. 1988, 1989[2], 252 S.; dtv, Mchn. 1991, 1991[2], 252 S.

MEYER, Olga: *Das war Martin.* Blaukreuz, Bern 1957, 72 S.

MIKOLAI, Michaela: *Oliver. Der lange Weg. Leben mit einem Sorgenkind.* Jahn & Ernst Vlg., Hbg. 1999, 112 S.

MITTERMEIER, Rosi: *Werde ich dich lieben können? Leben mit einem Down-Kind.* Patmos Vlg., Düsseldorf 1994[1], ill., 144 S.

MUCH, Jacqueline: *Ich möchte mit niemandem tauschen. Leben mit einem behinderten Kind.* Frieling Vlg., Bln. 1998[1], ill., 95 S.

MÜLLER-GARNN, Ruth: *... und halte dich an meiner Hand. Die Geschichte eines Sorgenkindes.* (Nach einer Hirnhautentzündung.) Echter Vlg., Würzburg 1977, 123 S.

MÜLLER-GARNN, Ruth: *Das Morgenrot ist weit. Geschichten der Hoffnung.* Echter Vlg., Würzburg 1982, 95 S.

MÜLLER-GARNN, Ruth: *Wie man durchs Leben stolpert. Die Geschichte, wie ich wurde.* Echter Vlg., Würzburg 1983, 95 S.

RUPPERT, Johanna: *Mehr als ich erwarten durfte. Auch Behinderte werden erwachsen.* Spee Vlg., Trier 1979, 229 S.

RUPPERT, Johanna: *Warum gerade ich? Eine Mutter überwindet Resignation und Verzweiflung.* (Ihre Tochter Gabi wurde mongoloid geboren.) Spee Vlg., Trier 1979, 229 S.

SCHEEL, Karin: *Katrin. Ein Sorgenkind?* Selbst-Vlg., Astridstr. 39, Gütersloh 1979, 229 S.

SCHLESIGER, Ingrid: *Gott nimmt nicht die Last, er stärkt die Schultern. Mein Leben mit zwei behinderten Kindern.* Matthias-Grünewald-Vlg., Mainz 1987, 151 S.

SCOTSON, Linda: *Doran – ein Kind lernt leben.* (Kurz nach dem Tod ihres Mannes bringt Linda einen hirngeschädigten Sohn zur Welt, der nach einer jahrelangen Therapie geheilt wird.) Droemer Knaur TB 2350, Mchn. 1987, 336 S.; engl. OT: *Doran; A Child of Courage.* 1985

12

SEGAL, Marilyn M.: *Lauf doch, mein Kind!* (Die Mutter eines hirngeschädigten Kindes beschreibt ihre Rolle als Co-Therapeutin.) Hyperion Vlg., Mchn. 1967, 162 S.; US OT: *Run Away, Little Girl!* NY 1966

SHAVE, Marjorie: *Aus dem Leben eines geistig behinderten Kindes.* Hann. 1961, 57 S.; engl. OT: *The Story of a Backward Child.* (o.J.)

STEINEBACH, Heike: *Doch die Hoffnung bleibt. Eine Mutter kämpft um ihr krankes Kind.* Saatkorn Edition, Lüneburg 1997, 218 S.

TAITL-MÜNZERT, Irene: *Jeder hat ein Gesicht. Mit Behinderten Leben.* (Die Mutter eines geistig behinderten Kindes und zugleich Sonderschullehrerin berichtet.) Radius Vlg., Stgt. 1976, 171 S.

TANGEN, Ragnhild: *Michael.* Oncken Vlg., Haan 1983, 32 S.

URBAN, Rosemarie: *Ein Leben mit Kevin. Unsere kleine Welt. Ein Buch von Eltern für Eltern. Lebensbericht einer Mutter über ihr geistig behindertes Kind.* Reha-Vlg., Bonn 1997, ill. 78 S.

VOLLMER-JENSEN, Regina: *Wohin mit Katja?* Vandenhoeck & Ruprecht, Gött. 1972, 95 S.

WADE, Helen und Suzie: *Meine ganz besondere Tochter. Leben mit dem Down-Syndrom.* Droemer Knaur TB 75091, Mchn. 1996[1], 336 S.; engl. OT: *The Angel Within.* (o.J.)

ZURBRÜGG, Ingeborg: *Klarissa.* Fischer Vlg., Erlangen 1994, 118 S.

Eltern: Väter <13>

ALBERTZ, Hubert: *Ingo und doch angenommen.* Lit Vlg., Münster, Hbg. 1994, 86 S.

ESPINÀS, Josep M.: *Dein Name ist Olga. Briefe an meine mongoloide Tochter.* Fischer TB 11887 1994, 90 S.; katalanischer OT: *El teu nom és Olga.* (o.J.)

GÖRRES, Albert: *Kennt die Psychologie den Menschen? Fragen zwischen Psychotherapie, Anthropologie und Christentum.* (Der Autor stellt als Vater zweier geistig behinderter Kinder und als Wissenschaftler die Frage nach dem Sinn des Leidens. Vgl. dazu auch GÖRRES, Silvia unter K12[II]: Eltern: gemeinsam) Piper Vlg., Mchn. 1978, 278 S.

HAYAKAWA, S. I.: *Unser Sohn Mark.* San Francisco State College, mss. of the President 1969, 113 S.

HOURDIN, Georges: *Das Leid der Unschuldigen. Die Geschichte einer Mongoloiden.* (Ein Journalist schreibt über seine mongoloide Tochter.) Patmos Vlg., Düsseldorf 1979, 189 S.; franz. OT: o.A.

HUNT, Nigel: *Die Welt des Nigel Hunt. Tagebuch eines mongoloiden Jungen.* Ernst Reinhardt Vlg., Mchn., Basel 1974, 1991[4], 75 S.; engl. OT: *The World of Nigel Hunt. Diary of a Mongoloid Youth.* 1966

KENZABURO, OE.: *Eine persönliche Erfahrung.* (Die Geburt eines unheilbar an Gehirnhernie leidenden Kindes stellt den Vater vor schwerwiegende Verantwortung.) Suhrkamp Vlg., Ffm 1972, 240 S.; japan. OT: *Kojinteki na Taiken.* (o.J.)

MELTON, David: *Todd.* (Bericht über die Förderung eines hirngeschädigten Kindes.) Hyperion Vlg., Mchn. 1969, 190 S.; US OT: o.A.

MIQUEL, André: *Warum mußt du gehen? Tagebuch eines Vaters.* Herder, Frb. 1973, 1974[4], 144 S.; franz. OT: o.A.

MÖCKEL, Klaus: *Hoffnung für Dan. Aus dem Alltag mit einem behinderten Kind. Ein Bericht. Für Dans Mutter.* (Vater und Mutter bemühen sich um Dan – 14jährig, gehörlos, hirngeschädigt, sprachlos – und berichten über die kritischen Auseinandersetzungen mit Vertretern staatlicher DDR-Organe.) Vlg. Neues Leben, Bln. (damals Ost-) 1983, 1990[5], 211 S.; dtv 30355, Mchn. 1993, ill., 245 S.

STETTNER, Franz: *Ich bin ja sooo glücklich! Leben mit einem geistig behinderten Kind.* (Sein Sohn.), Mainz Vlg., Aachen 1997[1], ill., 120 S.

TOBIAS, Rainer: *Die großen und die kleinen Hände. Briefe an den Vater eines unheilbar kranken Kindes.* (Hirngeschädigtes Kind.) Kaiser Vlg., Mchn. 1959, 1968[2], 84 S.

VRIES-KRUYT, Truus de: *Jan. Die Lebensgeschichte eines mongoloiden Kindes.* Fabbri und Praeger Vlg., Mchn. 1974, 149 S.; Fischer TB 1925, Ffm 1977, 91 S.; niederl. OT: *Jan.* 1966

12

Eltern: gemeinsam <11>

BAI-PFEIFER, Ruth (Hg.): *Behinderte leben! Als Eltern von behinderten Kindern den Alltag bewältigen.* Brunnen Vlg. ABC-Team, Basel; Gießen 1998, ill., 263 S.

BERENS, Gabi: *In Wahrheit ist es Liebe . Unser behindertes Kind als Wegweiser. Ein Tatsachenbericht.* Country Vlg., Halle/Westf. 1994[1], 186 S.

BETSCHART-NIETLISPACH, Monika: *Ivo gehört zu uns – trotzdem! Oder: Wie wir mit unserem hirnverletzten Kind nicht ganz allein gelassen wurden.* Walter Vlg., Solothurn 1995, ill., 108 S.

BEYER, Ina (Text), BEYER, Hans Dietrich (Fotos): *Unser Kind mit dem Down-Syndrom.* Lebenshilfe Vlg., Marburg 1998[2], ill., 50 S.

DITZENBACH, Elisabeth: *Geliebte Mirjam. Tagebuch einer jungen Familie.* Franz Vlg., Metzingen 1996[3], 133 S.

FALISSE, Gaston und Marie-Françoise: *Unser behindertes Kind.* Rex Vlg., Luzern, 1964, 157 S.; franz. OT: *Nos enfants handicapés.* (o.J.)

GÖRRES, Silvia: *Leben mit einem behinderten Kind.* Nachwort Albert Görres. (Eltern von vier Kindern, darunter zwei mit angeborener / erworbener Behinderung.) Vgl.

GÖRRES, Albert: K12[II], Benziger Vlg., Zürich 1974, 1987[2], 150 S.; Piper TB 644, Mchn. 1986

JUN, Gerda (Hg): *Kinder, die anders sind. Ein Elternreport*. Gewidmet dem »Internationalen Jahr der Geschädigten« 1981, VEB Vlg., Volk und Gesundheit, Bln. (damals Ost-) 1981, 1986[4], 184 S.; Ullstein TB 27815, Ffm, Bln. 1994, 222 S.; Lit.Verz. (4 S.)

LAFON, Monique: *Die Liebe läßt uns weiterleben. Wie wir lernten, unsere behinderte Tochter anzunehmen*. Goldmann TB 12461, Mchn. 1994[1], 181 S.; franz. OT: *Mon enfant, ma douleur, mon bonheur*. (o.J.)

MENTZ, Gerda und Siegfried: *Mit Andreas fing alles an. Wie Sport und Spiel das Leben eines geistig behinderten Kindes verändern können*. Selbst-Vlg., Göttingen 1982, 74 S.

RÖHL, Gabriele: *Bei uns bist du willkommen. Von Tiefen und Höhen, Sorgen und Freuden, von ernsten und heiteren Begebenheiten aus dem Leben mit Marc*. Vlg. Jakob van Hoddis im Förderkreis Wohnen – Arbeit – Freizeit, Gütersloh 1997, ill., 104 S.

 **Erwachsene Kinder <0>**

 **Geschwister <0>**

 **Angehörige / Familie: gemeinsam <1>**

DRECHSEL, Annemarie (Selbsthilfeverband für Schädel-Hirnverletzte, Patienten im Apallischen Durchgangssyndrom, Apalliker und ihre Angehörigen): *Doch die Liebe hört nie auf*. Edition Phillon, Wolfsburg 1994[1], 366 S.

 Partner <0>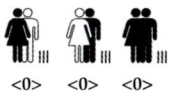

12

 Fachleute <16>

Fachleute: Frauen <7>

BARTZOK, Marianne: *Sexualpädagogische Materialien für die Arbeit mit geistig behinderten Menschen*. Beltz Psychologie Vlgs. Union, Weinheim 1995, zahlr. Ill., 154 S.

CROSSLEY, Rosemary / McDONALD; Anne: *Annie – Licht hinter Mauern. Die Geschichte der Befreiung eines behinderten Kindes*. Piper TB 1678., Mchn.; Zürich 1994[4], ill., 247 S.; austral. OT: *Annie's Coming Out*. (o.J.)

HONG, Edna: *Tal der Liebe. Ein Junge entdeckt in Bethel das Leben*. Brockhaus, Wuppertal 1977, 1985[4], 130 S.; US OT: *Bright Valley of Love*. Minneapolis, Minnesota 1976

KOBBE, Ursula: *Die Brücke ohne Geländer – Tagebuch einer Heilpädagogin*. Herder, Frb. 1974, 1976[2], 288 S.

MANN, Iris: *Aus der Behinderung ins Leben. Sorgenkinder entfalten ihre Fähigkeit.* rororo TB 7433, Rb. 1981, 94 S.

SCHUCHARDT, E.: *Schritte aufeinander zu. Soziale Integration durch Weiterbildung.* s. K13[IV]

SCHUCHARDT, Erika: *Wechselseitiges Lernen – Wissenschaftliches Kolloquium Weiterbildung.* Dokumentation. BMBW-Schriftenreihe, Bd. 58, Bonn 1988, 136 S.

SEIFERT, Monika: *Geschwister in Familien mit geistig behinderten Kindern.* (Eine praxisbezogene Studie.) Klinkhardt Vlg., Bad Heilbronn 1989, 127 S.

Fachleute: Männer <9>

BACH, Heinz: *Die heimlichen Bitten des Peter M.* (Ein fiktiver Dialog zwischen dem Autor und dem ihm nahestehenden Kollegensohn.) Marhold Vlg., Bln. 1985, 71 S.

BACH, Heinz (Hg): *Familien mit geistig behinderten Kindern. Untersuchungen zur psychischen, sozialen und ökonomischen Lage.* Spiess Wissenschaftlicher Vlg. 1979, ill., XII, 207 S.

FÜHMANN, Franz / RIEMANN, Dietmar: *Was für eine Insel in was für einem Meer? Leben mit geistig Behinderten.* (Fotozyklus zu einem bisher tabuisierten Bereich im Rahmen einer Diplomarbeit.) Hirnstorff Vlg., Rostock 1985, 150 S.

KESSLING, Volker: *Tagebuch eines Erziehers.* (Aus dem Leben mit geistig schwerstbehinderten Kindern.) Vlg. Neues Leben, Bln. 1980, 1985[4], 244 S.

PETZOLD, Heinz Joachim: *Verstehen und fördern.* (Report über geistig behinderte Menschen.) Ev. Vlgs.-Anst., Bln. (damals Ost-) 1984, 183 S.

SPANIER, Hans-Peter: *Till-Philipp oder das Recht auf Normalität. Die Integration eines Kindes mit dem Down-Syndrom.* Winter Vlg., Edition Schindele, Heidelb. 1995, ill., 277 S.

TUCKERMANN, Albrecht: *Down-Kind Andreas. Der Weg eines Heimkindes.* Ernst Reinhardt Vlg., Mchn. 1981, 148 S.

WERTH, Reinhard: *Hirnwelten. Berichte vom Rande des Bewußtseins.* Beck Vlg., Mchn. 1998, ill., 231 S., Lit.Verz. (6 S.)

WULF, Hans (Hg): *Kein Anlaß zu kapitulieren.* (Die Ärzte Bethels versuchen, zusammen mit dem Anstaltsleiter, eine Beratungsstelle einzurichten.) Neukirchener Vlg., Neukirchen-Vluyn 1976, 95 S.

 **Betroffene zusammen mit Fachleuten <7>**

<0>

12

Betroffene zusammen mit Fachleuten: Frauen <6>

AHRENS, Kristin / HANNIG-GRETHLEIN, Beate: *49 Schritte in die Schule. Eine Mutter und eine Lehrerin berichten über die schulische Integration eines behinderten Kindes.* Westkreuz Vlg., Bln., Bonn 1993, ill., 47 S.

EBERT, Dorothee (Hg): *Wer behindert wen? Eltern behinderter Kinder und Fachleute berichten.* Fischer TB 3349, Ffm 1987, 1989[2], 153 S.

PREKOP, Jirina: *»Wir haben ein behindertes Kind.« Eltern geistig behinderter Kinder berichten.* Quell Vlg., Stgt. 1979, 172 S.

SCHUCHARDT, Erika: *Biographische Erfahrung und wissenschaftliche Theorie. Studien zur Integrations-Pädagogik (Soziale Integration Bd. 1).* Mit Bibliographie der Biographien seit 1900 von Menschen in Krisen wie Krankheit, Behinderung, Sterben und Tod, Partnerverlust; alphabetisch gegliedert, annotiert. (52 S.) Klinkhardt Vlg, Bad Heilbrunn 1980, 1993[5], 225 S.

SCHUCHARDT, Erika: *Weiterbildung als Krisenverarbeitung. Beiträge zur Integrations-Andragogik (Soziale Integration Bd. 2).* Mit Bibliographie der Literatur zur Krisenverarbeitung seit 1900; gegliedert, annotiert (35 S.) Klinkhardt Vlg, Bad Heilbrunn 1980, 1993[5], 231 S.

ZEILE, Edith (Hg): *Ich habe ein behindertes Kind. Mütter und Väter berichten.* dtv 10859, Mchn. 1988, 223 S.

Betroffene zusammen mit Fachleuten: Männer <1>
PÖSSL, Josef / MAI, Norbert: *Rehabilitation im Alltag. Gespräche mit Angehörigen hirngeschädigter Patienten.* Borgmann Vlg., Dortmund 1996, 168 S.

13. Körper-Behinderung <126>

Betroffene <74>

<0>

Betroffene: Frauen <40>
BACH, Katharina: *Geklagt wird nicht und geheult erst nachts.* Selbst-Vlg. Tende Druck, Hammer Straße 152, 48153 Münster 1981, 106 S.
BRÜHLMANN-JECKLIN, Erica: *Irren ist ärztlich.* (Analyse ihrer Krankengeschichte [Muskelerkrankung].) Fischer TB 3269, Ffm 1990, 144 S.
COHNEN, Elfriede: *Ein Leben wie andere.* (Autobiographie. Amputation.) Eugen Salzer Vlg., Heilbronn 1979, 2253 S.
EARECKSON-TADA, Joni: *Auf neuen Wegen.* (Ehe, Behindertenarbeit und Film.) Schulte & Gerth, Asslar 1989, 1991[5], 280 S.; US OT: *Choices Changes.* Michigan 1986
EARECKSON-TADA, Joni: *Freundschaft ohne Hindernisse.* (Tips für den Umgang mit Behinderten.) Schulte & Gerth, Asslar 1989, 154 S.; US OT: *Friend-ship Unlimited.* Illinois 1987
EARECKSON-TADA, Joni: *In seiner Hand geborgen. Gottes Kraft im Alltag unseres Lebens.* Schulte & Gerth, Asslar 1991, 360 S.; US OT: *Secret Strength.* Oregon 1988
EARECKSON-TADA, Joni: *Weil er dich liebt. Gottes Gegenwart in Licht und Schatten unseres Lebens.* Schulte & Gerth, Asslar 1990, 1992[3], 1999, 279 S.; US OT: *Glorious Intruder.* 1989
EGGLI, Ursula: *Die Zärtlichkeit des Sonntagsbratens.* Selbst-Vlg., Wangenstr. 27, CH–3018 Bern 1986
EGGLI, Ursula: *Herz im Korsett. Tagebuch einer Behinderten.* (Muskellähmung.) Zytglogge Vlg., Gümlingen, Bern 1988, 1990[6], 288 S.
FINGER, Anne: *Lebenswert. Eine behinderte Frau bekommt ein Kind.* Fischer TB 10828, Ffm 1993, 191 S.; US OT: *Past Due.* (o.J.)
GEISLER, Helga: *Danke, das kann ich selbst. Wie ich meine Behinderung besiegte.* (Unfallfolge.) Otto Bauer Vlg., Stgt. 1975, 1989[6], 141 S.
GÖTZ, Hanne Rose: *Eine Lehrerin, geborgen im Rollstuhl. Lebensbericht einer mutigen Frau.* Frieling Vlg., Bln. 1998[1], ill., 160, [60] S.
HABEGGER, Frieda: *Mathilde, Mathilde ... Ein erfülltes Leben trotz schwerer Behinderung.* Vlg. Haller, Bern 1996[1], 79 S.
HABEL, Luise: *Herrgott, schaff die Treppen ab. Erfahrungen einer Behinderten.* Vorwort Jörg Zink. Kreuz Vlg., Stgt. 1978, 210 S.; dtv 30392, Mchn. 1994, 206 S.
HABEL, Luise: *Ich bring' dir einen Arm voll Leben.* Kösel Vlg., Mchn. 1984, 200 S.; Knaur TB 3965, Mchn. 1989, 1991[2]
HABEL, Luise: *Ich muß nicht immer stark sein.* Kösel Vlg., Mchn. 1984, 164 S.; Knaur TB 3966, Mchn. 1989
HABEL, Luise: *Sterben heißt leben.* Kösel Vlg., Mchn. 1986, 165 S.
HABEL, Luise: *Umarmen möcht' ich dich. Briefe an einen Therapeuten.* Kösel Vlg., Mchn. 1982, 120 S.; Fischer TB 3299, Ffm 1986, 1990[6], 134 S.

13

HAUKE, Felicitas: *Steine im Weg. Ein Lebensbericht.* Herder, Frb. 1981, 244 S.

HOEBEL-PORTER, Marcia: *Das Bein und ich. Die lebensfrohe Autobiographie einer Amputierten.* Vlg. Uhle und Kleinmann, Lübbecke 1993, ill., 200 S.; US OT: *The Leg and I.* (o.J.)

HORN, Sabine: *Begegnungen einer Rollstuhlfahrerin mit ihrer Umwelt.* Falk Vlg., Ötigheim 1985, 95 S.

HORN, Sabine: *Ein Leben im Rollstuhl.* Fehldruck Vlg., Hann. 1981,1984[2], 121 S.

KLINGVALL, Lena Maria: *Lena Maria. Ohne Arme geboren. Eine junge Frau meistert ihr Leben und wird Weltmeisterin im Schwimmen.* Schulte & Gerth, Asslar 1997[2], 117 S.

KNELLER, Pamela: *Das Leben geht weiter. Der Weg einer Behinderten.* (Dokumentarischer Roman.) Vlg. für Grundlagenwissen Herbert Wirkner, Wernding 1981, 199 S.

LEGRIX, Dorothée: *So bin ich geboren. Das Schicksal einer Malerin ohne Arme und Beine.* Herder, Frb. 1981, 218 S.; franz. OT *Née comme ça.* Paris. (o.J.)

LEGRIX, Dorothée: *Und doch als Mensch geboren.* Herder, Frb. 1963, 1977[2], 214 S.; franz. OT: o.A.

MAURINA, Zenta: *Denn das Wagnis ist schön. Geschichte eines Lebens.* Maximilian Dietrich Vlg., Memmingen 1953, 1977[9], 575 S.

MAURINA, Zenta: *Die eisernen Riegel zerbrechen.* Maximilian Dietrich Vlg., Memmingen 1957, 584 S.

MAURINA, Zenta: *Die weite Fahrt. Geschichte eines Lebens.* Maximilian Dietrich Vlg., Memmingen 1951, 350 S.

MEIDINGER-GEISE, Inge: *Ich schenke mir ein Jahr.* (Ein komplizierter Armbruch veranlaßt die Schriftstellerin, ihr Leben zu überdenken.) F. H. Kerle Vlg., Frb. 1982, 180 S.

MEISINGER, Edith: *Über die Schwelle. Aufzeichnungen einer spastisch Gelähmten.* Ev. Vlgs.-Anst., Bln. (damals Ost-) o. J. (ca. 1957), 1986[5], 96 S.

MEUSER, Luise: *... denn die Freude hat das letzte Wort. Lebenserfahrungen auf steinigem Weg.* (Gedanken einer schwer körperbehinderten Frau.) Butzon & Bercker Vlg., Kevelaer 1985, 135 S.

PAULSEN, Paula: *Vom Sorgenkind zur emanzipierten Frau.* Reha-Vlg., Bonn 1997, 50 S.

SCHLETT, Christa: *... Krüppel sein dagegen sehr. Lebensbericht einer spastisch Gelähmten.* Jugenddienst Vlg., Wuppertal-Barmen 1970, 1975[3], 134 S.; Fischer Boot TB 7551 (Jugendbuchserie), Ffm 1984; Fischer TB 7551, Ffm 1986, 176 S.

SCHLETT, Christa: *Ich will mitspielen. Behinderte: Falsches Mitleid und falsche Hilfe.* Jugenddienst Vlg., Wuppertal-Barmen 1978, 64 S.

SCHULTZ, Anne: *»... und plötzlich saß ich im Rollstuhl.« Ein positives Leben trotz Behinderung.* Haag & Herchen Vlg., Ffm 1999, 53 S.

SCHWARZENBERG, Therese von: *Mein Weg zurück ins Leben. Eine Ärztin berichtet, wie es ihr gelang, innere Stärke zu bewahren und ihre Kraft gegen ihre schwere Krankheit zu mobilisieren.* Heyne Bücher 19, Heyne 2058, Mchn. 1996, ill., 224 S.

SIENKIEWICZ-MERCER, Ruth: *Ich sage ja zum Leben.* Droemer Knaur TB 2434, Mchn. 1991, 319 S.; US OT: *I Raise My Eyes to Say Yes.* (o.J.)

SIGNER, Martha: *Im Rollstuhl um die Welt. Eine Körperbehinderte berichtet über ihre Weltreise.* Schindele Vlg., Rheinstetten 1970, 188 S.

STEENBUCH, Rikke: *Ich bin auch da. Lebensbericht einer Spastikerin.* Kreuz Vlg., Stgt. 1960, 223 S.; norw. OT: *Jeg lever ogsa.* (o.J.)

13

Betroffene: Männer <35>

ARMES, Jay J. / NOLAN, Frederick: *Das wachsamste Auge der Welt. So lebt und arbeitet der Privatdetektiv Jay. J. Armes.* (Als 12jähriger verlor Jay J. beide Arme beim Experimentieren.) Droemer Knaur Vlg., Mchn. 1977, Brockhaus TB 698, Mchn. 1979, 300 S.; US OT: *Jay J. Armes, Investigator.* NY 1976

BACH, Ulrich: *Boden unter den Füßen hat keiner.* Vandenhoeck & Ruprecht, Göttingen 1986, 222 S.

BACH, Ulrich: *Kraft in leeren Händen.* Herder, Frb. 1983, 200 S.; Herder TB 1292, 1986,

BACH, Ulrich: *Millimeter-Geschichten. Texte zum Weitermachen.* Vandenhoeck & Ruprecht, Göttingen 1981, 65 S.

BACH, Ulrich: *Vollmarsteiner Rasiertexte. Notizen eines Rollstuhlfahrers.* Schriftenmissions Vlg., Gladbeck (o.J., ca. 1979), 80 S.

BAUER, Ernst W.: *Ein Stuhl zwischen den Stühlen.* Sociomedico Vlg., Plannegg, Mchn. 1974, 213 S.

BLÄSIG, Wilhelm: *In der Behinderung lebendig.* Luth. Verlagshaus, Hann. 1987, 191 S.

BOIS-REYMOND, Prosper du: *Glücklich. Invalidität als Chance.* Nymphenburger Vlg., Mchn. 1991, 284 S.

BROWN, Christy: *Ein Faß voll Leben.* Scherz Vlg., Mchn. 1972, 1975[2], 311 S.; rororo TB 1733, Rb. 1974, 219 S.; engl. OT: *Down All the Days.* London 1970

BROWN, Christy: *Mein linker Fuß.* (Der spastisch Gelähmte, sprach- und gehörlos, der nie eine Schule besuchen konnte, entdeckt mit 22 die Möglichkeit, sich durch eine Art Schrift mit dem linken Fuß auszudrücken. So schrieb er dieses Buch – und mehr.) Henssel Vlg., Bln. 1970, 1982[12], 191 S.; engl. OT: *My Left Foot.* London 1954

CALLAHAN, John: *Don't Worry, weglaufen geht nicht. Eine außergewöhnliche Autobiographie.* (J. C. ist ein bekannter Cartoonist.) Heyne TB 9714, Mchn. 1995, ill., 298 S.; US OT: *Don't Worry. He Won't Get Far on Foot.* (o.J.)

CARLSON, Earl. R.: *So geboren. Der Lebensbericht eines Arztes und Heilpädagogen.* (Spastiker.) Vlg. Freies Geistesleben, Stgt. 1960, 1981[5], 192 S.; US OT: *Born That Way!.* (o.J.)

CHRISTOPH, Franz: *Knüppelschläge. Gegen die Gewalt der Menschlichkeit.* (Der Autor – seit Geburt körperbehindert – richtet sich mit seiner polemischen Schrift gegen all jene, die in dem »Krüppel-Dasein« einen Elendszustand sehen.) rororo TB 5235, Rb. 1983, 170 S.

CLELAND, Max: *Stark im Zerbruch.* (Durch eine Explosion verlor der Autor beide Beine und einen Arm. Eindrücklich beschreibt er seine Suche nach Wegen aus der Krise.) Hänssler Vlg., Neuhausen 1983, 170 S.

DACHSEL, Joachim: *Freude im Gegenwind – Leben mit Krücken.* Quell Vlg., Stgt. 1993[1], 91 S.

DRESCHER, Peter: *Birkenhof.* (Autobiographische Erzählung. Der Autor schildert aus der Sicht eines 22jährigen, wie sich sein Leben durch das Zusammenleben bei einer Rüstzeit für Körperbehinderte verändert.) Ev. Vlgs.-Anst., Bln. (damals Ost-) 1981, 83 S.

ERAMO, Luce de: *Solange der Kopf lebt.* (Autobiographischer Roman.) Radius Vlg., Stgt. 1976, 186 S.; ital. OT: *Finché la testa vive.* Rom 1904

HELLER, Joseph: *Überhaupt nicht komisch.* (Erlebnisbericht: Guillain-Barré-Syndrom.) Goldmann TB 9098, Mchn. 1988, 350 S.; US OT: *No Laughing Matter.* (o.J.)

HOBRECHT, Jürgen: *Du kannst mir nicht in die Augen sehen.* (Der 24jährige setzt sich mit seiner angeborenen Querschnittslähmung, insbesondere mit seiner Sexualität, auseinander.) März 2001 Vlg., Bln. 1981. 392 S.; rororo TB 5185, Rb. 1983, 256 S.

HOFBAUER, Friedl: *Federball.* (Autobiographischer Roman des körperbehinderten bekannten Kinderbuchautors.) Herder, Wien, Frb. 1981, 178 S.

HÜBNER, Robert: *»Mein Daumenkino«. Trotz totaler Lähmung leben.* Matthias-Grünewald-Vlg., Mainz 1995, 132 S.

KÜRTEN, Claudio: *Texte zur Patienten-Wirklichkeit.* Ck-Vlg. Claudio Kürten, Hann. Münden 1987, 93 S.

LEFRANC, Alain: *Es lohnt sich zu leben.* (Der 17jährige Schwimmsportler erleidet in einer Wettkampfpause beim Kopfsprung eine Querschnittslähmung.) Herder, Frb. 1977, 144 S.; franz. OT *Le courage de vivre.* Paris 1976

LEUPRECHT, Winfried: *Der Versuch, aufrecht zu stehen.* (Als 10jähriger muß der Autor lernen, mit fortschreitender Lähmung zu leben: Friedreichsche Ataxie.) Radius Vlg., Stgt. 1980, 140 S.

LIEBSCHER, Siegfried: *Der Behinderte ist normal, »wenn man ihn normal behandelt«. Ein Lebensbericht.* Claudius Vlg., Hbg. 1971, 309 S.

LÜDEMANN, Hans Ulrich: *Der weiße Stuhl. Zweiter Versuch einer Rehabilitation.* Vlg. Neues Leben, Bln. 1990, 464 S.

MAAS, Siegfried: *Keine Flügel für Reggi.* (Integrationsprobleme eines Rollstuhlfahrers nach Verlassen eines Rehazentrums.) Vlg. Neues Leben, Bln. (damals Ost-) 1984, 1986[2], 248 S.

13

MARSHALL, Alan: *Ich bin dabei*. Schweizer Jugend Vlg., Solothurn 1959, 302 S.; engl. OT *I Can Jump Puddles*. Melbourne / Australien 1955

OTOTAKE, Hirotada: *Leben ist Freude*. (›Leben ist Freude‹ – kann das einer sagen, der ohne Arme und Beine geboren wurde? In Japan, wo Behinderte traditionsgemäß versteckt werden, wirbt ›Oto‹, geb. 1976, mit seinem ansteckenden Lebensmut, seiner Aktivität und Offenheit, seinem Selbstbewußtsein für eine andere Einstellung der Gesellschaft und ein normales Leben der Behinderten.) Nymphenburger Mchn. 2000, 240 S. jap. OT: *Gotai Fumanzoku*. 1998

SACKS, Oliver: *Der Tag, an dem mein Bein fortging*. (Der Neurologe wird Betroffener, da er sein Bein nicht mehr spürt.) rororo TB 8884, Rb. 1989, 1991[2], 223 S.; US OT: *Leg to Stand on*. (o.J.)

SEGAL, Patrick: *Im Rollstuhl um die Welt. Ein Mann meistert sein Leben*. Ullstein Vlg., Bln. 1979, 256 S.; franz. OT: o.A.

STEEGE, Heinrich: *Jeder Tag ein Abenteuer. Mein Leben als Behinderter*. Vlg. v. Bodelschwingsche Anstalten, Bielefeld 1985, 98 S.

VISCARDI, Henry: *Es gibt immer einen Weg. Zwölf Briefe an einen jungen Behinderten von einem Betroffenen*. Matthias-Grünewald-Vlg., Mainz 1980, 112 S.; US OT: »*... a Letter to Jimmy*«. NY 1971

WEITENHAGEN, Peter: *Lieber Schneid als Mitleid. Eine Auseinandersetzung mit dem Morbus Parkinson*. SCALA Vlg., Velbert 1999[1], ill., 111 S.

 Eltern <12>

<0>   <0>

 Eltern: Mütter <12>

BRÜCKNER, Gisela: *Christine. Die Geschichte einer Mutter über das Leben mit ihrer behinderten Tochter*. Der Neue Vlg., Delmenhorst 1997[1], 1998[2], ill., 122 S.

BURTON, Josephine: *Anthony's Sieg*. (Die Geschichte ihres Sohnes mit Dysmelie.) Maximilian Dietrich Vlg., Memmingen 1959, 180 S.; engl. OT: *Crippled Victory*. London, NY 1956

CARETTE, Jeanine: *Ich habe dich auf die Welt gebracht. Tagebuch einer Mutter*. (Die Mutter – Fabrikarbeiterin – lebt seit 12 Jahren mit der Todesgewißheit ihres Sohnes: Muskelschwund.) Herder Freiburg 1974, 255 S.; franz. OT: *Te mettre au monde*. Paris 1973

CARSON, Mary: *Ginny. Eine Mutter gibt nicht auf*. (Die 6jährige Ginny erleidet Hirnverletzungen bei einem Autounfall.) Hoffmann & Campe Vlg., Hbg. 1973, 203 S.; engl. OT *A True Story*. London 1971

HÉNAULT, Marcelle: *Manuel. Mein behindertes Kind auf dem Weg ins Leben*. Neue Stadt Vlg., Mchn., Zürich, Wien 1977, 1984 S.; franz. OT: *Mon fils Emmanuel*. 1973

KILLILEA, Marie: *Karen. Ein cerebral gelähmtes Mädchen auf dem Weg ins Leben*. (Die Mutter von Karen ist Gründerin der ersten Elternselbsthilfegruppe für cerebral gelähmte Kinder in Amerika.) Scherz Vlg., Mchn. 1973, 255 S., Droemer Knaur TB 2302, Mchn. o.J., dtv 30411, Mchn. 1994, 284 S.; US OT: *Karen*. (o.J.)

KRÜGER, Barbara: *Mein Sohn Andi. Tagebuch einer Mutter*. Herder, Frb. 1979, 144 S.

SCHLETT, Christa: *Babs. Eine Mutter entscheidet sich für ihr behindertes Kind*. Jugenddienst Vlg., Wuppertal-Barmen 1975, 197 S.; Siebenstern TB 288, Gütersloh 1978, 176 S.

STORZ, Claudia: *Jessica mit Konstruktionsfehlern*. Benziger Vlg., Zürich 1983, 270 S.

VÖLLING, Kornelia: *Ich danke Gott für Lydia. Leben mit einem behinderten Kind*. Schriftenmissions-Vlg., Neukirchen-Vluyn 1984, 128 S.

VÖLLING, Kornelia: *Lydia. Die nächsten Jahre. Zu leben ist ein Geschenk*. (Querschnittsgelähmt.) Aussaat- und Schriftenmissions-Vlg., Neukirchen-Vluyn 1990, 152 S.

WOLFF, Johanna: *Laßt mir meinen Schmerz! Diagnose: Kleinwüchsigkeit*. Walter Vlg., Solothurn, Düsseldorf 1995, 117 S.

13

 **Erwachsene Kinder <3>**

<0>   <0>

Söhne <3>

KNOP, Jürgen: *Sie werden uns doch bemerken müssen ... Geschichten aus einem behinderten Leben.* Soak Vlg., Hann. 1981, 199 S.

KNOP, Jürgen: *Laßt mich wie ich bin.* Reha Vlg., Bonn 1995[4], 80 S.

KNOP, Jürgen: *Es hat sich gelohnt, Mutter. Autobiographische Begebenheiten eines spastisch Gelähmten.* Reha Vlg., Bonn 1998[1], 259 S.

 **Geschwister <0>**

<0>   <0>   <0>

 **Angehörige / Familie: gemeinsam <0 >**

<0>

 Partner <4>

<0>

Partner: Frauen <2>

PUSCH, Luise F. (d. i. OFFENBACH, Judith): *Sonja. Eine Melancholie für Fortgeschrittene.* (Aus Trauer über den Verlust ihrer körperbehinderten Freundin fährt sie als nichtbehinderte Studentin in deren Rollstuhl.) Suhrkamp, Ffm 1983, 400 S.; ca. 1992, 391 S.

WILLIAMS, Virginia / COCKERILL, Pamela: *Dein Schmerz geht durch mein Leben.* (Der Ehemann hatte einen schweren Autounfall.) Bastei-Lübbe TB 61223, Berg.-Gladb. 1991[1] 1991[2], 1995[4], 413 S.; engl. OT: *A Different Kind of Life.* London 1991

Partner: gemeinsam <2>

TAHARA, Yoneko / PALMER, Bernhard: *Yoneko – Tochter des Glücks.* (Nach einem Suizidversuch ist die junge Japanerin schwerstbehindert. Dennoch findet sie ihren Weg im Glauben und später in einer glücklichen Partnerschaft.) Schulte & Gerth, Asslar 1978, 200 S.; US OT: *Yoneko – Daughter of Happiness.* Chicago 1976

13

THOM, Wilhelm und Elfriede: *Rückkehr ins Leben.* (Der Autor – Leistungssportler und NVA-Offizier – durch Unfall querschnittsgelähmt, lernt zusammen mit seiner Frau ›anders‹ zu leben.) Vlg. Neues Leben, Bln. (damals Ost-) 1979, 1991[7], 448 S.

 Fachleute <20>

Fachleute: Frauen <12>

GEUTEBRÜCK, Gabriele (Hg): *Bewegung mit Handicap. Körperbehinderte Menschen finden zur Mobilität.* Haug Vlg., Heidelb. 1993, ill., 119 S.

GIVÉLET, Monique: *Marguerite – Marie Teilhard de Chardin oder Sieg über Krankheit und Leid.* Herder, Frb. 1960, 198 S.

KAHLO, Frida / HERRERA, Hayden: *Frida Kahlo*. (Malerin der Schmerzen, Rebellin gegen das Unabänderliche.) Fischer TB 5636, Ffm 1987, 414 S.; US OT: *Frida – A Biography of Frida Kahlo*; 1983

KAHLO, Frida / TIBOL, Raquel: *Frida Kahlo. Über ihr Leben und ihr Werk nebst Aufzeichnungen und Briefen. Mit 82 Abbildungen.* (Körperbehinderte mexikanische Malerin; eine der ersten Frauen in der Geschichte der Kunst, die ausschließlich Frauen betreffende Themen aufgreift.) Vlg. Neue Kritik, Ffm 1980, 143 S.; span. OT: *Frida Kahlo.* 1977

KLIMMEK, Barbara: *Sterbend lebende Kinder. »Gott ist Schrott« oder »Würg-urgl-ächz«.* (Die Sonderschullehrerin berichtet über ihre Schüler [Muskeldystrophiker].) Selbst-Vlg., Hintergasse 18, 65520 Bad Camberg 1988, 1990[2], 203 S.

MÜLLER, Bettina: *Lebensführungsstrategien von schwer körperbehinderten Menschen im Alternsprozeß. Eine fallrekonstruktive Untersuchung.* Diss., Universität Bremen 1997; Shaker Vlg., Aachen 1997 (als Manuskript gedruckt), XIII, 228 S.

RECHENBERG, Ruth: *Die Brüder Berchem. Das Schicksal zweier an Muskelschwund erkrankter Brüder.* Vlg. Frieling, Bln. 1993[1], 139 S.

SCHUCHARDT, Erika: *Schritte aufeinander zu. Soziale Integration durch Weiterbildung.* Zur Situation in der BRD. Forschungsauftrag des Bundesministeriums für Bildung und Wissenschaft (BMBW), Bad Heilbrunn 1987, 380 S.

SCHUCHARDT, Erika: *Unterrichtswerk: Menschen mit Behinderungen – Menschen wie Du und ich.* In: *Jeder ist ein Teil des Ganzen. Der alte, der behinderte, der kranke Mensch.* Unterrichtseinheiten der Bundeszentrale für gesundheitliche Aufklärung (BZGA) i. A. des Bundesministeriums für Familie, Frauen und Gesundheit (BMFFG), Klett Vlg., Stgt. 1988

SCHUCHARDT, Erika: *Wechselseitiges Lernen s.* K12[V]

WILSON, Dorothy Clarke: *... darum werden wir nicht mutlos. Die Geschichte einer tapferen Ehe.* (Der Ehepartner ist nach einem Sportunfall querschnittsgelähmt.) Brockhaus, Wuppertal 1972, 240 S.; US OT: *Handicap Race.* NY 1967

WILSON, Dorothy Clarke: *Um Füße bat ich und er gab mir Flügel! Biographie der indischen Ärztin Mary Verghese (geb.1925).* (Die Ärztin erleidet nach einem Autounfall Querschnittslähmung.) Oncken Vlg., Kassel 1964, 1985[20], 232 S.; Brockhaus TB 146/147, Wuppertal 1980[15], 228 S.; US OT: *Take My Hands.* NY (o.J.)

ZIESCHE, Marie: *Calasanz: Die letzte Freiheit.* Hg. v. ›Schwestern Unserer lieben Frau‹, Rheinbach bei Bonn. (Das Leben des gelähmten Mönchs der Reichenau, Hermann v. Alters-Hausen, Verfasser des »Salve Regina«, wird beschrieben.) Süddt. Vlgs.-Anst., Ludwigsburg 1967, 1982[2], 333 S.

 Fachleute: Männer <6>

AUCOUTURIER, Bernard / LAPIERRE, André: *Bruno. Bericht über eine psychomotorische Therapie bei einem zerebral geschädigten Kind.* E.-Reinhardt-Vlg., Mchn., Basel 1982, 1995[2], ill., 87 S.; franz. OT: *Bruno. Psychomotricité et thérapie.* (o.J.)

13 JAEGGI, Peter: *Schritte im Kopf. Reto oder die Folgen eines Kinderunfalls.* Aare Vlg., Solothurn 1985, 1986[2], 177 S.

MATHEWS, Jay: *»Laßt mir meine Kinder.« Die tragische Geschichte einer behinderten Mutter.* Bertelsmann-Club 1993, 316 S.; US OT: o.A.

PIECHOWSKI, Joachim: *Der Mann ohne Arme.* (Dokumentarischer Roman über Carl Herrmann Unthaus, gest. 1929) Matari Vlg., Hbg. o. J. (ca. 1940); Reha Vlg. Bonn 1982, 251 S.

SCHRÖDER, Mathias: *Linda. Roman.* (Der Arzt schreibt über ein körperbehindertes Kind.) Langen-Müller Vlg., Mchn. 1978, 198 S.

WOLTER, Manfred: *Frank. Umweg ins Leben. Protokolle.* (Das Leben eines 26jährigen Spastikers wird geschildert.) Morgenbuch Vlg., Bln. (damals Ost-) 1987, 1991[4], 196 S.

 Fachleute: gemeinsam <2>

EWINKEL, Hermes u. a.: *Geschlecht: Behindert, bes. Merkmal: Frau.* AG Spak Publikationen, Mchn. 1985, 1986[2], 188 S.

WALLACE, Marjorie / ROBSON; Michael: *Die Terry Wiles Story. Ein Sorgenkind erlebt das Leben.* (Thalidomid-Zwergwuchs. Conterganschaden.) Econ Vlg., Düsseldorf, Wien 1977, 235 S.; engl. OT: *On Giants Shoulders.* (o.J.)

 **Betroffene zusammen mit Fachleuten <13>**

Betroffene zusammen mit Fachleuten: Frauen <5>
IMMENHOF, Ruth: *Ich sage ja. – Körperbehinderte in der Bewältigung ihres Lebens.* (Fachfrauen über Vorschulkinder, Fernstudenten – ergänzt durch 6 Autobiographien Schwerstbehinderter.) Ev. Vlgs.-Anst. Bln. (damals Ost-) 1980, 1983[2], 292 S.
LISTER, Barbara: *Briefe an die heile Welt. Behinderte schreiben an sogenannte »Nichtbehinderte«.* Eichborn Vlg., Ffm, 1981, 128 S.
LÜDECKE, Barbara: *Eine Brücke zu dir – Behinderte Jugendliche erzählen.* Schneider Vlg., Mchn. 1981, 284 S.
SCHROEDER-HORSTMANN, Karin: *L(i)eben mit Handicap. Körperbehinderte geben Auskunft über ihre Sexualität.* Ullstein 34025, Ffm, Wien 1980, 221 S.
SCHUCHARDT, Erika: *Biographische Erfahrung und wissenschaftliche Theorie.* (s. K12[V])
SCHUCHARDT, Erika: *Weiterbildung als Krisenverarbeitung ...* (s. K12[V])
WOLBER, Edith (Hg): *»Du hältst mir die Schlüssel hin, die Türen zu öffnen ...« Eine Begegnung zwischen einer Ethnologin und Frauen mit einer Körperbehinderung.* Diss., Universität Heidelb. 1996; Vlg. für Wissenschaft und Bildung (VWB), Bln. 1996, 205 S.

Betroffene zusammen mit Fachleuten: Männer <6>
EARECKSON, Joni / ESTES, Steve: *Joni. Der nächste Schritt.* Schulte & Gerth, Asslar, Wetzlar 1978, 1991[9], 224 S.; US OT: *A Step Further.* Michigan 1978
EARECKSON, Joni / MUSSER, Joe: *Joni. Der erschütternde Bericht über Kampf und Sieg einer durch Unfall gelähmten jungen Frau.* (Autounfall. Querschnittslähmung.) Schulte & Gerth TB., Asslar 1976, 1982[18], 1993[19], 1994[20], 240 S.; US OT: *Joni.* Michigan 1976, 1982[18]
FISCHER, Bernhard: *Mein Geheimnis gehört mir.* (Auszüge aus der Weltliteratur.) Vlg. Freies Geistesleben, Stgt. 1974, 530 S.
MARTIN, Carolyn / LEWIS, Gregg: *Ich kann nicht laufen, darum will ich tanzen. Über dreißig Jahre lang glaubten alle, ich könne nur in einer Anstalt überleben. Bis ich ihnen bewies, daß sie sich getäuscht hatten ...* Brockhaus, Wuppertal 1995, 288 S.; US OT: *I Can't Walk – so I'll Learn to Dance.* (o.J.)
PETZOLD, Heinz Joachim: *Anerkennung statt Mitleid.* (Ein Journalist und elf körperbehinderte Jugendliche schildern gemeinsam Ausbildungs-, Arbeits- und Lebenswege in der DDR.) Greifen Vlg., Rudolstadt 1981, 1983[2], 143 S.
PETZOLD, Heinz Joachim: *Aufeinander zugehen. Gespräche mit Behinderten.* Vlg. Volk und Gesundheit, Bln. (damals Ost-) 1986, 1990[2], 144 S.

13

Betroffene zusammen mit Fachleuten <2>
PICKEL-BOSSAU, Regina / BACHMANN, Walter: *Ich will – laßt mich. Ein Leben mit Rollstuhl und Krücken.* Fischer TB 3270, Ffm 1989, 96 S.
SCHÖLER, Lilly / LINDENMEYER, Johannes / SCHÖLER, Hermann: *Das alles soll ich nicht mehr können?* (Sozialtraining für Rollstuhlabhängige.) Beltz Vlg., Weinheim 1981, 208 S.

14. Lern-Behinderung <9>

 Betroffene <0>

 Eltern <2>

Eltern: Mütter <2>

TIKKANEN, Märta: *Aifos heißt Sofia. Leben mit einem besonderen Kind.* rororo TB 5166., Rb. 1992, 1994 (57.–59. Tsd.), 136 S.; finn. OT: *Sofias egen bok.* (o.J.)
WILLMANN, Gudrun: *Hilfe, mein Kind ist behindert.* Reha-Vlg., Bonn 1997, ill., 106 S.

 **Erwachsene Kinder <0>**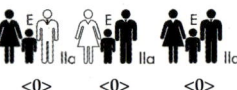

 **Geschwister <0>**

 **Angehörige / Familie: gemeinsam <0 >**

 Partner <0>

 Fachleute <3>

14

Fachleute: Frauen <3>

KLIMMEK, Barbara: *Der liebste Mensch ist ein Tier. Lernbehinderte Schüler über sich, uns und ihre Umwelt.* Selbst-Vlg., Hintergasse 18, 65520 Bad Camberg 1990, 173 S.
KLINGLER, Maria: *Wie eine Puppe, die keiner mag. Ein Kinderschicksal.* (Lernbehinderte Pflegetochter.) Steiger Vlg., Innsbruck 1983, 1984[2], 55 S.
MAC CRACKEN, Mary: *Charlie, Eric und das ABC des Herzens. Außenseiter im Klassenzimmer.* (Lern-Behinderung, Verhaltens-Störung.) Scherz Vlg., Mchn. 1987, Fischer TB 11544 1993; Fischer TB 3273, Ffm 1994, 271 S.; US OT: *Turn-about Children.* (o.J.)

 **Betroffene zusammen mit Fachleuten <4>**

Betroffene zusammen mit Fachleuten: Frauen <1>
KREYE, Ulrike: *... betroffen: Sonderschüler erzählen.* Freundeskreis der Sonderschule
Wetter e. V., Gebrüder-Plitt-Straße 61, Wetter (o.J., ca. 1987)

Betroffene zusammen mit Fachleuten: Männer <2>
KRATZMEIER, Heinrich (Hg): *Behinderte aus eigener und fremder Sicht.* Heidelberger
Sonderpädagogische Schriften Bd. 14, Schindele Vlg., Rheinstetten 1980, 73 S.
KRONENBERG, Martin (Hg): *Behindertenschicksale.* Kallmeier Vlg., Wolfenbüttel 1980,
73 S. (Themenhefte Deutsch, Heft 13 mit Lehrerinformation, 32 S.)

Betroffene zusammen mit Fachleuten <1>
ALY, Monika und Götz / TUMLER, Molind: *Kopfkorrektur oder der Zwang gesund zu sein.*
Ein behindertes Kind zwischen Therapie und Alltag. Rotbuch TB 240, Bln. 1981, 159 S.

15. Sinnes-Behinderung <112>

**Sehbehinderung · Blindheit · Schwerhörigkeit · Gehörlosigkeit/
Taubheit · Taub-Blindheit**

 Betroffene <68>

Betroffene: Frauen <24>
BLATCHFORD, Claire H.: *...aber Freitag hält zu mir.* Oncken Vlg., Haan 1985, 112 S.; US
OT: *All Alone Except for My Dog Freitag.* 1983
BLAUENSTEINER-STEPHAN, Yvonne: *Das stille Jahr.* (Gedichte.) Kurt Kleber Vlg., Wien
1946, 32 S.
DOMES, Helga I.: *Mein Weg in die Blindheit und zurück.* Diss. Univers. Innsbruck 1957, 169
S.
DYER, Donata: *Strahlende Hoffnung.* (Die mit 6 Jahren erblindete Autorin beschreibt ihren
harten Lebensweg durch Schule und Studium bis zur Berufstätigkeit als Ärztin.)
Schulte & Gerth, Asslar 1983, 192 S.
FOGELBERG, Täppas: *Bevor es dunkel wird. Geschichte einer Erblindung.* Arche Vlg., Hbg.
1995, Piper TB 2485, Mchn. 1998, 301 S.; schwed. OT: *Blindstyre.* (o.J.)
GOLINSKI, Edith: *Der Blick nach innen.* (Sie ist blind.) Kiel (o. Vlg.) 1971, 66 S.
HOCKEN, Sheila: *Emma und ich. Die erstaunlichen Erlebnisse einer blinden jungen Frau mit
ihrer klugen Hündin.* M. v. Schröder Vlg., Düsseldorf 1978, 230 S.; Goldmann TB 3984,
Mchn. 1981, 236 S.; engl. OT: *Emma and I.* London 1977
HOLDAU-WILLEMS, Gisela: *Hinter Glas. Gehörlos. Mit der Behinderung leben.* Kaufmann
Vlg., Lahr 1996[1], 87 S.
KELLER, Helen: *Die Geschichte meines Lebens.* (H. K. – 1880–1968 – war seit ihrem 2.
Lebensjahr blind und gehörlos und wurde doch »gefördert durch ihre Lehrerin Ann
Sullivan«. Weltweit bekanntes Beispiel für die Überwindung von schwerster Behinde-

15

rung hin zur aktiven Teilnahme am Leben der Gesellschaft.) R. Lutz Vlg., Stgt. 1903, 247
S.; Scherz Vlg., Mchn., Wien 1955, 240 S.; US OT: *The Story of My Life*. 1903
KELLER, Helen: *Mitten im Lebensstrom. Neue Erinnerungen.* (Nach Schule und Studium
wird H. K. Inspektorin der Blinden- und Taubstummenanstalten in den USA, aktive
Mitarbeiterin bei vielen Wohltätigkeitsorganisationen, Förderin der Blindenbildung
bei vielen Reisen in die ganze Welt.) Stgt. o. J. (ca. 1935), 302 S.; US OT: *The World I Live
In*. 1908
KELLER, Helen: *Meine Lehrerin und Freundin Anne Sullivan [MACY].* Stgt. o. J., ca. 1938,
208 S.; US OT: o.A.
KELLER, Helen: *Briefe meiner Werdezeit.* Lutz Vlg., Stgt. o. J. (ca. 1939), 1991, 240 S.; US OT:
o.A.
KORDI, Gohar: *Ich will leben wie ihr.* (Die blinde Iranerin [in England zuhause] schreibt
über ihren Lebens- und Leidensweg.) Schweizer Verlagshaus, Zürich 1991, 240 S.;
Bastei Lübbe TB 61226, Berg.-Gladb. 1991, 238 S.; engl. OT: *An Iranian Odyssey*. 1991
KRAUSE, Christiane: *Wer nicht hören kann, muß fühlen – ein Leben mit Schwerhörigkeit.*
Fischer TB 12323, Ffm 1994[1], 157 S.
LABORIT, Emmanuelle: *Der Schrei der Möwe.* (Gehörlosigkeit.) Bastei-Lübbe TB 61349,
Berg.-Gladb. 1995[1], ill., 173 S.; franz. OT: *Le cri de la mouette*. (o.J.)
LOGAN, Rosie: *In meinem Herzen wohnt das Licht.* (Eine Frau lernt, mit ihrer Blindheit
umzugehen.) Bastei-Lübbe TB 61285, Berg.-Gladb. 1994[1], 187 S.; engl. OT: o.A.
MARX, Annemarie: *Die heile Insel.* (Lebensbericht einer seh- und hörgeschädigten
Pastorin.) Vlg. Rauhes Haus, Hbg. 1975, 179 S.
MERKER, Hannah: *Listening. Eine Frau erkundet ihre verstummende Welt.* Klein Vlg., Hbg.
1995, 213 S.; US OT: *Listening.* (o.J.)
MERKER, Hannah: *... und plötzlich war es still. Eine Frau erkundet ihre lautlose Welt.*
Goldmann TB 12712, Mchn. 1999, ill. 220 S.; US OT: *Listening.* (o.J.)
PLA, Frieda le: *Blicke in eine verborgene Welt.* Deutsches Blindenhilfswerk e.V, Grabenstr.,
47179 Duisburg o. J. (ca. 1949), 127 S.; engl. OT: o.A.
SCHAUMANN, Ruth: *Das Arsenal.* (Diese Reflexionen über Grenz- und Todessituatio-
nen der mit 6 Jahren durch eine Scharlacherkrankung ertaubten Künstlerin waren ein
Hochzeitsgeschenk für ihren Mann.) Kerle Vlg., Frb. 1968, 1188 S.(!)
SCHWARZ, Hildegard: *Mit Träumen leben – Träume einer Erblindeten.* Vlg. Darmstädter
Blätter, Darmstadt 1981, 194 S.
TAYLOR, Judith: *Licht wird mein Tag.* (Seit ihrer Kindheit ist sie blind und hat sich an ein
Leben in der Dunkelheit gewöhnt. Doch eines Tages besteht Hoffnung auf Heilung.)
Bastei Lübbe TB 61209, Berg.-Gladb. 1991, 333 S.; engl. OT: *As I See It*. London 1989
TUCKER, Bonnie Poitras: *Der Klang von fallendem Schnee. Leben ohne zu hören.* (B. T. ist
gehörlos, aber sie will ein normales Leben führen. In einer Welt, die nur auf Hörende
eingestellt ist, erarbeitet sie sich unter größten Schwierigkeiten eine Karriere als
Juristin, heiratet und zieht drei Kinder auf.) Scherz Vlg., Mchn. 1999[1], 317 S.; engl. OT:
The Feel of Silence. (o.J.)

Betroffene Männer <42>

15

BAUM, Oskar: *Erzählungen aus dem Blindenleben.* Vlg. Vitalis, Furth i. W.1999, 120 S., ill.
BAUM, Oskar: *Leben im Dunkeln. Autobiographischer (Erziehungs-)Roman.* (Mit seiner an
die Sehenden gerichteten Forderung nach Gleichberechtigung und Gerechtigkeit für
die Blinden wurde O. B. bald führend in der damaligen Blindenbewegung.) Vlg. Alex
Juncker, Bln. 1909
BAUM, Oskar: *Uferdasein. Abenteuer und Tägliches aus dem Blindenleben von heute.*(O. B.,
1883–1940, jüdischer Dichter und Freund Kafkas, erblindete mit 11 Jahren, nachdem
Schuljungen ihn als ›Deutschen‹ verprügelt hatten) Alex Juncker Vlg., Bln. 1908 (Vgl.
dazu: K15[IV]: LEHMANN, Kerstin: *Blindheit als Thema in Oskar Baums Werken*.)
BEETHOVEN, Ludwig van: *Heiligenstädter Testament* (Mit 32 Jahren, im Oktober 1802,
schrieb Beethoven dieses Vermächtnis für seine Brüder. Es ist Zeugnis einer tiefen
Lebenskrise, ausgelöst durch die Verzweiflung über seine fortschreitende Ertaubung,

aber auch Überwindung des Gedankens an Selbstmord.) Veröffentlichung des Internat. Musiker-Brief-Archivs. Döblinger Musik-Vlg., Mchn., Wien 1957, 32 S.; in: KERNER: *Die Krankheiten großer Musiker*. Bd. 1, Vlg. Schattauer, Stgt. 1973[3]

BJARNOF, Karl: *Das gute Licht*. Bertelsmann Vlg., Gütersloh 1958, 318 S.; dän. OT: o.A.

COHN, Ludwig: *Ein Weg zum Glück*. Van Witsen Vlg., Rotterdam 1957, 93 S.; niederl. OT: o.A.

DROLSBAUGH, Mark: *Endlich gehörlos!* Signum Vlg., Seedorf, Hbg. 1999, 160 S., US OT: *Deaf Again!* o. J.

FRÜHSTÜCK, Norbert: *Leuchtfeuer. Augen zu und durch. Aus dem Leben eines blinden Bergsteigers*. Carinthia-Vlg., Klagenfurt 1995, ill., 136 S.

GERSTNER, Anton: *Kopf und Zahl: der Münzkönig. Lebensprägung eines Außenseiters. 1941–1976.* (Leben mit einer schweren Hörschädigung.) Donau Vlg., Wien 1993, 117 S.

GHODSTINAT, Mohammed: *Der blinde Geigenspieler. Märchen für Jugendliche und Erwachsene.* Dillinger Verlagsinitiative, Dillingen 1987, 107 S.

HAEBLER, Walter: *... wir haben einen Hund, einen Vater und eine Mutter.* Hans Thoma Vlg., Karlsruhe 1967, 1985[4], 195 S.

HAEBLER, Walter: *Mein Dorf zwischen den Wäldern.* (Ein Lehrer – blind geboren – berichtet.) Hans Thoma Vlg., Karlsruhe 1965, 1981[6], 146 S.

HATZFELD, Adolf von: *Aufsätze.* (Expressionistische Schriftsteller, 1892–1957, nach einem Selbstmordversuch 1913 erblindet, setzt sich mit der Ignoranz der Gesellschaft gegenüber Menschen mit Gebrechen auseinander.) Vlg. Steegemann, Hann. 1923, 214 S.

HAUN, Ernst: *Jugenderinnerungen eines blinden Mannes.* R. Lutz Vlg., Stgt. 1918, 333 S.

HULL, John M.: *Im Dunkeln sehen. Erfahrungen eines Blinden.* Büchergilde Gutenberg, Ffm 1993; dtv 30510, Mchn. 1995, 241 S.; engl. OT: *Touching the Rock.* (o.J.)

KISOR, Henry: *Henry. Die Geschichte eines Gehörlosen.* Droemer Knaur TB 75011, Mchn. 1993[1], 282 S.; US OT: *What's that Pig Outdoors.* (o.J.)

KRENTS, Harold: *Mit dem Wind um die Wette.* Stgt. 1976, 216 S.; US OT: *To Race The Wind.* (o.J.)

KUUSISTO, Stephen: *Der Planet der Blinden.* (Ein selbstironischer Lebensbericht über den Versuch e. von Geburt an fast Blinden, seiner Umgebung unter Lebensgefahr vorzuspielen, er könne normal sehen.) Vlg. Blessing, Mchn. 1998[1], 253 S.; US OT: *Planet of the Blind.* (o.J.)

LOTZ, Erich: *Das Leid blüht aus. Gedichte.* Heliopolis Vlg., Tübingen 1959, 54 S.

LUSSEYRAN, Jacques: *Das wiedergefundene Licht.* (Der im Schulalter erblindete J. L. erzählt – ›sein inneres Sehen reflektierend‹ – sein Leben als französischer Widerstandskämpfer, KZ-Häftling, späterer Literaturprofessor und Familienvater, s. a. K5[I] LUSSEYRAN) Klett Vlg., Stgt. 1963, 1975[7], 286 S.; Siebenstern TB 155, Gütersloh 1977, Ullstein TB 1981, 286 S; franz. OT: *Et la lumière fût* (o.J.)

MANSFELD, F. C.: *Die Lichtbringer.* Kurt Kleber Vlg., Wien 1953, 234 S.

MEYER-AUHAUSEN, Otto: *Als das Dorf noch meine Welt war.* Fränkisch-Schwäbischer Heimat-Vlg., Oettingen 1963, nicht paginiert

MEYER-AUHAUSEN, Otto: *Wenn auch das Licht erlosch. Mein Lebensschicksal.* (Ein Fabrikant berichtet.) Kochler & Amelang Vlg., Lpz. 1936, 247 S.

MONTALEMBERT, Hughes de: *Das geraubte Licht.* (Geschichte eines jungen Mannes, der durch ein Verbrechen das Augenlicht verlor und trotzdem wieder Mut zum Leben findet.) Bastei Lübbe TB 61166, Berg.-Gladb. 1989, 1991[5], 288 S.; franz. OT: *La lumière assassine.* 1982

NARBESHUBER, Maximilian: *Weg ins Licht. Roman.* Vlg. Stiftsbuchhandlung, St. Florian 1949, 414 S.

OSTROWSKI, Nikolai: *Wie der Stahl gehärtet wurde.* (Die Autobiographie schildert das lebenslange Bemühen O.'s, die mit 15 Jahren im Bürgerkrieg [1914–22] erlittenen Verletzungen und seine Erblindung zu verarbeiten, s. a. K15[IV] WENGROW / EFROS) Vlg. Neues Leben, Bln. (damals Ost-) 1974, 1988[46], 452 S.; russ. OT: o.A.

PAQUIN, Walter: *Wie die Sehenden. Wo blinde Kinder groß werden.* (Autobiographische Reflexion.) Otto Bauer Vlg., Stgt. 1986, 112 S.

15

RUDERISCH, Gustav: *Licht in der Finsternis.* (Autobiographischer Roman.) Pabel Vlg., Rastatt 1960, 190 S.

RUPP, Hans: *Blinde im kirchlichen Dienst.* Vlg. Christl. Blindendienst, Marburg 1983, 57 S.

RUPP, Hans: *Evangelische Kirche und Taubblinde.* Schwerhörigenseelsorge Hbg. 1980, 73 S.

RUPP, Hans: *Leiden und Behinderung als Thema der Verkündigung.* Diakonische Vlgs.-Anst., Stgt. 1983, 92 S.

RUPP, Hans: *Schlag die Hand nicht aus. Blindsein. Mit Blinden leben.* (Hinweise – Meinungen – Informationen aus der Sicht eines betroffenen Pfarrers.) Brockhaus, Haan 1981, 144 S.

RUSSELL, Robert: *Einen Engel fangen.* (Bericht eines Mannes, der als 5jähriger erblindet ist. Er lebt als Universitätsprofessor mit Frau und Kindern in den USA.) Goverts Vlg., Ffm 1963, 280 S.; US OT: *To Catch an Angel.* (o.J.)

SCHAH-MOHAMMEDI, Abbas: *Bis die Nacht vergeht. Erfahrungen und Erkenntnisse eines Blinden. Denkanstöße für Sehende.* Union-Presse, Bln., Hass & Co Vlg., Bln. 1981, 40 S.

SELTMANN, Eckhard: *Maulwurf oder der Alleingang. Ein Erblindender entdeckt die Welt neu.* rororo TB 8276, Rb. 1992[1], 154 S.

SMITHDAS, Robert: *Mit Händen ergriffen.* (Ein taubblinder Amerikaner beschreibt sein Leben.) Engelhorn Vlg., Stgt. 1960, 333 S.; US OT: o.A.

STOECKEL, Alfred: *Von Homer bis Helen Keller.* (»Lichtlos und doch lichtvoll«, diese Worte von Homer am Portal der Breslauer Blindenschule regten den damals 24jährigen, sekbst erblindenden Autor an, ein Buch über bedeutende blinde Autoren der Weltliteratur zu schreiben.) Vlg. des Dt. Blindenverbandes e. V., Bonn 1984, 331 S.

SULLIVAN, Tom / GILL, Derek: *Wenn ihr sehen könntet, was ich höre. Ein Blinder besiegt sein Schicksal.* (Mit Spannung verfolgen wir den mutigen Aufstieg des blinden jungen Amerikaners zu Erfolg und Lebensglück. Eindrucksvoll ist das Buch aber, weil es sensibel und unsentimental vom Leben mit vier Sinnen, vom Wesen des Blindseins erzählt.) Herder, Frb. 1976, rororo TB 4395, Rb. 1979, 153 S.; US OT: *If You Could See What I Hear.* NY 1975

TWERSKY, Jacob: *Gesicht in der Finsternis.* Drei Brücken Vlg., Heidelb. 1954, 413 S.; US OT: *The Face of the Deep.* (o.J.)

VAJDA, Albert: *Um so heller die Nacht.* (Ein erblindeter Schriftsteller verarbeitet seine Erkrankung und spätere Heilung.) Walter Vlg., Olten, Frb. 1975, 216 S.; engl. OT: *Lend Me an Eye.* London 1974

VOGEL, Robert: *Zwischen hell und dunkel.* o. Vlg., Wien 1982, o. S.

VUILLEMIER, John Friedrich: *Der letzte Tunnel.* (Die Wandlung eines Mannes, der unvermittelt vor die Aufgabe gestellt wird, als Blinder weiterzuleben.) Walter Vlg., Wiesbaden 1970, 189 S.

WRIGHT, David: *Mein Lebensweg vom hörenden Knaben zum gehörlosen Mann.* Dt. Gehörlosenzeitung, Essen 1976, 59 S.; engl. OT: *Deafness – A Personal Account.* (o.J.)

 Betroffene: gemeinsam <1>
PANARA, R. F. / DENIS, T. B. / MCFARLANE, J. H. (Hg): *Taubheit – du Schicksal. Gedichte und Erzählungen amerikanischer Gehörloser.* Gehörlosen-Vlg. GmbH, Essen 1976, 48 S.; US OT: *The Silent Muse.*

15

    Eltern <5>

<0>   <0>

 Eltern: Mütter <5>
GÄNGER, Elisabeth: *Neue Wege, neue Ziele. Leben mit einem hörgeschädigten Kind.* Fischer TB 12553, Ffm 1995[1], 165 S.

KALIENKE, Monika: *Lena. Die gelungene Hör-Spracherziehung eines hörrestigen, nahezu tauben Kindes. Erfahrungen, Einsichten, Gefühle. Aufzeichnungen einer Mutter von der Diagnosestellung bis zur Einschulungsfrage.* Groos Vlg., Heidelb. 1994[1], 1995[2], 102 S.

LUCAS, Christel: *Silke – ein blindes Kind. Anregungen für Elternhaus und Kindergarten.* (Eine Pflegemutter, die Heilpädagogin ist, berichtet.) Kösel Vlg., Stgt. 1979, 96 S.

LUCKEY, Petra: *Kalypso. Leben und Lernen mit einem hochgradig sehbehinderten Kind.* Edition Bentheim, Würzburg 1996, ill., 86 S.

STÜSSI, Rosemarie: *Aufzeichnungen aus dem Leben mit einem blinden Kind.* Huber Vlg., Bern, 1982; Fischer TB 3295, Ffm 1985, 1990[2], 137 S.

 **Erwachsene Kinder <2>**

Töchter <2>

SIDRANSKY, Ruth: *Wenn ihr mich doch hören könntet. Kindsein in einer stummen Welt.* Scherz Vlg, Bern 1993, Heyne 2035, Mchn. 1994[2], 253 S.; engl. OT: *In Silence.* (o.J.)

WALLISFURTH, Maria: *Sie hat es mir erzählt.* (Die Tochter taubstummer Eltern berichtet über ihre Mutter.) Herder, Frb. 1979, 279 S.

 **Geschwister <0>**

 **Angehörige / Familie: gemeinsam <0 >**

 Partner <1>

Partner: Frauen <1>

GÖSLING-GESKE, Rauthende: *Blüten und Abgründe.* (Autobiographie einer Pädagogin, die mit einem im Krieg erblindeten und ertaubten Mann verheiratet ist.) Selbst-Vlg.; Stettiner Str. 17, 30916 Isernhagen, 1982, 176 S.

 Fachleute <33>

15

Fachleute: Frauen <8>

BAUMEISTER, Pilar: *Die literarische Gestalt des Blinden im 19. u. 20. Jahrhundert. Klischees, Vorurteile und realistische Darstellungen des Blindenschicksals.* Europäische Hochschulschriften, Lang Vlg., Ffm, Bern, NY, Paris 1991, 459 S.

BERCOVITCH, Pascale Noa: *Das Lächeln eines Delphins. Die Geschichte einer wunderbaren Freundschaft.* (Ein Beduinenjunge, der durch einen Sturz sein Gehör verlor und dadurch zum ›Taubstummen‹ wird, gewinnt durch die Freundschaft mit einem Delphin allmäh-

lich seine Fähigkeiten zurück.) Ullstein TB, Bln. 2001, 224 S. (Delphin-Therapie s. a. – K1[II] KUHNERT, Kirsten)

DEUSCHEL, Angelika (Hg): *Lesestücke für Sehleute. Erfahrungen und Reflexionen sehschwacher und blinder Menschen in einer Gesellschaft von Sehenden.* Lit Vlg. AT Edition, Münster 1998, 301 S.

GREEN, Hannah: *Mit diesem Zeichen.* (Liebe, Ehe und Schicksal eines taubstummen Paares.) Radius Vlg., Stgt. 1975, 247 S.; rororo TB 4869, 1981; US OT: *In The Sign.* NY 1970

LEHMANN, Kerstin: *Blindheit als Thema in Oskar Baums Werken.* Wissenschaftliche Arbeit, Hbg. 1986, 143 S. (Vgl. dazu K15[I]: BAUM, Oskar)

MENKEN, Hanne: *Mutters Sorgenkind. Der Weg eines blinden Kindes zu Freude und Arbeit.* Gundert Vlg., Stgt. 1933, 62 S.

SCHMITZ, Marlies: *Kati lernt hören.* (Eine Behinderung und ihre Therapie nach Carl H. Delacato.) Marhold Vlg., Bln. 1986, 1992[2], 176 S.

SCHUCHARDT, E.: *Schritte aufeinander zu. Soziale Integration durch Weiterbildung,* s. K13[IV]

SCHUCHARDT, Erika: *Wechselseitiges Lernen,* s. K12[V]

WILSON, Dorothy Clarke: *Er brachte ihnen das Licht.* (Dr. Victor Rambo, ein Augenarzt, hat sich zur Aufgabe gemacht, den Blinden in Indien zu helfen.) Oncken Vlg., Wuppertal 1983, 260 S.; US OT: o.A.

Fachleute: Männer <22>

BODENHEIMER, Aaron Roland: *Doris. Die Entwicklung einer Beziehungsstörung und die Geschichte ihrer Behebung bei einem entstellten taubstummen Mädchen.* Schwabe & Co Vlg., Basel, Stgt. 1968, 91 S.

BRAMBRING, Michael: *»Lehrstunden« eines blinden Kindes. Entwicklung und Frühförderung in den ersten Lebensjahren.* Vlg. E. Reinhardt, Mchn., Basel 1993, ill., 165 S.

BUNGARD, Walter / KUPKE, S. (Hg): *Gehörlose Menschen in der Arbeitswelt.* Beltz Psychologie Vlgs. Union, Weinheim 1995, ill., Literaturangaben, 304 S.

DAVY, Walter: *Die Blinden.* Teil I: Textbuch, Teil II: Kassette. Niederösterr. Pressehaus, St. Pölten 1979, 62 S.

DIDEROT, Denis: *Briefe über die Blinden für Sehende* (1749). Vlg. des Rheinischen Blindenfürsorgevereins, Düren 1949, 29 S.; franz. OT: *Lettres sur les aveugles pour ceux qui voient.* Neu hgg. Paris 1949

GUIBERT, Hervé: *Blinde. Phantastischer Roman.* (H. G. schreibt mit außerordentlicher Virtuosität über die innere und äußere Welt der Blinden und erzeugt damit eine sinnliche Konfusion, in der Farben Töne und Töne Dinge sind.) Rowohlt Vlg., Rb. 1986, 100 S.; franz. OT: o.A.

HAAR, Jaap ter: *Behalt das Leben lieb.* (Durch einen Unfall verliert der 13jährige Beer sein Augenlicht. Verzweiflung, Angst, Aggression, Hoffnung – Beer durchlebt viele Stadien, bis er wieder Zutrauen zum Leben fassen kann.) Georg Bitter Vlg., Recklinghausen 1976, 124 S.; dtv, Mchn. 1980, 1983[6]; niederländ. OT: *Het wereldje von Beer Lightart.* 1973

HIRSCH, Eike Christian: *Der Witzableiter oder Schule des Gelächters.* (Untersuchungen über Witze auf Kosten anderer; u.a. Blindenwitze.) Vlg. Hoffmann & Campe, Hbg. 1985, 327 S.

JESSEN, Jens. *Selbstzeugnisse, Erinnerungen, Tagebücher und Briefe deutscher Schriftsteller und Künstler.* (Bibliographie der Autobiographien. Bd. 1) Saur Vlg., Mchn. 1987, 229 S.

JOHANSEN, Otto: *Aus der Finsternis zum Licht. Erlin Stordahls Leben für Blinde und Behinderte.* Ernst Reinhardt Vlg., Mchn., Basel 1973, 232 S.; norweg. OT: o.A.

LOEWY, Alfred: *Blinde große Männer.* Kommissions-Vlg. Rascher, Zürich (o.J., ca. 1980), 73 S.

MAGER, Gerd: *Die Träume von Blinden.* Wissensch. Arbeit, Universität Marburg 1987, 40 S.

NEUMANN, Robert: *Die Blinden von Kogoll. Mit einem autobiographischen Nachwort.* Reclam Vlg., Lpz. o. J. (ca. 1988), 71 S.

PAUSE, Walter: *Das Leben triumphiert. Helen Kellers Schicksal.* (Vgl. dazu K15[I] KELLER, Helen.) Bertelsmann Vlg., Bielefeld 1957, 317 S.

15

REUSS, Alexander: *Verlorenes Licht.* Salzer Vlg., Heilbronn 1933, 375 S.

RUDERISCH, Gustav: *Ist der Weg auch weit ...* Kindler Vlg., Mchn. 1956, o. S.

SACKS, Oliver: *Stumme Stimmen. Reise in die Welt der Gehörlosen.* rororo TB, Rb. 1990, ill., 252 S.; US OT: *Seeing Voices; A Journey Into the World of the Deaf.* (o.J.)

SCHMIDT, Carl R.: *Die Blinde.* (Erzählung.) Vlg. Greiner & Pfeiffer, Stgt. 1918, 47 S.

SKOROCHODOWA, Boris: *Jenseits der Nacht.* Vlg. Kultur & Fortschritt, Bln. (damals Ost-) 1951, 187 S.

WANECEK, Ottokar: *Licht im Dunkel.* (Blinde Musiker einst und jetzt.) o. Vlg., Wien 1960

WENGROW, N. / EFROS, M.: *Ein Mensch wie Du. Das Leben des Nikolai Ostrowski.* (Wengrows Biographie über den sowjetischen Schriftsteller.) Vlg. Kultur und Fortschritt, Bln. (damals Ost-) 1950, 207 S.; russ. OT: *Zizn Nikolaja Ostrowskogo.* (o.J.) (Vgl. K15^I: OSTROWSKI, N.)

ZENDER, Beno: *Der Blinde in der neueren Literatur. Versuch einer Information und Darstellung.* Wissenschaftliche Arbeit, Pädagogische Hochschule Heidelb. 1972, 92 S.

Fachleute: gemeinsam <3>

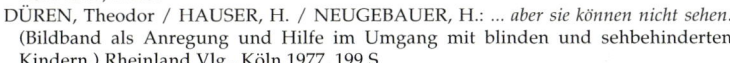

DÜREN, Theodor / HAUSER, H. / NEUGEBAUER, H.: *... aber sie geben nicht auf.* (Lebensgeschichten von Helmut, Kerstin, Martina, Martin, Sabine.) Rheinland Vlg., Köln 1983, 172 S.

DÜREN, Theodor / HAUSER, H. / NEUGEBAUER, H.: *... aber sie können nicht sehen.* (Bildband als Anregung und Hilfe im Umgang mit blinden und sehbehinderten Kindern.) Rheinland Vlg., Köln 1977, 199 S.

GOLDSCHMID, Dorothee / SIEGENTHALER, Hermann: *Viele fremde Hände. Einem taubblinden Menschen öffnet sich schrittweise eine Welt.* [Zur Erinnerung an Ursula Mattes, 4.4.1940 – 20.9.1991], Musik-Vlg. Pan, Zürich 1995, ill., 70 S.

 **Betroffene zusammen mit Fachleuten<3>**

<0>

Betroffene zusammen mit Fachleuten: Frauen <0>

SCHUCHARDT, Erika: *Biographische Erfahrung und wissenschaftliche Theorie.* (s. K12^V)

SCHUCHARDT, Erika: *Weiterbildung als Krisenverarbeitung ...* (s. K12^V)

Betroffene zusammen mit Fachleuten: Männer <1>

DÜREN, Theodor / STREHLE, Wolfgang: *Die besten Jahre.* (Slg. »Louis Braille-Briefe«. Frühförderung sehgeschädigter Kinder. Von betroffenen Eltern sowie von Blinden- und Sehgeschädigten-Lehrern und -Ärzten verfaßte Briefe an Eltern solchermaßen behinderter Kinder.) Rheinland Vlg., Köln 1979, 351 S.

Betroffene zusammen mit Fachleuten <2>

AVENARIUS, Elisabeth: *Tolbilha. Eine blinde Indianerin rettet ihr Dorf.* (Eine fast blinde junge Indianerin wandert in die große Stadt, um Hilfe für ihre Augen zu suchen. Sie begegnet dort Weißen, die mit einem Entwicklungsprojekt ihrem von Hunger und Krankheit bedrohten Maja-Stamm zu Hilfe kommen.) Vlg. der Ev.-luth. Mission, Erlangen 1981, 1982², 155 S.

HINTERMAIR, Manfred / HORSCH, Ursula: *Hörschädigung als kritisches Lebensereignis. Aspekte der Belastung und Bewältigung von Eltern hörgeschädigter Kinder.* Groos Vlg., Heidelb. 1998, VII, 314 S., Lit.Verz. (5 S.)

16. Sprach-Behinderung <17>

 Betroffene <4>

<0>

 Betroffene: Frauen <2>
TROPP-ERBLAD, Ingrid: *Katze fängt mit S an: Aphasie oder der Verlust der Wörter.* Fischer
TB 3293, 1985, 1990²; Fischer TB 12397, Ffm 1994, 99 S.; schwed. OT: *Katt börjar pÿê S.*
Stockholm 1982
WHITEHOUSE, Elisabeth: *Zu leben ist uns aufgetragen.* (Nach einem Schlaganfall: Läh-
mung, Gedächtnisverlust, Sprachstörung.) Oncken Vlg., Haan 1985², 152 S.; US OT:
There's Always More. 1968

 Betroffene: Männer <2>
DIRKS, Walter: *Der singende Stotterer.* (Autobiographische Texte.) Kösel Vlg., Mchn.
1983, 202 S.
MICKELEIT, Bruno: *Ein Aphasiker erlebt seine Rehabilitation. Erfahrungen nach einer Hirntumor-Operation und Halbseitenlähmung.* Reha Vlg., Bonn 1986, 1987², 1994⁴, 174 S.

 Eltern <1>

<0>   <0>

 Eltern: Väter <1>
HILL, Archie: *Eine Welt aus Liebe. Geschichte einer Familie.* (Aufzeichnungen eines Stiefva-
ters über die sich stetig vertiefende Beziehung zu seinem gelähmten und sprachbehin-
derten Sohn.) Herder, Frb. 1978, 111 S.; engl. OT: *Closed World of Love.* London 1976

 **Erwachsene Kinder <0>**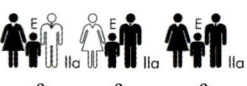

<0>   <0>   <0>

 **Geschwister <0>**

<0>   <0>   <0>

16

 **Angehörige / Familie: gemeinsam <0 >**

<0>

 Partner <1>

<0>   <0>

Partner: Frauen <1>
BACHER, Ingrid: *Das Paar. Erzählung.* (Martin hat bei einem Autounfall die Sprache
verloren. Die Liebe seiner Partnerin befähigt ihn, diese Herausforderung anzunehmen.) Vlg. Hoffmann & Campe, Hbg. 1981, 235 S.

 Fachleute <10>

Fachleute: Frauen <3>
CARSTEN, Catarina: *Wie Thomas zum zweiten Mal sprechen lernte.* (Dr. Martin Schwartz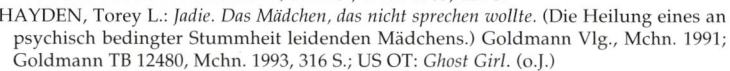
und seine Arbeit mit Stotterern.) Herder, Wien 1985, 121 S.
HAYDEN, Torey L.: *Jadie. Das Mädchen, das nicht sprechen wollte.* (Die Heilung eines an
psychisch bedingter Stummheit leidenden Mädchens.) Goldmann Vlg., Mchn. 1991;
Goldmann TB 12480, Mchn. 1993, 316 S.; US OT: *Ghost Girl.* (o.J.)
HAYDEN, Torey L.: *Kevin. Der Junge der nicht sprechen wollte.* Scherz Vlg., Mchn. 1985, 320
S.; Fischer TB 3253, Ffm 1988, 1991[7], 279 S.; US OT: *Murphy's Boy.* (o.J.)

Fachleute: Männer <6>
FELDENKRAIS, Moshe: *Abenteuer im Dschungel des Gehirns. Der Fall Doris.* (Die Geschich-
te der Therapie einer 60jährigen Frau, die eines Morgens mit schweren Sprachstörun-
gen aufwacht.) Suhrkamp TB 663, Ffm 1981, 100 S.; US OT: Th*e Case of Doris.* (o.J.)
HARTMANN, Boris: *Mutismus. Zur Theorie und Kasuistik des totalen und elektiven Mutismus.* Edition Marhold, Wissenschafts-Vlg. Spiess, Bln. 1991, 142 S.
LENZ, Siegfried: *Der Verlust. Roman.* (Erst nach einer schweren Lebenskrise – der
Fremdenführer Ulrich Martens verliert nach einem Hirnschlag die Sprache – können er
und seine Freundin Nora ihre Unfähigkeit zur Bindung überwinden.) Hoffmann &
Campe, Hbg. 1981; dtv 10364, Mchn. 1985, 233 S.
MIDDELDORF, Volker: *Komm doch aus dem Schweigen. Sprachliche Handicaps und ihre
erfolgreiche Behandlung.* Vlg. der Gesundheit, Bln. 1999, 304 S.
ROTHER, Thomas: *Das plötzliche Verstummen des Wilhelm W.* (Ein Journalist erleidet den
Verlust seiner Sprache.) Scherz Vlg., Mchn. 1981, 207 S.
WALTER, Otto F.: *Der Stumme. Roman.* (Seit seine Mutter – vom Vater verschuldet – ums
Leben kam, ist Loth stumm ...) Kösel Vlg. 1959[1]; rororo TB 12639, Rb. 1990, 184 S.

Fachleute: gemeinsam <1>
BIRCHMEIER, Annette K. / BUCHER, Daniel W.: *Schlagseite.* (Hg. v. d. Schweizerischen
AG für Aphasie) Crea Vlg., Wetzikon 1996, 164 S.

16

 **Betroffene zusammen mit Fachleuten <1>**

 **Betroffene zusammen mit Fachleuten <1>**
HILDEBRAND, Maike / KOWALCZYK, Charly: *Wenn ich fließend sprechen könnte. Lebensgeschichten von Stotternden.* Vlg. Schulz & Kirchner, Idstein, 159 S.

17. Verhaltens-Störung <17>

 Betroffene <0>

 Eltern <1>

 Eltern: Mütter <1>
HOMUTH, Kirsten: *Ernährungsumstellung – eine Chance für mein hyperaktives Kind. Ein Erfahrungsbericht.* (K. H. beschreibt die unzähligen Therapieversuche, Erfolge, Rückschläge und schließlich auch den Weg, der für ihren Sohn erfolgreich ist: die Rotationsdiät. Vorangestellt: Hintergründe.) Pala Vlg., Darmstadt 1999, 171 S.

 **Erwachsene Kinder <0>**

 **Geschwister <0>**

17  **Angehörige / Familie: gemeinsam <0>**

 Partner <0>

<0>   <0>   <0>

 Fachleute <15>

Fachleute: Frauen <11>

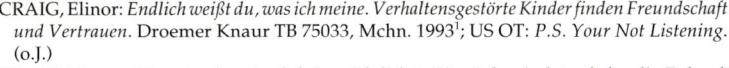

CRAIG, Elinor: *Endlich weißt du, was ich meine. Verhaltensgestörte Kinder finden Freundschaft und Vertrauen.* Droemer Knaur TB 75033, Mchn. 1993[1]; US OT: *P.S. Your Not Listening.* (o.J.)

CRAIG, Elinor: *Ich wünsche mir, daß du mich liebst. Eine Lehrerin kämpft für die Zukunft verhaltensgestörter Kinder.* Droemer Knaur TB 75032, Mchn. 1994[1], ill., 295 S.; US OT: *If We Could Hear the Grass Grow.* (o.J.)

HAYDEN, Torey L. / MAC CRACKEN, Mary / PARK, Clara C.: *Elly, Bo und Lovey meistern ihr Schicksal.* (Dreifachband.) Droemer Knaur TB 2352, Mchn. 1987, 252, 157, 255 S.; US OT: o. A.

HAYDEN, Torey L.: *Bo und die anderen.* (4 benachteiligte, verhaltensgestörte Kinder finden durch ihre Lehrerin einen Platz in der Gesellschaft.) Scherz Vlg., Mchn., 1982; Droemer Knaur TB 2329, Mchn. 1985, 252 S.; US OT: *Somebody Else's Kids.* 1981

HAYDEN, Torey L.: *Sheila. Der Kampf einer mutigen jungen Lehrerin um die verschüttete Seele eines Kindes.* Scherz Vlg., Mchn., 1981[1]; dtv 10223, Mchn. 1984, 1996[15], 253 S.; US OT: *One Child.* 1981 (zu Sheila: s. a. K2[IV] HAYDEN, T. L.)

HAYDEN, Torey: *Kein Kind wie alle anderen.* (Eine Lehrerin verhilft mit ihren ungewöhnlichen, vom Herzen diktierten Methoden »ihren« Kindern zu besseren Lebenschancen.) Goldmann TB 12706, Mchn. 1996, 349 S.; US OT: *Just Another Kid.* (o.J.)

HERTZOG, Gila / BARNEA-BRAUNSTEIN, Rachel: *»Berochim ...«* (Berochim ist eine Schule für seelisch gestörte Kinder.) Ernst Reinhardt Vlg., Mchn. 1980, 290 S., hebräi. OT: *»Berochim«.* (o.J.)

JURGENSEN, Gerda: *Die Schule der Ungeliebten. Als Kindertherapeutin bei Bruno Bettelheim.* (s. a. K17[IV], K1[IV] BETTELHEIM, B.) Piper Vlg., Mchn. 1976, 277 S.; franz. OT: o.A.

MAC CRACKEN, Mary: *Lovey. Die Therapie eines schwierigen Kindes.* Scherz Vlg., Mchn. 1977, 235 S.; Droemer Knaur TB 0779, Mchn. 1981, 160 S.; Fischer TB 3274, 1993 (16.–17. Tsd.), 159 S.; US OT: *Lovey.* (o.J.)

MONNONI, Maud: *Ein Ort zum Leben. Die Kinder von Bonneuil, ihre Eltern und ihr Betreuerteam.* Syndikat Autoren- und Vlg.-Ges., Ffm 1978, 296 S.; franz. OT: *Un lieu pour vivre. Les enfants de Bonneuil, leurs parents et l'équipe des »soignants«.* (o.J.)

PREKOP, Jirina: *Hättest du mich festgehalten ... Grundlagen und Anwendungen der Festhaltetherapie.* Kösel Vlg., Mchn. 1989, 1991[4], 354 S.

SCHUCHARDT, E.: *Schritte aufeinander zu. Soziale Integration durch Weiterbildung.* s. K13[IV]

SCHUCHARDT, Erika: *Wechselseitiges Lernen* s. K12[V]

Fachleute: Männer <3>

BETTELHEIM, Bruno / KARLIN, Daniel: *Liebe als Therapie.* (Gespräche über das Seelenleben des Kindes.) Piper TB 257, Mchn. 1986, 1989[5], 256 S.; US OT: o.A.

BETTELHEIM, Bruno: *Liebe allein genügt nicht. Die Erziehung emotional gestörter Kinder.* (Seelische Störungen bei Großstadtkindern sind heute nahezu »normal« – Signal zur Entwicklung neuer Erziehungsmethoden, die den Kindern das Hineinwachsen in unsere komplexe Welt erleichtern.) Klett Cotta Vlg., Stgt. 1997, 378 S.; US OT: o.A.

BETTELHEIM, Bruno: *So können sie nicht leben. Die Rehabilitation emotional gestörter Kinder.* Klett Cotta Vlg., Stgt. 1973, 477 S.; dtv 15007, Mchn. 1986; US OT: *Truants From Life; The Rehabilitation of Emotionally Disturbed Children.* 1964

17

Fachleute: gemeinsam <1>
PREKOP, Jirina / HELLINGER, Bert: *Wenn ihr wüßtet, wie ich euch liebe. Wie schwierigen Kindern durch Familien- Stellen und Festhalten geholfen werden kann.* Koesel-Vlg., Mchn 1998², 276 S., ill.

 **Betroffene zusammen mit Fachleuten <1>**

<0>   <0>

 **Betroffene zusammen mit Fachleuten: Frauen <1>**
DILLON, Andrea / MEVES, Christa: *Aber ich will dich verstehen! Eine Mutter kämpft um ihr Kind.* (Verhaltensgestörte Tochter). Resch Vlg., Gräfelfing 1995, 175 S.
SCHUCHARDT, Erika: *Biographische Erfahrung und wissenschaftliche Theorie.* (s. K12ᵛ)
SCHUCHARDT, Erika: *Weiterbildung als Krisenverarbeitung ...* (s. K12ᵛ)

17

Alphabetisches Autoren- und Titelverzeichnis der über 2000 Lebensgeschichten zur Krisenverarbeitung von 1900 bis zur Gegenwart

Hinweis:
Hinter jedem Buchtitel finden Sie den Buchstaben K mit Nummerierung (**K1 – K17**) und eine hochgestellte römische Ziffer (**I – V**). Damit werden das jeweilige Krisenereignis und die Erzählperspektive gekennzeichnet.

Wünschen Sie zu einem Buch nähere Angaben, schlagen Sie bitte die Übersicht über die Krisenereignisse: Gliederung der Bibliographie K1–K17, S. 183, auf.

K1–17 = Krisenereignisse <K 1 bis K 17>

I–V = Erzählperspektive: I Betroffene,

II Eltern,

III Partner,

IV Fachleute,

V Betroffene zusammen mit Fachleuten

Beispiel: PEARL S. BUCK: *Geliebtes, unglückliches Kind.* — K12[II].
Aus der Übersicht S. 183 ersehen Sie, daß die Veröffentlichungen zu *K12 Geistige Behinderung* auf S. 280 beginnen. Sie finden dann den gesuchten Verfassernamen unter der Erzählperspektive II = Eltern/Mutter auf S. 182) in der alphabetischen Ordnung.

A

ABART, Joachim: *Mein Weg aus der multiplen Sklerose. Erfahrungen mit Therapien.* — K9[I]
ACHILLES, Ilse.: *Was macht Ihr Sohn denn da?* — K12[II]
ACHILLES, Ilse: *»...und um mich kümmert sich keiner« Die Situation der Geschwister behinderter Kinder.* — K1[IIb]
ACKERMANN, Michael: *Rocky. Der Mann mit der Maske.* — K1[IV]
ADAIR, Katherine: *Mama, ich will nicht sterben. Mein Kind hat Leukämie.* — K8[II]
ADAM, Marianne / SALOMON, Ella: *Was wird der Morgen bringen? Zwei Jüdinnen überleben Auschwitz und finden zum Glauben an Jesus Christus.* — K5[I]
ADJEI, Karin: *Diagnose: Unheilbarer Krebs. Wie ich meine Krankheit besiegte.* — K8[I]
ADLER, Hans G.: *Auschwitz. Zeugnisse und Berichte.* — K5[V]

A

AEBI, Elisabeth: *Soteria im Gespräch. Alternative Schizophrenenbehandlung.* — K10^{IV}

AFFINATI, Eraldo: *Ein Weg der Erinnerung – von Venedig nach Auschwitz.* — K5^{IIa}

AFKHAMI, Mahnaz: *Leben im Exil. Frauen aus aller Welt.* — K5^{I}

AHRENS, Hildegard: *Ist es Schicksal?* — K9^{I}

AHRENS, Kristin / HANNIG-GRETHLEIN, Beate: *49 Schritte in die Schule. Eine Mutter und eine Lehrerin berichten über die schulische Integration eines behinderten Kindes.* — K12^{V}

AICHER-SCHOLL, Inge: *Eva. Weil du bei mir bist, bin ich nicht allein.* — K12^{II}

AINLEY, Rosa: *Ich hab' ihr nie gesagt, daß ich sie liebe. Töchter erleben den Tod ihrer Mutter.* — K3^{IIa}

AL-ANON-FAMILIENGRUPPEN: *Sexualität und Nähe in der Beziehung zu einem Alkoholiker.* — K11^{IIc}

ALBERTZ, Hubert: *Ingo und doch angenommen.* — K12^{II}

ALBONICO, Catrin: *Wer verwandelt das erbrochene Brot? Ein Krankheits- und Heilungsbericht zur Bulimarexie.* — K10^{I}

ALBRECHT, Anneliese: *Denn alles Leben ist wie Gras. Wie eine Mutter Leiden und Sterben ihrer Tochter erlebte.* — K8^{II}

ALBRECHT, Anneliese: *Fühlen, was Leben ist. Wie der Tod der Tochter das Leben einer Mutter veränderte.* — K3^{II}

ALERAMO, Sibilla: *Una donna. Geschichte einer Frau.* — K1^{I}

ALI, Miriam / WAIN, Jana: *Hinter dem Schleier aus Angst und Tränen. Eine Mutter kämpft um ihre Töchter, die in den Jemen verkauft wurden.* — K4^{II}

ALIZADEH, Parvaneh: *Schaut gut hin! Das ist echt: Erfahrungen einer politischen Gefangenen in Gefängnissen der Islamischen Republik Iran.* — K5^{I}

ALLENDE, Isabel: *Paula. Autobiographischer Roman.* — K1^{II}

ALRABAA, Sami: *Saudi-Arabien. Die Tyrannei der tausend Prinzen. Vom Leben in der Rechtlosigkeit.* — K5^{I}

ALY, Monika und Götz / TUMLER, Molind: *Kopfkorrektur oder der Zwang gesund zu sein. Ein behindertes Kind zwischen Therapie und Alltag.* — K14^{V}

AMÉRY, Jean: *Hand an sich legen. Diskurs über den Freitod.* — K3^{I}

AMÉRY, Jean: *Jenseits von Schuld und Sühne.* — K5^{I}

AMMANN / BACKOFEN / KLATTENHOFF: *Sorgenkinder – Kindersorgen. Behindertwerden, behindert-sein als Thema in Kinder- und Jugendbüchern.* — K1^{IV}

AMMASSARI, Verena: *Komm, wir fangen noch mal von vorne an. Eine Ehe in der Zerreißprobe.* — K11^{III}

ANDERS, Berit: *Ich heiße Berit und habe eine Borderline-Störung.* — K10^{I}

ANDERS, Gisa: *Eine Fantasie guckt aus dem Fenster. Wie ein autistischer Junge geheilt wurde.* — K10^{II}

ANDERS, Renate: *Grenzübertritt. Eine Suche nach geschlechtlicher Identität.* — K1^{I}

ANDERS, Sonja: *Zwischen Himmel und Hölle. Aufzeichnungen einer Suchtkranken.* — K11^{I}

ANDERSEN, Sigrid: *Herzalarm. Beruflicher Druck – persönliche Konflikte.* — K1^{I}

ANDERSON, Greg: *Der Krebs-Überwinder. Eine unglaubliche Reise zur Heilung.* — K8^{I}

ANISSIMOV, Myriam: *Primo Levi. Die Tragödie eines Optimisten.* — K5^{IV}

ANONYM: *Eine männliche Braut. Aufzeichnungen eines Homosexuellen.* — K1^{I}

ANONYMA: *Verführung auf der Couch.* — K10^{I}

ANSTEDT, Sera: *Alle meine Freunde sind verrückt. Aus dem Leben eines schizophrenen Jungen. Bericht einer Mutter.* — K10^{II}

APPLEMAN, Alicia: *Alicia. Überleben, um Zeugnis zu geben.* — K5^{I}

ARENS, Miriam: *Übergabe im Hospiz. Ich begleite Sterbende und deren Angehörige.* — K3^{IV}

ARETZ, Bernd: *Annäherungen. Meine ersten 10 Jahre im Zeichen von Aids.* — K6^{I}

ARMES, Jay J. / NOLAN, Frederick: *Das wachsamste Auge der Welt. So lebt und arbeitet der Privatdetektiv Jay. J. Armes.* — K13^{I}

ARNDT, Bettina: *Am Ende der Liebe steht die Liebe. Geschichte einer nicht vollzogenen Trennung.* — K1^{III}

ARNDT, Ina: *Frauenverfolgung und -widerstand.* — K5^{IV}

ARNDT, Ralf: *Spiegelbilder – Eine Antwort auf die Kinder vom Bahnhof Zoo.* — K11^{I}

306

ARNOLD, Susanne: *Eros über dem Abgrund. Schizophrenie als Schicksal?* — K10[IV]
ARTERBURN, Jerry und Steve: *Jerry – ein Christ hat Aids.* — K6[IIb]
ATKINSON, Sandy A. / MARKEL, Jan: *Sklavin meiner Wünsche.* — K11[V]
ATWOOD, Margaret: *Die eßbare Frau. Roman.* — K10[IV]
ATWOOD, Margaret: *Verletzungen. Roman.* — K6[IV]
AUCOUTURIER, Bernard / LAPIERRE, André: *Bruno. Bericht über eine psychomotorische Therapie bei einem zerebral geschädigten Kind.* — K13[IV]
AUFFENBERG, Claudia: *Begegnungen mit dem Sterben.* — K3[IV]
AUGEROLLES, Joëlle: *Mein Analytiker und ich. Eine verhängnisvolle Beziehung.* — K10[I]
AUGUSTIN, Ernst: *Raumlicht. Der Fall Evelyne B.* — K10[I]
AURAS, Sonja: *Ich bin Ärztin und HIV-positiv.* — K6[I]
AVENARIUS, Elisabeth: *Tolbilha. Eine blinde Indianerin rettet ihr Dorf.* — K15[V]
AXLINE, Virginia M.: *Dibs. Die wunderbare Entfaltung eines menschlichen Wesens.* — K10[IV]
AXT, Renate: *Und wenn du weinst, hört man es nicht. Frauenschicksale hinter Gittern.* — K5[IV]
AYIM, May: *Grenzenlos und unverschämt.* — K5[I]
B., Bill: *Ich bin Bill und eßsüchtig. Ein Weg zur dauerhaften Genesung. Anonymous.* Zwölf und Zwölf Vlg., Oberursel 1998 (3. überarb. Aufl.), 256 S.; amerikan. Originalt: *Compulsive Overeater.* (o.J.) — K10[I]
B., Monika / JÄCKEL, Karin: *Ich bin nicht mehr eure Tochter. Die wahre Geschichte eines Mädchens, das jahrelang in der Familie sexuell mißbraucht wurde.* — K2[IIa]
BACH, Heinz: *Die heimlichen Bitten des Peter M.* — K12[IV]
BACH, Heinz: *Familien mit geistig behinderten Kindern.* — K12[IV]
BACH, Katharina: *Geklagt wird nicht und geheult erst nachts.* — K13[I]
BACH, Ulrich: *Boden unter den Füßen hat keiner.* — K13[I]
BACH, Ulrich: *Kraft in leeren Händen.* — K13[I]
BACH, Ulrich: *Millimeter-Geschichten. Texte zum Weitermachen.* — K13[I]
BACH, Ulrich: *Vollmarsteiner Rasiertexte. Notizen eines Rollstuhlfahrers.* — K13[I]
BACHER, Ingrid: *Das Paar.* — K16[III]
BAGANZ, André: *Lebenslänglich Bautzen II. Als Farbiger in der DDR.* — K5[I]
BAILY, Faith Coxe: *Auch sie wurden frei.* — K11[I]
BAI-PFEIFER, Ruth: *Behinderte leben! Als Eltern von behinderten Kindern den Alltag bewältigen.* — K12[II]
BAKELS, Floris B.: *Nacht Und Nebel.* — K5[I]
BAKER, Don / NESTER, Emery: *Zurück ins Leben. Geschichte einer Depression.* — K10[V]
BALLHORN, Franz: *Die Kelter Gottes. Tagebuch eines jungen Christen.* — K5[I]
BALSEN, Werner u.a.: *Ohne Arbeit geh'ste kaputt.* — K1[IV]
BANGEL, Sabine: *Für ein bißchen Leben. Agoraphobie.* — K10[I]
BAPPERT, Liesel.: *Der Knoten. Arzt-Patienten-Verhältnis am Beispiel Brustkrebs.* — K8[I]
BARASCH, Marc I.: *Ich suchte meine Seele und wurde gesund.* — K8[I]
BARNES, Mary: *Meine Reise durch den Wahnsinn.* — K10[V]
BARRON, Judy und Sean: *Hört mich denn niemand? Eine Mutter und ihr Sohn erzählen, wie sie gemeinsam den Autismus besiegten.* — K10[IIc]
BARTELS, Anke M.: *Mein Kind ist so und nicht anders. Die Mutter einer lesbischen Tochter erzählt.* — K1[II]
BARTHOLOMÄUS, Lore: *Ich möchte an der Hand eines Menschen sterben.* — K3[IV]
BARTOSZEWSKI, W.: *Schwarze Jahre. Zeugen des Holocaust erinnern sich.* — K5[I]
BARTOSZEWSKI, Wladyslaw: *Das Warschauer Ghetto – wie es wirklich war.* — K5[I]
BARTZOK, Marianne: *Sexualpädagogische Materialien für die Arbeit mit geistig behinderten Menschen.* — K12[IV]
BARZ, Rolf (Häftling Nr. 1222): *»Die weiße Schmach.« Ein Erlebnisbuch.* — K5[I]
BASS, Ellen / KAUFMAN, Kate: *Wir lieben, wen wir wollen. Selbsthilfe für lesbische, schwule und bisexuelle Jugendliche.* — K1[IV]
BASSLER, Margit / SCHINS, Marie Therese: *»Warum gerade mein Bruder?«* — K3[V]
BATES, Carolyn M. / BRODSKY, Anette M.: *Eine verhängnisvolle Affäre oder Sex in the therapy hour.* — K10[V]

B

B

BAUBY, Jean-Dominique: *Schmetterling und Taucherglocke.* — K1[I]
BAUER, Ernst W.: *Ein Stuhl zwischen den Stühlen.* — K13[I]
BAUER-SEITZ, Vera: *Solange ich atme, hoffe ich. Multiple Sklerose.* — K9[I]
BAUM, Marie Jennifer: *Es begann mit Brustkrebs ... Facetten eines Schicksals.* — K8[I]
BAUM, Oskar: *Erzählungen aus dem Blindenleben.* — K15[I]
BAUM, Oskar: *Leben im Dunkeln. Autobiographischer (Erziehungs-)Roman.* — K15[I]
BAUM, Oskar: *Uferdasein. Abenteuer und Tägliches aus dem Blindenleben von heute.* — K15[I]
BAUMAN, Janina: *Als Mädchen im Warschauer Ghetto. Ein Überlebensbericht.* — K5[I]
BAUMEISTER, Pilar: *Die literarische Gestalt des Blinden im 19./20. Jhdt.* — K15[IV]
BAUTZEN KOMITEE: *Das gelbe Elend. Bautzen Häftlinge berichten.* — K5[I]
BAYER, Ingeborg: *Trip ins Ungewisse.* — K11[I]
BAYLEY, John: *Elegie für Iris.* — K7[III]
BEALS, Melba Pattillo: *Niemand soll mich weinen sehen.* — K5[I]
BEARISON, David J.: *Keiner spricht mit mir darüber. Krebskranke Kinder erzählen.* — K8[V]
BEATTIE, Melody: *Ja zum Leben. Aus tiefstem Schmerz zu neuer Lebenskraft.* — K3[II]
BEAUVOIR, Simone de: *Ein sanfter Tod.* — K3[II]
BEAUVOIR, Simone de: *Zeremonie des Abschieds / Gespräche mit Jean Paul Sartre.* — K3[III]
BECHLER, Margret: *Warten auf Antwort. Ein deutsches Schicksal.* — K5[I]
BECK, Dieter: *Krankheit als Selbstheilung.* — K10[IV]
BECK, Gad: *Und Gad ging zu David. Die Erinnerungen des Gad Beck.* — K1[I]
BECKER, Erika: *Ich will, dies Wort ist mächtig ... Mein Kampf gegen den Krebs.* — K8[I]
BECKER, Klaus Dieter: *Ich habe meinen Krebs besiegt.* — K8[I]
BECKER, Kurt: *Mein Freund der Krebs. Erfahrungen mit einer Krankheit.* — K8[I]
BECKER, Peter: *Begleitung von Schwerkranken und Sterbenden.* — K3[IV]
BECKERLE, Monika: *Depression. Erfahrungen von Frauen.* — K10[V]
BEEKEN, Claire / GREENSTREET, Rosanna: *Mein Körper, mein Feind.* — K10[I]
BEETHOVEN, Ludwig van: *Heiligenstädter Testament.* — K15[I]
BEGOV, Lucie: *Mit meinen Augen. Botschaft einer Auschwitz-Überlebenden.* — K5[I]
BEHNEN, Ulrike: *In einem fremden Land. Flüchtlinge und Deutsche erzählen.* — K5[V]
BEHNKEN, Heinz: *Sehnsucht nach Leben – Krankheit zum Tode.* — K3[I]
BEHREND-ROSENFELD, Else R.: *Ich stand nicht allein. Jüdin in Deutschland.* — K5[I]
BEIMLER, Hans: *Im Mörderlager Dachau.* — K5[I]
BEJENARO, Esther: *»Man nannte mich Krümel.« Eine jüdische Jugend.* — K5[I]
BELLVRÉ, Katharina: *Durch den Tunnel der Angst.* — K8[I]
BELOTTI, Elena Gianni: *Was geschieht mit kleinen Mädchen?* — K1[IV]
BEN GERSHÔM, Ezra: *David. Aufzeichnungen eines Überlebenden.* — K5[I]
BENEDICT, Ingrid: *Ich habe keine Angst um mich.* — K8[I]
BENEDICT, Ingrid: *Laßt mir meine bunten Farben.* — K8[I]
BERBERICH, Monika / ROSENKÖTTER, Irene: *Frauen aus Uruguay.* — K5[V]
BERCOVITCH, Pascale Noa: *Das Lächeln eines Delphins.* — K15[IV]
BERENDZEN, Richard / PALMER, Laura: *Sie rief mich immer zu sich. Die Geschichte eines mißbrauchten Sohnes.* — K2[IIa]
BERENS, Gabi: *In Wahrheit ist es Liebe. Unser behindertes Kind als Wegweiser.* — K12[II]
BERG, Thomas: *Aufs Spiel gesetzt.* — K1[I]
BERGH, Siegfried v. d.: *Kronprinz von Mandelstein.* — K5[I]
BERGMAN, Susan: *Mein fremder Vater. Erst nach seinem Aids-Tod erfuhren wir von seinem anderen Leben ...* — K6[IIa]
BERNARD, Ursula / BERNARD, Paul: *Aus Ängsten und Zwängen ins Leben zurück.* — K10[III]
BERNDT, Charlotte: *Rosa Luxemburg im Gefängnis – Briefe und Dokumente.* — K5[V]
BERNHARD, Thomas: *Die Kälte. Eine Isolation.* — K1[I]
BERNSTEIN, Elsa: *Das Leben als Drama. Erinnerungen an Theresienstadt.* — K5[I]
BERNSTEIN, Sara Tuvel: *Die Näherin. Erinnerungen einer Überlebenden.* — K5[I]
BERTHOLD, Erika / ZGLINICKI, Claudia v.: *Ich will nicht mehr vor mir selber fliehen. Frauen zwischen Schuld und Vergeltung.* — K5[V]

B

B

BOOM, Corrie Ten: *Dennoch. Gefangene macht Er frei.* — K5[I]
BORG, Susan / LASKER, Judith: *Glücklose Schwangerschaft.* — K1[IV]
BORST, Sigrid: *Weniger als ein Jahr ... Unser Kampf gegen den Krebs.* — K8[I]
BÖSCHEMEYER, Uwe: *Herausforderung zum Leben.* — K1[V]
BOSTON, Sarah: *Mein Sohn Will. Bericht über ein mongoloides Kind.* — K12[II]
BOTHOREL, Jean: *Auch du, mein Sohn ... Chronik einer Entziehung.* — K11[II]
BOYSEN, Gilda: *Haut über Kopf. Erfahrungen mit einer Psychoanalyse.* — K10[I]
BOYSEN, Gilda: *Im Sog der Psychoszene. Erfahrungen und Kommentare.* — K10[I]
BRAACH, Emilie: *Wenn meine Briefe dich erreichen könnten.* — K5[I]
BRAID, Helen: *Warum du gehen mußt. Briefe an meinen heranwachsenden Sohn.* — K4[II]
BRAMBRING, Michael: *»Lehrstunden« eines blinden Kindes. Entwicklung und Frühförderung in den ersten Lebensjahren.* — K15[IV]
BRAND, Sandra: *Und dennoch leben.* — K5[I]
BRÄUTIGAM, Walter / MEERWEIN, Fritz: *Das therapeutische Gespräch mit Krebskranken.* — K8[V]
BREINERSDORFER, Fred: *Notwehr.* — K1[IV]
BRENDER, Irmela: *In Wirklichkeit ist alles ziemlich gut.* — K10[I]
BRINGMANN, Fritz: *KZ Neuengamme. Berichte, Erinnerungen, Dokumente.* — K5[I]
BRINKEL, Wolfgang: *Jenseits der Zeit ist Ewigkeit. Texte der Hoffnung.* — K3[IV]
BRISCH, Bastian: *Seitenwechsel. Die Geschichte eines schwulen Familienvaters.* — K1[I]
BRITTON, Janet: *Leben als wär's der letzte Tag.* — K8[I]
BROCHER, Tobias: *Wenn Kinder trauern. Wie sprechen wir über den Tod?* — K3[IV]
BROCKHOFF, Ellen: *Jeder Liebe wachsen Flügel. Dokumentarischer Roman mit einem authentischen Dokumentenanhang aus den Akten des Ministeriums für Staatssicherheit.* — K5[I]
BROCKMANN, Elisabeth: *Weinen kannst du, wenn ich tot bin.* — K6[I]
BRODHAGE, Barbara: *Caroline, laß dir an meiner Gnade genügen.* — K8[I]
BRODKEY, Harold: *Die Geschichte meines Todes.* — K6[I]
BRONNEN, Barbara: *Die Überzählige. »Anfänge gibt's zuhauf, aber Ende gibt's nur eins. Ich will ein gutes Ende, das habe ich verdient.* — K1[IIa]
BRONSON, Catherine: *Leben nach dem Inzest. Frauen überwinden traumatische Erfahrungen.* — K2[I]
BRÖTZMANN, Christine: *Aufschrei. Erfahrungen und Berichte aus dunklen Stunden.* — 10[I]
BROWN, Christy: *Ein Faß voll Leben.* — K13[I]
BROWN, Christy: *Mein linker Fuß.* — K13[I]
BRUCH, Hilde: *Der verhungerte Selbst. Gespräche mit Magersüchtigen.* — K10[V]
BRUCK, Edith: *Wer dich so liebt. Lebensbericht einer Jüdin.* — K5[I]
BRÜCKNER, Daniela: *Mein Schrei nach Leben blieb ungehört.* — K3[II]
BRÜCKNER, Gisela: *Christine. Eine Mutter über das Leben mit behinderter Tochter.* — K13[II]
BRUDER LEONHARD: *Die Macht der Droge und die Gnade Gottes.* — K11[IV]
BRUDER, Klaus Jürgen / RICHTER-UNGER, Sigrid: *Monster oder liebe Eltern? Sexueller Mißbrauch in der Familie.* — K2[V]
BRUEDERL, Leokadia: *Belastende Lebenssituationen. Untersuchungen zur Bewältigungs- und Entwicklungsforschung.* — K1[IV]
BRUEDERL, Leokadia: *Theorien und Methoden der Bewältigungsforschung.* — K1[IV]
BRÜHLMANN-JECKLIN, Erica: *Amalgam-Report. Chronische Intoxikation.* — K1[I]
BRÜHLMANN-JECKLIN, Erica: *Irren ist ärztlich.* — K13[I]
BRUMLIK, Micha / KUNIK, Petra: *Reichsprogromnacht. Vergangenheitsbewältigung aus jüdischer Sicht.* — K5[V]
BRUNNENGRÄBER, Richard: *Christiane. An Leukämie erkrankt und geheilt.* — K8[III]
BRUNS, Ingeborg: *»Ich hab' dich doch so lieb ...« Wenn ein Kind an Krebs erkrankt.* — K8[IV]
BRUNS, Ingeborg: *Das wiedergeschenkte Leben. Leukämieerkrankung eines Kindes.* — K8[II]
BRUYN, Günter de: *Vierzig Jahre. Ein Lebensbericht.* — K5[I]
BRUYN, Günter de: *Zwischenbilanz. Eine Jugend in Berlin.* — K5[I]

C

CHISHOLM, Margo / BRUCE, Ray: *Ich habe mich wirklich gehaßt!* — K11[I]
CHOEDRAK, Tenzin: *Der Palast des Regenbogens.* — K5[I]
CHOHRA, Nassera: *Ich wollte nicht mehr schwarz sein.* — K5[I]
CHOI, Mira / MÜHLHÄUSER, Regina: *»Wir wissen, daß es die Wahrheit ist ...« Gewalt gegen Frauen im Krieg – Zwangsprostitution koreanischer Frauen 1936–1945.* — K5[V]
CHRISTIAN, Shanon / JOHNSON, Margaret: *Auf hauchdünnem Eis. Geschichte einer Magersucht.* — K10[I]
CHRISTL. AIDS-HILFSDIENST: *Laßt mich nicht fallen. Alltag mit Aids-Kranken.* — K6[V]
CHRISTOPH, Franz: *Knüppelschläge. Gegen die Gewalt der Menschlichkeit.* — K13[I]
CITROEN, Sophie und Joop: *Duett pathétique. Erinnerungen einer jüdischen Familie an die Kriegsjahre in Holland.* — K5[IIc]
CLAASEN, Elisabeth: *Ich, die Steri.* — K5[I]
CLAUDE-PIERRE, Peggy: *Der Weg zurück ins Leben. Magersucht und Bulimie.* — K10[IV]
CLAYPOOL, John / WALTER, Karl: *Spuren der Liebe. Von der Kraft, Leid zu tragen.* — K3[II]
CLELAND, Max: *Stark im Zerbruch.* — K13[I]
CLEMENT, Barbara: *Ein Kind wird gesund ... Eine psychologische Behandlung.* — K10[IV]
COHN, Ludwig: *Ein Weg zum Glück.* — K15[I]
COHNEN, Elfriede: *Ein Leben wie andere.* — K13[I]
COLMAN, Alex: *Vierzig Jahre geschwiegen.* — K5[I]
COMBESQUE, Marie Agnès: *Rassismus. Von der Beleidigung zum Mord.* — K5[I]
COMMERÇON, Markus: *AIDS. Mein Weg ins Leben.* — K6[I]
CONRAD, Klaus: *Dauerndes Glück. Chris.* — K10[II]
CONTI, Adalgisa: *Im Irrenhaus. Sehr geehrter Herr Doktor, dies ist mein Leben.* — K10[I]
COOKE, Sue: *Zerzaustes Käuzchen. Die Emanzipation einer Epilepsie-Kranken.* — K1[I]
COUGHLIN, Ruth: *Zeit zu trauern. Eine Liebesgeschichte.* — K4[I]
COUSINS, Norman: *Der Arzt in uns selbst. Anatomie einer Krankheit.* — K8[V]
CRAIG, Elinor: *Endlich weißt du, was ich meine. Verhaltensgestörte Kinder finden Freundschaft und Vertrauen.* — K17[IV]
CRAIG, Elinor: *Ich wünsche mir, daß du mich liebst. Eine Lehrerin kämpft für die Zukunft verhaltensgestörter Kinder.* — K17[IV]
CRAIG, Mary: *Bitterer Segen.* — K12[II]
CRIDER, Tom: *Der Trauer Worte geben. Weg eines Vaters durch Trauer und Schmerz.* — K3[II]
CROSSLEY, Rosemary / McDONALD, Anne: *Annie – Licht hinter Mauern. Die Geschichte der Befreiung eines behinderten Kindes.* — K12[IV]
CSILLAG, Ernst: *Kok-Usek und retour. Chronik einer jüdischen Odyssee.* — K5[I]
CUNÉO, Anne: *Eine Messerspitze Blau. Chronik einer Ablation.* — K8[I]
CUTOMO, Carola: *Medialität, Besessenheit, Wahnsinn.* — K10[I]

D

D'AMBROSIO, Richard: *Der stumme Mund.* — K10[IV]
D'ARCY, Paula: *Meine liebe Sarah.* — K3[II]
D'ARCY, Susan: *Kleine Gemma. Das kurze Leben meiner leukämiekranken Tochter.* — K8[II]
DACHSEL, Joachim: *Freude im Gegenwind – Leben mit Krücken.* — K13[I]
DAHLHOFF, Herbert: *So krank wie die Erde. Krebsleiden und Naturerfahrung.* — K8[I]
DAS LESBISCHWULE COMING-OUT-BUCH. *Lesben und Schwule erzählen ihre Geschichte.* — K1[I]
DAVID, Janina: *Ein Stück Erde. Das Ende einer Kindheit.* — K5[I]
DAVID, Janina: *Ein Stück Himmel. Erinnerungen an eine Kindheit.* — K5[I]
DAVIS, Martin J. / BACH, S.: *Scheidung von den Kindern. Betroffene Väter erzählen.* — K4[II]
DAVY, Walter: *Die Blinden. Teil I: Textbuch, Teil II: Kassette.* — K15[IV]
DECKE, Bettina: *Du mußt raus hier! Lotti Abraham-Levy. Eine Jugend in Bremen.* — K5[I]
DECLERCQ, Fabiola: *Nicht für alles Brot der Welt ... Nicht essen können, weil die Seele Hunger leidet.* — K10[I]
DEFERSDORF, Roswitha: *Drück mich mal ganz fest. Geschichte und Therapie eines wahrnehmungsgestörten Kindes.* — K10[IV]
DEGEN, Michael: *Nicht alle waren Mörder. Eine Kindheit in Berlin.* — K5[I]
DEHN, Mechthild: *Leben. Krebs. Entscheidung – Anruf – Suche.* — K8[I]

DEISS, Elfriede: *Diamant wächst im Dunkel.* — K9[I]

DEITRICK, Frances I.: *Ich bin nicht verrückt.* — K1[I]

DELIO, Dragan Hasana: *»Sei tapfer und vergiß nichts ...« Aufzeichnungen eines muslimischen Gefangenen in serbischen Lagern.* — K5[I]

DEMSKI, Renate: *Die kleine Dame. Wenn die Mutter wieder ein Kind wird.* — K7[IIa]

DENES, Magda: *Brennende Schlösser. Eine jüdische Kindheit.* — K5[I]

DEPNER, Horst Peter: *Auch ohne Zukunft ging es weiter. Erinnerungen.* — K5[I]

DER HOMOSEXUELLE NÄCHSTE. *Symposionband.* — K1[IV]

DESSAU, Anne: *Engel mit einem Flügel.* — K12[II]

DETLEVSSEN, Thorwald / DAHLKE, Rüdiger: *Krankheit als Weg.* — K1[IV]

DETTE, Ursula: *Ein langer Abschied. Der Verlauf einer Alzheimer-Krankheit.* — K7[IIa]

DEUSCHEL, Angelika: *Lesestücke für Sehleute. Erfahrungen und Reflexionen sehschwacher und blinder Menschen in einer Gesellschaft von Sehenden.* — K15[IV]

DEUTSCH, Erik: *Ehekrise. Krankengeschichte eines Arztes.* — K1[I]

DEUTSCHKRON, Inge: *... denn ihrer war die Hölle. Kinder in Ghettos und Lagern.* — K5[IV]

DEUTSCHKRON, Inge: *Ich trug den gelben Stern.* — K5[I]

DEUTSCHKRON, Inge: *Mein Leben nach dem Überleben.* — K5[I]

DEVESON, Anne: *Jonathan. Mit 16 Jahren erkrankt er an Schizophrenie. Seine Mutter kämpft um sein Leben.* — K10[II]

DIAMOND, Anne: *Kein Laut mehr aus deiner Wiege.* — K3[II]

DIBELIUS, Olivia: *Verwitwung bei Frauen im höheren Alter.* — K3[IV]

DIDEROT, Denis: *Briefe über die Blinden für Sehende (1749).* — K15[IV]

DIEBALL, Cornelia: *Nenn mir einen Grund ... Das Schweigen brechen.* — K2[IIa]

DIEHL, Peter: *Voll Stoff leben.* — K11[I]

DIETRICH, Martina: *Zwangsarbeit in Genshagen. Erinnerungen Betroffener.* — K5[I]

DIETZ, Edith: *Den Nazis entronnen. Die Flucht eines jüd. Mädchens in die Schweiz.* — K5[I]

DIETZE, Gabriele: *Todeszeichen. Freitod in Selbstzeugnissen.* — K3[IV]

DIGGELMANN, Walter Matthias: *Schatten. Tagebuch einer Krankheit.* — K8[I]

DIGGELMANN, Walter Matthias: *Tage von süßlicher Wärme.* — K8[I]

DIJK, Lutz van: *Coming Out. Lesben und Schwule aus aller Welt.* — K1[IV]

DIJK, Lutz van: *Homosexuelle zwischen Todesstrafe und Emanzipation!* — K1[I]

DILLON, Andrea / MEVES, Christa: *Aber ich will dich verstehen!* — K17[V]

DIRIE, Waris: *Wüstenblume.* — K5[I]

DIRKS, Walter: *Der singende Stotterer.* — K16[I]

DITZENBACH, Elisabeth: *Geliebte Mirjam. Tagebuch einer jungen Familie.* — K12[II]

DIZENZO, Patricia: *Warum ich? Jennys Geschichte. Mit 16 vergewaltigt.* — K2[I]

DJURA: *Und morgen dann die Hoffnung ... Scheherezades Schwestern im Kampf gegen die islamische Tradition.* — K5[I]

DOERMER, Laura: *Moritz, mein Sohn.* — K1[II]

DOKUMENTATIONSARCHIV DES ÖSTERR. WIDERSTANDES: *Jüdische Schicksale. Berichte von Verfolgten.* — K5[V]

DOKUMENTATIONSSTELLE GEFANGENENLITERATUR DER UNIVERSITÄT MÜNSTER: *Gestohlener Himmel. Widerstehen im Knast.* — K5[I]

DOLATA, Uwe: *Abhängigkeit – Therapie – und dann?* — K11[I]

DOLATA, Uwe: *Stationen einer Wiedergeburt. Sucht als Chance.* — K11[I]

DOLATA, Uwe: *Vom Schreiberling zum Verleger.* — K11[I]

DOLL, Antje: *Endlich reden. Frauen von alkoholabhängigen Männern berichten.* — K11[V]

DÖLL, Hermann K. A.: *Philosoph im Haar. Tagebuch über mein Vierteljahr in einer Irrenanstalt.* — K10[I]

DOLTO, Françoise: *Der Fall Dominique.* — K10[IV]

DOMBROWE, Margot: *Ab morgen nie wieder. Der verzweifelte Kampf einer Mutter um ihr drogensüchtiges Kind.* — K11[II]

DOMES, Helga I.: *Mein Weg in die Blindheit und zurück.* — K15[I]

DONAGHY, Bronwyn: *Anna nahm Ecstasy. Das kurze Leben der Anna Wood oder warum es keinen sicheren Umgang mit Drogen gibt.* — K11[II]

D

DÖNHOFF, Marion Gräfin: »*Um der Ehre willen.*« *Erinnerungen an die Freunde vom 20. Juli.* — K5[IV]

DÖRNER, Heinz: *Und alles wegen der Jungs.* — K5[I]

DÖRNTROP, Vera: *Ich ahne etwas. Leben an der Seite eines psychisch Erkrankten.* — K10[III]

DOWLING, Colette: *Der Cinderella Komplex. Die heimliche Angst der Frauen vor der Unabhängigkeit.* — K1[IV]

DOYLE, Paddy: *Dein Wille geschehe?* — K4[I]

DPWV: DEUTSCHER PARITÄTISCHER WOHLFAHRTSVERBAND: *Unser Alltag – behinderte Menschen, ihre Eltern und Familienangehörige berichten.* — K1[V]

DRECHSEL, Annemarie: *Doch die Liebe hört nie auf.* — K12[IIc]

DRECHSLER, Sigrid: *Im Schatten von Mühlberg.* — K5[I]

DRESCHER, Peter: *Birkenhof.* — K13[I]

DRESCHER, Peter: *Montag fange ich wieder an.* — K8[V]

DREWITZ, Ingeborg: *Junge Menschen messen ihre Erwartungen aus ...* — K3[IV]

DREYER, Petra: *Ungeliebtes Wunschkind. Eine Mutter lernt, ihr behindertes Kind anzunehmen.* — K12[II]

DREYFUS, Laurence / CASANOVA, Béatrice: *Tagebuch einer Geiselnahme.* — K5[I]

DRIGALSKI, Dörte v: *Blumen auf Granit. Eine Irr- und Lehrfahrt durch die deutsche Psychoanalyse.* — K10[I]

DROLSBAUGH, Mark: *Endlich gehörlos!* — K15[I]

DUNBAR, Maureen: *Catherine. Ein tragisches Leben.* — K10[II]

DUPEREY, Anny: *Der schwarze Schleier des Vergessens.* — K3[IIa]

DÜREN / HAUSER / NEUGEBAUER: *... aber sie geben nicht auf.* — K15[IV]

DÜREN / HAUSER / NEUGEBAUER: *... aber sie können nicht sehen.* — K15[IV]

DÜREN, Theodor / STREHLE, Wolfgang: *Die besten Jahre.* — K15[V]

DURLACHER, Gerhard L.: *Streifen am Himmel. Vom Anfang und Ende einer Reise.* — K5[I]

DURLACHER, Gerhard L.: *Wunderbare Menschen. Geschichten aus der Freiheit.* — K5[I]

DURRANI, Tehmina: *Mein Herr und Gebieter.* — K5[I]

DUVAL, Aimé: *Warum war die Nacht so lang?* — K11[I]

DYER, Donata: *Strahlende Hoffnung.* — K15[I]

E

EARECKSON, Joni / ESTES, Steve: *Joni. Der nächste Schritt.* — K13[V]

EARECKSON, Joni / MUSSER, Joe: *Joni. Der erschütternde Bericht über Kampf und Sieg einer durch Unfall gelähmten jungen Frau.* — K13[V]

EARECKSON-TADA, Joni: *Auf neuen Wegen.* — K13[I]

EARECKSON-TADA, Joni: *Freundschaft ohne Hindernisse.* — K13[I]

EARECKSON-TADA, Joni: *In seiner Hand geborgen. Gottes Kraft im Alltag.* — K13[I]

EARECKSON-TADA, Joni: *Weil er dich liebt. Gottes Gegenwart in Licht und Schatten unseres Lebens.* — K13[I]

EBERT, Dorothee: *Wer behindert wen?* — K12[V]

EBERT, Ingrid: *Dienstags in der Mauergasse. Suchtkranke machen Hoffnung.* — K11[V]

EBERT-HAMPEL, Birgit: *Bewältigung von Brustoperation nach Mamma-Karzinom im Spiegel veränderter Körpererfahrung.* — K8[IV]

EBNER, Ferdinand: *Schriften in 3 Bänden.* — K10[I]

ECKSTAEDT, Anita / KLÜWER, Rolf: *Zeit allein heilt keine Wunden. Psychoanalytische Erstgespräche mit Kindern und Eltern.* — K10[V]

EDEL, Peter: *Wenn es ans Leben geht. Meine Geschichte im Konzentrationslager.* — K5[I]

EDVARDSON, Cordelia: *Gebranntes Kind sucht das Feuer.* — K5[I]

EERSEL, Patrice van: *Sterben. Der Weg in ein neues Leben.* — K3[IV]

EGGER, Bettina: *Der gemalte Schrei. Geschichte einer Maltherapie.* — K10[IV]

EGGLI, Ursula: *Die Zärtlichkeit des Sonntagsbratens.* — K13[I]

EGGLI, Ursula: *Herz im Korsett. Tagebuch einer Behinderten.* — K13[I]

EGLI, Barbara: *Cordelia mit Handicap. Tagebuchaufzeichnungen im Leben meiner behinderten Tochter.* — K12[II]

E

EHRHARDT, Ute: *Gute Mädchen kommen in den Himmel – böse überall hin. Warum Bravsein uns nicht weiterbringt.* — K1^{IV}

EICHENBAUM, Ray: *Romeks Odyssee. Jugend im Holocaust.* — K5^{I}

EICKSTEDT, Schieche von: *Ist Aufopferung eine Lösung? Mütter behinderter Kinder berichten.* — K1^{V}

EINSELE, Helga: *Mein Leben mit Frauen in der Haft.* — K5^{IV}

EISENBERGER, Andrej: *Wenn ich nicht schreie, ersticke ich. Eine wahre Geschichte von Liebe und Tod.* — K5^{I}

EISENKRAFT, Clara: *Damals in Theresienstadt. Erlebnisse einer Judenchristin.* — K5^{I}

EKSTEIN, Rudolf: *Grenzfallkinder. Klinische Studien über die psychoanalytische Behandlung schwerstgestörter Kinder.* — K10^{IV}

ELIACHEFF, Caroline: *Das Kind, das eine Katze sein wollte. Psychoanalytische Arbeit mit Säuglingen und Kleinkindern.* — K2^{IV}

ELIAS, Norbert: *Über die Einsamkeit der Sterbenden in unseren Tagen.* — K3^{IV}

ELIAS, Ruth: *Die Hoffnung hielt mich am Leben. Mein Weg von Theresienstadt und Auschwitz nach Israel.* — K5^{I}

EPSTEIN, Helen: *Die Kinder des Holocaust. Gespräche mit Söhnen und Töchtern von Überlebenden.* — K5^{V}

ERAMO, Luce de: *Solange der Kopf lebt.* — K13^{I}

ERLENBERGER, Maria: *Der Hunger nach Wahnsinn.* — K10^{I}

ERLUND, Eileen / RÖMER, Gernot: *Irmgard: Eine jüdische Kindheit in Bayern und eine Vertreibung.* — K5^{I}

ERNI, Margrit: *Leid als Chance.* — K1^{IV}

ESPINÀS, Josep M.: *Dein Name ist Olga. Briefe an meine mongoloide Tochter.* — K12^{II}

EWINKEL, Hermes u. a.: *Geschlecht: Behindert, bes. Merkmal: Frau.* — K13^{IV}

F., Antje: *Diagnose Krebs. Ein Plädoyer für die Hoffnung.* — K8^{I}

F., Christiane: *Wir Kinder vom Bahnhof Zoo.* — K11^{I}

F

FABIUS, Odette: *Sonnenaufgang über der Hölle. Von Paris in das KZ Ravensbrück.* — K5^{I}

FABRÉ, Jacqueline: *Die Kinder, die nicht sterben wollten. Bericht aus einer Leukämie Kinderklinik.* — K8^{V}

FALISSE, Gaston und Marie-Françoise: *Unser behindertes Kind.* — K12^{II}

FALLACI, Oriana: *Brief an ein nie geborenes Kind.* — K1^{I}

FALLER, Hermann: *Krankheitsverarbeitung bei Krebskranken.* — K8^{IV}

FANTLOVÁ, Zdenka: *»In der Ruhe liegt die Kraft«, sagte mein Vater.* — K5^{I}

FÄSSLER-WEIBEL, Peter: *Nahe sein in schwerer Zeit. Zur Begleitung der Angehörigen von Sterbenden.* — K3^{IV}

FATIAH: *Eine Frau in Algerien. Chronik des täglichen Terrors.* — K5^{I}

FAUST, Wolfgang Max: *Dies alles gibt es also: Alltag, Kunst, Aids.* — K6^{I}

FAUSTEN, Martina: *Lebenslauf einer Depression.* — K10^{I}

FEID, Anatol / F., Ingo: *Wenn du zurückschaust, wirst du sterben. Protokoll einer Phase im Kampf gegen das Heroin.* — K11^{V}

FEID, Anatol: *Morgen bin ich vielleicht tot. Erfahrungsberichte aus der Drogenszene.* — K11^{V}

FELDENKRAIS, Moshe: *Abenteuer im Dschungel des Gehirns. Der Fall Doris.* — K16^{IV}

FELDER, Vinzenz: *An der Seite des Kranken. Erlebnisse und Erfahrungen.* — K3^{IV}

FELDMAN, Gayle: *Der Schatten meiner Mutter.* — K8^{I}

FELDMAN, Gayle: *Ich werde nicht an Brustkrebs sterben. Ein Überlebensbericht.* — K8^{I}

FELDMANN, Lili: *Leben mit der Alzheimer-Krankheit. Eine Therapeutin und Betroffene berichten.* — K7^{V}

FELL, Alison: *Jeder Schritt, den du gehst.* — K1^{I}

FELS, Ludwig: *Der Himmel war eine große Gegenwart. Ein Abschied.* — K8^{IIa}

FÉNELON, Fania: *Das Mädchenorchester in Auschwitz.* — K5^{I}

FERBER, Walter: *55 Monate Dachau.* — K5^{I}

FERGUSON, Sarah: *Die Stimme und das Schweigen.* — K10^{I}

FEUERLEIN / KÜFNER / SOYKA: *Alkoholismus, Mißbrauch und Abhängigkeit. Entstehung, Folgen, Therapie.* — K11^{IV}

F

FICHTER, Horst: *Verflucht sei die Menschenwürde. Erlebnisbericht aus den Zuchthäusern der ehemaligen DDR.* — K5^I

FILIP, Sigrun Heide: *Kritische Lebensereignisse.* — K1^{IV}

FILIPOVIC, Zlata: *Ich bin ein Mädchen aus Sarajevo.* — K5^I

FILK-NAGELSCHMITZ, Agnes: *Ein Lächeln in schwerer Stunde. Menschen an der Grenze von Leben und Tod.* — K3^{IV}

FINGER, Anne: *Lebenswert. Eine behinderte Frau bekommt ein Kind.* — K13^I

FINGERHUT, Ralf / MANSKE, Christel: *Ich war behindert an der Hand der Lehrer und Ärzte. Protokoll einer Heilung.* — K1^V

FINKELGRUEN, Peter: *Erlkönigs Reich. Die Geschichte einer Täuschung.* — K5^I

FINKELGRUEN, Peter: *Haus Deutschland oder Geschichte eines ungesühnten Mordes.* — K5^I

FINKELSTEIN, Genia: *Genia. Ein 12jähriges Mädchen im Holocaust.* — K5^I

FISCHER, Bernhard: *Mein Geheimnis gehört mir.* — K13^{IV}

FISCHER, Gudrun: *»Unser Land spie uns aus.« Jüdische Frauen auf der Flucht vor dem Naziterror nach Brasilien.* — K5^I

FISCHER, Joschka: *Mein langer Lauf zu mir selbst.* — K1^I

FISCHER, Marianne: *Blätter im Sturm. Ein ungarisches Schicksal.* — K5^I

FISCHER, Ursula: *Von der Last des Schweigens.* — K5^I

FLECK, Annelise: *Workuta überlebt. Als Frau in Stalins Straflager.* — K5^I

FLENSBURGER HEFTE VERLAG: *Kulturvergiftung Alkohol.* — K11^V

FLIEGER, Brigitte: *Beim ersten Kind kam alles anders. Eine glückliche Schwangerschaft und ihr jähes Ende.* — K3^{II}

FLOHR, Christine Maria: *Durch die Hölle und zurück. Über die Bewältigung von Zungengrundkrebs.* — K8^I

FLORE, Charles / LANDSBERG, Alan: *Begegnungen mit dem Jenseits.* — K3^{IV}

FLÜCKIGER-SCHÜEPP, Monika / EICHHORN, Jörg: *Die Wildnis in mir. Mit Drogenabhängigen in den Wäldern Kanadas.* — K11^V

FOGELBERG, Täppas: *Bevor es dunkel wird. Geschichte einer Erblindung.* — K15^I

FORCEVILLE-van ROSSUM, Joke: *Auf einmal war alles ganz anders.* — K3^{III}

FORD, Michael: *Die Tage, die uns blieben. Leben mit der Diagnose Krebs.* — K8^{III}

FORMAZ, Casimir: *Gnade zur Reue.* — K8^I

FRAAS, Christine: *Leben mit Hermine.* — K12^{II}

FRANCK, Barbara: *Trotzdem leben. Reportagen über die Angst.* — K8^V

FRANK, Anne: *Das Tagebuch der Anne Frank.* — K5^I

FRANK, Arthur: *Mit dem Willen des Körpers. Krankheit als existentielle Erfahrung.* — K8^I

FRANK, Hannelore: *Leben im Angesicht des Todes.* — K8^I

FRANK, P. Helmut: *Kinder ohne Perspektive.* — K11^{IV}

FRANKE, Niels: *Geheilt im Selbstversuch – Hoffnung für Millionen.* — K9^I

FRANKE, Niels: *Geschenktes Leben. Multiple Sklerose und Selbstbehandlung e. Arztes.* — K9^I

FRANKENBERGER, Tamara: *Wir waren wie Vieh. Lebensgeschichtliche Erinnerungen ehemaliger sowjetischer Zwangsarbeiterinnen.* — K5^I

FRANKL, Viktor E.: *... trotzdem Ja zum Leben sagen. Ein Psychologe erlebt das KZ.* — K5^I

FRANKLAND, Mark: *Glaswände. Leben mit einem Autisten.* — K10^{II}

FRANSEN, Sirfa: *Ganz normal – und doch ver-rückt. Jugendpsychiatrie.* — K10^I

FRANZ, Marie Louise: *Traum und Tod. Was uns die Träume Sterbender sagen.* — K3^{IV}

FRASER, Sylvia: *Meines Vaters Haus. Die Geschichte eines Inzests.* — K2^{IIa}

FRÉDERIC, Hélène / MALINSKI, Martine: *Martin. Eine Kindertherapie.* — K10^{IV}

FREDERIKSSON, Dorrit: *Lennart starb jung.* — K8^{II}

FREDÉT, Francine: *Trotzdem gebe ich mein Kind nicht auf.* — K12^{II}

FRENCH, Marilyn: *Meine Zeit in der Hölle.* — K8^I

FRESENIUS, Ulrich von: *Begegnungen des Wernigeröder Bürgermeisters am Kriegsende in kommunistischen Gefängnissen und Konzentrationslagern.* — K5^I

FREUDENBERG, Kurt / FREUDENBERG, Ernhelga: *Die MS und andere Stoffwechselkrankheiten sind heilbar. Heilungsgeschichte eines Wissenschaftlers.* — K9^{III}

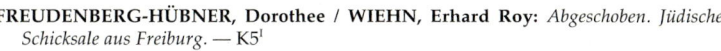

G

H

HABEGGER, Frieda: *Mathilde, Mathilde ...* — K13^I

HABEL, Luise: *Herrgott, schaff die Treppen ab. Erfahrungen einer Behinderten.* — K13^I

HABEL, Luise: *Ich bring' dir einen Arm voll Leben.* — K13^I

HABEL, Luise: *Ich muß nicht immer stark sein.* — K13^I

HABEL, Luise: *Sterben heißt leben.* — K13^I

HABEL, Luise: *Umarmen möcht' ich dich. Briefe an einen Therapeuten.* — K13^I

HACKENBERG, Waltraud: *Die psychosoziale Situation von Geschwistern behinderter Kinder.* — K1^{IV}

HACKER, Adeline: *Unauslöschbare Erinnerungen.* — K5^I

HACKETT, David A.: *Der Buchenwald – Report.* — K5^V

HADDAD, Rida: *Syrien. Der Preis der Freiheit.* — K5^I

HAEBLER, Walter: *... wir haben einen Hund, einen Vater und eine Mutter.* — K15^I

HAEBLER, Walter: *Mein Dorf zwischen den Wäldern.* — K15^I

HAHN, Anna: *Christophers Tod.* — K3^{II}

HAHN, Mechthild: *Lebenskrise Krebs.* — K8^{IV}

HAHN, Otto und Marlies: *Du gingst uns voraus.* — K3^{II}

HAHN, Reinhardt: *Das letzte erste Glas.* — K11^I

HAHN, Susanne: *Und der Tod wird nicht mehr sein...* — K3^{IV}

HAHNFELD, Ingrid: *Höllenfahrt. Tagebuch einer Depression.* — K10^I

HAHN-LEPPER, Monika: *Nicht zum Leben geboren. Trauerarbeit nach dem Verlust meiner Kinder.* — K3^{II}

HALVORSEN, Ida: *Harter Asphalt.* — K11^I

HAMBRECHT, Martin: *Das Leben neu beginnen.* — K1^{IV}

HAMMER, Signe: *Wir hätten dich doch so gebraucht.* — K3^{IIa}

HAMPE, Johann Ch.: *Sterben ist doch ganz anders. Erfahrungen mit dem eigenen Tod.* — K3^V

HAN SU-YIN: *Nur durch die Kraft der Liebe. Ein autobiographischer Bericht.* — K12^{II}

HANEK, Gudrun: *Zum zweiten Mal geboren. Tagebuch einer Mutter.* — K1^{II}

HANSEN, Cornelia / LANGER, Jürgen: *Nur ein Nilpferd hat 'ne dicke Haut. Kinder und Jugendliche erleben die Krebserkrankung ihrer Geschwister.* — K8^{IIc}

HANSEN, Tracy: *Ich redete mir ein, daß es nicht gewesen war. Geschichte einer Heilung nach sexueller Gewalt in der Kindheit.* — K2^I

HARPWOOD, Diane: *Tee und Tranquilizer.* — K11^I

HARRIS, Rosemarie: *HIV – das fatale Dogma. Ich betreute den aidskranken Mike F.* — K6^V

HART, Maarten't: *Gott fährt Fahrrad.* — K8^{IIa}

HARTMANN, Boris: *Mutismus.* — K16^{IV}

HARTMANN, Hans A.: *Pas de deux. Lebensweg und Totentanz mit meiner Mutter.* — K3^{IIa}

HARTUNG, Sven / HOLZAPFEL, Ann: *Sonst bin ich ganz normal.* — K10^V

HARTWIG, Renate: *Scientology: Ich klage an.* — K5^I

HARTZ-GEITEL, Ellen v.: *Mama, wir beide schaffen das schon. Erfahrungen mit dem Lebenswillen eines todkranken Kindes.* — K8^{II}

HASLER, Eveline: *Die Wachsflügelfrau. Geschichte der Emily Kempin-Spyri.* — K1^{IV}

HASSELL, Fey: *Niemals sich beugen. Erinnerungen einer Sondergefangenen der SS.* — K5^I

HASSENMÜLLER, Heidi / WIEDEMANN, Hans-Georg: *Warum gerade mein Kind? Interviews mit Eltern homosexueller Kinder.* — K1^{IV}

HASSENMÜLLER, Heidi: *Ein Tabu wird abgebaut. Erfahrungsberichte, Analysen, Interviews zum sexuellen Mißbrauch.* — K2^V

HATTEBIER, Edda: *Reifeprüfung. Eine Familie lebt mit psychischer Erkrankung.* — K10^{IIc}

HATZFELD, Adolf von: *Aufsätze.* — K15^I

HAUCH, Gerda: *Der Aufschrei. Warum?* — K9^I

HAUKE, Felicitas: *Steine im Weg. Ein Lebensbericht.* — K13^I

HAUN, Ernst: *Jugenderinnerungen eines blinden Mannes.* — K15^I

HAUSER, Irene: *Tagebuch von Irene Hauser, von Wien ins Ghetto Lodz deportiert.* — K5^I

HAUSER, Maria: *Alles Blut ist rot. Lebensbilder HIV-positiver Menschen.* — K6^V

HÄUSLER, Ingrid: *Kein Kind zum Vorzeigen? Bericht über eine Behinderung.* — K12^{II}

H

K

K

KLEIN, Christoph: *Am Ende das Licht. Die Geschichte eines Sterbens.* — K8[III]
KLEIN, Gerda W.: *Nichts als das nackte Leben.* — K5[I]
KLEIN, Grace A.: *Lisa. Eine Mutter erzählt vom Leben ihrer schizophrenen Tochter.* — K10[II]
KLEIN, Norma: *Sunshine oder das letzte Glück.* — K8[I]
KLEIN, Stefan: *Die Reisen nach Jerusalem. Eine Familiengeschichte.* — K5[I]
KLEMKE, Helmut: *Geiseln der Rache. Zehn Jahre in mitteldeutschen Todeslagern.* — K5[I]
KLEMM / HEBELER / HÄCKER: *Tränen unterm Regenbogen. Phantastisches und Wirkliches. Von Mädchen und Jungen der Kinderklinik Tübingen.* — K8[V]
KLEMPERER, Victor: *Ich will Zeugnis ablegen bis zum letzten.* — K5[I]
KLESSMANN, Edda: *Wenn die Eltern Kinder werden und doch die Eltern bleiben.* — K7[V]
KLIEGER, Bernard: *Der Weg, den wir gingen. Reportage einer höllischen Reise.* — K5[I]
KLIER, Freya: *Kaninchen von Ravensbrück. Med. Versuche an Frauen in der NS-Zeit.* — K5[IV]
KLIER, Freya: *Verschleppt ans Ende der Welt. Dt. Frauen in sowj. Arbeitslagern.* — K5[IV]
KLIMMEK, Barbara: *Der liebste Mensch ist ein Tier.* — K14[IV]
KLIMMEK, Barbara: *Sterbend lebende Kinder.* — K13[IV]
KLINGLER, Maria: *Wie eine Puppe, die keiner mag. Ein Kinderschicksal.* — K17[IIa]
KLINGVALL, Lena Maria: *Lena Maria. Ohne Arme geboren. Eine junge Frau meistert ihr Leben und wird Weltmeisterin im Schwimmen.* — K13[I]
KLONOVSKY, Michael / FLOCKEN, Jan v.: *Stalins Lager in Deutschland.* — K5[V]
KLONZ, Ines: *Das letzte Jahr mit Elisabeth.* — K8[III]
KLOTH, Birgit: *Zum Kotzen. Eine eßsüchtige Frau gegen ihre Krankheit.* — K10[I]
KLOTZ, Ernst E.: *So nah der Heimat. Gefangen in Buchenwald.* — K5[I]
KLÜGER, Ruth: *Weiterleben. Eine Jugend.* — K5[I]
KNAPP, Caroline: *Geschichte einer gefährlichen Liebe.* — K11[I]
KNAUF, Silke: *Chronische Krankheit. Darstellung der Situation Betroffener am Beispiel Multiple Sklerose.* — K9[IV]
KNELLER, Pamela: *Das Leben geht weiter. Der Weg einer Behinderten.* — K13[I]
KNOP, Jürgen: *Es hat sich gelohnt, Mutter. Autobiographische Begebenheiten eines spastisch Gelähmten.* — K13[IIa]
KNOP, Jürgen: *Laßt mich wie ich bin.* — K13[IIa]
KNOP, Jürgen: *Sie werden uns doch bemerken müssen.* — K13[IIa]
KNOPP, Marie Luise: / NAPP, Klaus: *Reif für die Klapse?* — K10[IV]
KNOPP, Marie Luise: / NAPP, Klaus: *Wenn die Seele überläuft. Kinder und Jugendliche erleben die Psychiatrie.* — K10[IV]
KNOPP, Marie-Luise / HEUBACH, Barbara: *Irrwege, eigene Wege. Junge Menschen erzählen von ihrem Leben nach der Psychiatrie.* — K10[IV]
KNORR, Monika: *Bauchschmerzen. Von der Auflehnung meines Körpers.* — K8[I]
KOBAYASHI, Issa: *Die letzten Tage meines Vaters.* — K3[IIa]
KOBBE, Ursula: *Die Brücke ohne Geländer – Tagebuch einer Heilpädagogin.* — K12[IV]
KOCH, Uwe / WEIS, Joachim: *Krankheitsbewältigung bei Krebs und Möglichkeiten der Unterstützung. Der Förderschwerpunkt »Rehabilitation von Krebskranken«.* — K8[IV]
KOEPPEN, Wolfgang: *Jakob Littners Aufzeichnungen aus einem Erdloch. Roman.* — K5[V]
KOHAVI, Chava: *Koffer und Rucksäcke.* — K5[I]
KOHLMANN, Carl-Walther: *Persönlichkeits- und Emotionsregulation. Defensive Bewältigung von Angst und Streß.* — K1[IV]
KOLLMANN, Barbara / KRUSE, Margitta: *Krebskranke Jugendliche.* — K8[IV]
KOMP, Diane M.: *Fenster in den Himmel. Wie Kinder im Tod das Leben sehen.* — K3[V]
KOMP, Diane M.: *Liebe reicht ins Land des Schattens. Welche Hoffnung kranke Kinder schenken. Erfahrungen einer Kinderärztin.* — K3[IV]
KOMP, Diane M.: *Sag mir dein Geheimnis. Von krebskranken Kindern lernen.* — K8[IV]
KÖMPEL, Ilse: *Goodbye, Robin. Ein Weg aus der Droge.* — K11[II]
KÖNEN, Josef: *Sucht als Chance. Ein Alkoholkranker macht Mut.* — K11[I]
KÖNIG, Hera: *Der tödliche Hunger. Erfahrungen einer Diabetikerin.* — K1[I]
KÖNIGSDORF, Helga: *Respektloser Umgang.* — K9[IV]
KONRAD, Rudolf: *Die Schule von Sokologorowka.* — K5[I]

K

K

KÜBLER-ROSS, Elisabeth: *Verstehen, was Sterbende sagen wollen.* — K3[IV]

KUHN, Hermann: *Stutthof. Ein Konzentrationslager vor den Toren Danzigs.* — K5[V]

KUHNERT, Kirsten: *Jeden Tag ein kleines Wunder. Das Geschenk der Delphine.* — K1[II]

KUIPER, Piet C.: *Seelenfinsternis. Die Depression eines Psychiaters.* — K10[I]

KULISIEWICZ, Aleksander: *Adresse Sachsenhausen.* — K5[I]

KUNZ, Marion: *Kostbare Stunden. Ein Bericht über Sterben, Tod und Trauer.* — K3[V]

KUPFER-KOBERWITZ, Edgar: *Dachauer Tagebücher. Häftling 24814.* — K5[I]

KUPFERMANN, Jeanette: *Wenn die Tränen versiegt sind.* — K3[IIII]

KUPFERSCHMIDT, Alfred: *In des Töpfers Hand. Tagebuchblätter eines Patienten.* — K1[I]

KÜRTEN, Claudio: *Texte zur Patienten-Wirklichkeit.* — K13[I]

KUSHNER, Harold: *Wenn guten Menschen Böses widerfährt. Wieso läßt Gott Ungerechtigkeit zu? Hilfe in seelischer Not, in Unglück, Krankheit und Tod.* — K3[II]

KÜSTER, Hermann: *Nachrufe.* — K11[V]

KUSZ, Natalie: *Toschka. Ein Mädchen meistert sein Schicksal in den Weiten Alaskas.* — K1[II]

KUUSISTO, Stephen: *Der Planet der Blinden.* — K15[I]

L

LAAR, Cornelia: *Krise und Krebs als Chance fürs Leben. So finde ich mein Juwel.* — K8[I]

LABORIT, Emmanuelle: *Der Schrei der Möwe.* — K15[I]

LACOMBE, Fabien: *Kommando Kaufbeuren. Außenlager von Dachau.* — K5[I]

LAFON, Monique: *Die Liebe läßt uns weiterleben. Wie wir lernten unsere behinderte Tochter anzunehmen.* — K12[II]

LAGERCRANTZ, Olof: *Mein erster Kreis. Die Geschichte meiner Jugend.* — K10[IIa]

LAIR, Jacqueline C. / LECHLER, Walther H.: *Von mir aus nennt es Wahnsinn. Protokoll einer Heilung.* — K10[V]

LAIR, Jess und Jacqueline: *Sag mal, Gott, was nun?* — K8[III]

LAKE, Alexander: *Kein hoffnungsloser Alkoholiker.* — K11[I]

LAKE, Tony: *Depressionen bewältigen.* — K10[IV]

LAKS, Szymon: *Musik in Auschwitz.* — K5[I]

LAMLA, Gertraud: *Muß ich auch wandern in finsterer Schlucht.* — K8[II]

LANDECK, Günter: *Krankheitsbewältigung und Paardynamik bei Patienten der offenen Herzchirurgie.* — K1[IV]

LANE, Robert: *Robby. Ein Zeugnis für die schier unglaubliche Kraft des Menschen, Leid durch Verständnis und Liebe zu überwinden.* — K10[IV]

LANGBEIN, Hermann: *»... nicht wie die Schafe zur Schlachtbank.* — K5[IV]

LANGE, Bernd Lutz: *Davidstern und Weihnachtsbaum.* — K5[I]

LANGE, Herbert: *Engel von Bautzen. Bericht über eine Haft.* — K5[I]

LANGER, Felicia: *Miecius später Bericht. Jugend zwischen Ghetto und Theresienstadt.* — K5[I]

LANGHOFF, Wolfgang: *Die Moorsoldaten. 13 Monate Konzentrationslager.* — K5[I]

LANGSDORFF, Maja: *Die heimliche Sucht, unheimlich zu essen.* — K10[I]

LANZMANN, Claude: *Shoa.* — K5[IV]

LAPPESSEN, Katharina: *Was ist mit Anna?* — K2[II]

LAQUEUR, Renata: *Bergen-Belsen Tagebuch.* — K5[I]

LASK, Karl: *Der Kuß der Seele. Frauen von Alkoholabhängigen machen Mut.* — K11[V]

LASKER-WALLFISCH, Anita: *Wahrheit: Breslau, Auschwitz, Bergen-Belsen.* — K5[I]

LASMAN, Noah: *Die Straße. Erinnerungen eines Zwangsarbeiters an eine »ganz normale Firma.«* — K5[I]

LASZLO, Carl: *Der Weg nach Auschwitz und Ferien am Waldsee.* — K5[I]

LAUBENSTEIN, Dagmar: *Interaktionen zwischen Copingprozessen und Selbstkonzepten bei ersterkrankten Schizophrenen in einem Zeitraum von drei Jahren.* — K10[IV]

LAUNDERS, Michele: *Meine Schuld wird nie vergehen.* — K4[IV]

LAUSTER, Peter: *Lassen Sie der Seele Flügel wachsen. Wege aus der Lebensangst.* — K1[IV]

LAVANT, Christine: *Kunst wie meine ist nur verstümmeltes Leben.* — K1[I]

LAWRENCE, Marylin: *Ich stimme nicht.* — K10[I]

LEBÉUS, Angelika Martina: *Liebe auf den zweiten Blick.* — K12[II]

LECHNER, Silvester: *Schönes, schreckliches Ulm. 130 Berichte ehemaliger polnischer Zwangsarbeiterinnen und Zwangsarbeiter.* — K5[I]

L

L

LINDENBERG, Wladimir: *Gespräche am Krankenbett.* — K10^V
LINDENBERG, Wladimir: *Schicksalsgefährte sein.* — K10^{IV}
LINDER, Bert: *Verdammt ohne Urteil. Holocaust – Erinnerungen eines Überlebenden.* — K5^I
LINDER, Michaele: *Sucht und Sehnsüchte. Ein Erfahrungsbericht zur Bulimie.* — K10^I
LINDNER, Heidi: *Viele Tode stirbt der Mensch. Autobiographie mit Träumen und Erlebnissen einer psychisch kranken Frau.* — K10^I
LINDNER, Michaela: *Ich bin, wer ich bin. Ein öffentliches Leben als Mann und als Frau.* — K1^I
LINDWER, Willy: *Anne Frank. Die letzten 7 Monate. Augenzeuginnen berichten.* — K5^V
LIPKE, Cordula: *Lauf, so lange du kannst. Bericht über eine Krankheit.* — K9^I
LIPSKI, Wladimir / TACHALY, Bogdan: *Mädchen, wo seid ihr? Vierzehn ehemalige Zwangsarbeiter erinnern sich.* — K5^I
LISCHI-CORADESCHI, Santuzza: *Ich war Komplizin meiner Angst.* — K10^I
LISTER, Barbara: *Briefe an die heile Welt. Behinderte schreiben an Nichtbehinderte.* — K13^V
LITTLE, Margaret I.: *Die Analyse psychotischer Ängste. Zwei Fallgeschichten.* — K10^{IV}
LITTY, Sandra: *Heißhunger. Mein Weg aus der Magersucht.* — K10^I
LITTY, Sandra: *Jeder Biß eine Niederlage. Tagebuch einer Magersucht.* — K10^I
LIVINGSTON, G.: *Nur der Frühling. Eine Familie bewältigt den Tod ihres Kindes.* — K3^{II}
LOCKER, Liane: *Im Zeichen des Wahnsinns. Tatsachenroman.* — K10^I
LOEST, Erich: *Durch die Erde ein Riß. Ein Lebenslauf.* — K5^I
LOEWY, Alfred: *Blinde große Männer.* — K15^{IV}
LOEWY, Hanno / BODEK, Andrzej: *»Les vrais riches«. Notizen aus dem Ghetto Lodz.* — K5^I
LOGAN, Rosie: *In meinem Herzen wohnt das Licht.* — K15^I
LOHMANN, Michael / RÜFFER, Anne: *Das Jahr, in dem ich nur spazieren ging.* — K8^I
LOHNER, Marlene: *Plötzlich allein. Frauen nach dem Tod des Partners.* — K3^{III}
LONGDEN, Deric: *Dianas Geschichte. Das Sterben meiner Frau.* — K3^{III}
LOOKWOOD, Glenda / MOWBRAY, Christopher: *Mein Kind, ein menschliches Schutzschild.* — K5^V
LOOSEN, Werner: *Neuanfang.* — K11^I
LORDE, Audre: *Auf Leben und Tod. Krebstagebuch.* — K8^I
LOTZ, Erich: *Das Leid blüht aus. Gedichte.* — K15^I
LOUNG UNG: *Der weite Weg der Hoffnung.* — K5^I
LUBKOLL, Hans Georg: *Zu trösten alle Traurigen.* — K3^{IV}
LUCAS, Christel: *Silke – ein blindes Kind. Für Elternhaus und Kindergarten.* — K15^{II}
LÜCKEL, Kurt: *Begegnung mit Sterbenden.* — K3^V
LUCKEY, Petra: *Kalypso. Leben und Lernen mit einem sehbehinderten Kind.* — K15^{II}
LÜDECKE, Barbara: *Eine Brücke zu dir – Behinderte Jugendliche erzählen.* — K13^V
LÜDEMANN, Hans Ulrich: *Der weiße Stuhl. 2. Versuch einer Rehabilitation.* — K13^I
LÜDICKE, Hans: *Alzheimer – der lange Abschied.* — K7^{III}
LÜDICKE, Hans: *Morbus Alzheimer, der schleichende Tod. Das erfüllte Leben und das lange Sterben meiner Frau.* — K7^{III}
LUDWIG-KLEIN, Elisabeth: *Krebs-Kinder-Tagebuch. Wagnis einer Hoffnung.* — K8^{II}
LÜHN, Gisela: *Diagnose MS. Erfahrungen mit den »Halbgöttern in Weiß«.* — K9^I
LUKASZ-ADEN, Gudrun: *Tiefer kannst du nicht fallen.* — K11^{IV}
LUKASZ-ADEN, Gudrun: *Trennungen. Interviews, Erfahrungen,Perspektiven.* — K4^V
LÜKE, Karin: *Seele in Beton. Bericht einer psychiatrischen Behandlung.* — K10^I
LUMMAS, Gabi: *Verschlossene Seele. Erfahrungen mit Selbstverletzungen.* — K10^I
LUND, Doris: *Eric. Der wunderbare Funke Leben.* — K8^{II}
LUNDHOLM, Anja: *Das Höllentor. Bericht einer Überlebenden.* — K5^I
LUNDHOLM, Anja: *Im Netz. Bericht.* — K5^I
LUNDHOLM, Anja: *Zerreißprobe.* — K1^{II}
LUSSEYRAN, Jacques: *Das Leben beginnt heute. Erinnerungen und Begegnungen eines Blinden.* — K5^I
LUSSEYRAN, Jacques: *Das wiedergefundene Licht.* — K15^I
LYDON, Susan Gordon: *Der lange Weg zurück. Stationen einer Sucht.* — K11^I

330

M

M., Adam: »*Mein Name ist Adam ...*«. *Ein Bericht über Jahre der Abhängigkeit.* — K11[I]
M., Juliette: *Warum ich? Beichte einer jungen Frau von heute.* — K6[I]
M., Peter: *Zwangsneurose. Erlebnisbericht eines psychisch Kranken.* — K10[I]
MAAS, Hermann: *Der Seewolf.* — K10[IV]
MAAS, Siegfried: *Keine Flügel für Reggi.* — K13[I]
MAC CRACKEN, Mary: *Charlie, Eric und das ABC des Herzens. Außenseiter im Klassenzimmer.* — K14[IV]
MAC CRACKEN, Mary: *Lovey. Die Therapie eines schwierigen Kindes.* — K17[IV]
MAC PHEE, Rosalind: *Wilde Wasser. Mein Leben mit Brustkrebs.* — K8[I]
MACK, Valentin: *Ein verdammtes Leben. 15 Jahre politische Haft in der ehemaligen Sowjetunion.* — K5[I]
MACKNEW / CYTRYN / YAHRAES: *Warum kann Michael nicht weinen?* — K10[IV]
MACKWITZ-BÖHM, Susanne: *Als letztes stirbt die Hoffnung.* — K3[II]
MACLEOD, Sheila: *Hungern ist meine einzige Waffe.* — K10[I]
MADELSKY, Uschi / WERNER, Klaus: *Flucht in die Sucht. In Selbsthilfegruppen finden Eltern ein neues Verhältnis zu ihren Kinder.* — K11[II]
MAGER, Gerd: *Die Träume von Blinden.* — K15[IV]
MAHMOODY, Betty: *Aus Liebe zu meiner Tochter.* — K5[IV]
MAHMOODY, Betty: *Nicht ohne meine Tochter.* — K5[II]
MAIER-GERBER, Hartmut: *In der Hoffnung auf das Jenseits.* — K3[IV]
MAJDANSKI, Kazimierz: *Ihr werdet meine Zeugen sein ... Meine Zeit im KZ.* — K5[I]
MAL COMES, Heidrun: *Der dunkle Gang. Leben mit Krebs.* — K8[I]
MANDELA, Nelson: *Der lange Weg zur Freiheit. Autobiographie.* — K5[I]
MANDL, Herbert Tomas: *Musik aus der Finsternis.* — K5[I]
MANN, Iris: *Aus der Behinderung ins Leben. Sorgenkinder entfalten ihre Fähigkeit.* — K12[IV]
MANNHEIMER, Max: *Spätes Tagebuch.* — K5[I]
MANNING, Martha: *Am eigenen Leibe. Von der Psychotherapeutin zur Patientin.* — K10[I]
MANNSDORFF, Peter: *Das verrückte Wohnen.* — K10[I]
MANSFELD, F. C.: *Die Lichtbringer.* — K15[I]
MANTESE, Mario: *Vision des Todes. Bericht einer Seele aus dem Zwischenreich.* — K3[IV]
MARCHAL, Paul: *Spurlos verschwunden.* — K2[II]
MARGOLIS, Karen: *Die Knochen zeigen. Über die Sucht zu hungern.* — K10[I]
MARKS, Jane: *Die versteckten Kinder.* — K5[V]
MARSHALL, Alan: *Ich bin dabei.* — K13[I]
MARTEL, Inge: *Morgen-Grauen.* — K11[V]
MARTIN, Carolyn / LEWIS, Gregg: *Ich kann nicht laufen, darum will ich tanzen.* — K13[V]
MARTINI, Werner / SCHROIF, Angelika: *Der Tod wird keine Grenze für uns sein. Wir begleiten Martin beim Sterben.* — K8[III]
MARX, Annemarie: *Die heile Insel.* — K15[I]
MASSAQUOI, Hans J.: *Neger, Neger, Schornsteinfeger.* — K5[I]
MATERN-SCHERNER, Eva: *Kein Buch zum Verschlingen.* — K10[I]
MATHEWS, Jay: *»Laßt mir meine Kinder.« Geschichte einer behinderten Mutter.* — K13[IV]
MATOUSCHEK, Leonore: *Trauer, die nicht enden will. Verkehrstod ...* — K3[II]
MATTMANN, Franziska: *Das verlorene Ich. Tagebuch einer Mutter.* — K10[II]
MAUL, Bärbel / ULRICH, Axel: *Gedenkstätte »Unter den Eichen«.* — K5[V]
MAURICE, Catherine: *Ich würde euch so gern verstehen. Eine Mutter kämpft um ihre autistischen Kinder.* — K10[II]
MAURINA, Zenta: *Denn das Wagnis ist schön.* — K13[I]
MAURINA, Zenta: *Die eisernen Riegel zerbrechen.* — K13[I]
MAURINA, Zenta: *Die weite Fahrt.* — K13[I]
MAYER, Ken / PIZER, Hank: *Aids. Die rätselhafte Krankheit. Die neuesten med. Erkenntnisse: Was ist Aids? Wer ist gefährdet? Symptome und vorbeugende Maßnahmen.* — K6[IV]
MAYS, John Bentley: *In den Fängen der schwarzen Hunde. Leben mit Depression.* — K10[I]
MAZIMPAKA, Thomas: *Ein Tutsi in Deutschland. Das Schicksal eines Flüchtlings.* — K5[I]

M

McCHARTHY, John / MORRELL, Jill: *Ein Schrei hinter Mauern. Er war fünf Jahre Geisel im Libanon, sie kämpfte für seine Freilassung.* — K5[I]

McCRUM, Robert: *Mein Jahr draußen.* — K1[I]

McGOWIN, Diana F.: *Wie in einem Labyrinth. Leben mit der Alzheimer-Krankheit.* — K7[I]

McLEAN, Tom: *Die schwindende Zeit. Leben mit Aids.* — K6[I]

McQUEEN, Christin: *Bratwurscht. Erlebnisbericht einer Eß- und Brechsüchtigen, die den Wahnsinn dieser Krankheit durchbrach.* — K10[I]

McQUILKIN, Robertson J.: *Wenn die Liebe hält, was sie verspricht. Die Geschichte einer großen Liebe und einer Krankheit, die alles zu zerstören droht.* — K7[III]

MECHTEL, Angelika: *Jeden Tag will ich leben. Ein Krebstagebuch.* — K8[I]

MEHR, Mariella: *Steinzeit.* — K4[I]

MEHRINGER, Andreas: *Verlassene Kinder.* — K4[IV]

MEIDINGER-GEISE, Inge: *Ich schenke mir ein Jahr.* — K13[I]

MEISINGER, Edith: *Über die Schwelle. Aufzeichnungen einer spastisch Gelähmten.* — K13[I]

MEISSNER, Andreas: *Neues Leben für Daniel.* — K8[II]

MELTON, David: *Todd.* — K12[II]

MENKEN, Hanne: *Mutters Sorgenkind. Weg e. blinden Kindes zu Freude und Arbeit.* — K15[IV]

MENNINGER, Dieter: *Belügt uns nicht!* — K9[V]

MENTZ, Gerda und Siegfried: *Mit Andreas fing alles an. Wie Sport und Spiel das Leben eines geistig behinderten Kindes verändern können.* — K12[II]

MERFERT-DIETE, Christa / SOLTAU, Roswitha: *Frauen und Sucht.* — K11[IV]

MERKER, Hannah: *Listening. Eine Frau erkundet ihre verstummende Welt.* — K15[I]

MERKER, Hannah: *Und plötzlich war es still. Eine Frau erkundet ihre lautlose Welt.* — K15[I]

MERKI / KRÄMER / RÜFFER: *Rückwärts. Und alles vergessen. Anna und Otto Nauer: Mit Alzheimer leben.* — K7[V]

MESRINE, Jacques: *Der Todestrieb.* — K10[I]

MESSAOUDI, Khalida: *Worte sind meine einzige Waffe. Eine Algerierin im Fadenkreuz der Fundamentalisten.* — K5[I]

METTBACH, Anna / BEHRINGER, Josef: *»Wer wird die nächste sein?« Die Leidensgeschichte einer Sintezza, die Auschwitz überlebte. »Ich will doch nur Gerechtigkeit.«* — K5[I]

MEULENBELT, Anja: *Ich wollte nur den Bestes. Über eine Mutter.* — K3[IIa]

MEUSER, Luise: *... denn die Freude hat das letzte Wort.* — K13[I]

MEVES, Christa: *Ich will mich ändern. Geschichte einer Genesung.* — K10[IV]

MEY, Daniel: *Stahlbein. Bericht vom Überleben eines Unfalls.* — K1[I]

MEYER, Alwin: *Die Kinder von Auschwitz.* — K5[IV]

MEYER, Kristina: *Das doppelte Geheimnis. Weg einer Heilung – Analyse und Therapie eines sexuellen Mißbrauchs.* — K2[I]

MEYER, Olga: *Das war Martin.* — K12[II]

MEYER, Willi / WYDLER, Gertrud: *Anja. Abenteuer einer Kindertherapie.* — K10[IV]

MEYER-AUHAUSEN, Otto: *Als das Dorf noch meine Welt war.* — K15[I]

MEYER-AUHAUSEN, Otto: *Wenn auch das Licht erlosch. Mein Lebensschicksal.* — K15[I]

MEYER-HÖRSTGEN, Hans: *Hirntod.* — K3[IV]

MEYNERT, Joachim: *Ein Spiegel des eigenen Ich. Zeugnisse antisemitisch Verfolgter.* — K5[V]

MEYSTRE, Marc Philippe: *Andere Inseln deiner Sehnsucht. Aids. Reisebuch.* — K6[I]

MICHAEL, Christel: *Ein Alptraum oder der Weg in die Freiheit.* — K5[I]

MICHAELIS, Anne: *Fluchtstücke.* — K5[IV]

MICHAELIS, Daniela: *Ich habe nur dies eine Leben. Tagebuch einer Heilung.* — K8[I]

MICKELEIT, Bruno: *Ein Aphasiker erlebt seine Rehabilitation. Erfahrungen nach einer Hirntumor-Operation und Halbseitenlähmung.* — K16[I]

MIDDELDORF, Volker: *Komm doch aus dem Schweigen. Sprachliche Handicaps und ihre erfolgreiche Behandlung.* — K16[IV]

MIKOLAI, Michaela: *Oliver. Der lange Weg. Leben mit einem Sorgenkind.* — K12[II]

MILLER, Inette: *Gesprengte Brücken.* — K4[I]

MILLER, Luree: *Langsam entgleiten. Vom geistigen Verfall meiner Mutter.* — K7[IIa]

MILLER, Ted: *Wenn die Not am größten ...* — K10[IV]

M

MILLET, Kate: *Der Klapsmühlentrip.* — K10[I]

MINAHAN, John: *Die Maske.* — K1[I]

MINWEGEN, Hiltrud: *Mario. Von der Sucht zur Hoffnung. Eine Mutter sucht in Rom ihren drogensüchtigen Sohn.* — K11[II]

MIQUEL, André: *Warum mußt du gehen? Tagebuch eines Vaters.* — K12[II]

MITSCHERLICH, Alexander und Margarete: *Die Unfähigkeit zu trauern.* — K3[IV]

MITTERMEIER, Rosi: *Werde ich dich lieben können? Leben mit einem Down-Kind.* — K12[II]

MÖCKEL, Klaus: *Hoffnung für Dan. Aus dem Alltag mit einem behinderten Kind.* — K12[II]

MOHR, Anne: *Ravensbrück. Versöhnung durch Erinnerung.* — K5[I]

MOHR, Mavi: *Ein Elefant gab mir die Hand. Ein Mädchen kämpft gegen Leukämie.* — K8[I]

MOMSEN, Wilhelm: *Mein Leben – dank Insulin.* — K1[I]

MONETTE, Paul: *Geliehene Zeit.* — K6[III]

MONNONI, Maud: *Ein Ort zum Leben. Die Kinder von Bonneuil ...* — K17[IV]

MONTALEMBERT, Hughes de: *Das geraubte Licht.* — K15[I]

MOORE, Walter: *Weil sie nicht mehr weiter wußten.* — K11[IV]

MOORMAN, Margaret: *Zwiespalt. Meine schizophrene Schwester und ich.* — K10[IIb]

MORGENROTH, Hannelore: *Leben mit neuen Farben. Ein Weg aus der Eßsucht und Depression.* — K10[IV]

MORRIS, Debbie / GREGG, Lewis: *Ich war ein Opfer des Dead Man Walking. Eine Frau durchlebt die Folgen ihrer Vergewaltigung.* — K2[V]

MOSENTHIN, Elfriede: *Am Ende bleibt die Menschlichkeit. Als Nachtschwester auf der Pflegestation.* — K2[IV]

MOSER, Annemarie E.: *Vergitterte Zuflucht.* — K10[I]

MOSER, Tilman: *Das erste Jahr. Eine psychoanalytische Behandlung.* — K10[IV]

MOSER, Tilman: *Gespräche mit Eingeschlossenen.* — K10[V]

MOSER, Tilman: *Lehrjahre auf der Couch. Bruchstücke meiner Psychoanalyse.* — K10[I]

MOSER, Tilman: *Romane als Krankheitsschichten.* — K10[IV]

MÖSLE, Helga: *Und keiner hört mein Schreien. Eine Frau durchleidet die dramatischen Folgen einer ärztlichen Fehlbehandlung.* — K10[I]

MOSTER, Mary B.: *Warum, Gott, warum?* — K8[V]

MUCH, Jacqueline: *Ich möchte mit niemandem tauschen.* — K12[II]

MÜHLBAUER, Helmut: *Kollege Alkohol.* — K11[IV]

MUHR, Caroline: *Depressionen. Tagebuch einer Krankheit.* — K10[I]

MUHSEN, Zana u. a.: *Hinter dem Schleier. – Noch einmal meine Mutter sehen. – Der Schleier des Schweigens. Drei bewegende Lebensgeschichten.* — K5[I]

MUHSEN, Zana: *Noch einmal meine Mutter sehen.* — K5[I]

MÜLLER, Bettina: *Lebensführungsstrategien von schwer körperbehinderten Menschen im Alternsprozeß. Eine fallrekonstruktive Untersuchung.* — K13[IV]

MÜLLER, Franz Balduin: *Der Betonspringer. Autobiographie eines Alkoholikers.* — K11[I]

MÜLLER, Hildegard: *Der Sauhund. Geschändet, gedemütigt, erpreßt.* — K12[II]

MÜLLER-GARRN, Ruth: *... und halte dich an meiner Hand.* — K12[II]

MÜLLER-GARRN, Ruth: *Das Morgenrot ist weit. Geschichten der Hoffnung.* — K12[II]

MÜLLER-GARRN, Ruth: *Wie man durchs Leben stolpert.* — K12[II]

MÜLLER-LUCKMANN, Elisabeth: *Die große Kränkung. Wenn Liebe ins Leere fällt.* — K1[V]

MÜLLER-MADEJ, Stella: *Das Mädchen von der Schindler-Liste. Aufzeichnungen einer KZ-Überlebenden.* — K5[I]

MULTERER-HEINIGER, Madeleine: *Geburt im Dunkeln. Erfahrungen mit Krebs.* — K8[I]

MÜNSTERMANN, Ute: *Erfolgreiche Neurodermitis-Behandlung nach Professor Dr. E. A. Stemmann. Erfahrungen einer Mutter.* — K1[II]

MÜNZEL, Frank / PEHAR, Lidija: *Auf 12 Uhr wird euch der Krieg erklärt. Berichte bosnischer Flüchtlinge in Hamburg.* — K5[I]

MURPHY, Bob: *Ich glaube an Wunder, denn ich bin selbst eins.* — K11[I]

MUSALL, Peter: *Tod – die andere Seite des Lebens.* — K3[V]

MUTHESIUS, Sibylle: *Flucht in die Wolken.* — K10[II]

N

NAGEL, Yoeke / WIJNBERGH, Michiel: *Anneke. Zwei Flügel eines Vogels.* — K3[I]

N

NAKHLA, Fayek / JACKSON, Grace: *Ich bin in tausend Scherben. Innenansichten einer Psychotherapie.* — K10^V

NARBESHUBER, Maximilian: *Weg ins Licht.* — K15^I

NATHORFF, Herta: *Das Tagebuch der Herta Nathorff.* — K5^I

NEIDHART, Kristel: *Niemand soll mich so sehen. Eine Tochter pflegt ihre »verkalkte« Mutter.* — K1^I

NELKEN, Halina: *Freiheit will ich noch erleben. Krakauer Tagebuch.* — K5^I

NELLY: *Ich war seine kleine Prinzessin.* — K2^{IIa}

NELSON, Anita: *Engel im KZ. Holocaust.* — K5^I

NETHERY, Susan: *Ein Jahr, das zählt. Brustkrebs, meine Welt und ich.* — K8^I

NEUBER, Frank: *Roter Burgunder – geliebt und gehaßt!* — K11^I

NEUHAUSER, Waltraud und Georg: *Fluchtspuren. Überlebensgeschichten aus einer österreichischen Stadt.* — K5^I

NEUMANN, Christina: *Ertrunkene Liebe. Geschichte einer Co-Abhängigkeit.* — K11^{III}

NEUMANN, Rebecca: *Der unterdrückte Schrei. Sexueller Mißbrauch.* — K2^I

NEUMANN, Robert: *Die Blinden von Kogoll.* — K15^{IV}

NEUMAYER, Petra / HALBIG, Konrad: *Ich lebe noch.* — K8^V

NICOLAOU, Markus: *Leben im Angesicht des Todes. Menschen mit Krebs, HIV-Infektion / Aids und Multipler Sklerose erzählen.* — K3^I

NIEDERL. STAATL. INST. FÜR KRIEGSDOKUMENTATION: *Die Tagebücher der Anne Frank.* — K5^{IV}

NIELSEN, Bess / KOSKAS, Marco: *Für Dich, Jamal.* — K4^V

NIELSEN, Jerri: *Ich werde leben.* — K8^I

NIEMANN, Uschi: *Papi hat dich doch so lieb.* — K2^{IIa}

NIESCHLAG, Konrad: *Und morgen gibt es wieder Brot. 5 Jahre in russischen Lagern.* — K5^I

NIESS, Nicosia / DIRLICH-WILHELM, Hanne: *Leben mit autistischen Kindern.* — K10^V

NOA BEN, Arzti-Pelossof: *Trauer und Hoffnung. Die Enkelin Jitzhak Rabins über ihr Leben und ihre Generation.* — K3^{IIa}

NOACK, Hans Georg: *Trip.* — K11^{IV}

NOHL, Paul Gerhard: *Mit seelischer Krankheit leben.* — K10^{IV}

NOHL, Paul Gerhard: *Nachdenken über mich. Chancen im Kranksein.* — K10^{IV}

NOLL, Peter: *Diktate über Sterben und Tod. Mit der Totenrede von Max Frisch.* — K8^I

NORSETH, Helge: *Gefangen – und doch frei.* — K5^I

NORWOOD, Robin: *Briefe von Frauen, die zu sehr lieben.* — K1^V

NOUWEN, Henri J. M.: *Sterben, um zu leben. Abschied von meiner Mutter.* — K3^{IIa}

NOUWEN, Henri J. M.: *Der Spiegel des Jenseits. Gedanken um Tod und Leben.* — K3^I

NOY, Gisela: *Zerstörungen.* — K10^I

NULLMEYER, Heide: *»Ich heiße Erika und bin Alkoholikerin.« Betroffene und Angehörige erzählen. Beispiele für die Überwindung einer Krankheit.* — K11^V

NUNGESSER, Lon G.: *Der Wille zu leben. Aids-Betroffene berichten über ihre Kämpfe und Erfolge.* — K6^V

NUSSBAUMER, Jakob: *Ueli. Tagebuch eines Abschieds.* — K6^{II}

NUSSBECK, Norbert: *Der Ausstieg des Norbert N.* — K11^I

O

OBERMÜLLER, Klara: *Ganz nah und ganz weit. Fragen an Dorothee, die Frau des Nikolaus von Flüe.* — K4^{IV}

OBERTHÜR, Irene: *Mein fremdes Gesicht.* — K1^I

OLTERS, Anne Gesche: *Der Regenbogen.* — K6^{IV}

OPITZ, Elisabeth: *Horch in das Dunkel.* — K10^I

ORBACH, Larry: *Soaring Underground.* — K5^I

ORGASS, Annette: *Der Sonnenmond. Wahnsinniger Alltag und normale Psychiatrie.* — K10^I

ORTMEYER, Benjamin: *Berichte gegen Vergessen und Verdrängen von 100 überlebenden jüdischen Schülerinnen und Schülern über die NS-Zeit in Frankfurt am Main.* — K5^I

ÖSTERREICH, Tina: *Elf Tage oder Protokoll einer Zwangseinweisung.* — K10^I

OSTROWSKI, Nikolai: *Wie der Stahl gehärtet wurde.* — K15^I

OTLEY, Helen: *Wien, Auschwitz, Maryland. Meine Lebensgeschichte bis Kriegsende.* — K5^I

334

P

PHILLIPS, Jane: *Ich blicke in den Spiegel und sehe eine andere. Leben als multiple Persönlichkeit.* — K10[I]

PICARDIE / SEATON / PICARDIE: *Es wird mir fehlen, das Leben.* — K8[I]

PICKEL-BOSSAU, Regina / BACHMANN, Walter: *Ich will – laßt mich. Ein Leben mit Rollstuhl und Krücken.* — K13[V]

PIECHOTA, Ulrike: *Trauert nicht wie die, die keine Hoffnung haben.* — K8[IV]

PIECHOWSKI, Joachim: *Der Mann ohne Arme.* — K13[IV]

PIEPER, Bernd: *»Roter Terror« in Cottbus. 17 Monate in Gefängnissen der DDR.* — K5[I]

PILGRAM, Martin: *Wir wollen, daß ihr bleiben könnt. Kirchenasyl in Gilching.* — K5[IV]

PINKUS, Oscar: *Aschenwolken.* — K5[I]

PINNEY, Rachel: *Bobby.* — K10[II]

PIONTEK, Maria: *Mißbraucht. Meine verratene Kindheit.* — K2[IIa]

PIPER, Hans Christoph und Ida: *Schwestern reden mit Patienten.* — K1[V]

PIPER, Hans Christoph: *Gespräche mit Sterbenden.* — K3[V]

PIPER, Helfried: *Ich überlebte Workuta.* — K5[I]

PISARSKI, Waldemar: *Anders trauern – anders leben.* — K3[IV]

PISARSKY, Angelika: *»... um nicht schweigend zu sterben.« Gespräche mit Überlebenden aus Konzentrationslagern.* — K5[V]

PLA, Frieda le: *Blicke in eine verborgene Welt.* — K15[I]

PLAGER-ZYSKIND, Sara: *Auf immer verlorene Jahre. Ein junges Mädchen überlebt den Holocaust in Polen.* — K5[I]

PLAGWITZ, Angelika Maria: *Sucht und Sehnsüchte. Bulimie.* — K10[IV]

PLANKERMANN, Franz: *Kranke sprechen sich aus. So wurde ich geheilt. Ein neuzeitlicher Ratgeber für die Familie.* — K1[I]

PLIENINGER, Konrad: *Ach, es ist alles ohne Ufer. Briefe aus dem Warschauer Ghetto.* — K5[I]

PLUHAR, Erika: *Marisa. Rückblenden auf eine Freundschaft.* — K8[III]

POELCHAU, Harald: *Die letzten Stunden. Erinnerungen eines Gefängnispfarrers.* — K5[IV]

POLLATSCHEK, Ernst: *Die Kunst des Überlebens. Erinnerungen eines Wiener Juden.* — K5[I]

POPPE-TEUFEL, Irmgard: *Tollkirschenzeit. Malignes Melanom als Erfahrung der Lebensgrenze.* — K8[I]

PORAT, Eitan: *Stimme der toten Kinder. Von den Karpaten durch Auschwitz, Nordhausen und Bergen-Belsen nach Israel.* — K5[I]

PORAT, Miriam Anna: *Nicht befreit. Erinnerungen aus der Zeit des Holocaust.* — K5[I]

PORTEFAIX / MIGDAL / TOUBER: *Hortensien in Farge.* — K5[I]

PÖSSL, Josef / MAI, Norbert: *Rehabilitation im Alltag. Gespräche mit Angehörigen hirngeschädigter Patienten.* — K12[V]

PÓYTAWSKA, Wanda: *Und ich fürchte meine Träume.* — K5[I]

PRAY, Lawrence / EVAN, Richard: *Wie ich mit Diabetes leben lernte.* — K1[V]

PREKOP, Jirina / HELLINGER, Bert: *Wenn ihr wüßtet, wie ich euch liebe.* — K17[IV]

PREKOP, Jirina / SCHUCHARDT, Erika: *Du wirst damit leben lernen!* — K1[V]

PREKOP, Jirina: *»Wir haben ein behindertes Kind." Eltern berichten.* — K12[V]

PREKOP, Jirina: *Der kleine Tyrann. Welchen Halt brauchen Kinder?* — K10[IV]

PREKOP, Jirina: *Hättest du mich festgehalten ... Grundlagen und Anwendungen der Festhaltetherapie.* — K17[IV]

PREST, Alen P.L.: *Die Sprache der Sterbenden.* — K3[V]

PRÉVOST, Françoise: *Mein Leben beginnt noch einmal. Ein Sieg über den Krebs.* — K8[I]

PRICE, Reynolds: *Ein zweites Leben. Die Überwindung einer Krankheit.* — K8[I]

PRIME, Petia: *Flug ins Licht. Begleitung einer Sterbenden.* — K3[IIb]

PRINZEN, Helma: *»... aber sonst geht's mir gut.«* — K10[V]

PRITZKER-EHRLICH, Marthi: *Jüdisches Emigrantenlos 1938/39 und die Schweiz.* — K5[V]

PRITZKOW, Walter: *NKWD: Sonderlager Nr. 7 – Sachsenhausen. Tatsachenbericht eines Überlebenden aus GPU Kellern und Sowjet-KZ.* — K5[I]

PROJEKTGRUPPE FÜR DIE VERGESSENEN OPFER DES NS-REGIMES / KZ-GEDENKSTÄTTE NEUENGAMME: *»Und vielleicht überlebte ich nur deshalb, weil ich sehr jung war.« Lebensschicksale polnischer Jugendlicher.* — K5[I]

337

R

RICCABONA, Max: *Auf dem Nebengeleise. Erinnerungen und Ausflüchte.* — K5[I]
RICHTER, Horst-Eberhard: *Umgang mit der Angst.* — K10[IV]
RICHTER, Horst-Eberhard: *Wanderer zwischen den Fronten.* — K5[I]
RIEDER, Ines / RUPPELT, Patricia: *Frauen sprechen über Aids.* — K6[V]
RIENECKER, Ernst / WERTHER, Sabine: *Dann fange ich ein neues Leben an. Geschichte einer Befreiung.* — K11[V]
RING, Kenneth: *Den Tod erfahren – das Leben gewinnen.* — K3[V]
RINSER, Luise: *Gefängnistagebuch.* — K5[I]
RISCH, Hannelore: *Reifwerden für Gottes Welt. Leben und Sterben meiner Mutter.* — K3[IIa]
RISCH, Reinhard: *Ich möcht so gern ein Tier sein. Heimkinder-Protokolle.* — K4[V]
RITSCHER / LÜTTGENAU / HAMMERMANN: *Das sowjetische Speziallager Nr. 2 1945–1950. Katalog zur ständigen hist. Ausstellung.* — K5[IV]
RITTER-CEKELER, Mariela: *Lebens- und Sterbekrisen. Untersuchungen zur Entwicklung der Beweltigungskonzepte in Psychologie und Sterbeforschung.* — K3[IV]
RITZAU, Manfred: *Den Abgrund vor Augen.* — K8[I]
ROBERTSON, Nan: *AA – Die Anonymen Alkoholiker. Weg aus der Sucht.* — K11[I]
ROCHE, Louise: *Essen als Strafe.* — K10[I]
RÖDER, Christian Heinrich: *Neurotische Krankheitsverarbeitung. Ein Beitrag zur interaktionellen und interpersonellen Psychosomatik.* — K10[IV]
RODMAN, Robert F.: *Den Tod vor Augen. Ein Psychotherapeut begleitet das Sterben seiner krebskranken Frau.* — K8[III]
ROECKNER, Margret: *Briefe an Sigrid. Ein Wegbegleiter für trauernde Eltern.* — K3[IV]
ROGGENKAMP, Viola: *Von mir soll sie das haben? Sieben Porträts von Müttern von lesbischen Töchtern.* — K1[II]
ROHDE, Katja: *Ich Igelkind. Botschaften aus einer autistischen Welt.* — K10[I]
RÖHL, Gabriele: *Bei uns bist du willkommen. Aus dem Leben mit Marc.*— K12[II]
ROITHNER, Hannelore E.: *Ein Schmetterling lernt fliegen.* — K8[I]
ROLLIN, Betty: *Der letzte Wunsch.* — K3[IIa]
ROLLIN, Betty: *Dieses eine Leben. Brustkrebs. Eine Frau besiegt ihre Krankheit.* — K8[I]
ROLLMANN, Heidi: *Erowina. Zwei Jahre mit Heroin.* — K11[I]
ROMAN, Jo: *Freiwillig aus dem Leben.* — K8[I]
ROOHIZADEGEN, Olya: *Olyas Geschichte.* — K5[I]
ROSCH-INGLEHART, Marita: *Kritische Lebensereignisse.* — K1[IV]
ROSE, Larry: *Ich habe Alzheimer. Ein Bericht.* — K7[I]
ROSENBERG, Blanca: *»Versuch zu überleben ...« Polen 1941–45.* — K5[I]
ROSENBERG, Heinz: *Jahre des Schreckens ... und ich blieb übrig, ...* — K5[I]
ROSENFELD, Oskar: *Wozu noch Welt. Aufzeichnungen aus dem Ghetto Lodz.* — K5[I]
ROSENTHAL, Hans: *Meine zwei Leben in Deutschland.* — K5[I]
ROTH, Joseph: *Hiob. Roman eines einfachen Mannes.* — K1[IV]
ROTH, Sigrid: *... und die Blume ist abgefallen.* — K3[IV]
ROTHER, Rea: *Verlorene Kinder. Kleinstadtjustiz im Zeitalter von Aids.* — K6[V]
ROTHER, Thomas: *Das plötzliche Verstummen des Wilhelm W.* — K16[IV]
ROTTA, Linde: *Leben lohnt sich doch. Sucht, Schulden, Hilfen.* — K11[V]
RUBINOWICZ, Dawid: *Das Tagebuch des Dawid Rubinowicz.* — K5[I]
RUBINSTEIN, Renate: *Nichts zu verlieren und dennoch Angst. Nach einer Trennung.* — K4[I]
RUBINSTEIN, Renate: *Sterben kann man immer noch. Notizen einer Krankheit.* — K9[I]
RUCKI, Jerzy: *Die Schweiz im Licht – die Schweiz im Schatten. Erinnerungen, Rück- und Ausblick eines poln. Militärinternierten in der Schweiz während des 2. Weltkrieges.* — K5[I]
RUDERISCH, Gustav: *Ist der Weg auch weit ...* — K15[IV]
RUDERISCH, Gustav: *Licht in der Finsternis.* — K15[I]
RUFF, Margarete: *»Um ihre Jugend betrogen«. Ukrainische ZwangsarbeiterInnen in Vorarlberg 1942–45.* — K5[V]
RÜFFER, Anne: *Leben mit Schizophrenie. 52 Gespräche mit Bettina über ihren Weg aus der Krankheit.* — K10[V]

S

SCHAH-MOHAMMEDI, Abbas: *Bis die Nacht vergeht. Erfahrungen und Erkenntnisse eines Blinden. Denkanstöße für Sehende.* — K15[I]

SCHAICH, Ottilie: *Du warst wie ein Sonnentag. Wie eine Mutter die tödliche Krankheit ihres Sohnes erlebte.* — K8[II]

SCHAUMANN, Ruth: *Das Arsenal.* — K15[III]

SCHAUP, Susanne: *Noch nie hab ich so gern gelebt.* — K8[I]

SCHECK, Manfred: *Das KZ vor der Haustür. Augenzeugen berichten über das Lager »Wiesengrund« bei Vaihingen an der Enz.* — K5[I]

SCHEEL, Karin: *Katrin. Ein Sorgenkind?* — K12[II]

SCHEFFBUCH, Winrich: *Zum Leben hindurchgedrungen.* — K3[IV]

SCHERESKY, Jeanne: *Diagnose Krebs.* — K8[IIc]

SCHERNUS, Renate: *Wer hat Angst vorm bösen Wolf? Der Störenfried, die Nachbarschaft und die Anstalt.* — K10[IV]

SCHEUER, Lisa: *Vom Tode, der nicht stattfand. Theresienstadt, Auschwitz, Freiberg, Mauthausen. Eine Frau überlebt.* — K5[I]

SCHEURENBERG, Klaus: *Ich will leben.* — K5[I]

SCHIFF, Harriet S.: *Verwaiste Eltern.* — K8[II]

SCHIFF, Jacqui Lee / DAY, Beth: *Alle meine Kinder. Heilung der Schizophrenie durch Wiederholen der Kindheit.* — K10[IV]

SCHILLER, Lori / BENNET, Amanda: *Wahnsinn im Kopf. Mein Weg durch die Hölle der Schizophrenie.* — K10[V]

SCHILLING, Bea: *Wiegenlied mit Spätfolgen. Aus dem Leben einer Co-Alkoholikerin.* — K11[I]

SCHILLING, Karin v.: *Der Tod meines Kindes. Leben lernen mit dem Schicksal.* — K3[II]

SCHINDLER, Alfred: *Meine Süchte ... Die Autobiographie des Alkohol- und Medikamentenabhängigen bzw. Mehrfachabhängigen (Polytoxikomanen).* — K11[I]

SCHINDLER, Petra: *Mitten ins Gesicht. Ein Buch für Frauen, die nach Auswegen aus Abhängigkeiten suchen.* — K11[I]

SCHINDLER, Regine: *Tränen, die nach innen fließen. Mit Kindern dem Tod begegnen. Erlebnisberichte betroffener Kinder und Eltern.* — K3[V]

SCHINE, Cathleen: *Alice im Bett.* — K1[IV]

SCHIRASI, Ali: *Die Nacht zerbricht. Flucht aus dem Iran. Vom Ewin-Gefängnis zum Flughafen Frankfurt.* — K5[I]

SCHIRASI, Ali: *Lebt wohl, Freunde. Erinnerungen aus dem Ewin-Gefängnis, Iran.* — K5[I]

SCHLAG, Evelyn: *Die Kränkung.* — K1[I]

SCHLAPPACK, Otto: *Leben im Sterbehaus. Erfahrungen eines Arztes im Hospiz.* — K3[IV]

SCHLEGEL-HOLZMANN, Uta: *Kein Abend mehr zu zweit. Familienstand: Witwe.* — K3[III]

SCHLEIMER, Walther: *Der Herzinfarkt hat Vorboten. Ein Arzt berichtet.* — K1[I]

SCHLESIGER, Ingrid: *Gott nimmt nicht die Last, er stärkt die Schultern. Mein Leben mit zwei behinderten Kindern.* — K12[II]

SCHLETT, Christa: *... Krüppel sein dagegen sehr. Spastisch gelähmt.* — K13[I]

SCHLETT, Christa: *Babs. Eine Mutter entscheidet sich für ihr behindertes Kind.* — K13[II]

SCHLETT, Christa: *Ich will mitspielen. Behinderte: Falsches Mitleid, falsche Hilfe.* — K13[I]

SCHLIEP, Beat: *Von Arzt zu Arzt. Die Odyssee eines Kranken.* — K8[I]

SCHLÜTER, Anja: *Wenn du durchs Feuer gehst ...* — K9[I]

SCHMALZ, Ulla: *Rette mich wer kann.* — K10[I]

SCHMELZKOPF, Christiane: *Ein Fremder trägt immer seine Heimat mit sich. Erfahrungen mit einer kosovo-albanischen Flüchtlingsfamilie.* — K5[V]

SCHMID, Jürg: *Disco, Knast und Heroin. Die Odyssee eines Discokönigs.* — K11[I]

SCHMIDBAUER, Wolfgang: *Ich wußte nie, was mit Vater ist.* — K10[IV]

SCHMIDT, Carl R.: *Die Blinde.* — K15[IV]

SCHMIDT, Klaus Jürgen: *Mein Kind ist behindert.* — K1[II]

SCHMIDT, Peter: *Ein kurzes Leben lang. Kinder und Aids.* — K6[IV]

SCHMIDT, Torsten: *Ich habe es ohne Therapie geschafft! Aussteiger aus der Drogenszene berichten.* — K11[I]

SCHMIDT, Werner: *Jenseits der Normalität. Leben mit Krebs.* — K8[IV]

SCHMITT, Christian: *Reise ans Ende der Angst.* — K3^V

SCHMITT-KILIAN, Jörg: *Ratgeber Drogen. Vorbeugung, Konfliktlösung, Therapie.* — K11^{IV}

SCHMITT-KILIAN, Jörg: *Sucht ist in der feinsten Hütte. Begegnungen mit Drogenkonsumenten, Angehörigen, Freunden und Drogenfahndern.* — K11^{IV}

SCHMITZ, Marlies: *Kati lernt hören.* — K15^{IV}

SCHNABEL, Ernst: *Anne Frank – Spur eines Kindes.* — K5^{IV}

SCHNEIDER, Gertrude: *The Unfinished Road. Jewish Survivors of Latvia Look Back.* — K5^I

SCHNEIDER, Harald: *Aus Tod und Trauer zur Freude am Leben. Gedanken eines alleinerziehenden Vaters.* — K1^{II}

SCHNEIDER, Horst: *Das Gelbe Elend in Bautzen. Geschichte der Haftanstalt.* — K5^{IV}

SCHNURRE, Marina / KREIBISCH-FISCHER, Renate: *Ich will fliegen, leben, tanzen. Zwei Frauen arbeiten mit Krebskranken.* — K8^V

SCHNYDER, Marco: *Drogenfeuer. Der Chef der Drogenfahnder gerät in den Sog der Sucht – und kämpft um sein Leben.* — K11^I

SCHOBERBERGER, Rudolf / KUNZE, Michael: *Nikotinabhängigkeit.* — K11^{IV}

SCHOENBERNER, Gerhard: *Zeugen sagen aus. Berichte und Dokumente über die Judenverfolgung im »Dritten Reich«.* — K5^I

SCHOENE, Astrid: *Meine Mutter hat Alzheimer.* — K7^{IIa}

SCHOENEWOLF, Gerald: *Jennifers sieben Gesichter. Ein Psychiater berichtet über die Persönlichkeitsspaltung seiner Patientin.* — K10^{IV}

SCHÖLER / LINDENMEYER / SCHÖLER: *Das alles soll ich nicht mehr können?* — K13^V

SCHOLINSKI, Daphne / ADAMS, Jane Meredith: *Mein Leben gehört mir!* — K15^I

SCHÖNTHAL, Else: *Rosen für Ruth. Mein Weg durch die Trauer.* — K3^{II}

SCHORBERGER, Gregor: *Aidsstation. Wege humaner Begleitung.* — K6^{IV}

SCHREIER, Walter: *Sieben Jahre Heroin. Ein ehemaliger Fixer blickt zurück.* — K11^I

SCHREINER, Robert: *Wach auf, kleine Anette.* — K1^{II}

SCHRIBER, Hans Jörg: *Im Schatten der Eule. Protokoll eines krebskranken Arztes.* — K8^I

SCHRÖDER, Kerstin: *Self-regulation competence in coping with chronic disease.* — K1^{IV}

SCHRÖDER, Mathias: *Linda. Roman.* — K13^{IV}

SCHRÖDER, Nina: *Hitlers unbeugsame Gegnerinnen.* — K5^I

SCHROEDER-HORSTMANN, Karin: *L(i)eben mit Handicap. Körperbehinderte geben Auskunft über ihre Sexualität.* — K13^V

SCHROETER, Kurt: *Tage, die so quälend sind. Aufzeichnungen eines jüdischen Bürgers aus Gröbenzell im besetzten Amsterdam.* — K5^I

SCHUCHARDT, Erika / KOPELEW, Lew Sinowjewitsch: *Die Stimmen der Kinder von Tschernobyl.* — K5^V

SCHUCHARDT, Erika / SCHMINCKE, Christian: *Neue Chancen ... TCM Patienten* — K8^V

SCHUCHARDT, Erika: *15 Jahre nach Tschernobyl.* — K5^V

SCHUCHARDT, Erika: *Anfragen der Erziehungswissenschaft an die Hospizbewegung.* — K3^{IV}

SCHUCHARDT, Erika: *Aufstehen zum Leben – Tagebuch einer wechselseitigen Sterbe-Begleitung zum ›Leben‹.* — K3^V

SCHUCHARDT, Erika: *Biographische Erfahrung und wissenschaftliche Theorie.* — K12^V

SCHUCHARDT, Erika: *Darüber habe ich eigentlich noch nie nachgedacht ...* — K1^{IV}

SCHUCHARDT, Erika: *Das muß ich mir mal von der Seele schreiben ...* — K8^V

SCHUCHARDT, Erika: *Geschwister kann man sich nicht aussuchen.* — K1^V

SCHUCHARDT, Erika: *Jede Krise ist ein neuer Anfang.* — K1^V

SCHUCHARDT, Erika: *Krise als Lernchance. Analyse von 331 Lebensgeschichten.* — K1^V

SCHUCHARDT, Erika: *Leben und Sterben lernen im Spiegel der Weltliteratur.* — K3^V

SCHUCHARDT, Erika: *Menschen mit Behinderungen – Menschen wie Du und ich.* — K13^{IV}

SCHUCHARDT, Erika: *Schritte aufeinander zu.* — K13^{IV}

SCHUCHARDT, Erika: *Über den Tod hinaus. Briefe von Menschen, die ein Organ schenkten oder empfingen.* — K1^V

SCHUCHARDT, Erika: *Vom Gesundsein der Kranken.* — K10^{IV}

S

SCHUCHARDT, Erika: *Wechselseitiges Lernen – Wissenschaftliches Kolloquium Weiterbildung.* — K12[IV]

SCHUCHARDT, Erika: *Weiterbildung als Krisenverarbeitung.* — K12[V]

SCHÜLER, Dagny: *Loslassen. Als mein Partner starb.* — K3[III]

SCHÜLER, Horst: *Workuta. Erinnerung ohne Angst.* — K5[I]

SCHULTE, Anton: *»O Gott, warum?«. Tagebuchnotizen.* — K8[I]

SCHULTE, Uli: *Der letzte Schuß. Ende meiner Drogenkarriere.* — K11[I]

SCHULTZ, Anne: *»... und plötzlich saß ich im Rollstuhl.« Ein positives Leben.* — K13[I]

SCHULTZ, Hans Jürgen: *Einsamkeit. Zeitzeugen berichten.* — K4[V]

SCHULTZ, Hans Jürgen: *Letzte Tage. Sterbegeschichten aus zwei Jahrtausenden.* — K3[V]

SCHULTZ, Hans Jürgen: *Schmerz. Zeitzeugen berichten.* — K1[IV]

SCHULTZ, Hans Jürgen: *Trennung. Zeitzeugen berichten.* — K4[V]

SCHULZ, Bernd Joachim: *Das hoffnungslose Leben der Anna M. Bericht über eine Schizophrenie.* — K10[IV]

SCHULZE-GERLACH, Tine: *Mein Lebensende mit dir.* — K7[III]

SCHULZ-LÜBKE, Ingrid: *Geschichten von unten. Der Einbruch des Unvorhersehbaren ins Leben.* — K9[I]

SCHUMACHER, Andrea: *Sinnfindung bei Brustkrebspatientinnen.* — K8[IV]

SCHUMANN / SCHUMANN / SANTE: *Leben statt Überleben. Reflexionen über sexuellen Mißbrauch.* — K2[V]

SCHUPACK, Joseph: *Tote Jahre. Eine jüdische Leidensgeschichte.* — K5[I]

SCHUR, Grigorij: *Die Juden von Wilna. Die Aufzeichnungen des Grigorij Schur.* — K5[I]

SCHÜRHOFF, Hans-Erich: *Auf den Spuren einer Minderheit: Weg ohne Wahl? Lebensbericht eines homosexuellen Arztes.* — K1[I]

SCHUSTER, Ursula: *Michaels Fall. Mein Kind ist epilepsiekrank.* — K1[II]

SCHÜTZ, Jutta: *Hilfst du mir, wenn ich sterbe? Für ein menschliches und würdiges Miteinander in der letzten Lebensphase.* — K3[IV]

SCHWAB, Ernst: *Weiß den Weg auch nicht ... Erfahrungen im Angesicht des Todes.* — K3[III]

SCHWALBOVÁ / PRÉGARDIER / MOHR: *Elf Frauen. Leben in Wahrheit. Eine Ärztin berichtet aus Auschwitz-Birkenau.* — K5[V]

SCHWANTES, Lynette O.: *Verzweifelte Hoffnung.* — K11[IIc]

SCHWARTZ, Lynne Sharon: *Feldstörungen.* — K1[I]

SCHWARTZENBERG, Léon / VIANSSON-PONTÉ, Pierre: *Den Tod verändern. Bericht eines Arztes.* — K3[IV]

SCHWARZ, Hildegard: *Mit Träumen leben – Träume einer Erblindeten.* — K15[I]

SCHWARZ, Jutta Ute: *Gegenseitigkeit.* — K10[V]

SCHWARZENBERG, Therese v.: *Mein Weg zurück ins Leben. Eine Ärztin berichtet, wie es ihr gelang, ihre Kraft gegen ihre schwere Krankheit zu mobilisieren.* — K13[I]

SCHWARZER, Ralf / JERUSALEM, Matthias: *Gesellschaftlicher Umbruch als kritisches Lebensereignis. Psychosoziale Krisenbewältigung von Übersiedlern und Ostdeutschen.* — K1[V]

SCHWEITZ, Marianne / BECKER, Heinz: *Das lange kurze Leben von Melanie.* — K3[IV]

SCHWEIZ. VEREIN DER ELTERN AUTISTISCHER KINDER: *Wer hilft uns heraus aus dem Schneckenhaus? Erlebnisberichte von Eltern mit autistischen Kindern.* — K10[II]

SCHWEPPENHÄUSER, Ekkehard: *Multiple Sklerose – ein Weg zur Heilung. Eigene Erfahrungen mit einer schubförmigen MS.* — K9[I]

SCHWERDT, O. / SCHWERDT-SCHNELLER, M.: *Als Gott und die Welt schliefen.* — K5[III]

SCHWERSENZ, Jizchak: *Die versteckte Gruppe. Ein jüdischer Lehrer erinnert sich an Deutschland.* — K5[I]

SCOTSON, Linda: *Doran – ein Kind lernt leben.* — K12[II]

SCOTT, Jack / NOWOTNY-ISKANDAR, Julia: *Nie wieder in Deutschland leben.* — K5[I]

SEABROOK, W. B.: *Laß den Vogelfänger kommen! Abenteuer eines Trinkers.* — K11[I]

SECHEHAYE, Marguerite: *Tagebuch einer Schizophrenen.* — K10[I]

SEEBERG, Ina: *Kinderstation. Gesichter und Gespräche.* — K1[IV]

SEEGER, Detlev: *Ich staune, daß ich lebe. Die Sucht hat nicht das letzte Wort.* — K11[I]

S

SOBOLEWICZ, Tadeusz: *Aus der Hölle zurück. Von der Willkür des Überlebens im Konzentrationslager.* — K5^I

SOLSCHENIZYN, Alexander: *Der Archipel Gulag.* — K5^I

SOMERS, Suzanne: *Zum Schweigen verdammt.* — K11^{IIa}

SOMMER, Nora / BOMMERT, Claudia: *Eine anständige Familie.* — K2^V

SOMMERFELDT, Herbert: *Geänderte Tage. Leben nach einem Schlaganfall.* — K1^I

SOMMER-LEFKOVITS, Elisabeth: *Ihr seid auch hier in dieser Hölle?* — K5^I

SONTAG, Susan: *Krankheit als Metapher.* — K8^I

SOUTER, John C.: *Ich war ein Dealer.* — K11^I

SPANIER, Hans-Peter: *Till-Philipp oder das Recht auf Normalität. Die Integration eines Kindes mit dem Down-Syndrom.* — K12^{IV}

SPENCER, Judith: *Jenny. Das Martyrium eines Kindes.* — K2^{IV}

SPIEGEL, Marga: *Retter in der Nacht. Eine jüdische Familie im Münsterland überlebt.* — K5^I

SPIER-COHEN, Gisela: *Aus den Erinnerungen an Kindheit und Konzentrationslager.* — K5^I

SPOERRI, Theophil: *Geschichten vom Übergang. Begleitung sterbender Menschen.* — K3^{IV}

SPORKEN, Paul: *Was Sterbende brauchen.* — K3^V

SPRING, Jacqueline: *Zu der Angst kommt die Scham.* — K2^{IIa}

SPRITZER, Jenny: *Ich war Nr. 10291. Als Sekretärin in Auschwitz.* — K5^I

SPURRIER, Libby: *Wenn du fällst, fange ich dich auf. Aids und Familie.* — K6^{IIc}

STABEROH, Angela: *Anja. Vom Recht eines Kindes, in Würde zu sterben.* — K3^V

STAHLSCHMIDT, Elisabeth: *Auch ohne meine Kinder. Eine Ärztin zwischen zwei Kulturen erlebt die gewaltsame Trennung von ihren Kindern.* — K4^{II}

STALDER, Lukas: *Hat sich das alles gelohnt? Mit Alkoholabhängigen unterwegs.* — K11^V

STANFORD, Susan M.: *Werde ich morgen weinen? Das Trauma einer Abtreibung.* — K1^I

STANOSKI, Walter: *Winterzeit. Erinnerungen eines deutschen Sinto.*— K5^I

STARK, F. Michael: *Ich bin doch nicht verrückt ... Erste Konfrontationen mit psychischer Krise und Erkrankung.* — K10^V

STAVE, Wolfgang: *SOS ... Krebs! Persönliche Erinnerungen und Erfahrungen im Leben mit dem Lungenkrebs.* — K8^I

STEEGE, Heinrich: *Jeder Tag ein Abenteuer. Mein Leben als Behinderter.* — K13^I

STEENBUCH, Rikke: *Ich bin auch da. Lebensbericht einer Spastikerin.* — K13^I

STEFAN, Verena: *Es ist reich gewesen. Bericht vom Sterben meiner Mutter.* — K3^{IIa}

STEHLI, Annabel: *Dancing in the Rain. Ein autistisches Kind besiegt seine geheimnisvolle Krankheit.* — K10^{II}

STEIN, André: *Versteckt und vergessen. Kinder des Holocaust.* — K5^V

STEIN, Vera: *Abwesenheitswelten. Meine Wege durch die Psychiatrie.* — K10^I

STEINBERG, Paul: *Chronik aus einer dunklen Welt.* — K5^I

STEINEBACH, Heike: *Die Hoffnung bleibt. Eine Mutter kämpft um ihr krankes Kind.* — K12^{II}

STEINER, Erika / GEISSLER, Jürgen: *Neurodermitis. Der geglückte Behandlungsversuch einer Mutter.* — K1^V

STELLER, Odile: *Eine unendliche Hoffnung.* — K3^{II}

STELLJES / LHOTSKY / SEDLAK / BRAZDA: *Aufbruch aus der Dunkelheit. Hilfe in der Depression.* — K10^V

STENGER, Anne: *Protokoll eines langen Abschieds.* — K8^I

STEPHAN, Lydia: *Du hättest so gern noch ein bißchen gelebt.* — K8^{III}

STERN, Marc / ALCOFF, Isabel: *Rückkehr nach Flossenbürg. Erinnerungen eines Überlebenden des Holocaust.* — K5^I

STETTNER, Franz: *Ich bin ja sooo glücklich!* — K12^{II}

STIER, Karin: *Ich wollte immer größer sein. Geständnisse einer Ausgeflippten.* — K11^I

STÖCKER, Hans-Jürgen: *In Gottes Hand geboren.* — K8^{IV}

STOECKEL, Alfred: *Von Homer bis Helen Keller.* — K15^I

STOJKA, Ceija: *Wir leben im Verborgenen. Erinnerungen einer Roma-Zigeunerin.* — K5^I

STOLLER, Caroline: *Eine unvollkommene Schwangerschaft.* — K1^I

STOLP, Hans: *Bleib, mein goldener Vogel. Ein sterbendes Kind erzählt.* — K3^V

STORCK, Matthias: *Karierte Wolken. Lebensbeschreibung eines Freigekauften.* — K5^I

344

STORCK, Matthias: *Wege durch Niemands Land. Rücksichten eines Freigekauften.* — K5[I]

S

STORZ, Claudia: *Jessica mit Konstruktionsfehlern.* — K13[II]
STÖSSEL, Pius: *Myriam ... warum weinst du? ... nach der Abtreibung.* — K1[V]
STRACK, Hans-Ulrich: *Rosa Nacht und schwarzes Licht. Leben mit Alkohol.* — K11[IV]
STRÁNSKÝ, Pavel: *Als Boten der Opfer. Von Prag durch Theresienstadt, Auschwitz, Schwarzheide und zurück. Tschechisch-jüdische Schicksale 1939–1997.* — K5[I]
STROUMSA, Jacques: *Geiger in Auschwitz. Ein Überlebensschicksal aus Saloniki.* — K5[I]
STRÜBIG, Heinrich / BERNSTEIN, Michael: *In der Hölle des Libanon. 1128 Tage als Geiseln lebendig begraben.* — K5[I]
STRUCK, Karin: *Ich sehe mein Kind im Traum. Plädoyer gegen die Abtreibung.* — K1[I]
STUART, Alexander / TOTTERDELL, Ann: *Ich mal mir ein Tor zum Himmel. Das kurze Leben des kleinen Joe Buffalo Stuart.* — K8[IV]
STUCKMANN, Hartwig: *Überleben und leben mit Krebs. Nach der Amputation.* — K8[III]
STUDENT, Johann-Christoph: *Das Recht auf den eigenen Tod.* — K3[IV]
STUDENT, Johann-Christoph: *Im Himmel welken keine Blumen.* — K3[V]
STURZ, Brigitte: *Warum ausgerechnet ich? Diagnose Krebs.* — K8[I]
STÜSSI, Rosemarie: *Aufzeichnungen aus dem Leben mit einem blinden Kind.* — K15[II]
STYRON, William: *Sturz in die Nacht. Die Geschichte einer Depression.* — K10[I]
SÜDSTERN, Peter v.: *Mein Name ist Peter, ich bin Alkoholiker. Lebensbericht eines trockenen Süchtigen.* — K11[I]
SULLIVAN, Tom: *Wenn ihr sehen könntet, was ich höre.* — K15[I]
SULTHAUS, Theresia: *Die Angst vor der Angst. Die Geschichte eines jungen Mannes, der vergebens ankämpft gegen die Depression.* — K10[II]
SUN, Felix: *Beherrscht von Zwang und Panik.* — K10[I]
SUTHERLAND, Stuart: *Die seelische Krise. Vom Zusammenbruch zur Heilung.* — K10[I]
SYNANON INTERNATIONAL / DAHL, Günter: *Uns dürfte es gar nicht geben. Dreizehn Wege aus der Sucht. Betroffene berichten.* — K11[I]
SZAJDER, Lipman: *Wladek war ein falscher Name.* — K5[I]
SZAJN-LEWIN, Eugenia: *Aufzeichnungen aus dem Warschauer Ghetto.* — K5[I]
SZPILMAN, Wladyslaw: *Das wunderbare Überleben. Warschauer Erinnerungen.* — K5[I]
SZÜCS, Ladislaus: *Zählappell. Als Arzt im Konzentrationslager.* — K5[I]
SZWAJGIER, Adina Blady: *Die Erinnerung verläßt mich nie. Das Kinderkrankenhaus im Warschauer Ghetto und der jüdische Widerstand.* — K5[I]
TAEGE, Herbert: *Die Gefesselten. Dt. Frauen in sowj. KZs in Deutschland.* — K5[IV]

T

TAHARA, Yoneko / PALMER, Bernhard: *Yoneko – Tochter des Glücks.* — K13[III]
TAITL-MÜNZERT, Irene: *Jeder hat ein Gesicht. Mit Behinderten leben.* — K12[II]
TANGEN, Ragnhild: *Michael.* — K12[II]
TANNEBERGER, Stephan: *Es wird einen wunderschönen Frühling geben. Erlebnisse eines Krebsarztes auf drei Kontinenten.* — K8[IV]
TANNEN, Deborah: *Du kannst mich einfach nicht verstehen. Warum Männer und Frauen aneinander vorbeireden.* — K4[IV]
TAUSCH, Anne-Marie und Reinhard: *Sanftes Sterben.* — K3[IV]
TAUSCH, Anne-Marie und Reinhard: *Wege zu uns.* — K10[V]
TAUSCH, Anne-Marie: *Gespräche gegen die Angst.* — K8[IV]
TAUSCH-FLAMMER, Daniela / BICKEL, Lis: *Wenn ich sterbe, möchte ich, daß du bei mir bist. Bilder vom Sterben zu Hause.* — K3[IV]
TAUSCH-FLAMMER, Daniela: *Die letzten Tage. Leben und Sterben im Hospiz.* — K3[IV]
TAUSCH-FLAMMER, Daniela: *In meinem Herzen die Trauer.* — K3[IV]
TAUSCH-FLAMMER, Daniela: *Sterbenden nahe sein. Was können wir noch tun?* — K3[IV]
TAUSK, Walter: *Breslauer Tagebuch.* — K5[I]
TAUTZ, Christoph: *»Die Gegenwart eures Todes könnte die Zukunft des Lebens retten.« Eltern berichten über die Krebserkrankung ihrer Kinder.* — K8[II]
TAYLOR, Judith: *Licht wird mein Tag.* — K15[I]
TAYLOR, Rhena: *Als Vater mich am meisten brauchte.* — K7[IIa]

T

TAYLOR-MCDONELL, Jane: *Im Grenzland der Gefühle.* — K10[II]

TEC, Nechama: *Eine Art Leben. Eine jüdische Kindheit im besetzten Polen.*— K5[I]

TECKER, Georg: *Morbus Crohn, Colitis ulcerosa. Darmerkrankungen aus ganzheitlicher Sicht.* — K10[IV]

TENBOOM, Corrie: *Dennoch.* — K5[I]

TERLAN, Gaby: *Zwölf Monate sind mehr als ein Jahr.* — K4[II]

TESCH-RÖMER, Clemens: *Psychologie der Bewältigung.* — K1[IV]

THALMANN, Ilse: *Sechs Monate Abschied.* — K6[IIa]

THIELSCHER-NOLL, Helma / NOLL, Hans Gerhard: *Ich brauchte dich. Mein Leben mit Krebs.* — K8[III]

THIEME, Gerda: *Dirk lernt Verstehen. Ein Bericht über weitere vier Lebensjahre.* — K10[II]

THIEME, Gerda: *Leben mit unserem autistischen Kind. Möglichkeiten und Grenzen einer Hilfe im Elternhaus. Ein Bericht über die ersten 12 Lebensjahre.*— K10[II]

THOM, Wilhelm und Elfriede: *Rückkehr ins Leben.* — K13[I]

THOMPSON, Tracy: *Die Bestie. Überwindung einer Depression.* — K10[I]

THORNE, Julia: *Wie ich meine Scheidung überlebte.* — K4[IV]

THURM-MUSSGAY, Irmgard: *Krankheitsverarbeitung Schizophrener. Die Anwendung des Coping-Konzepts auf die Schizophrenie.* — K10[IV]

TIBBE, Trudi und Johann: *Leben an der Grenze des Todes.* — K8[III]

TIKKANEN, Märta: *Aifos heißt Sofia. Leben mit einem besonderen Kind.* — K14[II]

TINDALL, Tony / WOOD, Vivienne: *Diagnose: Krebs!* — K8[I]

TIRABASSI, Becky: *Ich will mehr vom Leben.* — K11[I]

TO, Lars: *Vi ventet – wir warteten. Nachrichtenbunker »Fuchsbau«.* — K5[I]

TOBIAS, Karl-Heinz: *Damit ich wieder normal leben kann.* — K10[IV]

TOBIAS, Karl-Heinz: *Muntermonika.* — K10[IV]

TOBIAS, Rainer: *Die großen und die kleinen Hände. Briefe an den Vater eines unheilbar kranken Kindes.* — K12[II]

TOBINO, Mario: *Die Frauen von Magliano.* — K10[IV]

TOMSCHE, Vera: *Meine hungernde Seele.* — K10[I]

TOPP, Elke: *Traumkinds Tagebuch. Die Geschichte einer Selbst-Heilung.* — K10[I]

TOSSEHOF, Fred B.: *Brandwunden. Bericht eines anonymen Alkoholikers.* — K11[I]

TOYNBEE, Polly: *Adoptivkinder suchen ihre Mutter.* — K4[V]

TROGLIA, Anita: *Es gab ein Haus, wo ich glücklich war. Lebensschicksale.* — K1[IV]

TROPP-ERBLAD, Ingrid: *Katze fängt mit S an: Aphasie oder der Verlust der Wörter.* — K16[I]

TUCKER, Bonnie Poitras: *Der Klang von fallendem Schnee. Leben ohne zu hören.* — K15[I]

TUCKERMANN, Albrecht: *Down-Kind Andreas. Der Weg eines Heimkindes.* — K12[IV]

TUFT, Heidi: *Nur wer kämpft, hat eine Chance. Alternativen der Krebsbehandlung.* — K8[I]

TWERSKY, Jacob: *Gesicht in der Finsternis.* — K15[I]

U

UDE, Anneliese: *Betty. Protokoll einer Kinderpsychotherapie.* — K10[IV]

UDE-PESTEL, Anneliese: *Ahmet. Geschichte einer Kindertherapie.* — K10[IV]

UECKERT-HILBERT, Charlotte: *Fremd in der eigenen Stadt. Erinnerungen jüdischer Emigranten aus Hamburg.* — K5[V]

ULICH, Dieter: *Krise und Entwicklung zur Psychologie der seelischen Gesundheit.* — K1[IV]

UMANSKIJ, Semjon: *Jüdisches Glück. Bericht aus der Ukraine.* — K5[I]

UNZEITIG, Engelmar: *Liebe verdoppelt die Kräfte. Briefe aus dem KZ Dachau.* — K5[I]

URBAN, Rolf: *Die schweren Steine des Lebens und was dann?* — K3[II]

URBAN, Rosemarie: *Ein Leben mit Kevin. Unsere kleine Welt. Ein Buch von Eltern für Eltern. Lebensbericht einer Mutter über ihr geistig behindertes Kind.*— K12[II]

V

UZELAC, Ellen: *Am Ende eines langen Weges. Mein Mann starb an Krebs.* — K3[III]

V., Andrea: *Mein verpfuschtes Leben. 17 Jahre in der Zürcher Drogenszene.* — K11[I]

VAJDA, Albert: *Um so heller die Nacht.* — K15[I]

VALÈRE, Valérie: *Das Haus der verrückten Kinder.* — K10[I]

VARGA, Susan: *Ich warte nicht, bis sie mich holen. Odyssee einer jüdischen Familie.* — K5[I]

VAUGHAN, Ivan: *Ivan.* — K1[I]

VEITH, Ines: *Klipp, klapp, Holz auf Stein ... Frauen in politischer Haft. Hoheneck.* — K5[I]

W

WECKER, Konstantin: *Und die Seele nach außen kehren. Ketzerbriefe eines Süchtigen. Uns ist kein Einzelnes bestimmt. Neun Elegien.* — K11^{I}

WEDLER, Hans-L.: *Gerettet? Begegnung mit Menschen nach Selbstmordversuchen.* — K3^{V}

WEGMÜLLER, Fried: *Tiefen und Höhen.* — K10^{I}

WEHMEIER, Klaus D.: *Trocken und clean: Süchtige berichten.* — K11^{V}

WEIDENHÖFER, Margit: *Du führst mich hinaus ins Weite.* — K8^{III}

WEIDENHÖFER-KLINGAN, Margit / HÖVER, Günter: *Der stumme Schrei.* — K3^{III}

WEIGLE, Elisabeth: *»Du bist nicht allein!« Die Lebensgeschichte einer Judenchristin.* — K5^{I}

WEIKERT, Wolfgang: *Ich bekenne: Prominente berichten, wie sie sich aus der Alkoholabhängigkeit befreiten.* — K11^{I}

WEILER, Willi: *Kemna: Meine Erlebnisse im Konzentrationslager Wuppertal.* — K5^{I}

WEINBERG, Werner: *Wunden, die nicht heilen dürfen.* — K5^{I}

WEISSBERG-CYBULSKI, Alexander: *Im Verhör. Ein Überlebender der stalinistischen Säuberungen berichtet.* — K5^{I}

WEITENHAGEN, Peter: *Lieber Schneid als Mitleid. Eine Auseinandersetzung mit dem Morbus Parkinson.* — K13^{I}

WEITHOENER, Dieter: *In unserer Zeit. Biographische Aufzeichnungen eines Deutschen in der Gewalt des NKWD und im Gulag. 1945 – 1953.* — K5^{I}

WELLER, Anne: *Mir blieb ein halbes Jahr Zeit. Wie Maren und ich uns mit den Worten »Krankheit, Sterben und Tod« auseinandersetzten.* — K3^{II}

WENDELER, Jürgen: *Autistische Jugendliche und Erwachsene.* — K10^{V}

WENGROW, N. / EFROS, M.: *Ein Mensch wie Du. Das Leben des N. Ostrowski.* — K15^{IV}

WENTORF, Rudolf: *Der Fall des Pfarrers Paul Schneider.* — K5^{IV}

WENTURA, Dirk: *Verfügbarkeit entlastender Kognitionen. Zur Verarbeitung negativer Lebenssituationen.* — K1^{IV}

WERKMANN, Sydney L.: *Sandy. Ein Leben.* — K8^{III}

WERMTER, Margit: *Dir nah sein, wenn du gehst. Sterbende begleiten.* — K3^{IV}

WERNER, Frank: *Herzland.* — K1^{I}

WERNER, Gunda: *Teufels Zeug. Stationen einer Trinkerin.* — K11^{I}

WERNER, Marlo: *Herr Abhängig und Frau Co.?* — K11^{IV}

WERNLY-BÜHLER, Daniela: *... auf Tränen Sonnenschein. Schreckliche Diagnosen. Severin: Kindstod – Melanie: Herzfehler.* — K1^{II}

WERTH, Reinhard: *Hirnwelten. Berichte vom Rande des Bewußtseins.* — K12^{IV}

WERTHEIM, Hella / ROCKEL, Manfred: *Immer alles geduldig ertragen. Als Mädchen in Theresienstadt, Auschwitz und Lenzing, seit 1945 in der Grafschaft Bentheim.* — K5^{I}

WERTHER, Sabine: *Alles für Michael. Eine Gratwanderung zwischen Festhalten und Loslassen.* — K11^{II}

WERTHER, Sabine: *Wunder werden Wirklichkeit. Herbert B., alkoholkrank.* — K11^{V}

WESTMEIER / AESCH / GLÖCKL: *Ich habe es überlebt. Das dunkle Geheimnis: Sexueller Mißbrauch.* — K2^{I}

WEYRICH, Walter: *Wir wußten, daß du früher gehst. Drei Jahre Zeit zum Sterben und zum Leben.* — K8^{III}

WHEELWRIGHT, Jane Hollister: *Gelebtes Sterben. Transformation und Erfüllung.* — K3^{IV}

WHITAKER, Napier: *Die Bergers.* — K10^{IV}

WHITE-BOWDEN, Susan: *Allen Grund zu leben.* — K3^{II}

WHITEHOUSE, Elisabeth: *Zu leben ist uns aufgetragen.* — K16^{I}

WIDMANN, Gudrun: *Fragen werden bleiben. Mit der und gegen die Abhängigkeit.* — K11^{I}

WIECHERT, Ernst: *Der Totenwald. Eine Mauer um uns baue.* — K5^{I}

WIEDERMANN, Hans-Georg: *Homosexuell. Ein Buch für homosexuell Liebende, ihre Angehörigen und ihre Gegner.* — K1^{IV}

WIEGHAUS, Bernarda: *»Ich habe mich nicht gemalt, weil ich nicht zur Familie gehöre.« Eine Kindertherapie.* — K10^{IV}

WIESEL, Elie / SEMPRUN, Jorge: *Schweigen ist unmöglich.* — K5^{I}

WIESEL, Elie: *Die Nacht. Autobiographischer Roman.* — K5^{I}

WIESENHÜTER, Eckart: *Blick nach drüben. Selbsterfahrungen im Sterben.* — K3^{I}

W

WIESNER, Wolfgang: *Leben ohne Drogen. Süchtige helfen sich selbst.* — K11[I]
WIETERSHEIM, Jörn v.: *Die Bedeutung belastender Lebensereignisse für die Rezidivauslösung bei Colitis ulcerosa und Morbus Crohn.* — K10[IV]
WILBER, Ken: *Mut und Gnade. In einer Krankheit zum Tode bewährt sich eine große Liebe. Das Leben und Sterben der Treya Wilber.* — K8[III]
WILDE HILDE / SPREYERMANN, Christine: *Action. Stoff und Innenleben. Frauen und Heroin.* — K11[V]
WILLEMSEN, Roger: *Der Selbstmord in Berichten, Briefen, Manifesten und literarischen Texten.* — K3[V]
WILLIAMS, Donna: *Ich könnte verschwinden, wenn du mich berührst. Erinnerungen an eine autistische Kindheit.* — K10[I]
WILLIAMS, Donna: *Wenn du mich liebst, bleibst du mir fern. Eine Autistin überwindet ihre Angst vor anderen Menschen.* — K10[I]
WILLIAMS, Virginia / COCKERILL, Pamela: *Dein Schmerz geht durch mein Leben.* — K13[III]
WILLIG, Wolfgang: *Mein Weg: Erfahrungen und Erkenntnisse – gewonnen aus einer Krebserkrankung.* — K8[I]
WILLMANN, Gudrun: *Hilfe, mein Kind ist behindert.* — K14[II]
WILMS, Sigrid / JARMER, Ute: *Schwarzer Vogel Depression. Die Entwicklung einer Depression und ihre Heilung.* — K10[V]
WILSON, Dorothy Clarke: *... darum werden wir nicht mutlos. Die Geschichte einer tapferen Ehe.* — K13[IV]
WILSON, Dorothy Clarke: *Er brachte ihnen das Licht.* — K15[IV]
WILSON, Dorothy Clarke: *Um Füße bat ich und er gab mir Flügel! Biographie der indischen Ärztin Mary Verghese.* — K13[IV]
WINDHÖFEL, Klaus: *Die Angst hat mich nicht mehr im Griff. Ein Alkoholiker gewinnt neuen Lebensmut.* — K11[I]
WINNICOT, Donald W.: *Piggle. Eine Kinderanalyse.* — K10[IV]
WIR GINGEN STUMM UND TRÄNENLOS. *Jüdische Lebens- und Leidensbilder.* — K5[I]
WITUSKA, Krystyna: *Zeit, die mir noch bleibt. Briefe aus dem Gefängnis.* — K5[I]
WITZENBACHER, Kurt: *Kaddisch für Ruth.* — K5[III]
WOCHELE, Rainer: *Der Absprung.* — K11[IV]
WOGGON, Brigitte: *Ich kann nicht wollen!. Berichte depressiver Patienten.* — K10[V]
WOHL, Tibor: *Arbeit macht tot. Eine Jugend in Auschwitz.* — K5[I]
WOLA, Frank: *Sebastian, ich will es dir erklären.* — K1[I]
WOLBER, Edith: *»Du hältst mir die Schlüssel hin, die Türen zu öffnen ...« Eine Begegnung zwischen einer Ethnologin und Frauen mit einer Körperbehinderung.* — K13[V]
WOLF, Jule: *Tochterfrau nannte er mich. Geschichte eines Mißbrauchs.* — K2[IIa]
WOLFF, Johanna: *Laßt mir meinen Schmerz! Diagnose: Kleinwüchsigkeit.* — K13[II]
WOLFF, Martin: *Stationen eines Lebensweges. 12 Jahre Nacht.* — K5[I]
WÖLFING, Marie-Luise: *Komm, gib mir deine Hand. Briefe an mein sterbendes Kind.* — K8[II]
WOLKOWICZ, Shlomo: *Das Grab bei Zloczow. Geschichte meines Überlebens.* — K5[I]
WOLTER, Manfred: *Frank. Umweg ins Leben. Protokolle.* — K13[IV]
WOLTERSTORFF, Nicholas: *Klage um einen Sohn.* — K3[II]
WOODSEN, Meg: *Wenn ich mit dreißig sterbe.* — K3[II]
WORDEN, James William: *Beratung und Therapie in Trauerfällen.* — K3[IV]
WORGITZKY, Charlotte: *Heute sterben immer nur die anderen.* — K8[III]
WRIGHT, David: *Mein Lebensweg vom hörenden Knaben zum gehörlosen Mann.* — K15[I]
WROSCH, Carsten: *Entwicklungsfristen im Partnerschaftsbereich.* — K1[IV]
WU, Harry / WAKEMAN, Carolyn: *Nur der Wind ist frei.* — K5[I]
WULF, Hans: *Kein Anlaß zu kapitulieren.* — K12[IV]
WULFF, Erich: *Wahnsinnslogik. Von der Verstehbarkeit schizophrener Erfahrung.* — K10[V]
WUNDERLICH, Rudolf: *Konzentrationslager Sachsenhausen bei Oranienburg. Die Aufzeichnungen des KZ-Häftlings Rudolf Wunderlich.* — K5[I]

Nachwort der General-Sekretäre des Luth. Weltbundes, LWB, und des Ökum. Rates der Kirchen, ÖRK

Die Thematik »Leiden und Glaube« erschließt eine menschliche Grundsituation, die tief hineinreicht in die alltägliche Lebenswelt und die doch weitgehend verdrängt ist. Nachdenklich macht vor allem, wie Menschen in Krisensituationen ihre Mitwelt, einschließlich der Kirchen und kirchlichen Mitarbeiter/innen wahrnehmen. Selten erfahren sie eine Zuwendung, die ihr Ringen und ihre Erfahrungen als vollen Ausdruck des Menschseins ernstnimmt. Auch die ökumenischen Zusammenschlüsse von Kirchen sind, wie ERIKA SCHU-CHARDT zu Beginn des ersten Kapitels zeigt, von dieser kritischen Anfrage nicht ausgenommen. Sie gewinnt besondere Bedeutung in einer Zeit, in der das Gefühl der Machtlosigkeit angesichts des unverschuldeten Leidens von zahllosen Menschen in der ganzen Welt immer bedrängender wird.

Wir meinen, daß ERIKA SCHUCHARDT mit ihrem Buch – jetzt auch in Englisch »*Why Is This Happening To Me? Guidance And Hope For Those Who Suffer*« – in bemerkenswerter Weise eine Orientierungshilfe gelungen ist. Mit lebensvollen Biographien von Menschen in Krisen – einer Art »*Theologie der Lebensgeschichte*« – und durch die Anwendung scharfsinniger religiöser, psychologischer und pädagogischer Erkenntnisse veranschaulicht die Autorin, wie Menschen mit Krisen, Krankheit, Behinderung in Würde und Ganzheit Teil einer freien und wahrhaft menschlichen Gemeinschaft werden können. Auch zum Leiden selbst finden wir in diesem Buch neue Erkenntnisse, die uns den Weg weisen und Hoffnung vermitteln.

Der Schrei in diesem Buch war und ist laut und deutlich. Die Kirchen – und die ökumenische Bewegung – müssen kommen. Sie werden kommen.

Genf, im Frühjahr 1993/2001

Ishmael Noko, LWB　　　　　　　　　　Konrad Raiser, ÖRK

351

SPIRALE – SYMBOL DER SEELENREISE
Spiral-Weg der Biographen

seit 1900
Σ 2034

Erika Schuchardt